웨스트민스터 신앙고백,
삶을 읽다

XR
크리스천
르네상스

웨스트민스터
신앙고백,

삶을 읽다

Westminster
Confession of faith

저자 정요석

상

크리스천
르네상스

웨스트민스터 신앙고백, 삶을 읽다

차례

추천사	8
서문	12

서론

제1장 성경 — 20
1. 성경의 필요성 — 22
2. 성경의 정경 66권과 하나님의 영감 — 32
3. 하나님의 영감이 아닌 외경과 위경과 가경 — 46
4. 성경의 권위 — 48
5. 성경의 자증성 — 51
6. 성경의 충족성 — 54
7. 성경의 명료성 — 56
8. 성경의 보존과 번역 — 61
9. 성경 해석의 무오한 규범 — 65
10. 성경에서 말씀하시는 최고의 재판관 성령 — 67

신론

제2장 하나님과 성 삼위일체 — 72
1. 하나님의 속성 — 75
2. 피조물을 향한 하나님의 속성 — 115
3. 삼위일체 하나님 — 127

제3장 하나님의 영원한 작정 — 147
1. 하나님의 작정에 대한 정의 — 147
2. 절대 작정과 예지 작정 — 161
3. 이중 예정 — 163
4. 예정의 개별성과 불변성: 제한 속죄 — 165
5. 무조건적 선택: 예지가 아닌 은혜로 말미암는 선택 — 172
6. 미리 정해진 구원의 수단들 — 178
7. 유기 — 183
8. 예정 교리의 주의사항과 유익 — 186

Westminster
Confession of faith

제4장 창조 — 194
1. 세상 만물의 창조 — 195
2. 사람의 창조 — 207

제5장 섭리 — 215
1. 섭리의 정의 — 216
2. 제1원인과 제2원인들 — 229
3. 섭리의 수단들 — 233
4. 죄의 허용과 제한과 설정과 통치 — 237
5. 신자가 경험하는 유혹과 부패의 유익 — 244
6. 불신자가 당하는 죄의 결과 — 247
7. 교회에 대한 특별한 방식의 섭리 — 250

인간론

제6장 사람의 타락과 죄와 형벌 — 254
1. 첫 부모의 죄 — 255
2. 첫 부모의 죄의 결과: 원의의 상실과 전적 부패 — 256
3. 죄책과 죽음과 부패한 본성의 전가 — 265
4. 전적 부패와 자범죄 — 270
5. 중생자에게 남아 있는 본성의 부패와 부패의 죄악성 — 273
6. 죽음과 비참함이란 죄책 — 278

제7장 사람과 맺으신 하나님의 언약 — 282
1. 언약의 본질 — 282
2. 행위 언약: 첫째 언약 — 285
3. 은혜 언약: 둘째 언약 — 290
4. 언약이 갖는 유언의 성격 — 296
5. 구약: 율법 아래의 은혜 언약 — 300
6. 신약: 복음 아래의 은혜 언약 — 310

웨스트민스터 신앙고백, 삶을 읽다

차례

기독론

제8장 중보자 그리스도 — 318
1. 예수 그리스도의 신분과 사역 — 319
2. 한 인격, 두 본성 — 330
3. 중보자의 직분으로 철저히 준비되심 — 344
4. 중보자와 보증인의 직분 수행 — 347
5. 사역의 성격과 효과와 대상자 — 370
6. 구약 성도에게 미치는 그리스도의 구속 사역 — 373
7. 신성과 인성에 따른 그리스도의 중보 사역 — 378
8. 그리스도에 의한 구속의 적용과 전달 — 387

구원론

제9장 자유 의지 — 396
1. 사람의 본성적 자유 — 402
2. 무죄의 상태에서의 의지 — 406
3. 죄의 상태에서의 의지 — 408
4. 은혜의 상태에서의 의지 — 410
5. 영광의 상태에서의 의지 — 413

제10장 효과적 부르심 — 415
1. 효과적 부르심의 정의 — 419
2. 오직 은혜로 가능한 효과적 부르심 — 427
3. 선택된 유아의 중생과 구원 — 431
4. 외적 부르심에 머무는 선택받지 못한 자들 — 436

제11장 의롭다 하심 — 439
1. 의롭다 하심의 정의 — 440
2. 칭의의 유일한 도구인 살아있는 믿음 — 453
3. 값없는 은혜로 말미암는 그리스도의 순종과 속죄에 의한 칭의 — 457
4. 성령에 의한 그리스도의 실제적 적용 — 460
5. 칭의 받은 자들이 짓는 죄 — 462
6. 구약과 신약 아래에서 하나이고 같은 칭의 — 465

Westminster
Confession of faith

제12장 양자 삼으심	468
1. 양자 삼으심	469
제13장 거룩하게 하심	477
1. 성화의 정의	478
2. 사람의 전 부분에 걸친 그러나 불완전한 성화	488
3. 은혜 속에서 성장하며 거룩함을 이루는 성도들	495
제14장 구원하는 믿음	498
1. 믿음의 정의와 기원 및 발생과 증가	498
2. 믿음의 정의와 역할과 대상	507
3. 믿음의 다양한 정도와 최종승리와 성장	520

부록
웨스트민스터 신앙고백의 배경	524
웨스트민스터 신앙고백, 삶을 읽다(하권) 차례	532

추천사

『웨스트민스터 신앙고백, 삶을 읽다』는 장로교회 신앙의 표준문서인 웨스트민스터 신앙고백서를 해설한 책이다. 우선 한국인 신학자 또는 목회자가 풀어낸 신앙고백서 해설서가 몇 권 눈에 띄지 않음을 생각할 때, 반갑고 기쁘지 않을 수 없다. 더욱 감사한 것은 몇 종류 출판되어 있는 번역서적에 비교하여 해설 내용이 조금도 부족하지 않을 뿐만 아니라, 저자의 저술 목적을 반영하는 장점을 가지고 있다는 사실이다.

저서를 대하며, 흔히 말하는 '신앙고백서 해설'이라는 이름을 사용하지 않는 것이 먼저 눈에 들어왔다. 웨스트민스터 신앙고백서는 장로교회의 표준 신앙을 고백한 교리진술의 책인데, 이를 해설하는 책이 분명함에도 책 이름은 '삶을 읽다'로 되어 있는 것이 특이하다. 저자인 정요석 목사의 저술 목적과 방식 그리고 기대가 무엇인지를 짐작하게 한다. 그것은 순전히 교리에 대한 신학 논쟁과 토론을 소개하는 것이 아님을 말한다. 저자는 이 책에서 장로교회의 신앙고백이 구체적인 신앙의 삶의 자리에서 작용할 수 있도록 하나님의 말씀인 성경을 풀어가면서 신앙고백이 담고 있는 교리에 대한 이해를 각성케 하고자 한다. 그리하여 저자는 기독교인이 자신의 신앙의 삶을 설명하는 이유로 이 신앙고백서가 지적되기를 바란다.

저자인 정요석 목사는 이러한 목적을 성취하기에 손색없는 보기 드문 목회자이며 또한 신학자이다. 저자는 아름다운 개혁신앙을 교훈하며 함께 살아가는 한 교회의 담임목사이며, 또한 여러 권의 신앙과 교리해설서를 저술한 신학자이다.

그리고 신학대학원에서 목회를 준비하는 신학생에게 강의를 열어 가르치는 교수이기도 하다. 이 세 가지 버거운 과제를 아주 훌륭하게 수행하며 탁월한 결실을 제시하고 있는 탄탄한 동역자이다. 이러한 자랑을 정작 저자 본인은 부끄럽게 여길지 모르겠지만, 저자와 더불어 신학연구위원회^{대한예수교장로회 합신}에서 여러 해를 넘기며 웨스트민스터 신앙고백서와 대·소요리 문답을 번역하면서 땀 흘려 수고한 시간들을 함께 한 경험은 이러한 자랑이 진실함을 정직히 증언한다. 그리스도 안에서 동역자로 함께 이 시대에 개혁 신학과 신앙을 나누고 있다는 사실로 인해 기쁨을 주는 사랑스러운 분이다. 이러한 칭찬의 말을 추천사에 담는 까닭은 ^{이미 잘 알려진 저자이겠지만} 저자를 아직 잘 모르는 분들에게 소개를 위함이며, 이 저서가 신뢰할 만하며, 교회에서 신앙고백서를 가르칠 때 참고하기에 안전하며 충분하다는 사실을 강조하기 위함이다.

이 책은 여러 가지 점에서 아주 훌륭한 장점을 가지고 있다. 이 가운데 하나는 모든 설명을 가급적 유비를 사용하여 설명을 시도한다는 점이다. 이것은 신학적 논술의 과정으로만 설명하는 것과는 달리 교리를 좀 더 친근하게 하며 그것의 이해를 크게 도와준다. 일반 교인의 독서를 감안한 저자의 배려가 돋보인다. 그런데 이러한 배려는 쉽지 않다. 설명하는 교리에 대한 이해가 명료하지 않으면 유비는 가능하지 않기 때문이다. 저자의 이러한 배려는 해당 교리에 대한 저자의 신학적 소견이 매우 뛰어나며 깊이가 있고 정통하다는 것을 잘 드러낸다. 매우 자랑스러운 점 가운데 하나이다.

두 번째로 언급할 장점은 신앙고백서를 진술함에 있어서 성경의 근거 구절을 토대로 교리 진술의 이해를 도모하고 있다는 점이다. 신학 자체의 논점을 해명하는 데에만 갇혀 있지 않은 채 신앙과 삶의 절대적 표준이 되는 성경을 통해 교리의 근거와 의미를 풀어가는 저자의 시도는 한 편의 자연스런 설교 같은 흐름을 이어가면서 신앙고백서를 독자들 가까이에 다가서게 한다.

이 책을 말하면서 놓치지 않고 언급하여야 할 장점이 있다. 이것이 세 번째 장점이니 책 여러 곳에 올려져 있는 각종의 도표이다. 이것은 신앙고백서를 책상머리에서 고민하는 신학적 사색에 그치지 않고 삶의 자리에서 살아 움직이는 신앙고백으로 인도하기 위하여 저자가 얼마나 간절한 심정으로 노력하는지를 보여주는 증거이다. 신앙고백서가 말하는 개념을 간결하게 추려내어 한 눈에 볼 수 있도록 도식으로 제시하는 도표는 저자가 교리 진술의 흐름을 정확하게 파악하고 있음을 보여준다. 이러한 도표는 독자로 하여금 복잡한 교리의 흐름 구조를 이해하는데 아주 훌륭한 도움을 준다.

네 번째로 저자는 신앙고백서의 진술 교리를 자세히 풀어내는 데에 최종적인 목적을 두고 있지 않은 특징을 보인다. 이 책은 복잡한 신학 교리의 발전의 과정 자체를 논술하는 신학서이기를 목적으로 하지 않는다. 오히려 이것은 분명 이 책의 장점 가운데 하나이다. 저자는 신앙고백서를 이해하기에 필요한 신학을 조금도 부족하지 않게 풀어내면서도 이러한 설명을 통하여 독자들에게 올바른 복음 신앙에 대한 이해를 자극하면서 신앙의 삶을 호소한다. 곧 이 책은 신앙고백서를 본문으로 하여 그리스도를 향하여 눈을 들도록 이끌어 준다. 그것은 분명 한편의 교리강설이다. 좀 더 구체적으로 성경을 들어 증언하면서 신앙고백서를 본문으로 하는 교리설교의 특징을 보여준다.

마지막으로 저자는 신앙고백서를 해설하는 가운데 독자가 궁금해 할 만한 지점에서는 그 때마다 직접 인용을 통해서 내용을 보충해주거나, 진술의 근거를 뒷받침하는 근거를 각주로 소개하는 학문적 성실함을 보여주고 있다. 저자의 학문적 성실함과 엄밀성을 잘 반영하는 이러한 전개는 이 책의 설명을 더욱 신뢰할 수 있게 한다.

이상에서 언급한 다섯 가지 정도만이 이 책이 가지고 있는 장점 모두가 아니다. 책을 들어 직접 읽는 독자들은 나름대로 더 많은 장점을 발견할 것이다. 그 중에서도 한 가지는 이 책의 도움을 통해서 이제는 신앙고백서를 교회에서 직접 회중에게 가르치기에 필요한 명료한 이해는 물론 자신감을 또한 획득할 것이라는 기대이다. 틀림없이 독자 개개인이 이러한 기대에 대한 만족을 스스로 얻게 될 때, 이 책의 장점에 대해 크게 동의하면서 널리 추천하게 될 줄로 확신한다. 이러한 확신을 담아 저자인 정요석 목사님에게 존경의 갈채를 보내면서 한국 교회의 모든 구성원에게 적극 추천한다.

김병훈 교수

합동신학대학원대학교 조직신학

서문

　신천지나 하나님의 교회 안상홍 증인회와 같은 상당수의 이단들은 성경공부를 이용해 사람들을 포섭하고 세뇌교육을 시킨다. "오직 성경"을 강조하는 이들에게 부족한 것이 "전체 성경"이다. 예를 들면 하나님의 교회 안상홍 증인회는 구약성경에 유월절이 영원히 지켜야 하는 규례로출 12:14 나오기 때문에 신약시대인 지금도 유월절을 지켜야 한다고 주장한다. 이들은 "내가 율법이나 선지자를 폐하러 온 줄로 생각하지 말라 폐하러 온 것이 아니요 완전하게 하려 함이라 진실로 너희에게 이르노니 천지가 없어지기 전에는 율법의 일점 일획도 결코 없어지지 아니하고 다 이루리라"는마 5:17-18 말씀을 들이밀며 기존 기독교 신자들에게 왜 예수님 말씀을 어기고 유월절을 지키지 않느냐고 따진다. 이런 충격요법으로 기존 기독교를 비판하며 사람들을 포섭하는 것이다.

　율법에 대하여 다루는 웨스트민스터 신앙고백, 제19장은 하나님의 율법을 도덕법과 의식법과 시민법으로 나눈다. 제2절은 도덕법이 영원히 의의 완전한 규범이라고 말하고, 제3절은 할례, 유월절, 성전의 제사 등과 같이 예수님의 사역과 고난을 나타내는 의식법은 지금 신약 아래에서는 폐기되었다고 명확히 말한다. 예수님께서 직접 죽으시고 부활하심으로써 우리의 죄의 문제를 해결하셨으므로 신약시대에 유월절과 성전 제사를 지키는 것은 예수님의 죽음과 부활을 모독하는 것이다.

　이처럼 웨스트민스터 신앙고백은 도덕법, 의식법, 시민법과 같은 단어들을 사용하여 "오직 성경"에 근거하여 "전체 성경"의 내용을 잘 드러낸다. 때때로 성경만을 강조하는 이들 중 일부는 보고자 하는 본문만 보는 편식과 그것을 잘못된 관점으로 해석하는 편향으로 인해 성경을 오히려 파괴한다. 이들은 성경에 나오는 단어들을 주로 사용하지만 오히려 성경을 왜곡하고, 빈곤한 사고력으로 세상의 삶 또한 이분법적으로 해석한다. 이에 비하여 우리는 의식법, 삼위일체, 구원의 수단, 제일 원인 등과 같이 성경에 없는 단어들을 사용하지만 오히려 성경을 보존하고 전체 내용을 질서 있게 드러내고 세상의 삶 또한 동등한 가치들을 상황에 따라 우선순위를 다르게 매길 줄 안다. 신앙고백의 목적은 성경 전체를 체계 있게 골고루 이해하고, 이에 근거하여 과학과 정치와 문화와 같은 우리의 삶의 속성을 꿰뚫음으로 타협하거나 동조하지 않고 올바른 방향으로 이끄는 것이다.

성경은 구약 39권과 신약 27권으로 적지 않은 분량이다. 성경이 무엇을 말하고자 하는지 알려고 할 때에 성경 한두 곳에 나온 내용으로 결정하면 안 되고 성경 전체에 나온 내용으로 결정해야 한다. 웨스트민스터 신앙고백은 바로 이런 결정을 33가지 주제로 나누어 했다. 1643년에 영국 의회의 요청으로 웨스트민스터 총회 Westminster Assembly 에 모인 잉글랜드의 121명의 목사와 스코틀랜드의 5명의 목사는 예배모범1645년, 장로회 정치규범1645년, 신앙고백1646년 12월, 성경구절 주석 첨부1647년 4월, 소요리문답1647년 11월, 대요리문답1648년 4월을 만들었다. 장로교단의 목사와 장로와 집사는 임직할 때에 아래처럼 선서한다.

1. 본인은 신구약 성경을 하나님의 말씀이요 신앙과 행위에 대하여 정확무오한 유일의 법칙으로 믿습니다.
2. 본인은 웨스트민스터 신앙고백서 및 대·소요리문답은 신구약 성경에 교훈한 교리들을 총괄한 것으로 알고 성실한 마음으로 받아 신종할 것을 선서합니다.
3. 본인은 본 장로회 정치와 권징조례와 예배모범을 정당한 것으로 받아 신종할 것을 선서합니다.

위에서 본 것처럼 웨스트민스터 신앙고백은 신구약 성경의 교리들을 총괄한다. 총괄의 사전적 뜻은 "모든 일을 통틀어 두루 살펴봄"이나 "개별적인 여러 가지를 한데 모아서 묶음"이다. 121명의 잉글랜드 목사와 5명의 스코틀랜드의 목사가 약 4년에 걸쳐 성경의 모든 내용을 통틀어 두루 살펴보고 주제별로 정리해 묶은 것이 웨스트민스터 신앙고백이다. 따라서 이것을 공부하는 사람은 성경의 전체 내용을 깊이 공부하게 되고, 주제별로 묶어 체계적으로 설교하고 가르칠 수 있게 된다. 본인은 이런 취지를 살려 웨스트민스터 신앙고백을 해설함에 있어서 최대한 한 단어도 빼놓지 않고 일일이 다 해설하려고 시도하였다.

수학에서 원에 대한 정의는 "한 정점으로부터 일정한 거리에 있는 점들의 집합"이다. 일반인 가운데 이 정의를 보고 이해하는 사람의 비율은 높지 않다. 이때 아래와 같이 컴퍼스를 이용해 원을 그리는 과정을 보여주면 많은 사람이 이해할 수 있다. 일반적으로 신앙고백은 많은 내용을 신학적 단어들로 간결하게 표현하다 보니 수학의 정의와 명제처럼 간명한 표현 속에 깊은 의미를 담는다. 그러다보니 많은 사람이 수학의 추상성을 인하여 어려워하듯, 많은 성도도 교리의 추상성을 인하여 어려워한다. 이 책은 신앙고백의 추상성과 간결성과 복잡성을 그 깊이를 해치지 않으면서도 쉽게 설명하려고 노력하였다. 원의 정의가 컴퍼스로 그리는 구체성의 과정을 통해 이해되듯, 이 책도 교리를 직접 논리로 설명도 했지만, 많은 경우 삶의 비유라는 구체성을 통해 설명하였다.

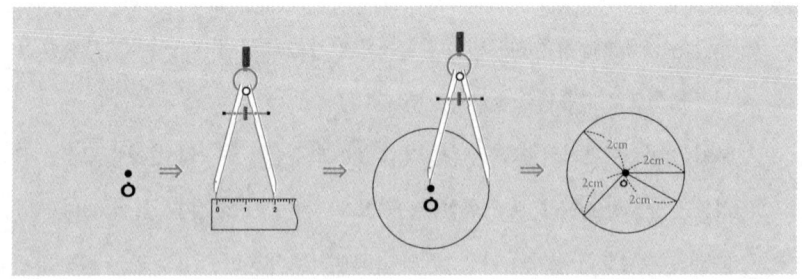

이 책은 지면의 분량 때문에 삶을 통한 설명이 제한되었는데, 본인이 2015년부터 2018년에 쓴 『소요리문답, 삶을 읽다 상·하』와 『하이델베르크 교리문답, 삶을 읽다 상·하』에 이런 시도가 많이 되어있다. 신앙고백은 성경을 이해하는 데 크

게 도움이 될 뿐만 아니라 정치, 경제, 문화와 같은 삶의 여러 측면을 해석하고 올바로 이끄는 데도 크게 도움이 된다. 실제로 웨스트민스터 총회가 먼저 만든 것도 예배모범과 장로회 정치규범이다. 예배를 어떻게 드리고 교회 정치를 어떻게 할 것인지는 성경을 전체적으로 어떻게 이해하는지에 달려 있다. 이것은 삶의 여러 측면에 대한 해석도 성경에 대한 이해에 달려 있음을 나타낸다. 아무쪼록 이 책을 읽는 많은 분이 성경만이 아니라 자신의 삶에 대한 바르고 풍성한 해석으로 이어져 더 큰 자유와 기쁨과 분명한 방향성을 갖기를 바란다.

 1647년에 만들어진 신앙고백이 약 400년이 흐른 현대에도 적절성과 적용성이 있을까? 수학의 원에 대한 정의는 기원전 300년경의 유클리드의 기하학과 다르지 않다. 기원전 6세기 초에 살았던 피타고라스가 발견한 그 유명한 피타고라스 정리와 삼각형 내각의 크기의 합과 무리수가 모두 21세기에도 통용된다. 웨스트민스터 신앙고백은 사람이 만든 환경이나 제도나 문화를 정리한 것이 아니라, 하나님의 진리의 말씀인 성경의 전체 내용을 정리한 것이므로 시대에 상관없이 실제적이며 실천적이고, 모든 시대와 환경을 읽는 데 크게 도움이 된다.

 웨스트민스터 신앙고백은 영어로 작성되었다. 번역은 반역이라는 말이 있듯 번역을 아무리 잘 해도 원어의 참 뜻과 뉘앙스를 살리기가 힘들다. 그래서 이 책은 번역문 밑에 영어 원문을 같이 실어 독자로 명확함을 추구하도록 하였다. 영어 원문은 1647년 초판을 중심으로 1651년과 1658년 판본을 참고하였고, 세 판본의 쉼표와 세미콜론 등까지 확인하여 정확성을 높였다. 성경 각주도 이 세 판본을 일일이 확인하였으므로 이 책은 영어 원문과 성경 각주의 정확성 측면에서 높은 수준일 것이다. 영어 원문에 맞추어 성경 각주 번호를 번역문에 매겼으므로 번역문에는 때때로 알파벳 순서가 바뀌기도 하였다. 영어 원문의 성경 각주에는 "j"와 "v"가 원래 없으니 유의하기 바란다.

 이 해설서를 쓰며 웨스트민스터 신앙고백이 얼마나 신학적으로 정교하고 섬세하게 만들어졌는지 문장의 구조와 구분된 단어들을 통하여 자주 확인하였다. 웨스트민스터 신앙고백은 유럽 여러 나라들의 신앙고백보다 상대적으로 늦게 만들어져 이것들을 참고할 수 있는 이점이 있었다. 게다가 상대적으로 4년이라는 긴 시간과 참석자들의 방대한 숫자로 인하여 어떤 신앙고백들보다 깊이와 넓이와 정교함을 갖는다. 이래서 미국과 유럽의 여러 교단도 웨스트민스터 신앙고백을 채택하였다. 본인은 번역과 해설에 있어서 특히 분사구문을 통한 섬세한 표현을 살리고, 신중하게 구분된 단어들의 뉘앙스를 반영하려고 노력하였다. 독자도 영어 원문의 이런 정교함을 맛본다면 웨스트민스터 신앙고백이 전하고자 하는 내용의 풍성함과 정교함에 빠질 것이고, 이것이 그대로 성경과 신학에 대한 깊고 넓은 이해로 이어지면서, 설교를 준비하고 전달하는 과정이 부담에서 기쁨과 기대로 크게 바뀔 것이다. 목회의 연한이 많아질수록 설교에 대한 부담이 커지기 마련인데, 본인은 웨스트민스터 신앙고백을 통하여 성경에 대한 이해가 깊어지며 설교에 대한 부담은 작아지고 깨달은 내용을 전달하고 싶은 설렘과 의욕은 커졌다. 이러한 설렘과 기쁨이 독자에게도 크게 주어지기를 바란다.

본인이 이런 기쁨을 누리는 데 합신 교단의 신학연구위원회가 큰 기여를 했다. 2017년 9월의 합신 총회는 웨스트민스터 신앙고백과 대·소요리문답을 새로 번역하는 일을 5명의 목사와 합동신학대학원대학교의 6명의 교수로 구성된 이 위원회에 맡겼다. 위원회는 문장 하나하나를 일일이 치열하게 논의하며 번역문을 결정하였는데, 본인은 위원회의 일원으로 이 논의에 참여하며 번역 방법과 신학적 지식에서 많은 통찰을 얻었다. 여기서 받은 통찰과 자극이 없었다면 본인의 저술 활동은 웨스트민스터 소요리문답과 하이델베르크 요리문답과 도르트 신경의 해설서를 쓰는 데 그쳤을 것이다. 이 자리를 빌려 그간 같이 활동한 신학연구위원들에게 감사를 드린다. 특히 5년째 같이 활동한 세 명의 교수 중 이승구 교수는 대요리문답 번역을 담당하였는데 신학 지식만이 아니라 마음마저도 넓어서 위원회가 부드럽게 협력하여 일하도록 이끌었다. 김병훈 교수는 신앙고백 번역을 담당하였는데 뛰어난 신학 지식과 문장력으로 위원들의 다양한 의견을 지침 없이 경청하면서 종합하여 좋은 번역문이 나오게 하였다. 나그네교회의 목회 사역도 담당하는 김 교수는 신학과 목회와 개혁신앙의 실천 등에서 좋은 본과 도전이 되었기에 본인은 존경의 마음으로 이 책의 추천사를 부탁하였는데 과분한 추천사를 써주셨다. 본인과 같이 소요리문답 번역을 담당한 안상혁 교수는 5년의 모임 내내 일찍 나와 회의 좌석과 맛있는 차를 준비하였고, 위원들의 다양한 번역문 제안을 모두 빠르게 타이핑하여 위원회가 서로 비교하며 좋은 번역문을 결정하는 데 큰 도움을 주었다.

"날마다 주님과 함께"라는 성경묵상모임은 삼사 개월마다 본인의 교리강의를 경청하며 교제의 기쁨을 나누게 해주었고, 특히 정우철 장로는 일반 성도로서 이 책이 읽을 만한 수준인지 철자까지 살피며 검토해 주었으며 집필 기간 동안 자주 맛있는 커피원두와 부인이 손수 만든 쿠키와 그래놀라를 보내주었다. 집필에 지칠 즈음에는 부안의 백운수 장로와 부산의 이영철 집사와 정읍의 정우철 장로와 일산의 정진원 장로가 서울까지 직접 찾아와 날마다 성경을 묵상하며 받은 깨달음과 은혜를 식사와 유머에 곁들여 나누어주었다. "날마다 주님과 함께" 회원 모두에게 감사드리며 매일 성경을 읽는 기쁨이 "성경 전체"에 대한 파악을 통하여 더욱 넓어지고 깊어지기를 바란다.

아내를 비롯한 다섯 명의 자녀는 늘 든든한 후원자이며 기쁨의 대상이다. 인생을 사는 큰 목적 중 하나가 가족과 더불어 행복하고 기쁘게 사는 것이지 않는가? 그들은 바라보는 것만으로 기쁨이고 활력소이다. 자녀는 목회와 강의와 저술에 빠져 충분히 보살피지 못한 아빠를 넉넉히 이해하여 주었고, 커가며 그들이 직접 가정의 빈 틈을 메꾸는 시도를 해주었다. 아내는 갈수록 마음이 넓어지며 본인을 가슴 속에 퐁당 집어넣고 자주 사랑과 신뢰로 격려하며 순수함을 더욱 추구하게 해주었다. 가정예배를 통해 이 책을 자녀들과 같이 읽어갈 것인데 성경과 사람에 대한 이해가 깊어지고 넓어지며 그들의 삶이 예수님의 사랑과 진리로 풍성해지기를 간절히 바란다. 매형과 누님은 목회 초기부터 기도와 물질로 늘 도와주었고, 어머님마저 4년 전에 이 땅을 떠나시며 더욱 부모와 같은 존재가 되었다. 목회 은퇴 이후에도 순수하게 예배를 즐거워하시며 늘 새벽마다 우리 가정을 위해 기도하시는 장인어른과 장모님께 깊은 감사를 드린다.

개혁주의 신앙과 신학을 널리 알리기 위해 인터넷 사업체의 수익을 기독출판사 운영에 사용하는 크리스천 르네상스의 정영오 대표와 자신의 책처럼 정성스럽게 책을 만들어준 서세은 자매에게 감사를 드린다.

마지막 감사는 세움교회에 드리고자 한다. 세움교회 교인들은 본인의 설교와 성경공부에 많은 부족함이 있음에도 하나님께서 주시는 말씀으로 알고 늘 경청하며 실천하고자 노력들 하셨다. 그들이 아니었다면 나는 웨스트민스터 신앙고백과 대·소요리문답을 가르칠 기회도 없었고, 이에 대한 깊은 이해에 이를 수도 없었고, 쉽고 재미있고 실천력 있게 설교하고 가르쳐야 한다는 개념조차도 없었을 것이다. 본인은 앞으로 더욱 말씀 연구를 깊이 하여 세움교회 교인들로 하나님의 말씀이 얼마나 깊고 생명력이 있는지 더욱 알게 하고 싶다. 보다 순수하게 사랑으로 목회하여 그들의 기쁨만이 아니라 어려움에도 의리 있게 임하여 그들이 어렵고 아플 때에 본인을 찾도록 해야만, 제대로 웨스트민스터 신앙고백을 연구한 목사일 것이다. 서로 세우고 격려함으로 세움교회가 하나님의 진리와 사랑이 풍성히 드러나고 많은 이를 주님께로 인도할 수 있기를 진정 바란다. 주일마다 그들과 함께 예배하고 은혜를 받고 더 나은 삶을 다짐하는 즐거움을 주님께서 계속 허락하여 주시기를 기도한다. 하나님을 알아가고 즐거워하는 기쁨이 세움교회에도 풍성하고, 이 책을 읽는 독자들에게도 풍성하기를 바란다.

누가 주께 먼저 드려서 갚으심을 받겠는가? 만물이 주에게서 나오고 주로 말미암고 주에게로 돌아간다. 하나님께서 오래 참으시는 사랑으로 향상시켜주신 나의 관심과 재능과 정서까지도 오직 주님의 사랑과 진리에 초점을 맞출 때에만 헛되지 않으리라. 오직 주님에게 영광이 세세에 있을지어다 아멘 롬 11:35-36.

2022년 4월

정요석

서론

Of the Holy Scripture

제1장 성경

　웨스트민스터 신앙고백은 제1장을 하나님으로 시작하지 않고 성경으로 시작한다. 대부분의 신앙고백들은 성경 대신에 하나님에 대한 내용으로 시작한다. 신학과 신앙고백은 궁극적으로 하나님을 다루는데 왜 웨스트민스터 신앙고백은 먼저 성경으로 시작할까?[1] 웨스트민스터 신앙고백은 제1장에서 어떤 인식 방법을 통해 하나님에 대하여 살펴보는 것이 좋은지를 다루는 것이 더 나은 순서라고 판단하였기 때문이다. 그 동안 인류는 바이러스에 의한 전염병으로 많은 목숨을 잃었다. 바이러스는 천연두, 스페인 독감, 코로나19 펜데믹 등을 일으켰다. 바이러스는 세균보다 10배에서 최대 100배로 작기 때문에 인류가 바이러스의 존재와 조직과 활동을 파악하는 데 오랜 시간이 걸렸다. 광학현미경으로 세균의 존재와 조직을 파악할 수 있었지만, 세균보다 더 작은 바이러스는 파악할 수 없었다. 빛 대신에 전자를 사용해 물체의 확대상을 만들어주는 전자현미경이 발견되며 바이러스의 정체도 밝혀졌다. 우주가 얼마나 넓은지 모른다. 빛은 1초에 300,000㎞라는 엄청난 속도로 이동한다. 그 빛이 우주를 가로지르는 데 137억 년이 걸린다고 한다. 그렇게 넓은 우주에 있는 별들을 관측하는 데 많은 별과 성운은 온도가 너무 낮아 그 가시광선이 지구에 도달하지 않거나 너무 약하다. 그때 전파망원경은 그것들이 내는 전파를 이용하여 그것들의 존재와 운행을 관측한다.

---

[1] 제2 스위스 신앙고백(1566년)과 웨스트민스터 신앙고백에 영향을 미친 아일랜드 신앙고백(1615년) 등이 제1장에서 성경을 다룬다.

그렇다면 하나님의 존재와 일하심은 어떻게 파악할 수 있을까? 웨스트민스터 신앙고백은 제2장부터 하나님의 존재와 일하심에 대하여 살펴보는데 어떤 수단을 통해 살펴볼까? 사람이 현미경과 망원경과 같은 도구를 통해 극소와 먼 대상의 존재와 활동을 파악하듯, 신자는 어떤 수단을 통해 하나님을 파악해야 하는가? 바로 성경이다. 이런 면에서 웨스트민스터 신앙고백은 제1장에서 성경을 다룬다. 즉 인식론을 먼저 다룬다. 인식론은 인간의 인식의 기원과 본질과 한계 등을 연구한다. 철학은 크게 형이상학^{존재론}, 윤리학, 인식론^{epistemology, 認識論} 세 가지를 다룬다. 웨스트민스터 신앙고백을 여기에 대응한다면 제2장부터 다루는 신론이 형이상학에 속하고, 제1장의 성경과 제14장의 믿음이 인식론에 해당하고, 제19장 이후의 교회론이 윤리학에 속한다.

1.1

비록 본성의 빛, 그리고 창조와 섭리의 일들이 하나님의 선과 지혜와 능력을 너무나 크게 나타내어 사람들로 핑계할 수 없게 하지만,a 그것들이 구원에 이르는 데 필요한 하나님과 그분의 뜻에 관한 지식을 주기에는 충분하지 않다.b 그러므로 주님께서 여러 때에 여러 모양으로 자신의 교회에 자신을 계시하고 자신의 뜻을 선포하기를 기뻐하셨다.c 그리고 후에는 육체의 부패 및 사탄과 세상의 악에 맞서 진리를 더 잘 보존하고 전파하기 위해서 그리고 교회를 더 견고하게 세우고 위로하기 위해서 그 똑같은 것을 전부 글로 기록하기를 기뻐하셨다.d 이로써 성경은 지극히 필요한 것이 되었고,e 하나님께서 자기 백성에게 자신의 뜻을 계시하신 이런 예전 방식들은 이제 그치게 되었다.f

Although the light of nature, and the works of creation and providence do so far manifest the goodness, wisdom, and power of God, as to leave men unexcusable;a yet are they not sufficient to give that knowledge of God and of His will, which is necessary unto salvation.b

> Therefore it pleased the Lord, at sundry times, and in divers manners, to reveal Himself, and to declare that His will unto His Church;c and afterwards for the better preserving and propagating of the truth, and for the more sure establishment and comfort of the Church against the corruption of the flesh, and the malice of Satan and of the world, to commit the same wholly unto writing:d which makes the Holy Scripture to be most necessary;e those former ways of God's revealing His will unto His people, being now ceased.f
>
> a 롬 2:14-15; 롬 1:19-20; 시 19:1-3; 롬 1:32; 롬 2:1
> b 고전 1:21; 고전 2:13-14
> d 잠 22:19-21; 눅 1:3-4; 롬 15:4; 막 4:4, 7, 10; 사 8:19-20
> c 히 1:1
> e 딤후 3:15; 벧후 1:19
> f 히 1:1- 2

1. 성경의 필요성

❶ 창조와 섭리의 일들

사람이 무엇을 인식하려면 사람의 외부에서 들어오는 정보가 있어야 하고, 사람의 내면에 그 정보를 인식하는 능력이 있어야 한다. 우리는 뛰어난 미술 작품이나 노래를 접할 때에 그것들을 만든 이들을 떠오르게 된다. 그들이 매우 뛰어난 예술적 감각과 창의력으로 명품을 만든 것에 찬사를 보낸다. 그렇다면 사람이 이 세상을 볼 때는 어떠한가? 사람은 울창한 숲, 높은 산, 넓은 바다, 모든 곳을 하얗게 덮는 눈 내림, 사계절의 순환 등을 볼 때에 비록 불신자일지라도 막연히 창조자를 느낀다. 창세로부터 하나님의 보이지 아니하는 것들 곧 그의 영원하신 능력과 신성이 그가 만드신 만물에 분명히 보여 알려지기 때문이다. 하나님을 알 만한 것들이 만물에 심겨져 일반 사람에게 분명히 보여 알려진다롬 1:20. 하늘이 하나님의 영광을 선포하고 궁창이 그의 손으로 하신 일을 나타내고, 날은 날에게 말하고 밤은 밤에게 지식을 전한다. 언어도 없고 들리는 소리도 없으나, 하나님의 소리가 온 땅에 통하고 그의 말씀이 세상 끝까지 이른다시 19:1-4.

창조는 하나님께서 무로부터 세상의 모든 것을 심히 좋게 만드신 것이고, 섭리는 하나님께서 모든 피조물과 그것들의 행위와 일들을 붙드시고 통치하시는 것이다. 창조와 섭리는 모두 하나님의 인격적인 행위이기 때문에 사람이 자연과 역사를 관찰하면 할수록 하나님께서 존재하시고, 지금 이 순간에도 일하고 계시고, 어떠한 성품으로 일하시는가를 알 수 있다. 창조와 섭리의 일들은 하나님의 선과 지혜와 권능을 너무나 크게 나타내어 그로 하나님을 알 기회가 없었다고 핑계할 수 없게 한다. 불신자도 입으로는 하나님이 없다고 하거나 하나님을 믿지 않는다고 말하지만 마음 한 구석에는 하나님이 존재하신다는 느낌을 지울 수 없다. 창조와 섭리에서 하나님의 존재와 일하심에 대한 증거가 차고 넘치는데도 사람은 내면의 부패로 그 계시들을 받아들이지 못하고 인식하지 못한다. 그가 하나님을 인식하지 못하는 것은 그의 부패로 인한 것이지 절대로 하나님의 계시가 빈약해서가 아니다. 하나님은 일반 계시를 통하여 자신을 인격적으로 풍성하게 계시하시며 사람으로 자신께 돌아오도록 호소하시는데 그는 자신의 부패와 무지로 자신의 귀와 입을 막아버리며 스스로 차단하는 것이다.

❷ 본성의 빛

가시광선에 대한 사전적 정의는 "태양의 빛에너지 중 인간의 눈으로 볼 수 있는 파장 범위의 빛"이다. 사람은 빛을 색채로 인식한다. 하얀 빛을 프리즘에 통과시키면 파장 순서대로 '빨주노초파남보'의 스펙트럼이 만들어진다. '빨주노초파남보'에서 파장이 가장 큰 색이 빨간색이고, 가장 작은 색이 보라색이다. 이보다 크거나 작은 파장은 적외선赤外線과 자외선紫外線으로 사람의 눈에 인식되지 않는다. 분명히 존재하는 파장임에도 사람의 눈은 인식하지 못한다.

사람은 소리도 다 듣지 못한다. 보통 20에서 2만 헤르츠 범위의 주파수 소리만을 들을 수 있다. 이 주파수를 벗어나는 소리가 분명히 존재함에도 사람은 인식하지 못한다. 박쥐는 초음파라 불리는 2만 헤르츠 이상의 소리를 이용해서 사물을 분별하기 때문에 어두운 동굴에서도 편하게 이동할 수 있다.

사람은 빛과 소리만이 아니라, 무엇이 선이고 지혜인지 정확하게 인식하는 능력도 부족하다. 하나님께서 사람을 하나님의 형상으로 창조하시어 모든 동물을 다스리게 하셨으므로 사람의 본성은 동물에 비하여 훨씬 뛰어난 인식 능력을 가진다. 아이가 아니라 성인으로 창조된 아담은 창조된 순간에 바로 에덴동산을 경작하며 지키는 능력이 있었고, 들짐승과 각종 새의 본질을 파악하고 거기에 맞는 이름을 지어주는 능력이 있었다.

그런데 아담이 죄를 지으며 그 죄에 대한 벌로 그 본성의 인식 능력이 흐려졌다. 무엇이 선과 지혜와 능력인지, 그리고 무엇이 하나님의 율법에 맞는 것인지를 정확하게 인식하지 못하게 되었다. 죄를 지은 이후에도 여전히 동물보다 더 잘 인식하여 만물의 영장으로 모든 동물을 지배하고 다스리지만 구원에 필요한 하나님과 그의 뜻에 관한 지식을 충분히 갖지 못하게 되었다. 그래서 사람은 본성으로 율법이 옳은 줄을 알고 율법의 일을 행하기도 하고, 그 양심이 증거가 되어 그 생각들이 서로 고발하며 혹은 변명하여 그 마음에 새긴 율법의 행위를 나타내기도 하지만롬 2:14-15, 자기 지혜로 하나님을 알 수 없고고전 1:21, 하나님의 성령의 일들을 어리석게 보아서 받지도 못하고 알 수도 없다고전 2:14. 하나님께서 자신의 말씀을 사람의 마음에 새겨두셨음에도 사람은 부패가 얼마나 심한지 마음에 새긴 그 말씀을 읽지 못하고, 자신의 소견에 옳은 대로 사는 것이다.

❸ 하나님의 계시와 뜻의 선포

하나님께서 사람에게 하나님의 형상이라는 본성도 주시고, 창조와 섭리의 일들도 주시건만, 사람은 그 본성의 빛으로 창조와 섭리의 일들을 통하여 하나님께 감사와 영광을 돌리는 것이 아니라 자신의 이름을 내고, 육신의 정욕과 안목의 정욕과 이생의 자랑을 좇아 살기에 바빴다. 사람이 부패로 구원에 필요한 하나님과 그의 뜻에 관한 지식을 스스로 충분히 갖지 못하자, 하나님께서 교회에 더 풍성하게 자신을 계시하시고, 자신의 뜻을 선포하셨다. 하나님은 특별히 신자에게만 더 많은 계시를 주신 것이라 하여 특별special 계시라고 부른다. 창조와 섭리는 신자나 비신자를 가리지 않고 모든 사람에게 하나님에 대하여 알려주므로 일반general 계시라고 한다. 일반 계시는 하나님께서 창조자와 섭리자와 심판자가 되심을 모든 사람에게 알려주시는 것인데 그들은 자신의 부패로 인하여 이 풍성한 계시를 흐릿하게 인식한다. 특별 계시는 하나님께서 창조자와 섭리자와 심판자만이 아니라 구원자가 되심도 신자에게 알려주시는데, 그때 하나님은 신자에게 믿음을 주시어 자신의 계시를 또렷이 인식하도록 하신다. 부패하여 죽을 수밖에 없는 사람에게 구원에 대하여 계시하여 주시며 그 계시를 인식하도록 믿음까지 주신다.

주님은 여러 때에 여러 모양으로 계시하셨는데, 사람에게 직접 나타나시는 방법은 대표적이다. 아브라함에게는 횃불 가운데서, 모세에게는 떨기나무 불꽃 가운데서, 욥에게는 폭풍 가운데서 나타나시어 말씀하셨다. 성자 하나님께서 사람이 되시어 이 땅에 오셔서 말씀하신 것은 하나님의 현현顯現의 최고점이다.

하나님께서 여러 수단을 통해서도 계시하셨다. 아담창 2:16, 3:8, 가인창 4:6, 9, 노아와 그 아들들창 6:13, 9:1, 모세와 백성출 19:9, 사무엘삼상 3:4에게 말씀하실 때에 들을 수 있는 음성을 통해 계시하셨다. 제비뽑기도 그 수단의 하나인데, 배의 사공들은 제비를 뽑아 폭풍이 요나로 인한 것을 알아내었고, 여호수아는 제비뽑기로 물건을 훔친 이가 아간임을 알아내었다. 우림과 둠밈도 정확한 사용 방법은 성경에 나와 있지 않지만 제비뽑기처럼 하나님의 뜻을 알리는 수단으로 사용되었다. 꿈과 환상과 이상도 하나님의 뜻을 계시하시는 수단이다.

하나님은 기적을 통해서도 계시하신다. 하나님은 모세에게 "어떤 신이 와서 시험과 이적과 기사와 전쟁과 강한 손과 편 팔과 크게 두려운 일로 한 민족을 다른 민족에게서 인도하여 낸 일이 있느냐?"라고 물으시면서, "여호와 외에는 다른 신이 없음을 네게 알게 하려 하심이니라"고 그 이유에 대해 말씀하셨다신 4:34-35. 예수님이 가나안에서 물을 포도주가 되게 하는 첫 표적을 행하심으로 자신의 영광을 나타내시자 제자들이 예수님을 믿었다요 2:11. 예수님은 "내게는 요한의 증거보다 더 큰 증거가 있으니 아버지께서 내게 주사 이루게 하시는 역사 곧 내가 하는 그 역사가 아버지께서 나를 보내신 것을 나를 위하여 증언하는 것이요"라고요 5:36 말씀하셨다. 이처럼 기적은 하나님의 자녀의 어려움과 사역을 돕고, 하나님의 말씀이 사실임을 나타낸다. 이적을 통한 사실 계시는 말씀 계시가 옳음을 확증함으로써, 그리고 명확한 표현을 통한 말씀 계시는 사실 계시를 설명함으로써 서로가 협조한다.

기독교와 다른 종교들의 차이점은 여러 가지가 있지만 특별 계시의 유무는 대표적인 차이점이다. 사람들은 만물에서 하나님의 영원하신 능력과 신성을 분명히 봄으로써 하나님을 알게 됨에도 본성이 타락하였기 때문에 하나님을 영화롭게도 아니하며 감사하지도 아니하고 오히려 그 생각이 허망하여지며 미련한 마음이 어두워지며, 썩어지지 아니하는 하나님의 영광을 썩어질 사람과 새와 짐승과 기어다니는 동물 모양의 우상으로 바꾸어버렸다. 피조물을 조물주보다 더 경배하고 섬기고, 이상한 신을 만들어 엄청난 능력을 그 우상에게 돌렸다 롬 1:20-25. 다른 종교들은 모두 사람들이 신을 만들었지만 기독교만 하나님께서 직접 사람들을 찾아오시어 하나님을 계시하여 주셨고 자신의 뜻을 선포하여 주셨다.

❹ 그 동일한 것의 기록 = 성경의 필요성

특별 계시가 크게 하나님의 현현, 하나님의 음성과 제비뽑기와 우림과 둠밈과 꿈과 환상과 이상, 그리고 기적임을 살펴보았다. 이중 언어로 표현된 특별 계시가 가장 정확하고 상세하다. 기적은 화려하고 자극적이지만 그 기적에 담긴 상세하고 정확한 뜻은 말씀 계시를 통해 알려진다.

언어는 말과 문자로 분류할 수 있는데, 말은 문자보다 더 친근하고 생생한 장점이 있지만, 보존과 망각이란 면에서 약점이 있다. 사람은 시간이 지날수록 들은 것을 잊어버릴 뿐만 아니라 틀리게 기억한다. 하나님께서 특별히 신자들에게 계시하신 내용이 육체의 부패 및 사탄과 세상의 악에 의하여 망각과 변형이 되지 않고, 진리가 더 잘 보존되고 전파되도록 계시하신 동일한 내용이 전부 기록되게 하셨다. 바로 이 이유들 때문에 성경이 지극히 필요하게 되었다. 교회는 이런 기록을 통하여 더 견고하게 세워지고 위로를 받게 된다. 만약에 진리가 기록되지 않았다면 어떤 내용이 맞고 옳으냐는 논쟁과 싸움이 얼마나 많이 일어났겠으며, 이로 인하여 교회는 흔들리고 평안은 깨지고 사탄과 세상은 자신들이 원하는 방향으로 교회를 미혹했을 것이다. 이것이 성경을 지극히 필요한 것이 되도록 한 이유이다.

일반계시의 불충분성: 일반인의 하나님에 대한 희미한 인식

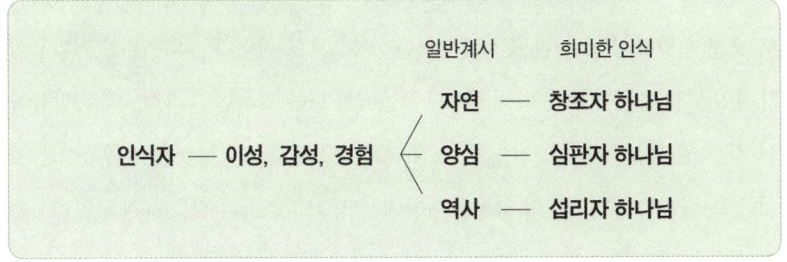

특별계시의 필요성: 신자의 성경을 통한 하나님에 대한 확실한 인식

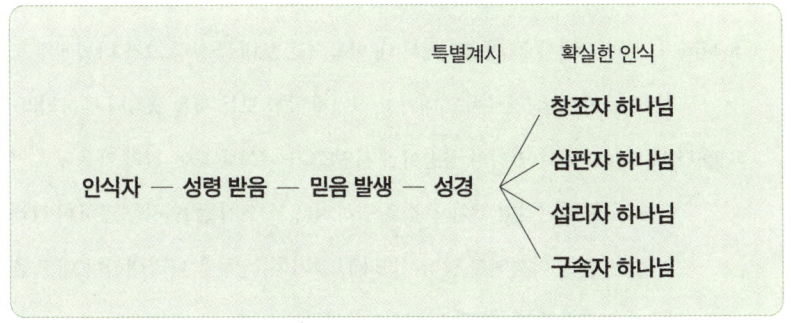

❺ 계시의 예전 방식들의 그침

본성의 빛, 그리고 창조와 섭리의 일들은 하나님의 선과 지혜와 권능을 매우 크게 나타내지만, 구원에 필요한 하나님과 그의 뜻에 관한 지식을 충분히 주지는 못한다. 그래서 하나님은 신자에게 특별 계시를 허락하시어 교회에 자신을 계시하시고 자신의 뜻을 선포하셨다. 이러한 특별 계시의 방식은 크게 세 가지로 하나님의 현현, 하나님의 음성과 제비뽑기와 우림과 둠밈과 꿈과 환상과 이상, 그리고 기적인데 모두 구원의 방법에 집중되어 삼위일체 하나님, 언약, 예수 그리스도를 통한 구원의 획득, 성령님에 의한 구원의 적용 등을 알려준다.

그리고 성자 하나님께서 사람이 되시어 이 땅에 오셔서 말씀하신 것은 하나님의 현현과 기적의 최고점이다. 예수 그리스도는 구원에 필요한 모든 것을 말씀하셨고, 실제로 이루셨다. 물론 예수 그리스도의 죽음 이후 오순절에 성령 하나님께서 오셔서 일하셨고, 지금도 하고 계시고, 앞으로도 하신다. 하지만 성령께서 이 땅에 오셔서 하시는 일은 아래 성경구절들에서 보는 것처럼 그리스도께서 말씀하신 것을 생각나게 하시는 것이고, 오직 그리스도로부터 들은 것을 말씀하시는 것이다. 성령께서 그리스도의 영광을 나타내시고, 그리스도의 것을 가지고 알리시는 것이다. 그러므로 그리스도께서 계시하신 것에 덧붙여 다른 것을 계시하시지 않았다.

요 14:26	보혜사 곧 아버지께서 내 이름으로 보내실 성령 그가 너희에게 모든 것을 가르치고 내가 너희에게 말한 모든 것을 생각나게 하리라
요 16:13-14	그러나 진리의 성령이 오시면 그가 너희를 모든 진리 가운데로 인도하시리니 그가 스스로 말하지 않고 오직 들은 것을 말하며 장래 일을 너희에게 알리시리라 14 그가 내 영광을 나타내리니 내 것을 가지고 너희에게 알리시겠음이라

히브리서는 "옛적에 선지자들을 통하여 여러 부분과 여러 모양으로 우리 조상들에게 말씀하신 하나님이 이 모든 날 마지막에는 아들을 통하여 우리에게 말씀하셨으니 이 아들을 만유의 상속자로 세우시고 또 그로 말미암아 모든 세계를 지으셨느니라"고 히 1:1-2 말한다. 옛적에 신자에게 여러 부분과 모양으로 특별히 계시하신 하나님께서 이 모든 날 마지막에는 예수 그리스도를 통하여 계시하신 것이다. 예수 그리스도께서 이 땅에서 행하신 사역과 전하신 말씀이 하나님께서 말씀하신 것의 핵심과 절정이 된다. 이것을 넘어서는 다른 특별 계시가 이후에 더 없는 것이

고, 더군다나 이것들이 모두 성경으로 기록되었기 때문에, 구원에 이르는 데 필요한 하나님과 그의 뜻에 관한 예전의 특별 계시 방식들은 더 이상 필요하지 않기에 지금은 그쳤다. 만약에 첫째로 예수 그리스도의 생애와 사역과 말씀선포를 통한 계시가 부족하였다면, 둘째로 그렇게 계시된 것들이 성경으로 기록되지 않았다면 지금도 여전히 예전과 같은 방식들로 하나님의 특별 계시가 있어야 할 것이다.

물론 하나님께서 지금도 어떤 한 개인에게 초자연적 방법으로 역사하실 수 있다. 도움을 긴급하고 간절하게 필요로 하는 특정 개인이나 교회에게, 그리고 선교지에서 악한 세력과 첨예하게 맞서며 복음을 전하는 선교사에게 초자연적 방법으로 응답하실 수 있다. 하지만 그렇다고 하여 이것들이 구원에 이르는 데 필요한 하나님과 그의 뜻에 관한 지식을 알려주는 차원은 아니고, 당면한 문제를 해결하는 차원이다. 성경이 완성된 이후에 구원에 이르는 데 필요한 지식 또한 완성되었기 때문에 예전의 특별 계시 방식들은 지금은 그치게 되었다.

❻ 제1장 제1절의 정리

이상의 내용을 정리하면, 사람은 내면의 본성의 빛으로 외부에서 들어오는 창조와 섭리의 일들을 통하여 하나님으로부터 계시를 받는데, 이것을 일반 계시라고 한다. 신자나 불신자나 일반 계시를 통하여 하나님의 선과 지혜와 권능을 알게 되어 사람으로 핑계할 수 없게 하는데, 이것을 일반 계시의 유용성이라고 한다. 일반 계시는 신자와 비신자 간에 접촉점이 있게 하여 대화가 가능하게 하는 유용성도 있고, 일반 사회의 종교와 학문과 질서가 유지되게 하는 유용성도 있다.

사람은 그 본성의 빛이 부패하여 그 창조와 섭리의 일들에서 구원에 필요한 하나님과 그의 뜻에 관한 지식을 충분히 파악해내지 못하는데, 이것을 일반 계시의 불충분성이라고 한다. 그래서 특별히 신자에게 구원에 필요한 하나님과 그의 뜻에 관한 지식이 계시되는 것이 필요한데, 이것을 특별 계시의 필요성이라고 한다.[2] 특

---

2   계시는 크게 두 가지로 구분된다. 첫째는 계시가 일반적 자연 법칙을 통하여 주어지는가, 아니

별 계시가 육체의 부패 그리고 사탄과 세상의 악에 대항하여 더 잘 보존되고 전파되도록 기록된 것이 성경인데, 이것을 특별 계시의 기록의 필요성과 성경의 필요성이라고 한다. 구원에 필요한 하나님과 그의 뜻에 관한 지식을 알려주는 특별 계시는 예수 그리스도를 통해서 최고점에 이르렀고, 이것들이 성경으로 기록되었으므로, 이제 특별 계시가 더 이상 필요하지 않게 되었는데, 이것을 특별 계시의 종결이라고 한다.

> 일반 계시의 유용성
> 일반 계시의 불충분성 → 특별 계시의 필요성
> 특별 계시의 기록의 필요성 → 성경의 필요성
> 특별 계시의 종결성 → 성경의 완전성

우리가 살펴본 것처럼 웨스트민스터 신앙고백은 제1장에서 성경을 다룰 때 이미 제2장부터 다루는 하나님의 존재와 속성 그리고 사람의 죄와 그로 인한 전적 무능력 등을 전제로 하고 있다. 하나님과 사람에 대한 전제 없이 제1장의 성경을 다룰 수 없다. 따라서 이 신앙고백이 제1장에서 성경을 다루지만 동시에 하나님의 존재와 속성에 대한 전제 하에서 다루는 것이다. 아래에서 보는 것처럼 신학에는 이중의 원리가 있다. 하나님은 모든 존재하는 것을 창조하시고 붙드시기 때문에 사람을 비롯한 모든 피조물의 존재의 원리가 되신다. 그렇다면 사람은 어떻게 인

면 자연 법칙을 초월하여 주어지느냐에 따라 자연 계시와 초자연 계시로 나뉜다. 이때 전제되어야 할 핵심은 자연 법칙도 하나님의 은혜와 능력으로 주어진 것으로 하나님의 헤아릴 수 없는 큰일과 기이한 일에 해당한다(욥 5:9-11)는 것이다. 둘째는 계시가 누구에게 주어지느냐에 따라 나뉜다. 일반 계시는 신자나 불신자 모두에게 주어지는 계시이고, 특별 계시는 신자에게만 주어진 계시이다. 일반 계시와 특별 계시는 자연 법칙에 따라 주어지기도 하고 초자연 법칙에 따라 주어지기도 한다.

식하게 되는가? 사람을 창조하신 하나님으로 인해서이다. 하나님은 사람을 만드실 때 인식이 가능하도록 만드셨고, 특별히 하나님의 자녀인 신자에게는 외적으로 하나님의 말씀을 주셨고, 내적으로 믿음을 주셨다. 하나님께서 신자가 잘 인식할 수 있도록 신자의 내면에 믿음이란 인식수단을 주신 것이다. 따라서 신자의 외적 인식 원리나 내적 인식 원리가 모두 하나님에게 있다. 이러한 신학과 인식의 원리를 이해하면 웨스트민스터 신앙고백이 제1장에서 성경을 다루어도 동시에 하나님에 대한 전제 하에서 다루는 것임을 충분히 이해할 수 있다.

신학의 이중 원리
- 존재의 원리: 하나님
- 인식의 원리: 하나님의 말씀과 믿음

인식의 원리
- 외적 인식 원리: 하나님의 말씀
- 내적 인식 원리: 하나님이 주신 믿음

1.2

"성경" 또는 "기록된 하나님의 말씀"이라는 이름 아래에 구약과 신약의 모든 책이 지금 들어있는데, 다음과 같다.

구약: 창세기, 출애굽기, 레위기, 민수기, 신명기, 여호수아, 사사기, 룻기, 사무엘 상, 사무엘 하, 열왕기 상, 열왕기 하, 역대기 상, 역대기 하, 에스라, 느헤미야, 에스더, 욥기, 시편, 잠언, 전도서, 아가, 이사야, 예레미야, 예레미야 애가, 에스겔, 다니엘, 호세아, 요엘, 아모스, 오바댜, 요나, 미가, 나훔, 하박국, 스바냐, 학개, 스가랴, 말라기.

신약: 마태복음, 마가복음, 누가복음, 요한복음, 사도행전, 로마서, 고린도 전서, 고린도 후서, 갈라디아서, 에베소서, 빌립보서, 골로새서, 데살로니가 전서, 데살로니가 후서, 디모데 전서, 디모데 후서, 디도서, 빌레몬서, 히브리서, 야고보서

베드로전서, 베드로 후서, 요한일서, 요한이서, 요한삼서, 유다서, 요한계시록.

이 모든 것은 하나님의 영감으로 된 것으로 믿음과 생활의 규범이다.g

Under the name of holy Scripture, or the Word of God written, are now contained all the Books of the Old and New Testament, which are these.

Of the Old Testament.

Genesis, Exodus, Leviticus, Numbers, Deuteronomy, Joshua, Judges, Ruth, I Samuel, II Samuel, I Kings, II Kings, I Chronicles, II Chronicles, Ezra, Nehemiah, Esther, Job, Psalms, Proverbs, Ecclesiastes, The Song of Songs, Isaiah, Jeremiah, Lamentations, Ezekiel, Daniel, Hosea, Joel, Amos, Obadiah, Jonah, Micah, Nahum, Habakkuk, Zephaniah, Haggai, Zechariah, Malachi.

Of the New Testament.

Matthew, Mark, Luke, John, The Acts of the Apostles, Paul's Epistles to the Romans, Corinthians I, Corinthians II, Galatians, Ephesians, Philippians, Colossians, Thessalonians I , Thessalonians II , To Timothy I , To Timothy II, To Titus, To Philemon, The Epistle to the Hebrews, The Epistle of James, The first and second Epistles of Peter, The first, second, and third Epistles of John, The Epistle of Jude, The Revelation.

All which are given by inspiration of God, to be the rule of faith and life.g

g 눅 16:29, 31; 엡 2:20; 계 22:18-19; 딤후 3:16

2. 성경의 정경 66권과 하나님의 영감

❶ 성경 66권

제1절은 말미에서 성경의 필요성에 대하여 언급하는데, 그렇다면 성경에 포함

된 책들은 무엇일까? 현재 구약과 신약에 속한 책들 모두가 성경에 포함된다. 그 권수는 구약의 책들이 39권이고, 신약의 책들이 27권으로 총 66권이다. 그 구체적 명단은 제2절이 나열한 바와 같다.

❷ 하나님의 영감(감동)

그렇다면 구약의 39권과 신약의 27권은 어떤 기준에 의해 성경에 포함되었을까? 제2절이 "이 모든 것은 하나님의 영감으로 된 것으로"라고 말하는 것처럼, 기준은 하나님의 영감inspiration, 감동이다. 특별 계시와 하나님의 영감은 구분된다. 특별 계시는 하나님께서 특별히 자신의 교회에 자신과 자신의 뜻을 무오하게 계시하신 것이라면, 하나님의 영감은 하나님께서 그 특별 계시가 문자로 무오無誤하게 기록되게 하신 것이다. 특별 계시를 무오하게 받은 자는 그 전달된 지식을 통하여 하나님의 뜻을 알게 되고, 하나님의 영감을 받은 자는 그 전달된 지식을 문자로 무오하게 기록하게 된다.

하나님은 신자에게 계시하신 내용이 어떻게 기록되게 하셨을까? 즉 하나님의 영감이란 무슨 의미일까? 성경 66권은 모두 사람들이 작성하였다. 모세와 바울을 비롯하여 40여명이 1,600여년에 걸쳐 기록하였다. 사람의 관찰에는 편견과 빠뜨림이 있고, 사람의 기억에는 변형과 망각이 있다. 단지 사람이 성경을 기록하였다면 거기에는 틀림이 많이 존재할 수밖에 없다. 그래서 하나님께서 모세, 다윗, 이사야, 다니엘, 마태, 요한, 바울, 베드로 등과 같은 기록자에게 영감이라는 형태로 선한 영향을 미치시어 정확하게 기록이 되게 하셨다.

| 딤후 3:15-17 | 또 네가 어려서부터 성경을 알았나니 성경은 능히 너로 하여금 그리스도 예수 안에 있는 믿음으로 말미암아 구원에 이르는 지혜가 있게 하느니라 16 모든 성경은 하나님의 감동으로 된 것으로 교훈과 책망과 바르게 함과 의로 교육하기에 유익하니 17 이는 하나님의 사람으로 온전케 하며 모든 선한 일을 행하기에 온전케 하려 함 |

	이니라
벧후 1:20-21	먼저 알 것은 성경의 모든 예언은 사사로이 풀 것이 아니니 21 예언은 언제든지 사람의 뜻으로 낸 것이 아니요 오직 성령의 감동하심을 입은 사람들이 하나님께 받아 말한 것임이니라
대상 28:12	또 그가 영감으로 받은 모든 것 곧 여호와의 성전의 뜰과 사면의 모든 방과 하나님의 성전 곳간과 성물 곳간의 설계도를 주고

위에 있는 말씀을 보면 모든 성경은 하나님의 감동으로 된 것이고, 성령님의 감동하심을 입은 사람이 하나님께 받아 말한 것이다. 여기서 사용된 "감동" inspiration 이란 단어가 신학적으로는 "영감"으로 번역되어 사용된다. 하나님께서 성경 기록자에게 영감 하셨다는 것은 성경 기록자가 하나님께 감동을 받아 기록하였다는 의미이다. 성경을 기록한 선지자는 하나님께서 자신의 입에 말씀을 주신다는 것을 알고 있었다 신 18:18; 렘 1:9, 5:14. 3 하나님은 그의 손을 빌어 하나님의 일을 하셨듯이, 그의 입을 빌어 하나님의 말씀을 하셨다 겔 25:14; 출 35:29; 왕상 8:56; 호 12:10; 슥 7:12. 4 구약의 선지자와 신약의 사도는 자신이 하는 말이 자신 내부에서 나

---

3   신 18:18 내가 그들의 형제 중에서 너와 같은 선지자 하나를 그들을 위하여 일으키고 내 말을 그 입에 두리니 내가 그에게 명령하는 것을 그가 무리에게 다 말하리라
  렘 1:9 여호와께서 그의 손을 내밀어 내 입에 대시며 여호와께서 내게 이르시되 보라 내가 내 말을 네 입에 두었노라
  렘 5:14 그러므로 만군의 하나님 여호와께서 이와 같이 말씀하시니라 너희가 이 말을 하였은즉 볼지어다 내가 네 입에 있는 나의 말을 불이 되게 하고 이 백성을 나무가 되게 하여 불사르리라

4   겔 25:14 내가 내 백성 이스라엘의 손으로(by the hand of my people Israel) 내 원수를 에돔에게 갚으리니 그들이 내 진노와 분노를 따라 에돔에 행한즉 내가 원수를 갚음인 줄을 에돔이 알리라 주 여호와의 말씀이니라
  출 35:29 마음에 자원하는 남녀는 누구나 여호와께서 모세의 손을 빌어(by the hand of Moses) 명령하신 모든 것을 만들기 위하여 물품을 드렸으니 이것이 이스라엘 자손이 여호와께 자원하여 드린 예물이니라
  왕상 8:56 여호와를 찬송할지로다 그가 말씀하신 대로 그의 백성 이스라엘에게 태평을 주셨으니 그 종 모세를 통하여(by the hand of Moses) 무릇 말씀하신 그 모든 좋은 약속이 하나도 이루어지지 아니함이 없도다
  호 12:10 내가 여러 선지자에게 말하였고 이상을 많이 보였으며 선지자들을 통하여(by the

온 것인지 아니면 성령님으로 말미암아 나온 것인지 구별하였다 민 16:28; 왕상 12:23; 느 6:8; 고전 2:4, 13; 살전 2:13 .5

성경에는 여호와의 말씀이 선지자들에게 임하였다는 내용이 곳곳에 나온다. "여호와께서 말씀하시기를"saith the Lord GOD 이란 표현이 성경에 100번 넘게 나온다. "여호와의 말씀을 들을지니라"Hear ye therefore the word of the LORD 는 8번 정도 나온다. "여호와의 말씀이 ... 임하니라"The word of the LORD came 는 40번이 넘는다. 그리고 그렇게 주어진 말씀을 선지자로 기록하게 하시는 명령도 곳곳에 나온다 출 17:14; 민 33:2; 사 30:8; 렘 25:13; 렘 30:2; 단 12:4; 합 2:2 .6 신약 성경은 이렇게 기록된 구약 성

---

ministry of the prophets) 비유를 베풀었노라
슥 7:12 그 마음을 금강석 같게 하여 율법과 만군의 여호와가 그의 영으로 옛 선지자들을 통하여(by the former prophets) 전한 말을 듣지 아니하므로 큰 진노가 만군의 여호와께로부터 나왔도다

5 민 16:28 모세가 이르되 여호와께서 나를 보내사 이 모든 일을 행하게 하신 것이요 나의 임의로 함이 아닌 줄을 이 일로 말미암아 알리라
왕상 12:23 그가 자기 마음대로 정한 달 곧 여덟째 달 열다섯째 날로 이스라엘 자손을 위하여 절기로 정하고 벧엘에 쌓은 제단에 올라가서 분향하였더라
느 6:8 내가 사람을 보내어 그에게 이르기를 네가 말한 바 이런 일은 없는 일이요 네 마음에서 지어낸 것이라 하였나니
고전 2:4, 13 내 말과 내 전도함이 설득력 있는 지혜의 말로 하지 아니하고 다만 성령의 나타나심과 능력으로 하여 13. 우리가 이것을 말하거니와 사람의 지혜가 가르친 말로 아니하고 오직 성령께서 가르치신 것으로 하니 영적인 일은 영적인 것으로 분별하느니라
살전 2:13 이러므로 우리가 하나님께 끊임없이 감사함은 너희가 우리에게 들은 바 하나님의 말씀을 받을 때에 사람의 말로 받지 아니하고 하나님의 말씀으로 받음이니 진실로 그러하도다 이 말씀이 또한 너희 믿는 자 가운데에서 역사하느니라

6 출 17:14 여호와께서 모세에게 이르시되 이것을 책에 기록하여 기념하게 하고 여호수아의 귀에 외워 들리라
민 33:2 모세가 여호와의 명령대로 그 노정을 따라 그들이 행진한 것을 기록하였으니 그들이 행진한 대로의 노정은 이러하니라
사 30:8 이제 가서 백성 앞에서 서판에 기록하며 책에 써서 후세에 영원히 있게 하라
렘 25:13 내가 그 땅을 향하여 선언한 바 곧 예레미야가 모든 민족을 향하여 예언하고 이 책에 기록한 나의 모든 말을 그 땅에 임하게 하리라
렘 30:2 이스라엘의 하나님 여호와께서 이와 같이 말씀하여 이르시기를 내가 네게 일러 준 모든 말을 책에 기록하라
단 12:4 다니엘아 마지막 때까지 이 말을 간수하고 이 글을 봉함하라 많은 사람이 빨리 왕래하며 지식이 더하리라

경의 신적 권위를 곳곳에서 인정한다.눅 16:17, 29, 31; 요 10:35; 벧후 1:21.[7]

그렇다면 신약 성경을 기록한 사도는 자신의 기록을 어떻게 여겼을까? 베드로는 바울이 그 받은 지혜대로 쓴 것을 성경이라고 부르며 신적 권위를 부여하였다 벧후 3:15-16. 이미 베드로 당시에 바울이 쓴 편지들이 성경으로 인정받은 것을 알 수 있다. 바울은 "이 편지를 너희에게서 읽은 후에 라오디게아인의 교회에서도 읽게 하고 또 라오디게아로부터 오는 편지를 너희도 읽으라"고골 4:16 말하여, 자신이 쓴 편지를 자신의 사적 편지로 보지 않고 권위 있게 대하였다살전 5:27. 사도는 성경을 기록할 때 구약 성경만이 아니라, 신약 성경도 인용하였다. "성경에 일렀으되 곡식을 밟아 떠는 소의 입에 망을 씌우지 말라 하였고 또 일군이 그 삯을 받는 것이 마땅하다 하였느니라"에서딤전 5:18, 앞 문장은 신명기 25:4절의 "곡식 떠는 소의 입에 망을 씌우지 말지니라"는 말씀을 인용한 것이고, 두 번째 문장은 마태복음 10:10절의 "이는 일군이 저 먹을 것 받는 것이 마땅함이니라"는 말씀과 누가복음 10:7절의 "일군이 그 삯을 얻는 것이 마땅하니라"는 말씀을 인용한 것이다. 바울 당시에 마태복음과 누가복음이 성경으로 인정을 받은 것이다. 유다도 베드로후서를 성경으로 인정하여 유다서 17-18절 말씀을 베드로후서 3:3절에서 인용하였다.[8]

웨스트민스터 신앙고백이 만들어지던 때에는 성경이 영감 되었다는 것에 대

합 2:2 여호와께서 내게 대답하여 이르시되 너는 이 묵시를 기록하여 판에 명백히 새기되 달려가면서도 읽을 수 있게 하라

7 눅 16:17, 29, 31 그러나 율법의 한 획이 떨어짐보다 천지가 없어짐이 쉬우리라 29.아브라함이 이르되 그들에게 모세와 선지자들이 있으니 그들에게 들을지니라 31.이르되 모세와 선지자들에게 듣지 아니하면 비록 죽은 자 가운데서 살아나는 자가 있을지라도 권함을 받지 아니하리라 하였다 하시니라
요 10:35 성경은 폐하지 못하나니 하나님의 말씀을 받은 사람들을 신이라 하셨거든
벧후 1:21 예언은 언제든지 사람의 뜻으로 낸 것이 아니요 오직 성령의 감동하심을 받은 사람들이 하나님께 받아 말한 것임이라

8 벧후 3:3 먼저 이것을 알찌니 말세에 기롱하는 자들이 와서 자기의 정욕을 좇아 행하며 기롱하여
유 1:17-18 사랑하는 자들아 너희는 우리 주 예수 그리스도의 사도들이 미리 한 말을 기억하라 18.그들이 너희에게 말하기를 마지막 때에 자기의 경건하지 않은 정욕대로 행하며 조롱하는 자들이 있으리라 하였나니

하여 모든 교파가 논쟁의 여지없이 받아들였기 때문에 제2절은 영감의 성격에 대해서는 따로 언급하지 않았다. 영감의 성격에 대한 정통의 이해는 다음과 같다. 먼저 영감의 방식에 대해 살펴보자. 성경 저자들은 타자기처럼 하나님께서 불러주시는 내용을 무의식과 비이성 가운데서 단순히 받아쓴 서기에 지나지 않았는가? 이들은 정신 활동이 중지된 채 하나님의 말씀이 흘러가는 통로와 기구의 역할만을 하였기 때문에 성경의 내용과 형식과 문체에 전혀 영향을 미치지 못했는가? 이러한 주장을 성경 저자들이 인격체가 아니라 마치 기계처럼 사용되었다고 하여 기계적 영감mechanical inspiration이라고 한다. 기계적 영감은 성경 저자들의 개성과 경험과 관찰이 성경 기록에 전혀 영향을 미치지 못했고, 오직 성령의 영향과 스타일만 존재한다는 것이다. 이 주장은 하나님이 세상에서 사람들에게 섭리하실 때에 사람들의 인격과 개성과 이성과 판단을 사용하시지 않는다는 주장과 다를 바 없다. 하지만 하나님은 섭리하실 때에 사람들을 기계처럼 사용하시지 않는다. 사람들은 자유롭게 행동하고, 하나님은 그 자유로운 행동들을 모두 사용하시어 하나님의 뜻을 이루신다.

하나님께서 성경의 영감에서도 섭리처럼 일하신다. 성경 기록자들이 의식이 있는 가운데 이성을 사용하여 스스로 생각하고 판단하여 성경을 기록하였는데, 그때 하나님께서 그들의 자유로운 생각과 판단을 말살하지 않으시고, 오히려 그 자유와 개성을 올바로 세우시며 하나님께서 원하시는 모든 것을 정확하게 기록하도록 하셨다. 이것을 유기적 영감 有機的, organic inspiration이라고 한다. "유기적"의 사전적 정의는 "생물체처럼 전체를 구성하고 있는 각 부분이 서로 밀접하게 관련을 가지고 있어서 떼어 낼 수 없는"이다. 유기적 영감이란 하나님과 성경 기록자들이 한 생명체처럼 서로 밀접하게 연관된 상태에서 하나님께서 인격체인 성경 기록자들을 감동시키셨다는 것이다. 성경 기록자들이 성경을 기록할 때에 하나님께서 그들을 단지 기계처럼 사용하시지 않고, 그들이 인격체로서 의식과 이성을 갖고 활발히, 자유롭게, 온전히 행동할 때에 이것을 전혀 무시하거나 역행하시지 않고, 유기적으로 영향을 미치셨다는 것이다. 그들의 성장배경, 교육내용, 인생경험, 개성, 은

사, 재능, 문체 등이 모두 존중되며 사용되었다. 물론 하나님께서 유기적으로 이렇게 하실 때에 기록자들은 때로 기계처럼 사용되어 하나님께서 영감하신 내용을 그대로 기록하기도 한다. 다니엘이 환상을 받고 기록한 것이 이에 해당되는데 이때에도 하나님은 최소한이나마 다니엘의 생각과 취사선택을 무시하시지 않고 사용하셨다. 누가가 그 모든 일을 근원부터 자세히 미루어 살핌으로써눅 1:3 누가복음을 기록할 때에 하나님께서 그에게 유기적으로 영감을 주시어 죄의 영향으로부터 보호하시고, 올바르게 자료와 목격담을 취사선택하고, 기억을 회상하고, 꼭 전해야 할 내용과 사상을 확정하고, 글의 구조와 형식과 단어를 결정하게 하셨다. 이것 때문에 성경 66권은 저자들 숫자만큼이나 다양한 문체와 양식과 특성이 존재한다. 하나님께서 사람들을 창조하시고 섭리하시기 때문에 그들에게 유기적으로 선한 영향을 미치는 방법을 아신다. 하나님께서 성경 기록자들에게 어떻게 유기적으로 영감하셨는지 그 구체적 과정에 대하여 우리는 알지 못하는데, 이는 우리가 사람의 영혼이 어떻게 몸과 서로 연결되어 하나가 되는지, 예수 그리스도의 신성이 어떻게 인성과 서로 연합되어 한 인격을 이루는지, 하나님의 작정과 사람의 자유가 어떻게 조화를 이루는지를 정확히 모르는 것과 같다. 우리가 하나님의 신비에 대하여 모르는 것은 참으로 많고, 우리는 피조물의 이러한 한계를 기꺼이 인정해야 한다.

이제 영감의 범위에 대하여 살펴보자. 첫째로 부분 영감이 아니라 완전 영감이다. 사람의 이성과 감성의 능력을 믿는 합리적이고 진보적인 이들일수록 성경의 모든 내용이 영감되었다는 주장을 받아들이지 않는다. 이들은 성경 중 비본질에 해당하는 역사적인 배경은 영감되지 않았고, 단지 교리나 영적인 진술만 영감되었다고 주장한다. 이들은 성경에 역사와 고고학과 과학에 관해서는 오류가 있는데 이것은 비본질적인 것이라 괜찮고, 본질적인 교리와 도덕적, 영적 진술은 영감되어 오류가 없다고 주장한다. 합리적으로 보이는 이 주장을 우리가 받아들이는 순간에 성경은 신적 권위를 잃어버린다. 성경의 어느 진술이 교리와 도덕과 영에 해당하는 것인지 구분할 수 없고, 틀린 역사와 고고학과 과학의 배경 하에서 진술된 교리가 전적으로 옳을 수 없기 때문이다. 성경은 성경의 다른 구절을 인용할 때 역사적인 내용도 차별하지 않고 모두 하나님의 말씀으로 인정하고, 여러 곳에서 발췌한 말씀을 같은 주제를 증명하는 데 사용한다 롬 3:10-18; 히 1:5-13. 우리는 전체가 하나님의 능력으로 신비하게 영감된 성경에서 인간적인 부분만을 빼내려는 시도를 해서는 안 된다.

둘째로 사상 영감만이 아니라 언어 영감이다. 어떤 이는 성경에서 사상은 영감되었으나 그 사상을 표현한 언어는 영감되지 않았다고 주장한다. 이것은 성경에 불완전함과 오류로 보이는 것의 존재에 대해 나름 설명하면서도, 본질에 해당하는 사상은 영감되었다고 주장하는 것이다. 위의 첫째 시도가 역사적인 배경에 오류가 있다고 주장한다면, 둘째 시도는 언어에 오류가 있다고 주장한다. 그런데 사상이 언어를 통해 표현이 되는데, 사상을 표현한 언어에 오류가 있으면서 어찌 그 사상에 오류가 없을 수 있겠는가? 사람은 언어 없이 생각과 표현을 할 수 없기 때문에 하나님께서 영감하실 때에 사상만이 아니라 언어까지도 정밀하게 영감하신다.

셋째로 구체적인 단어까지 영감된 축자逐字 영감이다. 축자란 글자를 하나하나 따른다는 뜻이다. 여호와께서 절대로 언어 없이 정신적 교감으로 선지자와 사도에게 계시하시지 않았고, 언어를 사용하셨다. 앞에서 살펴보았듯 "여호와께서 말씀하시기를"이란 표현이 성경에 100번 넘게 나오고, "여호와의 말씀을 들을지니라"가 8번 정도 나오고, "여호와의 말씀이 … 임하니라"가 40번이 넘는다. 아래 성경구절들에서 보듯이 하나님께서 자신의 말씀을 선지자의 입에 두셨고, 그는 여호와께서 주신 말씀을 그대로 전달하였다. 바울은 성령께서 가르쳐주신 말을 전달한다고 말하였고, 히브리서는 구약의 성경구절들을 인용할 때에 사람의 말이 아니라 하나님의 말씀으로 인용한다 히 2:11-13, 3:7, 4:4-5, 8:8, 10:15-17, 30, 37-38, 12:5-6. 하나님께서 자연의 여러 다양한 것을 구체적으로 섬세하게 창조하시고 현재도 다스리시듯, 성경 기록자에게 영감하실 때도 구체적 단어까지 정밀하고 섬세하게 영감하시어 기록하도록 하셨다.

신 18:18	내가 그들의 형제 중에서 너와 같은 선지자 하나를 그들을 위하여 일으키고 내 말을 그 입에 두리니 내가 그에게 명령하는 것을 그가 무리에게 다 말하리라
렘 1:9	여호와께서 그의 손을 내밀어 내 입에 대시며 여호와께서 내게 이르시되 보라 내가 내 말을 네 입에 두었노라
렘 5:14	그러므로 만군의 하나님 여호와께서 이와 같이 말씀하시니라 너희가 이 말을 하였은즉 볼지어다 내가 네 입에 있는 나의 말을 불이 되게 하고 이 백성을 나무가 되게 하여 불사르리라
겔 3:4, 10-11	그가 또 내게 이르시되 인자야 이스라엘 족속에게 가서 내 말로 그들에게 고하라 10 또 내게 이르시되 인자야 내가 네게 이를 모든 말을 너는 마음으로 받으며 귀로 듣고 11 사로잡힌 네 민족에게로 가서 그들이 듣든지 아니 듣든지 그들에게 고하여 이르기를 주 여호와의 말씀이 이러하시다 하라
고전 2:13	우리가 이것을 말하거니와 사람의 지혜가 가르친 말로 아니하고 오직 성령께서 가르치신 것으로 하니 영적인 일은 영적인 것으로 분별하느니라
히 1:5	하나님께서 어느 때에 천사 중 누구에게 너는 내 아들이라 오늘 내가 너를 낳았다 하셨으며 또 다시 나는 그에게 아버지가 되고 그는 내게 아들이 되리라 하셨느냐

하나님께서 예수 그리스도 안에서 성령에 의해 영감의 방법을 통하여 성경을 기록하셨다는 것은 제1장 제3-10절에 나오는 성경의 여러 특성의 근거가 된다. 하나님의 영감으로 기록된 것만이 성경의 정경이 되고[제3절], 하나님께서 직접 자신의 뜻을 성경에 담았기 때문에 성경은 최종적인 권위를 가지며[제4절], 성령은 말씀에 의해 말씀과 함께 성경이 하나님의 말씀이라고 증언하시며[제5절], 성경은 사람의 구원과 믿음과 생활에 필요한 내용을 충족하게 담고 있으며[제6절], 사람이 구원

을 위해 알고, 믿고, 지켜야하는 내용이 명료하며^{제7절}, 하나님의 비범한 보호와 섭리로 모든 시대에 걸쳐 구약 성경과 신약 성경을 온전하게 보존하셨으며^{제8절}, 성경 해석의 무오한 법칙은 성경 자체이며^{제9절}, 최고의 재판관은 성경 안에서 말씀하시는 성령뿐이시다^{제10절}. 이처럼 성경의 영감 교리를 어떻게 받아들이느냐에 따라 성경의 정경과 권위와 자증성과 충족성과 명료성과 보존과 성경해석의 법칙과 최고의 재판관이 달라진다. 성경의 영감 교리가 약화될수록 성경의 제2저자인 사람, 그리고 성경을 읽는 독자가 강조된다. 성경 자체에 대한 연구보다 성경을 기록한 여러 인간 저자와 시대 배경에 대한 연구가 많아지고, 이들의 권위만큼 성경은 권위와 충족성과 명료성과 보존성을 인정받는다. 뿐만 아니라 성경을 읽는 독자의 가치와 필요와 욕구를 충족시키는 형태로 성경 해석이 이루어진다. 눈에 보이지 않는 하나님의 영감 대신에 눈에 보이는 인간 저자와 독자에게 끌리며 성경은 하나님의 책이 아니라 사람의 책이 되어버린다. 우리는 성경의 영감 교리가 이렇게 중요하므로 이에 대하여 명확히 이해해야 하며 한 치의 양보도 해서는 안 된다.

❸ 믿음과 생활의 규범

하나님께서 영감을 통하여 자신과 자신의 뜻을 계시하시고 성경으로 기록되게 하셨으니 성경은 하나님과 그의 뜻을 담고 있다. 성경이 우리를 향한 하나님의 뜻을 담고 있으니 성경은 당연히 믿음과 생활의 규범이 된다. 하나님만이 유일한 진리이시기 때문에 하나님의 말씀만이 믿음과 생활의 규범이 된다. 믿음이나 생활에 관하여 생각하거나 결정해야 할 일이 있을 때 신자는 사람의 전통이나 여론이나 학문이나 실정법을 참고할 수 있지만, 최종적 판단은 성경에 근거해야 한다.

예를 들면, 헌법재판소는 2015년 2월 26일에 형법 제241조의 "배우자있는 자가 간통한 때에는 2년 이하의 징역에 처한다."라는 간통죄가 "헌법상 보장되는 성적 자기결정권 및 사생활의 비밀과 자유를 제한한다."라며 7대 2로 위헌 판결하였다. 헌법재판소는 "결혼과 성에 관한 국민의 의식이 변화되고, 성적 자기결정권을 보다 중요시하는 인식이 확산됨에 따라, 간통행위에 대하여 이를 국가가 형벌로 다스리는 것이 적정한지에 대해서는 이제 더 이상 국민의 인식이 일치한다고 보기 어렵게 되었다. 또한 비록 비도덕적인 행위라 할지라도 본질적으로 개인의 사생활에 속하고 사회에 끼치는 해악이 그다지 크지 않거나 구체적 법익에 대한 명백한 침해가 없는 경우에는 국가권력이 개입해서는 안 된다는 것이 현대 형법의 추세이고, 이에 따라 전세계적으로 간통죄는 폐지되고 있다. 혼인과 가정의 유지는 당사자의 자유로운 의지와 애정에 맡겨야지, 형벌을 통하여 타율적으로 강제될 수 없는 것이다."라고 설명하며, 과잉금지원칙에 위배되어 헌법에 위반된다고 결론지었다. 비록 헌법에 있는 자기결정권과 행복추구권에[9] 의해 간통죄가 형법에서 죄가 아니지만, 신자는 헌법과 법률이 아니라 하나님의 말씀에 따라 판단해야 하므로 "간음하지 말라"는 십계명의 말씀에 따라 간통죄는 여전히 죄이다.

가. 로마 가톨릭의 "사도전승"

로마 가톨릭도 성경에 따라 믿음과 생활에 속한 일을 판단하지만, 그들은 성경에 사도전승을 첨가한다. 그들은 복음이 구두와 문서 두 가지 방식으로 전해졌다고 본다. 구두로는 "사도들이 그리스도의 말씀과 행적 그리고 그분과 함께한 공동생활에서 받은 것과 성령의 조언에 힘입어 배운 것을 설교와 모범과 제도로써 전달해 주었다."라고[10] 본다. 로마 가톨릭은 "사도들은 교회 안에 복음이 영구히 온전

---

[9] 1. **자기결정권과 행복추구권** - 헌법 제10조 "모든 국민은 인간으로서의 존엄과 가치를 가지며, 행복을 추구할 권리를 가진다. 국가는 개인이 가지는 불가침의 기본적 인권을 확인하고 이를 보장할 의무를 진다."
2. **과잉금지원칙** - 헌법 제37조 ① 국민의 자유와 권리는 헌법에 열거되지 아니한 이유로 경시되지 아니한다. ② 국민의 모든 자유와 권리는 국가안전보장, 질서유지 또는 공공복리를 위하여 필요한 경우에 한하여 법률로써 제한할 수 있으며, 제한하는 경우에도 자유와 권리의 본질적인 내용을 침해할 수 없다.

[10] 주교회의 교리교육위원회 역, 『가톨릭 교회 교리서』제2판 (한국천주교중앙협의회, 2008), 76항, 67. 그리고 『제2차 바티칸 공의회 문헌』(제3판) (서울: 가톨릭출판사, 2007), "계시 헌장" 7항. 이하 각주 표기는 "계시 헌장, 7항"과 같은 식으로 한다. 교황 요한 23세는 1959년 1월 25일에 바티칸 공의회를 소집하였고, 1962년 10월 11일에 공의회 개회식이 열렸다. 요한 23세는 1964년

하게 또 생생하게 보존되도록 주교들을 후계자로 세워 자기 교도직의 자리를 넘겨주었다."고[11] 보면서, "영감 받은 책들 안에 특별한 방식으로 표현되어 있는 사도적 설교는 세상 종말까지 지속적인 계승으로 보전되어야 했다."고[12] 주장한다. 이들은 이것을 성전聖傳, Tradition이라고 부르고, 이 성전을 통해서 "교회는 그 교리와 생활과 예배를 통하여 자신의 모든 것과 자신이 믿는 모든 것을 영속시키며 모든 세대의 사람들에게 전달한다."고[13] 주장한다.

천주교는 "성전과 성경은 서로 긴밀히 연결되고 또 상통한다. 동일한 신적 원천에서 솟아 나와 어떤 방식으로든 하나를 이루며 같은 목적을 지향하고 있기 때문이다."고[14] 보면서, "주 그리스도와 성령께서 사도들에게 맡기신 하느님의 말씀은 성전으로 후계자들에게 온전히 전달되는데, 후계자들은 진리의 성령에게서 빛을 받아 자신의 설교로 그 말씀을 충실히 보존하고 해설하며 널리 전파할 수 있게

6월 3일에 별세하였고, 후임자 바오로 6세 때인 1965년 12월 8일에 폐회하였다. 4회기(1962년 10/11-12/8일, 1963년 9/29-12/4일, 1964년 9/14-11/21일, 1965년 9/14-12/8일) 동안에 열린 바티칸 공의회는 아래와 같이 16개의 결의문을 작성하였다. 계시 헌장은 그때 작성되었다.
① 4개 헌장(Constitution): 전례 헌장, 교회 헌장, 계시 헌장, 사목 헌장
② 9개 교령(Decree): 사회매매 교령, 동방교회 교령, 일치 교령, 주교 교령, 수도생활 교령, 사제양성 교령, 평신도 교령, 선교 교령, 사제생활 교령
③ 3개 선언(Declaration): 기독교인교육 선언, 비기독교인 선언, 종교자유 선언
*가톨릭교회 교리서(라틴어: Catechismus Catholicae Ecclesiae, 영어: Catechism of the Catholic Church)는 로마 가톨릭의 교리서이다. 1985년 세계주교대의원회의 임시 총회는 신앙과 윤리에 관한 모든 로마 가톨릭 교리를 망라하는 교리서나 개요서의 편찬을 교황 요한 바오로 2세에게 요청했다. 그는 1986년에 추기경들과 주교들로 구성된 특별위원회에 이 임무를 맡겼고, 가톨릭교회 교리서라는 이름으로 1992년에 프랑스어와 라틴어로 처음 발행되었다. 추기경 요제프 라칭거를 중심으로 구성된 "부서간 위원회"를 통해 1997년에 라틴어 표준판이 공포되었다. 한국에서는 주교회의 교리교육위원회가 1993년부터 한국어판을 번역하였고, 2003년에 개정판 합본 초판을, 2008년에 개정판 제2판을 발행하였다.

11 『가톨릭 교회 교리서』, 77항, 67. 그리고 계시 헌장 7항. "But in order to keep the Gospel forever whole and alive within the Church, the Apostles left bishops as their successors, "handing over" to them "the authority to teach in their own place."
12 『가톨릭 교회 교리서』, 77항, 68. 그리고 계시 헌장 8항.
13 『가톨릭 교회 교리서』, 78항, 68. 그리고 계시 헌장 8항.
14 『가톨릭 교회 교리서』, 80항, 68. 그리고 계시 헌장 9항.

되는 것이다."고[15] 말한다. 결론적으로 천주교는 "그러므로 계시의 전달과 해석을 위임받은 교회는 오로지 성경으로만 모든 계시 진리에 대한 확실성에 이르게 되는 것은 아니다. 이런 이유로 이 둘을 똑같이 경건한 애정과 존경으로써 받아들이고 공경해야 한다."고[16] 주장한다.

더욱이 천주교는 사도들에게서 이어오는 이 성전聖傳이 성령의 도우심으로 교회 안에서 발전한다고 본다. "전해진 것들과 말씀들에 대한 이해가, 마음 깊이 그것을 새겨 간직하는 눅 2:19, 51 신자들의 명상과 공부로써, 영적인 것들에 대한 좀더 깊은 인식을 통해 쌓이는 경험으로써, 그리고 주교직 계승을 통해 확고한 진리의 은사를 받은 이들의 설교로써 증진된다. 곧 교회는 그 자신 안에서 하느님의 말씀이 완성될 때까지 세기에 걸쳐 하느님 진리의 충만을 향하여 꾸준히 나아간다. 거룩한 교부들은 이 성전이 살아 있음을 증언하고, 믿고 기도하는 교회의 관습과 생활 안으로 이 성전의 풍요로움이 흘러 들어온다고 가르친다. 성전으로 교회는 성서의 온전한 정경을 인식하게 되었고 또한 성전으로 성서는 한결 더 깊이 이해되고 교회 안에서 그 힘을 발휘하게 되었다."[17] 성전이 교회 안에서 발전한다는 천주교의 주장은 교회가 성전을 주관적으로 그리고 임의적으로 해석할 수 있는 여지를 남겨놓아, 언제든 주교들의 해석과 결정이 성경과 성전보다 위에 있을 수 있다.

나. 로마 가톨릭의 교회의 교도권(敎導權, magisterium)

천주교가 성전을 성경과 같은 위치에 두는 것도 문제지만, 성경과 성전을 올바로 해석하는 직무가 "예수 그리스도의 이름으로 권한을 행사하는 교회의 살아 있는 교도권에만 맡겨져 있다."라면서 로마 주교인 베드로의 후계자와 일치를 이루는 주교들에게 맡겨져 있다고 보는 것은 더 큰 문제이다.[18] 천주교는 결론적으로

---

15 『가톨릭 교회 교리서』, 81항, 69. 그리고 계시 헌장 9항.
16 『가톨릭 교회 교리서』, 82항, 69. 그리고 계시 헌장 9항.
17 계시 헌장 8항.
18 『가톨릭 교회 교리서』, 85항, 70. 그리고 계시 헌장 10항. "The task of giving an authentic

"그러므로 성전과 성서와 교회 교도직은 하느님의 지극히 지혜로우신 계획에 따라 각기 독립되어 존립할 수 없을 정도로 서로 연결되고 결합되어 있으며 또한 셋 모두 함께 고유한 방식대로 성령의 활동 아래 영혼의 구원에 효율적으로 기여하고 있음이 명백하다."고[19] 말한다. 즉 천주교는 믿음과 생활의 규범이 성경 이외에도 성전과 교회의 교도권 두 가지가 더 있다고 말하는 것이다. 교황과 주교들이 부패해지면 자신의 사적 이익을 위해서나 로마 가톨릭이란 교파를 위해서 하나님의 말씀과 어긋나는 해석을 얼마든지 할 수 있고, 실제로 역사에서 많이 해왔다. 성경을 올바로 해석하는 일은 하나님을 경건하게 섬기는 이들이 성경을 하나님의 말씀으로 알고 하나님의 영광을 위하여 성경 전체의 문맥 하에서 해석할 때 이루어지는 것이지 어느 특정 집단에 맡겨져 있지 않다.

1.3

보통 외경(外經)이라 불리는 책들은 하나님의 영감으로 된 것이 아니므로 성경의 정경(正經)의 일부가 전혀 아니다. 따라서 하나님의 교회에서 아무런 권위가 없으며, 사람의 저술에 지나지 않으니 그 이상 달리 인정받거나 사용되어서는 안 된다.[h]

The books commonly called Apocrypha, not being of divine inspiration, are no part of the Canon of Scripture; and therefore are of no authority in the Church of God, nor to be any otherwise approved, or made use of, than other human writings.[h]

---

interpretation of the Word of God, whether in its written form or in the form of Tradition, has been entrusted to the living teaching office of the Church alone. Its authority in this matter is exercised in the name of Jesus Christ." This means that the task of interpretation has been entrusted to the bishops in communion with the successor of Peter, the Bishop of Rome.

19 『가톨릭 교회 교리서』, 95항, 73. 그리고 계시 헌장 10항.

h 눅 24:27, 44; 롬 3:2; 벧후 1:21

3. 하나님의 영감이 아닌 외경과 위경과 가경

서기 90년에 얌니아Jamina에서 열린 종교회의는 구약 성경의 정경을 결정할 때에 그리스어로만 쓰인 7권의 책을 정경에서 제외시켰다. 기원전 333년에 그리스의 알렉산더 대왕은 페르시아를 점령하며 주변 세계에 그리스 문명을 활짝 피웠고, 그리스어는 세계 공용어로 널리 쓰였다. 나라를 잃고 세계 각지로 흩어진 유대인은 시간이 흐르면서 점차 자신의 언어를 잃어버렸고 공용어인 그리스어를 사용하게 되었다. 유대인 학자들은 이들을 위하여 히브리 언어로 기록된 구약성경을 그리스어로 번역하였다. 이때는 구약성경이 정경으로 완전히 확증이 되지 않은 관계로 기원전 2세기와 1세기에 그리스어로 쓰인 문헌들이 히브리어 성경에 덧붙여졌다. 이렇게 덧붙여진 문헌들을 서기 90년의 얌니아 종교회의는 정경으로부터 제외하였다. 원래 히브리어로 쓰인 책들만을 정경으로 확정하였다.

마틴 루터Martin Luther, 1483-1546는 1534년에 독일어로 성경을 번역하면서 구약성경 끝부분에 이 때 제외된 7권의 책을 외경apocrypha, 外經이란 이름을 붙여 부록으로 첨가했다. 외경apocrypha은 "감추어진"이라는 의미를 지닌 그리스어 apokryphos에서 나온 말로써, 인위적으로 만들어졌기 때문에 이단적이므로 감추어져야 된다는 뜻도 되고, 보통 사람은 이해하기 힘든 감추어진 내용을 담고 있다는 뜻도 된다. 루터는 외경을 성경과는 동일시할 수 없는 책들이나 읽으면 유용하고 좋은 책들이라고 평하며 부록으로 첨가했다. 그런데 로마 가톨릭은 이 7권을 정경으로 인정하여 지금도 그들의 구약성경에 포함시키고 있다. 이 7권은 바룩서the book of Baruck, 토비트Tobit, 유딧서Judith, 마카비 1서와 2서1, 2 Maccabee, 시락서 혹은 집회서Ben Sirach, Ecclesiasticus, 그리고 지혜서Wisdom of Solomon이다.

로마 가톨릭은 천국과 지옥의 중간 상태인 연옥을 믿는다. 그들이 연옥을 믿는 것은 마카비 2서에 나오는 아래와 같은 내용 때문이다. 읽어보면 알 수 있듯 연옥이라는 단어가 여기에 존재하는 것은 아니고, 로마 가톨릭이 이 내용에 근거하여 연옥이 있으리라고 추론을 한 것이다. 이처럼 어떤 책들을 정경으로 하느냐에 따라 믿는 내용이 달라지므로 어떤 책들을 정경에 포함시키느냐는 매우 중요한 일이다.

> * 마카비 2서 12:42-45
> 또 그렇게 저질러진 죄를 완전히 용서해 달라고 탄원하며 간청하였다. 고결한 유다는 백성에게 전사자들의 죄 때문에 그러한 일이 일어난 것을 눈으로 보았으니 죄를 멀리하라고 권고하였다. 그런 다음 각 사람에게서 모금을 하여 속죄의 제물을 바쳐 달라고 은 이천 드라크마를 예루살렘으로 보냈다. 그는 부활을 생각하며 그토록 훌륭하고 숭고한 일을 하였다. 그가 전사자들이 부활하리라고 기대하지 않았다면 죽은 이들을 위하여 기도하는 것이 쓸모없고 어리석은 일이었을 것이다. 그러나 경건하게 잠든 이들에게는 훌륭한 상이 마련되어 있다고 내다보았으니 참으로 거룩하고 경건한 생각이었다. 그러므로 그가 죽은 이들을 위하여 속죄를 한 것은 그들이 죄에서 벗어나게 하려는 것이었다.

천주교는 이외에도 여러 문헌을 외경이라고 하여 읽으면 유용하다고 생각한다. 우리 개신교는 이것들을 외경이 아니라 위경 혹은 가경僞經, 假經 pseudepigrapha이라고 부른다. 정리하면 우리가 외경이라고 여기는 것을 천주교는 정경에 포함시키고, 우리가 성경에 어긋난다는 강한 의미로 위경 혹은 가경이라고 여기는 것을 천주교는 외경에 포함시킨다. 이런 위경에 속하는 것들은 에스드라 1서 1 Esdras, 수잔나 Susanna, 벨과 용 Bel and Dragon, 므낫세의 기도 the Prayer of Manassech, 에스더서 부록 the Additions to the Book of Esther, 예레미야 서신 the Letter of Jeremias, 아자리아의 기도와 세 청년의 노래 the Prayer of Azariah and the Song of the Three Young Men 이다.

구약성경의 마지막 책인 말라기 이후에 신약성경이 쓰이기까지 약 400년간의 공백이 있었다. 신구약의 중간기인 이 시대에 많은 문헌물이 쏟아져 나왔고, 외경과 위경은 바로 이때에 만들어졌다. 따라서 역사적 산물로서 시대 배경을 어느 정도 말해주는 외경과 위경은 루터의 말처럼 성경과는 동일시할 수 없으나 읽으면 유용하고 좋은 면도 있다. 하지만 이것들에게 하나님의 영께서 말씀하신 책이란 권위를 부여할 수 없으므로 그 당시의 생각과 배경을 참조하는 정도에서 그쳐야 한다. 예수님과 사도들은 신약성경에서 구약성경을 직접적으로 263번을, 간접적으로 370번을 인용하셨으나 외경은 한 번도 인용하시지 않았다.

1.4

우리는 성경의 권위를 인하여 성경을 믿어야 하고 순종하여야 하는데, 성경의 권위는 어떤 사람이나 교회의 증언에 달려있지 않고, 전적으로 (진리 자체이신) 하나님, 곧 성경의 저자이신 하나님께 달려있다. 그러므로 성경은 받아들여야 하는데, 왜냐하면 하나님의 말씀이기 때문이다.i

The authority of the holy Scripture, for which it ought to be believed and obeyed, dependeth not upon the testimony of any man, or Church; but wholly upon God (who is truth itself) the Author thereof; and therefore it is to be received, because it is the Word of God.i

i 벧후 1:19, 21; 딤후 3:16; 요일 5:9; 살전 2:13

4. 성경의 권위

서기 90년에 얌니아에서 개최된 종교회의와 서기 397년에 카르타고에서 개최된 제3차 종교회의는 어떤 책들을 구약 성경과 신약 성경에 각각 포함시킬지를 결정하였다. 367년에 알렉산드리아의 감독으로 있었던 아타나시우스Athanasius는 자기가 담당하던 교구의 교회들에게 부활절 서신을 보내며 현재의 신약성경과 꼭 같은 목록을 제시하였는데, 이것이 397년의 종교회의에 영향을 주었다. 이런 과정 때문에 어떤 이들은 성경의 권위가 종교회의에서 결의권을 행사한 주교들에 있는 것이고, 계시의 전달과 해석을 위임받은 교회에 있는 것이라고 생각하기도 한다. 로마 가톨릭은 성전聖傳을 성경과 같은 위치에 두는 이유를 "실제로 그리스도교의 제1세대에게는 아직 기록된 신약 성경이 없었으며, 신약 성경 자체가 살아 있는 '성전'의 과정을 증언하고 있다."고[20] 말한다. 신약 성경이 없을 때에도 주교들은 성전에 근거하여 의사결정을 하였다는 것이고, 로마 가톨릭의 주교들이 신약 성경의 정경을 결정하였으므로 성경의 권위는 주교들과 로마 가톨릭에 있다는 것이다.

하지만 종교회의들은 이미 이스라엘 백성과 예수님과 사도들과 신자들이 받아들인 성경을 확증한 것에 지나지 않는다. 그들이 새삼스럽게 구별하고 결정한 것이 아니라, 이미 명백하게 구별되어진 것을 확증한 것이다. 색채를 분류하여 이름을 짓는 위원회가 존재한다고 하여, 이때부터 색채가 존재하고 구분되는 것은 아니다. 전미색채협의회Inter Society Color Council와 미국국가표준국National Bureau of Standards은 공동으로 검토하여 1955년에 모든 물체의 색채를 267개로 분류하고 관용색을 정하였다. 그런데 267개의 색채는 1955년 이전에도 존재하였고 서로 구별되었다. 다만, 양 기관이 검토하고 분류하여 이름들을 지어주며 확정하였다. 바로 종교회의들이 이런 역할을 한 것이지, 이 회의들을 통해 성경의 권위가 생긴 것이 아니다.

성경의 모든 책은 교회들이 회의를 열어 그 권위를 만든 것이 아니고, 그럴 성질의 것도 아니고, 오직 개개의 책이 지니는 영감의 가치와 권위에 의해 스스로 권위를 형성하였다. 하나님께서 저자로서 영감하신 책들은 스스로 자연히 신적 권위를 드러낸다. 하나님께서 그 책들에 하나님의 진리를 기록하셨기 때문에 그 책들은 자연히 하나님의 책임을 스스로 드러내며 권위를 갖는다. 빛이 어둠에서, 파란색이 검정 색에서, 선이 악에서 분류되는 것처럼 하나님이 쓰신 성경은 그렇게 쉽

---

20 『가톨릭 교회 교리서』, 83항, 69.

고 명백하게 사람의 책들로부터 분류된다. 종교회의들은 그렇게 이미 성경으로 명백하게 분류된 책들을 단지 구별하고 확정한 것에 지나지 않지, 이 회의들이 결코 하나님의 영감의 권위가 없는 책들을 성경으로 결정한 것이 아니다. 종교회의들은 그렇게 할 권한과 자격과 능력이 전혀 없다.

1.5

우리는 교회의 증언에 의해 감동되고 설득되어서 성경을 높이 경외하며 존중할 수 있다.k 그리고 하늘에 속한 내용, 교훈의 감화력, 문체의 위엄, 모든 부분의 일치, 전체의 목적 (즉, 모든 영광을 하나님께 돌리는 것), 인간 구원의 유일한 길을 완전히 찾아낸 것, 그 외 많은 견줄 수 없는 탁월함, 그리고 이 모든 것으로 인한 전체의 완벽성은 성경이 그 자체로 하나님의 말씀임을 풍성하게 증언하는 논거들이다. 하지만 그럼에도 불구하고 우리가 성경의 무오한 진리와 그로 인한 신적 권위에 대하여 완전히 납득하고 확신하는 것은 우리의 마음 안에서 말씀에 의해 말씀과 함께 증언하시는 성령의 내적 사역으로 인한 것이다.l

We may be moved and induced by the testimony of the Church, to an high and reverent esteem of the holy Scripture.k And the heavenliness of the matter, the efficacy of the doctrine, the majesty of the style, the consent of all the parts, the scope of the whole (which is, to give all glory to God), the full discovery it makes of the only way of man's salvation, the many other incomparable excellencies, and the entire perfection thereof, are arguments whereby it doth abundantly evidence itself to be the Word of God; yet notwithstanding, our full persuasion and assurance of the infallible truth, and divine authority thereof, is from the inward work of the Holy Spirit, bearing witness by, and with the Word, in our hearts.l

k 딤전 3:15   l 요일 2:20, 27; 요 16:13-14; 고전 2:10-12; 사 59:21

5. 성경의 자증성(自證性, the autopistia of Scripture: its inherent authority)

우리가 성경을 높이 여기고 경외감으로 대하는 것은 첫째로 교회가 그렇게 결정했기 때문이다. 교회는 서기 90년과 397년에 회의를 열어 구약과 신약의 정경에 속하는 책들을 정했다. 일반적으로 신자는 교회가 종교회의를 통해 내린 결정을 존중하기 때문에, 그 결정에 따라 성경을 높이 여기고 경외감으로 대한다. 둘째로 신자가 성경을 직접 읽을 때 접하게 되는 내용 때문이다. 성경을 읽노라면 내용이 이 땅의 것이 아니라 하늘에 속한 것임을 느낀다. 성경에서 접하는 교훈이 주는 감화력이 철학의 명제나 일반 격언과 속담이 주는 것과 크게 차이가 난다. 성경의 문체는 단순하면서도 인간적 문체가 아님을 드러내며 신적 위엄을 느끼게 한다. 성경에 있는 모든 부분은 서로 일치함으로써 인간적 수준으로 일치시킨 것이 아님을 드러내고, 전체에 걸친 목적이 모든 영광을 하나님께 돌리는 것임을 드러낸다. 성경은 인간이 구원 받을 수 있는 유일한 길이 무엇인지 제시하고 알려준다. 그 외에도 많은 견줄 수 없는 탁월함이 있다. 그리고 이 모든 것으로 인하여 성경은 전체에 걸쳐 완벽함을 느끼게 한다. 이런 두 가지 요인에 의거하여 신자들은 성경에는 틀린 내용이 없고, 하나님께서 영감하신 것이라고 신뢰할 수 있다.

하지만 교회가 성경을 하나님의 말씀이라고 아무리 결정할지라도 성경 자체가 하나님의 말씀이 아니라면, 신자는 한동안 교회의 결정을 받아들일지 모르지만, 시간이 흐를수록 진실은 드러나게 된다. 성경의 내용과 문체와 일관성 등이 성경이 하나님의 말씀임을 풍성하게 드러낼지라도, 그것들이 성경이 하나님의 말씀이라고 신자를 완전하게 설득하고 확신하게 하는 것은 아니다. 교회가 성경의 정경을 결정하는 것도 중요하지만, 더 핵심은 성경 자체가 하나님의 말씀이어야 하고, 성경 자체가 하나님의 말씀임을 읽는 자에게 증언하면서 확신을 심어주어야 한다.

로마 가톨릭은 위에서 살펴본 것처럼 교회의 주교들이 신약 성경이 없을 때에도 성전에 근거하여 판단하였고 신약 성경의 정경을 결정하였다며, 주교들이 성경의 권위를 세우고 무오한 해석을 할 수 있다고 주장한다. 주교들의 전승과 결정이 성경보다 논리적으로 앞서는 것이다. 성경이 교회에 의해 인정되고 보존되고 보호받고 해석된다. 교회 없이 성경이 없으나, 성경 없이도 교회는 존재하게 된다.

이에 맞서 제5절은 성경 자체가 하나님의 말씀임을 증언한다고 성경의 자증에 대하여 말한다. 성경은 자체의 본질에 의해 스스로 하나님의 영감된 말씀임을 증언한다. 교회가 성경을 성경으로 인정할 수는 있지만, 성경을 성경으로 만들 수는 없다. 성경을 성경으로 만드는 일은 성경 스스로 하는 것이고, 바로 하나님의 영감과 성령의 증언으로 가능한 것이다.

제1절은 말미에서 "하나님께서 자신의 백성에게 자신의 뜻을 계시하신 이러한 예전의 방식들은 지금은 그쳤다."라고 말한다. 하나님께서 이 모든 날 마지막에는 아들을 통하여 우리에게 말씀하셨고 히 1:2, 그 말씀하신 것이 성경으로 기록되었다. 예수 그리스도의 승천 이후 오순절에 성령께서 이 땅에 오셨다. 진리의 성령께서 스스로 말하시지 않고 오직 들은 것을 말하시고, 그리스도의 것을 가지고 신자들에게 알리신다 요 16:13-14. 즉 성령께서 신자에게 그리스도의 말씀이 기록된 성경에 의해 성경과 함께 말씀하신다. 성령께서 우리의 마음 안에서 우리에게 말씀하시지 않으면 우리는 하나님께서 우리에게 은혜로 주신 것들을 알 수 없다 고전 2:12. 하나님께서 우리에게 예수 그리스도를 주시고 그분의 말씀이 기록된 성경을 주셨는데, 성령께서 우리 안에 내주하시어 성경에 대해 증언하시지 않으면 우리는 하나님의 이 선물의 가치를 모르고 거부한다. 성경의 자증은 첫째로 성경이 하나님의 영감으로 쓰였기 때문에 가능하고, 둘째로 성경에 의해 성경과 함께 증언하시는 성령님을 인하여 가능하다. 하나님께서 사람을 만드셨을 뿐만 아니라 사람이 하나님의 뜻에 맞게 살도록 하나님의 뜻이 담긴 성경도 주셨고, 사람이 그 뜻을 이해하도록 창조 때부터 지금까지 사람의 마음 안에서 성령에 의해 조명하신다. 창조하신 하나님은 계시하시는 하나님이시며 영감을 통해 기록하시고 조명하시는 하나님이시다.

1.6

하나님 자신의 영광 및 사람의 구원과 믿음과 생활을 위하여 필요로 하는 모든 것에 대한 하나님의 전체 경륜은 성경에 명백히 적혀 있거나, 적절하고 필연적인 논리귀결에 의해 성경으로부터 추론할 수 있다. 성령의 새로운 계시나 사람들의 전통에 의해 그 어떤 것도 어느 때이든지 성경에 더해서는 안 된다.ᵐ 그럼에도 우리는 말씀에 계시된 것들을 구원에 이르도록 이해하려면 하나님의 영의 내적 조명이 필요하다는 것을 인정한다.ⁿ 또한 하나님의 예배와 교회의 정치는 인간의 활동과 사회와 공통점을 갖는데, 이들 일부 상황은 늘 지켜야만 하는 말씀의 일반 법칙에 따라 본성의 빛과 기독교적 사려분별에 의해 정해야 함을 인정한다.ᵒ

The whole counsel of God concerning all things necessary for his own glory, man's salvation, faith and life, is either expressly set down in Scripture, or by good and necessary consequence may be deduced from Scripture; unto which nothing at any time is to be added, whether by new revelations of the Spirit, or traditions of men. ᵐ Nevertheless we acknowledge the inward illumination of the Spirit of God to be necessary for the saving understanding of such things as are revealed in the Word:ⁿ And that there are some circumstances concerning the worship of God, and government of the Church, common to human actions and societies, which are to be ordered by the light of nature, and Christian prudence, according to the general rules of the Word, which are always to be observed.ᵒ

m 딤후 3:15-17; 갈 1:8-9; 살후 2:2   n 요 6:45; 고전 2:9-12
o 고전 11:13-14; 고전 14:26, 40

6. 성경의 충족성(the sufficiency of Scripture)

하나님의 뜻을 파악하는 데 성경만으로 충분하다. 그런데 로마 가톨릭은 앞에서 살펴보았듯 성경으로만 모든 계시 진리에 대한 확실성에 이르게 되는 것은 아니고, 성전聖傳, Tradition이 교리와 생활과 예배에 대한 하나님의 뜻을 알려주고, 성령의 도우심으로 교회 안에서 발전한다고 주장한다. 계시의 전달과 해석을 위임받은 로마 가톨릭 교회는 성령의 도우심과 주교들의 전통이라는 미명하에 새로운 계시를 성경에 언제든 더할 수 있다. 이들은 성경의 충족성을 충분히 인정하지 않는 것이다. 또한 "율법 조문letter은 죽이는 것이요 영Spirit은 살리는 것이니라"는 고후 3:6 성경구절에 근거하여 성경을 경시하는 이들도 있다. 내적인 빛과 모든 종류의 특별 계시의 필요성을 주장하는 재세례파나 성령의 직통계시를 선호하는 신비주의자도 성경만으로는 부족하고 성령의 새로운 계시가 필요하다고 본다.

이상과 같은 주장에 맞서 제6절은 성경은 자체로 충분하다고 말한다. 하나님 자신의 영광 그리고 사람의 구원과 믿음과 생활을 위하여 필요한 모든 것이 성경에 적혀 있고, 적혀 있지 않은 내용은 적절하고 필연적인 논리귀결歸結에 의하여 성경으로부터 추론할 수 있다. 그러므로 성령의 새로운 계시나 사람들의 전통이 더 필요하지 않다. 성경을 직접 영감하신 하나님께서 어찌 신자가 꼭 알아야 할 사항을 빠뜨리시겠는가? 성경의 충족성을 부인하는 자들은 하나님께서 육일 동안에 세상을 창조하실 때 부족함이 있게 창조하셨다고 주장하는 것과 같다. 하나님은 사람의 눈에 보이시지 않고, 하나님께서 영감하신 성경의 전체 내용은 사람에게 한 번에 인식되지 않으므로 사람은 성경에 부족한 내용이 있다거나 엉성하게 구성되었다고 오해하기 쉽다. 하지만 하나님은 대강 세상을 창조하셨거나 대강 계시하셨거나 대강 성경을 영감하시지 않았고 보시기에 심히 좋게 창조하셨고, 계시하셨고, 영감하셨다.

물론 성경의 내용을 이해하기 위해서는 성령의 내적 조명이 있어야 한다. 불신자가 성경을 읽으면 성경의 내용을 지식과 정보의 측면에서 이해할 수는 있지만 구원에 이르도록 이해할 수는 없다. 오직 성령께서 그에게 임재하시어 내적으로 조명하실 때에 그는 성경을 구원의 차원에서 이해할 수 있다. 신자를 조명하시는 성령께서는 성경 이외의 내용으로 조명하시지 않고 제5절이 말하는 것처럼 늘 성경에 의해 그리고 성경과 함께 증언하신다. 하늘로부터 온 천사라도 그리고 누구든지 성경의 복음 외에 다른 복음을 전하면 저주를 받는다^{갈 1:8-9}. 따라서 성령의 내적 조명이 필요하다는 것은 성경의 충족성을 부인하는 것이 아니라, 성경이 충족함에도 불구하고 신자는 인식의 부족함을 인하여 성경을 충분히 이해하지 못하므로 성령님의 도움이 필요하다는 의미이다.

　성경이 충족하다고 하여 사람의 삶에 관련된 모든 것이 기재되어 있다는 뜻은 아니다. 성경은 66권의 한정된 분량이므로 그 모든 것을 다 담을 수 없다. 하나님께 어떻게 예배를 드릴 지에 관하여 그리고 교회의 정치 체제가 어떠한 지에 관하여 성경은 세세하게 모든 것을 구체적으로 말하지 않는다. 이것에 대해서는 성경이 전체에 걸쳐서 강조하는 일반 법칙에 따라 본성의 빛^{고전 11:14} 기독교적 사려분별^{고전 14:26, 40} 의해 정리하여야 한다. 하나님께 드리는 예배와 교회에서 이루어지는 정치는 일반 사람의 행위와 공동체와 공통점을 갖는다. 따라서 일반 사회 생활을 관찰력 있게 잘 하는 자는 하나님의 예배와 교회의 정치에 관하여 자연히 이해하는 측면이 있고, 바로 이런 측면을 말씀의 일반 법칙에 따라 본성의 빛과 기독교적 사려분별에 의해 정리하면 된다. 신자가 하나님의 뜻을 구하려는 겸손한 자세로 이렇게 정리해갈 때에 성령께서 그의 본성의 빛과 기독교적 사려분별을 조명하신다. 신자는 중요한 의사결정을 할 때에 그에 대한 내용이 성경에 없다고 당황하거나 불평하면 안 되고, 그에 대한 내용을 성경에서 찾거나 유추할 수 있음을 확신하며 성령의 내적 조명이 은혜로 풍성하게 주어지도록 하나님께 간절히 기도해야 한다. 신자는 성경이 충족하지 않다고 당황하거나 불평하기 전에 충족한 성경을 충분히 활용하지 못하는 자신의 지혜의 부족함을 한탄해야 한다. 신자는 성경의 충족성을 믿고 본성의 빛과 기독교적 사려분별을 신앙의 중요한 일을 결정할 때에 사용해야지, 성경 말고 새로운 계시가 필요한 냥 성령의 직통 계시를 바라거나 신비주의의 황홀경 속에서 임의적으로 결정하면 안 된다.

1.7

성경에 있는 모든 내용은 그 자체로 똑같이 쉽지 않고, 모든 사람에게 똑같이 명료한 것도 아니다.p 그러나 구원을 위해 알아야 하고, 믿어야 하고, 지켜야 하는 데 필요한 것들은 성경의 여기저기에 매우 명료하게 제시되고 드러나 있어서, 배운 자만 아니라 못 배운 자도 통상적인 수단을 적절히 사용하여 그것들을 충분히 깨닫는 데까지 이를 수 있다.q

All things in Scripture are not alike plain in themselves, nor alike clear unto all:p yet those things which are necessary to be known, believed, and observed for salvation, are so clearly propounded and opened in some place of Scripture or other, that not only the learned, but the unlearned, in a due use of the ordinary means, may attain unto a sufficient understanding of them.q

p 벧후 3:16   q 시 119:105, 130

---

7. 성경의 명료성(the Perspicuity of Scripture)

성경에는 이해하기 어렵고, 다양한 해석이 가능한 불명확한 구절들이 있다. 베드로도 "그 중에 알기 어려운 것이 더러 있으니 무식한 자들과 굳세지 못한 자들이 다른 성경과 같이 그것도 억지로 풀다가 스스로 멸망에 이르느니라"고 벧후 3:16 말했다. 하지만 구원을 위해 신자들이 알아야 하고, 믿어야 하고, 지켜야 하는 것들에 대하여 성경은 여기저기에 걸쳐서 매우 명료하게 제기하고 드러내 보인다. 학식 있는 자만이 아니라 배우지 않은 자도 그것들을 충분히 깨달을 수 있다. 제1장 제1절이 말하는 것처럼 본성의 빛, 그리고 창조와 섭리의 일들이 구원에 필요한 하나님과 그분의 뜻에 관한 지식을 주기에는 충분하지 않으므로 하나님께서 선지자들에게 영감하시어 성경을 기록하셨다. 그러므로 신자가 구원을 위해 알고 믿고 지켜야하는 데 필요한 하나님 자신과 하나님의 뜻이 성경 전체에 걸쳐 충분하고 명료하게 나타나 있다.

　자연을 보라. 자연은 사람이 다 이해하기에는 신비롭고 오묘하다. 하지만 배운 자나 배우지 못한 자나 일상생활을 하는 데 알아야 할 것들이 자연 여기저기에 흩어져 충분하고 명료하게 제시되어 있고 드러나 있다. 자연 과학자가 자신의 전공 분야와 같은 어떤 특정 사항에 대해서 일반인보다 더 많이 알겠지만, 그렇다고 하여 그가 자연 전체를 일반인보다 더 많이, 더 깊이 아는 것은 아니다. 군사기밀은 국방부 사무실 깊은 곳에 보관되어 있지만 스파이가 침입하여 그 기밀을 접하는 순간에 모두 밝혀진다. 이에 비해 자연은 모든 사람에게 공개되어 있는데 그 신비함을 모든 사람이 다 알지 못하고 각자의 관찰력과 인식능력만큼 그 신비함의 비밀을 알 수 있다. 자연은 어려운 언어로 쓰이지 않았다. 물리학과 생물학과 지질학을 알아야만 자연을 접하고 이해하고 누리는 것이 아니라, 일자 무식자도 어떤 유식자보다도 더 많이 자연을 알고 누리고 경외할 수 있다. 자연은 일반인에게 명료한 것이다. 심지어 자연은 창세로부터 하나님의 보이지 아니하는 영원하신 능력과 신성을 만물에 담고 있다 롬 1:20. 하나님에 대한 믿음을 가진 자는 자연이 분명히 보여 알려주는 그 영원하신 능력과 신성을 받아들인다. 하지만 똑같은 자연을 보면서도 얼마나 많은 사람이 하나님의 영원하신 능력과 신성 대신에 진화론을 주장하는지 모른다. 신자는 믿음으로 모든 세계가 하나님의 말씀으로 지어진 것과 보이는 것은 나타난 것으로 말미암아 된 것이 아님을 아는 것이다 히 11:3. 자연이 명료하되 일반인에게는 진화론적 관점에서 명료하고, 신자에게는 창조론과 구원론적 관점에서 명료하다. 자연을 바라보는 시각이 얼마나 중요한지 모른다.

　성경 또한 구원을 위해 알고 믿고 지켜야하는 데 필요한 것들을 성경의 여기저기에 매우 명료하게 제시하고 드러낸다. 오직 하나님에 대한 믿음을 가진 자만이 성경의 이 명료성을 즐기고 누릴 수 있다. 오직 하나님에 대한 믿음을 가진 자만이 자연에 담긴 하나님의 영원하신 능력과 신성을 찾아 발견하는 것과 같다. 성경의 명료성은 모든 사람에게 해당되지 않고 오직 신자에게만 해당되는 것이다. 성경은 자연보다 더 명료한 면이 있어서 배운 자나 배우지 못한 자나 성령의 조명을 통해 성경을 진지하게 읽고 살피고 묵상하고 연구하는 통상적 수단을 사용하면 일일이 교회의 해석과 가르침 없이도 그 지식에 충분히 이를 수 있다. 물론 목사의 설교와 가르침을 통해 신자가 크게 도움을 받지만, 그 도움은 신자가 구원의 기본 사항에 대해 이미 알고 있는 것들을 심화시키고 강화시키는 차원이다. 바울은 신자 개개인에게 자신이 이르는 말을 스스로 판단하라고 말하였고 고전 10:15, 사도 요한은 신자들을 "거룩하신 자에게서 기름 부음을 받고 모든 것을 아는" 요일 2:20 자들이라고 표현하였다. 하나님께서 모든 일반인이 접하고 누릴 수 있도록 자연을 쉬운 언어로 창조하시고 쓰시듯, 성경도 모든 신자가 접하고 깨닫고 믿고 누리도록 어려운 과학 용어나 헷갈리는 철학 용어나 복잡한 논리가 아니라 평범한 일상용어와 단순한 논리로 기록하셨다. 그래서 모든 신자는 성경을 읽어야 하고, 알아야 하고, 믿어야 하고, 지켜야 한다.

로마 가톨릭은 성경이 명료하지 않고 모호하기 때문에 교회의 해석과 가르침이 필요하다며 성경의 모호성에 대하여 다음과 같은 이유를 든다. 첫째로 성경에 보면 주의 말씀을 깨닫는 것에 관한 표현이 많다는 것이다 시 119:27, 34, 73; 마 13:19; 눅 9:45. 하지만 성경의 이 표현은 성경이 모호해서가 아니라 읽는 자의 이해력의 부족에 관한 표현이다. 둘째로 예수님께서 부활하신 후에 사람들에게 모세와 모든 선지자의 글로 시작하여 모든 성경에 쓴 바 자기에 관한 것을 자세히 설명하셨다 며 눅 24:27, 성경이 모호하기 때문에 예수님과 같이 성경을 명료하게 설명하는 교사들이 교회에 필요하다는 것이다. 하지만 이 구절은 예수님께서 자신에 관하여 말하는 성경의 부분들을 적용하셨다는 것이지 성경의 모호성을 말하지 않는다. 셋째로 에디오피아 내시가 성경이 모호하여 읽은 것을 깨닫지 못하였고 지도해 주는 사람을 찾았다는 것이다 행 8:30-31. 그 내시는 특정 성경 본문을 깨닫지 못한 것이지, 그 부분이 모호하였기 때문이 아니다. 넷째로 베드로는 성경에 알기 어려운 것이 더러 있다며 성경의 모호성을 말하였다는 것이다 벧후 3:16. 성경에는 분명 더러 어려운 것이 있음에 틀림없고, 외면적으로 서로 모순처럼 보이는 것들이 있다. 예수님의 재림 때에 확실하게 알 것이 분명하다. 하지만 그런 어렵고 모순처럼 보이는 부분이 더러 있다고 하여 성경 전체가 모호한 것은 아니고, 특히 구원을 위해 알고, 믿고, 지켜야하는 데 필요한 것들은 매우 명료하다.

    로마 가톨릭은 성경의 모호성을 주장하며 끊임없이 성경보다 교회를 위에 두려고 한다. 그들의 계시 헌장 10항은 이렇게 말한다. "그러나 성령을 통해 쓰여진 성서는 성령의 도우심으로 읽고 해석해야 하기 때문에, 성서 본문들의 뜻을 올바로 알아내기 위해서는 전체 교회의 살아 있는 전통과 신앙의 유비뿐만 아니라 그에 못지않게 성서 전체의 내용과 일체성을 세심하게 고려해야 한다. 성서 해석자들의 임무는 이러한 규범에 따라 성서의 뜻을 더 깊이 이해하고 해석하도록 노력하는 데 있다. 그리하여 어떤 의미에서 준비의 역할을 하는 연구로써 교회의 판단은 성숙하게 된다. 성서 해석에 관한 이 모든 것은 결국 하느님의 말씀을 보존하고 해석하라는 하느님의 명령과 그 직무를 수행하는 교회의 판단에 속한다." 제1장 제7절은 이에 맞서 성경은 교회의 해석을 필요로 하지 않고 성경은 그 자체로 명료하기 때문에 보통 사람도 구원을 위해 알고 믿고 지켜야하는 데 필요한 것들을 충분히 깨달을 수 있다고 말한다. 물론 교회의 목사와 신학교의 교수는 성경을 전문적으로 연구한 이들이기 때문에 일반 성도는 목사와 교수를 통하여 성경을 체계적으로 깊이 배울 수 있다. 목사와 교수가 갖는 이러한 필수 기능을 절대 무시하면 안 되지만, 그렇다고 하여 목사와 교수 없이 성도가 구원을 위해 아는 데 필요한 것들을 성경을 통해 스스로 깨닫지 못한다고 여겨서는 안 된다.

1.8

(구약 시대에 하나님의 백성의 모국어인) 히브리어로 된 구약 성경과 (기록 당시에 여러 나라에게 가장 널리 알려진) 그리스어로 된 신약 성경은 하나님께서 직접 영감하셨고 자신의 비범한 보호와 섭리로 모든 시대에 걸쳐 순수하게 보존하셨기 때문에 원본에 충실하다.r 그래서 종교에 관한 모든 논쟁에 대하여 교회는 최종적으로 원어 성경에 호소해야 한다.s 그러나 성경에 대한 권리와 관심을 갖고 있고, 하나님을 경외함으로 성경을 읽고 연구하도록 명령을 받은 하나님의 모든 백성이t 이 원어들을 알지 못하기 때문에, 원어 성경은 전수된 각 나라의 대중 언어로 번역되어야 한다.u 이는 하나님의 말씀이 모든 사람 속에 풍성히 거하여, 그들이 하나님을 합당한 방식으로 예배하고,w 성경의 인내와 위로를 통하여 소망을 갖도록 함이다.x

The Old Testament in Hebrew (which was the native language of the people of God of old) and the New Testament in Greek, (which at the time of the writing of it was most generally known to the nations) being immediately inspired by God, and by his singular care and providence kept pure in all ages, are therefore authentical;r so as in all controversies of religion, the Church is finally to appeal unto them.s But because these original tongues are not known to all the people of God, who have right unto, and interest in the Scriptures, and are commanded in the fear of God, to read and search them,t therefore they are to be translated into the vulgar language of every nation unto which they come,u that the Word of God dwelling plentifully in all, they may worship him, in an acceptable manner,w and through patience and comfort of the Scriptures may have hope.x

r 마 5:18　　　　　　　　s 사 8:20; 행 15:15; 요 5:39, 46　　　t 요 5:39
u 고전 14:6, 9, 11-12, 24, 27-28　　w 골 3:16　　　　　　　　　　x 롬 15:4

8. 성경의 보존과 번역

구약 성경은 이스라엘 백성의 모국어인 히브리어와 아람어로 기록되었고, 신약 성경은 그 당시 가장 널리 알려진 그리스어로 기록되었다. 이렇게 히브리어와 아람어와 그리스어로 기록된 성경은 앞에서 살펴본 것처럼 하나님께서 직접 영감하셨다. 게다가 하나님의 영감으로 이루어진 성경 원본은 하나님의 비범한 보호와 섭리에 의해 모든 시대에 걸쳐 불순물이 섞이지 않게 pure 원본에 충실하게 보존되었기 때문에 하나님의 말씀이란 출처가 분명하고, 하나님의 말씀이란 신적 권위를 갖는다. 세상을 창조하셨고, 지금도 그 창조하신 만물을 섬세하고 정확하고 능력 있게 보존하시고 통치하시는 하나님께서 본인이 직접 선지자와 사도에게 영감하시어 성경을 기록하게 하실 뿐만 아니라 그 기록된 성경을 온전히 보존하신다. 지극히 지혜로우시고 전능하신 하나님께서 성경을 영감을 통해 기록하신 후 그 보존에 게으르시거나 실패하실 수 없다. 따라서 비록 우리가 지금 선지자와 사도가 처음 기록한 성경 원본을 그대로 갖고 있지 않지만 하나님의 비범한 보호와 섭리로 그 원본의 필사본들을 갖고 있고, 이 필사본들은 불순물이 섞이지 않은 pure 원본에 충실한 것이라고 할 수 있다. 따라서 우리는 이것들에게 하나님의 말씀이란 신적 권위를 부여할 수 있고, 종교에 관한 논쟁을 할 때마다 이것들에게 최종적으로 호소해야 한다. 교회가 상식과 학문과 관습과 실정법을 참고할 수 있지만 최종적인 호소는 성경에 해야 한다.

성경 원본은 히브리어와 아람어와 그리스어로 기록되었고, 그것도 현재 통용되는 히브리어와 아람어와 그리스어가 아니다. 따라서 그때 통용되던 히브리어와 아람어와 그리스어로 기록된 성경은 현재의 대부분의 신자가 읽을 수 없으므로 대중 언어로 번역해야 한다. 성경이 여러 나라의 언어로 번역되어야 하는 이유는 첫째로 하나님의 모든 백성은 성경을 읽고 연구하고 이해할 의무와 권리를 갖는데 신 6:6-8; 요 20:31; 롬 15:4; 골 3:16, 4:16; 살전 5:27, 원어 성경이 대중 언어로 번역되지 않으면 이러한 권리를 누릴 수 없기 때문이다. 예수님께서 "너희가 성경에서 영생을 얻는 줄 생각하고 성경을 연구하거니와 이 성경이 곧 내게 대하여 증언하는 것이니라"고요 5:39 말씀하셨다. 모든 성경은 교훈, 책망, 바르게 함, 의로 교육하기에 유익한데딤후 3:16, 성경이 번역되지 않으면 일반 신자는 이러한 유익들을 누릴 수 없다. 원어 성경을 번역하지 않으면 일반 신자가 우매화되고, 일부 소수의 사역자가 교회를 이끌어 가며 교회가 부패해지기 쉽다. 둘째로 제21장신성한 예배와 안식일 제3절은 기도를 할 때에 소리를 낸다면 널리 알려진 언어로 해야 한다고 말하기 때문이다. 교회에서 남을 가르치기 위하여 깨달은 마음으로 다섯 마디 말을 하는 것이 일만 마디 방언으로 말하는 것보다 나은 것이다고전 14:19. 예배는 알려진 언어로 진행되어야 하는데 성경을 번역하지 않고서 이 일이 어떻게 가능하겠는가? 셋째로 성경 자체가 히브리어와 아람어와 헬라어로 기록된 것도 성경은 독자의 언어에 맞추어 번역되어야 함을 나타내기 때문이다. 성경이 처음에 이런 언어로 기록된 것은 성경을 접하는 이들의 언어가 이런 것이었기 때문이다. 성경은 읽히기 위해 존재하지 보관과 전시를 위해 존재하지 않는다.

이러한 논리는 너무나 옳고 상식적인데 로마 가톨릭은 다음과 같은 이유로 번역을 인정하지 않았다. 첫째로 빌라도가 예수님이 못 박히신 십자가 위에 "나사렛 예수 유대인의 왕이라"고 쓰인 패를 붙였는데 히브리와 로마와 헬라 3가지 말로 기록하였기 때문이다요 19:19-20. 이것은 성경이 이 3가지 언어로 기록되면 충분하다는 것을 나타낸다는 것이다. 하지만 로마 가톨릭이 이것을 성경 번역의 부당성과 연결하는 것은 억지라고밖에 말할 수 없다. 빌라도는 당시 십자가 주변에 몰려든 이들이 히브리와 로마와 헬라 언어를 알았기 때문에 이 3가지 말로 패를 기록하였지, 만약에 다른 언어 사용자들이 십자가 주변에 많았다면 그 언어로도 기록하였을 것이다. 둘째로 사도들이 세계 각국에 복음을 전하였지만 성경을 번역하지 않았다는 것이다. 하지만 그들이 성경을 번역하지 않은 것은 아직 어떤 언어 사용자가 복음을 많이 받아들였는지 파악이 안 되었기 때문이고, 번역할 시간과 여건이 아직 안 되었기 때문이지, 그 이후로도 성경 번역을 금지한 것은 아니었다. 셋째로 가장 보편적으로 사용되고, 사상을 표현하는 데 가장 적합한 라틴어로 된 성경이 교회의 연합과 소통과 진리유지에 도움이 된다는 것이다. 하지만 중세 당시에는 라틴어가 이런 역할을 어느 정도 할지 모르지만 지금은 영어가 이런 역할을 한다. 대한민국의 극히 소수만 라틴어를 이해할 뿐이고, 영어로 편하게 의사소통과 문서해독을 하는 자도 소수에 지나지 않는다. 세계의 신자들이 읽을 수 있도록 번역하는 것만이 교회의 연합과 소통과 진리유지에 도움이 된다. 넷째로 무식한 자들과 굳세지 못한 자들이 성경에 있는 알기 어려운 것을 억지로 풀다가 스스로 멸망에 이른다는 것이고 벧후 3:16, 실제로 이러한 일이 도처에서 벌어진다는 것이다. 하지만 이것은 성경 원어를 읽는 로마 가톨릭 사제들에게 오히려 크게 벌어진 일이다. 성경 번역의 유무에 상관없이 하나님을 공경하는 마음을 잃은 채로 사익을 위하여 억지로 푸는 자에게 이러한 일이 발생하는 것이지, 번역한다고 해서 더 발생하지 않는다. 오히려 번역을 통하여 많이 배우지 않은 신자들도 성경을 쉽게 접하여 건전한 이해에 이를 수 있다.

로마 가톨릭은 바티칸 공의회 1962-1965를 통해서야 히브리어, 헬라어, 라틴어와 같은 성스러운? 언어가 아닌 일반 언어도 전례에 사용할 수 있다고 정했고, 그 공의회가 작성한 계시헌장 20항은 "하느님의 말씀을 어느 시대나 접할 수 있어야 하므로 어머니 마음으로 교회는 여러 나라 말로, 특히 성서 원문에서 적절하고 올바르게 번역하도록 힘쓰고 있다. 만일 기회가 되고, 교회 권위가 승인하여, 갈라진 형제들과 함께 공동으로 번역한다면, 모든 그리스도인이 그 성서를 사용할 수 있을 것이다."라고 말했다. 그럼에도 아직도 비오 10세회와 같은 로마 가톨릭 근본주의자는 예수님도 아람어라는 일반 대중 언어가 아니라, 고대 히브리어로 전례를 진행하셨다고 주장하며 미사 전례에 라틴어 사용을 고집한다. 이들은 미사는 교육적 부분을 제외하면 성스러운 언어로 봉헌할 때 더욱 성스러워진다고 주장한다. 현재도 로마 가톨릭의 공식 언어는 라틴어이고, 모든 공적 문서를 라틴어로 작성하고, 이후에 영어, 한글 등으로 번역한다. 로마 가톨릭이 중세에 부패한 이유들 중 하나는 원어 성경을 대중 언어로 번역하지 않음으로써 일반 신자가 성경을 잘 모르기 때문에 사제들의 잘못된 가르침을 맹목적으로 따름으로써 로마 가톨릭에 비판과 견제 세력이 약했던 것이다.

이에 반해 개신교는 종교개혁과 함께 루터와 같은 개혁자들이 성경을 자국 언어로 번역하였다. 1942년에 시작된 개신교의 위클리프 성경번역 선교회 Wycliffe Bible Translators 는 성경을 세계 각국의 언어로 번역하는 것을 주요 목표로 한다. 선교사들이 자국어 성경을 갖지 않은 민족들에게 가서 오랜 기간 그들과 거주하며 그들의 언어로 성경을 번역하는 일을 해오고 있다. 신약성경 번역에 보통 10년 정도가 걸리고, 20년 이상은 되어야 높은 수준의 성경 번역이 이루어지는데 개신교는 이런 노력을 꾸준하게 열심히 하고 있다. 요사이 문제는 성경이 여러 언어로 번역되었고, 인쇄와 출판의 발달로 가독성이 좋은 성경이 많이 만들어졌음에도 신자들이 스마트폰과 유튜브와 텔레비전을 보느라 성경을 읽지 않고 단지 소장하는 데 있다. 요사이 신자들은 성경이 가는 만큼 가고 성경이 멈추는 곳에 멈추는 것이 아니라, 스마트폰이 가는 만큼 가고 스마트폰이 멈추는 곳에 멈추고 있다. 사탄은 시대에 맞는 다양한 방법을 통하여 신자들로 성경을 깊이 읽지 못하게 방해한다.

1.9

성경 해석의 무오한 규범은 성경 자체이다. 그러므로 어떤 구절의 참되고 온전한 의미에 관해서 의문이 들면 (그 의미는 여러 가지가 아니라 하나밖에 없으니) 더 분명하게 말하는 다른 구절들을 통해 그 의미를 찾아 알아내야 한다.y

The infallible rule of interpretation of Scripture is the Scripture itself: and therefore, when there is a question about the true and full sense of any scripture (which is not manifold, but one) it must be searched and known by other places that speak more clearly.y

y 벧후 1:20-21; 행 15:15-16

9. 성경 해석의 무오한 규범

제9절도 제7절처럼 성경의 명료성에 대하여 말한다. 로마 가톨릭은 성경 해석의 무오한 규범이 로마 가톨릭 교회에 있다고 보는 반면에, 우리는 성경 자체에 있다고 본다. 성경이 성경의 해석자Scriptura Scripturae interpres인 것이다. 성경의 명료성에 대하여, 제7절은 구원을 위해 신자들이 알아야 하는 것들에 대하여 성경은 여기 저기에 걸쳐서 매우 분명하게 제시하고 드러내 보여서 배우지 않은 자도 그것들을 충분히 깨달을 수 있다고 말하고, 제9절은 성경의 어떤 구절의 참되고 온전한 의미를 모를 때 더 분명하게 말하는 다른 구절들을 통하여 그 의미를 알 수 있다고 말한다. 제7절은 학식이 적은 신자도 성경이 구원에 대하여 말하는 사항을 알 수 있을 정도로 성경이 명료하다는 것이고, 제9절은 성경의 어떤 구절이 애매하고 신비할지라도, 더 분명하게 말하는 다른 구절들을 통하여 그 의미를 알 수 있을 정도로 성경이 명료하다는 것이다.

성경의 다른 구절들을 통해서도 해당 구절의 뜻이 명료하게 드러나지 않는다면 그것은 우리 피조물의 한계이고 하나님께서 그만큼만 계시하신 것으로 받아들여야 한다. 우리는 성경이 가는 만큼 가고, 멈추는 곳에 멈추어야 한다. 세상을 창조하시고 사람에게 계시하시고 영감을 통해 성경을 기록하신 하나님께서 보여주시는 만큼 피조물은 받아들여야 한다. 피조물은 창조자에게 왜 이렇게 자연만물을 창조하셨냐고 따질 수 없듯이, 계시자에게 왜 이렇게 진리를 계시하셨느냐고 따질 수 없다. 오히려 창조하시고 계시하신 것을 감사하고 찬양하며 주신 것들에 만족하며 최대한 누리려고 해야 한다. 따라서 신자는 성경을 더 깊이 이해하고 싶다면 신학자들의 학문적인 해석과 교회나 목사들의 가르침과 도움을 받아야 하겠지만 최종적으로는 성경 자체에 의존해야 한다. 구원의 길이 성경에 매우 명료하게 드러나 있기 때문이고, 어려운 성경 구절도 다른 분명한 성경 구절들을 통하여 해석되기 때문이다. 신학자와 목사의 학문적인 해석과 가르침과 설교도 결국은 성경 자체의 해석과 연구를 통한 것이다. 신자는 자신에게 와 닿는 성경 구절만 편식하면 안 되고, 성경 전체에 영양가가 풍부한 진리가 흩어져있는 줄 알고 성경 전체를 편견 없이 읽고 이해하여야 한다. 그럴수록 어떤 특정 구절이 갖는 하나의 참되고 온전한 의미를 알 수 있다.

오리게네스Origenes, 185년경-254년경와 같은 교부들과 어거스틴Augustine, 354-430년도 성경 본문 속에서 문자적 의미를 넘어서서 풍유적allegorical 의미를 찾았다. 유대인들 중에도 풍유적이고 신비적인 의미를 추구한 열광주의자들이 있었다. 그런데 성경이 한 가지 의미가 아니라고 계속적으로 강하게 주장하는 그룹은 누구보다도 로마 가톨릭이다. 성경의 모호성 때문에 교회의 교도권이 필요하다고 주장하기 위하여 이들은 성경이 사중적인 의미를 갖는다고 여긴다. 첫째로 문자적 의미인데, 성경 본문이 문자적으로 제시하는 의미이다. 둘째로 풍유적 의미인데, 해당 본문이 그리스도와 교회를 나타내는 의미이다. 셋째로 훈육적 의미인데, 해당 본문이 도덕과 윤리라는 훈육적 측면에서 나타내는 의미이다. 넷째로 종말론적 의미인데, 해당 본문이 영생과 관계하여 갖는 영적 의미이다. 이들의 잘못된 주장에 대해 우리는 성경은 문자적인 의미 하나를 갖는데, 이 문자적 의미가 적용에서 다양하다고 주장한다. 즉 우리는 풍유적 의미와 훈육적 의미와 종말론적 의미가 문자적 의미의 적용이라고 본다. 신자는 어떤 구절의 참되고 온전한 의미에 관해서 의문이 들면 더 분명하게 말하는 다른 구절들을 통해 그 하나의 의미를 찾으면 알아낼 수 있으므로, 설교와 성경공부를 통하여 성경 전체에 대한 이해도를 높여가야 한다.

1.10

최고의 재판관은 성경 안에서 말씀하시는 성령님 외에는 누구도 될 수 없다. 그 재판관이 종교에 관한 모든 논쟁거리를 판정하여야 하고, 교회회의들의 모든 결정, 고대 저자들의 견해, 사람들의 가르침, 사사로운 영감을 [21] 검토하여야 하며, 우리는 그분의 판결을 따라야 한다.z

The Supreme Judge, by which all controversies of religion are to be determined, and all decrees of councils, opinions of ancient writers, doctrines of men, and private spirits, are to be examined; and in whose sentence we are to rest; can be no other but the Holy Spirit speaking in the Scripture.z

z 마 22:29, 31; 엡 2:20; 행 28:25

10. 성경에서 말씀하시는 최고의 재판관 성령

우리는 앞에서 성부께서 자신의 아들 안에서 성령에 의해 말씀하심을 살펴보았다. 하나님은 예수 그리스도에 대한 내용을 성령에 의해 선지자와 사도에게 영감하시어 성경을 기록하셨다. 성령에 의해 진리가 성경에 기록되었으므로 성령 말고 누가 최고의 진리를 지니고 있겠는가? 성경 안에서 말씀하시는 성령만이 종교에 관한 모든 논쟁을 최종 판정할 수 있다. 사도행전 15:1-29절을 보면 안디옥 교회는 모세의 법대로 할례를 받아야 구원을 받는가라는 문제로 큰 다툼과 변론에

---

[21] "사사로운 영감"은 "private spirits"을 번역한 것이다. 웨스트민스터 신앙고백 작성 당시에 일부 신자는 성령이 특별히 자신에게 나타나 가르침을 주었다고 주장하였다. 제1장 제10절은 이런 주장에 대하여 바로 성경 안에서 말씀하시는 성령님을 통하여 그것의 옳고 그름을 판정하여야 한다고 말하는 것이다. 제1장 제10절은 결코 성령께서 신자에게 개인적으로 계시하는 일이 구약의 선지자와 신약의 사도에게처럼 지금도 여전히 있다고 말하는 것이 아니라, 그런 주장이 틀렸다고 말하는 것이고, 또한 성령께서 계시하여 주셨다는 내용을 최고의 재판관을 통하여 검증해야 한다고 말하는 것이다. 이에 관하여 학자들 간에 논쟁이 있었는데, 다음을 참고하라. Byron Curtis, "'Private Spirits' in The Westminster Confession of Faith 1.10 and in Catholic-Protestant Debate (1588-1652)," Westminster Theological Journal 58 (1996): 257-266. Garnet H. Milne, "'Private Spirits' in the Westminster Confession of Faith and in Protestant-Catholic Debates: A Response to Byron Curtis," WTJ 61(no 1 Spr 1999): 101-110. Garnet H. Milne, The Westminster Confession of Faith and the Cessation of Special Revelation (Carlisle: Paternoster, 2007).

빠졌다. 자체적으로 해결하지 못한 안디옥 교회는 바울과 바나바와 몇 사람을 예루살렘에 있는 사도와 장로들에게 보냈다. 이들을 맞이한 예루살렘 교회의 사도와 장로들은 많은 의논 끝에 구약성경에 근거하여 야고보가 제안한 대로 우상의 제물과 피와 목매어 죽인 것과 음행을 멀리하는 것 이외에 아무 짐도 그들에게 지우지 않기로 판정하였다. 그런데 이들은 자신들이 이렇게 결정해놓고 "성령과 우리는 … 알았노니"라는 표현으로 성령께서 자신들과 같이 판정하셨다고 말한다. 이것이 의미하는 것은 비록 그들이 판정하였지만 그들은 최고의 재판관이신 성령께서 성경을 통하여 말씀하시는 바가 무엇인지를 늘 생각하면서 성령의 조명을 통하여 성경 안에서 판정하였다는 것이다. 성령께서는 성경을 통하여 말씀하시고, 그 성경을 읽는 자들이 깨닫도록 조명하신다. 사도행전 16:4절은 "여러 성으로 다녀 갈 때에 예루살렘에 있는 사도와 장로들이 작정한 규례를 그들에게 주어 지키게 하니"라고 하여 사도와 장로들이 작정한 규례를 여러 성들이 지켜야 할 권위 있는 판결로 말한다. 초대교회의 성도는 최고 재판관이신 성령께서 사도와 장로들을 통해 내리신 판결을 이미 따른 것이다.

우리는 성경을 통하여 말씀하시는 성령님께 의존해야지, 편견과 사욕에 빠지기 쉽고 지혜가 부족한 사람들의 결정에 의존하면 안 되고, 지식과 학벌과 신분을 내세우며 큰 세력을 형성한 사역자들이나 신학자들의 사심어린 결정에 흔들리면 안 된다. 교회회의들의 결정과 고대 저자들의 견해와 사람들의 가르침과 개인이 사사롭게 받았다는 영감은 나름의 유익이 있겠지만 동시에 틀림과 편견이라는 해로움도 공존하므로 늘 최고의 재판관이신 성령님을 통하여 최종 검토하여야 한다. 제31장 대회와 공의회 제3절은 대회와 공의회가 결정한 법령과 판결이 하나님의 말씀에 일치한다면 경외하고 복종하는 마음으로 받아들여야 한다고 말한다. 대회와 공의회가 어떤 법령과 판결을 결의할지라도 성경 안에서 말씀하시는 성령님에게 일치하지 않는다면 받아들일 수 없다. 제31장 제4절은 대회나 공의회가 결의한 법령과 판결은 전반적으로든 개별적으로든 틀릴 수 있고, 실제로 많이 틀렸었으므로 이것들은 믿음이나 행위의 규범이 되어서는 안 되고, 단지 믿음과 행위에 대한 도움으로 이용하여야 한다고 말한다. 공의회의 결정이 이러할 진데 고대 저자들의 견해와 사람들의 가르침과 개인이 사사롭게 받은 영감은 더욱 더 믿음과 행위에 대한 도움 정도로 이용해야지 절대로 믿음이나 행위의 규범이 되어서는 안 된다. 믿음이나 행위의 규범은 오직 성경뿐이다.

로마 가톨릭은 이와 달리 최고의 재판관을 로마 가톨릭 교회로 본다. 로마 가톨릭도 성령님을 하나님으로 보고 성령의 감동으로 성경이 기록되었다고 보지만, 하나님의 말씀을 올바로 해석하는 직무는 "예수 그리스도의 이름으로 권한을 행사하는 교회의 살아 있는 교도권에만 맡겨져 있다. 곧 로마 주교인 베드로의 후계자와 일치를 이루는 주교들에게 맡겨져 있는 것이다."라고[22] 보기 때문에 성령과 성경보다 교회를 우위에 두게 된다. 이들은 베드로의 후계자인 교황과 일치를 이루는 주교들에게 교도권을 주는데, 이것은 결국 교황에게 교도권을 주는 것이다. 교황과 일치를 이루지 않는 주교들에게는 교도권이 없다. 이들은 결론적으로 이렇게 단정하여 말한다. "하느님의 말씀을 권위 있게 해석하는 책무는 오직 교회의 교도권, 곧 교황과 그와 일치하는 주교들에게만 주어졌다."[23]

로마 가톨릭은 "너희 말을 듣는 자는 곧 내 말을 듣는 것이요 너희를 저버리는 자는 곧 나를 저버리는 것이요"라는 눅 10:16 예수님 말씀에 근거하여 "신자들은 이 말씀을 명심하여 그들의 목자들이 여러 형태로 주는 가르침과 지도를 온순하게 받아들인다."고[24] 말하고, "거룩한 교회는 하느님이 정하신 제도를 따라 주교들이 교회의 사목자로서 사도들의 자리를 이어 받았으므로 주교들의 말을 듣는 사람은 그리스도의 말씀을 듣는 것이고 주교들을 업신여기는 사람은 그리스도와 그리스도를 보내신 분을 업신여기는 것이라고 가르치는 바"라고[25] 말한다. 이들은 교회의 교도권이 교의(敎義)를 정의할 때, 곧 어떤 사항에 대하여 신앙의 동의를 신자들에게

---

22 『가톨릭 교회 교리서』, 85항, 70. 그리고 계시 헌장 10항.
23 『가톨릭 교회 교리서』, 100항, 74.
24 『가톨릭 교회 교리서』, 87항, 71. 그리고 교회 헌장 20항 참조.
25 『가톨릭 교회 교리서』, 87항, 71. 그리고 교회 헌장 20항 참조.

의무적인 형태로 요구하는 것은 전적으로 그리스도께 받은 권위에 근거한 것이라며 이때 신자들의 순종을 요구한다.[26] 이들은 "성서 해석에 관한 이 모든 것은 결국 하느님의 말씀을 보존하고 해석하라는 하느님의 명령과 그 직무를 수행하는 교회의 판단에 속한다."고[27] 보기 때문에 제10절과 달리 최고의 재판관을 성령님이 아닌 교회라고 말하는 것이다.

개신교가 성경을 신적 권위와 필요성과 명료성과 충족성 등에서 매우 강조하기 때문에, 개신교의 삼위일체는 "성부, 성자, 성경"이라고 비난하는 이들이 있다. 하지만 개신교가 성경을 강조하는 것은 성경이 성령에 의하여 기록되었고, 성령에 의해 조명되기 때문이고, 성령께서 성경 안에서 말씀하시기 때문이다. 성령께서 예수 그리스도의 승천 이후 오순절에 이 땅에 오셨는데, 하시는 일이 예수 그리스도의 말씀을 가르치시고 생각나게 하시는 것이다. 그런데 그분의 말씀은 성경에 기록되어 있기 때문에 성령께서 결국 성경 안에서 말씀하신다. 성령은 성경 없이 성경을 넘어서서 말씀하시지 않는다. 따라서 개신교가 성경을 강조하는 것은 바로 성령을 강조하는 것이고, 신비주의자처럼 열광과 황홀과 직통계시에 빠지는 것이 아니라 사람의 인식 능력의 한계를 철저히 인정하며 오직 하나님의 계시와 조명만을 의지하는 것이다. 개신교는 성령 외에는 그 누구에게도 최고 재판관의 지위를 절대 주지 않는다.

---

26 『가톨릭 교회 교리서』 88항, 71.

27 계시 헌장 12항.

신론

Of God, and of the Holy Trinity

제2장 하나님과 성 삼위일체

웨스트민스터 신앙고백은 제1장에서 성경에 대하여 다루는데 이것은 제1장 이후의 모든 내용을 성경을 최종 근거로 하여 다룬다는 의미이기도 하다. 우리가 이후의 내용을 살펴볼 때에 철학적, 인문학적, 자연 과학적 방법을 사용하기도 하지만 이는 분류와 설명과 이해의 편의를 위한 것이지 절대로 최종 근거로 삼기 위함이 아니다. 최종 근거는 오직 성경일 뿐이다. 특히 하나님과 같이 사람의 인식 능력으로 알 수 없는 대상을 탐구할 때에 더욱 더 하나님의 특별계시가 기록된 성경에 의존해야 한다.

하나님에 대하여 다룰 때에 제일 먼저 하나님의 본질에[28] 대하여 다루어야 하는데 유한한 사람은 무한한 하나님의 본질에 대하여 알 수 없다. 첫째로 사람은 유한하기 때문에 무한한 하나님을 전부 다 인식할 수 없기 때문이고, 둘째로 언어 또한 유한하여 무한한 하나님을 담아낼 개념을 가진 단어가 없기 때문이다. 예를 들면, 사람에 대한 사전적 정의는 "직립 보행을 하고 언어와 도구를 사용하며, 문화를 향유하고 생각과 웃음을 가진 동물"이다. 사람을 크게 동물이라는 류(類) 개념 아래에서 설명하고 있다. 동물이라는 틀 아래에서 사람을 다른 동물들과 비교하여 보니 그 특징이 직립 보행, 언어와 도구의 사용, 문화의 향유, 생각, 웃음 등인 것이

---

28 존재에 대한 철학적 정의는 "현상 변화의 기반이 되는 근원적인 실재"이다. 본질에 대한 철학적 정의는 "실존(實存)에 상대되는 말로, 어떤 존재에 관해 '그 무엇'이라고 정의될 수 있는 성질" 또는 "한 사물이나 과정에 반드시 있어야만 하는 보편적이고 변함없는 요소들의 총체"이다. 속성에 대한 철학적 정의는 "사물의 현상적 성질"이다. 실체에 대한 철학적 정의는 "상황에 따라 여러 가지로 변화할 수 있는 성질, 상태, 작용, 관계 등의 근저(根底)에 있으면서 사물을 떠받치고 있는 기본 존재"이다.

다. 사람이 동물이란 류類 개념 아래에서 개나 물고기나 원숭이와 같은 종種들과 비교하여 갖는 특징을 사용하여 사람에 대한 정의가 이루어진다. 그런데 하나님보다 더 큰 류類가 없을 뿐만 아니라, 하나님과 같은 종種이 없기 때문에 하나님의 본질이 무엇인지 정의할 수 있는 개념과 단어가 없다. 따라서 사람은 하나님의 본질에 대해서 정의할 수 없다. 대신 성경에 하나님에 대하여 나오는 속성들을 통해서 하나님이 어떠하신 분인지 알 수 있다.

이상에서 살펴본 것처럼 우리는 하나님에 대하여 정의할 수 없고, 하나님에 대하여 이해하려고 할 때에 "부정의 방식"via negationis에 때로 만족하여야 한다. 부정의 방식이란 하나님께서 어떤 분이 아니라는 부정의 표현을 통해 단편적으로 하나님을 서술하는 방식이다. 예를 들면 하나님은 "육체가 아니다", "한계가 없다"무한하다, "변함이 없다"불변하다 등의 표현이다. 하나님께서 "거룩하시다", "사랑이시다" 등의 표현도 하나님의 한 부분을 표현한 것들이다. 우리는 하나님에 대한 이러한 단편적인 표현들을 종합하여 하나님께서 어떠하신 분인지 알아가는 것이지, 하나님의 본질에 대하여 정의적 차원으로 정확히 알 수 없다. 하나님께서 성경을 통하여 자신에 대하여 우리에게 알려주셨고, 이것은 이 정도로 우리가 알아도 이 땅에서 하나님을 즐거워하고 영화롭게 함에 부족하지 않다는 의미이다.

웨스트민스터 신앙고백 제2장 제1절은 하나님의 속성을 다루고, 제2절은 하나님께서 피조물과의 관계에서 갖는 속성을 다루고, 제3절은 제1절과 제2절에 나온 속성을 모두 지니신 한 실체의 하나님께서 세 위격으로 존재하시는 것에 대하여 다룬다. 하나님의 속성을 분류하는 방법은 첫째로 자연적인 속성무한, 영원, 단순, 자존과 도덕적인 속성선, 거룩, 지혜, 둘째로 절대적인 속성무한, 영원, 단순, 자존과 상대적인 속성편재, 전지; 하나님의 만물 창조 후 생각되는 하나님의 본질, 셋째로 내재적 속성무한성, 단순성, 영원성과 유출적 속성전능, 자비, 공의, 넷째로 비공유적 속성과 공유적 속성이 있는데, 넷째 방법이 널리 쓰인다. 비공유적incommunicable 속성이란 하나님과 사람 사이에 공유되지 않는 속성으로써 무한성, 불변성, 광대성, 영원성이 여기에 속한다. 공유적 속성은 그 반대로 하나님과 사람 사이에 공유되는 속성으로써 지혜, 거룩함, 사랑, 은혜, 자비 등이다. 그런데 비공유적 속성이라고 해서 사람에게는 이에 대한 흔적이나 개념이 전혀 없다는 것도 아니고, 공유적 속성이라고 해서 사람이 상당한 수준으로 그 속성을 소유했다는 것도 아니다. 사람에게도 지혜, 거룩함, 사랑, 은혜, 자비 등의 속성이 분명히 있지만, 하나님께서는 그것들이 무한히, 불변하게, 영원히 존재한다. 그 정도의 차이가 하늘과 땅의 차이보다 더 크다. 공유적 속성이란 표현은 단지 사람이 비공유적 속성보다는 조금 더 그 속성을 소유하고 있기 때문에 붙여진 이름일 뿐이다.

2.1

오직 한 분의 유일하시며,a 살아계시며, 참되신b 하나님이 계신다. 그분은 존재와 완전함에서 무한하시며,c 지극히 순수한 영이시며,d 보이지 아니하시며,e 몸이나 지체나f 수동적 감정이g 없으시며, 불변하시며,h 광대하시며,i 영원하시며,k 헤아릴 수 없으며,l 전능하시며,m 지극히 지혜로우시며,n 지극히 거룩하시며,o 지극히 자유로우시며,p 지극히 절대적이시며,q 모든 일을 자기 자신의 불변하고 지극히 의로운 의지의 경륜에 따라r 자기 자신의 영광을 위하여 일하시며,s 지극히 사랑하시며,t 은혜로우시며, 긍휼하시며, 오래 참으시며, 선과 진리가 풍성하시며, 악과 과실과 죄를 용서하시며,u 자기를 찾는 자들에게 상 주시는 이시고,w 그러면서도 모든 죄를 미워하셔서y 자신의 심판에서 지극히 공의로우시며 두려우시고,x 또한 형벌 받을 자는 결코 사하지 아니하신다.z

There is but one only,a living, and true God:b who is infinite in being and perfection,c a most pure spirit,d invisible,e without body, parts,f or passions,g immutable,h immense,i eternal,k incomprehensible,l almighty,m most wise,n most holy,o most free,p most absolute,q working all things according to the counsel of his own immutable and most righteous will,r for his own glory,s most loving,t gracious, merciful, long-suffering, abundant in goodness and truth, forgiving iniquity, transgression, and sin,u the rewarder of them that diligently seek him;w and withal most just and terrible in his judgmentsx hating all sin,y and who will by no means clear the guilty.z

a 신 6:4; 고전 8:4, 6
d 요 4:24
g 행 14:11, 15
k 시 90:2; 딤전 1:17
n 롬 16:27
q 출 3:14
t 요일 4:8, 16
x 느 9:32-33
b 살전 1:9; 렘 10:10
e 딤전 1:17
h 약 1:17; 말 3:6
l 시 145:3
o 사 6:3; 계 4:8
r 엡 1:11
u 출 34:6-7
y 시 5:5-6
c 욥 11:7-9; 욥 26:14
f 신 4:15-16; 요 4:24; 눅 24:39
i 왕상 8:27; 렘 23:23-24
m 창 17:1; 계 4:8
p 시 115:3
s 잠 16:4; 롬 11:36
w 히 11:6
z 나 1:2-3; 출 34:7

1. 하나님의 속성

❶ 오직 한 분의 유일하시며, 살아계시며, 참되신 하나님

하나님은 존재하신다. 무신론자는 만물의 존재가 어떻게 발생하였는지 정확한 이유를 모르겠다고 하면서도 "신"이 존재하는 것은 아니라고 주장하고, 불가지론자는 사람이 신의 존재 여부를 알 수 없다고 말한다. 하지만 제1장 제1절이 "본성의 빛, 그리고 창조와 섭리의 일들이 하나님의 선과 지혜와 권능을 너무나 크게 나타내어 사람들로 핑계할 수 없도록 한다."라고 말한 것처럼, 비신자일지라도 자연과 역사를 관찰한다면 본성의 빛, 그리고 창조와 섭리의 일들을 통하여 신이 존재함을 부인하기 힘들다. "하나님이 없다."라고 하는 자는 결국 죄로 말미암아 참된 지각이 흐려져서 어리석기 때문에 그렇게 말하는 것이다 시 14:1.

사람들은 본성의 빛, 그리고 창조와 섭리의 일들을 통해 다음의 이유들로 하나님께서 존재하신다고 말할 수 있다. 첫째로 우주의 별들의 운행이나 다양한 동물의 모습과 기능에 존재하는 질서와 탁월한 기능이다. 사람은 자연과 역사적 사건 등의 질서를 보며 이 질서를 만드신 하나님께서 존재하심을 느낀다. 둘째로 사람이 생득적으로 갖는 정신적 기능이다. 동물과 현격하게 차이가 나는 이성적 능력과 도덕감 등을 보며 사람을 창조하신 하나님의 존재를 느낀다. 여기에는 나쁜

짓을 할 때 느끼는 양심의 소리도 포함되고, 사회 질서를 지키는 역량도 포함된다. 셋째로 역사와 인생 경험을 통해 경험하는 인과응보이다. 선한 자가 상을 받고 악한 자가 벌을 받는 것을 보며 역사를 이끌어가는 하나님의 존재를 느낀다. 넷째로 시대와 장소를 막론하고 모든 종족이 공통적으로 갖는 신령한 존재에 대한 감각과 숭배이다.

사람이 하나님의 존재에 대하여 위와 같이 느끼는 것들을 다음처럼 철학적 논증으로 표현할 수 있다. 첫째로 존재론적 논증이다. 사람이 완전한 존재에 대하여 갖는 관념이다. 완전한 존재가 있기 때문에 사람이 이에 대하여 관념을 갖는 것이라는 논증이다. 둘째로 우주론적 논증이다. 세상의 존재물은 모두 선행하는 원인이 있는데, 이를 거슬러 올라가면 우주가 하나의 인격적이며 절대적인 원인을 갖는다는 논증이다. 셋째로 목적론적 논증이다. 세계의 만물에는 지성과 질서와 조화와 목적이 있는데 이것을 산출한 인격적이며 목적적인 존재가 있다는 논증이다. 넷째로 도덕적 논증이다. 사람에게 탁월한 도덕적 의식과 행동이 있는 것을 이것을 만들고 요구하는 절대적으로 도덕적인 입법자와 재판관이 있기 때문이라는 논증이다. 다섯째로 역사적 논증이다. 사람의 역사를 볼 때 동서고금을 막론하고 모든 민족과 종족이 종교적인 제사와 예배와 종교심이 있는데 이는 하나님의 존재에서 발생하는 신적인 정서라는 논증이다.

성경은 하나님의 존재에 대하여 철학적 논증을 통하여 장황하게 설명하지 않는다. 이러한 논증은 비신자에게나 필요하고, 또한 각 논증은 완벽한 설명이 아니라 각각의 약점도 갖는다. 성경은 하나님의 존재에 대하여 장황하게 논증하는 대신에 하나님의 존재를 당연한 전제로 하여 하나님께서 피조물과 갖는 관계를 묘사한다. 성경은 믿음을 가진 참된 신자들이 하나님께서 계신 것과 또한 그가 자기를 찾는 자들에게 상주시는 이심을 믿는다고 히 11:6 말하고, 그 하나님은 유일하게 한 분이시라고 선포하지, 장황하게 설명하거나 논증하지 않는다. "이스라엘아 들으라 우리 하나님 여호와는 오직 유일한 여호와이시니" 신 6:4, "하나님은 한 분밖에 없는 줄 아노라" 고전 8:4, "하나님은 한 분이시니라" 갈 3:20, "이제는 나 곧 내가 그인 줄 알라 나 외에는 신이 없도다"신 32:39. 그리고 창조와 섭리와 같이 하나님만이 하실 수 있는 일들을 나열한다.

제2장 제1절도 하나님의 존재에 대하여 철학적 논증이나 장황한 설명으로 말하지 않고 단순히 "오직 한 분의 유일하시며, 살아계시며, 참되신 하나님께서 계신다."라는 표현으로 시작한다. "하나"one 는 첫째로 단지 하나라는 의미가 있고, 둘째로 오로지 하나라는 의미가 있다. "하나님께서 한 분"이시라는 것은 후자의 의미로써 하나님의 본질을 지니신 존재는 유일하게 하나라는 의미이다. 그래서 제1절은 "오직 한 분의 유일하시며"but one only 라고 표현한다. 유일한 하나를 강조한 것이다. 제1절에 있는 이 모든 속성을 지니신 이가 반드시 존재하시는 것이고, 이렇게 존재하시는 하나님은 오직 한 분뿐이시고, 살아계시고, 참되시다살전 1:9; 렘 10:10. 살아계시지 않고, 참되시지 않은 신이란 아무 의미가 없다. 참된 신을 제외한 다른 신들은 모두 사람들이 만든 거짓 신이고, 따라서 죽은 신이다. 모두 사람의 손으로 만든 것들로 보지도 못하며 듣지도 못하며 먹지도 못하며 냄새도 맡지 못하는 목석의 신이다신 4:28. 우상은 사람이 새겨 만든 것으로 거짓 스승에 지나지 않는다. 이것을 만든 사람이 말하지 못하는 우상을 의지하니 무엇이 유익하겠는가?합 2:18

❷ 존재와 완전함에서 무한하시며

하나님의 속성들 중 무한성은 다른 속성들을 이해하는 데 크게 도움이 된다. 하나님의 무한성infinity 은 하나님께서 모든 한계로부터 자유로우심을 뜻한다. 이 무한성은 상대적 무한성이 아니라 절대적 무한성이다. 밤하늘의 별들이나 바닷가의 모래를 무한하다고 할 때는 세기가 힘들 정도로 많다는 의미이지 절대적으로 그 개수가 무한하다는 것이 아니다. 또한 자연수가 무한하다고 하거나, 실수의 두 숫자 사이에는 무한의 숫자들이 있다고 하는 경우도 단지 개수가 무한하다는 상대적 무한성이지 절대적 무한성은 아니다.

하나님께서 공간에서 무한하심을 나타내는 광대성은 하나님께서 끝없는 공간을 점유하신다는 의미가 아니라 공간의 한계를 초월하시는 무한한 존재시라는 의미이다. 공간의 영향을 받으시거나 공간에 갇히시지 않고 공간으로부터 자유로운 존재이시므로 공간을 장악하시고 점유하시고 통치하신다. 시간의 한계로부터 자유로우심을 나타내는 영원성도 하나님께서 무한히 오래 전부터 무한히 오랜 후까지 존재하신다는 의미가 아니라 시간을 초월하시는 무한한 존재시라는 의미이다. 시간의 영향을 받으시거나 시간에 갇히시지 않고 시간으로부터 자유로운 존재이시므로 시간을 장악하시고 점유하시고 통치하신다. 과거와 현재와 미래가 하나님께는 같고, 각 시간에 존재하신다. 공간과 시간은 절대로 하나님께서 존재하시는 틀이 아니라 하나님께서 만드신 피조물이다. 공간과 시간은 피조물이므로 하나님께서 공간과 시간의 영향을 받지 않고 오히려 다스리신다.

이렇게 하나님의 무한성은 양의 측면이 아니라 질의 측면이다. 따라서 하나님의 속성을 다루는 제1절은 무한성을 먼저 언급함으로써 그 이후에 나오는 속성들이 모두 절대적으로 무한함을 나타낸다. 예를 들면 하나님께서 지혜로우시다고 할 때 제1절은 "지극히 지혜로우시며"most wise라고 말한다. 하나님의 지혜는 사람의 지혜보다 셀 수 없을 정도로 많은 것이 아니라 절대적으로 지혜롭다. 사람의 지혜와는 질이 전혀 다른 한계가 없는 지혜인 것이다. 제1절은 하나님께서 무한한 지혜를 가지신다는 것을 "지극히"라는 단어로 나타내고 있다.

하나님의 무한성에 대하여 언급하는 성경 구절들을 살펴보자. 소발은 "네가 하나님의 오묘함을 어찌 능히 측량하며 전능자를 어찌 능히 완전히 알겠느냐 하늘보다 높으시니 네가 무엇을 하겠으며 스올보다 깊으시니 네가 어찌 알겠느냐 그의 크심은 땅보다 길고 바다보다 넓으니라"고 욥 11:7-9 말한다. 이 구절은 하나님의 본질이 무한하시어 인식이란 면에서 사람이 헤아릴 수 없음incomprehensible, 능력이란 면에서 전능하시다almighty고 말하는 것이다. "보라 이런 것들은 그의 행사의 단편일 뿐이요 우리가 그에게서 들은 것도 속삭이는 소리일 뿐이니 그의 큰 능력의 우렛소리를 누가 능히 헤아리랴"는 욥 26:14 구절도 하나님의 본질의 무한성이 능력과 지혜로 나타남에 대해서 말한다. "보라 그에게는 열방이 통의 한 방울 물과 같고 저울의 작은 티끌 같으며 섬들은 떠오르는 먼지 같으니라"도 사 40:15 하나님의 본질의 무한성에서 나오는 위대함에 대하여 말한다.

　제2장 제1절은 하나님께서 특별히 존재와 완전함에 있어서 무한하시다고 말한다. 먼저 존재의 무한성에 대하여 살펴보자. 하나님의 존재 being가 뜻하는 것은 하나님께서 존재하심으로 갖는 모든 것이다. 첫째로 존재는 존재하느냐 존재하지 않느냐의 차원이다. 하나님은 존재하심에서 무한하시다. 바로 앞에서 살펴본 것처럼 하나님은 존재하신다. 존재하는 것은 존재하지 않는 것보다 뛰어나다. 하나님은 존재의 정도가 유일무이하시고, 살아계시고, 참되신 면에서 무한하시다. 특히 스스로 계시는 면에서 그러하시다. 모세가 하나님께 이름이 무엇이냐고 여쭈었을 때에 하나님은 "나는 스스로 있는 자이니라" I AM THAT I AM 고 답하시며, "이는 나의 영원한 이름이요 대대로 기억할 나의 칭호니라"고 말씀하셨다 출 3:14-15. "나는 스스로 있는 자이니라"의 음역이 "여호와"인데, 하나님은 여호와라는 이름을 통하여 자신이 "스스로 있는 자"라고 알려주셨다. 스스로 있는 자만이 그 어떤 것의 영향도 받지 않는다. 스스로 있지 않다면, 다른 것들의 도움과 영향으로 존재한다는 것인데 그만큼 부족하다는 의미이고 다른 것들의 도움과 영향을 그 이후로도 계속 받아야 한다는 것이다. 스스로 있는 자만 존재와 속성에 있어 증감과 쇠퇴와 소멸도 없고, 그 하시는 사역에서도 아무 부족함이 없고 완전함 자체이다. 자존자만 유일무이하게 자충족적이시고 독립적이시고 완전하시다.

　둘째로 존재는 본질을 갖는데, 하나님은 그 본질에 있어 무한하시다.[29] 앞의 각주에 따라 본질의 정의를 "한 사물이나 과정에 반드시 있어야만 하는 보편적이고 변함없는 요소들의 총체"라고 한다면, 본질에 있어 무한하다는 것은 하나님됨에 반드시 있어야만 하는 요소들 모두가 무한하다는 것이다. 사람은 동물과 구별되는 본질을 갖는데, 얼마나 유한한지 모른다. 사람이 생로병사의 한계를 벗어나지 못한다는 측면만 보아도 사람의 본질은 무한하지 않다. 이에 비하여 하나님은 하나

29　웨스트민스터 신앙고백은 1659년에 라틴어로 번역되었는데, 존재(being)가 본질(essentia)로 번역되었다.

님 됨을 이루는 모든 면에서 무한하시다.

셋째로 존재는 속성을 갖는데, 하나님은 그 속성에 있어서 무한하시다. 각각의 속성이 무한하여, 한 속성은 다른 속성들과 같다. 하나님께 여러 속성이 있는 것은 하나님께서 그런 여러 속성으로 이루어졌다는 것이 아니라, 무한하신 하나님을 유한한 사람이 인식할 때에 전체로 온전히 인식하지 못하고 부분적으로 분석하여 이해하기 때문에 하나님의 속성을 여러 속성으로 구분하는 것뿐이다. 정직이 최선의 방책이다Honesty is the best policy라는 격언이 있듯이 가장 지혜롭고 가장 능력이 있으려면 동시에 가장 거룩해야 한다. 하나님께서 가장 지혜로우시다는 것은 동시에 가장 거룩하시다는 뜻이기도 하다. 이런 면에서 지혜라는 속성은 거룩함이라는 속성과 같다. 하나님의 한 속성은 완전함이란 의미에서 동시에 다른 모든 속성을 의미하는 것이다. 우리는 제2장 제1절과 제2절에서 하나님의 다양한 속성을 살펴볼 것인데, 이 속성들의 다양성과 구분은 사람의 인식의 제한성으로 인한 것이지, 절대로 하나님께서 실제로 이렇게 구별되고 분리되는 다양한 속성들로 이루어져 있다는 것은 아니다. 또한 하나님은 존재가 본질과 속성으로 그대로 나타나기 때문에 존재와 본질과 속성에 어떠한 괴리도 없으므로 존재와 본질과 속성이 같다. 사람은 거짓말을 해도 여전히 사람이지만, 하나님은 거짓말을 하시는 순간 하나님 됨을 잃어버리며 하나님이 아니시다. 하나님은 이런 면에서 존재와 본질과 속성이 같다.

넷째로 존재는 일함을 갖는데, 하나님은 그 일하심에 있어서 무한하시다. 하나님께서 일하실 때에 작정하시고 계획하신 모든 것이 그대로 이루어진다. 하나님의 본질과 속성이 그대로 일하시는 것으로 이어지기 때문에 하나님의 일하심에는 실패나 부족함이 없이 완벽하시다. 하나님께서 세상을 말씀으로 창조하셨다는 것은 하나님께서 뜻하시고 계획하신 바가 그대로 실현되었다는 의미이다. 말은 말하는 자의 뜻과 계획을 가장 쉽고 빠르게 표현하는데, 사람은 말을 실천으로 다 옮기지 못하지만 하나님은 뜻과 계획과 말과 실행이 일치한다. 이런 면에서 하나님의 사역에는 하나님의 뜻대로 실현되지 않는 것이 하나도 없어서, 하나님은 사역에 있어서 무한하시다.

제2장 제2절은 하나님께서 외부의 피조물과 갖는 관계에 대해서 말하는데, 하나님의 존재의 무한성에 대하여 충족성과 자존성을 들어 다음처럼 표현한다. "하나님은 모든 것이 오직 자신 안에 전적으로 충족하여, 자신이 만드신 어떤 피조물도 필요로 하시지 않는다. … 하나님은 모든 존재의 유일한 근원이시라 만물이 그에게서 나오고, 그로 말미암고, 그에게로 돌아간다." 존재가 무한하려면 아무 부족함 없이 자충족적이어야 하고, 존재의 발생에 있어서 스스로 존재하여야 한다. 자충족적이지 않으면 다른 존재의 도움을 필요로 하므로 존재에 있어서 무한하지 않고, 스스로 존재하지 않으면 다른 존재의 영향으로 존재하게 되므로 역시 존재에 있어서 무한하지 않다. 제2절은 존재에 있어 무한하신 하나님께서 자존하시고 자충족적이시라 모든 피조물에게 존재와 생명과 영광과 선과 복을 주신다고 말한다.

이제 완전함perfection의 무한성에 대하여 살펴보자. 완전함이란 단어 그대로 가장 높고 지극하게 완전한 것을 뜻한다. 어떤 부족함도 없는 것이다. 그러므로 완전함이 무한하다는 것은 동의반복이기도 한데, 그럼에도 제2장 제1절은 이 두 단어의 사용을 통하여 하나님께서 완전하시다는 것을 강조하고 있다. 그렇다면 하나님은 특히 어떤 면에서 완전함이 무한할까? 어떤 존재가 완전하려면 존재와 속성이란 두 측면에서 완전해야 한다.[30] 바로 앞에서 하나님이 존재being에서 무한하신 것을 살펴보았으므로, 여기서 완전함perfection은 특별히 하나님의 속성을 뜻한다. "perfection"이란 영어 단어는 "완전"과 "가장 뛰어난 성질"이란 뜻을 갖는데, "가장 뛰어난 성질"의 의미가 신학에서 하나님과 관계되어 사용될 때에 "완전한 탁월성을 갖는 신적인 속성"the divine attribute of complete excellence이란 의미를 갖는다. 이런

---

30 멀러는 자신이 만든 신학사전에서 하나님의 완전함(The perfection of God)을 "하나님께서 존재와 모든 속성에서 절대적으로 불변적으로 탁월하신 것"이라고 정의한다. "The perfectio Dei, or perfection of God, is the absolute, unchanging excellence of God in his being and in all his attributes." Richard A. Muller, Dictionary of Latin and Greek Theological Terms: Drawn Principally from Protestant Scholastic Theology (Grand Rapids, Baker, 2017), 259.

측면에서 "perfection"은 "완전한 속성"이란 의미를 갖는다.

따라서 하나님께서 완전함에서 무한하시다는 것은 하나님의 속성들이 완전의 정도에서 무한하다는 의미이다. 하나님의 속성들은 완전의 정도에서 양적인 의미가 아니라 질적인 의미로 존재할 수 있는 완전함을 완전히 소유한다. 예를 들면 하나님의 지혜는 그 완전함에 있어서 무한한데, 앞에서 살펴보았듯 제1절은 이것을 "지극히 지혜로우시며"most wise라고 표현한다. 하나님의 무한한 지혜는 지혜가 무한적으로 많다는 것이 아니라, 지혜에 어떠한 무지나 실수가 섞여있지 않고 절대적이고 순수한 지혜 자체라는 의미이다. 이후에 계속해서 살펴볼 하나님의 속성들은 모두 그 완전함의 정도에 있어서 무한하다. 하나님께서 만약에 어떤 속성의 완전함의 정도에 조금이라도 부족함이 있다면 하나님이실 수 없고, 다른 존재들의 작용과 도움을 통해 그 부족한 부분이 채워져야 하고, 다른 모든 속성도 불완전하다는 의미이므로 있을 수 없는 일이다. 또한 완전함은 좁은 의미로는 하나님의 속성이 완전하다는 것이고, 넓은 의미로는 하나님의 존재가 갖는 모든 측면이 완전하다고 볼 수 있어서, 하나님께서 존재와 본질과 사역에 완전하시다는 것이다.

오직 하나님만 스스로 존재하시고 출 3:14, 만물을 창조하신다. 사람들은 하나님께 지음을 받은 피조물이지 절대로 자존자도 아니고 창조자도 아니다. 만물이 주에게서 나오고 주로 말미암고 주에게로 돌아간다 롬 11:36. 이런 충족성과 자존성과 창조성이란 측면에서 오직 하나님만 존재와 완전한 속성에서 무한하시다. 모든 피조물은 하나님께서 주신 형상과 능력만큼 존재하지 절대로 무한하지 않다. 하나님께서 그 뜻대로 각 종자에게 형체를 주신다. 육체도 다 같은 육체가 아니다. 사람과 짐승과 새와 물고기의 육체가 각각 다른데, 하나님의 뜻대로 각각의 영광이 다르다. 해와 달과 별의 영광이 다른 것과 같다 고전 15:38-41. 따라서 각 존재는 하나님의 뜻대로 각각의 형체와 영광을 받았고, 그 만큼 존재와 완전함에서 각각의 수준과 한계를 갖는다.

우리는 위에서 하나님의 존재, 본질, 속성, 종種, 유類 등의 단어들을 사용하였고, 앞으로 질료, 형상과 같은 단어들을 사용할 것이다. 라틴어 격언이 말하는 것처럼 잘 구분하는 자가 잘 가르치고, 잘 이해한다. 아리스토텔레스와 같은 철학자들은 사물을 더 깊이, 더 넓이 이해하기 위하여 사물을 여러 관점에서 바라보며, 사물들을 분류하고 체계화하고 옳고 그름을 논증하는 법을 만들었다. 신학이 이 방법들을 사용할 때 성경의 진리를 성경에 충실하여 매우 정교하고, 분명하고, 체계 있게 나타낼 수 있다. 웨스트민스터 신앙고백은 이런 스콜라주의 방법론을 채택하여 성경 말씀을 33개의 주제로 나누어 정교하고 체계 있게 서술하고 있다. 이에 대한 해설서인 이 책도 자연스럽게 스콜라주의 방법을 때로로 사용하는데 이는 하나님과 그 말씀을 더 잘 이해하기 위한 방법으로써 사용하는 것이지, 스콜라주의 방법을 주로 채택하는 철학이 옳다는 의미가 절대 아니다. 우리가 종종 스콜라주의 방법을 사용할지라도 우리의 최종 판단 근거는 오직 성경이다.

❸ **지극히 순수한 영이시며, 보이지 아니하시며, 몸이나 지체나 수동적 감정이 없으시며**

하나님께서 영이심을 살펴보자. 성경에 하나님에 대한 근접한 정의가 있다면 "하나님은 영이시니 예배하는 자가 영과 진리로 예배할지니라"이다 요 4:24. 예배하는 장소가 어디냐는 사마리아 여인의 질문에 예수님께서 이렇게 대답하셨다. 이 구절은 하나님께서 영이시라 장소에 갇히거나 영향을 받지 않고 장소를 초월하시므로 신자들이 어디에서나 영과 진리로 하나님께 예배를 드릴 수 있다는 의미이다. 우리는 성경이 영의 본질에 관하여 정의하지 않고 자세하게 설명하지 않으므로, 영이 정확히 어떤 질과 상태인지 알 수 없다. 사람은 성경이 말하는 바에 따라 영이 무엇이 아닌지를 알 수 있다. 아래 성경구절들에 따르면 영은 장소에 갇히지 않고 요 4:24, 형상을 갖지 않고 신 4:15, 살과 뼈가 없고 눅 24:39, 성정 passions 이 없다 행 14:15. 물질은 유한한데 반하여 영은 무한하고 변하지 않고 썩지 않는다 약 1:17. 영은 물질이 아니기에 사람의 오감으로 지각할 수 없어서 볼 수 없고, 만질 수 없고, 묘사할 수 없다 사 40:18; 신 4:15; 행 17:29. 하나님의 존재 형태나 방식이 사람과 질적으로 무한히 다른 것이다.

신 4:15	여호와께서 호렙 산 불길 중에서 너희에게 말씀하시던 날에 너희가 어떤 형상도 보지 못하였은즉 너희는 깊이 삼가라
눅 24:39	내 손과 발을 보고 나인 줄 알라 또 나를 만져 보라 영은 살과 뼈가 없으되 너희 보는 바와 같이 나는 있느니라
행 14:15	이르되 여러분이여 어찌하여 이러한 일을 하느냐 우리도 여러분과 같은 성정을 가진 사람이라 여러분에게 복음을 전하는 것은 이런 헛된 일을 버리고 천지와 바다와 그 가운데 만물을 지으시고 살아 계신 하나님께로 돌아오게 함이라

영에게 살과 뼈가 없다는 것은 몸이 없다는 것이고, 영에게 몸이 없다는 것은 몸을 이루는 지체요소들도 없다는 것이며, 외부의 대상이 몸과 지체에 영향을 미침으로써 발생하는 감정passions이나 반응도 없다는 것이다. 하나님의 영은 외부의 객체의 영향을 받아 감정이 발생하는 감수성을 갖지 아니하신다impassibility. 하나님께서 피조물처럼 외부의 작용에 의한 감정passions을 갖지 아니하신다 하여 피조물에 대한 긍휼이나 사랑이나 안타까움이나 진노 같은 정서affections도 없으시다는 것이 결코 아니다. 하나님은 자충족적이시기 때문에 외부의 영향을 받지 않으시고 본인의 의지와 지혜에 따라 스스로 정서affections를 가지시고, 피조물의 정체와 의도와 상태에 따라 가장 정확하게 하나님의 정서를 외부의 객체에 전달하신다. 하나님은 자충족적이고 독립적이시라 내면에 편견과 상처와 한계가 없으시고 따라서 외부에 의해 영향을 받거나 틀린 반응을 보이지 아니하시고, 자신의 의지와 경륜에 따라 외부의 피조물의 모든 것을 정하시고 이끄시고, 스스로 갖는 정확한 정서로 반응하신다. 피조물은 몸과 지체를 가져서 외부의 객체가 미치는 영향에 따라 감정passions을 가지며 그 감정은 외부의 객체가 미치는 영향에 따라 수시로 변화하지만, 하나님께서는 주체로서 스스로 가장 정확하고 순수한 정서affections를 가지시고, 변함없이 이 정서를 유지하시고, 외부의 객체에 전달하시며 영향을 미치신다. 하나님은 정서에 있어서도 완전하시다.

하나님의 단순성 simplicity 이란 측면에서 하나님께 지체들 parts이 없다는 것을 살펴보자. 하나님께서 어떤 요소들 parts로 이루어진 합성물이라면 그 요소들이 하나님 이전에 존재하였다는 뜻이 되고, 그 구성요소들의 변화에 따라 하나님의 본질과 속성이 변한다는 의미가 된다. 이것은 하나님의 존재와 본질과 속성이 변화하거나 쇠퇴하거나 소멸한다는 의미로 하나님께서 완전하시지 않고 부족하시다는 의미이다. 이런 일이 하나님께 어떻게 있을 수 있겠는가? 하나님께서 스스로 존재하시고 아무 부족함이 없이 존재하실 때에 어떤 구성요소들로 이루어지는 것이 아니라, 내적으로 그리고 질적으로 단순 simplicity 하게 존재하신다. 하나님께서 질적으로 단순하시다는 것은 다른 어떤 요소들로 분할되지 않는다는 것이고, 따라서 복합체가 아니시라는 것이다. 하나님은 우리가 앞에서 살펴본 여러 속성이 모아져서 하나님의 속성이 되는 것도 아니고, 그 속성들이 하나님의 본질에 덧붙여지는 것도 아니고, 하나님의 본질과 속성이 각각 따로 존재하거나 활동하는 것이 아니고 서로 일치한다. 예수님께서 자신을 빛 요 8:12과 길과 진리와 생명 요 14:6이라고 말씀하시는데 바로 하나님의 단순성을 인하여 가능한 표현이다. 예수님께서 빛 자체이신데, 이것은 바로 예수님께서 길과 진리와 생명도 각각 되신다는 의미이다. 이런 측면에서 하나님은 존재와 본질과 속성이 분리되지 않고 일치한다. 이에 비해 피조물인 사람은 어떤 한 사람도 사람됨 인성, manhead 을 대표하지 못한다. 인성은 이 지구상에 존재하였고 존재하고 존재할 모든 사람의 존재와 본질과 속성을 합한 것인데, 이것을 대표할 자가 예수 그리스도의 인성 이외에 없다. 그런 전체 인성에 의해 각 사람이 비교되면 각 사람은 모두 부족한 속성을 갖고, 그 만큼 존재에 있어서 불완전하다. 어떠한 존재도 단순한 인성을 온전히 소유한 사람이 없다. 하지만 하나님은 그 자체로 전 신성이시고, 하나님의 모든 속성이시고, 하나님의 본질이시고, 완전한 존재이시다.

제2장 제1절은 "지극히 순수한" most pure 이란 표현으로 영이 어떠한 불순물도 가미되지 않았고, 어떠한 것도 혼합되지 않았고, 어떠한 요소들로 합성되지 않았음을 강조한다. 극히 미량의 몸도 없고, 구성하는 부분들도 없고, 외부의 영향을

받는 성정도 없다는 것이다. 여기서 "지극히"는 앞에서 살펴본 "무한히"에 해당한다. 순수함의 완전함의 정도가 양적으로 셀 수 없을 정도로 많다는 것이 아니라 질적으로 무한하다는 의미이다.

이제 하나님의 불가시성에 대하여 살펴보자. 하나님께서 보이시지 아니한다 딤전 1:17, 6:16; 요 1:18; 히 11:27. 사람의 눈에 보이지 않는 것들은 공기, 전파, 중력, 자기磁氣 등으로 많다. 그런데 사람은 이것들의 존재 여부와 존재량을 관측할 수 있지만, 하나님에 대해서는 관측할 수 없다. 하나님께서 보이시지 않다는 것은 단지 사람의 물리적 시각만을 언급하는 것이 아니라 사람의 어떠한 인식 방법으로도 관측이 되지 않는다는 것이다. 너무나 무한하시고 완전하신 영이신지라 사람의 인식 능력을 넘어서시는 것이다. 여호와께서 모세에게 "네가 내 얼굴을 보지 못하리니 나를 보고 살 자가 없음이니라 … 내 영광이 지나갈 때에 내가 너를 반석 틈에 두고 내가 지나도록 내 손으로 너를 덮었다가 손을 거두리니 네가 내 등을 볼 것이요 얼굴은 보지 못하리라"출 33:20-23고 말씀하셨다. 여호와의 얼굴을 보고 살 사람이 없다는 것은 하나님의 본질을 보고 살 자가 없다는 의미이다. 여호와의 본질은 절대적으로 거룩하기 때문에 유한한 사람이 보고 살 수가 없다. 모세가 여호와의 등을 보고 얼굴을 보지 못한다는 것은 모세가 여호와의 본질을 보면 죽으므로 여호와의 본질의 일부분을 본다는 의미이다. 성경에 사람이 하나님을 보았다는 구절들이 있는데창 18:2, 32:30; 출 33:11; 신 5:4; 삿 13:22; 왕상 22:19 이것들 또한 사람이 하나님의 본질을 보았다는 것이 아니라, 하나님의 임재를 나타내는 어떤 가시적인 상징물을 보았다는 의미이다.

불신자들 중 하나님을 자신의 눈에 보여주면 믿겠다고 말하는 이들이 있다. 이들이 생각하는 신은 사람보다 조금 더 뛰어난 신이기에 자신이 생각하는 신의 개념으로 신을 보여 달라고 하는 것이다. 하나님께서 창세로부터 자신의 보이지 아니하는 것들 곧 자신의 영원하신 능력과 신성을 그가 만드신 만물에 새김으로써 분명히 보이게 하시어 이들에게 알리셨는데롬 1:19-20, 이들은 그것들을 보지 못하고 마치 만물과 역사가 사람이나 물질에 의해 형성되고 진행되는 것으로 착각한다. 보이는 것은 나타난 것으로 말미암아 된 것이 아니고, 보이지 아니하시는 하나님의 능력과 신성으로 말미암아 된 것이다 히 11:3. 우리 주변의 만물과 역사의 흐름이 얼마나 신비로운지 모른다! 이것을 만드시고 붙드시고 통치하시는 하나님은 이것들보다 무한히 신비로우시고 위대하시고 무한하시다. 하나님은 사람에게 보이시지 않지만, 그 존재와 완전한 속성은 그 만드신 만물에서 강력하게 드러나 하나님이 얼마나 크신 분인가를 알게 한다.

❹ 불변하시며, 광대하시며, 영원하시며

하나님은 불변하시다. 스스로 존재하시고, 자충족적이시고, 독립적이신 하나님께서 더 이상의 성장이나 변화를 필요로 하시지 않고, 계획과 목적을 상황에 따라 변동하실 필요가 없고, 과거의 일에 대하여 후회하시지 않는다. 하나님에게는 본질적 변화가 전혀 없다. 성경은 곳곳에서 하나님의 불변성에 대하여 말한다. "천지는 없어지려니와 주는 영존하시겠고 그것들은 다 옷 같이 낡으리니 의복 같이 바꾸시면 바뀌려니와 주는 한결같으시고 주의 연대는 무궁하리이다"시 102:26, 27. "야곱아 내가 부른 이스라엘아 내게 들으라 나는 그니 나는 처음이요 또 나는 마지막이라"사 48:12. "나 여호와는 변하지 아니하나니 그러므로 야곱의 자손들아 너희가 소멸되지 아니하느니라"말 3:6. "온갖 좋은 은사와 온전한 선물이 다 위로부터 빛들의 아버지께로부터 내려오나니 그는 변함도 없으시고 회전하는 그림자도 없으시니라"약 1:17. "하나님은 사람이 아니시니 거짓말을 하지 않으시고 인생이 아니시니 후회가 없으시도다 어찌 그 말씀하신 바를 행하지 않으시며 하신 말씀을 실행하지 않으시랴"민 23:19.

하나님의 불변성immutability은 하나님께 아무런 운동성이 없다는 부동성immobility과 구별되어야 한다. 하나님께서 창조의 행위를 하시지만, 그렇다고 하여 하나님의 창조의 목적이나 방법이 변화되는 것은 아니다. 하나님께서 택하신 자들을 크게 사랑하시지만, 그렇다고 하여 하나님께서 그들의 죄에 대하여 아무 대응을 안 하시는 게 아니다. 하나님의 본질, 속성, 세상 창조의 목적, 택하신 자들에 대한 약속 등은 불변이지만, 그렇다고 하여 이것들을 이루시기 위한 행동이 없는 것이 아니다. 세상의 창조, 성자 하나님의 성육신, 성령의 오순절 강림과 내주를 하나님의 가변성으로 생각하면 안 되고, 하나님의 뜻의 실천과 행동으로 생각해야 한다.

성경에 하나님께서 "땅 위에 사람 지으셨음을 한탄하사 마음에 근심하시고" 창 6:6, "뜻을 돌이키사 말씀하신 화를 그 백성에게 내리지 아니하시고" 출 32:14, "뜻을 돌이키사 그들에게 내리리라고 말씀하신 재앙을 내리지 아니하시니라" 욘 3:10 등의 구절들이 나온다. 이것들도 모두 하나님의 가변성을 말하는 것이 절대 아니고, 하나님의 뜻과 감정을 사람의 형태처럼 표현하여 사람들로 이해하도록 한 것에 지나지 않는다. 신인동형동정神人同形同情적 표현에 해당한다. 우리는 이러한 구절들에서 하나님은 신자가 하나님의 말씀대로 살며 악에서 벗어나는 것을 얼마나 좋아하시고, 신자에게 재앙을 내리시는 것을 얼마나 꺼리시는가를 알아야 한다.

하나님께서 또한 광대하시고, 영원하시고, 헤아릴 수 없으시다. 광대성은 공간의 무한함이고, 영원성은 시간의 무한함이고, 불가해不可解성은 인식의 무한함이다.

먼저 광대성immensity에 대하여 살펴보자. 하나님께서 공간 자체를 창조하셨기 때문에 공간의 영향을 받지 않고, 공간을 초월하시고 장악하시고 지배하신다. 하나님께서 공간에 계신다는 자체가 그 공간에게는 영광이다. "하나님이 참으로 땅에 거하시리이까 하늘과 하늘들의 하늘이라도 주를 용납하지 못하겠거든 하물며 내가 건축한 이 성전이오리이까" 왕상 8:27. 하나님께서 하늘과 땅을 지으셨으므로 하늘과 땅도 하나님의 보좌와 발판에 지나지 않지 절대로 하나님께 안식을 주는 수단이나 대상이 될 수 없다 사 66:1-2. 공간은 하나님께서 지으신 피조물이지, 하나님께서 거하시기 위하여 필요한 수단이나 대상이 아니다.

하나님께서 이곳에 계시며 저곳에 계시고, 아니 계신 곳이 없다. 이때 하나님께서 물리적으로 거대하시어 존재의 한 부분이 이곳에 계시고, 존재의 다른 부분이 저곳에 계신다고 생각하면 안 된다. 하나님은 영이신지라 공간의 모든 곳에 전 존재로 충만히 계시지, 어느 한 곳에 계시느라 다른 한 곳에서는 흐릿하게 계시지 않는다. 여호와께서 천지에 충만하신다 렘 23:24. 광대성과 편재성 遍在性, omnipresence 은 모두 하나님께서 공간에 있어 무한하심을 나타내면서도 구별이 되는데, 광대성은 한 장소에 제한되지 않으시는 것으로 하나님의 초월을 강조하고, 편재성은 모든 공간에 충만히 내재하시는 것으로 하나님의 내재를 강조한다. 하나님께서 모든 곳에 능력을 통해 그리고 존재를 통해 존재하신다.

사람이 직장 사무실에서 동료와 근무할 때에 그 사무실에서 발생한 일을 대부분 알고 있다. 왜냐하면 그 사무실에 존재하여 그 사무실에서 발생한 일을 목격하기 때문이다. 그런데 벽으로 분리된 옆 사무실에서 발생된 일을 알 수 없다. 사람의 인식이 미치는 영향은 자신을 중심으로 칸막이가 되지 않은 공개된 장소에서 시력과 청력이 미치는 정도이다. 지구에서 높이 떠있는 인공위성은 높이 떠 있는 만큼 넓게, 그리고 장착한 탐지 렌즈의 성능만큼 선명하게 땅위의 일을 알 수 있지만, 가림막이 있으면 그 밑을 탐지할 수 없다. 그런데 하나님은 영이신지라 공간의 모든 곳을 칸막이나 가림막에 상관없이 무한하신 능력을 통해 인식하실 수 있으며 품으실 수 있고, 존재를 통해 존재하실 수 있다.

하나님께서 모든 곳에 편재하신다고 하여 모든 곳에 동등하게 존재하시지 않고, 동등한 의미로 존재하시는 것도 아니다. 하나님은 하늘과 사람과 의인에게 계시는 것처럼 땅과 동물과 악인에게는 계시지 않는다. 하나님께서 피조물에게 내재하시는 방식은 다양하고, 그 다양한 방식에 따라 하나님은 피조물에게 다양한 정도로 계시된다. 따라서 성령 하나님께서 구약 시대에 이 땅에 계시는 것과 신약 시대에 오순절 이후에 이 땅에 계시는 방식과 정도는 크게 다르다. 하나님은 신자들이 예수 그리스도를 믿기 전에도 그들과 같이 하셨지만, 신자들이 그분을 믿은 후에는 매우 다른 방식과 정도로 그들과 같이 하신다.

우리가 하나님께서 공간의 한계를 초월하심을 나타내는 광대성을 이해할 수 있다면 시간의 한계를 초월하심을 나타내는 영원성 eternity 도 이해할 수 있다. 하나님께서 시간 자체를 창조하셨기 때문에 시간의 영향을 받지 않고 시간을 초월하시고 장악하시고 지배하신다. 하나님께서 영원하시다는 것은 오래 전부터 존재하셨고 오랫동안 존재하신다는 의미를 넘어서 시간 자체를 피조물로 만드셨기 때문에 시간의 영향을 받지 않으신다는 것이다. "산이 생기기 전, 땅과 세계도 주께서 조성하시기 전 곧 영원부터 영원까지 주는 하나님이시니이다"는시 90:2 구절은 시간이 하나님께서 만드신 피조물임을 나타낸다. 시간은 절대로 하나님보다 앞서 존재하여 하나님께서 존재하시는 데 필요한 수단이나 전제前提가 아니다.

하나님은 과거에 계시며 현재와 미래에도 계시고, 아니 계신 때가 없다. 이때 하나님께서 시간의 흐름을 따라 과거와 현재와 미래 순으로 계신다고 생각하면 안 된다. 하나님은 모든 공간에 전 존재로 충만히 계신 것처럼, 모든 시간에 전 존재로 충만히 계신다. 이것은 하나님께서 시간을 창조하시고 다루신다는 의미인 것이고, 절대로 시간의 제약을 받으시지 않는다는 것이다. 하나님께서 시간을 다루신다는 것은 시간 속에서 발생하는 일들을 하나님의 존재와 본질과 속성에 맞게 다 정하신다는 의미이다. 하나님은 시간의 영향을 받지 않으시며 존재와 본질과 속성에서 자존하시고 독립적이시고 불변하시고, 자신의 뜻대로 모든 일을 이행하신다. 하나님은 알파와 오메가이시고, 처음과 마지막이시고, 시작과 마침이시다계 22:13. 하나님은 이제도 계시고, 전에도 계셨고, 장차 올 자이시고, 전능한 자이시다계 1:8.

시간 속에서 지음을 받은 사람은 시간을 떠나 생각하고 행동할 수 없지만, 하나님은 시간을 만드셨기 때문에 시간을 초월하여 존재하신다. 하나님은 사람을 대하실 때에 사람의 수준에 맞추어 시간과 공간 속에서 말씀하시지만, 그렇다고 하여 하나님이 시간과 공간의 지배를 받아, 사람처럼 공간 속에서 과거와 현재와 미래의 순서로 존재하시고 생각하시고 행동하시는 것은 아니다.

하나님의 영원성에 대한 이해는 앞으로 하나님의 작정과 예정과 섭리를 이해할 때에 크게 도움이 된다. 일부 사람이 작정과 예정과 섭리를 거부하거나 소극적으로 받아들이는 것은 하나님의 영원성을 평면적으로 긴 시간 정도로 이해하기 때문이다. 하나님의 영원성이 단순히 먼 시간의 과거나 미래가 아니라 시간의 초월임을 알 때에만 작정과 창조와 섭리를 온전히 이해할 수 있다. 하나님의 사역을 논하기에 앞서 먼저 하나님의 속성을 논하는 것은 속성을 이해해야만 사역을 이해할 수 있기 때문이다.

광대하시고 영원하시고 불변하신 예수 그리스도께서 하늘과 땅에 오시어 피조물이 되셨다는 것은 하나님의 광대성과 영원성과 불변성을 생각할 때에 얼마나 낮아지신 것인가를 알 수 있다. 왕이 거지가 되는 낮아짐 정도가 아니라, 하늘이 땅이 되는 것보다 더 낮아짐이다. 더 놀라운 것은 한 번 사람이 되신 이후에 부활과 승천 시에도 그 인성을 버리시지 않았다는 것이다. 예수 그리스도께서 늘 신성과 인성의 하나 된 인격으로 존재하시는데, 이것은 광대성과 영원성과 불변성이 제한성과 한시성과 가변성에 맞추어 낮아지고 조화를 이룬 것이다.

❺ 헤아릴 수 없으며

하나님의 존재와 속성에 대하여 사람이 인식할 수 있느냐를 생각할 때에 두 가지를 피해야 한다. 첫째는 하나님의 존재와 속성을 사람이 전혀 이해할 수 없다는 불가지론이고, 둘째는 사람이 완전히 다 이해할 수 있다는 것이다. 하나님께서 천지를 창조하시고 사람을 하나님의 형상으로 만드셨다는 것은 하나님께서 자신을 사람에게 계시하시어 알려주셨다는 것이다. 특별히 신자에게는 언어로 더 많이 더 상세하게 자신에 대하여 알려주시고 성경으로 기록되게 하셨고, 그것을 인식하고 받아들이도록 믿음이라는 인식 수단도 선물로 주셨다. 따라서 신자는 특별 계시가 기록된 성경을 통하여 믿음으로 하나님에 대하여 알 수 있다.

그렇다고 하여 사람이 하나님을 완전히 다 이해할 수 있는 것은 아니다. 여러분은 하나님의 무한성과 불변성과 광대성과 영원성을 다 이해할 수 있는가? 또 그 속성들을 지니신 성자 하나님께서 유한성과 가변성과 제한성과 한시성의 인성을 취하시어 신성과 인성의 한 인격이 되신 것이 이해가 되는가? 어느 정도 이해할 수 있고 마음에 받아들일 수 있겠지만, 모두 이해가 되는 것은 아니다. 하루살이가 칠팔십 년 사는 인생을 어찌 다 이해하겠는가? 유한은 무한을 파악할 수 없다 finitum non possit capere infinitum. 사람은 하나님의 위대하심을 절대로 다 측량하지 못한다 시

145:3. 앞에서 살펴본 것처럼 사람은 하나님의 오묘함을 능히 측량하지 못하고, 전능자를 능히 완전히 알 수 없고^{욥 11:7}, 사람이 하나님에 대하여 아는 것은 하나님의 단편에 지나지 않는다^{욥 26:14}. 이러한 면에서 하나님은 사람에게 불가해하신 분이다. 그러므로 사람은 더욱 특별 계시와 믿음에 의거하여 하나님을 알려고 해야지, 사람의 이성으로 자연과 경험과 학문을 통하여 하나님을 알려고 해서는 안 된다. 사람이 안다고 하는 것은 실은 매우 빈약하고 불안정하다. 사람은 자신의 앎의 취약성을 알수록 겸손해지고, 함부로 하나님의 본질과 속성과 사역을 판단하지 않게 된다.

❻ 전능하시며

사도신경은 "전능하사 천지를 만드신 하나님 아버지를 내가 믿사오며"로 시작한다. 사도신경은 전능을 하나님의 대표적 속성으로 말한다. 하나님께서 사람을 하나님의 형상대로 창조하시어 사람은 생육하고 번성하여 땅에 충만하고, 땅을 정복할 수 있고, 바다의 물고기와 하늘의 새와 땅에 움직이는 모든 생물을 다스릴 수 있다. 사람은 다른 피조물에 비하여 상대적으로 이러한 큰 능력을 갖지만, 동시에 피조물이기에 그 능력이 제한되어, 영생하지 못하고, 전지^{全知}하지 못하다.

이에 비하여 하나님은 전능하시다. 여호와께 능하지 못한 일이 없고^{창 18:14}, 할 수 없는 일이 없다^{렘 32:17}. 하나님은 땅이 아니라 하늘에 계셔서 원하시는 모든 것을 행하신다^{시 115:3}. 하나님께서 능히 돌들로도 아브라함의 자손이 되게 하시고^{마 3:9}, 죽은 자를 살리시며 없는 것을 있는 것으로 부르신다^{롬 4:17}. 하나님께는 불가능이 없고, 모든 일을 가장 완벽하게 행하시는 능력을 지니신다. 이것은 신자의 시각에 현재의 상황이 암담하게 보이고 왜 하나님께서 이렇게 일을 진행하시는지 의문이 생길 때에 하나님의 전능하심을 신뢰하며 현재의 어려움을 견디게 하고 미래에 펼쳐질 상황의 개선을 바라보게 한다.

그런데 하나님께서 하실 수 없는 일들이 있다. 거짓말과 후회하심과 변개함과 자기부인을 하지 못 하신다. "하나님은 사람이 아니시니 거짓말을 하지 않으시고 인생이 아니시니 후회가 없으시도다"민 23:19. "이스라엘의 지존자는 거짓이나 변개함이 없으시니"삼상 15:29. "우리는 미쁨이 없을지라도 주는 항상 미쁘시니 자기를 부인하실 수 없으시리라"딤후 2:13. 이것들은 하나님의 존재와 본질과 속성에 맞지 않기 때문이다. 사람은 거짓말과 살인을 하여도 여전히 존재하지만, 하나님께서 거짓말과 살인을 하는 순간에 하나님은 하나님으로서의 존재와 본질과 속성을 잃기에 더 이상 하나님이 아니시다. 사람은 존재와 본질과 속성이 일치하지 않지만, 하나님께서는 존재와 본질과 속성이 일치하여 이것들에 어긋나는 일을 하지 않으신다. 이것들에 어긋나는 일을 하시지 않는 것이야말로 전능하심의 참된 표현이다.

❼ 지극히 지혜로우시며

하나님의 지혜wisdom와 지식knowledge은 하나님의 지성적 속성으로 깊이 연관되어 있지만, 구별된다. 지식이 하나님께서 자기 자신과 모든 것에 대하여 완전히 아시는 것이라면, 지혜는 자신의 지식을 자신의 목적을 달성하시는 데 적용하시는 것이다. 사람의 삶에서도 학교에 다니지 않아 지식이 없는 자라도 지혜가 풍성하여 성공하는 자가 있고, 박사 학위까지 있어도 지혜가 없어서 여러 일에서 어려움을 겪는 자가 있다.

신자는 하나님의 지혜를 하나님의 창조와 섭리와 구속의 사역에서 느낄 수 있다. 먼저 하나님의 지혜가 창조에서 어떻게 드러나는지 살펴보자. 하늘이 하나님의 영광을 선포하고 궁창이 그의 손으로 하신 일을 나타낸다. 언어도 없고 말씀도 없으며 들리는 소리도 없으나 하나님의 소리가 온 땅에 통하고 그의 말씀이 세상 끝까지 이른다시 19:1-4. 시편 104편은 곳곳에서 하나님의 창조에 깃든 하나님의 지혜를 말한다. 땅에 기초를 놓으사 영원히 흔들리지 아니하게 하신 것, 물의 경계를 정하여 넘치지 못하게 하신 것, 가축을 위한 풀과 사람을 위한 채소를 자라게 하시며 땅에서 먹을 것이 나게 하신 것, 달로 절기를 정하신 것, 흑암을 지어 밤이 되게 하신 것 등을 나열한다. 결론적으로 "주께서 지혜로 그들을 다 지으셨으니 주께서 지으신 것들이 땅에 가득하니이다"라고^{시 104:25} 말한다.

하나님은 그 완전한 지혜를 따라 나라들의 계획을 폐하시며 민족들의 사상을 무효하게 하신다. 이러한 여호와의 계획은 영원히 서고 그의 생각은 대대에 이른다^{시 33:10-11}. 하나님은 그의 뜻대로 부르심을 입은 자들에게 모든 것이 합력하여 선을 이루게 하신다^{롬 8:28}. 신자들이 하나님의 지혜를 믿는다면 아무리 어려운 상황에 빠질지라도 그 어려움마저도 사용하시어 선을 이루게 하시는 하나님께 전적으로 의존할 수 있다. 그 상황을 헤쳐 나갈 지혜가 부족하면 모든 사람에게 후히 주시고 꾸짖지 아니하시는 하나님께 구하여 얻을 수 있다^{약 1:5}.

이렇게 섭리에서 하나님의 지혜가 드러나는데, 특히 구속 사역에서 크게 드러난다. 바울은 하나님의 구속 사역이 하나님의 지혜인데 하나님께서 우리의 영광을 위하여 만세 전에 미리 정하신 것이라고^{고전 2:7} 말한다. 그는 또 구속 사역을 영원부터 만물을 창조하신 하나님 속에 감추어졌던 비밀의 경륜이 드러난 것이라고 하면서, 하나님께서 교회로 말미암아 하늘에 있는 통치자들과 권세들에게 하나님의 각종 지혜를 알게 하려 하시는 것이라고 말한다^{엡 3:9-10}. 로마서는 하나님의 구속 사역에 대하여 1장부터 11장까지 다룬 뒤 결론적으로 "깊도다 하나님의 지혜와 지식의 풍성함이여, 그의 판단은 헤아리지 못할 것이며 그의 길은 찾지 못할 것이로다"라고^{롬 11:33} 말한다.

신자가 하나님의 지혜의 무궁함을 안다면 자신의 인생길에서 힘든 일이 있을 때 절대로 포기하지 않고 그분이 해결해주실 것을 기대할 것이다. 하나님은 적의 침입으로 먹을 것이 없어서 굶주리는 사마리아 성의 백성을 하룻밤 사이에 해결하셨다. 사마리아 성을 에워싼 아람 군대로 병거와 말과 큰 군대의 소리를 듣게 하셨고, 이 소리를 이스라엘 왕이 자신들을 치려하여 헷 사람의 왕들과 애굽 왕들에게 값을 주고 부른 것이라고 생각하게 하셨다. 이들은 즉시 도망하였는데 그 장막과 말과 나귀를 버리고 진영을 그대로 두고 도망하였다.

신자가 하나님의 지혜의 무궁함을 구속 사역에서 믿는다면 자신의 구원이 자신의 노력과 지혜를 넘어서서 하나님의 지혜에 있음을 깨닫게 된다. 신자가 자신의 지혜를 믿을수록 자신의 구원이 자신의 노력과 결단에 있는 것으로 알게 되고, 하나님의 지혜를 믿을수록 하나님의 열심과 지혜에 있음을 깨닫게 된다. 구원에 있어 칼뱅주의자가 되느냐, 아니면 아르미니우스주의자가 되느냐는 이렇게 하나님의 속성과 사람의 속성에 대한 이해에 달려있다.

❽ 지극히 거룩하시며

무한성, 불변성, 광대성, 영원성, 불가해성, 전능성을 지니신 하나님 앞에 사람이 서면 어떤 느낌일까? 너무나 큰 질적 차이에 사람은 압도되어 견딜 수 없을 것이다. 성경이 말하는 거룩함의 일차적 뜻은 하나님과 사람 사이에 존재하는 그런 큰 질적 차이의 위치나 관계이다. 하나님은 모든 피조물과 절대적으로 구별된다. 하나님은 유한한 모든 피조물 위에 무한히 높이 계신다. 이것을 하나님의 "위엄 있는 거룩함"majesty-holiness이라고 한다. "여호와여 신 중에 주와 같은 자가 누구니이까 주와 같이 거룩함으로 영광스러우며 찬송할 만한 위엄이 있으며 기이한 일을 행하는 자가 누구니이까"에서 출 15:11 거룩함은 하나님의 도덕적 특성이 아니라 다른 존재들과 질적으로 다른 하나님의 초월성을 뜻한다. "여호와와 같이 거룩하신 이가 없으시니 이는 주 밖에 다른 이가 없고 우리 하나님 같은 반석도 없으심이니이다"에서도 삼상 2:2 여호와의 거룩하심은 도덕적 의미로 사용되지 않고 모든 피조물과 절대적으로 구별되는 존재라는 의미로 사용되었다. "지극히 존귀하며 영원히 거하시며 거룩하다 이름하는 이가 이와 같이 말씀하시되 내가 높고 거룩한 곳에 있으며"에서도 사 57:15 마찬가지이다.

모든 피조물과 절대적으로 구별되시는 "위엄 있는 거룩함"의 하나님께서 도덕적으로도 구별되신다. 모든 피조물에게 있는 죄로부터 철저히 분리되신다. 거룩함의 이차적 뜻인 윤리적 의미로서의 거룩함은 위엄 있는 거룩함으로부터 온다. "서로 불러 이르되 거룩하다 거룩하다 거룩하다 만군의 여호와여 그의 영광이 온 땅에 충만하도다 하더라 이같이 화답하는 자의 소리로 말미암아 문지방의 터가 요동하며 성전에 연기가 충만한지라 그 때에 내가 말하되 화로다 나여 망하게 되었도다 나는 입술이 부정한 사람이요 나는 입술이 부정한 백성 중에 거주하면서 만군의 여호와이신 왕을 뵈었음이로다 하였더라"에서 사 6:3-5 천사들이 높이 들린 보좌에 앉으신 주님을 "거룩하다"고 찬양하였다. 그 때에 이것을 지켜본 이사야 선지자는 자신의 죄가 크게 인식되어 자신을 부정한 사람이라고 말하였다. 하나님의 위엄 있는 거룩함을 목격한 이사야는 자신의 도덕적인 죄를 깨닫는 것이다.

"거룩하다"에 해당하는 히브리 단어 카다쉬는 "자르다, 분리하다, 구별하다"라는 뜻의 어근 "카드"에서 나온다. 즉 거룩함이란 "분리됨, 구별됨"의 뜻을 갖는 것이다. 절대적으로 높은 곳에 계시어 피조물로부터 구별되신 하나님께서 죄로부터 분리된 삶을 신자에게 원하신다. 신자는 믿지 않는 자와 불법과 어둠과 우상으로부터 멀리 떨어져 구분된 삶을 살아야 한다 고후 6:14-16.

❾ 지극히 자유로우시며, 지극히 절대적이시며

제2절은 하나님의 절대적인 속성에 대한 근거 성경구절로 "나는 스스로 있는 자이니라"를 출 3:14 든다. 하나님은 스스로 계신 분이시다. 그리고 다른 모든 피조물을 무에서 만드셨다. 무에서 만드셨다는 것은 그 피조물의 존재는 전적으로 하나님의 뜻과 사랑과 능력에 달려있다는 것이다. 하나님께서 뜻과 사랑과 능력을 피조물로부터 거두는 순간에 그 피조물은 무無가 되어버린다. 하나님은 모든 존재의 근본 원인이시다. 하나님 없이 모든 존재물은 존재할 수 없지만, 하나님은 모든 존재물 없이도 존재하시고, 그때 어떠한 한계도, 조건도, 필요도 없이 자충족적으로 존재하신다. 스스로 계시는 하나님은 모든 존재물을 창조하시어 모든 존재물의 근본 원인이시므로 절대자이시다.

그 절대자께서 그 뜻대로 각 피조물에게 형체를 주신다 고전 15:38. 각 피조물은 하나님의 뜻대로 주어진 형체 내에서 자유를 누린다. 그들은 절대로 그들을 향한 하나님의 뜻을 벗어나 자유를 누릴 수 없다. 오직 절대자이신 하나님께서만 완전한 자유를 누리신다. 제2절은 하나님의 자유로운 속성에 대한 근거 성경구절로 "오직 우리 하나님은 하늘에 계셔서 원하시는 모든 것을 행하셨나이다"를 시 115:3

든다. 스스로 존재하시어 자충족적이신 하나님은 아무 한계와 조건과 필요 없이 모든 것을 자유롭게 원하시고 실행하신다. 하나님의 뜻과 계획과 실행에 영향을 미칠 존재는 하나도 없다. 하나님보다 더 지혜롭고 더 거룩하고 더 전능한 존재가 없기 때문이다. 물론 하나님의 뜻과 계획과 실행은 가장 지혜롭고 거룩하기 때문에 어떤 독단도 흠도 죄도 없다. 자유로우시되 방종이나 죄가 아니라, 지혜와 거룩함과 진리로 이어진다. 이에 반하여 모든 피조물은 하나님께서 그 뜻대로 주신 형체 내에서 조건과 한계를 갖고, 그것들 내에서 자유를 누린다. 그 때에도 하나님의 은혜와 인도가 없으면 흠과 죄에 빠진다.

성경은 하나님의 자유를 아래처럼 절대적인 용어로 나타낸다. 하나님의 다른 속성들도 서로 밀접하게 연관되지만, 하나님의 자유와 절대성은 더욱 밀접하게 연관된다.

잠 21:1	왕의 마음이 여호와의 손에 있음이 마치 봇물과 같아서 그가 임의로 인도하시느니라
사 10:15	도끼가 어찌 찍는 자에게 스스로 자랑하겠으며 톱이 어찌 켜는 자에게 스스로 큰 체하겠느냐 이는 막대기가 자기를 드는 자를 움직이려 하며 몽둥이가 나무 아닌 사람을 들려 함과 같음이로다
마 20:15	내 것을 가지고 내 뜻대로 할 것이 아니냐 내가 선하므로 네가 악하게 보느냐
롬 9:15-21	모세에게 이르시되 내가 긍휼히 여길 자를 긍휼히 여기고 불쌍히 여길 자를 불쌍히 여기리라 하셨으니 16 그런즉 원하는 자로 말미암음도 아니요 달음박질하는 자로 말미암음도 아니요 오직 긍휼히 여기시는 하나님으로 말미암음이니라 17 성경이 바로에게 이르시되 내가 이 일을 위하여 너를 세웠으니 곧 너로 말미암아 내 능력을 보이고 내 이름이 온 땅에 전파되게 하려 함이라 하셨으니 18 그런즉 하나님께서 하고자 하시는 자를 긍휼히 여기시고 하고

	자 하시는 자를 완악하게 하시느니라 19 혹 네가 내게 말하기를 그러면 하나님이 어찌하여 허물하시느냐 누가 그 뜻을 대적하느냐 하리니 20 이 사람아 네가 누구이기에 감히 하나님께 반문하느냐 지음을 받은 물건이 지은 자에게 어찌 나를 이같이 만들었느냐 말하겠느냐 21 토기장이가 진흙 한 덩이로 하나는 귀히 쓸 그릇을, 하나는 천히 쓸 그릇을 만들 권한이 없느냐
계 4:11	우리 주 하나님이여 영광과 존귀와 권능을 받으시는 것이 합당하오니 주께서 만물을 지으신지라 만물이 주의 뜻대로 있었고 또 지으심을 받았나이다 하더라

❿ 모든 일을 자신의 불변하고 지극히 의로운 의지의 경륜에 따라 자신의 영광을 위하여 일하시며

하나님은 모든 일을 일하시는데 첫째로 자기 자신의 불변하고 지극히 의로운 의지의 경륜에 따라 일하시고, 둘째로 자기 자신의 영광을 위하여 일하신다.

우리는 앞에서 하나님은 불변하심을 살펴보았다. 완전한 존재이신 하나님은 더 나은 상태와 존재를 위하여 성장과 변화와 보충을 필요로 하시지 않는다. 자충족적이시다. 시간과 공간을 창조하셨듯이, 시간과 공간에서 일어나는 모든 일도 하나님께서 창조하시고 섭리하신다. 하나님께서 그 완전하심으로 첫 번째 원인자이시고 완전한 섭리자이시니, 모든 일의 계획과 목적에 어찌 변동이 있겠는가? 하나님의 계획과 목적은 시간과 공간에서 관철되기 마련이다. 바로 그 불변하심의 완전함으로 하나님은 모든 일을 뜻하시고, 모든 일을 그의 뜻의 경륜에 따라 일하신다.

하나님의 의로운 속성에 대하여 잠시 알아보자. 이 속성은 우리가 앞에서 살펴본 하나님의 거룩한 속성과 연관된다. "위엄 있는 거룩함"의 하나님께서 모든 것과 절대적으로 구별되시고, 따라서 윤리적 면에서도 만물과 구별되신다. 거룩함의 기본 개념이 이렇게 "분리됨과 구별됨"이라면, 의로움의 기본 개념은 "율법에 맞춤"

이다. 사람이 하나님께서 주신 율법에 자신을 맞추면 의롭다고 할 수 있다. 그렇다면 하나님이 따라야 할 법이 있을까? 어떠한 존재도 하나님보다 더 크지 않으므로 하나님에게 따라야 할 법을 줄 자가 없다. 하나님께서 자신의 본성을 인하여 자체 내에 법을 지니고 계시고, 하나님은 자신의 본성이 반영된 법을 사람들에게 주시고, 사람들은 그 법을 온전히 따를 때 의로워진다. 하나님은 사람들이 하나님의 의로운 법을 온전히 따르지 못하여 죽게 되었으므로 예수 그리스도의 대속을 통하여 구원하셨다. 하나님은 자신의 본성의 옳음을 인하여 자신 내에서 무한히 의로우시고, 본성적으로 의로우신 하나님은 만물을 향하여 자신의 의로움을 드러내시고 가르치시고, 자신의 의로움에 어긋나는 것들을 응징하신다.

따라서 하나님의 뜻이 의롭다는 것은 하나님의 뜻에 하나님의 본성의 옳음에 어긋나는 사사로운 것들이 담겨있지 않다는 것이다. 또 하나님의 거룩함에 어긋나는 것들을 다스리시고 응징하시는 하나님의 능력과 지혜가 담겨있다는 것이다. 느헤미야는 "그의 마음이 주 앞에서 충성됨을 보시고 그와 더불어 언약을 세우사 가나안 족속과 헷 족속과 아모리 족속과 브리스 족속과 여부스 족속과 기르가스 족속의 땅을 그의 씨에게 주리라 하시더니 그 말씀대로 이루셨사오매 주는 의로우심이로소이다"에서 느 9:8 하나님께서 말씀하신 대로 이루셨으므로 의로우시다고 말한다. 즉 하나님은 아브라함에게 하신 말씀을 하나님의 법에 따라 그대로 이루셨으므로 의로우시다는 것이다. 아래의 성경구절들에 있는 "의롭다"에 해당하는 단어들도 하나님께서 하나님의 본성의 법에 따라 만사를 행하신다는 의미를 갖고 있다.

| 시 145:17 | 여호와께서는 그 모든 행위에 의로우시며 그 모든 일에 은혜로우시도다 |
| 렘 12:1 | 여호와여 내가 주와 변론할 때에는 주께서 의로우시니이다 그러나 내가 주께 질문하옵나니 악한 자의 길이 형통하며 반역한 자가 다 평안함은 무슨 까닭이니이까 |

단 9:14　　　그러므로 여호와께서 이 재앙을 간직하여 두셨다가 우리에게 내리게 하셨사오니 우리의 하나님 여호와께서 행하시는 모든 일이 공의로우시나(righteous) 우리가 그 목소리를 듣지 아니하였음이니이다
요일 3:7　　 자녀들아 아무도 너희를 미혹하지 못하게 하라 의를 행하는 자는 그의 의로우심과 같이 의롭고
계 16:5　　 내가 들으니 물을 차지한 천사가 이르되 전에도 계셨고 지금도 계신 거룩하신 이여 이렇게 심판하시니 의로우시도다

하나님의 의지will는 이렇게 불변하고 지극히 의롭다. 하나님은 이러한 의지의 경륜이 자신의 영광을 위하도록 일하신다. 하나님께서 자신의 영광을 위하여 일하신다는 것은 하나님께서 이기적으로 자신만을 높인다는 의미가 아니라, 하나님의 본질과 속성에 맞는 수준으로 일하신다는 의미이다. 하나님은 모든 것을 그 쓰임에 적당하게 지으셨는데잠 16:4 그렇게 일하심의 수준과 목표는 오직 하나님의 영광이라는 수준이다. 그 수준이 너무나 높기 때문에 사람들은 일이 다 진행되어서야 이해하기도 한다. 하나님의 영광을 위한 것이 궁극적으로 사람들을 위한 것이 되고, 모든 것을 위한 것이 된다. 만물이 주에게서 나오고 주로 말미암고 주에게로 돌아가는데롬 11:36, 그 만물이 모두 만족하려면 오직 하나님의 영광에 맞는 수준과 차원으로 만사가 진행될 때이다. 의로우신 하나님은 어떤 개인의 이득을 위하여 편애와 불법으로 일하시지 않는다. 자신의 영광을 위하여 일하실 때에 바로 그 개인을 가장 사랑하시는 것이 되고 가장 옳게 대하시는 것이 되어, 그 개인에게도 최대의 영광이 된다. 신자가 무슨 일을 뜻하고 계획하고 일할 때에 자신이나 가정이나 단체의 영광을 위하여 사사로이 일하지 않고, 오직 하나님의 영광을 위하여 일할 때에 궁극적으로 가장 지혜롭고 가장 효율적으로 일하는 것이 된다.

하나님께서 모든 일을 행하신다. 물론 사람도 일하고, 사탄도 일한다. 욥기 1장을 보아도 욥과 그의 재산을 탈취하는 사람들이 있다. 그리고 그 위에서 욥을 어

떻게든 하나님에게서 떨어뜨리려고 일하는 사탄이 있다. 사탄은 사람들보다 큰 능력으로 사람들을 충동질하여 욥의 재산을 탈취하고 그의 종들을 죽이게 하였다. 그 후에는 욥의 발바닥에서 정수리까지 종기가 나게 하였다. 하지만 사탄 위에서 일하시는 하나님께서 사람들이 헤아리지 못하는 차원으로 욥에게 시험을 허락하시고 동시에 그를 붙드시어 그로 하여금 사탄의 시험들을 이기며 하나님을 떠나지 않도록 하신다. 고난을 통해 그를 연단하시고 겸손하게 하시고 최종적으로 큰 복을 주신다. 따라서 사람도 사탄도 자신의 차원으로, 즉 자신의 목적과 방식으로 일하지만, 그 위에서 더 높은 차원으로, 즉 더 높은 목적과 방식으로 하나님께서 일하신다.

사람과 사탄은 변하고 불순한 뜻에 따라 자신의 영광을 위하여 일하지만 하나님은 그들 위에서 자신의 불변하고 지극히 의로운 뜻에 따라 모든 일을 자신의 영광을 위하여 일하신다. 하나님의 작정과 섭리를 이해하려면 먼저 하나님의 무한성, 불변성, 광대성, 영원성, 의로움 등과 같은 하나님의 속성들을 이해하여야 한다. 하나님의 이러한 속성들을 이해하지 못하면 하나님의 신비한 사역들을 사람의 수준으로 끌어내리게 되고, 모순과 불합리성만을 찾게 된다.

❶ 지극히 사랑하시며, 은혜로우시며, 긍휼하시며, 오래 참으시며, 선과 진리가 풍성하시며, 악과 과실과 죄를 용서하시며

하나님의 공유적인 속성들을 지성적인 속성들 지식, 지혜, 진실, 주권적 속성들 의지, 전능, 도덕적인 속성들 거룩함, 의로움, 공의, 사랑, 은혜, 자비, 오래 참음, 선, 용서로 3가지로 나눌 수 있다. 이번에 다루는 속성들은 도덕적인 속성들에 속한다.

하나님은 사랑이시다 요일 4:8, 16. 하나님은 특히 사람을 사랑하신다. 하나님은 원수도 사랑하셔서 해와 비를 악인과 선인에게 모두 주신다 마 5:44-45. 너무나 사람을 사랑하셔서 그가 죄인 되었을 때에 롬 5:8 영생을 얻도록 자신의 독생자를 주셨다 요 3:16. 하나님은 왜 이렇게 자신의 독생자를 우리를 위하여 주시기까지 하실까? 하나님은 자신의 의지대로 만물에게 형체를 주셨다. 하나님은 만물이 그 형체를 잘 유지하도록 돌보신다. 하나님은 만물이 그 형체를 잘 유지하지 못할 때에 그 부족함을 채워주신다. 그 대상이 죄인일지라도 선한 것을 많이 주신다. 따라서 하나님의 사랑이란 피조물의 부족분을 채우시는 하나님의 자기 전달이라고 할 수 있다. 특히 하나님의 형상으로 지음을 받은 사람들이 죄로 인하여 죽게 되었을 때에 하나님은 자신의 형상이신 독생자 예수 그리스도를 사람들에게 주시기까지 하셨다. 하나님의 형상이 많이 반영된 존재일수록 사랑을 더 크게 주신다. 신자들은 자신이 하나님 자체를 상급으로 받은 귀한 존재인 줄[창 15:1] 깨닫고 하나님을 사랑하여야 하고, 하나님처럼 자신의 선한 것들을 악인과 불의한 자에게도 줄 줄 알아야 한다.

하나님은 시간과 공간과 만물을 무에서 창조하셨다. 마지막 날에는 마지막으로 사람을 하나님의 형상으로 창조하셨다. 하나님은 왜 만물과 사람을 창조하셨을까? 시공간과 만물의 창조는 하나님의 능력으로 무에서 이루어졌다. 하나님의 선하신 것이 이 세상에 주어진 것이다. 하나님께서 세상을 향한 자신의 전달이 창조이다. 아무 존재도 없고, 시공간도 없는 것이 무이다. 하나님은 이때 사람의 존재와 생명과 활동을 생각해내시어 자신의 형상으로 사람을 만드신 것이다. 창조된 사람이 죄를 지어 죽게 되었을 때에 하나님은 자신의 형상인 예수 그리스도를 사람에게 주시기까지 하신 것이다. 선하신 하나님은 세상을 향하여 특히 사람을 향하여 자신까지 전달하여 주신다. 사람이 하나님의 사랑을 얼마나 크게 받았는지 모른다.

하나님은 은혜로우시다[엡 1:6-7]. 은혜란 받을 자격이 없는 자에게 값없이 베푸는 호의이다. 사람이 사람에게 은혜를 줄 수 있다. 요셉은 자신의 주인에게 은혜를 입어 가정 총무가 되어 그를 섬겼다[창 39:4]. 룻은 누군가의 은혜를 입을 것을 기대하며 밭으로 나갔고[룻 2:2], 보아스의 은혜를 입어 그의 밭에서 이삭을 주웠다. 사울은 자신이 다윗에게 은혜를 베풀어 자신을 섬기게 했다고 이새에게 말했다[삼상 16:22]. 하나님께서 사람에게 은혜를 주시는데, 이 은혜는 하나님께서 값없이 베푸시는 사랑이라고 할 수 있다. 하나님 앞에서 죄인인 자가 하나님의 은혜로 값없이 용서를 받는 것이다. 아래 성경구절들에서 이를 확인할 수 있다. 하나님의 사랑과 은혜를 구분하여 본다면, 하나님은 세상을 이처럼 사랑하사 독생자를 주셨고, 하나님은 이 사랑의 선물을 은혜로 값없이 주신 것이라고 표현할 수 있다.

엡 1:6-7	이는 그가 사랑하시는 자 안에서 우리에게 거저 주시는 바 그의 은혜의 영광을 찬송하게 하려는 것이라. 7 우리는 그리스도 안에서 그의 은혜의 풍성함을 따라 그의 피로 말미암아 속량 곧 죄 사함을 받았느니라
엡 2:7-8	이는 그리스도 예수 안에서 우리에게 자비하심으로써 그 은혜의 지극히 풍성함을 오는 여러 세대에 나타내려 하심이라 8 너희는 그 은혜에 의하여 믿음으로 말미암아 구원을 받았으니 이것은 너희에게서 난 것이 아니요 하나님의 선물이라
딛 3:4-7	우리 구주 하나님의 자비와 사람 사랑하심이 나타날 때에 5 우리를 구원하시되 우리가 행한 바 의로운 행위로 말미암지 아니하고 오직 그의 긍휼하심을 따라 중생의 씻음과 성령의 새롭게 하심으로 하셨나니 6 우리 구주 예수 그리스도로 말미암아 우리에게 그 성령을 풍성히 부어 주사 7 우리로 그의 은혜를 힘입어 의롭다 하심을 얻어 영생의 소망을 따라 상속자가 되게 하려 하심이라

하나님은 긍휼하시다. 하나님은 긍휼이 풍성하시어 시 86:5, 자신을 사랑하는 자에게 천 대까지 긍휼을 베푸시고 신 5:10, 그 풍성한 긍휼은 얼마나 큰지 하늘에 미치고 시 57:10, 영원하다 대상 16:34; 대하 7:6; 스 3:11; 시 136편. 아래 구절들에서 알 수 있는 것처럼, 하나님의 긍휼은 하나님께서 아담의 죄로 인해 인생의 비참함에 빠져 도움을 필요로 하는 사람들을 안타까워하시며 베푸시는 하나님의 선과 사랑이다.

엡 2:3-4	전에는 우리도 다 그 가운데서 우리 육체의 욕심을 따라 지내며 육

	체와 마음의 원하는 것을 하여 다른 이들과 같이 본질상 진노의 자녀이었더니 4 긍휼이 풍성하신 하나님이 우리를 사랑하신 그 큰 사랑을 인하여
시 103:13-15	아버지가 자식을 긍휼히 여김 같이 여호와께서는 자기를 경외하는 자를 긍휼히 여기시나니 14 이는 그가 우리의 체질을 아시며 우리가 단지 먼지뿐임을 기억하심이로다 15 인생은 그 날이 풀과 같으며 그 영화가 들의 꽃과 같도다
빌 2:27	그가 병들어 죽게 되었으나 하나님이 그를 긍휼히 여기셨고 그뿐 아니라 또 나를 긍휼히 여기사 내 근심 위에 근심을 면하게 하셨느니라
눅 1:54	그 종 이스라엘을 도우사 긍휼히 여기시고 기억하시되
시 103:4	네 생명을 파멸에서 속량하시고 인자와 긍휼로 관을 씌우시며
눅 1:78-79	이는 우리 하나님의 긍휼로 인함이라 이로써 돋는 해가 위로부터 우리에게 임하여 79 어둠과 죽음의 그늘에 앉은 자에게 비치고 우리 발을 평강의 길로 인도하시리로다 하니라

하나님의 사랑과 은혜와 긍휼을 정확하게 정의하고 서로 엄밀하게 구별할 수 있는 것은 아니다. 왜냐하면 성경이 그 속성들에 대하여 정확하게 정의하지 않기 때문이고, 그 속성들의 내용이 서로 겹치기 때문이다. 그럼에도 각 속성이 성경에서 사용된 경우들을 통해 주된 의미를 알 수 있다. 이런 측면으로 비교하면, 첫째로 하나님의 사랑은 완전하신 하나님께서 피조물에게 있는 부족함을 보실 때 만족하시지 않고 자기 전달을 통해 그 부족함을 채워주시는 것이다. 둘째로 하나님의 은혜는 하나님께서 죄로 말미암아 하나님의 사랑에서 멀어진 사람들을 값없이 용서하여 주시는 것이다. 셋째로 하나님의 긍휼은 하나님께서 죄로 말미암아 비참함에 빠져 도움을 필요로 하는 사람들을 불쌍히 여겨 그들의 공적에 대한 고려 없이 주시는 하나님의 사랑이다. 성경에 나오는 자비 mercy, 불쌍히 여김 compassion, 인자

lovingkindness도 궁휼의 의미에 해당하는 하나님의 속성에 속한다.

하나님께서 피조물의 공과에 상관없이 모든 피조물에게 시 145:9, 심지어 은혜를 모르는 자와 악한 자에게도 겔 18:23; 눅 6:35-36 궁휼을 베푸신다. 아합이 하나님의 경고를 들을 때에 그의 옷을 찢고 굵은 베로 몸을 동이고 금식하고 굵은 베에 누우며 풀이 죽어 다니자, 하나님께서 그를 궁휼히 여기시어 재앙을 그의 시대가 아니라 그 아들의 시대에 내리셨다 왕상 21:27-29. 하물며 신자가 처지가 어려울 때에 하나님의 궁휼을 간구하면 하나님께서 신자의 죄와 부족함에도 불구하고 얼마나 큰 사랑을 베푸시는지 모른다. 이미 큰 궁휼을 받은 신자는 하나님 아버지의 온전하심을 본받아 악인과 원수에게도 궁휼을 베풀 줄 알아야 한다. 이런 의미에서 신자는 땅에서 곡식을 거둘 때에 밭모퉁이까지 다 거두지 말고 떨어진 이삭도 줍지 말며, 포도원의 열매를 다 따지 말며 떨어진 열매도 줍지 말고 가난한 사람과 거류민을 위하여 버려두어야 한다 신 24:19-21. 우리는 객과 고아와 과부의 처지를 불쌍히 여기는 마음을 가져야 하는데, 이는 궁휼을 베푸시는 하나님이 우리의 하나님 여호와이시기 때문이다 레 19:9-10.

하나님의 오래 참으심 long-suffering은 아래 성경구절들에서 보는 것처럼 하나님께서 사람의 죄와 반항에 대하여 오래 참으시는 것이다. 구약성경에서는 "에레크 아프"가 사용되었는데 개역개정 성경에서는 "노하기를 더디함"이란 단어로 대부분 번역되었고, "오래 참으심"으로 번역되기도 하였다. 신약성경에서는 "마크로투미아"가 사용되었는데 "오래 참으심"으로 번역되었다, 이 두 단어는 같은 의미이다. 하나님은 사람의 죄와 반항에 대하여 오래 참으시는데, 사람은 그때도 자신이 옳아서 승승장구하는 줄 알고 교만을 멈추지 않으며 여전히 죄와 반항 속에 있다. 여호와께서 사람들에게 오래 참으시는 것은 그들이 잘못을 깨달으며 성숙해지고 구원에 이르기를 바라시기 때문이다. 하나님은 안타까움으로 그들의 죄와 반항을 참으시며 끊임없이 회개와 성숙의 기회를 주신다. 하지만 오래 참으심에도 불구하고 여전히 자신을 향하여 적대하는 자들에게는 때가 되면 엄히 징계하신다.

렘 15:15	여호와여 주께서 아시오니 원하건대 주는 나를 기억하시며 돌보시사 나를 박해하는 자에게 보복하시고 주의 오래 참으심으로 말미암아 나로 멸망하지 아니하게 하옵시며
나훔 1:3	여호와는 노하기를 더디하시며 권능이 크시며 벌 받을 자를 결코 내버려두지 아니하시느니라
롬 2:4	혹 네가 하나님의 인자하심이 너를 인도하여 회개하게 하심을 알지 못하여 그의 인자하심과 용납하심과 길이 참으심이 풍성함을 멸시하느냐
롬 9:22	만일 하나님이 그의 진노를 보이시고 그의 능력을 알게 하고자 하사 멸하기로 준비된 진노의 그릇을 오래 참으심으로 관용하시고
벧전 3:20	그들은 전에 노아의 날 방주를 준비할 동안 하나님이 오래 참고 기다리실 때에 복종하지 아니하던 자들이라 방주에서 물로 말미암아 구원을 얻은 자가 몇 명뿐이니 겨우 여덟 명이라
벧후 3:9	주의 약속은 어떤 이들이 더디다고 생각하는 것 같이 더딘 것이 아니라 오직 주께서는 너희를 대하여 오래 참으사 아무도 멸망하지 아니하고 다 회개하기에 이르기를 원하시느니라
벧후 3:15	또 우리 주의 오래 참으심이 구원이 될 줄로 여기라

하나님의 선에는 넓은 의미와 좁은 의미가 있다. 한 사람이 예수님께 "선한 선생님이여 내가 무엇을 하여야 영생을 얻으리이까?"라고 질문했을 때 예수님은 "네가 어찌하여 나를 선하다 일컫느냐? 하나님 한 분 외에는 선한 이가 없느니라"고 ^{막 10:18} 대답하셨다. 이때 선하다는 것은 넓은 의미로 존재에 맞는 모든 것을 완전하게 갖추었다는 의미이다. 즉, 하나님이란 존재에 맞는 모든 것을 완전하게 갖춘 분은 하나님밖에 없다는 것이다. 하나님은 존재와 진리와 아름다움 등에서 어떠한 부족함도 흠도 없이 완전하시어, 예수님이 말씀하신 것처럼 선하시다. "여호와는 선하시고 정직하시니 그러므로 그의 도로 죄인들을 교훈하시리로다"에서 ^{시 25:8} 여

호와는 형이상학적인 의미에서 선하시므로 그 완전한 옳음과 진리로 죄인들을 교훈하신다.

그 선하신 하나님은 자신 내에서만 선하시지 않고, 자신의 밖을 향해서도 선하시기 때문에 자신이 만든 모든 피조물에게 자신의 선을 베푸신다. 좁은 의미의 선은 하나님께서 모든 피조물을 긍휼히 여기시어 자신의 선을 베푸시는 것이다. 하나님은 피조물이 누리는 모든 선한 것의 근원이시고, 그것들을 거저 주신다. 하나님은 생명의 원천으로서 모든 피조물에게 생명을 주시며 시 36:9, 때를 따라 먹을 것을 주시고 모든 생물의 소원을 만족하게 하시며, 모든 넘어지는 자를 붙드시고 비굴한 자들을 일으키신다 시 145:14-16. 굶주린 사자와 우는 까마귀 새끼가 먹을 수 있는 것은 하나님께서 먹이를 마련하여 주시기 때문이다 욥 38:41; 시 104:21, 147:9; 마 6:26. 만나를 주시고, 해와 비를 악인과 선인 모두에게 주시고 마 5:45, 그 비가 밭에 보내져 곡물을 자라게 하시고, 낮은 자를 높이 드시고 애곡하는 자를 일으키신다 욥 5:10-11. 하나님은 태초부터 지금까지 하늘의 비와 결실기를 주시는 선한 일을 통해 음식과 기쁨으로 사람들의 마음을 만족하게 하셨는데 행 14:17, 불신자들은 이것들이 자신이나 자연의 힘으로 된 줄로 알고 하나님께 영광과 감사를 돌리지 않고 오히려 우상숭배를 한다 롬 1:21-23.

하나님은 진리이시다. 하나님은 진리이시기 때문에 그 존재와 사역에 어떠한 거짓도 허상도 없다. 따라서 하나님은 그 존재에 있어서 어떠한 거짓이나 흠도 없고, 완전한 존재 자체이시다. 하나님 이외에 완전한 존재가 없고, 모두 하나님으로부터 하나님의 뜻에 따라 한정된 존재를 선사받았고, 사람들이 신들이라고 하는 것들은 모두 거짓이고 허무하고 무익하다. 그것들은 오히려 사람들이 만든 것들이지 시 97:7; 사 44:9; 시 115:4-8, 절대로 스스로 존재하거나 무언가를 창조하는 능력이 없다 렘 10:8-11. 오직 하나님만이 참되시다 요 17:3; 요일 5:20.

진리이신 하나님은 일하실 때 그 일의 과정과 결과 또한 진리로 가득하다. 창조하신 모든 피조물이 각각의 존재와 능력을 그대로 드러내지, 어느 순간에 갑자기 고장이 나거나 존재 자체가 없어지지 않는다. 즉 모든 피조물에는 하나님의 진실한 능력과 신성이 깃들어 있다롬 1:20. 하나님께서 하시는 일은 완전하고 그의 모든 길은 정의롭고 진실하고 거짓이 없으신 것이다신 32:4.

하나님은 진리이시기 때문에 하나님께서 계시하신 것들은 모두 옳다. 하나님은 사람에게 진리를 알리시고, 특별히 신자에게는 더 풍성한 계시를 주시고 기록되게 하시어, 그 진리가 사람에게 그대로 알려지게 하시고, 또 이성과 믿음의 지각을 주시어 그것을 깨닫게 하신다요일 5:20.

하나님은 사람에게 하신 말씀과 약속이 그대로 집행되게 하신다. 하나님은 사람이 아니시니 거짓말을 하지 않으시고 인생이 아니시니 후회가 없으시고, 그 말씀하신 바를 행하신다민 23:19. 성경은 진리가 갖는 이러한 측면을 신실함faithfulness으로 표현한다. 신실하신 하나님은 그를 사랑하고 그의 계명을 지키는 자에게는 천 대까지 그의 언약을 이행하시며 인애를 베푸신다신 7:9. 우리는 미쁨이 없을지라도 주는 항상 미쁘시니 자기를 부인하실 수 없으시다딤후 2:13. 하나님의 신실하심은 신자가 자신의 신실하지 못함과 정욕과 실패 등으로 고난에 빠졌을 때 그의 기쁨과 소망과 견딤의 원인이 된다. 사람은 하나님의 신실하심으로 신실해지기에, 사람은 어떠한 상황에서도 하나님을 바라보며 기쁨과 소망과 안위를 갖는다.

하나님은 악과 과실과 죄를 용서하신다forgiving iniquity, transgression, and sin. 우리는 하나님의 은혜를 살필 때 하나님은 죄로 말미암아 하나님의 사랑을 잃어버리고 죽게 된 사람을 값없이 용서하여 주심을 살펴보았다. 하나님은 사람이 악과 과실과 죄를 범할 때에 그에 맞는 벌을 엄밀하게 그대로 주시지 않고, 먼저 용서하시려고 한다. 그래서 아담이 하나님의 말씀을 어기고 선악의 열매를 따먹었을 때에 그를 용서하시고 죽이시지 않았다. 오히려 가죽옷을 지어 입히셨다. 가인과 그의 후손의 죄도 용서하셨고, 하나님의 택함을 받은 아브라함의 후손이 죄를 지었을 때도 용서하셨다. 느헤미야는 주께서 용서하시는 하나님이시라 패역한 조상들을 버리지 아니하셨다고 말하였고느 9:16-17, 시편 기자도 용서하심이 주께 있다고시 130:4 말하였다. 바울은 에베소 성도들에게 "서로 용서하기를 하나님이 그리스도 안에서 너희를 용서하심과 같이 하라"고 엡 4:32 말하였다.

베드로가 예수님께 "형제가 내게 죄를 범하면 몇 번이나 용서하여 주리이까 일곱 번까지 하오리이까"라고 묻자, 예수님은 "일곱 번뿐 아니라 일곱 번을 일흔 번까지라도 할지니라"고 대답하셨다. 그리고 이어서 임금으로부터 일만 달란트 6조 원에 해당 빚을 탕감 받은 종이 동료의 백 데나리온 천만 원에 해당 빚을 탕감해주지 않은 비유를 말씀하셨다. 신자만이 아니라 비신자도 하나님께 악과 과실과 죄를 크게 용서받는다. 하나님께서 용서하시지 않았다면 비신자들은 즉시 죽음을 당할 수밖에 없다. 신자는 예수 그리스도의 대속의 죽음을 통해 죄 사함을 받았으니 얼마나 큰 용서를 받았는지 모른다. 신자는 하나님의 이 큰 용서를 받았으니 이웃을 더욱 용서해야 한다. 각각 마음으로부터 형제를 용서하는 것이 하늘 아버지로부터 용서받았음을 확신하며 드러내는 것이다. 신자가 형제의 악과 과실과 죄를 용서해야 하는 것은 첫째로 하나님께서 용서하시는 속성을 지니셨으므로 하나님의 형상대로 지음을 받은 신자도 용서하여야 한다. 둘째로 신자는 6조 원의 빚에 해당하는 큰 죄를 짓고도 그리스도의 대속의 죽음으로 용서 받았으므로, 천만 원의 빚에 해당하는 작은 죄를 지은 형제의 죄를 용서하여야 한다.

⑫ 자기를 찾는 자들에게 상 주시고[31], 그러면서도 모든 죄를 미워하셔서 지극히 공의롭고 두려운 심판을 내리시고, 형벌 받을 자는 결코 사하지 아니하신다.

하나님은 자기를 찾는 자들에게 상을 주신다. 예수님의 무익한 종의 비유를 통해 이 속성의 의미를 살펴보자. 밭을 갈거나 양을 친 종이 밭에서 돌아오면, 주인이 그에게 "와 앉아서 먹으라"고 하지 않는다. 도리어 그에게 "내 먹을 것을 준비하

---

[31] 이에 대한 근거성경구절은 히 11:6절인데, 개역개정은 "그가 자기를 찾는 자들에게 상 주시는 이심을 믿어야 할지니라"이고, KJV은 "he is a rewarder of them that diligently seek him."이다. KJV의 "diligently seek"는 "열심히 구하다"의 뜻을 가진 헬라어 "ἐκζητοῦσιν"를 번역한 것이다. 그런데 개역개정, 개역한글, 공동번역, 새번역 등은 "열심히(diligently)"를 번역하지 않고 단지 "찾다"로 번역하였고, 우리도 이것을 따라 "자기를 찾는 자들에게 상 주시고"로 번역한다.

고 띠를 띠고 내가 먹고 마시는 동안에 수종들고 너는 그 후에 먹고 마시라"고 한다. 주인은 종이 명한 대로 하였다고 종에게 감사하지 않는다. 예수님은 이 비유를 제자들에게 말씀하신 후에 "이와 같이 너희도 명령 받은 것을 다 행한 후에 이르기를 우리는 무익한 종이라 우리가 하여야 할 일을 한 것뿐이라 할지니라"고눅 17:7-10 말씀하셨다. 즉 사람은 하나님이 매우 높은 수준으로 창조하신 세상에 아무 입장료도 없이 태어난 것에, 게다가 짐승의 형상이 아니라 하나님의 형상으로 지음을 받은 것에 크게 감사해야 한다. 사람이 이에 대한 빚을 하나님께 일만 달란트6조 원에 해당 졌다마 18:24. 성경의 다음 구절들도 이 사실을 말해준다. "누가 너를 남달리 구별하였느냐 네게 있는 것 중에 받지 아니한 것이 무엇이냐 네가 받았은즉 어찌하여 받지 아니한 것 같이 자랑하느냐"고전 4:7. "누가 먼저 내게 주고 나로 하여금 갚게 하겠느냐 온 천하에 있는 것이 다 내 것이니라"욥 41:11. 이러니 사람이 이 땅에서 어떤 위대한 일을 해도 자신이 진 빚 일만 달란트를 상환할 수 없다. 기껏해야 겨우 백 데나리온천만 원에 해당을 번 것에 지나지 않는다.

그러므로 하나님은 사람이 이 땅에서 어떤 수고와 업적을 발휘했을지라도 상을 주실 의무나 필요가 없으시다. 오히려 사람에게 더 많은 빚을 상환 받으셔야 한다. 그럼에도 하나님은 사람을 사랑하시고 긍휼히 여기시어 그에게 상을 주신다. 이것은 사람이 죄를 지었을 때 즉시 그에 맞는 벌을 내리셔야 자연스러움에도 불구하고 그에게 은혜를 베푸시어 오래 참으시며 그의 죄를 용서하시는 것과 같다. 하나님은 피조물을 향하여 특히 하나님의 형상으로 지음을 받은 사람을 향하여, 그중에서도 특히 신자를 향하여 그의 죄를 용서하여 주시고, 그가 자신을 찾을 때 상을 주신다. 이것은 자연스럽고 당연한 일이 아니라, 하나님의 속성을 인하여 발생하는 귀한 일이다. 모든 신자는 아래 성경구절들을 통하여 하나님께서 자기를 찾는 자들에게 상 주시는 이심을 믿고히 11:6, 더욱 열심히 하나님을 찾아야 한다.

신 7:12-13　너희가 이 모든 법도를 듣고 지켜 행하면 네 하나님 여호와께서 네 조상들에게 맹세하신 언약을 지켜 네게 인애를 베푸실 것이라

	13 곧 너를 사랑하시고 복을 주사 너를 번성하게 하시되 네게 주리라고 네 조상들에게 맹세하신 땅에서 네 소생에게 은혜를 베푸시며 네 토지 소산과 곡식과 포도주와 기름을 풍성하게 하시고 네 소와 양을 번식하게 하시리니
마 25:21	그 주인이 이르되 잘하였도다 착하고 충성된 종아 네가 적은 일에 충성하였으매 내가 많은 것을 네게 맡기리니 네 주인의 즐거움에 참여할지어다 하고
히 11:26	그리스도를 위하여 받는 수모를 애굽의 모든 보화보다 더 큰 재물로 여겼으니 이는 상 주심을 바라봄이라

하나님은 공의로우시다. 우리는 앞에서 하나님의 의로운 속성은 거룩한 속성과 연관됨을 살펴보았다. 거룩함의 기본 개념이 "분리됨과 구별됨"이라면, 의로움의 기본 개념은 "율법에 맞춤"이다. 하나님은 자신의 본성에 맞는 법을 자체 내에 갖고 계시는데, 본성적으로 이 법에 맞게 존재하시고 행하심으로 자신 내에서 무한히 의로우시다. 본성적으로 의로우신 하나님은 만물을 향하여 자신의 의로움을 드러내시고 가르치시고, 자신의 의로움에 어긋나는 것들을 응징하시는데, 하나님의 공의는 바로 이 측면을 의미한다. 그래서 공의로우신 하나님은 당연히 모든 죄를 미워하시어 하나님의 율법에 맞게 행한 자는 상을 주시고, 어긋나게 행한 자는 응징하신다. 상을 주시는 하나님에 대해서는 바로 앞에서 살펴보았고, 하나님의 악에 대한 응징은 다음과 같은 성경구절들이 말해준다.

민 14:18	여호와는 노하기를 더디하시고 인자가 많아 죄악과 허물을 사하시나 형벌 받을 자는 결단코 사하지 아니하시고 아버지의 죄악을 자식에게 갚아 삼사대까지 이르게 하리라 하셨나이다
롬 2:9	악을 행하는 각 사람의 영에는 환난과 곤고가 있으리니 먼저는 유대인에게요 그리고 헬라인에게며

롬 12:19	내 사랑하는 자들아 너희가 친히 원수를 갚지 말고 하나님의 진노하심에 맡기라 기록되었으되 원수 갚는 것이 내게 있으니 내가 갚으리라고 주께서 말씀하시니라
살후 1:8	하나님을 모르는 자들과 우리 주 예수의 복음에 복종하지 않는 자들에게 형벌을 내리시리니
벧후 2:9	주께서 경건한 자는 시험에서 건지실 줄 아시고 불의한 자는 형벌 아래에 두어 심판 날까지 지키시며

하나님은 두려우시다. 하나님의 두려움은 거룩함과 깊은 연관이 있다. 하나님은 다른 존재들과 질적으로 다른 초월자로서 "위엄 있는 거룩함"majesty-holiness을 피조물에게 전하신다. 하나님에게는 "위엄 있는 거룩함"에서 오는 두려움이 있기 때문에 여호와의 임재를 경험하는 사람들은 큰 두려움을 느낀다. 선지자 이사야는 거룩하신 하나님을 뵈었을 때에 그 두려움에 압도되어 "화로다 나여 망하게 되었도다 나는 입술이 부정한 사람이요 나는 입술이 부정한 백성 중에 거주하면서 만군의 여호와이신 왕을 뵈었음이로다"라고사 6:5 말하였다. 신 가운데 신이신 여호와 하나님은 두려우신 하나님이실 수밖에 없는 것이고신 10:17, 하늘의 하나님 여호와는 크고 두려우실 수밖에 없는 것이다느 1:5. 그 두려우시고 공의로우신 하나님은 심판을 통하여 하나님의 거룩함과 의로움을 크게 드러내신다.

하나님은 벌 받을 자를 결코 내버려두지 아니하신다. 하나님께서 사랑과 은혜와 긍휼과 오래 참음으로 악과 과실과 죄를 용서하시지만, 그렇다고 하여 공의와 두려움이 없는 것이 아니다. 회개하며 주님께 나아오는 자를 용서하시지만, 회개하지 않으며 자기를 거스르는 자에게는 보복하시고 진노를 품으시어 벌 받을 자를 결코 내버려두지 아니하신다나 1:2-3. 벌을 면제하지 아니하시어 아버지의 악행을 자손 삼사 대까지 보응하신다출 34:7. 하나님은 다윗이 우리야의 아내 밧세바와 간음하였을 때에 그가 비록 회개하였음에도 그의 죄에 대한 벌을 일부 집행하셨다. 그가 밧세바와 간음하여 나은 아들을 죽이셨고, 그의 아들 압살롬이 반역하여 그의 후궁들과 백주에 동침하게 하는 벌을 내리셨다. 하나님께서 다윗이 저지른 간음과 살인의 죄에 대하여 이렇게 하시지 않으면 하나님의 공의는 깨진다. 맹렬한 전쟁터에 보내져 억울하게 죽임을 당한 우리야와 그의 가족은 벌을 받지 않는 다윗을 볼 때 하나님의 속성에 대하여 의심하지 않겠는가? 또 이스라엘 백성도 다윗이 아무 벌을 받지 않는다면 하나님에 대하여 크게 오해할 것이다. 공의로우신 하나님께서 자신의 공의를 인하여 하나님의 의로움이 드러나게 하시므로, 큰 죄를 짓고 회개하는 자에게도 그에 맞는 적절한 벌을 경감하여 내리시고, 특히 회개하지 않는 죄인에게는 정당한 벌을 내리신다.

다윗이 이스라엘과 유다의 인구를 조사한 후에 자신의 죄를 깨닫고 하나님께 자신의 죄를 사하여 달라고 아뢰었다. 여호와께서 선지자 갓을 통하여 세 가지 벌을 제시하셨다. 첫째는 왕의 땅에 칠 년 기근이 있는 것이고, 둘째는 왕이 왕의 원수에게 쫓겨 석 달 동안 그들 앞에서 도망하는 것이고, 셋째는 왕의 땅에 사흘 동안 전염병이 있는 것이다. 다윗은 "여호와께서는 궁휼이 크시니 우리가 여호와의 손에 빠지고 내가 사람의 손에 빠지지 아니하기를 원하노라"는 삼하 24:14 대답으로 셋째를 택하였다. 이에 여호와께서 그 아침부터 정하신 때까지 전염병을 이스라엘에게 내리시어 7만 명을 죽이셨다. 다윗은 자신의 죄에 대한 벌이 사람의 손이 아니라 여호와의 손에 빠지기를 원하였는데, 여호와의 궁휼이 크심을 알기 때문이다. 에스라는 "우리의 악한 행실과 큰 죄로 말미암아 이 모든 일을 당하였사오나 우리 하나님이 우리 죄악보다 형벌을 가볍게 하시고 이만큼 백성을 남겨 주셨사오니"라 고스 9:13 말하였는데 그도 여호와께서 공의를 나타내시면서 동시에 궁휼이 크시어 형벌을 가볍게 함을 깨닫고 있었다. 우리도 죄를 지었을 때 어서 하나님께 깊이 회개하며 용서를 구해야 한다.

2.2

하나님께서는 자신 안에 그리고 자신으로부터 모든 생명,a 영광,b 선,c 복을d 갖고 계시고, 모든 것이 오직 자신 안에 그리고 자신에게 전적으로 충족하셔서 자신이 만드신 어떤 피조물도 필요로 하시지 않으며e 그것들로부터 어떠한 영광도 얻지 않으신다.f 오히려 자기 자신의 영광을 그것들 안에, 그것들에 의해, 그것들에게, 그것들 위에 나타내실 뿐이다. 즉, 하나님은 모든 존재의 유일한 근원이시며, 만물이 그에게서 나오며 그로 말미암으며 그에게로 돌아가고,g 만물에 대하여 최고의 주권적 권능을 지니셔서 자신이 기뻐하시는 바를 무엇이든지 만물에 의해, 만물을 위해, 만물 위에 행하신다.h 그의 눈앞에 만물이 드러나 명백하고,i 그의 지식은 무한하며 무오하며 피조물에 의존하지 않고,k 그래서 어떠한 것도 그에게는 임의적이거나 불확실하지 않다.l 그는 자신의 모든 경륜에서, 자신의 모든 일에서, 자신의 모든 계명에서 지극히 거룩하시다.m 하나님께서 천사들과 사람들과 다른 모든 피조물에게 어떠한 예배와 섬김과 순종을 기뻐하며 요구하실지라도 받기에 합당하시다.n

God hath all life,a glory,b goodness,c blessedness,d in, and of himself; and is alone in, and unto himself all-sufficient, not standing in need of any creatures which he hath made,e nor deriving any glory from them,f but only manifesting his own glory in, by, unto, and upon them: he is the alone foundation of all being, of whom, through whom, and to whom are all things;g and hath most sovereign dominion over them, to do by them, for them, or upon them whatsoever himself pleaseth.h In his sight all things are open and manifest,i his knowledge is infinite, infallible, and independent upon the creature,k so as nothing is to him contingent or uncertain.l He is most holy in all his counsels, in all his works, and in all his commands.m To him is due from angels and men, and every other creature, whatsoever worship, service, or obedience he is pleased to require of them.n

```
a 요 5:26              b 행 7:2                    c 시 119:68
d 딤전 6:15; 롬 9:5     e 행 17:24-25              f 욥 22:2-3
g 롬 11:3              h 계 4:11; 딤전 6:15; 단 4:25, 35    i 히 4:13
k 롬 11:33-34; 시 147:5  l 행 15:18; 겔 11:5
m 시 145:17; 롬 7:12    n 계 5:12-14
```

2. 피조물을 향한 하나님의 속성

제2장 제1절은 하나님의 속성들에 대하여 말하고, 제2절은 그러한 속성들을 지니신 하나님께서 피조물과 어떤 관계를 형성하시는지 말한다. 제1절에 나오는 하나님의 속성들을 잘 이해하면 제2절도 자연스럽게 이해할 수 있다.

❶ **하나님은 자신 안에 그리고 자신으로부터 모든 생명, 영광, 선, 복을 갖고 계시며**

우리는 제1절에서 존재에 있어 무한하신 하나님은 자존하시고, 자충족적이시고, 독립적이시고, 완전하심을 살펴보았다. 제2절은 존재에 있어 무한하신 하나님께서 피조물에게 어떤 영향을 미치시는지 말한다. 자존하시고 자충족적이신 하나님은 자기 자신 안에서 자기 자신으로부터 모든 생명과 영광과 선과 복을 지니시지, 자기 자신 밖에서 다른 어떤 존재들로부터 받지 않으신다. 즉 모든 생명과 영광과 선과 복은 하나님으로부터 나오지 절대로 스스로 발생하지 않고, 다른 어떤 피조물로부터 변형되거나 가공되지도 않는다. 하나님은 생명과 영광과 선과 복만 지니신 것이 아니라, 모든 것을 다 지니고 계신다. "온갖 좋은 은사와 온전한 선물이 다 위로부터 빛들의 아버지께로부터 내려오나니"약 1:17. "땅과 거기에 충만한 것과 세계와 그 가운데에 사는 자들은 다 여호와의 것이로다"시 24:1. 생명과 영광과 선과 복은 사람들에게 꼭 필요하고 가장 좋은 것들의 대표라고 할 수 있다.

생명부터 차례로 살펴보자. 진실로 생명의 원천이 주께 있다시 36:9. "그 안에 생명이 있었으니 이 생명은 사람들의 빛이라"요 1:4. "예수께서 이르시되 나는 부활이요 생명이니 나를 믿는 자는 죽어도 살겠고"요 11:25. "또 증거는 이것이니 하나님이 우리에게 영생을 주신 것과 이 생명이 그의 아들 안에 있는 그것이니라"요일 5:11. 생명의 원천이신 하나님은 사람에게 생명을 주시어 존재를 허락하신다.

"영광의 하나님"이나 "하나님의 영광"이란 표현이 성경에 백 번 넘게 나오는 것을 통해서 하나님께서 자기 자신 안에 그리고 자기 자신으로부터 영광을 스스로 갖고 계심을 알 수 있다.

선하신 하나님에 대해서는 제1절에서 이미 살펴보았다. 하나님은 선하시므로 당연히 모든 선을 갖고 계시고, 그 선을 모든 피조물에게 베푸신다. 하나님은 피조물이 누리는 모든 선한 것의 근원이시다.

하나님은 복되시다 딤전 6:15; 롬 9:5; 마 23:39. 하나님은 자신의 복을 사람에게 나누어주신다. 예레미야는 이스라엘 백성이 "여호와의 복 곧 곡식과 새 포도주와 기름과 어린 양의 떼와 소의 떼를 얻고 크게 기뻐하리라"고 렘 31:12 말한다. 예레미야는 곡식과 새 포도주와 기름과 어린 양의 떼와 소의 떼를 여호와의 복이라고 말하고, 복이신 여호와께서 복을 이스라엘에 주신다고 말한다.

❷ 모든 것이 오직 자신 안에서 자신에게 전적으로 충족하셔서 자신이 만드신 어떤 피조물도 필요로 하시지 않으며 그것들로부터 어떠한 영광도 얻으시지 않는다.

하나님은 존재에 있어 무한하시어 자존하시고, 자충족적이시고, 독립적이시고, 완전하시기 때문에 모든 것이 자신 안에서 충족하시고, 자신에게 전적으로 충족하시다. 모든 것이 "하나님 자신 안에서" 충족하시다는 것은 하나님께 아무 부족함이 없다는 것이고, 모든 것이 "자신에게" 전적으로 충족하시다 것은 피조물의 수준에서 충족하다는 것이 아니라 하나님의 수준에서 충족하다는 것이다. 3살 아이의 필요를 채워주기에 부족하지 않은 살림살이일지라도 50살 어른의 필요를 채워주기에는 부족한 살림살이이듯, 피조물 수준에서는 아무 부족함이 없을지라도 하나님 수준에서는 크게 부족함이 있을 수 있는데, 하나님은 모든 것이 자기 자신에게도 전적으로 충족하시다. 만약에 부족함이 하나님께 있다면 그 하나님은 참된 하나님이 아니다. 참된 하나님은 부족함을 채우시기 위해 어떠한 피조물도 필요로 하시지 않는다. 신자가 하나님께 예배를 드리는 것은 하나님께서 사람의 손으로 섬김을 받으시는 것이 필요하기 때문이 아니다. 만민에게 생명과 호흡과 만물을 친히 주신 우주와 만물의 창조자께서 거하실 공간도, 섬김을 받는 것도 ^{행 17:24-25}, 신자의 헌금도 필요로 하시지 않는다.

하나님은 피조물에게서 어떠한 영광도 얻으시지 않는다. 피조물의 영광은 하나님께서 자신의 영광 중 일부를 주신 것에 지나지 않는데, 어찌 하나님께서 피조물로부터 영광을 얻으시겠는가? 그것은 일만 달란트 가진 자가 백 데나리온 가진 자의 돈을 필요로 하는 것보다 더 틀린 것이고, 태양이 촛불을 인하여 더 밝고 따스해졌다고 하는 것보다 더 적절하지 못하다. 피조물의 영광은 주의 손에서 받은 것이다. 위대하심과 권능과 영광과 승리와 위엄과 주권과 부와 귀가 다 주께 속하였으므로, 신자는 주의 손에서 받은 것으로 주께 드릴 뿐이다^{대상 29:11-14}. 사람이 범죄하여도 하나님께 아무 영향이 없고, 사람의 악행이 가득하여도 하나님께 아무 상관이 없다. 신자가 의롭다 하여도 하나님은 사람의 손에서 아무 것도 받지 않으신다. 신자는 자주 하늘을 우러러보아야 하는데, 자신보다 높이 뜬 구름을 보며^{욥 35:5-8}, 하나님은 그 구름을 담는 하늘보다 더 높은 절대적 분이심을 알아야 한다. 사람은 절대로 하나님께 유익과 영광을 드리지 못한다^{욥 22:2}.

❸ **자신의 영광을 그것들 안에, 그것들에 의해, 그것들에게, 그것들 위에 나타내실 뿐이다.**

모든 생명과 영광과 선과 복을 지니신 하나님은 만물을 창조하시고, 만물에게 자신의 뜻대로^{고전 15:38} 생명과 영광과 선과 복을 주신다. 만물이 주의 뜻대로 있고 지으심을 받은 것이지^{계 4:11}, 절대로 각 피조물이 자신의 뜻과 능력으로 자신의 존재를 갖는 것이 아니다. 각 피조물은 하나님께서 주신 생명과 영광과 선과 복을 인하여 존재하고 기능하는데, 하나님의 형상이 많이 반영된 피조물일수록 그것을 깨달아 알 수 있고, 하나님께 감사와 영광과 존귀를 찬양하며 돌려드린다. 그런데 사람과 천사와 같은 지각 있는 피조물이 자기 스스로 생명과 영광과 선과 복을 가진 줄로 알고 자신을 높이려고 하는데, 이것이 바로 하나님을 거부하는 큰 죄이다.

솔로몬이 입은 모든 영광이 들의 백합화 하나만 같지 못하다. 그 꽃은 수고도 아니하고 길쌈도 아니하는데 솔로몬의 모든 영광보다 크니[마 6:29], 하나님께서 그 꽃에게 얼마나 많은 생명과 영광과 선과 복을 주셨는지 모른다. 그런데 솔로몬의 모든 영광은 솔로몬이 수고하고 길쌈하여 갖게 된 것인가? 전혀 그렇지 않다. 하나님께서 전적으로 주신 것인데, 하나님은 놀랍게도 그것을 솔로몬에 의해 솔로몬에게 주신다. 즉 외형적으로는 솔로몬이 수고하여 그 영광을 획득한 것으로 나타나게 하시는 것이다. 솔로몬은 공부를 열심히 하고 자연과 사람들의 삶을 부지런히 관찰함으로써 풍성한 지혜를 가졌을 것이다. 그런데 그 부지런함과 관찰력과 깨닫는 인식력을 하나님께서 그에게 주시지 않으면 그가 아무리 노력해도 얻을 수 없고, 하나님께서 건강과 생명을 주시지 않으면 그는 설령 그것을 얻어도 시름시름 앓다가 죽게 된다. 모든 피조물은 자신이 소유한 것 중에 받지 아니한 것이 없고, 따라서 자랑할 것이 없다[고전 4:7]. 그 영광이 자신 안에 있을지라도, 그리고 그 영광이 자신 위에 비출지라도 그 영광은 절대로 자기로부터 인한 것이 아니라 하나님으로부터 인한 것이기 때문이다.

참된 신앙의 소유자는 자신이 가진 모든 것이 하나님의 은혜와 능력으로 인한 줄 알아 자신을 높이지 않고 하나님께 영광과 감사를 드린다. 하나님께서 그것들을 자신에게 주셨고, 자신으로 그것들을 발휘하게 하셨음을 알기 때문이다. 참된 신자는 이뿐만이 아니라 하나님께서 만물 속에 심기신 하나님의 영원하신 능력과 신성을 발견할 줄 알아야 한다[롬 1:20]. 자신과 타인과 만물의 생명과 영광과 선과 복은 하나님께서 그들에게 주시고, 그들 안에 심으시어 그들의 소유가 되게 하시고, 그들에 의해 나타나게 하시고, 그들 위에 드러나게 하신 것임을 알아야 한다.

❹ 하나님은 모든 존재의 유일한 근원이시며 만물이 그에게서 나오며, 만물에 대하여 최고의 주권적 권능을 지니셔서 자신이 기뻐하시는 바를 무엇이든지 만물에 의해 행하신다.

하나님만 스스로 존재하신다. 다른 모든 것은 존재를 하나님에게 빚지고 있다. 만물은 하나님으로부터 나오고, 하나님으로 말미암고, 하나님에게로 돌아간다. "에게서"of와 "말미암고"through, 헬라어 dia 의 차이는 무엇일까? 일반적으로 "에게서"는 직접적 기원을 의미하고, "말미암고"는 중간적 매개를 의미한다. 만물이 하나님에게서 하나님으로 말미암는다는 것은 만물이 존재하는 직접적 원인과 중간적 도구가 모두 하나님이 되신다는 것이다. 하나님 없이 만물은 존재하지 못한다는 것이고, 하나님의 의지와 계획과 일하심으로 만물은 존재한다는 것이다. 요한복음은 만물이 성자 하나님으로 "말미암아" 지은 바 되었다고 말하는데, 이때 사용된 헬라어가 "말미암아"through를 뜻하는 "dia"이다. 성경은 성부 하나님"께서" 성자 하나님으로 "말미암아" 만물을 지으신다고 말한다. 우리는 성경의 이런 표현을 통하여 성자 하나님께서 창조에서 일하신 형태를 통찰하게 되고, 동시에 "말미암아"가 무슨 뜻인지 대략적으로 느끼게 된다.[32]

만물은 반드시 하나님께로 돌아가게 된다. 만물은 자체적으로 존재할 수 있는 능력과 계속하여 존재를 유지할 능력이 없으므로 하나님께서 허락하신 생명과 영광이 다 하면 다시 하나님께로 돌아간다. 하나님은 아담에게 그가 흙에서 취함을 입었으므로 흙으로 돌아간다며 "너는 흙이니 흙으로 돌아갈 것이니라"Dust thou art, and unto dust shalt thou return. 창 3:19고 말씀하셨다. 아담이 사람의 생명을 누릴 수 있는 것은 흙의 힘이 아니라 흙에게 사람의 생명과 영광을 부여하신 하나님의 능력

---

32 고전 8:6절도 참고하라: "그러나 우리에게는 한 하나님 곧 아버지가 계시니 만물이 그에게서 났고 우리도 그를 위하여 있고 또한 한 주 예수 그리스도께서 계시니 만물이 그로 말미암고 우리도 그로 말미암아 있느니라"(yet for us there is but one God, the Father, from whom all things came and for whom we live; and there is but one Lord, Jesus Christ, through whom all things came and through whom we live. NIV)

과 은혜로 말미암는다. 하나님의 뜻대로 아담에게 주어진 생명과 영광은 소진되게 되어있고, 그때 아담은 단지 흙이 될 뿐이다. 어떤 피조물도 자신의 존재를 계속하여 유지하거나 다른 것으로 변형시키거나 더 높은 수준으로 변화시킬 능력이 없다. 이것은 마치 땅에 있는 물이 수증기가 되어 하늘로 올라갈지라도 지구의 대기권을 뚫고 지구로부터 멀리 벗어나지 못하고, 다시 비가 되어 땅에 보내져, 지구 내에서만 존재하고 활동하는 것과 마찬가지다. 설령 땅 위의 물이 지구를 빠져나갈지라도 어찌 태양계를 벗어나겠으며, 은하계를 벗어나겠는가? 만물은 모두 다 하나님께로 돌아간다.

우리는 제1절에서 하나님께서 지극히 자유로우시고 절대적이심을 살펴보았다. 스스로 존재하시는 하나님은 모든 존재 없이 존재하시고, 그때 어떠한 한계와 조건 없이 자충족적으로 자유롭게 존재하시고, 모든 존재를 절대적으로 자신의 뜻대로 창조하시고 이끄신다. 그러므로 하나님은 만물에 대하여 최고의 주권적 권능으로 통치하신다. 이때 하나님은 절대로 기분 내키시는 대로 아무렇게 결정하시지 않고, 폭력적으로 밀어붙이시며 지배하시지 않고, 하나님의 지혜와 거룩함과 사랑이라는 속성들에 근거하여 최고의 주권적 권능을 행사하신다. 제4장 창조과 제5장 섭리에서 살펴보겠지만 이것은 모든 존재의 유일한 근원이신 하나님께서 만물을 창조하실 뿐만 아니라, 창조하신 만물을 또한 붙드시고 통치하신다는 의미이다. 하나님께서 만물을 단지 창조만 하시고, 그 이후부터는 만물이 아무렇게나 우연히 행하게 하시지 않고, 창조 이후에도 만물에 대한 책임을 지시는 것이다.

"하나님께서 기뻐하시는 바"의 뜻도 역시 하나님께서 이기적인 욕심으로 자신만을 높이시고 자신만의 성향과 욕구대로 행하신다가 전혀 아니고, 하나님의 자유로우시고, 절대적이시고, 지극히 지혜로우시고, 지극히 거룩하신 속성에 따라 행하신다는 것이다. 우리가 제1절에서 살펴본 것처럼 하나님은 "자기 자신의 불변하고 지극히 의로운 의지의 경륜에 따라 자기 자신의 영광을 위하여 모든 일을 행하시지" 절대로 이기적인 사사로운 뜻과 욕망으로 행하시지 않는다.

하나님은 자신이 기뻐하시는 바를 무엇이든지 행하실 때에 만물에 의해 행하신다. 하나님께서 해와 비를 사람들에게 비추시고 내려주시는데^{마 5:45}, 사람들은 태양이 빛을 비추고, 비구름이 비를 내려준다고 생각한다. 자연의 작동에는 나름의 원인과 결과라는 인과관계가 있다. 나무가 자라려면 누가 씨앗을 심어야 하고, 누가 물을 주어야 한다. 그러면 나무가 태양과 물과 이산화탄소의 광합성작용을 통하여 자란다. 하지만 바울은 "심는 이나 물 주는 이는 아무 것도 아니로되 오직 자라게 하시는 이는 하나님뿐이니라"고^{고전 3:7} 말한다. 심는 이와 물 주는 이는 각각 자기가 일한 대로 자기의 상을 받는 것이고^{고전 3:8}, 이것도 하나님께서 "자기를 찾는 자들에게 상 주시는" 속성을 지니셨기 때문에 상을 받는 것이다. 모든 피조물은 스스로 할 수 있는 능력이 없기 때문에 무익하고^{눅 17:10} 하나님께는 피조물에게 상을 주실 의무가 없다. 따라서 우리는 어떤 이들이 씨앗을 심고 물을 준다하여 그들이 식물을 자라게 한다고 여기면 안 되고, 그들이 심고 물을 주는 행위가 바로 하나님께서 그들에게 그런 의지와 능력을 주셨기 때문임을 알아야 한다. 우리는 자신이 이룬 모든 결과가 하나님께서 행하신 결과임을 알고 영광을 온전히 하나님께 드려야 한다.

하나님께서 만물에 대하여 자신의 기뻐하시는 바를 행하시는 것이 바로 만물을 위한 것이다. 요셉이 형들에게 팔려 애굽으로 갔을 때 배신감과 외로움으로 얼마나 힘들었겠는가? 하지만 요셉은 자신이 애굽의 총리가 되어 가족들을 애굽으로 인도하여 기근에서 구해내게 되었을 때에 형들에게 "당신들이 나를 이 곳에 팔았다고 해서 근심하지 마소서 한탄하지 마소서 하나님이 생명을 구원하시려고 나를 당신들보다 먼저 보내셨나이다"라고^{창 45:5} 말하였다. 하나님은 무한하고 영원한 지혜에 따라 가장 옳고 의롭게 만물을 향한 계획을 세우시고 행하시지만, 피조물의 눈으로 볼 때는 부당하고 어리석게 보인다. 신자는 눈앞에 감당하기 힘든 일이 발생하여도 하나님의 주권 하에서 궁극적으로 만물을 위하여 벌어진 일로 여기며 마음으로 받아들이며 견디고 버티어나가야 한다. 하나님께서 결국 만물을 위하여 일하시지, 절대로 만물에게 해가 되도록 일하시지 않는다.

하나님은 만물 위에서 자신이 기뻐하시는 바를 행하신다. 이것은 하나님께서 만물에 대한 주권적 권능이 있어서 만물을 통치하신다는 의미이고, 만물 위에 벌어진 일은 모두 하나님께서 기쁘신 뜻대로 하신 것이라는 의미이다. 여호와는 모든 나라의 주재主宰, governor, 시 22:28로서 이 땅위의 모든 나라에 발생한 일을 주관하시고, 천지의 주재로서창 14:19; 행 17:24 하늘과 땅의 운행을 주관하신다. 바벨론의 느부갓네살 왕이 일곱 때가 지날 동안 정신이 혼미해져 들짐승과 함께 산 것도, 그리고 기한이 차자 총명이 돌아와 다시 강력한 왕권을 행사한 것도 모두 사람의 나라를 다스리시는 하나님으로 말미암은 것이다단 4:25. 큰 바벨론도 하나님께서 자신의 능력과 권세로 건설하신 것이고 이것으로 자신의 위엄의 영광을 나타내신 것이다단 4:30. 하늘로부터 비의 내림, 결실기, 이로 인한 음식과 기쁨도 여호와께서 하시는 일이다행 14:17. 사람이 우연히 제비를 뽑는 일도 여호와의 기쁘신 작정에 있고잠 16:33, 참새 두 마리가 한 앗사리온에 팔리는 것도 하나님의 허락에 달려 있다마 10:29.

❺ 그의 눈앞에 만물이 드러나 있으며 명백하고, 그의 지식은 무한하며 무오하며 피조물에 의존하지 않고, 그래서 어떠한 것도 그에게는 임의적이거나 불확실하지 않다.

유다 왕 아사는 북이스라엘이 침입하였을 때에 아람 왕에게 은금을 주며 파병을 부탁하였다. 선견자 하나니는 아사 왕이 하나님 대신에 아람 왕을 의지한 것을 책망하며 "여호와의 눈은 온 땅을 두루 감찰하사 전심으로 자기에게 향하는 자들을 위하여 능력을 베푸시나니 이 일은 왕이 망령되이 행하였은즉 이 후부터는 왕에게 전쟁이 있으리이다"라고대하 16:9 말하였다. 시편 기자도 "여호와께서 하늘에서 굽어보사 모든 인생을 살피심이여"라고시 33:13 말한다. 하나님께서 공간에 있어 무한하시어 광대하시다. 모든 공간에 신적 존재로 충만하게 거하시기 때문에 모든 장소에서 일어나는 모든 일을 완벽히 아신다. 하늘에 떠 있는 인공위성이 그 아래에서 펼쳐지는 일들을 장착한 렌즈로 파악할 수 있는데, 하나님은 아예 공간을 초월하여 존재하시기 때문에 공간에서 발생하는 모든 일을 인공위성보다 훨씬 정확하게 아신다. 인공위성의 렌즈는 가림막으로 가린 물건을 파악할 수 없지만, 하나님은 영이신지라 렌즈보다 훨씬 높은 인지력을 가지셔서, 하나님 앞에서는 스올도 벗은 몸으로 드러나며 멸망도 가릴^{covering} 이 없다$^{욥\ 26:6}$. 스올과 멸망과 같이 사람들의 인식력으로 파악되지 않는 것도 여호와 앞에 드러나는데 하물며 사람의 마음은 얼마나 분명하게 드러나겠는가?$^{잠언\ 15:11}$ "주께서 내가 앉고 일어섬을 아시고 멀리서도 나의 생각을 밝히 아시오며 나의 모든 길과 내가 눕는 것을 살펴보셨으므로 나의 모든 행위를 익히 아시오니 여호와여 내 혀의 말을 알지 못하시는 것이 하나도 없으시니이다"$^{시\ 139:2-4}$.

하나님께 만물이 드러나는 것은 시간에 있어서도 마찬가지이다. 하나님은 시간에 있어 무한하시어 영원하시기 때문에 모든 시간에 걸친 일을 완벽히 아신다. 주께는 하루가 천 년 같고 천 년이 하루 같고$^{벧후\ 3:8}$, 처음과 마지막이며 시작과 마침이고$^{계\ 22:13}$, 이제도 있고 전에도 있었고 장차 오신다$^{계\ 1:8}$. 하나님께서 광대하시고 영원하시다는 것은 공간과 시간을 창조하시어 그 안에서 벌어지는 모든 것을 아신다는 것이다. 하나님께서 사람을 창조하셨다는 것은 사람의 마음도 지으셨다는 것이고, 사람이 하는 일을 굽어 살피신다는 뜻이다$^{시\ 33:15}$. 그러므로 지으신 것이 하나도 하나님 앞에 나타나지 않음이 없고, 만물이 하나님의 눈앞에 벌거벗은 것 같이 드러난다$^{히\ 4:13}$.

하나님의 지식은 무한하며 무오하며 피조물에 의존하지 않고, 그래서 어떠한 것도 그에게는 임의적이거나 불확실하지 않다. 하나님은 지식을 경험을 통하여 외부로부터 축적하시지 않고, 이성적인 논증과 추론을 통하여 내적으로 새롭게 얻으시지도 않는다. 하나님은 스스로 존재하시는 것처럼, 그 지식에 있어서도 스스로 갖추신다. 그 존재가 무한하며 자존하며 자충족한 것처럼, 그 지식도 무한하며 스스로 가지며 부족함이 전혀 없다. 하나님은 지식을 얻으시지 않고 지식을 규정하시기 때문에 그 지식은 절대적이다. 옳고 그름을 정하는 절대적 지식이므로 틀림이 없다. 피조물이 존재하기 전에 하나님의 지식은 완전하며 무한한 것이고, 그 지식에 근거하여 피조물을 지으시고 섭리하시기 때문에 피조물에게 지식을 주시지,

절대로 피조물을 통하여 지식을 얻으시지 않는다. 이렇게 무한하고 무오하고 피조물에게 의존하지 않는 지식을 지니신 하나님에게 임의적으로 발생하는 일이나 불확실한 일이 있을 수 있겠는가? 사람에게는 우연으로 보이는 일도 하나님에게는 필연이다 룻 2:3; 왕상 22:34. 내일 일도 알지 못하고, 한 길 사람속도 알지 못하는 사람에게 불확실성이 있지, 영원하시고 광대하시고 모든 것을 아시는 하나님에게는 불확실성이 없다.

❻ **그는 자신의 모든 경륜과 일과 계명에서 지극히 거룩하시다.**

우리는 제1절에서 하나님은 지극히 거룩하심을 살펴보았다. 모든 피조물과 절대적으로 구별되시는 하나님께서 그것들과 가지시는 큰 질적 차이가 거룩하심의 일차적 뜻이다. "위엄 있는 거룩함"majesty-holiness 의 하나님은 모든 피조물에게 있는 죄로부터 철저히 분리되시어, 거룩함의 이차적 뜻인 윤리적 의미의 거룩함을 자연스럽게 지니시고, 모든 피조물에게 자신처럼 죄로부터 분리될 것을 요구하시고, 피조물들이 거룩함을 살아내도록 이끄신다. 그러므로 거룩하신 하나님께서 뜻하신will 것에 대한 경륜들을counsels 세우실 때도, 그리고 그에 따라 일들을works 하실 때도, 그리고 사람들이 지키도록 주신 계명들도commands 모두 거룩하다. "여호와께서는 그 모든 행위에 의로우시며 그 모든 일에 은혜로우시도다"The LORD is righteous in all his ways, and holy in all his works. 시 145:17. "이로 보건대 율법은 거룩하고 계명도 거룩하고 의로우며 선하도다"롬 7:12. 베드로도 하나님의 도와 명령을 의롭고the way of righteousness 거룩하다고holy commandment, 벧후 2:21 말하였다.

하나님의 경륜과 일과 계명은 하나님께서 자신의 내부가 아니라 자신의 외부를 향하여 하시는 사역에 속한다. 지금까지 살펴보았듯이 하나님의 속성을 알면 하나님의 사역도 자연스럽게 이해할 수 있다. 어떤 작품을 이해하려면 그 작품의 저자를 이해하여야 하듯, 하나님께서 하신 일을 이해하려면 먼저 하나님에 대한 올바른 이해가 있어야 한다. 우리가 지금까지 다룬 하나님의 속성을 이해한다면 제3장 이후부터 다룰 작정과 창조와 섭리와 같은 하나님의 사역도 쉽게 이해할 수 있다. 많은 사람이 하나님의 작정과 섭리와 구원 사역에 모순이 있는 것처럼 오해하는 것은 하나님을 사람보다 능력과 본성이 조금 더 뛰어난 존재로 여기는 잘못에 있으므로, 우리는 하나님의 사역이 이해되지 않을 때마다 하나님의 절대적인 속성에 대하여 더 깊이 탐구하여야 한다.

❼ 하나님께서 천사들과 사람들과 다른 모든 피조물에게 어떠한 예배와 섬김과 순종을 기뻐하며 요구하실지라도 받기에 합당하시다.

천사들과 사람들과 다른 모든 피조물은 그들의 존재와 인식력과 능력을 하나님으로부터 받았다. 그들이 가진 것들 중에 받지 아니한 것이 없다. 거룩하고 의롭고 지혜로운 하나님께서 그들에게 예배와 섬김과 순종을 요구하시는 것은 창조자와 섭리자로서 당연하다. 그것들은 그들이 피조물로서 마땅히 해야 할 바이고, 궁극적으로는 바로 자신을 위한 것이기도 하다. 하나님은 그들에게 해로운 것들을 요구하시지 않고, 자신의 이기적인 목적으로 무엇을 요구하시지도 않는다. 하나님께서 그들에게 예배와 섬김과 순종을 요구하셨다면 그것이 무엇이든 가장 옳은 것이고, 그들에게도 가장 좋은 것이므로, 순종하려는 기본적 자세를 가져야 한다. 하나님은 절대로 우리에게 해로운 것을 요구하시지 않고, 성경을 넘어서시거나 역행하시며 요구하시지 않는다.

이십사 장로들은 보좌에 앉으신 하나님께 "우리 주 하나님이여 영광과 존귀와 권능을 받으시는 것이 합당하오니 주께서 만물을 지으신지라 만물이 주의 뜻대로 있었고 또 지으심을 받았나이다"라고 계 4:11 말하였다. 자신의 뜻대로 만물을 창조하신 하나님께서 영광과 존귀와 권능을 받으시기에 합당하신 것이다. 우리 자신에게 존재와 생명과 호흡과 필수품을 주시는 이에게 우리가 예배하고 순종하지 않으면 그 누구에게 한단 말인가? 사람의 죄는 자신의 주인을 모르고 다른 것을 섬기고 추구하는 것에 있다. 우리는 세상에 아무 것도 가지고 온 것이 없고 또한 아무 것도 가지고 가지 못한다. 먹을 것과 입을 것이 있으면 족한 줄로 알며 딤전 6:7-8 하나님께 예배와 섬김과 순종을 드려야 한다. 몸은 죽여도 영혼은 능히 죽이지 못하는 자들을 두려워하지 말고 오직 몸과 영혼을 능히 지옥에 멸하실 수 있는 하나님을 두려워해야 한다마 10:28. 여호와로 인하여 기뻐하는 것이 피조물의 힘이다느 8:10. 아브라함은 자신의 아들 이삭을 번제로 드리라는 하나님의 말씀을 받았을 때에 하나님께서 능히 이삭을 죽은 자 가운데서 다시 살리시리라는 믿음으로 순종하였다히 11:19. 아브라함은 하나님의 어떤 명령에도 순종할 자세가 되어 있었다. 하나님을 창조자와 섭리자와 자신의 주인으로 믿는 자는 하나님의 어떠한 말씀에도 순종하여야 한다.

2.3

신성의 단일성에는 동일한 실체와 능력과 영원성을 지니신 세 위격이 계시니, 성부 하나님, 성자 하나님, 성령 하나님이시다.o 성부께서는 누구에게서 비롯되지 않으시니, 누구에게서 낳아지지도 않으시고 나오시지도 않는다. 성자께서는 성부에게서 영원히 낳아지신다.p 성령께서는 성부와 성자로부터 영원히 나오신다.q

In the unity of the Godhead there be three Persons of one substance, power and eternity; God the Father, God the Son, and God the Holy Ghost. o The Father is of none, neither begotten, nor proceeding; the Son is eternally begotten of the Father;p the Holy Ghost eternally proceeding from the Father and the Son.q

o 요일 5:7; 마 3:16-17; 마 28:19; 고후 13:14   p 요 1:14, 18   q 요 15:26; 갈 4:6

3. 삼위일체 하나님

❶ 신성의 단일성에는 동일한 실체와 능력과 영원성을 지니신 세 위격이 계시니, 성부 하나님, 성자 하나님, 성령 하나님이시다.

제3절은 삼위일체를 다룬다. "Trinity"라는 단어는 단지 셋이 존재하신다는 것을 나타내지, 삼위가 일체이신 것과 일체 속에서 삼위이신 것을 나타내지 못한다. 반면 이 단어의 한글 번역인 "삼위일체"는 이것을 상당히 나타낸다. 사람은 단인격적uni-personal이지만 하나님은 삼인격적tri-personal이신지라, 사람은 자신의 이성과 경험으로 삼위일체를 알 수 없으므로 삼위일체는 어떤 교리보다 더욱 성경의 내용에 따라 살펴야 한다.

신성의 단일성이란 하나님께서 숫자적으로 한 분이심을 의미한다. 오직 한 분의 신적인 존재가 계시고, 신적인 실체와 능력과 영원성을 지니신 분은 오직 한 하나님뿐이시다. 아래 성경구절들이 하나님의 유일성에 대하여 말해준다.

왕상 8:60	이에 세상 만민에게 여호와께서만 하나님이시고 그 외에는 없는 줄을 알게 하시기를 원하노라
슥 14:9	여호와께서 천하의 왕이 되시리니 그 날에는 여호와께서 홀로 한 분이실 것이요 그의 이름이 홀로 하나이실 것이라
막 12:29	예수께서 대답하시되 첫째는 이것이니 이스라엘아 들으라 주 곧 우리 하나님은 유일한 주시라
고전 8:4	그러므로 우상의 제물을 먹는 일에 대하여는 우리가 우상은 세상에 아무 것도 아니며 또한 하나님은 한 분밖에 없는 줄 아노라
엡 4:6	하나님도 한 분이시니 곧 만유의 아버지시라 만유 위에 계시고 만유를 통일하시고 만유 가운데 계시도다
딤전 2:5	하나님은 한 분이시요 또 하나님과 사람 사이에 중보자도 한 분이시니 곧 사람이신 그리스도 예수라

그 단일한 신성에 같은 하나의 실체와 능력과 영원성을 지니신 세 위격이 존재하신다. 성부 하나님과 성자 하나님과 성령 하나님의 세 위격이 존재하신다. 즉 신적인 실체와 능력과 영원성을 지니신 하나님은 한 분이신데, 그 신성에 세 위격이 존재하시는 것이다. "그러므로 너희는 가서 모든 민족을 제자로 삼아 아버지와 아들과 성령의 이름으로 세례를 베풀고"[마 28:19], "주 예수 그리스도의 은혜와 하나님의 사랑과 성령의 교통하심이 너희 무리와 함께 있을지어다"[고후 13:14], "곧 하나님 아버지의 미리 아심을 따라 성령이 거룩하게 하심으로 순종함과 예수 그리스도의 피 뿌림을 얻기 위하여 택하심을 받은 자들에게 편지하노니 은혜와 평강이 너희에게 더욱 많을지어다"[벧전 1:2]. 위의 세 구절에서 예수님과 바울과 베드로는 성부와 성자와 성령의 세 위격을 차별하지 않고 동등한 존재로서 나열하신다. 예수님은 세례를 받으실 때에 하나님의 성령이 비둘기 같이 예수님 위에 임하셨고, 하늘에서는 "이는 내 사랑하는 아들이요 내 기뻐하는 자라"라는 소리가 있었다[마 3:16-17]. 즉 성부 하나님의 음성과 하나님의 아들의 세례 받음과 성령 하나님의 임재를 통하여 세 위격의 존재를 확인할 수 있다.

"동일한 실체"는 "one substance"를 번역한 것이다. substance는 웨스트민스터 신앙고백의 제7장 제6절, 제8장 제2절, 제26장 제3절, 제27장 제5절, 제29장 제5절과 제6절에서 총 7회 사용된다. substance를 본질이 아니라 실체로 번역할 때에 총 7회의 문맥에 모두 맞는다고 여겨 이 책은 substance를 일관되게 실체로 번역하였다. 각주 28번이 말하듯 본질에 대한 철학적 정의는 "실존實存에 상대되는 말로, 어떤 존재에 관해 '그 무엇'이라고 정의될 수 있는 성질" 또는 "한 사물이나 과정에 반드시 있어야만 하는 보편적이고 변함없는 요소들의 총체"이다. 실체에 대한 철학적 정의는 "상황에 따라 여러 가지로 변화할 수 있는 성질, 상태, 작용, 관계 등의 근저根底에 있으면서 사물을 떠받치고 있는 기본 존재"이다.

예수 그리스도께서 하나님이심을 보여주는 성경구절들은 아래와 같다.

사 9:6	이는 한 아기가 우리에게 났고 한 아들을 우리에게 주신 바 되었는데 그 어깨에는 정사를 메었고 그 이름은 기묘자라, 모사라, 전능하신 하나님이라, 영존하시는 아버지라, 평강의 왕이라 할 것임이라
렘 23:5-6	나 여호와가 말하노라 보라 때가 이르리니 내가 다윗에게 한 의로운 가지를 일으킬 것이라 그가 왕이 되어 지혜롭게 행사하며 세상에서 공평과 정의를 행할 것이며 6 그의 날에 유다는 구원을 얻겠고 이스라엘은 평안히 거할 것이며 그 이름은 여호와 우리의 의라 일컬음을 받으리라
요 1:1-3	태초에 말씀이 계시니라 이 말씀이 하나님과 함께 계셨으니 이 말씀은 곧 하나님이시니라 2 그가 태초에 하나님과 함께 계셨고 3 만물이 그로 말미암아 지은 바 되었으니 지은 것이 하나도 그가 없이는 된 것이 없느니라
빌 2:6-8	그는 근본 하나님의 본체시나 하나님과 동등됨을 취할 것으로 여기지 아니하시고 7 오히려 자기를 비어 종의 형체를 가져 사람들과 같이 되었고 8 사람의 모양으로 나타나셨으매 자기를 낮추시고 죽기까지 복종하셨으니 곧 십자가에 죽으심이라
요일 5:20	또 아는 것은 하나님의 아들이 이르러 우리에게 지각을 주사 우리로 참된 자를 알게 하신 것과 또한 우리가 참된 자 곧 그의 아들 예수 그리스도 안에 있는 것이니 그는 참 하나님이시요 영생이시라

성령께서 하나님이심을 보여주는 성경구절들은 아래와 같다.

출 17:7	그가 그 곳 이름을 맛사 또는 므리바라 불렀으니 이는 이스라엘 자손이 다투었음이요 또는 그들이 여호와를 시험하여 이르기를 여호와께서 우리 중에 계신가 안 계신가 하였음이더라
히 3:7-9	그러므로 성령이 이르신 바와 같이 오늘 너희가 그의 음성을 듣거

든 8 광야에서 시험하던 날에 거역하던 것 같이 너희 마음을 완고하게 하지 말라 9 거기서 너희 열조가 나를 시험하여 증험하고 사십 년 동안 나의 행사를 보았느니라

* 출 17:7에 나오는 '여호와'를 히 3:7-9은 '성령'으로 표현하여 말하고 있다.

행 5:3-4   베드로가 이르되 아나니아야 어찌하여 사탄이 네 마음에 가득하여 네가 성령을 속이고 땅 값 얼마를 감추었느냐 4 땅이 그대로 있을 때에는 네 땅이 아니며 판 후에도 네 마음대로 할 수가 없더냐 어찌하여 이 일을 네 마음에 두었느냐 사람에게 거짓말한 것이 아니요 하나님께로다

벧후 1:21   예언은 언제든지 사람의 뜻으로 낸 것이 아니요 오직 성령의 감동하심을 받은 사람들이 하나님께 받아 말한 것임이라

시 139:7-8   내가 주의 영을 떠나 어디로 가며 주의 앞에서 어디로 피하리이까 8 내가 하늘에 올라갈지라도 거기 계시며 스올에 내 자리를 펼지라도 거기 계시니이다

가. 신성의 단일성에 있는 하나의 실체와 능력과 영원성

삼위일체에서 우리가 명심해야 할 첫 번째는 신성에 같은 신적 실체가 단일하게 존재하신다는 것이다. 하나의 신적 실체는 단순simplicity하여 분할되지도 않고, 어떤 부분들의 복합체도 아니다. 하나의 신적 실체는 그 실체에 맞는 속성을 지니시는데, 제3절은 대표적 속성으로 능력과 영원성을 들고 있다. 따라서 신성에 하나의 신적 실체와 속성이 단일하고 단순하게 존재하신다고 말할 수 있다.

나. 신성의 단일성에 있는 성부와 성자와 성령의 세 위격들

똑같은 실체와 속성을 지니신 세 위격이 존재하시니 성부 하나님과 성자 하나님과 성령 하나님이시다. 성부와 성자와 성령은 실체와 속성에 있어서 동일하시

다. 제1절과 제2절에 있는 하나님의 속성들이 모두 성부와 성자와 성령에게 똑같이 존재한다.

하나님은 단순하시기 때문에 성부의 실체와 속성, 성자의 실체와 속성, 성령의 실체와 속성이 합하여 하나님의 실체와 속성을 이루는 것이 아니라, 하나님의 실체와 속성이 그대로 성부와 성자와 성령 각각의 실체와 속성이 된다. 그래서 성부도 하나님이시고, 성자도 하나님이시고, 성령도 하나님이시다.

❷ 성부는 누구에게서 비롯되지 않으시니, 누구에게서 낳아지지도 않으시고 나오시지도 않는다. 성자는 성부에게서 영원히 낳아지신다. 성령은 성부와 성자로부터 영원히 나오신다.

성부와 성자와 성령이 동일한 실체와 능력과 영원성을 지니신 하나님이시라면, 세 위격은 어떤 면에서 독특성이 있고, 구별이 되는가? 바로 성부와 성자와 성령의 관계를 통해서 구분이 된다. 그것은 성부께서 성자와 성령과의 관계에서 그들 누구로부터 비롯되어 존재하시지 않아서, 누구로부터 나아지지도 않으시고, 나오시지도 않는다. 즉 성부는 성자와 성령의 관계에서 스스로 존재하신다. 이에 반하여 성자께서는 성부와 성령과의 관계에서 성부에게서 영원히 낳아지신다. 성자는 성부로 말미암아 존재를 가지시는 것이다. 성령은 성부와 성자와의 관계에서 성부로부터 영원히 나오시고, 성자로부터도 영원히 나오신다. 성령은 성부와 성자로 말미암아 존재를 가지신다.

바로 이러한 세 위격의 존재방식이 각 위격의 고유성property이다. 성부와 성자와 성령은 피조물에 대해서는 제1절과 제2절에 있는 속성들을 모두 공통적으로 가지시어 이런 속성의 면에서는 각 위격의 고유성이 없다. 따라서 제1절과 제2절의 속성들 모두를 성부와 성자와 성령이 다 갖기 때문에 각각 자존하시고, 무한하시고, 광대하시고, 영원하시고, 불변하시다. 그런데 세 위격 간의 관계에서는 각각의 존재방식이 다른 고유성이 있다.

가. 낳으심(begetting)과 나오심(proceeding)

그렇다면 성부가 성자를 낳으시는 것과 성령께서 성부와 성자로부터 나오시는 것은 무슨 의미일까? 이에 대하여 성경은 자세히 설명하지 않고, 그저 그 단어들을 사용할 뿐이다. 따라서 우리는 낳음과 나옴이란 단어가 갖는 일반적 의미를 사용하면서 성부의 낳으심과 성령의 나오심을 직관할 뿐이다. 사람은 하나님의 형상으로 지음을 받았기 때문에 자신의 존재와 속성과 행위를 통하여 하나님에 대하여 어떠한 피조물보다 잘 이해할 수 있지만, 유한이 무한을 이해할 수 없기 때문에 사람의 실체와 속성과 행위를 통한 하나님의 이해는 상당한 통찰을 안겨주면서도, 동시에 부족하고 틀릴 뿐이다. 앞에서 살펴본 것처럼 하나님의 공유적 속성이란 하나님과 사람 사이의 공통으로 있는 속성이기 때문에, 사람은 자신의 속성을 통해 하나님의 속성을 어느 정도 이해할 수 있다. 하지만 하나님의 공유적 속성은 사람과 비교할 때에 하늘과 땅의 차이보다 더 크기 때문에 사람이 자신을 통하여 하나님을 이해하는 것은 많은 오류를 가질 수밖에 없다. 따라서 사람이 낳음과 나옴이란 단어의 일반적 의미로 성부의 낳으심과 성령의 나오심을 직관하여야 하겠지만, 늘 틀리는 줄 알고 함부로 그것들을 규정하려거나 상세히 설명하려고 들면 안 된다.

나. 성자와 성령은 존재하시지 않았던 때가 있었는가?

성부께서 성자를 낳으셨다면 성자께서는 낳아지시기 전에는 존재하시지 않은 것이라고 말할 수 있는가? 이러한 주장을 아리우스가 하였다. 아리우스250년경 리비아 출생-336년 콘스탄티노플 사망가 이러한 주장을 한 이유는 성경에 나오는 성부가 성자를 낳으셨다는 구절을 성부 하나님과 성령 하나님의 본질에 대한 설명으로 보았기 때문이다. 우리가 앞에서 살펴본 것처럼 성부와 성자는 본질에 있어서는 자존하시지만, 성부와 성자의 서로의 관계에서는 성부가 성자를 영원히 낳으신다. 영원히 낳으신다는 것은 시간을 초월하여 낳으신다는 것이다. 하나님께서 시간과 공간과 만물을 창조하신 후에 성부께서 시간 속에서 성자를 낳으셨다는 것이 아니라, 창조가 있기 전에, 즉 시간이 있기 전에 필연적으로 발생한 일이다. 성부와 성자의 서로의 관계와 서로에 대한 존재방식이 성부께서 성자를 낳으시는 것이다. 성부께서 성자를 낳으셨다는 것이나 예수 그리스도께서 성부의 독생자시라는 것이나 모두 성부와 성자의 영원한 관계에 대한 표현이지, 절대로 시간 속에서 발생한 성부와 성자의 본질에 대한 표현이 아니다. 성자께서 이 땅과 이 시간 속에서 존재하시지 않았던 때가 없었다.

이것은 그대로 성령께도 적용된다. 성령께서 성부와 성자로부터 나오시는 것은 시간 속에서 벌어진 일이 아니고 영원 속에서 필연적으로 발생한 일이다. 따라서 성령도 이 땅과 이 시간 속에서 존재하시지 않았던 때가 없었다.

다. 성부의 영원히 낳으심

성자 하나님이 성부 하나님의 영원한 아들임을 보여주는 성경구절들은 아래와 같다. 우리는 성부께서 성자를 영원히 낳으신 것과 성자께서 2천 년 전에 성령으로 잉태되어 마리아에게서 태어나신 것을 혼동하면 안 된다. 전자는 위격의 존재방식이고, 후자는 성자께서 이 땅과 시간 속에서 사람이 되신 것이다.

시 2:7   내가 영을 전하노라 여호와께서 내게 이르시되 너는 내 아들이라 오늘날 내가 너를 낳았도다

눅 1:35   천사가 대답하여 가로되 성령이 네게 임하시고 지극히 높으신 이의 능력이 너를 덮으시리니 이러므로 나실 바 거룩한 자는 하나님의 아들이라 일컬으리라

요 1:14   말씀이 육신이 되어 우리 가운데 거하시매 우리가 그 영광을 보니 아버지의 독생자의 영광이요 은혜와 진리가 충만하더라

요 3:16   하나님이 세상을 이처럼 사랑하사 독생자를 주셨으니 이는 저를 믿는 자마다 멸망치 않고 영생을 얻게 하려 하심이니라

갈 4:4   때가 차매 하나님이 그 아들을 보내사 여자에게서 나게 하시고 율법 아래 나게 하신 것은

라. 성령의 성부와 성자로부터 영원히 나오심, 그리고 필리오케(filioque)

성령께서 성부와 성자로부터 나오심을 보여주는 성경구절들은 아래와 같다. 우리는 성령께서 성부와 성자로부터 영원히 나오시는 것과 성령께서 예수 그리스도의 승천 이후 오순절에 오신 것을 혼동해서는 안 된다. 전자는 성령 위격의 존재방식이고, 후자는 성령께서 이 땅과 시간 속에 오셔서 성도에게 내주하시는 것이다.

요 15:26	내가 아버지께로부터 너희에게 보낼 보혜사 곧 아버지께로부터 나오시는 진리의 성령이 오실 때에 그가 나를 증언하실 것이요
롬 8:9	만일 너희 속에 하나님의 영이 거하시면 너희가 육신에 있지 아니하고 영에 있나니 누구든지 그리스도의 영이 없으면 그리스도의 사람이 아니라
갈 4:6	너희가 아들이므로 하나님이 그 아들의 영을 우리 마음 가운데 보내사 아빠 아버지라 부르게 하셨느니라
요 16:7	그러나 내가 너희에게 실상을 말하노니 내가 떠나가는 것이 너희에게 유익이라 내가 떠나가지 아니하면 보혜사가 너희에게로 오시지 아니할 것이요 가면 내가 그를 너희에게로 보내리니

성령께서 성부로부터 나오신다는 직접적인 성경 구절은 딱 하나로 "아버지께로부터 나오시는 진리의 성령"이다 요 15:16. 성령께서 성자로부터 나오신다는 직접적인 구절은 아예 없고 간접적으로만 있다. 동방교회는 이것에 근거하여 성령이 성부로부터만 나오신다고 본다.

이에 반하여 서방교회는 간접적인 구절들에 근거하여 성령이 성자로부터도 나오신다고 본다. 로마서 8:9절에서 성령께서 하나님의 영으로도 불리고, 그리스도의 영으로도 불리고, 또 갈라디아서 4:6절도 성령을 아들의 영이라고 말한다. 이는 성령께서 성자로부터도 나오시기 때문에 그리스도의 영과 아들의 영이라고 불린다고 볼 수 있다. 요한복음 16:7절에서 성부만이 아니라 성자도 성령을 보내시는데, 이는 성령께서 성자로부터 영원히 나오시기 때문에 가능한 것이라고 볼 수 있다. 성령께서 스스로 말하시지 않고 성부와 성자에게서 들은 것을 말하시고, 그리스도의 영광을 나타내신다요 16:13-14. 예수님은 제자들을 향하여 숨을 내쉬며 "성령을 받으라"고요 20:22 말씀하셨다. 이는 성령께서 위격의 관계에서 성자로부터 나오시기 때문에 성령께서 삼위의 밖을 향한 사역에서도 성자에게서 들은 것을 말하시고 그리스도의 영광을 나타내시고 성령을 보내신다고 볼 수 있다.

서방교회와 동방교회가 381년에 모두 참여하여 작성한 니케아-콘스탄티노플 신경Nicene-Constantinopolitan Creed 은33 성령에 대하여 "그리고 생명의 주와 생명을 주는 자이신 성령을 믿습니다. 성령은 성부로부터 나오시고, 성부와 성자와 함께 경배와 영광을 받으시고, 선지자들을 통해 말씀하셨습니다."And in the Holy Ghost, the Lord and Giver of life, who proceeds from the Father, who with the Father and the Son together is worshiped and glorified, who spake by the prophets. 라고 말한다. 서방교회는 나중에 성령이 "성자에게서도and the Son" 나오신다는 구절을 삽입하였다. 이것을 라틴어로 filioque필리오케라고 하는데, 필리오케는 "아들"에 해당하는 "필리오"와 "...도"also에 해당하는 "케"가 합쳐진 단어이다. 서방교회는 "성자에게서도and the Son"라는 구절을 589년 제3차 톨레도 시노드에서 처음 삽입했고, 교황 베네딕토 8세는 1013년에 이 구절이 삽입된 니케아-콘스탄티노플 신경을 최종 승인하였다. 이것이 중요한 한 요인이 되어 1054년에 서방교회와 동방교회가 분리되었다.34

---

33 381년에 열린 콘스탄티노플 공회의는 325년에 작성된 니케아 신경을 발전시켰다. 481년 칼케돈 공의회에서 "콘스탄티노폴리스 신경"이라는 이름으로 낭독되었다. 이 신경을 약칭하여 "니케아 신경"이라고도 부르나, 325년 제정된 본래의 니케아 신경과는 구별하여 "니케아-콘스탄티노플 신경"이라고도 불린다.

34 동방교회는 절차의 정당성을 언급하며 니케아-콘스탄티노플 공의회에서 정한 대로 하자고 주장했다. 요 15:26절에서 예수 그리스도께서 성령을 보내는 "보내심"(sending)과 성령께서 성부로부터 나오는 "나오심"(proceeding)은 같은 차원이 아니라고 주장했다. 보내심은 시간 속에서 이루어지는 구원 사역의 차원이고, 나오심은 삼위의 영원한 내재적 관계의 차원이라고 보았다. 또 롬 8:9절과 갈 4:6절에 있는 "그리스도의 영"(the Spirit of Christ)과 "아들의 영"(the Spirit of

325년에 열린 니케아 공의회는 아리우스파의 주장이 이단이라고 규정하며 니케아 신경을 채택하였고, 381년에 열린 콘스탄티노플 공의회는 니케아 신경에 성령에 대한 조항을 강화시킨 니케아-콘스탄티노플 신경을 채택하였다. 아래에 있으니 참고하라.

---

the Son)도 구원의 경륜에만 적용해야지 성자와 성령의 영원한 내재적 관계에 적용하면 안 된다고 보았다. 즉 경륜적 삼위일체와 내재적 삼위일체에 큰 차이가 있다고 본 것이다. 이에 반하여 서방교회는 양자의 통일을 주장하였다. 성자가 자신의 밖을 향한 구원 사역에서 성령을 보내시면, 삼위의 영원한 내재적 관계에서도 성령은 성자로부터 나오시는 것이라고 보았다.

니케아 신경(325년)

We believe in one God, the Father Almighty, Maker of all things visible and invisible.	우리는 전능하신 아버지시며, 보이는 것과 보이지 않는 만물의 창조자이신 한 분 하나님을 믿습니다.
And in one Lord Jesus Christ, the Son of God, begotten of the Father, the only-begotten; that is, of the essence of the Father, God of God, Light of Light, very God of very God, begotten, not made, being of one substance with the Father;	그리고 한 분 주 예수 그리스도를 믿는데, 하나님의 아들로, 아버지에게서 나셨으며, 외아들이십니다. 곧 아버지의 본질에서 나셨고, 하나님에게서 나신 하나님이시고, 빛에서 나신 빛이시고, 참 하나님에게서 나신 참 하나님이시고, 낳아지셨지 만들어지지 않으셨고, 아버지와 같은 한 실체이십니다.
By whom all things were made both in heaven and on earth;	천지에 있는 모든 것이 그분에 의하여 만들어졌습니다.
Who for us men, and for our salvation, came down and was incarnate and was made man; He suffered, and the third day he rose again, ascended into heaven;	그는 우리 사람들과 우리의 구원을 위하여 내려오셨고, 성육신하셨고, 사람으로 만들어졌습니다. 고난을 받으셨고, 사흘 만에 다시 일어나시어 하늘로 오르셨습니다.
From thence he shall come to judge the quick and the dead.	거기로부터 산 자와 죽은 자를 심판하러 오실 것입니다.
And in the Holy Ghost.	성령을 믿습니다.
But those who say: 'There was a time when he was not'; and 'He was not before he was made'; and 'He was made out of nothing', or 'He is of another substance' or 'essence', or 'The Son of God is created', or 'changeable', or 'alterable'— they are condemned by the holy catholic and apostolic Church.	거룩한 보편적이고 사도적인 교회는 "그분이 존재하시지 않았던 때가 있었다." 그리고 "그분은 지어지기 전에 존재하시지 않았다." 그리고 "그분은 무에서 지어졌다." 혹은 "그분은 다른 실체나 본질이시다." 혹은 "하나님의 아들은 창조되었거나 변할 수 있거나 달라질 수 있다." 라고 말하는 이들을 파문합니다.

니케아 - 콘스탄티노플 신경(381년)

We believe in one God, the Father Almighty, Maker of heaven and earth, and of all things visible and invisible.	우리는 전능하신 아버지시며, 천지와 보이는 것과 보이지 않는 만물의 창조자이신 한 분 하나님을 믿습니다.
And in one Lord Jesus Christ, the only-begotten Son of God, begotten of the Father before all worlds, Light of Light, very God of very God, begotten, not made, being of one substance with the Father;	그리고 한 분 주 예수 그리스도를 믿는데, 하나님의 외아들로, 모든 세상 이전에 아버지로부터 나셨고, 빛에서 나신 빛이시고, 참 하나님에게서 나신 참 하나님이시고, 낳아지셨지 만들어지지 않으셨고, 아버지와 같은 한 실체이십니다.
by whom all things were made; who for us men, and for our salvation, came down from heaven, and was incarnate by the Holy Ghost of the Virgin Mary, and was made man;	모든 것이 그분에 의하여 만들어졌습니다. 그는 우리 사람들과 우리의 구원을 위하여 하늘로부터 내려오셨고, 처녀 마리아로부터 성령에 의하여 성육신하셨고, 사람으로 만들어졌습니다.
he was crucified for us under Pontius Pilate, and suffered, and was buried, and the third day he rose again, according to the Scriptures, and ascended into heaven, and sitteth on the right hand of the Father;	그분은 우리를 위하여 본디오 빌라도에게 십자가에 못 박히셨고, 고난을 받으셨고, 장사되셨고, 성경에 따라 사흘째에 다시 살아나셨고, 하늘로 오르셨고, 아버지 우편에 앉아계십니다.
from thence he shall come again, with glory, to judge the quick and the dead; whose kingdom shall have no end.	거기로부터 산자와 죽은 자를 심판하러 영광 속에서 다시 오십니다. 그분의 나라는 끝이 없습니다.
And in the Holy Ghost, the Lord and Giver of life, who proceeds from the Father (and the Son), who with the Father and the Son together is worshiped and glorified, who spake by the prophets.	그리고 생명의 주이시고 생명을 주시는 성령을 믿습니다. 성부로부터 나오시고, (성자로부터도 나오시고) 성부와 성자와 함께 경배와 영광을 받으시고, 선지자들을 통해 말씀하셨습니다.
In one holy catholic and apostolic Church; we acknowledge one baptism for the remission of sins; we look for the resurrection of the dead, and the life of the world to come. Amen.	하나의 거룩한 보편적이고 사도적인 교회를 믿습니다. 우리는 죄를 사하는 하나의 세례를 인정합니다. 우리는 죽은 자들의 부활과 내세의 삶을 기다립니다. 아멘.

니케아 신경	콘스탄티노플 신경
We believe in one God, the Father Almighty, Maker of all things visible and invisible.	We believe in one God, the Father Almighty, Maker of heaven and earth, and of all things visible and invisible.
And in one Lord Jesus Christ, the Son of God, begotten of the Father the only-begotten; that is, of the essence of the Father, God of God, Light of Light, very God of very God, begotten, not made, being of one substance with the Father;	And in one Lord Jesus Christ, the only-begotten Son of God, begotten of the Father before all worlds, Light of Light, very God of very God, begotten, not made, being of one substance with the Father;
By whom all things were made both in heaven and on earth;	by whom all things were made;
Who for us men, and for our salvation, came down and was incarnate and was made man;	who for us men, and for our salvation, came down from heaven, and was incarnate by the Holy Ghost of the Virgin Mary, and was made man;
He suffered, and the third day he rose again, ascended into heaven;	he was crucified for us under Pontius Pilate, and suffered, and was buried, and the third day he rose again, according to the Scriptures, and ascended into heaven, and sitteth on the right hand of the Father;
From thence he shall come to judge the quick and the dead.	from thence he shall come again, with glory, to judge the quick and the dead;
	whose kingdom shall have no end.
And in the Holy Ghost.	And in the Holy Ghost, the Lord and Giver of life, who proceeds from the Father (and the Son), who with the Father and the Son together is worshiped and glorified, who spake by the prophets.

니케아 신경	콘스탄티노플 신경
	In one holy catholic and apostolic Church; we acknowledge one baptism for the remission of sins; we look for the resurrection of the dead, and the life of the world to come. Amen.
[But those who say: 'There was a time when he was not'; and 'He was not before he was made'; and 'He was made out of nothing', or 'He is of another substance' or 'essence', or 'The Son of God is created', or 'changeable', or 'alterable'— they are condemned by the holy catholic and apostolic Church.]	

마. 각각의 고유성을 지니신 세 위격은 밖을 향해 어떻게 일하시는가?

하나님은 제2장 제1절에 의하면 자기 자신의 영광을 위하여 모든 일을 행하시며 자기를 찾는 자들에게 상주시며 벌 받을 자를 결코 내버려두지 아니하신다. 이때 삼위일체 하나님께서 일하시며 상주시며 벌주시는 것이지, 성부나 성자나 성령의 한 위격만이 하시는 것이 아니다. 성부께서 일하시며 상주시며 벌주실 때에, 성자도 성령도 각각 자신의 의지의 경륜에 따라 똑같이 하신다. 성부와 성자와 성령은 한 실체이시고 동일한 능력과 영원성을 지니시기 때문에 성부께서 하시는 일을 성자와 성령이 모르시거나 동참하시지 않는 일이 없고, 그것은 성자와 성령께서 각각 하시는 일에도 다른 두 위격이 모르시거나 동참하시지 않는 일이 없다.

어거스틴은 이것에 대해 "성부와 성자와 성령은 분리할 수 없으며 분리되지 않은 채 역사하신다."라고 말하였다. 외부를 향한 삼위 하나님의 사역은 분리되지 않는 것이다 opera Trinitatis ad extra non sunt divisa.35 한 위격이 하시는 일에 다른 두 위격도 똑같은 의지와 경륜과 목적을 갖고 같이 일하신다. 세 위격은 이 세상의 창조와 구원에 있어서 한 의지와 경륜과 목적을 갖고 있다. 성부와 성자와 성령은 세상의 창조와 구원의 일을 하실 때에 각자가 자신만의 의지와 경륜과 목적을 갖고 있는데 서로 논의하다 보니 우연히 같은 것도 아니고, 각자 행하다보니 우연히 같은 것도 아니라, 그 이전에 한 실체와 속성으로서 하나의 의지와 경륜과 목적을 가지신다. 하나님은 한 실체와 한 속성으로 신성이 단일하신데, 필연적으로 성부와 성자와 성령 세 위격이 그 신성의 단일성에 계시어, 서로 분리되지 않는 것처럼, 그 하시는 일도 분리되지 않는다.

그런데 세 위격이 모두 참여하시어 일하신다고 하여 한 위격에게 특별히 돌려지는 일이 없는 것이 아니다. 성자께서 사람이 되시어 고난을 받으시고 죽으시고 부활하셨기 때문에 성육신과 죽음과 부활에 의한 구원의 획득은 성자 하나님에게 돌려진다. 그런데 그리스도의 성육신과 죽음과 부활에 성부와 성령이 똑같이 참여하신다. 그리스도가 사람이 되시지만 그리스도가 사람이 되시는 일에 성부도 성령도 참여하신다. 각 위격이 주도적으로 하시는 일은 성경에서 작정과 창조와 섭리는 성부께서 하시는 것으로, 그리스도께서 획득하신 구원을 신자들에게 적용하시는 일은 성령께서 하시는 것으로 나온다.

창조를 예로 하여 각 위격이 창조에 어떻게 참여하는지 살펴보자. 성부께서 창조하신다는 구절은 성경에 많이 나오므로 따로 살펴보지 않고, 성자와 성령에 대하여 살펴보자. 요한복음 1:3절은 "만물이 그로 말미암아 지은 바 되었으니 지은 것이 하나도 그가 없이는 된 것이 없느니라"Through him all things were made; without him nothing was made that has been made. 고 말하여, 성자께서 "말미암아"through라는 형태로

---

35 어거스틴은 "성부와 성자와 성령은 분리할 수 없으며 분리되지 않은 채 역사하신다"(pater et filius et spiritus sanctus sicut inseparabiles sunt, ita inseparabiliter operentur.)라고 말했다. 어거스틴, "The Trinity," in The Fathers of the Church, vol. 45 (Washington: The Catholic University of America Press, 1963), I, iv, 7.

창조하신다고 말한다. "주의 영을 보내어 그들을 창조하사 지면을 새롭게 하시나이다"와 시 104:30 "하나님의 영이 나를 지으셨고 전능자의 기운이 나를 살리시느니라"는 욥 33:4 성령의 창조 사역을 말해준다.

헤르만 바빙크는 모든 은혜가 성부로부터, 성자로 말미암아, 성령 안에서 from the Father, through the Son, in the Holy Spirit 주어진다고 말한다.[36] 성경에 나오는 성부와 성자와 성령께서 일하시는 형태를 종합적으로 살펴보면, 성부께서 세 위격 간의 존재에서 성자와 성령의 기원이시고, 자신의 기원을 스스로 가지시듯이 밖을 향한 일에서도 기원 from 에 해당하는 일을 하신다. 성자는 그 존재에서 성부로부터 나아지듯이 밖을 향한 일에서 "말미암아"로 참여하신다. 성부와 성자로부터 영원히 나오시는 성령은 성경 전체를 볼 때 안에서 in 라는 전치사와 어울려 일하신다. "하나님의 성령을 근심하게 하지 말라 그 안에서 너희가 구원의 날까지 인치심을 받았느니라" 엡 4:30. "너희 중에 이와 같은 자들이 있더니 주 예수 그리스도의 이름과 우리 하나님의 성령 안에서 씻음과 거룩함과 의롭다 하심을 받았느니라" 고전 6:11.

삼위가 어떤 일을 하실 때 성부는 기원으로 from, 성자는 말미암아 through 로, 성령은 안에서 in 로 참여하신다. 삼위의 내적인 존재와 관계는 삼위의 밖을 향한 사역에 반영이 된다. 성부와 성자와 성령의 영원한 관계에서 성부는 성자를 낳으시고, 성령은 성부와 성자로부터 나오시기 때문에, 성부는 성자와 성령의 기원이시고, 성자는 성령의 기원이시다. 그래서 삼위의 밖을 향한 사역에서도 성부는 기원에 맞는 전치사 from 가 어울리고, 성자와 성령은 각각 말미암아 through 와 안에서 in 가 어울린다. 세 위격 간의 영원한 존재와 관계를 다루는 "내재적 삼위일체" immanent Trinity 는 밖을 향한 세 위격의 사역을 다루는 "경륜적 삼위일체" economic Trinity 에 반영된다.

---

36 Herman Bavinck, Reformed Dogmatics: Sin and Salvation in Christ, vol 3, trans. the Dutch Reformed Translation Society (Michigan, Baker Academic, 2006), 2145. "All the grace that is extended to the creation after the fall comes to it from the Father, through the Son, in the Holy Spirit."

성경 전체를 살펴 각 위격에게 어떤 전치사를 돌리느냐는 조금씩 차이가 날 수 있다. 제임스 어셔James Ussher는 "성부는 자신으로부터, 아들 안에서, 성령에 의하여 모든 것을 합니다. 성자는 성부로부터 성령에 의하여 합니다. 성령은 성부와 성자로부터 합니다."라고[37] 말하여 바빙크와 다른 전치사를 사용했다. 신학자들 간에 전치사 배정에는 작은 차이가 있을 수 있지만 외부를 향한 삼위일체 하나님의 사역은 분리되지 않는다는 것은 일치한다.

이에 대한 이해가 있으면 구약성경에 나오는 하나님을 성부로만 보지 않게 된다. 성경이 특별히 어떤 위격이라고 언급하지 않는 한 성경에 나오는 하나님은 삼위일체 하나님으로 보아야 한다. 아브라함을 부르신 하나님이나 벧엘에서 야곱에게 나타나신 하나님이 성자 하나님이실 수 있다. 노아 시대에 하나님께서 사람의 죄악이 가득하고 항상 악하게 생각하는 것을 보시고 사람 지으신 것을 한탄하셨는데, 성자 하나님도 한탄하신 것이고, 그래서 그 악한 사람을 위해서 스스로 사람이 되시어 십자가에 죽으신 것이다. 성령 하나님도 그 때에 같이 한탄하셨고, 그래서 지금도 우리 안에 내주하시며 말할 수 없는 탄식으로 우리를 위하여 친히 간구하신다. 우리가 삼위일체를 풍성하게 알수록 성경을 통하여 더 풍성한 진리와 은혜를 누릴 수 있다.

바. 성경에 나오는 하나님에 대한 말씀들은 모두 본질에 관한 것인가?

아리우스는 성부께서 성자를 낳으신다는 구절을 하나님의 본질에 대한 서술로 보았기 때문에 성자는 존재하시지 않은 때가 있었다고 주장했다. 성경에는 하나님에 대한 서술들이 많이 나오는데 하나님의 본질에 대한 것, 세 위격 간의 관계에 대한 것, 피조물과의 관계에 대한 것이다. 성경에 있는 하나님에 대한 서술들은 세 가지 분류를 통해 그 의미를 더 잘 이해할 수 있다.

---

[37] James Ussher, A Body of Divinity: or the Sum and Substance of Christian Relogion (London: Printed by R. J. for Jonathan Robinson, 1702), 78.

❶ 하나님의 본질에 대한 말들

아래는 하나님의 본질에 대하여 서술하는 성경구절들이다. 제1절과 제2절에 있는 하나님의 존재와 속성을 말해주는 구절들도 모두 여기에 속한다.

삼상 15:29	이스라엘의 지존자는 거짓이나 변개함이 없으시니 그는 사람이 아니시므로 결코 변개하지 않으심이니이다 하니
시 90:2	산이 생기기 전, 땅과 세계도 주께서 조성하시기 전 곧 영원부터 영원까지 주는 하나님이시니이다
시 145:8	여호와는 은혜로우시며 긍휼이 많으시며 노하기를 더디 하시며 인자하심이 크시도다

❷ 성부와 성자와 성령 간의 관계에 관한 말들

밑의 성경구절들은 세 위격 간의 관계를 서술한다. 요한복음 3:16절에서 "하나님"은 성부를, "독생자"는 성자를 나타내는데, 성부가 성자를 시간 속에서 낳는 관계가 아니라 영원 속에서 낳는 관계를 의미한다. 아리우스는 이 구절도 하나님의 본질을 나타내는 것으로 보았기 때문에 성자의 본질은 태어나는 것이라고 주장했고, 따라서 성자는 태어나기 전에는 존재하시지 않았다고 보았다.

"오늘 내가 너를 낳았다"도 성부가 성자를 영원히 낳는다는 위격 간의 관계를 뜻하고, "나는 그에게 아버지가 되고 그는 내게 아들이 되리라"도 히 1:5 성부와 성자의 위격 간의 영원한 관계를 뜻한다. 요 15:26절에서 "내가"는 성자를 의미하고, "아버지께로부터"는 성부를 의미하고, "보혜사"와 "진리의 성령"은 성령을 의미한다. 이 구절들은 모두 위격 간의 관계에 관한 말들이다.

| 요 3:16 | 하나님이 세상을 이처럼 사랑하사 독생자를 주셨으니 |
| 요 15:26 | 내가 아버지께로부터 너희에게 보낼 보혜사 곧 아버지께로부터 나오시는 진리의 성령이 오실 때에 그가 나를 증언하실 것이요 |

히 1:5　하나님께서 어느 때에 천사 중 누구에게 너는 내 아들이라 오늘 내가 너를 낳았다 하셨으며 또 다시 나는 그에게 아버지가 되고 그는 내게 아들이 되리라 하셨느냐

❸ 하나님과 피조물 간의 관계에 관한 말들

어거스틴은 "성부와 성자와 성령은 시간적 운동이나 시간, 공간의 간격 없이 모든 피조물 위에 있지만, 시간과 공간에서 표현될 때에는 본질이 다른 피조물로, 특히 물질적인 피조물로, 분리할 수 없이 나타낼 수는 없다. 우리가 우리의 음성으로 성부와 성자와 성령이라고 부를 때에 우리는 시간적 간격을 두지 않을 수 없으며 그 간격을 그 이름의 음절들이 채운다."라고[38] 말했다. 사람이 성부와 성자와 성령을 발음할 때에 한 번에 동시에 발음하지 못하고 분리하여 발음하듯이, 성부와 성자와 성령은 시간과 공간에서 사람들에게 표현될 때에는 분리되어 표현될 수밖에 없다. 그렇다고 하여 성부와 성자와 성령이 분리되는 것이 아니다. 피조물의 세계에서 나타나는 세 위격의 현상을 보고서, 세 위격의 본질과 관계를 유추하면 안 된다.

예수님께서 요한에게 세례를 받으실 때 "너는 내 사랑하는 아들이라"는 소리는 삼위일체가 하신 일이 아니라, 성부가 성자에게 하신 것이다. 그렇다고 하여 성부께서 홀로 하신 것이 아니라 성자와 성령도 그 일에 같이 하셨다. 전 삼위일체가 성부의 음성과 성자의 육신과 성령의 비둘기를 만드신 것이다.[39] 어거스틴은 "그 자체로 분리될 수 없는 삼위일체가 보이는 피조물의 형태를 통해 분리되어 나타낼 수 있고, 또한 성부 혹은 성자 혹은 성령이 나타나신 것이라고 고유하게 분류할 수

---

[38]　어거스틴, IV, xxi, 30.

[39]　어거스틴, IV, xxi, 30. "성부의 음성과 성자의 육신과 성령의 비둘기를 각기 한 위격에 돌리지만, 사실은 전 삼위일체가 함께 성부의 음성과 성자의 육신과 성령의 비둘기를 만드는 것이다."(The whole Trinity together produced the voice of the Father, the flesh of the Son, and the dove of the Holy Spirit, although each is referred to one particular person.)

있는 것들에 대해서도 삼위일체의 분리되지 않는 역사하심이 있는 것이다."라고 말하였다.[40] 그래서 그는 "삼위일체의 역사는 분리할 수 없으므로, 이 때에도 성자와 성령의 역사 없이 음성이 들렸다고 말하는 것이 아니라, 이런 말씀이 성부의 위격만을 계시하는 방법으로 들렸다고 말하는 것이다. 마치 삼위일체가 처녀에게서 인간의 형체를 지으셨으나, 그 형체는 성자의 위격뿐인 것과 같다. 보이지 않으시는 삼위일체께서 성자의 보이는 위격만을 창조하신 것이다."라고[41] 말하였다. 이것이 바로 성경에 나오는 하나님에 대한 말들 중 피조물과의 관계에 따른 것들을 해석하는 방법이다. 성경이 한 위격께서 행하신다고 표현한다고 하여 다른 두 위격이 그 일에 참여하시지 않은 것이 아님을 명심해야 한다. 세 위격은 실체와 능력과 영원성이 같으시고, 자존하시며 자충족하시며 전능하시기 때문에 밖을 향한 모든 사역에 같이 참여하신다.

---

40 어거스틴, IV, xxi, 30. "The Trinity, inseparable in itself, can be manifested separately through the form of a visible creature, and also that the working of the Trinity is also inseparable in each of these things, which are said to pertain properly to the manifesting of the Father, or the Son, or the Holy Spirit."

41 어거스틴, II, x, 18.

Of God's Eternal Decree

제3장 하나님의 영원한 작정

3.1

하나님께서 영원부터 자기 자신의 의지의 지극히 지혜롭고 거룩한 경륜에 의해 무엇이든지 발생하게 될 일을 자유롭게 그리고 변치 않게 작정하셨다.a 그럼에도 그것에 의해 하나님은 죄의 조성자가 되시지도 않고,b 피조물의 의지가 강제로 영향을 받는 것도 아니고, 제2원인들의 자유나 임의성이 제거되지도 않고 도리어 확립된다.c

God from all eternity did, by the most wise and holy counsel of his own will, freely and unchangeably ordain whatsoever comes to pass,a yet so, as thereby neither is God the author of sin,b nor is violence offered to the will of the creatures, nor is the liberty or contingency of second causes taken away, but rather established.c

a 엡 1:11; 롬 11:33; 히 6:17; 롬 9:15, 18   b 약 1:13, 17; 요일 1:5
c 행 2:23; 마 17:12; 행 4:27-28; 요 19:11; 잠 16:33

1. 하나님의 작정에 대한 정의

하나님의 사역은 루이스 벌코프에 따르면 크게 내재적 사역 opera immanentia과 외재적 사역 opera exeuntia으로 나뉜다. 내재적 사역 opera immanentia은 둘로 나뉘는데 첫 번째는 낳으심, 아들 됨, 나오심 generation, filiation, spiration에 해당하는 "위격간의 사역"the opera personalia인 "자신을 통한 내재적 사역"opera immanentia per se이고, 두 번째는 "본질적 사역"opera essentialia이다. 즉, 삼위일체 하나님의 사역으로, "실행되기까지의 내재적 사역"opera immanentia donec exeunt인데 작정이 여기에 속한다.[42] 하나님의 작정이 실행되는 외재적 사역opera exeuntia은 창조와 섭리와 구속이다.

하나님의 사역의 구분

내재적 사역	┌ 위격간의 사역: 낳으심, 아들 됨, 나오심
	└ 본질적 사역: 작정 — 시간 전의 하나님의 내재적 사역
외재적 사역	— 창조, 섭리, 구속 등 — 시간 속의 하나님의 외재적 사역

❶ 하나님께서 영원부터 자기 자신의 의지의 지극히 지혜로우며 거룩한 경륜에 의해 무엇이든지 발생하게 될 일을 자유롭게 그리고 변치 않게 작정하셨다.

제3장은 하나님의 작정을 다룬다. 작정은 위의 표에서 보는 것처럼 삼위일체 하나님의 내재적 사역으로 시간이 만들어지기 전의 사역이다. 하나님은 시간과 공간을 만드시는 창조를 작정을 통하여 뜻하시고 계획하신다. 작정은 시간 전에 하나님께서 행하신 일로 시간을 초월하여 벌어진 일이다. 시간을 초월하시는 영원하

---

42 Louis Berkhof, Systematic Theology (Edinburgh: The Banner of Truth Trust, 1958), 101: "From the purely immanent works of God (opera ad intra) we must distinguish those which bear directly on the creatures (opera ad extra). Some theologians, in order to avoid misunderstanding, prefer to speak of opera immanentia and opera exeuntia, and subdivide the former into two classes, opera immanentia per se, which are the opera personalia (generation, filiation, spiration), and opera immanentia donec exeunt, which are opera essentialia, that is, works of the triune God, in distinction from works of any one of the persons of the Godhead, but are immanent in God, until they are realized in the works of creation, providence, and redemption. The divine decrees constitute this class of divine works."

신 하나님의 사역이므로 시간 속에서 사는 유한한 사람이 이해하기 어렵다. 특히 유한한 사람이 작정을 시간 속에서 생각하면 이해하기 매우 힘들므로, 우리는 작정을 늘 하나님의 영원성이란 관점에서 생각해야 한다. 사람도 무슨 일을 하기 전에 먼저 계획을 세운다. 치밀하고 지혜롭게 세운 계획일수록 그대로 실행될 가능성이 높다. 웅장한 건물과 토목공사의 건축도 크게 설계와 시공으로 이루어진다. 시공은 설계도면에 따라 이루어진다. 설계가 얼마나 잘 되었느냐에 따라 실제 시공도 잘 이루어지므로 설계가 얼마나 중요한지 모른다. 하나님께서 무슨 일을 실행하시기 전에 뜻하시고 계획하시는데 이것이 바로 작정이다.

우리는 제2장 제1절에서 하나님께서 영원하시고, 지극히 지혜로우시고, 지극히 거룩하시고, 지극히 자유로우시고, 불변하신 것을 살펴보았다. 우리가 하나님의 이러한 속성들을 이해하는 만큼 하나님의 작정도 이해할 수 있으므로, 작정이 이해되지 않으면 먼저 하나님의 속성들을 이해하려고 해야 한다. 지금부터 작정을 정의하는 단어들 중 하나님의 속성에 관한 단어들을 차례로 살펴보자.

먼저 "영원부터"를 살펴보자. 하나님은 작정하실 때에 피조물처럼 시간 속에 존재하시어 시간의 제한을 받으시며 작정하신 것이 아니라, 영원으로부터 작정하신다. 따라서 사람의 작정이나 계획처럼 시간의 흐름 순서와 사건의 발생 순서에 따라 작정하시지 않기 때문에, 하나님의 작정은 사람의 눈에 논리나 시간의 측면에서 모순이 있어 보이기도 한다. 즉 작정에 따르면 하나님께서 죄의 조성자로 보이기도 하고, 피조물의 의지가 억지로 강요되거나 로봇처럼 입력한 대로 따르는 것처럼 보인다. 모순처럼 보일 때마다 하나님께서 시간을 초월하여 영원 속에서 하나님의 지혜에 따라 작정하심을 상기해야 한다. 백년의 시간에 걸친 장편 소설을 쓰는 소설가가 있다고 하자. 그는 여러 등장인물을 설정하고, 사건이 어떻게 결정될 것인지 과정과 결말을 구상한다. 능력 있는 소설가일수록 소설에 의미 있는 주제와 사상과 내적 논리성과 외적 적합성을 담는다. 하물며 영원하신 하나님께서는 얼마나 큰 지혜와 능력으로 완벽히 작정하시겠는가? 소설가는 현실이란 배경 하에서 내적 논리성과 외적 적합성을 고려하며 소설을 작성하지 절대로 현실을 무시하면 안 된다. 그러면 그것은 공상에 속한다. 하지만 하나님은 아예 현실 자체를 작정하신다. 모든 피조물이 의미 있고 즐겁고 행복한 존재감과 가치를 갖도록 시간과 공간을 만드시고 환경을 조성하시고 그곳에서 펼쳐지는 모든 것을 정하신다.

하나님의 능력과 하나님께서 시간과 공간과 만물을 창조하신 것을 늘 염두에 두어야 하나님의 작정을 이해할 수 있지, 시간과 공간을 전제하고서 시간과 공간의 영향을 받는 하나님께서 작정하신다고 생각하면 하나님의 작정을 절대로 이해할 수 없다. 하나님의 영원성과 지혜를 사람의 관점에서 인식하면 하나님의 작정에는 여러 모순이 있다고 비난할 수밖에 없다. 제3장 제1절의 "from all eternity"는 "영원 전에"가 아니라 "영원부터"로 번역되었는데, 이는 "영원"이 시간 속에서 먼 과거나 먼 미래가 아니라 시간이 만들어지기 전에 시간을 초월한 것임을 나타내기 위해서이다. 영원 속에서 이루어진 일에 대하여 말하는 아래의 성경구절들을 통하여 영원에 대한 우리의 이해력을 높이자.

시 119:152   내가 전부터 주의 증거들을 알고 있었으므로 주께서 영원히(for ever) 세우신 것인 줄 알았나이다

마 25:34   그 때에 임금이 그 오른편에 있는 자들에게 이르시되 내 아버지께 복 받을 자들이여 나아와 창세로부터(from the foundation of the world) 너희를 위하여 예비된 나라를 상속받으라 원문보기

요 17:5   아버지여 창세 전에(before the world was) 내가 아버지와 함께 가졌던 영화로써 지금도 아버지와 함께 나를 영화롭게 하옵소서

행 3:21   하나님이 영원 전부터(since the world began) 거룩한 선지자들의 입을 통하여 말씀하신 바 만물을 회복하실 때까지는 하늘이 마땅히 그를 받아 두리라

롬 16:25   나의 복음과 예수 그리스도를 전파함은 영세 전부터(since the world began) 감추어졌다가

엡 1:4   곧 창세 전에(before the foundation of the world) 그리스도 안에

| 딤후 1:9 | 서 우리를 택하사 우리로 사랑 안에서 그 앞에 거룩하고 흠이 없게 하시려고
하나님이 우리를 구원하사 거룩하신 소명으로 부르심은 우리의 행위대로 하심이 아니요 오직 자기의 뜻과 영원 전부터(before the world began) 그리스도 예수 안에서 우리에게 주신 은혜대로 하심이라 |
| --- | --- |
| 딛 1:2 | 영생의 소망을 위함이라 이 영생은 거짓이 없으신 하나님이 영원 전부터(before the world began) 약속하신 것인데 |
| 벧전 1:20 | 그는 창세 전부터(before the foundation of the world) 미리 알린 바 되신 이나 이 말세에 너희를 위하여 나타내신 바 되었으니 |
| 계 17:8 | 네가 본 짐승은 전에 있었다가 지금은 없으나 장차 무저갱으로부터 올라와 멸망으로 들어갈 자니 땅에 사는 자들로서 창세 이후로 (from the foundation of the world) 그 이름이 생명책에 기록되지 못한 자들이 이전에 있었다가 지금은 없으나 장차 나올 짐승을 보고 놀랍게 여기리라 |

"지극히 지혜롭고"를 살펴보자. 우리는 앞에서 하나님의 지식은 하나님께서 자신과 모든 것에 대하여 완전히 아시는 것이고, 하나님의 지혜는 자신의 지식을 자신의 목적을 달성하는 데 적용하시는 것임을 살펴보았다. 제2장 제2절은 하나님의 지식은 무한하며 무오하며 피조물에 의존하지 않고, 그래서 어떠한 것도 그에게는 임의적이거나 불확실하지 않다고 말한다. 왜냐하면 하나님은 지식을 경험이나 이성적인 논증과 추론을 통하여 새롭게 얻으시지도 않고, 스스로 자충족하게 존재하시는 것처럼 그 지식에 있어서도 스스로 자충족하게 갖추시기 때문이다. 하나님의 지혜는 하나님께서 무한하며 무오한 지식을 자신의 목적을 달성하시는 데 적용하시는 것이다. 하나님은 이러한 지혜에 근거하여 작정하신다.

"지극히 거룩한"을 살펴보자. 모든 피조물과 절대적으로 구별되시는 "위엄 있는 거룩함"의 하나님께서 모든 피조물에게 있는 죄로부터 철저히 분리되신다. 그래서 하나님의 의지나 경륜에는 거짓이나 불순함이나 이기성이 없다. 지극한 거룩함이 담긴 하나님의 의지와 경륜은 거짓이나 미천함이 없으므로 시간이 지날수록 그 공명정대함과 꿋꿋함이 드러나 하나님께 크게 영광이 된다.

"자유롭게"를 살펴보자. 하나님께서 자유롭게 작정하신다는 것은 하나님께서 작정하실 때 하나님께 먼저 영향을 미치는 요소가 없다는 것이다. 스스로 존재하시어 자충족적이신 하나님은 아무 제한과 조건과 필요 없이 독립적으로 작정하시고 실행하신다. 하나님보다 더 지혜롭고 더 거룩하고 더 전능한 존재가 없기 때문에 하나님의 의지와 경륜과 실행에 영향을 미칠 존재나 대상은 하나도 없다. 하나님께서 자유롭게 작정하셔도 하나님은 지극히 지혜롭고 거룩하시기 때문에 어떤 독단도 흠도 죄도 없다. 자유로우시되 방종이나 죄가 아니라, 지혜와 거룩함과 진리로 이어진다.

"변치 않게"를 살펴보자. 하나님께서 변치 않게 작정하신다는 것은 불변하신 하나님께서 완전한 존재이신지라 더 이상의 성장이나 변화를 필요로 하시지 않고, 계획과 목적을 상황에 따라 변동하실 필요가 없다는 것이다. 즉 하나님의 작정은 하나님의 완전하심만큼 완전하므로 성숙과 증가와 완전을 향한 변화가 필요 없다는 것이다. 그러므로 하나님께서 작정하신 것은 아무 변화가 없고 그대로 반드시 실행된다.

가. 하나님의 의지(will)와 하나님의 의지의 경륜(the counsel of God's will)

하나님께서 영원부터 자기 자신의 의지의 지극히 지혜로우며 거룩한 경륜에 의해 무엇이든지 발생하게 될 일을 자유로우며 변치 않게 작정하셨다. 하나님의 작정은 하나님의 의지God's will 경륜counsel으로 이루어진다. "will"은 한글로는 "뜻"으로, 한자로는 "의지"意志로 번역된다.

하나님의 의지는 성경에서 만물의 궁극적 원인으로 나타난다. 어떤 일이든지 하나님의 의지에서 유래한다. 만물의 존재의 시작인 창조가 하나님의 의지로 말미암는다. "여호와의 말씀이니라 이스라엘 족속아 이 토기장이가 하는 것 같이 내가 능히 너희에게 행하지 못하겠느냐 이스라엘 족속아 진흙이 토기장이의 손에 있음 같이 너희가 내 손에 있느니라"렘 18:6. "하나님이 그 뜻대로 그에게 형체를 주시되 각 종자에게 그 형체를 주시느니라"고전 15:38. 그 창조된 만물의 섭리가 하나님의 의지에 있다. "여호와께서 그가 기뻐하시는 모든 일을 천지와 바다와 모든 깊은 데서 다 행하셨도다"시 135:6. "오직 우리 하나님은 하늘에 계셔서 원하시는 모든 것을 행하셨나이다"시 115:3. "땅의 모든 사람들을 없는 것 같이 여기시며 하늘의 군대에게든지 땅의 사람에게든지 그는 자기 뜻대로 행하시나니 그의 손을 금하든지 혹시 이르기를 네가 무엇을 하느냐고 할 자가 아무도 없도다"단 4:35. 선택과 유기도 하나님의 의지로 말미암는다. "모세에게 이르시되 내가 긍휼히 여길 자를 긍휼히 여기고 불쌍히 여길 자를 불쌍히 여기리라 하셨으니 그런즉 원하는 자로 말미암음도 아니요 달음박질하는 자로 말미암음도 아니요 오직 긍휼히 여기시는 하나님으로 말미암음이니라"롬 9:15-16. "모든 일을 그의 뜻의 결정대로 일하시는 이의 계획을 따라 우리가 예정을 입어 그 안에서 기업이 되었으니"엡 1:11. 사람이 구원을 받는 방식이라고 할 수 있는 그리스도의 고난도 하나님의 의지로 말미암는다. "조금 나아가사 얼굴을 땅에 대시고 엎드려 기도하여 이르시되 내 아버지여 만일 할 만하시거든 이 잔을 내게서 지나가게 하옵소서 그러나 나의 원대로 마시옵고 아버지의 원대로 하옵소서 하시고"마 26:39. "그가 하나님께서 정하신 뜻과 미리 아신 대로 내준 바 되었거늘 너희가 법 없는 자들의 손을 빌려 못 박아 죽였으나"행 2:23. 이외에도 성경은 거듭남과 성화와 같이 구원이 신자에게 적용되는 것도 하나님의 의지라고 말하고약 1:18; 빌 2:13, 하나님의 섭리에 속하는 신자의 삶과 고난과 운명도 하나님의 의지라고 말한다행 18:21; 약 4:15; 벧전 3:17.

우리는 하나님의 속성을 다루는 제2장 제1절에서 "하나님께서 자기 자신의 불변하고 지극히 의로운 의지의 경륜에 따라 자기 자신의 영광을 위하여 모든 일을 일하시는" 것을 살펴보았는데, 이 구절은 제3장 제1절의 작정에 대한 정의와 거의 같다. 하나님의 의지는 하나님의 속성인 것이고, 하나님의 의지는 이미 그 자체에 모든 일에 대한 작정을 담고 있는 것이다. 하나님의 이 속성에 의하여 하늘과 땅과 그 안의 만물이 존재하고, 만사가 운행이 된다. 하나님의 의지는 이때 최고의 선과 목적과 영광이 되는 하나님 자신을 위하여 그리고 모든 피조물을 향하여 작동된다.

그렇다면 제2장 제1절과 제3장 제1절에 있는 "의지의 경륜"counsel 에서 "경륜"counsel 은 무슨 의미일까? 웨스트민스터 신앙고백은 "킹 제임스 판"KJV 을 성경으로 사용한다. 에베소서 1:11절에 대한 KJV와 개역개정판은 다음과 같다. "In whom also we have obtained an inheritance, being predestinated according to the purpose of him who worketh all things after the counsel of his own will." 모든 일을 그의 뜻의 결정대로 일하시는 이의 계획을 따라 우리가 예정을 입어 그 안에서 기업이 되었으니. 제3장 제1절에 있는 "the most wise and holy counsel of his own will"은 KJV의 에베소서 1:11절에서 인용한 것임을 쉽게 확인할 수 있다.

작정을 나타내는 신약 성경의 대표적 용어들은 불레와 델레마이다. 루이스 벌코프에 의하면 불레는 counsel과 deliberation숙고, 숙의 의 의미를 갖고, 델레마는 숙고적 요소보다는 의지적 요소를 더 갖는다.[43] 에베소서 1:11절의 "the counsel of his own will"에 대한 헬라어 원어는 "την βουλην του θεληματος αυτου"인데 한글과 영어를 혼용하여 표현하면 "the 불레 of his 델레마"이다. 가장 일반적으로 작정을 나타내는 데 사용되는 불레가 에베소서 1:11절에서는 "counsel"로 사용된 것이다. "counsel"은 성경에서 계획시 33:11; 사 5:19, 19:17; 렘 49:20, 50:45; 미 4:12, 결정엡 1:11; 행 27:42, 결의눅 23:51, 뜻잠 19:21; 사 46:11; 행 2:23, 20:27; 히 6:17, 모의요 11:53, 사상행 5:38 등으로 사용되고 있다. 이런 사용례를 종합하여 우리는 "counsel"을 "경륜"이란 단어로 번역하기로 한다.[44] 경륜의 사전적 정의는 "일정한 포부를 가지고 일을 조직

---

43 Louis Berkhof, Systematic Theology, 101-102.
44 제2장 제1절의 "자기 자신의 불변하고 지극히 의로운 의지의 경륜"(the counsel of his own immutable and most righteous will)에서 하나님의 속성을 나타내는 "불변하고 지극히 의로운"이란 단어들이 "의지"(will)를 수식한다. 그런데 제3장 제1절의 "자기 자신의 의지의 가장 지혜

적으로 계획함. 또는 그 계획이나 포부"이다.

❷ 죄의 조성자 그리고 제2원인들의 자유와 임의성(contingency)

우리는 앞에서 하나님께서 무엇이든지 발생하게 되는 일을 작정하심을 살펴보았다. 하나님께서 모든 일을 정하신다면 이 세상에 존재하는 죄의 기원은 누구에게 있는지, 또한 피조물들의 의지가 그 작정에 의해 억지로 강요되는 것은 아닌지, 또한 제2원인들의 자유나 임의성이 침해되는 것은 아닌지 의문들이 든다. 이러한 의문들은 이성과 상식이 있다면 자연스럽게 일어나고, 이러한 의문들은 하나님의 작정을 반대하는 이유들이 되어왔다.

하나님의 자존성과 절대성과 비의존성을 생각할 때에 다른 모든 피조물과 그 행동들이 하나님의 뜻 없이 그리고 그 뜻을 벗어나 존재할 수 없고 행해질 수 없다. 그러므로 아담의 죄도 다른 모든 사람의 죄도 하나님의 뜻이라는 논리적 결론에 이른다. 사도행전 2:23절은 예수님께서 하나님의 정하신 뜻대로 내준 바 되었다고 말하고, 3:18절은 하나님께서 모든 선지자의 입을 통하여 그리스도께서 고난 받으실 일을 미리 알게 하셨다고 말한다. 그렇다면 가룟 유다는 하나님의 정하신 뜻대로 예수님을 배신하고 고발한 것이 되므로 가룟 유다의 배신이 하나님으로 말미암게 된다. 하나님의 작정은 무한하시고 불가해하신 하나님의 영원 속의 일이므로 유한한 사람이 다 이해하는 것은 불가능하다. 하나님의 뜻^{의지}과 죄의 관계는 앞으로도 유한한 사람이 온전히 이해하기 힘들겠지만, 우리가 성경에 근거하여 이 둘의 관계를 헤아릴 때 믿음으로 큰 이해에 이른다.

하나님께서 "나는 빛도 짓고 어둠도 창조하며 나는 평안도 짓고 환난도 창조하

롭고 거룩한 경륜"(the most wise and holy counsel of his own will)에서 하나님의 속성을 나타내는 "가장 지혜롭고 거룩한"이란 단어들이 "경륜"(counsel)을 수식한다. 이것을 통해 웨스트민스터 신앙고백은 "의지"(will)와 "경륜"(counsel)를 거의 같게 여긴다고 볼 수 있다. 작정을 나타내는 데 사용된 헬라어 불레와 델레마도 에베소서 1:11절에서 "the 불레 of his 델레마"로 나란히 사용된 것은 동의어 반복의 의미일 수 있다.

나니 나는 여호와라 이 모든 일들을 행하는 자니라"고사 45:7 말씀하신다. 사람들은 어둠과 환난 없이 빛과 평안의 의미와 가치를 모른다. 어둠과 환난은 좋지 않은 것들이지만 하나님은 이런 의미에서 이것들을 창조하셨다. 하나님께서 어둠과 환난과 같은 부정적인 것들을 통하여 긍정적인 것들의 가치를 더 크게 드러내신다. 지혜가 부족한 사람은 부정적인 것들을 통해 긍정적인 것의 가치를 깨닫는다. 하지만 그렇다고 하여 하나님께서 아담으로 하여금 죄를 짓게 하시어 하나님께서 죄의 조성자가 되시는 것은 아니다. 성경은 하나님께서 어둠과 환난도 창조하시지만 그렇다고 하여 죄의 조성자가 되시는 것은 아니고, 아담은 스스로 죄를 짓는 것이고, 다른 모든 피조물도 스스로 죄를 짓는 것이라고 말한다. 신학적으로 표현하면 하나님께서 죄를 허용하시고 제한하시고 정하시고 통치하시지만, 죄의 조성자가 되시는 것은 아니다. 하나님께서 사람들에게 죄를 허용하실 때에 그것을 절대 기뻐하시지 않고, 단순히 죄의 존재와 활동과 역할을 정하시는 것뿐이다. 죄인들의 죄마저도 하나님의 지혜와 능력으로 하나님의 영광이 되도록 사용하신다.

하나님께서 죄를 싫어하시어 죄의 조성자가 아니심을 말하는 성경구절들을 살펴보자. "그러므로 너희 총명한 자들아 내 말을 들으라 하나님은 악을 행하지 아니하시며 전능자는 결코 불의를 행하지 아니하시고"욥 34:10. 사도 요한은 하나님께서 빛이시고 그에게는 어둠이 조금도 없으시다고요일 1:5 말한다. 하나님은 비록 어둠을 창조하시지만 어둠을 기뻐하시지 않는 것이다. 야고보는 "사람이 시험을 받을 때에 내가 하나님께 시험을 받는다 하지 말지니 하나님은 악에게 시험을 받지도 아니하시고 친히 아무도 시험하지 아니하시느니라"고약 1:13 말한다. 하나님께서 아무에게도 죄를 짓도록 시험하시지 않는 것이다.

우리가 앞에서 하나님의 거룩함을 살펴보았는데 하나님의 거룩함을 나타내는 성경구절들이 모두 하나님께서 죄의 조성자가 되실 수 없음을 나타낸다. 하나님께서 "내가 거룩하니 너희도 거룩할지어다"라고레 11:45 말씀하시며 사람들에게 죄를 금하시고 거룩하게 살 것을 명하는 많은 말씀을 하셨는데, 이것들도 하나님께서 죄의 조성자가 되실 수 없음을 나타낸다.

이제 하나님의 작정으로 말미암아 피조물의 의지가 강요되는 것은 아닌지, 또 제2원인들의 자유나 임의성이 제거되는 것은 아닌지 살펴보자. 이것은 하나님께서 무엇이든지 발생하게 되는 일을 작정하신다면 피조물에게 본질적 자유가 있겠느냐는 질문에 해당한다. 제3장 제1절은 하나님의 작정에 의해 피조물의 의지가 강제로 영향을 받는 것도 아니고, 제2원인들의 자유나 임의성이 제거되지도 않고 도리어 확립된다고 말한다. 하나님은 무엇이든지 발생하게 되는 일을 작정하실 때에 피조물의 의지를 억지로 강요하시며 자신의 작정대로 움직이게 하시지 않는다. 하나님은 만사를 작정하실 때에 자신의 전능하신 능력과 지극한 지혜에 의해 자신의 작정이 실행되게 하시면서 동시에 피조물의 의지에 자유를 주신다.

"임의성"으로 번역한 "contingency"는 우연chance을 의미하지 않고, 제2원인들이 제1원인에 의해 자유가 침해되지 않고 이렇게나 저렇게 행할 수 있다는 것을 뜻한다. 즉, 제1원인의 필연성에 의해 제2원인들이 자유 없이 단 한 경우로만 결정되는 것이 아니라, 이렇게나 저렇게 행할 수 있다는 의미이다. 제1원인이신 하나님께서 작정하신 모든 일은 시간 속에서 변함없이 그리고 틀림없이 일어나는데, 그렇다고 하여 제2원인들이 제1원인의 그 필연성necessity에 의해 이렇게나 저렇게나 하는 비필연성nonnecessity이 제거되지 않는다는 것이다.[45] 어떻게 이런 일이 가능한지 사람은 인식의 한계로 인하여 다 이해할 수 없지만 성경은 이 두 개를 일부러 조화시키려 설명하지 않고 엄연한 사실로써 기술하고 있다. 이에 대한 근거성경구절들 중 하나는 "내가 너희에게 말하노니 엘리야가 이미 왔으되 사람들이 알지 못하고 임의로 대우하였도다 인자도 이와 같이 그들에게 고난을 받으리라 하시니"이

---

45 제9장(자유 의지) 제1절은 "하나님께서 사람의 의지에 본성적 자유를 부여하셨다. 이 본성적 자유는 선이나 악으로 강요되지도 않고, 본성의 어떤 절대적인 필연성에 의해 선이나 악으로 결정되지도 않는다.(God hath endued the will of man with that natural liberty, that is neither forced, nor by any absolute necessity of nature determined to good or evil.)"라고 말한다. 여기서 "본성의 어떤 절대적인 필연성에 의해 선이나 악으로 결정되지도 않음(nor by any absolute necessity of nature determined to good or evil)"이 "제2원인들의 임의성"으로 번역한 "contingency of second causes"에 해당한다.

다 마 17:12.[46] 구약의 엘리야에 해당하는 세례 요한이 사역을 시작했을 때 유대인들은 자신들의 자유에 따라 요한에게 임의로 행하였다. 하나님께서 세례 요한이 그들에게 그러한 대우를 받는 것을 작정하셨지만, 그들이 그렇게 대우한 것은 그들이 자신들의 자유에 따라 임의로 행한 것이다.

제1원인第一原因, first cause에 대하여 사전은 "스스로는 움직이지 않으면서 다른 것을 움직이는 궁극의 원인. 만물의 창조자로서의 신神을 이른다."고 말한다.[47] 제2원인들은 피조물들 사이의 인과관계에서 원인들에 해당하는 것들이다. 어떠한 제2원인들도 결국 제1원인의 영향을 받는데, 동시에 자신의 자유 의지에 따라 자유롭게 행한다. 하나님의 작정에 따라 필연적으로 발생하는 일들이 피조물에게는 피조물의 자유로운 임의적인 행위에 따라 발생하는 것이다. 하나님께서 만사를 작정하시지 않는다면, 그래서 창조와 섭리를 하시지 않는다면 피조물이 어찌 존재할 수 있고, 어찌 행할 수 있겠는가? 피조물은 하나님의 작정에 따라 존재하는 것이고, 강요를 받지 않으면서 자유롭게 그리고 임의적으로 행할 수 있다. 모든 피조물은 하나님의 작정에 의해 존재하고 자유롭게 행하는 것이다.

제5장섭리 제2절은 이렇게 말한다. "제1원인이신 하나님의 예지와 작정과 관련하여 볼 때에 모든 일은 변함없이 그리고 틀림없이 일어나게 된다. 그럼에도 그 같은 섭리에 의해 하나님께서 모든 일을 제2원인들의 성질에 따라 필연적으로, 또는 자유롭게, 또는 우연히 일어나도록 정하신다." 하나님의 작정이 시간 전에 하나님께서 하신 일이라면, 하나님의 섭리는 그 작정이 시간 속에서 실행된 것이다. 하나님께서 작정하신 것들은 모두 불변하게 틀림없이 일어난다. 그럼에도 불구하고 작정에 의해 피조물의 의지가 억지로 강요받는 것은 아니다. 피조물은 어떤 일을 행할 때에 자신의 뜻과 능력에 따라 자유liberty롭게 그리고 임의contingency적으로

---

46 제9장(자유 의지) 제1절도 근거성경구절로 마 17:12절을 채택하고 있다.
47 제1원인은 어떤 사건이나 현상의 연속되는 원인들 중에서 최초의 것이 아니라, 관찰 가능한 원인들 전체에 대한 원인으로, 원인 없는 원인이다. 기독교는 당연히 하나님을 존재하는 모든 것의 제1원인이라고 보고, 존재하는 모든 것을 그 자체로는 존재할 수 없는 우연적인 것으로 본다.

생각하고 판단하고 행동한다. 이때 피조물의 성질에 따라 어떤 일은 필연적으로 일어나고, 어떤 일은 자유롭게 일어나고, 어떤 일은 우연히 일어난다. 피조물의 자유와 임의성이 필연적으로, 자유롭게, 우연히 나타나는 것이다. 이에 대해서는 제5장 제2절을 참고하라.

룻은 이삭을 주우러 어느 밭에 임의적으로 들어갔는데 우연히 보아스의 밭이 되었고룻 2:3, 전쟁에 나간 어떤 병사가 임의적으로 활을 쏘았는데 마침 그 화살이 우연히 아합왕을 맞추었다왕상 22:34. 룻과 어떤 병사는 자신의 뜻과 결정에 따라 자유롭게, 임의적으로 행하였는데, 그에 따른 결과가 이 경우들에서는 우연히 발생하며 하나님의 뜻이 이루어졌다. 이것은 사람이 자유와 임의성 하에서 행한 일들이 어떤 경우들에서는 사람에게는 우연으로 보이지만 하나님에게는 하나님의 작정으로 인한 필연임을 나타낸다. 하나님의 작정에 의한 필연성이 피조물의 자유와 임의성을 해치지 아니하면서 우연을 통해 실현된 것을 나타낸다. 어떻게 이런 일이 가능한지는 피조물의 헤아림과 능력으로는 이해할 수 없다. 하지만, 신자는 믿음으로 받아들일 수 있다.

룻이 이삭을 주우러 보아스의 밭에 들어갈 때에 룻은 많은 밭들 중에서 그 밭을 자유롭게 임의적으로 선택하여 들어갔다. 그녀의 의지와 이성으로 나름 판단하여 그 밭에 들어간 것이지, 하나님의 작정으로 인한 강요가 그녀의 의지에 가해진 것이 아니다. 우리가 앞에서 살펴본 것처럼 사람도 일하고 사탄도 일하고 하나님도 일하시는데 차원이 다른 것이다. 사람도 사탄도 하나님의 작정에 의해 강요를 받지 않으며 자유롭게 일하고, 하나님도 자유롭게 일하시는데 하나님의 뜻이 관철된다. 오직 하나님께서만 자존자와 절대자와 비의존자로서 아무 제한도 받지 않으며 지극히 자유로우시고, 다른 피조물은 제2원인으로서 자유롭게 그리고 임의적으로 행하는데 하나님의 작정 속에서 행한다. 이것이 너무나 당연하기 때문에 성경은 하나님의 작정과 피조물의 자유와 임의성과 그 자유에 대한 피조물의 책임을 조화시키려고 하지 않고 그대로 기술한다.

요셉의 형들은 요셉을 시기하여 그를 해칠 의도로 애굽에 팔았는데, 하나님께서 그것을 선으로 바꾸시어 야곱의 자손이 애굽에 거하여 400년 동안 60만 대군으로 성장케 하셨다. 그들은 요셉을 죽일 것인지 아니면 상인에게 팔 것인지를 자신의 뜻에 따라 임의적으로 결정하여 실행하였고, 그에 대하여 크게 책망을 받았고, 하나님께서 그들의 자유로운 행동을 자유롭게 사용하시어 야곱의 자손이 애굽에 거주하게 하셨다창 50:19-20. 헤롯과 본디오 빌라도는 이방인과 이스라엘 백성과 합세하여 예수님을 죽였지만 이것은 결국 하나님의 권능과 뜻대로 이루려고 예정하신 그것을 행한 것이다행 4:27-28. 역시 그들은 자유롭게 행하였고, 그 자유의 행동에 대하여 책망과 징계를 받았고, 하나님은 그들의 자유로운 행동들을 작정하셨고 그대로 이루셨다.

바울을 태우고 이달리야로 가던 배가 광풍을 맞이하여 생명의 위협을 맞이하였을 때에 바울은 하나님의 사자가 어제 밤에 "아무도 생명에는 아무런 손상이 없겠고 오직 배뿐"이라고 알려주었다고 말했다. 배에 탄 이들은 생명을 유지하기 위해서는 바울의 말대로 배에 머물러야 했지, 배를 떠나 거룻배를 타고 나가면 안 되었다행 27:22-31. 바울을 통해 전해진 모든 생명이 살게 된다는 하나님의 뜻은 배에 탄 이들의 자유를 손상하거나 이들의 노력에 대한 동기를 꺾지 않고, 오히려 살아남을 수 있다는 희망과 확신을 인하여 더욱 적극적으로 행동하도록 이끈다. 이 또한 성경을 통해 계시된 하나님의 뜻과 작정이 사람의 자유를 빼앗지 않고 오히려 사람에게 올바른 자유를 알려주고 적극적인 삶을 살게 한다는 것을 나타낸다.

우리는 피조물의 자유가 얼마만큼 자유로운 것인지 잘 생각해야 한다. 새처럼 자유롭게 날아가고 싶다는 말이 있다. 그런데 모든 새는 날아갈 수 있다는 면에서는 날지 못하는 동물에 비하여 자유롭지만, 자신이 원하는 대로 어디든 날아갈 수 있는 것은 아니다. 대기권을 뚫고 날아갈 수 있는 비행체는 우주선뿐이다. 헬리콥터는 정지비행이 가능하지만, 전투기처럼 빠른 속도로 높은 곳을 날지 못한다. 새들도 비행체처럼 각자의 날개에 따라 날아갈 수 있는 거리와 높이가 정해져 있다. 벌새는 초당 52번의 날갯짓으로 정지비행을 하며 꽃의 꿀을 따먹는다. 벌새가 초당 52번의 날갯짓이 가능한 것은 그런 날개가 주어졌기 때문이지 부단한 노력이나 진화의 결과가 아니다. 하나님께서 자신의 뜻대로 각각의 새에게 각각의 날개를 주시어 각각의 새는 그 날개에 맞추어 자유롭게 단거리나 장거리나 정지 비행을 한다.

모든 피조물은 하나님께서 뜻대로 주신 자유 내에서 자유를 누리지 무한한 자유가 아니다. 피조물이 자신의 존재 형태와 능력과 상황 내에서 자유롭게 사는 것은 하나님의 뜻에 의한 것이다. 하나님의 작정은 각 피조물에게 각각의 존재와 능력과 상황에 맞는 가장 적절한 자유를 확립해주시는 것이지, 절대로 무한한 자유를 주시는 것도 아니고, 너무 작은 자유를 주시는 것도 아니다. 피조물은 하나님께서 작정하시고 허락하신 자유 내에서 자유롭게, 임의적으로 행한다.

3.2

비록 하나님께서 모든 가정된 조건 아래서 무엇이 발생할 만하거나 발생할 수 있는지를 다 아시지만,d 그 어떠한 것도 미래 일로 미리 보셨기 때문에, 또는 모든 가정된 조건 아래서 발생할 일로 미리 보셨기 때문에 작정하신 것은 아니다.e

Although God knows whatsoever may, or can come to pass, upon all supposed conditions,d yet hath he not decreed any thing because he foresaw it as future, or as that which would come to pass upon such conditions.e

d 행 15:18; 삼상 23:11-12; 마 11:21, 23   e 롬 9:11, 13, 16, 18

---

2. 절대 작정과 예지(豫知) 작정

하나님께서 어떤 가정된 조건들 아래서 어떤 일들이 벌어질지 정확하게 아신다. 그 상황을 이루는 어떤 조건들이 변경되었을 때도 어떤 일들이 벌어질지 정확하게 아신다. 가정할 수 있는 모든 조건 아래서 벌어질 만하거나 벌어질 수 있는 모든 것을 정확히 아신다. 하나님은 이렇게 미래의 일을 미리 보실 수 있고, 다양한 조건들 아래서 어떤 일들이 발생할지도 미리 보실 수 있다. 하지만 그럼에도 불구하고 하나님은 그렇게 미리 아시는 지식에 근거하여 앞으로 발생하게 되는 일을 작정하시지 않는다. 하나님께서 그렇게 아시는 것은 오히려 하나님께서 작정하시기 때문이다. 작정이 하나님의 예지의 기초이지, 예지가 하나님의 작정의 근거가 아니다.

첫째로 하나님께서 모든 가정된 조건 아래서 발생할 일들을 아시기 때문에 이것에 의해 작정하신다면, 하나님의 영향 없이 모든 가정된 조건이 앞서서 존재하는 셈이 된다. 이것은 하나님께서만 자존하시고 영원하시고 절대적이신 것에 어긋난다. 다른 모든 피조물은 하나님으로부터 존재와 활동을 갖는 것이지 하나님 없이 갖지 못하기 때문에 모든 가정된 조건 자체가 하나님의 작정으로 인한 것이고, 그런 조건들 아래서 발생하는 일들이 바로 하나님의 작정으로 인한 것이다.

둘째로 하나님께서 모든 가정된 조건 아래서 발생할 일들을 아시는 것에 의해 작정하시면 하나님은 그것들의 영향을 받으시는 것이다. 하지만 하나님은 다른 것들의 영향을 받지 않으시고 다른 것들에 영향을 주시는 제1원인으로서 지극히 자유로우시고 지극히 비의존적이시다. 제2장 제1절이 하나님의 속성으로서 "지극히 자유로우시며, 지극히 절대적이시며, 모든 일을 자기 자신의 불변하고 지극히 의로운 의지의 경륜에 따라 자기 자신의 영광을 위하여 일하시며"라고 이미 잘 서술하고 있다. 하나님의 속성을 올바로 이해하면 하나님의 사역에 대해서도 올바로 이해할 수 있다. 아르미니우스주의는 하나님께서 예지에 근거하여 구원하실 자를 예정하신다고 잘못된 주장을 하였는데 이에 대해서는 제4절이 살펴보니 참고하라.

3.3

하나님의 작정에 의해 하나님의 영광이 나타나도록 어떤 사람들과 천사들은f 영원한 생명에 이르도록 예정되고, 다른 자들은 영원한 죽음에 이르도록 미리 정해진다.g

By the decree of God, for the manifestation of his glory, some men and angels f are predestinated unto everlasting life, and others foreordained to everlasting death. g

f 딤전 5:21; 마 25:41   g 롬 9:22-23; 엡 1:5-6; 잠 16:4

3. 이중 예정

사람들과 천사들과 같은 이성적 피조물들 rational creatures에 대한 작정을 특별히 예정 predestination이라고 부른다. 하나님은 어떤 사람들과 천사들을 영원한 생명에 이르도록 예정하시고, 다른 자들은 영원한 죽음에 이르도록 미리 정하신다. 예수님은 "누구든지 이 음란하고 죄 많은 세대에서 나와 내 말을 부끄러워하면 인자도 아버지의 영광으로 거룩한 천사들과 함께 올 때에 그 사람을 부끄러워하리라"고 막 8:38 말씀하시며 거룩한 천사들에 대하여 언급하셨다. 베드로는 "하나님이 범죄한 천사들을 용서하지 아니하시고 지옥에 던져 어두운 구덩이에 두어 심판 때까지 지키게 하셨으며"라고 벧후 2:4 말함으로써, 그리고 유다는 "또 자기 지위를 지키지 아니하고 자기 처소를 떠난 천사들을 큰 날의 심판까지 영원한 결박으로 흑암에 가두셨으며"라고 유 1:6 말함으로써 범죄한 천사들에 대하여 언급하였다. 그리고 바울은 "하나님과 그리스도 예수와 택하심을 받은 천사들 앞에서 내가 엄히 명하노니 너는 편견이 없이 이것들을 지켜 아무 일도 불공평하게 하지 말며"라는 딤전 5:21 구절에서 택함을 받은 천사에 대하여 언급하였다. 사람의 예정에 대한 성경구절들은 천사보다 훨씬 많다.

예수님도 예정의 대상이시다. 베드로는 하나님께서 특별한 사랑으로 예수 그리스도를 창세 전부터 택하셨다고 말하였다. "그는 창세 전부터 미리 알린 바 되신 이나 이 말세에 너희를 위하여 나타내신 바 되었으니"벧전 1:20. "사람에게는 버린 바가 되었으나 하나님께는 택하심을 입은 보배로운 산 돌이신 예수께 나아가"벧전 2:4. 바울은 하나님께서 신자들이 예수님을 본받도록 예수님을 미리 정하셨다고 말한다. "하나님이 미리 아신 자들을 또한 그 아들의 형상을 본받게 하기 위하여 미리 정하셨으니 이는 그로 많은 형제 중에서 맏아들이 되게 하려 하심이니라"롬 8:29. 예수님이 예정의 대상이시라는 것은 신자들이 하나님의 영원한 생명과 구원을 받도록 기여하는 수단으로서 예정의 대상이시라는 것이지, 전적 부패한 신자들이 하나님의 전적 은혜로 예정의 대상이 되는 것과 같은 차원이 아니다. 신자들이 예정의 대상이 되고 그들의 구원이 실현되도록 예수님은 예정의 대상이 된다.

하나님께서 어떤 사람들을 영원한 생명에 이르도록 예정하신 것을 선택 election이라고 하고, 다른 자들을 영원한 죽음에 이르도록 미리 정하신 것을 유기 reprobation라고 한다. 선택에 대하여 비판하는 이들은 드물지만, 유기에 대해서 거부하는 이들은 많다. 하나님께서 어떤 사람들과 천사들을 영생으로 예정하시는 것은 그들에게 영생의 선물을 주시는 것으로 좋은 일이지만, 다른 자들을 영원한 죽음에 이르도록 미리 정하시는 것은 그들에게 영원한 죽음을 부과하는 것으로 잔인하게 보이기 때문이다. 비판자들은 하나님께서 그들을 영원한 죽음에 이르도록 미리 정하시면, 그들은 자신들의 뜻과 행위에 상관없이 영원한 죽음으로 내몰리는 것으로 불공평하고 억울하다는 이유를 제시한다. 이에 대해서 유기를 다루는 제7절에서 자세히 살펴본다. 신학에서 선택만이 아니라 유기에 대한 예정도 인정하는 것을 이중 예정이라고 부른다.

3.4

이렇게 예정되고 미리 정해진 이 천사들과 사람들은 개별적으로 그리고 변치 않게 설정되며, 그들의 수효가 너무나 분명하고 확정적이어서 늘어나거나 줄어들 수 없다.h

These angels and men, thus predestinated and foreordained, are particularly and unchangeably designed; and their number is so certain and definite that it can not be either increased or diminished.h

h 딤후 2:19; 요 13:18

4. 예정의 개별성과 불변성: 제한 속죄

필자는 개를 여러 번 길러봤다. 어미가 새끼 낳은 것도 몇 번 경험했는데 보통 대여섯 마리 낳는다. 삼사 주 후에 강아지를 분양하곤 하는데, 어미가 있는 앞에서 분양하면 어미가 으르렁대며 강아지를 못 가져가게 한다. 그런데 어미가 없는 사이에 강아지 한 마리를 가지고 가면 어미는 잘 모른다. 숫자 개념이 약한 어미는 강아지가 한 마리씩 사라져도 고개를 한두 번 갸우뚱하는 정도이지 정확하게 인식하지 못한다.

무수하게 많은 알을 낳는 바다 거북이를 생각해봐라. 이들은 바닷가에서 멀지 않은 곳에 구멍을 파고 백 개에서 이백 개 정도의 알들을 낳은 후 바다로 다시 돌아간다. 거북이 새끼는 스스로 알을 깨고 나와 본능적으로 바다를 찾아 기어간다. 그때 새들을 비롯한 여러 포식자들이 그 새끼들을 잡아먹는다. 바다까지 무사히 도착하더라도 바다 속에도 숱한 포식자의 위험이 기다리고 있어 성체 거북이로 성장하는 비율은 매우 낮다. 어미는 자신의 새끼들이 누군지 알지 못하고 기억하지도 않고 성장하는 데 도움도 전혀 주지 않는다.

하나님께서도 자신의 자녀를 이렇게 방치할까? 예수 그리스도를 믿는 자들이 구원을 받는다는 법칙을 정하신 후에 누가 자신의 자녀가 되는지 개별적으로 정확하게 아시지 못할까? 개별적으로 정확하게 아실지라도 자신의 자녀가 되도록 완벽하게 보호하실 수 없을까? 사람이 스스로 이 땅에 태어나 스스로 예수 그리스도를 알고 그 믿음을 스스로 지켜야 할까? 그렇지 않다. 하나님은 자신의 자녀를 방치하시지 않고, 자신의 자녀가 누구인지 한 명 한 명 개별적으로 정확하게 아신다.

요 13:18	내가 너희 모두를 가리켜 말하는 것이 아니니라 나는 내가 택한 자들이 누구인지 앎이라 그러나 내 떡을 먹는 자가 내게 발꿈치를 들었다 한 성경을 응하게 하려는 것이니라
롬 8:29-30	하나님이 미리 아신 자들을 또한 그 아들의 형상을 본받게 하기 위하여 미리 정하셨으니 이는 그로 많은 형제 중에서 맏아들이 되게 하려 하심이니라 30 또 미리 정하신 그들을 또한 부르시고 부르신 그들을 또한 의롭다 하시고 의롭다 하신 그들을 또한 영화롭게 하셨느니라
롬 11:29	하나님의 은사와 부르심에는 후회하심이 없느니라
딤후 2:19	그러나 하나님의 견고한 터는 섰으니 인침이 있어 일렀으되 주께서 자기 백성을 아신다 하며 또 주의 이름을 부르는 자마다 불의에서 떠날지어다 하였느니라

하나님은 불변하시고 전능하시고 신실하시기 때문에 하나님의 예정에는 변덕이 있을 수 없고, 신실하시지 않게 예정의 내용을 지키시지 않는 일도 없고, 능력이 없어서 처음의 예정을 지키시지 못하는 일도 없다. 하나님께서 예정하신 영원한 생명과 죽음의 수는 하나님의 불변성과 전능성과 신실성 만큼이나 분명하고 확정적이어서 절대로 늘어나거나 줄어들 수 없다. 이것은 하나님께서 자신의 자녀로 택하신 자들을 하나님께서 책임지시고 끝까지 하나님의 자녀로 보호하신다는 의미이다. 택함을 받은 자들이 스스로의 능력으로 믿음을 유지하여 하나님의 자녀가

됨을 증명하여 최종적으로 하나님의 나라에 들어가는 것이 아니라, 자녀로 택하신 하나님께서 하나님의 불변성과 전능성과 신실성으로 자녀를 끝까지 보호하신다는 것이다. 신자는 생애 동안 여러 고난과 유혹으로 하나님의 존재와 사역에 대하여 의심을 하기도 하고, 죄를 짓기도 하지만 하나님께서 보호하심으로 그 믿음을 끝내 지키게 된다.

이것이 성경의 정통 가르침인데, 네덜란드에서 아르미니우스와[48] 그의 추종자들이 다른 주장을 하였다. 네덜란드와 유럽의 8개국에서 온 대표들은 1618~1619년에 네덜란드의 도르트에 모여 6개월여 동안 어떤 교리가 옳은지 논의하여 도르트 신경을 작성하였다. 아르미니우스주의자들은 총회가 열리기 전 1610년에 5가지로 자신의 주장을 드러내며 강력하게 항의하였는데, 그 두 번째 조항이 아래와 같다.

---

48 야콥 아르미니우스(Jacobus Arminius, 1560-1609)는 1576-1581년에 레이던(Liden) 대학에서, 1582-1587년에 제네바와 바젤에서 신학을 공부하였다. 제네바에서 칼빈의 후계자인 테오도르 베자(Theodore Beza, 1519-1605) 밑에서 배웠다. 1587년에 귀국하여, 다음 해 8월에 암스테르담에서 목사 안수를 받은 후 큰 개혁교회의 목사가 되었고, 1590년에 결혼하여 8명의 자녀를 낳았다. 1589년에 시인이자 극작가인 코른헤르트(Dirck Volckertszoon Coornhert, 1522-1590)는 베자의 예정론에 이의를 제기했다. 그는 베자의 말처럼 하나님이 어떤 자는 선택하시고, 어떤 자는 버리신다면, 그 하나님은 버린 자로 하여금 죄를 짓게 만드는 죄의 조성자라며, 성경 어디에도 이런 내용은 없다고 주장했다. 많은 사람이 그의 영향을 받자, 교회의 당회는 베자의 제자인 아르미니우스에게 그가 틀렸음을 밝혀줄 것을 부탁했다. 아르미니우스는 그의 주장을 면밀히 살폈는데, 오히려 자신이 그의 입장에 서있음을 확인했다. 그는 사람의 자유 의지와 타락과 하나님의 은혜에 대한 코른헤르트의 주장이 옳다는 보고서를 올렸다. 아르미니우스의 이러한 신학적 성향은 1590년대에 갈수록 점점 굳어졌다. 1603년 9월부터는 레이던 대학의 교수가 되어 가르치기 시작했는데, 학생들은 교회에서 그의 가르침을 설교와 성경공부 시간에 드러내었고, 이것은 그대로 성도들에게 영향을 미쳤다. 시간이 흐를수록 많은 목사와 성도가 그의 가르침을 인하여 부정적인 영향을 받자, 정통 목사들이 항의하기 시작하였다. 1605년 11월에 남부 네덜란드의 교회 대표들은 아르미니우스의 신학에 대한 9가지 질문을 담은 청원서를 레이던 대학에 제출했다. 그는 주변의 계속된 질문과 의심과 비판에 대하여 1608년에 "9가지 질문에 대한 답변"(Answers to Nine Question)과 "정서의 선언"(Declaration of Sentiments)이란 두 개의 글을 통해 자신의 견해와 정서와 서운함을 드러내었다. 결핵으로 추정되는 병으로 고통을 받던 아르미니우스는 1609년 10월 19일에 죽었다. 그의 사후에 그의 영향을 받은 43명의 목사들은 1610년에 헤이그에서 모임을 갖고, 그들의 신앙고백과 교리에 해당되는 문서를 5가지 항목으로 내놓았다. 주로 아르미니우스의 저술을 인용한 이 문서는 기존의 교리에 항의한다는 의미에서 "항론서"(抗論書, Remonstance)로 불렸고, 이들은 항론서의 이름을 따 항론파(Remonstrants)로 불렸다.

* 항론파의 제2조항

따라서 세상의 구주이신 예수 그리스도는 모든 사람과 각 사람을 위하여 죽으셨고, 십자가의 죽음으로 모두를 위해 구속과 죄의 용서를 얻으셨다. 그러나 요 3:16절과 요일 2:2절의 말씀처럼 믿는 자들을 제외하고는 그 어느 누구도 죄의 용서를 실제로 공유하지 못한다. "하나님이 세상을 이처럼 사랑하사 독생자를 주셨으니 이는 그를 믿는 자마다 멸망하지 않고 영생을 얻게 하려 하심이라"(요 3:16). "그는 우리 죄를 위한 화목 제물이니 우리만 위할 뿐 아니요 온 세상의 죄를 위하심이라"(요일 2:2).

아르미니우스주의자는 잘못된 주장으로 항의하였다고 하여 항론파라고 불렸다. 이들은 예수 그리스도께서 "모든 사람과 각 사람을 위하여" 죽으셨다는 보편 속죄를 주장하였다. 보편 속죄를 처음 들으면 이 주장이 옳아 보인다. 사랑이 넘치는 그리스도께서 모든 사람을 위하여 죽으시는 것이 옳아 보이기 때문이다. 하지만 항론파의 주장은 예수님께서 모든 사람을 위하여 죽으시며 구원을 획득했으니, 각 사람이 알아서 이 구원을 자신의 것으로 삼으라는 것으로 무책임한 발언이다. 마치 새끼 거북이가 스스로 알에서 깨어 나와 새들의 부리를 피해 바다 속으로 기어가서 숱한 포식자들의 공격을 피해 독자적인 힘으로 성장하라는 것과 같다.

항론파는 "그를 믿는 자마다 멸망하지 않고"라는 요 3:16 구절이 사람이 믿을 수 있다는 가능성을 나타낸다고 본다. 이들은 사람이 스스로 믿을 수 있기 때문에 예수님께서 믿는 자마다 영생을 얻게 하려 하심이라고 말씀하셨다고 해석한다. 하지만 "믿는 자마다 멸망하지 않고"라는 구절은 절대로 사람이 스스로 믿을 수 있다는 가능성을 나타내지 않고, 믿는 자가 멸망하지 않는다는 사실에 대한 표현이다. 이렇게 어떤 성경해석을 갖느냐에 따라 교리가 달라지고, 어떤 교리를 갖느냐에 따라 성경해석이 달라진다.

"음욕을 품고 여자를 보는 자마다 마음에 이미 간음하였느니라"라는 마 5:28 예수님의 말씀은 신자가 마음에 음욕을 품지 않을 수 있다는 가능성을 말한 것이 아니라, 신자가 간음에 대하여 갖추어야 할 자세가 무엇인지를 말해준다. 요 3:16절도 절대로 사람이 스스로 예수님을 믿을 수 있다고 말하지 않고, 하나님께서 사람에게 믿음을 주셔서 멸망하지 않고 영생을 얻게 하신다는 의미이다. 요한복음 3장은 전체에 걸쳐서 사람이 구원을 받는 것은 은혜인데, 이 은혜의 구원이 믿음을 통해서 이루어진다고 말한다. 믿음까지도 하나님의 은혜라고 말하는 것이지, 사람이 믿을 수 있다고 절대 말하지 않는다.

항론파는 도르트 총회가 열리는 동안 자신의 주장들을 서면으로 제출하였는데 제한 속죄를 반대하며 이렇게 주장하였다. "하나님 아버지는 그의 아들을 십자가의 죽음으로 작정하셨는데, 어떤 이들을 지명하여 구원하시는, 확정되고, 결정적인 계획 없이 작정하셨다. 그래서 설령 획득된 구속이 개인에게 한 번도 실제로 적용되지 않을지라도, 그리스도의 죽음이 획득한 것은 그 필요성과 유용성과 가치에 있어 손상되지 않을 수 있고, 전적으로 완벽하고 완전하고 온전하게 지속될 수 있다." 이 주장에서 보는 것처럼 하나님 아버지께서 작정하실 때에 예수님에 의해 획득된 구속이 실제로 한 명에게도 적용되지 않을지라도, 그 획득된 구속이 각 개인의 결정에 의해 획득되게 하셨다고 주장한다. 구원이 전적으로 사람의 자유 의지에 달려 있는 것이다. 모든 사람이 다 자신의 자유 의지로 예수님을 믿어 구원받는 조건들을 수행할 수도 있고, 모두가 다 수행하지 못 할 수도 있다. 항론파의 보편 속죄는 처음에는 매우 넓은 문처럼 보이지만, 전적으로 부패한 사람이 수행할 수 없는 구원의 조건을 제시하는 것이므로 아무도 통과하지 못하는 문이 된다.

제한 속죄는 절대로 예수 그리스도의 사랑이 작다는 의미도 아니고, 예수 그리스도가 흘리신 보혈의 피의 가치와 효용이 떨어진다는 것도 아니다. 도르트 신경 제2장 제3항은 "하나님의 아들의 이 죽음은 죄를 위한 유일하고 가장 완전한 희생과 보상으로, 무한한 가치와 값이 있어, 전 세상의 죄를 속죄하기에 풍성하게 충분하다."고 말한다. 그리스도의 한 방울의 피로도 전 세상의 죄를 속죄하기에 충분한 것이다. 그러기에 그리스도는 택하신 자들을 각각 아시고 자신이 획득한 구원이 틀림없이 그들에게 적용되게 하신다.

제한 속죄 교리는 하나님께서 그리스도의 십자가의 죽음으로 획득된 구원을 성령님을 통하여 선택된 자들에게 틀림없이 적용하신다는 의미이다. 하나님 아버지와 예수 그리스도와 성령님은 택하시는 일과 구원의 획득과 구원의 적용이라는 모든 과정에 참여하시어 택하신 자들에게 구원을 분명하게 주신다는 것이다. 하나님은 선택된 자들로 알아서 그들의 힘으로 구원을 쟁취하라고 하시지 않고, 성령님을 통하여 구원이 틀림없이 적용되게 하신다.

하나님은 선택된 자들의 구원에 필요한 모든 것을 예비하시고 적용하시는 것이지, 절대로 그들의 구원에 필요한 일부의 일을 하시고 나머지는 그들에게 맡기시지 않는다. "제한 속죄"의 교리는 절대로 하나님의 사랑과 능력에 "제한"이 있다는 것이 아니고, 선택하신 자들을 반드시 "속죄"하신다는 것에 강조점이 있다. 하나님의 주권과 사랑으로 모든 사람이 아니라 일부를 택하신 하나님은 그 일부의 속죄가 반드시 이루어지게 하신다. 제한 속죄는 절대로 그리스도의 옹졸함을 말하지 않고, 구원의 모든 것을 준비하신 하나님의 지혜와 신실함을 말하는 것이기에 참된 신자에게 용기와 희망과 안심과 위로를 준다.

구원의 획득과 적용에 대한 틀린 주장: 보편 속죄

구원의 획득: 모든 사람을 위해 그리스도께서 죽음으로 획득

구원의 적용: 각 사람이 자신의 믿음과 노력으로 자신에게 적용

→ ① 한 사람도 자신에게 구원을 적용시키지 못할 수 있다.
실제로 한 명도 적용시키지 못 한다.

② 구원의 획득자의 숫자 ≥ 구원의 적용자의 숫자

③ 보편 속죄: 불안전하고 불확실한 속죄, 조건 속죄

구원의 획득과 적용에 대한 옳은 주장: 제한 속죄

구원의 획득: 선택된 자들을 위해 그리스도께서 죽음으로 획득

구원의 적용: 하나님께서 성령을 통해 선택된 각 사람에게 적용

→ ① 선택된 자들이 그대로 구원의 적용을 받는다.

② 구원의 획득자의 숫자 = 구원의 적용자의 숫자

③ 제한 속죄: 안전하고 확실한 속죄, 절대 속죄

3.5

인류 중 생명에 이르도록 예정된 사람들을 하나님께서 세상의 토대가 놓이기 전에 자신의 영원하고 불변한 목적 및 자신의 의지의 비밀한 경륜과 선한 기쁨을 따라 그리스도 안에서 영원한 영광에 이르도록 선택하셨다.[i] 이때 자신의 순전히 값없는 은혜와 사랑으로 말미암아 선택하셨지, 피조물에게 있는 믿음이나 선행이나 이것들의 견인이나 그 외 다른 어떤 것을 자신으로 하여금 선택하게 하는 조건들이나 원인들로 미리 보심으로써 선택하시지 않았다.[k] 그리고 이 모든 것은 자신의 영광스러운 은혜를 찬송하도록 하기 위함이다.[l]

Those of mankind that are predestinated unto life, God, before the foundation of the world was laid, according to his eternal and immutable purpose, and the secret counsel and good pleasure of his will, hath chosen in Christ unto everlasting glory,[i] out of his mere free grace and love, without any foresight of faith, or good works, or perseverance in either of them, or any other thing in the creature, as conditions, or causes moving him thereunto,[k] and all to the praise of his glorious grace.[l]

i 엡 1:4, 9, 11; 롬 8:30; 딤후 1:9; 살전 5:9   k 롬 9:11, 13, 16; 엡 1:4, 9
l 엡 1:6, 12

5. 무조건적 선택: 예지(豫知)가 아닌 은혜로 말미암는 선택

제5절은 하나님께서 어떤 사람들을 영원한 생명에 이르도록 예정하셨는데 이때 무엇에 근거하여 선택하셨는가를 다룬다. 우리가 이미 제2절에서 살펴본 거처럼 하나님께서 어떤 가정된 조건 아래서 어떤 일들이 벌어질지 정확하게 아시지만, 그렇게 미리 아시는 지식에 근거하여 앞으로 발생하게 되는 일을 작정하시지 않았다. 하나님은 자존하시고 영원하시고 절대적이시기 때문에 미래에 발생할 일의 영향을 받으시지 않고, 미래에 발생할 일이 하나님께 조건과 한계가 되지 않기 때문이다. 작정이 이러할 진데 작정보다 작은 개념인 선택 또한 마찬가지이다.

선택은 작정에 속한 것이기 때문에 하나님께서 세상이 창조도 되기 전에 즉 시간이 있기 전에 하신 일이다. 시간 속에서 어떤 자들을 영원한 생명에 이르도록 택하실 것인가를 시간을 만드시기 전에 결정하신 것이 선택이다. 그때 영원하고 불변한 목적에 따라 선택하셨다는 것은 시간 속에서 전후의 인과에 따라 알 수 있고 결정되는 차원의 목적이 아니라, 시간을 초월하는 목적이고 따라서 증감과 변화가 없는 불변의 목적이라는 것이다. 그 목적은 시간을 초월한 완전한 목적이라 시간의 전후에 따라 덧붙이거나 뺄 것이 없다.

하나님께서 자신의 의지에 따른 비밀한 경륜과 선한 기쁨을 따라 선택하셨다는 것은 사람이 무엇을 선택할 때의 차원이 아니라 하나님의 실체와 속성에 맞는 차원으로 선택하셨다는 것이다. 하나님의 의지와 경륜은 사람의 차원을 넘어선다. 하나님께서 시간과 공간과 만물을 지극히 지혜롭게 만드셨기 때문에 그 안에서 일어날 일들 또한 지극히 지혜롭게 정하시고, 특히 자신의 형상으로 만든 사람에 대한 선택은 더욱 지혜가 담긴다. 사람은 시간과 공간 속에서 전후로 발생하는 일들을 통하여 인과관계와 논리를 얻지만, 하나님은 시간과 공간과 논리 자체를 정하신다. 따라서 사람이 성경에 전후 인과관계와 논리로 이해할 수 없는 일들이 있다고 하여 하나님과 성경에 모순이 있다고 해서도 안 되고, 사람의 인식 논리에 맞추어 성경의 내용을 교리화해서도 안 된다. 하나님의 선한 기쁨이란 하나님의 선택에 어떤 의도나 이유나 조건이나 필요가 없었다는 것이고, 누군가를 선택하는 그 자체가 하나님께 선한 기쁨이 되었다는 것이다. 하나님은 그 선택으로 얻게 되는 어떤 결과를 목적으로 하시지 않았고, 어떤 자들을 선택하신 자체가 하나님께 순전한 기쁨이 되었다는 것이다.

하나님이 그리스도 안에서 선택하셨다는 것은 그 선택이 그리스도 없이는 이루어지지 않는다는 의미이다. 우리가 잘 아는 것처럼 그리스도가 스스로 사람이 되시어 본인을 대속의 희생 제물로 십자가에서 바치셨기 때문에 선택이 실현된다. 그리스도의 성육신과 죽음과 부활은 선택의 핵심이라고 할 수 있다. 하나님께서 영원한 영광에 이르도록 선택하셨다는 것은 제3절의 표현처럼 영원한 생명에 이르도록 선택하셨다는 말과 같다. 사람이 하나님의 자녀가 되어 영원한 생명을 누리는 것보다 더 큰 영원한 영광이 없기 때문이다.

하나님께서 자신의 순전히 값없는 은혜와 사랑으로 말미암아 선택하셨다는 것은 선택을 받는 사람들 안에 선택을 받을 자격이나 능력이나 조건이 없다는 것이다. "하나님이 우리를 구원하사 거룩하신 소명으로 부르심은 우리의 행위대로 하심이 아니요 오직 자기의 뜻과 영원 전부터 그리스도 예수 안에서 우리에게 주신 은혜대로 하심이라"딤후 1:9. 예지 작정이 아니듯, 당연히 예지 예정이 아니다. 하나님께서 어떤 사람들을 영원한 생명에 이르도록 예정하신 것은 순전히 아무 조건 없이 사랑하셨기 때문이고 아무 대가 없이 은혜를 베푸셨기 때문이다.

여기서 "값없는"은 영어의 "free"를 번역한 것이다. "free"란 "자유로운"이란 기본 의미를 갖는다. 하나님께서 어떤 사람들을 선택하실 때에 그들의 어떠한 상황도, 조건도 보시지 않는다. 그들의 믿음이나, 선행이나, 믿음과 선행의 견인이나, 다른 어떤 것을 보시고 선택하셨다면 하나님께서 그것 때문에 선택하신 것이 되기 때문에 자유롭지 않다. 하나님께서 제1원인으로서 결정하시고 행하셔야 독립적이신데, 그것 때문에 선택하신 것이므로 제2원인이 되신다. 하나님은 믿음이나, 선행이나, 믿음과 선행의 견인이나, 다른 어떤 것으로부터 자유롭지 않고 영향을 받게 된다. 하나님은 절대로 이런 것들을 미리 보시기 때문에 선택하시지 않았고, 이것들을 보시지 않고 자유롭게 free 선택하셨다. 피조물의 상태와 행함이 조건이 되어 선택하시지 않았고, 아무 이유나 조건 없이 오직 자유로운 은혜와 사랑으로 선택하셨다. 그런데 제5절의 번역에서 free를 "자유로운 은혜와 사랑"이 아니라 "값없는 은혜와 사랑"으로 번역한 것은 하나님께서 은혜와 사랑을 선택하신 자들에게 "자유롭게" 주셨다는 것은 "값없이" 주셨다는 의미이기 때문이다. 개역개정 성격도 free를 대가를 받지 않고 제공한다는 의미일 때는 "값없이"로 번역한다 민 11:5; 고전 9:18; 고후 11:7; 살후 3:8; 계 21:6, 22:17.

이 모든 것이 하나님의 영광스러운 은혜를 찬송하게 하려 함이란 그 선택이 얼마나 은혜로 말미암은 것인지를 피조물이 알게 되어 하나님을 높이 찬양하게 된다는 것이다. 작정과 예정과 선택은 하나님의 무한성과 절대성이 신비롭게 드러나는 차원의 일이다. 피조물이 감히 이해한다고 말하기 힘들다. 선택을 통하여 피조물에게 보여주시는 하나님의 은혜는 이루 말할 수 없이 크다. 신자는 선택을 느끼고 체험할수록 하나님의 영광스러운 은혜를 찬송할 것이다. 하나님께서 작정과 선택 그리고 이것의 완전한 시행을 통하여 자신이 무한하시고 절대적이시고 지극히 지혜로우시다는 것을 온 천하에 드러내시며 온 천하로부터 영광의 찬양을 받으신다.

제3장 제5절을 선택에 대한 네덜란드의 항론파의 주장과 비교하면 더 잘 이해할 수 있다. 또한 웨스트민스터 신앙고백은 다른 나라들이 이미 만들어놓은 신앙고백들의 선한 영향을 받아 작성되었음도 알 수 있다. 1610년에 항론파는 5개의 항목을 주장했는데 제1조항이 예정에 대한 것이다.

* 항론파의 제1조항

하나님께서 자신의 아들 그리스도 예수 안에서 영원하며 불변한 작정에 의해, 세상의 창립 이전에, 타락한 죄 속에 있는 인류로부터, 그리스도 안에 있는 자들을 그리스도를 인하여 그리고 그리스도를 통하여 구원하시기로 정하셨다. 이들은 성령의 은혜를 통하여, 하나님의 아들을 믿을 자들이고, 동일한 은혜를 통하여 바로 그 믿음과 믿음의 순종을 지속적으로 끝까지 견인할 자들이다. 한편, 완악하고 믿지 않는 자들을 죄와 진노 아래에 두시고, 그리스도로부터 떨어진 자들로 정죄하시기로 정하셨다. 이는 요한복음 3장 36절의 복음의 말씀에 따른 것이다. "아들을 믿는 자에게는 영생이 있고 아들에게 순종하지 아니하는 자는 영생을 보지 못하고 도리어 하나님의 진노가 그 위에 머물러 있느니라" 그리고 또한 성경의 다른 구절들에 따른 것이다.

위의 밑줄 친 부분에서 보는 것처럼 항론파는 하나님께서 믿을 자들을 그리고 끝까지 견인할 자들을 예정하셨다고 본다. 예지 예정인 것이다. 제3절 제5절은 바로 항론파의 이러한 내용을 거부하면서 하나님께서 "믿음과 선행의 견인"을 선택의 조건들이나 원인들로써 미리 보심으로써 선택하신 것이 아니라고 진술한다. 도르트 신경 제1장 제5항은 "이러한 불신의 원인이나 책임은 다른 모든 죄처럼 하나님에게 있지 않고, 사람에게 있다. 그러나 예수 그리스도에 대한 믿음과 그분을 통한 구원은 하나님의 값없는 선물이다. 성경에 다음처럼 쓰인 것과 같다. 너희는 그 은혜에 의하여 믿음으로 말미암아 구원을 받았으니 이것은 너희에게서 난 것이 아니요 하나님의 선물이라 엡 2:8. 너희에게 은혜를 주신 것은 다만 그리스도를 믿을 뿐 아니라 빌 1:29."라고 말한다. 예수 그리스도에 대한 믿음은 하나님의 값없는 선물로 선택의 결과이지, 절대로 선택의 조건이나 원인이 아니다.

도르트 신경 제1장 제6항은 "시간 속에서 어떤 이들에게는 믿음이 하나님으로부터 선물로 주어지고, 다른 이들에게는 주어지지 않는데, 이것은 하나님의 영원한 작정으로 인한 것이다. 왜냐하면 하나님은 자신의 모든 일을 영원부터 아시기 때문이다 행 15:18; 엡 1:11. 이 작정에 따라, 하나님은 선택된 자들의 마음이 아무리 강퍅할지라도 은혜로 부드럽게 하시고 믿음으로 기울게 하시지만, 선택되지 못한 자들은 그분의 공정한 심판을 인하여 악함과 강퍅함에 내버려 두신다. 그리고 여기에 똑같이 파멸에 이른 사람들에 대한 그분의 가장 심오하시고, 자비로우시며 동시에 공의로우신 구별이 우리에게 드러난다. 이것이 하나님의 말씀에 계시된 선택과 유기의 작정이다. 비록 이 작정을 사악하고 불순하고 변덕스러운 자들은 자신의 파멸로 왜곡하지만, 이 작정은 거룩하고 독실한 영혼에게는 말할 수 없는 위로를 가져다준다."라고 말한다. 도르트 신경의 제1장 제6항도 제5항에 이어 믿음은 하나님으로부터 주어지는 선물이라고 말한다. 하나님은 아무 이유 없이 오직 사랑과 은혜로 어떤 자들을 자녀로 택하신 것이다.

롬 9:10-16   그뿐 아니라 또한 리브가가 우리 조상 이삭 한 사람으로 말미암아 임신하였는데 11 그 자식들이 아직 나지도 아니하고 무슨 선이나 악을 행하지 아니한 때에 택하심을 따라 되는 하나님의 뜻이 행위로 말미암지 않고 오직 부르시는 이로 말미암아 서게 하려 하사 12 리브가에게 이르시되 큰 자가 어린 자를 섬기리라 하셨나니 13 기록된 바 내가 야곱은 사랑하고 에서는 미워하였다 하심과 같으니라 14 그런즉 우리가 무슨 말을 하리요 하나님께 불의가 있느냐 그럴 수 없느니라 15 모세에게 이르시되 내가 긍휼히 여길 자를 긍휼히 여기고 불쌍히 여길 자를 불쌍히 여기리라 하셨으니 16 그런즉 원하는 자로 말미암음도 아니요 달음박질하는 자로 말미암음도 아니요 오직 긍휼히 여기시는 하나님으로 말미암음이니라

리브가가 쌍둥이를 임신하였다. 하나님은 리브가에게 "두 국민이 네 태중에 있구나 두 민족이 네 복중에서부터 나누이리라 이 족속이 저 족속보다 강하겠고 큰 자가 어린 자를 섬기리라"고 창 25:23 말씀하셨다. 하나님은 쌍둥이가 아직 태어나지도 않고, 무슨 선이나 악을 행하지 아니한 때에 이런 말씀을 하셨다. 이것은 하나님의 선택이 행위로 말미암지 않고 오직 부르시는 이로 말미암은 것임을 나타낸다. 하나님은 사람이 헤아릴 수 없는 주권적 의지에 의해 긍휼히 여길 자를 긍휼히 여기시고, 불쌍히 여길 자를 불쌍히 여기신다.

하나님은 무無에서 모든 것을 창조하셨다. 모든 피조물은 스스로의 능력이나 의지로 존재를 갖지 않는다. 순전히 하나님의 은혜로 존재하게 된다. 우리가 사람

으로 태어나기를 원했거나 노력해서 사람으로 태어난 것이 아니다. 전적인 하나님의 은혜이다. 우리에게 사람으로 태어날 자격이 있어서가 아니라, 우리를 아무 이유 없이 사랑하신 하나님께서 우리를 무에서 사람으로 태어나게 해주신다. 오직 사람만 하나님의 형상으로 지음을 받는 큰 복을 받는데, 이런 큰 복이 절대로 사람에게 원인이나 공로가 있지 않다. 존재하지 않는 자는 아무 생각이나 행위를 할 수 없기 때문이다.

우리가 그리스도인이 된 것도 절대로 우리에게 어떤 자격이나 능력이 있어서가 아니다. 오직 하나님께서 아무 이유 없이 오직 사랑과 은혜로 사람들 중에서 일부를 하나님의 자녀로 택하여주셨기 때문이다. 성경은 하나님의 선택에는 아무 조건이 없고, 오직 사랑과 은혜뿐이라고 말하는데, 항론파는 하나님께서 사람들의 미래의 믿는 행위를 미리 보시고 선택하셨다며 "조건적 선택"을 주장한다. 항론파는 이렇게 주장하는 만큼 하나님의 무한성과 절대성과 독립성을 깎아내리는 것이고, 그만큼 피조물인 사람을 높이는 것이 된다.

3.6

하나님께서 선택된 자들을 영광에 이르도록 정하셨던 것처럼, 자신의 의지의 영원하며 지극히 자유로운 목적에 의해 영광에 이르는 모든 수단도 미리 정하셨다.m 그런 까닭으로 선택을 받은 자들은 아담 안에서 타락하여, 그리스도에 의해 구속함을 받고,n 적절한 때에 역사하시는 그리스도의 영에 의해 그리스도를 믿는 믿음에 이르도록 효과적으로 부르심을 받고, 의롭다 하심을 받고, 양자가 되고, 거룩하게 되고,o 그의 능력에 의해 믿음으로 말미암아 구원에 이르도록 보호된다.p 선택된 자들 외에는 어느 누구도 그리스도에 의해 구속함을 받거나, 효과적으로 부르심을 받거나, 의롭다 하심을 받거나, 양자되거나, 거룩하게 되거나, 구원받지 못한다.q

As God hath appointed the elect unto glory, so hath he, by the

> eternal and most free purpose of his will, foreordained all the means thereunto.m Wherefore they who are elected, being fallen in Adam, are redeemed by Christ,n are effectually called unto faith in Christ, by his Spirit working in due season, are justified, adopted, sanctified,o and kept by his power through faith unto salvation.p Neither are any other redeemed by Christ, effectually called, justified, adopted, sanctified and saved, but the elect only.q
>
> m 벧전 1:2; 엡 1:4-5; 엡 2:10; 살후 2:13　　n 살전 5:9-10; 딛 2:14
> o 롬 8:30; 엡 1:5; 살후 2:13　　p 벧전 1:5
> q 요 17:9; 롬 8:28-39; 요 6:64-65; 요 10:26, 8:47; 요일 2:19

6. 미리 정해진 구원의 수단들

❶ 예정하실 때 구원의 수단들도 정하심

하나님께서 어떤 사람들을 영원한 생명에 이르도록 예정하실 때에, 그들이 영원한 생명에 이르는 모두 수단도 미리 정하셨다. 하나님은 영생이라는 목적에 이르는 모든 수단도 미리 정하신 것이지, 택하신 자들에게 알아서 영생에 이르라고 하시지 않았다. 마치 부모가 자녀들이 성인이 되어 좋은 직장에 취직하고 좋은 배우자를 만나 행복한 삶을 살 수 있도록, 자녀들이 어려서부터 건강과 공부와 취미와 대인관계를 잘 갖추도록 여러 수단을 준비하는 것과 같다.

역시 이러한 모든 수단도 하나님의 의지로 말미암은 영원하고 지극히 자유로운 목적에 의한 것이다. 즉 이러한 모든 수단도 하나님의 의지로 말미암은 것이지 하나님의 의지보다 더 앞선 것이 없다. 오직 하나님의 절대적이고 지혜로운 의지에서 나온다. 이 의지에 따른 영원하며 지극히 자유로운 목적이란 하나님의 의지보다 더 앞서거나 더 커서 하나님의 목적에 영향을 미치는 것이 없다는 것이다. 무한하시고 영원하시고 절대적이시고 지극히 자유로우신 하나님께서 오직 하나님의 차원에 맞는 목적을 가지신다는 것이다. 이것은 시간 속에서 시간의 경과에 따라 더 좋은 의지의 목적을 발견하는 것도 아니고, 따라서 시간이나 다른 존재나 행위에 의해 영향을 받는 목적도 아니다.

선택된 자들은 아담 안에서 타락한다. 아담의 타락은 하나님의 의지를 벗어나지 않고, 하나님의 의지 안에 있다. 왜 하나님께서 아담에게 타락을 허락하셨는지 유한한 우리는 다 알 수 없지만 하나님의 의지의 영원한 목적에 의해 하나님의 영광을 위하여 타락이 진행되었지, 하나님의 의지를 벗어나 벌어지지 않았다.

제5절은 하나님께서 생명에 이르도록 예정된 사람들을 그리스도 안에서 선택하셨다고 말한다. 이것은 하나님이신 그리스도께서 사람이 되시어 택하신 자들의 죄를 짊어지고 십자가에서 죽으심으로 택하신 자들의 구원을 획득하셨다는 의미이다. 이것을 제6절은 "그리스도에 의해 구속되고"라고 말한다.

그렇다면 이렇게 획득된 구원이 선택된 자들에게 어떻게 적용이 될까? 바로 적절한 때에 역사하시는 그리스도의 영에 의해 적용된다. 구원의 획득은 그리스도께서, 구원의 적용은 성령께서 하신다. 물론 이때도 다른 위격들이 구원의 획득과 적용에서 각각 배제되지 않고, 다만 그리스도와 성령께서 각각의 일을 주도적으로 하시는 것뿐이다. 하나님은 성령에 의해 먼저 택하신 자들을 부르시는데, 성경에 의하면 그 부르심에는 실패가 없기 때문에 신학적으로 "효과적 부르심"이라고 부른다. 하나님은 이때 자신의 말씀과 영을 통하여 부르시면서, 참된 믿음을 선택된 자들에게 주신다. 부름을 받은 자들은 그 믿음을 통하여 예수 그리스도를 받아들이고 믿게 된다. 하나님은 이런 자들을 의롭다 하시고, 양자로 삼으시고, 거룩하게 하시고, 끝까지 구원을 얻도록 보호하신다. 나열된 각각에 대해서 웨스트민스터 신앙고백이 제10장부터 서술하므로 그때 자세히 살펴본다. 여기서 강조할 점은 성도의 구원을 획득하고 적용하는 것이 그리스도와 성령에 의해 치밀하게 실패함 없이 작정되었고, 그대로 집행된다는 것이다. 하나님의 무조건적 선택을 받아들인다는 것은 단순히 하나님께서 사람들의 행위를 조건으로 미리 보시지 않고 아무 조건 없이 은혜로 선택하셨다는 것에만 그치지 않고, 그리스도께서 획득하신 구원이 선택된 자들에게 성령에 의해 틀림없이 적용되도록 구원의 모든 과정을 하나님께서 주관하신다는 것을 포함한다. 이것까지 받아들이지 않으면 그것은 여전히 신인협력의 구원론을 말하는 것이고, 칼뱅주의자가 강력하게 비판했던 항론파의 자취가 여전히 배어있는 것이다.

> 롬 8:30   미리 정하신 그들을 또한 부르시고 부르신 그들을 또한 의롭다 하시고 의롭다 하신 그들을 또한 영화롭게 하셨느니라

롬 8:30절은 위의 내용을 확인해준다. 하나님은 선택하신 자들을 부르시고, 부르신 자들을 그대로 알아서 하라고 놓아두지 않고 의롭다 하시고, 영화롭게 하신다. 하나님은 우리의 구원의 모든 과정에 같이 하시어 반드시 완성하신다. 하나님은 자신의 뜻대로 부르심을 입은 자들에게는 모든 것이 합력하여 선을 이루게 하신다. 우리가 선택하시고 완성하시는 하나님을 안다면 우리는 어떠한 상황에서도 포기하거나 좌절하지 않고, 우리 위에서 일하시는 하나님을 바라보며 위로와 확신을 갖고 힘차게 견디며 전진할 수 있다.

하나님께서 이렇게 일하시지 않고, 선택된 자들에게 구원의 완성을 모두 맡기는 것은 그들의 자유 의지를 존중하는 것 같지만, 그들에게 불가능한 일을 맡기며 자유롭게 완성하라고 하는 무책임한 행위이고 살인에 속한다. 하나님은 우리를 로봇처럼 대우하시지 않고 우리의 자유를 존중하시면서도 하나님의 뜻을 이루시는 전능한 분이시다. 우리가 스스로 하나님의 부르심에 응답하고, 우리가 죄를 깨달아 회개하고, 우리 스스로 예수님을 믿고, 성화의 과정을 밟아가는 것 같지만 더 깊은 원인으로 하나님께서 계신다. 하나님께서 제1원인으로서 우리를 제2원인들로 삼으시며 자신의 의지의 경륜을 끝내 이루신다.

❷ 구원의 순서(the order of salvation)와 황금 사슬(golden chain)

한 사람이 기독교인이 되어 생을 마감하기까지 여러 단계를 경험한다. 갓난아이가 어린이와 소년과 청년과 성인과 노인의 단계를 거쳐 죽음에 이르는 것처럼

신자도 "부르심, 칭의, 양자, 성화, 믿음, 회개, 견인"과 같은 일반적 단계를 거친다. 하나님께서 창세 전에 어떤 자들을 구원하시어 하나님의 자녀로 정하셨을 때 예수 그리스도께서 획득하신 구원을 그들에게 적용하시는 구원의 수단도 정하셨다. 그래서 아담 안에서 타락한 자들을 위해 그리스도에 의한 구원의 획득과 성령에 의한 그 구원의 적용 부르심, 칭의, 양자, 성화, 믿음, 회개, 견인 등을 구원의 수단으로 미리 정하셨다. 하나님께서 구원의 적용을 구원의 수단으로 정하시지 않는 것은 갓 태어난 아이에게 알아서 성장하라는 것과 같다.

하나님께서 성령을 통하여 부르심, 칭의, 양자, 성화, 믿음, 회개, 견인 등을 택하신 자에게 주실 때에 일종의 종합선물세트처럼 하나로 묶어 그에게 주신다. 따라서 부르심은 있는데 믿음과 칭의가 없는 경우가 없다. 자전거 체인의 작동을 보면 이것 없이 저것이 작동되지 않고, 저것 없이 이것이 작동되지 않는다. 그러듯 부르심 없이 칭의가 없고, 칭의와 성화 없이 믿음과 회개 또한 있을 수 없다. 하나님은 택하신 자를 부르시면 그로 하여금 믿고 회개하고 견인에 이르게까지 하신다. 이것들은 일종의 사슬체인, chain처럼 묶여서 그들에게 전달된다. 윌리엄 퍼킨스 William Perkins, 1558-1602는 하나님께서 이것들을 황금의 체인으로 묶어 주셨다는 의미로 "황금 사슬"golden chain이라고 불렀다. 귀하고 강한 황금으로 튼튼하게 사슬처럼 묶어 주셨기 때문에 틀림없이 정확하게 성도에게 적용된다는 것이다.

이것들은 신자에게 단 한 번에 펼쳐지지 않고, 신자의 신앙생활 전 기간에 걸쳐 펼쳐진다. 이것들은 비록 느리게 펼쳐지고 어느 때는 전혀 펼쳐지지 않는 것처럼 보일지라도 황금사슬로 연결되어 있기 때문에 반드시 신자에게 실패 없이 주어진다. 이것을 "구원의 순서"the order of salvation라고 부르는데, 자칫 오해하면 부르심, 칭의, 양자, 성화, 믿음, 회개, 견인 등에 정밀한 논리적 진행 순서가 있다고만 생각하기 쉽다. 성령께서 구원을 단일한 과정으로 적용하시는데, 그 과정은 구분이 되는 성령의 다양한 활동으로 이루어져 있고, 그 활동들에 명확하고 합리적인 질서가 있다. 순서로 번역된 영어단어 오더order는 질서나 과정으로 이해하면 좋다. 성령의 다양한 활동이 단일한 과정으로 반드시 집행되고, 그 다양한 활동 간에 합리적인 질서가 있다는 것에 더 주안점이 있지, 활동들 간에 엄밀한 시간적인 혹은 논리적인 순서가 있다는 것에 주안점이 있지 않다.

이것을 이해하면 하나님께서 아브라함과 이삭 등을 자녀로 삼으실 때에 이들의 믿음 때문이 아니라, 이들을 자녀로 삼으시겠다는 하나님의 뜻과 사랑 때문임을 이해하게 된다. 이를 보지 못하면 그만큼 하나님께서 하시는 일을 사람들이 하는 일로 읽게 되어, 성경을 위인전기전이나 적극적 사고방식을 고취하는 인간 계발서로 읽게 된다. 하나님께서 아브라함, 이삭, 야곱, 요셉, 모세, 다윗 등의 범죄와 잘못에 대하여 오래 참으시며 끝내 이들에게 구원을 주신다. 구약이나 신약이나 모두 예수님께서 획득하신 구원과 성령님께서 그 구원을 적용하신 것에 대한 기록이지, 절대로 사람들의 총명, 인내, 능력에 관한 기록이 아니다. 하나님께서 구원의 사역을 사랑과 인내로 하시지 않는다면 인간은 노아의 홍수 때와 같이 모두 죽고, 소돔과 고모라처럼 멸망당한다. 하나님께서 택하신 자들에게 부르심, 칭의, 양자, 성화, 믿음, 회개, 견인과 같은 성령의 다양한 활동을 하나의 사슬로 묶어서 주시기 때문에 최종적인 구원과 영생이 가능하다. 시작과 마침이 되시는 하나님께서 우리의 구원의 시작과 마침이 되시어 우리에게 완벽한 구원을 주신다.

3.7

그 나머지 인류에 대해서는, 하나님 자신의 의지의 헤아릴 수 없는 경륜에 따라 자신이 기뻐하시는 대로 긍휼을 베풀거나 거두기도 하시는 하나님께서 자신의 피조물에 대한 자신의 주권적인 능력의 영광을 위해 자신의 영광스러운 공의가 찬송되도록 간과하시고, 그들의 죄에 대한 수치와 진노를 받도록 정하시기를 기뻐하셨다.[r]

The rest of mankind God was pleased, according to the unsearchable counsel of his own will, whereby he extendeth, or withholdeth mercy, as he pleaseth, for the glory of his sovereign power over his creatures, to pass by, and to ordain them to dishonor and wrath for their sin, to the praise of his glorious justice.r

r 마 11:25-26; 롬 9:17-18, 21-22; 딤후 2:19-20; 유 1:4; 벧전 2:8

7. 유기

하나님께서 제3절에 의하면 어떤 사람들을 영원한 생명에 이르도록 예정하셨지만 동시에 다른 자들을 영원한 죽음에 이르도록 미리 정하셨다. 전자를 선택이라고 하고, 후자를 유기라고 함을 이미 살펴보았다. 하나님의 유기를 통해 하나님의 선택이 영원하고 값없는 은혜라는 것이 더 잘 드러난다. 하나님은 모든 사람을 자녀로 택하시지 않고 일부만을 택하셨다. 그 나머지는 간과하셨다to pass by. 이렇게 일부를 택하시는 이유와 근거가 사람에게 없다. 사람에게 택함을 받을 선한 조건이 전혀 없다. 하나님께서 오직 사랑과 은혜로 특정한 사람들을 선택하셨다. 나머지에게는 그런 사랑과 은혜가 임하지 않았으니 하나님께서 택하신 자들에게 임한 사랑과 은혜가 얼마나 특별하고 귀중한 것인가가 크게 드러난다.

왜 어떤 이들은 택함을 받고, 어떤 이들은 버림을 받을까? 이것은 하나님 자신의 의지의 헤아릴 수 없는 경륜에 따라, 자신의 피조물에 대한 자신의 주권적인 능력의 영광을 위하여, 하나님께서 기뻐하시는 대로 긍휼을 베푸시기도 하고 거두시기도 하기 때문이다. 도르트 신경은 제1장 제15항에서 그 이유를 "하나님의 가장 자유롭고, 가장 공의롭고, 흠잡을 데 없고, 변하지 않는 선한 기쁨에 의한 것 … 자신의 공의의 선포를 위해"on the basis of his entirely free, most just, irreproachable, and unchangeable good pleasure … in order to display his justice라고 말한다. 선택과 유기가 우리 피조물 눈에는 불합리하고, 주사위놀음 같아 보이지만, 이 결정은 하나님의 헤아릴 수 없는 지식과 지혜와 주권에서 온 것이다. 피조물이 이해할 수 없다고 하여 비합리적이고 비상식적인 것이 아니라, 초합리적이고 초상식적인 것이다. 우리는 성경에 선택과 유기에 대하여 나와 있으므로 그대로 받아들여야 하고, 하나님의 주권적인 능력임을 그대로 인정해야 한다. 바울은 하나님의 주권적인 능력에 대하여 "성경이 바로에게 이르시되 내가 이 일을 위하여 너를 세웠으니 곧 너로 말미암아 내 능력을 보이고 내 이름이 온 땅에 전파되게 하려 함이라 하셨으니 그런즉 하나님께서 하고자 하시는 자를 긍휼히 여기시고 하고자 하시는 자를 완악하게 하시느니라 … 토기장이가 진흙 한 덩이로 하나는 귀히 쓸 그릇을, 하나는 천히 쓸 그릇을 만들 권한이 없느냐 만일 하나님이 그의 진노를 보이시고 그의 능력을 알게 하고자 하사 멸하기로 준비된 진노의 그릇을 오래 참으심으로 관용하시고"라고 고전 9:17, 18, 21, 22 말하였고, 디모데에게 "큰 집에는 금 그릇과 은 그릇뿐 아니라 나무 그릇과 질그릇도 있어 귀하게 쓰는 것도 있고 천하게 쓰는 것도 있나니"라고 딤후 2:20 말하였다. 피조물은 헤아릴 수 없는 하나님의 지혜와 능력과 주권에 대하여 함부로 재단하거나 비판하면 안 되고, 자신의 분수를 알아 잠잠하여야 한다.

하나님께서 유기된 자들은 선택하시지 않았기 때문에 구원을 받지 못하는 것이므로 하나님은 죄의 조성자가 된다고 비판하는 이들이 있다. 하지만 유기된 자들은 "그들의 죄에 대한 수치와 진노를" 받는 것이다. 그들 자신의 죄를 인하여 영원한 저주와 죽음에 처하는 것이지, 절대로 하나님께서 유기의 작정을 하시어 그들로 죄를 짓게 하시는 것이 아니다. 물론 하나님께서 유기의 작정을 하시는 것과 유기된 자들이 죄를 짓는 것 사이에 있는 명확한 선후 관계는 사람에게 신비이다. 우리 피조물은 성경을 따라 하나님께서 유기하시고, 그럼에도 하나님께서 죄의 조성자가 아니시라는 두 가지 사실을 그대로 받아들일 뿐이다.

사람은 하나님의 유기를 인하여 하나님께서 자비하실 뿐만 아니라 공의로우심을 알게 된다. 하나님은 두려우신 심판자와 보응자로서 사람의 죄에 대하여 사망으로 심판하시고 보응하신다. 하나님의 공의로우신 속성이 하나님의 유기를 통하여 크게 드러난다.

말라기 1:1-3   여호와께서 말라기를 통하여 이스라엘에게 말씀하신 경고라 2 여
호와께서 이르시되 내가 너희를 사랑하였노라 하나 너희는 이르
기를 주께서 어떻게 우리를 사랑하셨나이까 하는도다 나 여호와
가 말하노라 에서는 야곱의 형이 아니냐 그러나 내가 야곱을 사랑
하였고 3 에서는 미워하였으며 그의 산들을 황폐하게 하였고 그의
산업을 광야의 이리들에게 넘겼느니라

하나님께서 말라기 선지자를 통하여 이스라엘에게 경고의 말씀을 주셨다. 이 스라엘 백성은 현재의 어려움을 인하여 주께서 자신들을 사랑하시는 것이 아니라고 생각했는데, 이에 대하여 하나님은 그들을 크게 사랑하신 증거로 하나님께서 야곱을 사랑하셨고, 에서는 미워하셨던 것을 예로 드셨다. 일반적으로 장자가 아버지의 유산을 이어받는데, 하나님은 에서가 아니라 야곱을 아브라함과 이삭의 상속자로 삼으셨다. 하나님의 선택을 받았다는 것은 이렇게 큰 은혜이다. 에서가 간과된 것을 인하여 야곱이 받은 선택의 은혜가 얼마나 큰지 크게 드러난다. 선택을 받는 것보다 더 큰 은혜가 없다. 신자는 자신이 하나님을 알고 구원을 받은 것이 얼마나 하나님의 전적인 은혜인가를 알고 하나님께 큰 찬양을 드려야 한다.

3.8

예정이라는 이 심오한 신비의 교리는 특별히 신중하고 주의 깊게 다루어야 한다.s 이것은 하나님의 말씀에 계시된 하나님의 의지를 유의하고 순종하려는 이들이 자신들이 효과적으로 부르심을 받았다는 확실성으로부터 자신들의 영원한 선택을 확신하도록 하기 위함이다.t 그리하면 이 교리는 진실로 복음에 복종하는 모든 이에게 하나님을 향한 찬송과 경외와 숭배의 근거u 및 겸손과 근면과 풍성한 위로의 근거를 제공할 것이다.w

> The doctrine of this high mystery of predestination is to be handled with special prudence and care,s that men attending to the will of God revealed in his Word, and yielding obedience thereunto, may, from the certainty of their effectual vocation, be assured of their eternal election.t So shall this doctrine afford matter of praise, reverence, and admiration of God,u and of humility, diligence, and abundant consolation to all that sincerely obey the gospel.w
>
> s 롬 9:20; 롬 11:33; 신 29:29   t 벧후 1:10   u 엡 1:6; 롬 11:33
> w 롬 11:5-6, 20; 벧후 1:10; 롬 8:33; 눅 10:20

8. 예정 교리의 주의사항과 유익

예정은 심오한 신비에 속한다. 시간도 공간도 있기 전에 영원 속에서 하나님께서 지극한 주권과 지식과 사랑으로 하신 일이기 때문에 시간과 공간 속에서만 존재하고 선후의 논리를 따라서만 사고하는 사람이 이해하기에는 너무나 심오한 신비이다. 심오한 신비이기에 신자가 특별한 사려분별과 주의함으로 잘 다루어야 한다. 그렇게만 하면 자신이 영원한 선택을 받았다는 확신이 주는 큰 유익을 누릴 수 있다.

우리가 선택받은 자라는 것을 우리는 어떻게 확신하는가? 꿈이나 환상이나 직통 계시와 같은 신비한 방법이 아니라, 우리가 현재 하나님의 말씀에 계시된 하나님의 뜻을 유의하고 순종하는 것을 통해서이다. 이런 자들은 효과적인 부르심을 하나님으로부터 받았기 때문에 하나님의 뜻을 유의하고 순종하는 것이다. 하나님의 부르심을 효과적이라고 하는 것은 하나님의 부르심에는 실패가 없어서 최종적 구원에 이르기 때문이다. 따라서 자신이 효과적인 부르심을 받았다면 그 부르심의 확실성을 인하여 자신이 영원한 선택을 받았다고 확신해도 된다. 이 확신에 대해서는 제18장에서 자세히 살펴본다.

하나님의 효과적인 부르심이 신자를 최종적 구원으로 이끄는 것은 신자의 의지와 행위에 있지 않고, 하나님의 무조건적인 사랑과 의지에 있다. 신자는 자랑으로 내세울 것이 없기 때문에 하나님을 더욱 찬송하고 경외하고 숭배하게 된다. 더욱 겸손히 자신의 구원에 맞는 거룩한 삶을 근면하게 살 뿐만 아니라, 어떤 상황에서도 하나님의 자녀이기에 하나님의 돌봄과 지킴을 받는다는 위로와 격려를 받는다.

이렇게 예정 교리는 심오한 신비를 깨닫는 자들에게는 하나님에 대한 찬송과 경외와 숭배가 되지만, 모순되게 보이는 측면을 이성으로만 파헤치는 자들에게는 오해와 회의에 깊이 빠지는 것이 된다. 베드로는 무식한 자들과 굳세지 못한 자들이 알기 어려운 것을 억지로 풀다가 스스로 멸망에 이른다고 벧후 3:16 경고하였다. 우리는 예정 교리가 알기 어려운 것에 속한 줄로 알고 특별히 신중하고 주의 깊게 다루어야 한다. 1619년에 작성된 도르트 신경은 서문, 다섯 개의 교리, 그리고 결론으로 이루어져 있다. A4 3장의 분량으로 이루어진 결론은 절반의 분량에 걸쳐서 예정 교리에 대한 오해를 아래처럼 말한다.

가. 예정과 그와 연관된 것들에 대한 개혁 교회의 교리들은 고유한 특성과 성향을 인하여 온전한 경건과 종교성에서 사람의 마음을 벗어나게 한다.

나. 이것은 육신과 사탄의 아편이고, 사탄의 성채인데 사탄은 이곳에서 매복하여 있다가, 매우 많은 이를 손상시키고, 다수를 절망과 안전감의 창으로 치명적으로 뚫어버린다.

다. 이것은 하나님을 죄의 조성자, 불의한 자, 폭군, 위선자로 만드는 것이고, 새로운 스토아주의, 마니교, 자유주의, 터키 신앙에 지나지 않는다.

라. 이것은 사람들을 육적인 안전감으로 이끈다. 왜냐하면 이것은 선택받은 자들은 어떻게 살든 그 구원이 손상 받지 않으며 가장 잔인한 죄를 안전하게 저질러도 되고, 유기자는 성도가 해야 하는 모든 행위를 진심으로 수행하여도 구원에 도움이 되지 않는다고 설득하기 때문이다.

마. 이 교리는 하나님께서 죄를 전혀 고려하시거나 바라보시지 않고 단순하게 순

전히 임의의 뜻으로 세상의 큰 부분을 영원한 저주로 예정하시고 창조하셨다는 것이다.

바. 같은 방식으로 선택은 믿음과 선행의 근원과 원인이고, 유기는 불신과 불경건의 원인이 된다.

사. 신자들의 죄 없는 많은 자녀가 엄마의 가슴으로부터 낚아채져, 지옥으로 강압적으로 던져진다. 그래서 세례나 그들이 세례 받을 때에 교회가 한 기도가 아무 도움이 되지 않는다.

오늘날 사람들이 예정 교리에 대해 갖는 오해들도 위에 나열된 것들에 대부분 포함된다. 위의 오해들에 대한 우리의 답변을 간단히 살펴보자.

❶ 경건과 종교성에서 사람의 마음을 벗어나게 하고 육적인 안전감으로 이끈다.

하나님의 은혜로 예수님을 통해 구원을 받는다는 것을 아는 자는 자기 자신이 얼마나 부패한 자인가를 안다. 이들은 자신의 행위나 노력이 아니라 전적인 하나님의 은혜로 구원받았음을 알고, 구원 받은 상태가 얼마나 좋은가를 알기 때문에 거룩함과 경건의 의미와 가치와 유익을 추구한다. 참된 구원을 받은 자는 예정 교리를 인하여 절대로 경건과 종교성에서 벗어나지 않고, 오히려 하나님의 전적인 은혜로 구원 받았음을 알고 감사하고 기뻐하며, 이 상태에 머물기 위하여 더욱 노력한다.

성경에는 육적인 안전감이나 나태함에 빠져 큰 죄를 저지른 예들이 나온다. 다윗은 밧세바와 간음한 후 그녀의 남편 우리아를 맹렬한 전쟁터에 보내 죽였다. 이 죄에 대한 벌로 다윗과 밧세바 사이에 낳은 아들이 죽었고, 압살롬이 아버지 다윗을 반역하고 다윗의 첩들과 관계를 가졌다. 다윗이 이런 큰 죄를 저지른 것은 예정 교리 때문이 아니라 그에게 남아 있는 부패성 때문이다. 하나님은 택하신 자들이 남아 있는 부패성으로 짓는 죄를 징계하시며, 그들로 경건 자체를 즐거워하도록 성장시켜 가신다. 택함을 받은 자들도 하나님의 이러한 마음을 알고 이런 삶을 위하여 노력한다. 경건과 종교성을 벗어나 육적인 안전감에 빠져 멸망에 이르는 이들은 예정 교리 때문이 아니라, 구원의 의미를 제대로 알지 못하기 때문이다. 진실로 복음에 복종하는 이들은 오히려 예정 교리를 인하여 겸손해지고, 근면해지고, 풍성한 위로를 받는다. 그럼에도 죄를 짓는 것은 구원받은 자에게 남아있는 부패성 때문이지 절대로 예정 교리 때문이 아니다.

❷ 하나님을 죄의 조성자, 불의한 자, 폭군, 위선자로 만든다.

출애굽기에는 하나님께서 바로의 마음을 완악하게 하셨다는 구절들이 4:21, 7:3, 9:12, 10:20, 27, 11:10, 14:4, 8절 등에 나온다. 바로는 착한 사람인데 하나님께서 완악하게 하신 것이 아니다. 성경에 나오다시피 그는 악한 자로서 이스라엘을 종으로 가혹하게 부렸다. 그는 이미 완악한 자인데 하나님께서 그의 완악함을 사용하시어 하나님의 사역을 더 드러나게 하셨다.

| 삼상 6:6 | 애굽인과 바로가 그들의 마음을 완악하게 한 것 같이 어찌하여 너희가 너희의 마음을 완악하게 하겠느냐 그가 그들 중에서 재앙을 내린 후에 그들이 백성을 가게 하므로 백성이 떠나지 아니하였느냐 |

사무엘은 애굽인과 바로가 그들의 마음을 완악하게 했다고 말한다. 하나님께서 착한 그들을 완악하게 하시어 그들이 완악한 것이 아니라, 그들은 본디 완악하였다. 그들은 하나님의 재앙이 없으면 이스라엘을 보낼 자들이 아니었고, 하나님을 믿을 자들이 아니었다. 사무엘은 이스라엘에게 이들처럼 마음을 완악하게 하지 말라고 권면하였다.

택함을 받지 못한 자들이 완악한 것은 택함을 받지 못하였기 때문에 완악한 것이 아니라, 본디 완악한 자들이 하나님의 은혜를 받지 못하여 그 완악함에 계속 머물 뿐이다. 이것을 아는 참된 신자는 자신도 하나님의 은혜가 없다면 그들처럼 완악한 자가 될 것을 알기에 크게 겸손해진다. 그는 자신도 하나님의 은혜가 없다면 이성 없는 짐승처럼 완악하고 미련한 행위를 할 것임을 잘 알기 때문에 하나님께 모든 감사와 찬양을 돌린다. 예정 교리는 절대로 하나님을 죄의 조성자나 불의한 자나 폭군이나 위선자로 만들지 않고, 자비와 공의의 하나님으로 만든다.

누가 택함을 받고 누가 버림을 받을까? 로마서 9장은 하나님께서 하고자 하시는 자를 긍휼히 여기시고, 하고자 하시는 자를 완악하게 하신다고 말한다. 지음을 받은 피조물은 창조자에게 "어찌 나를 이같이 만들었느냐?"라고 반문할 수 없다. 토기장이가 진흙 한 덩이로 하나는 귀히 쓸 그릇을, 하나는 천히 쓸 그릇을 만들 권한이 없겠는가? 만일 하나님이 그의 진노를 보이시고 그의 능력을 알게 하고자 하시어 멸하기로 준비된 진노의 그릇을 오래 참으심으로 관용하시고 또한 영광 받기로 예비하신 긍휼의 그릇에 대하여 그 영광의 풍성함을 알게 하고자 하셨을지라도 무슨 말을 할 수 있겠는가?롬 9:21-23 하나님으로 인하여 존재를 갖게 된 우리는 하나님께서 누구를 택하시고 누구를 버리시는지에 대해서 반문해서는 안 된다. 우리는 하나님의 주권과 우리의 피조물 됨을 철저히 인정해야 한다. 하나님께서 이렇게 주권적으로 하신 데는 분명 깊은 뜻이 있는데, 아둔한 피조물은 헤아리지 못하는 것이다. 우리는 하나님의 지식과 지혜가 지극히 크고, 하나님의 결정은 헤아리지 못하고, 그분의 길은 찾지 못할 것이라고 철저히 인정하며 하나님을 높이 찬양해야 한다.

❸ 세상의 큰 부분을 영원한 저주로 예정하시고 창조하셨다.

바로 앞에서 다룬 것처럼 하나님은 세상의 큰 부분을 영원한 저주로 예정하시고 창조하시지 않았다. 땅에서 가시덤불과 엉겅퀴가 나고, 모든 사람이 흙이니 흙으로 돌아가야 하는 저주를 받은 것은 아담의 죄에 있다. 하나님께서 일부러, 악의적으로, 폭군처럼 모든 사람을 죽음으로 내모신 것이 아니라, 아담과 함께 모든 사람이 죄를 지어 스스로 저주를 자초하였다.

이 논의의 핵심은 아담이 죄를 지은 것은 그 자신으로 인한 것인가의 여부이다. 그 자신의 의지로 죄를 지은 것이라면 하나님은 아담의 죄를 예지하시지 못한

무력한 하나님이 된다. 반대로 아담의 죄가 하나님의 작정으로 인한 것이라면 하나님이 죄의 조성자가 된다. 성경은 하나님께서 죄의 조성자도 아니시고, 아담의 죄를 수수방관한 무기력자도 아니시라고 말한다. 즉 하나님은 죄의 조성자가 아니시지만, 죄의 발생에 대해서도 주권적으로 섭리하신다는 것이다. 사람은 이 두 개를 조화롭게 해석하기 힘들지만, 성경이 이 두 개를 모두 말하므로, 우리는 이 두 개를 억지로 조화 있게 해석하기보다 인간의 한계를 인정하며 이 두 개를 동시에 말하고 믿음으로 받아들여야 한다.

❹ **선택은 믿음과 선행의 근원과 원인이고, 유기는 불신과 불경건의 원인이다.**
"선택은 믿음과 선행의 근원과 원인"이라는 주장은 맞다. 하나님께서 선택하신 자만 믿을 수 있고 선행을 할 수 있으므로 선택이 믿음과 선행의 근원과 원인이다. 항론파는 이렇게 되면 사람은 로봇에 지나지 않으므로 선택을 받아 행하는 믿음과 선행은 의미가 없다고 본다. 하지만 이러한 주장은 사람이 무에서 하나님의 형상으로 창조된 사실 자체에 의미가 없다고 주장하는 것과 같다. 아담이 에덴동산을 다스리고 동물에게 이름을 지어줄 수 있는 능력을 가진 것은 하나님께서 아담을 하나님의 형상으로 지으셨기 때문이라며 비난하는 것과 같다. 우리는 사람을 하나님의 형상으로 지어주신 하나님께 감사와 찬양을 드려야지, 왜 그렇게 지으셨느냐고 따져서는 안 된다.

"유기는 불신과 불경건의 원인"이라는 주장은 틀린다. 하나님께서 이들을 유기하셨기 때문에 이들이 불신하고 불경건을 행한 것이 아니라, 이들은 자신들의 죄로 이렇게 행하는 것이다. 하나님은 이들을 간과하시고 이들로 자신들의 죄에 대한 수치와 진노를 받도록 정하신 것뿐이다. 하나님께서 선택하신 자에게 은혜를 주시고, 유기하신 자에게 그 똑같은 은혜를 주시지 않았다고 하여 하나님을 비난해서는 안 된다. 오히려 택하신 자에게 은혜를 주신 것을 찬양해야 한다. 유기는 불신과 불경건의 원인이 아니라, 유기는 불신과 불경건에 대한 공정한 심판이다.

❺ 어려서 죽은 자는 지옥에 떨어진다.

예정 교리는 어려서 죽은 자를 지옥에 억지로 떨어뜨리지 않고, 오히려 천국으로 인도한다. 항론파의 주장에 따르면 하나님은 믿을 자를 선택하시는데 태어나서 한 살 때 죽은 유아는 예수님을 인격적으로 고백할 수 없고, 선행도 적극적으로 실천할 수 없다. 이런 유아는 항론파의 선택의 근거에 의하면 모두 택함을 받지 못하고 지옥에 떨어진다.

그런데 하나님께서 믿음이나 선행을 미리 보시지 않고 오직 사랑으로 택하신다는 예정 교리에 의하면 태어난 지 한 달 만에 죽은 유아도 천국에 갈 수 있다. 하나님께서 사랑으로 그를 택하신 것에 구원이 달려있기 때문이다. 무조건적 선택 교리야말로 어려서 죽은 유아를 천국으로 인도한다. 또 이 교리는 정상적 지능을 갖지 못한 장애인의 구원 문제에 대해서도 말할 수 있고, 늙어서 치매에 걸려 예수님에 대한 신앙을 고백하지 못 하거나 부인하는 노인에 대한 구원 문제에 대해서도 해결책을 준다. 사람의 고백과 선행에 좌우되는 선택은 매우 불안정하다. 사람의 변덕스러움만큼이나 불안하다. 우리는 사람의 선택 여부를 불안정한 사람에게 두면 안 되고, 성경에 따라 하나님의 크신 사랑과 신실하심에 두어야 한다.

❻ 예정 교리의 현실적 의미

지금까지 예정 교리에 대한 오해를 살펴봤는데, 이제 긍정적인 측면에서 예정 교리가 어떤 유익을 주는지 살펴보자. 우리가 하나님의 사랑을 무조건적으로 받은 귀한 존재라는 확신을 우리에게 심어준다. 나의 행위와 의지를 인하여 하나님의 자녀가 된 것이 아니라, 하나님의 전적인 사랑으로 자녀가 되었으므로, 나 자신이 얼마나 귀한 존재인가를 알게 된다. 동시에 우리 자신도 타인을 조건 없이 사랑해야 함을 알게 된다.

현재는 인권이 강조되는 시대인데, 사람의 가치가 중요한 것을 일반 학문과 문화는 제대로 규명할 수가 없고, 오직 성경만이 올바로 규명한다. 사람만이 하나님의 형상으로 지음을 받았기 때문에 사람은 다른 피조물보다 더 가치가 있다. 효용과 경제적 능력이란 관점에서 노인과 장애인은 가치가 떨어지지만, 장애인과 노인도 하나님의 형상으로 지음을 받은 존재이기 때문에 가치가 있다.

예정 교리는 우리가 힘든 상황에 처할 때도 크게 위로가 된다. "누가 능히 하나님께서 택하신 자들을 고발하리요 의롭다 하신 이는 하나님이시니 누가 정죄하리요 죽으실 뿐 아니라 다시 살아나신 이는 그리스도 예수시니 그는 하나님 우편에 계신 자요 우리를 위하여 간구하시는 자시니라 누가 우리를 그리스도의 사랑에서 끊으리요 환난이나 곤고나 박해나 기근이나 적신이나 위험이나 칼이랴?"라는 롬 8:33-35 말씀은 크게 위로가 된다. 우리를 아무 이유 없이 사랑하신 하나님은 현재 우리의 행위와 조건 때문이 아니라, 오직 하나님의 사랑과 신실함을 인하여 우리를 끝까지 사랑하시고 지키신다. 이것보다 우리에게 더 큰 위로와 구원에 대한 확신을 주는 것이 없다. "내가 확신하노니 사망이나 생명이나 천사들이나 권세자들이나 현재 일이나 장래 일이나 능력이나 높음이나 깊음이나 다른 어떤 피조물이라도 우리를 우리 주 그리스도 예수 안에 있는 하나님의 사랑에서 끊을 수 없으리라"는 롬 8:38-39 말씀에서 우리는 하나님의 사랑이야말로 우리를 모든 위험과 존재로부터 우리를 지킴을 안다. 그리고 그 사랑은 우리를 조건 없이 선택하심에서 가장 크게 드러난다. 선택의 교리는 하나님의 사랑이 가장 크고 변하지 않음을 가장 크게 드러낸다.

선택의 교리는 '인간론적으로' 사고하는 것이 아니라, '신론적으로' 사고하는 것이다. 내가 예수님을 믿어서 구원받았다는 관점을 넘어서서, 이런 구원이 어떻게 가능한지에 대해서까지 생각하는 것이다. 성경에 나타난 하나님의 생각에까지 이르는 것이고, 모든 현상의 원인을 하나님에게서 찾아 하나님에게 모든 영광을 돌리는 것이다. 선택의 교리를 생각하는 이들일수록 성聖과 속俗이라는 이분법에 머물지 않고, 모든 만물에서 하나님의 영원하신 능력과 신성을 찾아 발견하고 누린다. 예수님의 십자가의 죽음을 통해 구원을 받음으로써 영적 허무감을 극복할 뿐만 아니라, 그 구원의 시종을 하나님의 성정에서 찾아 세계관과 가치관의 안정까지 누린다. 사물의 기원과 목적을 생각하는 성도는 예정 교리까지 나갈 수밖에 없고, 거기서 평안을 누린다.

Of Creation

제4장 창조

4.1

성부, 성자, 성령 하나님께서ᵃ 자신의 영원하신 능력과 지혜와 선하심의 영광을 나타내시기 위하여,ᵇ 태초에 세상과 그 안에 있는 보이거나 보이지 않는 모든 것을 6일 동안에 그리고 모든 것을 심히 좋게 창조하시기를, 즉 무로부터 만드시기를 기뻐하셨다.ᶜ

It pleased God the Father, Son, and Holy Ghost,ᵃ for the manifestation of the glory of his eternal power, wisdom, and goodness,ᵇ in the beginning, to create, or make of nothing the world, and all things therein, whether visible or invisible, in the space of six days, and all very good.ᶜ

ᵃ 히 1:2; 요 1:2-3; 창 1:2; 욥 26:13; 욥 33:4   ᵇ 롬 1:20; 렘 10:12; 시 104:24; 시 33:5-6
ᶜ 창 1:1-31; 히 11:3; 골 1:16; 행 17:24

1. 세상 만물의 창조

하나님은 자신의 작정을 창조와 섭리의 사역으로 실행하신다.[49] 웨스트민스터 신앙고백은 제3장에서 작정을 다루고, 작정의 실행인 창조와 섭리를 각각 제4장과 제5장에서 다룬다.

❶ **무로부터의 창조**(to create, or make of nothing the world)

오직 하나님만 유일하게 스스로 존재하시고, 그때 아무 부족함 없이 존재하신다. 자존自存하시고, 자충족自充足하신 하나님께서 일을 하시는데 필연적으로 하시는 일과 자유롭게 하시는 일이 있다. 필연적인 일은 하나님의 본성을 인하여 하나님 안에서 자유롭게 하고 말고를 결정하지 않고 필연적으로 하시는 일인데, 삼위 하나님 안을 향한 일 opera ad intra 에 속한다. 즉 성부 하나님께서 영원히 성자 하나님을 낳으시고 성령 하나님이 나오시게 하는 것, 성자 하나님께서 성부 하나님으로부터 낳아지는 것, 성령 하나님께서 성부 하나님과 성자 하나님으로부터 나오시는 것이다. 이러한 세 위격 간의 관계는 하나님의 본성을 인하여 필연적으로 발생하는 일이다.

이렇게 한 본질, 세 위격으로 존재하시는 하나님께서 이제 자유롭게 일하신다. 그 첫 번째 일이 작정인데, 삼위 하나님 안에서 결정된 것으로 여전히 삼위 하나님 안을 향한 일 opera ad intra 에 속한다. 그리고 그 작정이 창조와 섭리로 실행되는데, 이것들은 삼위 하나님께서 삼위 하나님 밖을 향하여 하신 일 opera ad extra 이다.

---

[49] 웨스트민스터 소요리문답 제8문: God executes his decrees in the works of creation and providence.

하나님의 사역

내재적 사역	┌ 필연적 사역: 위격간의 사역 - 발생, 아들 됨, 나오심
	└ 자유로운 사역: 작정 — 시간 전의 하나님의 일
외향적 사역 —	작정의 실행 - 창조,섭리 — 시간 속의 하나님의 일

자존하시고 자충족적이신 하나님께서 자신의 밖을 향하여 창조하시는 일이 꼭 필요했을까? 꼭 필요하지 않다. 그러므로 창조는 하나님의 자유로운 행동에 속한다. 하나님은 창조를 통하여 부족한 것을 채울 필요가 없고, 본질이 가감하는 변화가 없다. 창조 없이도 아무 부족한 것도, 더 채워질 것도 없다. 하나님께서 창조를 기뻐하시어 창조하신 것이지, 하나님으로 하여금 창조하도록 만드는 필연적인 이유나 상급이 없다.

작정은 제3장 제1절에서 본 것처럼 하나님께서 영원부터 from all eternity 자기 자신의 뜻의 가장 지혜롭고 거룩한 경륜에 의해 무엇이든지 발생하게 되는 일을 자유롭게 그리고 변치 않게 결정하신 것이다. 여기서 창조와 대조하여 유의할 점은 작정은 영원 속에서 이루어진 것이다. 아직 시간이 만들어지기 전에, 시간 없이, 시간을 초월하여, 하나님 이외에 아무 것도 존재하지 않는 가운데 이루어졌다. 따라서 창조는 하나님께서 무로부터 ex nihilo, of nothing 모든 피조물을 만드신 것이고, 피조물이 존재하는 시간과 공간을 만드신 일이다. 피조물은 시간과 공간 없이 존재하지 못하므로 하나님은 시간과 공간과 함께 다른 모든 피조물을 만드셨다.

하나님께서 무로부터 세상 만물을 만드셨다는 것은 중요하다. 이것은 첫째로 하나님보다 앞선 것이 존재하지 않았다는 것이고, 둘째로 하나님 없이 존재하는 것이 없다는 것이고, 셋째로 하나님은 다른 것의 존재와 능력을 통하여 만물을 만드시지 않는다는 것이고, 넷째로 따라서 창조 이후의 세상 만물이 자신들의 뜻과 능력대로 행하는 것이 아니라 하나님의 작정에 있다는 것이다.

하나님만이 무로부터 창조하실 수 있다. 다른 모든 피조물은 기존의 존재들을 이용하여 변형할 뿐이다. "무로부터 아무 것도 발생하지 않는다."Ex nihilo nihil fit. 라는 명제는 모든 피조물에게 적용된다. 모든 세상은 하나님의 말씀으로 지어진 것이지, 절대로 보이는 것이 나타난 것으로 말미암지 않는다 히 11:3. 이 명제는 오직 자존하시는 하나님에게만 적용되지 않는다. 이 명제는 하나님께서 작정을 통해 창조하시고 섭리하시기 때문에 작동되는 법칙이고, 오직 하나님만 무로부터of nothing 모든 것all things을 만드신다. 존재하는 것들은 모두 하나님께 의존한다. 영어에 "다른 장소·상태로 변화·이전함"을 나타내는 "trans"트랜스라는 접두사가 있는데 transplant이식하다, transform변형시키다, translate번역하다, transport수송하다 등에서 쓰인다. 사람이 하는 모든 일은 무로부터의 창조가 없고, 기존의 것을 변형하는 것에 지나지 않는다. 창조는 하나님에게, 변형은 사람에게 속한다.

일차적 창조는 하나님께서 무로부터 창조하시는 것이고, 이차적 창조는 본질에 있어 적합하지 않은 재료로 창조하시는 것인데, 하나님께서 흙으로 사람을 지으신 것창 2:7과 아담의 갈빗대로 하와를 지으신 것창 2:22 등이 여기에 속한다. 사람은 아무리 흙으로 사람의 형태를 짓고 입김을 그 코에 불어넣어도 살과 뼈와 영혼의 생명을 만들지 못한다. 흙과 갈빗대라는 부적합한 재료에 하나님의 능력이 가해지면 사람이 된다. 이차적 창조도 하나님께서 능력의 말씀으로 하시는 창조에 속한다.

❷ 자신의 영원하신 능력과 지혜와 선하심의 영광을 나타내시기 위하여 모든 것을 심히 좋게

하나님은 천지 만물을 말씀으로 창조하셨다. 히브리서 11:3절은 모든 세계가 하나님의 말씀으로 지어졌다고 말한다. 창세기 1:3절에서 하나님께서 빛이 있으라 하시니 빛이 있었다. 하나님께서 말씀으로 창조하셨다는 것은 창조하실 때 다른 어떤 것도 필요하시지 않고, 힘들게 노동하실 필요도 없고, 오랜 시간 걸리지도 않는다는 의미로, 하나님의 뜻대로 모든 것이 그대로 구현된다는 의미이다. 하나

님께서 아무런 존재물도 없는 상태에서 사람처럼 입으로 "빛이 있으라"고 실제로 외쳤다는 것은 다소 이상하다.

사람이 자신의 작정을 밖으로 나타내는 가장 즉각적인 방법이 말이다. 자신의 생각과 의도를 가장 빨리, 정확하게 표현하는 것이 말이고, 사람의 의지와 능력이 강할수록 그 표현된 말은 행동으로 그대로 구현된다. 그런데 사람의 지혜와 능력에는 한계가 있기 때문에 밖으로 표현된 말이 그대로 실행되는 경우가 많지 않다. 이에 반하여 하나님은 전능하시고 지극히 지혜로우시고 선하시다. 하나님의 작정에는 지식과 지혜 면에서 어떠한 부족함도 없고, 그 순수한 선하심의 면에서도 어떠한 흠이나 사욕이나 이기성이 없이 순전히 거룩하고, 그것을 실행하시는 하나님의 능력에도 아무 부족함이 없어서, 하나님의 뜻은 그대로 실행된다. 하나님의 말씀에는 능력과 지혜와 선하심이 그대로 깃들기 때문에 말씀 그대로 실행될 수밖에 없다. "그가 말씀하시매 이루어졌으며 명령하시매 견고히 섰도다"시 33:9. 성경은 "여호와의 말씀으로 하늘이 지음이 되었으며 그 만상을 그의 입 기운으로 이루었도다"라고시 33:6 말하고, 여호와께서 그의 "권능"으로 땅을 지으셨고 그의 "지혜"로 세계를 세우셨고 그의 "명철"로 하늘을 펴셨다고렘 10:12; 시 104:24 말한다.

여호와께서 자신의 영원하신 능력과 지혜와 선하심으로 만물을 창조하셨기 때문에, 여호와께서 창조를 통하여 자신의 영원하신 능력과 지혜와 선하심을 크게 드러내신다. 창세로부터 하나님의 보이지 아니하는 영원하신 능력과 신성이 그가 만드신 만물에 분명히 보여 알려졌다. 아무도 하나님을 알 기회가 없었다고 핑계하지 못할 정도로 분명히 보여 알려졌다. 하나님은 창조를 통하여 자신의 영원하신 능력과 지혜와 선하심이 갖는 영광이 나타나기를 바라신 것이다. 그런데 죄악에 물든 사람은 하나님께서 보여주신 하나님의 영광을 보고도 하나님을 영화롭게도 아니하고 감사하지도 아니하고, 오히려 그 생각이 허망하여지며 미련한 마음이 어두워지며 썩어지지 아니하는 하나님의 영광을 썩어질 사람과 새와 짐승과 기어다니는 동물 모양의 우상으로 바꾸었다롬 1:20-23. 창조자의 영광을 짓밟고, 피조물의 영광을 오히려 드러내고 숭배하니 이 얼마나 앞뒤가 바뀐 어리석은 일인지 모른다.

여호와께서 세상을 창조하신 목적은 자신의 영원하신 능력과 지혜와 선하심의 영광을 나타내시기 위함이다. 피조물은 자존하시고 자충족적이신 하나님에게 어떠한 도움과 영광을 주지 못한다. 하나님은 피조물의 존재와 능력과 도움을 전혀 필요로 하시지 않음에도 모든 피조물을 창조하신 것은 오직 자신의 영원하신 능력과 지혜와 선하심의 영광을 나타내시기 위함이다.

이러기 때문에 여호와께서 만드신 모든 것은 심히 좋았다. 여호와의 영원하신 능력과 지혜와 선하심으로 세상을 만드셨기 때문이고, 그래서 영원하신 능력과 신성이 그가 만드신 만물에 심겨져 있기 때문이다. 그간 지구가 열을 받아 고장이 발생하여 한 바퀴 도는 데 1분이라도 빨라지거나 느려진 적이 없고, 지구가 태양을 한 바퀴 도는 데 1시간이라도 빨라지거나 느려진 적이 없다. 태양이나 지구가 장애를 일으키면 지구라는 별에 사는 생물은 생명 자체에 지장을 받는다. 그런데 하나님께서 심히 좋게 만드셔서 이러한 고장 없이 창조 이후 지금까지 잘 작동되고 있다. 천지와 만물이 다 이루어졌기에 창 2:1 하나님은 일곱째 날을 복되게 하사 거룩하게 하시고 안식하셨다. "다 이루었다"라는 표현은 오직 하나님만이 하실 수 있다. 피조물이 하는 모든 일에는 흠이 있기 마련이다. 성자 하나님은 사람의 죄로 그 "다 이루심"이 깨어졌을 때에, 사람이 되어 십자가에 못 박혀 죽으시며 다시 "다 이루었다"라고 요 19:30 말씀하셨다. 창조 그리고 재창조에 속하는 구원 사역은 모두 완벽하게 이루어진 것이다.

이 세상 만물에는 신비한 것이 얼마나 많은지 모른다. 식물이 이산화탄소와 햇빛과 물의 광합성 작용을 통하여 성장하는 것도 얼마나 신비한지 모른다. 생물학은 광합성 작용을 발견했을지 모르지만, 왜 이 세 요소가 모이면 광합성이 되는지 근본 원인을 발견하지 못하였다. 과학은 모든 현상을 탐구하여 현상의 원인을 점점 더 발견하여 가지만, 근본 원인을 발견하지 못한다. 왜냐하면 하나님께서 말씀으로 창조하셨기 때문이다. 즉 하나님의 능력과 지혜와 선하심으로 창조하셨기 때문에 모든 피조물의 존재와 활동에 사람의 관찰력으로 온전히 인과관계를 파악할 수 없는 법칙과 현상이 배어있기 때문이다. 모든 피조물의 존재와 활동은 하나님의 능력과 지혜와 선하심으로 인한 것이지 절대로 피조물 자체의 능력이나 속성 때문이 아니다.

19세기 후반에 다윈에 의해 제창되어 모든 과학에 커다란 영향을 준 진화론에 대한 사전적 정의는 "생물의 다양성이나 적응성이 오랜 시간이 지나는 동안 변화되거나 전개되어 온 과정을 연구하는 학문"이다. 진화에 대한 사전적 정의는 "생물이 생명의 기원 이후부터 점진적으로 변해 가는 현상"이다. 진화는 생명의 기원 자체에 대해서는 다룰 수 없다. 학문이란 관찰을 통하여 인과 관계가 증명될 때 성립되는데 생명의 기원이란 다시 반복되지 않는 일이라 관찰되지 않기 때문이다. 진화론은 생명의 기원 자체는 다루지 못하고, 생명의 기원 이후 존재하는 생물이 어떻게 다양해졌고 적응하였는가를 다룰 뿐이다. 진화론은 생명체 자체에 상황에 적응하여 변해가는 능력이 있다고 본다. 원시 생명체가 몇 만 년, 몇 억 년 후에 발생할 지구 환경까지 정확히 예측하며 변해간다고 주장하는 셈이다. 창조론은 하나님께 전능한 능력을 돌리는 것이고, 진화론은 물질 자체에 전능한 능력을 돌리는 것이다.

❸ 엿새 동안에 (in the space of six days)

하나님은 엿새에 걸쳐 천지와 만물을 창조하셨는데, 창조하실 것이 너무 많아 엿새라는 기간이 절대로 필요해서가 아니다. 하나님은 능력의 말씀으로 단 하루 만에 천지와 만물을 창조하실 수 있지만 하나님의 주권과 지혜로 엿새에 걸쳐 창조하셨다. 아래의 표는 첫째와 넷째, 둘째와 다섯째, 셋째와 여섯째 날에 창조된 것들이 연관이 있음을 보여준다. 첫째 날에 빛의 창조와, 넷째 날에 광명체의 창조는 모순이 아니다. 빛과 빛을 발산하는 광명체는 서로 다르다. 태양은 빛 자체가 아니다. 빛은 부싯돌에서도 나오고, 구름과 구름이 부딪칠 때 발생하는 번개에서도 나온다. 생명과 생명체도 구분되지 않는가? 하나님께서 어떤 존재에 생명을 주실 때 생명체가 된다. 예를 들면 사람과 개와 장미꽃은 생명체이기는 하지만 생명 자체는 아니다. 하나님께서 생명을 거두어가시면 즉시 무생명체가 되어버린다. 광명체도 하나님께서 빛을 거두어가시면 즉시 죽은 별이 되어버린다.

첫째 날	넷째 날
• 천지와 빛의 창조 • 빛과 어둠의 분리	• 광명체들의 창조 • 광명체들로 낮과 밤을 주관하게 하심
둘째 날	다섯째 날
• 물과 물의 분리로 궁창을 있게 하심 • 궁창을 하늘이라 부르심	• 물속의 짐승과 하늘의 새의 창조 • 복을 주시며 생육하고 번성하라고 하심
셋째 날	여섯째 날
• 물과 뭍의 분리 • 뭍을 땅이라, 모인 물을 바다라 부르심 • 땅으로 채소와 나무를 내게 하심	• 땅의 가축과 짐승과 기는 것의 창조 • 사람의 창조 • 복을 주시며 생육하고 번성하고 다스리라 하심

창세기 1장에 나오는 하루는 몇 시간이었을까? 현대 과학은 지구가 약 45억 년 전에, 지구상의 최초의 생명은 약 30억 년 전에, 현대의 인류는 20만 년 전에 형성되었다고 본다. 창세기 1장의 하루가 24시간이라면 지구의 역사는 매우 젊게 되어, 현대 과학의 오래된 지구 역사와 모순이 된다. 이 모순을 해결해보려고 창세기 1장에 대한 다양한 해석이 있었다. 첫째는 창세기 1장 1절의 창조된 상태가 2절의 혼돈하고 공허한 상태로 변하기까지 오랜 시간이 흘렀다는 간격Gap 해석이다. 하지만 2절의 혼돈하고 공허한 상태는 첫 창조에서 변한 것이 아니라, 첫 창조가 혼돈하고 공허하였다는 것이다.

둘째는 첫째와 비슷한 간격론인데, 육일 동안의 각 날 사이에 긴 시간이 존재한다는 해석이다. 그런데 하나님은 하시던 일을 일곱째 날에 마치시고 안식하셨고, 이것에 근거하여 사람에게 칠일 째를 안식일로 지켜야 한다고 말씀하셨다. 각 날 사이에 긴 시간이 존재한다면 하나님은 그 시간에 안식하시면 되었지, 새삼스럽게 칠일 째에 안식하실 필요가 없었고, 안식일을 율법으로 사람들에게 주실 필요가 없었다. 만약에 각 날 사이에 긴 시간이 존재하였다면 성경은 첫째 날, 둘째 날이라는 표현 대신에 첫 번째로, 두 번째로 등의 표현을 사용했을 것이다.

셋째는 육일 간의 각 날이 현재와 같은 24시간을 뜻하지 않고 긴 시간을 뜻한다는 해석이다. 하나님은 넷째 날에 광명체를 창조하시어 계절과 날과 해를 이루게 하셨다. 비로소 "날"이 넷째 날에 이루어졌다. 이때부터는 하루가 24시간이라고 할 수 있지만, 그 이전의 첫째, 둘째, 셋째 날은 몇 시간으로 보아야 하는가? 이 날들에 대해서도 성경은 "저녁이 되고 아침이 되니"라고 말하는데, 이때는 태양도 달도 없는데 어떻게 저녁과 아침이 되는가? 이런 질문들을 하면서 창세기 1장의 6일은 정확히 24시간이 아니라 긴 시간이고, 특히 태양도 달도 없었던 첫째, 둘째, 셋째 날은 긴 시간임에 틀림없다고 주장한다. 하지만 하나님께서 태양과 달 이전에 지구를 만드셨고, 이때도 지구 스스로 돌게 하셨다면 그것이 하루의 기준이 된다. 태양과 달의 창조 이전에도 지구의 자전을 통한 하루가 24시간으로 정확하게 있었다고 볼 수 있다. 또 하나님은 안식일을 지키는 이유를 "이는 엿새 동안에 나 여호와가 하늘과 땅과 바다와 그 가운데 모든 것을 만들고 일곱째 날에 쉬었음이라 그러므로 나 여호와가 안식일을 복되게 하여 그 날을 거룩하게 하였느니라"고 출 20:11 말씀하신다. 즉 성경은 6일 동안이라는 표현으로 각 날을 동등하게 말하지, 각 날에 시간적으로 차이가 있다는 가능성을 나타내지 않는다.

지구의 역사를 길게 보는 해석들은 이처럼 설득력이 떨어진다. 이 해석들은 모두 성경보다 현대 과학이 더 옳다는 전제 하에서 성경의 해석을 현대 과학에 맞추려는 시도이다. 하지만 현대 과학이 인류에게 여러 현상에 대한 좋은 정보를 제공하며 생활에 여러 편리함을 안겨주지만, 그렇다고 해서 지구와 생명의 기원과 같이 반복되지 않는 사항들에 대해서까지 옳은 것은 아니다. 관찰되지 않고, 반복되지 않는 현상에 대하여 과학은 충분한 설명을 하지 못하기 때문이다. 현대 과학이 옳다고 주장한 이론들이 과학이 더 발달된 이후에 틀린 것으로 판명이 나는 사례가 비일비재하고, 시대와 과학자의 패러다임에 따라 관찰 자체가 틀려져 다른 관찰의 결과와 이론을 내놓기 때문이다. 그러므로 현대 과학에 성경을 맞추려고 하기보다 성경에 현대 과학을 맞추려고 해야 한다. 신자는 현대 과학의 결과물을 성경에 적용할 때 지혜와 신중함으로 대해야 할 것이다.

그렇다면 우리는 창세기 1장과 현대 과학을 어떻게 지혜와 신중함으로 대할 수 있는가? 하나님께서 세상 만물을 성숙하게 창조하셨다는 것이 큰 도움이 된다. 하나님은 흙으로 아담을 갓난아이가 아니라 성인으로 만드셨다. 아담은 성인으로 태어나 에덴동산을 다스릴 수 있는 체력과 지혜와 판단력을 갖고 있었다. 현재도 갓난아이가 어느 정도는 성숙하게 태어난다. 갓난아이는 태어나자마자 자신의 감정을 울음으로 표현할 수 있고, 배가 고프면 엄마의 젖을 빨아야 한다는 것을 안다. 사람은 이것을 보통 본능이라고 부르는데, 바로 성숙한 창조mature creation를 일컫는 것이다. 사자와 표범과 하이에나는 임팔라, 얼룩말, 누gnu가 새끼를 낳는다고 봐주지 않는다. 새끼는 태어나자마자 포식자가 쫓아오면 달아나야 한다. 실제로 이들의 새끼는 태어나 1시간이 지나면 어미가 달리는 속도의 80% 정도로 달릴 수 있다. 하나님께서 새끼를 성숙하게 창조하시기 때문에 가능한 일이다. 새가 나무에 집을 짓는 것, 수달의 물속 집짓기, 연어의 회귀, 북극곰의 물개 사냥, 초식 동물의 수 천 킬로미터의 대이동, 철새의 비행 등은 이들이 결코 배워서 하는 것이 아니라, 하나님께서 성숙하게 창조하신 본능에 속한다. 땅과 하늘과 태양과 달도 성숙하게 지어졌다. 이것들이 성숙하게 지어지지 않았다면 동식물이 어찌 생존할 수 있겠는가? 창조된 것은 모두 존재하는 그 순간에 하나님의 능력과 지혜와 선하심을 인하여 이미 성숙하게 창조된 것이다. 이 성숙함을 인하여 어떤 현상들은 우주의 나이가 오래 된 것임을 나타내고, 어떤 현상들은 세상이 육일 만에 창조됨을 인하여 우주의 나이가 젊은 것임을 나타낸다.

❹ **성부와 성자와 성령 하나님께서 창조하셨다.**

외부를 향한 삼위일체 하나님의 사역은 분리되지 않음을 앞에서 살펴보았다. 하나님은 모든 은혜를 성부로부터, 성자를 통하여, 성령 안에서 from the Father, through the Son, in the Holy Spirit 주시므로, 창조의 사역도 마찬가지로 성부로부터, 성자를 통하여, 성령 안에서 이루어진다. 태초에 천지를 창조하신 하나님은 삼위일체 하나님이시고, 이 일이 성부로부터, 성자를 통하여, 성령 안에서 이루어진다. 그런데 성자도 성령도 창조에 참여하시지만, 성경은 전체적으로 창조를 성부의 일로 돌린다.

"태초에 하나님이 천지를 창조하시니라"는 창세기 1:1절은 결코 성부 하나님만 한정하여 창조하셨다는 의미가 아니고, 성자 하나님과 성령 하나님도 창조하셨음을 의미한다. 성경이 어떤 특정 위격을 명시하지 않는 한 "하나님"이란 표현을 성부로만 해석해서는 안 된다. "땅이 혼돈하고 공허하며 흑암이 깊음 위에 있고 하나님의 영은 수면 위에 운행하시니라"는 1:2절은 "하나님의 영"이라고 성령을 특정하기 때문에, 성령 하나님께서 수면 위에 운행하시며 질서와 조화를 이루신다고 말할 수 있다. "주의 영을 보내어 그들을 창조하사 지면을 새롭게 하시나이다"와 시 104:30 "하나님의 영이 나를 지으셨고 전능자의 기운이 나를 살리시느니라"도 욥 33:4 성령의 창조 사역을 말한다. "만물이 그로 말미암아 지은 바 되었으니 지은 것이 하나도 그가 없이는 된 것이 없느니라"는 요 1:3 성자 하나님께서 창조에 "말미암아"through라는 형태로 참여하심을 나타낸다. 삼위 하나님은 외부를 향한 모든 사역에 "성부로부터, 성자를 통하여, 성령 안에서"라는 형태로 참여하시는 것이다. 아래에 있는 삼위 하나님과 각 위격의 창조에 대한 성경구절들을 통하여 외부를 향한 삼위일체 하나님의 사역은 분리되지 않음을 더욱 확인해 보자.

* **삼위일체의 창조를 보여주는 성경구절들**

창 1:1	태초에 하나님이 천지를 창조하시니라
사 40:12	누가 손바닥으로 바닷물을 헤아렸으며 뼘으로 하늘을 쟀으며 땅의 티끌을 되에 담아 보았으며 접시 저울로 산들을, 막대 저울로 언덕들을 달아 보았으랴
사 44:24	네 구속자요 모태에서 너를 지은 나 여호와가 이같이 말하노라 나는 만물을 지은 여호와라 홀로 하늘을 폈으며 나와 함께 한 자 없이 땅을 펼쳤고

| 사 45:12 | 내가 땅을 만들고 그 위에 사람을 창조하였으며 내가 내 손으로 하늘을 펴고 하늘의 모든 군대에게 명령하였노라 |

* 성부의 창조를 보여주는 성경구절들

| 고전 8:6 | 그러나 우리에게는 한 하나님 곧 아버지가 계시니 만물이 그에게서 났고 우리도 그를 위하여 있고 또한 한 주 예수 그리스도께서 계시니 만물이 그로 말미암고 우리도 그로 말미암아 있느니라 |
| 계 4:11 | 우리 주 하나님이여 영광과 존귀와 권능을 받으시는 것이 합당하오니 주께서 만물을 지으신지라 만물이 주의 뜻대로 있었고 또 지으심을 받았나이다 하더라 |

* 성자의 창조를 보여주는 성경구절들

요 1:3	만물이 그로 말미암아 지은 바 되었으니 지은 것이 하나도 그가 없이는 된 것이 없느니라
고전 8:6	그러나 우리에게는 한 하나님 곧 아버지가 계시니 만물이 그에게서 났고 우리도 그를 위하여 있고 또한 한 주 예수 그리스도께서 계시니 만물이 그로 말미암고 우리도 그로 말미암아 있느니라
골 1:16	만물이 그에게서 창조되되 하늘과 땅에서 보이는 것들과 보이지 않는 것들과 혹은 왕권들이나 주권들이나 통치자들이나 권세들이나 만물이 다 그로 말미암고 그를 위하여 창조되었고

* 성령의 창조를 보여주는 성경구절들

| 창 1:2 | 땅이 혼돈하고 공허하며 흑암이 깊음 위에 있고 하나님의 영은 수면 위에 운행하시니라 |
| 욥 26:13 | 그의 입김으로 하늘을 맑게 하시고 손으로 날렵한 뱀을 무찌르시나니 |

욥 33:4　　하나님의 영이 나를 지으셨고 전능자의 기운이 나를 살리시느니라

시 104:30　　주의 영을 보내어 그들을 창조하사 지면을 새롭게 하시나이다

4.2

하나님께서 다른 모든 피조물을 지으신 후에, 이성적이며 불멸적인 영혼을 지닌 e 사람을 남자와 여자로 창조하셨고,d 하나님 자신의 형상을 따라 지식과 의와 진리의 거룩함을 그들에게 부여하시며f 그들의 마음에 하나님의 법이 새겨지게 하셨고,g 그 법을 완수할 능력을 부여하셨다.h 그럼에도 그들은 변할 수 있는 그들 자신의 의지의 자유에 맡겨졌기 때문에 범법할 가능성 아래에 있었다.i 그들의 마음에 새겨진 이 법 이외에 그들은 선악을 알게 하는 나무의 열매를 먹지 말라는 명령을 받았고, 이 명령을 지키는 동안 하나님과 행복하게 교제하였으며k 피조물들에 대한 통치권을 가졌다.l

After God had made all other creatures, he created man, male and female,d with reasonable and immortal souls,e endued with knowledge, righteousness, and true holiness, after his own image,f having the law of God written in their hearts,g and power to fulfill it:h and yet under a possibility of transgressing, being left to the liberty of their own will, which was subject unto change.i Beside this law written in their hearts, they received a command not to eat of the tree of the knowledge of good and evil, which while they kept, they were happy in their communion with God,k and had dominion over the creatures.l

d 창 1:27
f 창 1:26; 골 3:10; 엡 4:24
h 전 7:29
k 창 2:17; 창 3:8-11, 23

e 창 2:7; 전 12:7; 눅 23:43; 마 10:28
g 롬 2:14-15
i 창 3:6; 전 7:29
l 창 1:26, 28

2. 사람의 창조

❶ 다른 모든 피조물을 지으신 후에

하나님께서 6일 동안에 걸쳐 천지와 빛, 궁창, 광명체, 물속의 짐승과 하늘의 새, 땅의 가축과 짐승과 기는 것을 창조하셨다. 이 모든 피조물을 지으신 후에 여섯째 날에 사람을 남자와 여자로 창조하셨다. 모든 피조물을 지으신 후에 사람을 창조하셨다는 것은 사람이 살 수 있는 모든 환경을 설정하신 후에 사람을 지으셨다는 것으로 사람이 가장 중요한 피조물임을 나타낸다. 하나님은 사람을 지으신 후에 복을 주시며 "생육하고 번성하여 땅에 충만하라, 땅을 정복하라, 바다의 물고기와 하늘의 새와 땅에 움직이는 모든 생물을 다스리라"고 창 1:28 말씀하셨다. 하나님은 바다와 하늘과 땅의 생물을 다스릴 수 있는 능력과 자격을 사람에게 복으로 주심으로써 사람이 모든 피조물 중 으뜸이고 주인공임을 나타내셨다. 사람은 어떤 피조물보다 가장 큰 복을 하나님으로부터 받았다. 아담이 에덴동산에서 죄를 지었을 때 땅이 아담으로 말미암아 저주를 받았고, 노아의 홍수 때 사람의 죄를 인하여 다른 짐승까지도 죽임을 당했는데, 이것은 다른 모든 피조물이 사람을 위하여 존재함을 나타낸다.

❷ 이성적이며 불멸적인 영혼을 지닌 사람을 남자와 여자로 창조하셨다.

하나님께서 땅의 흙으로 사람을 지으시고 생기를 그 코에 불어넣으시니 사람이 생령이 되었다 The LORD God formed man of the dust of the ground, and breathed into his nostrils the breath of life; and man became a living soul. 창 2:7. 사람은 땅의 흙으로 육신이 되었고, 하나님께서 불어넣으신 생기에 의해 영혼이 형성되었다. 사람은 영과 육으로 이루어진 것이다. 흙으로 형성된 몸은 피조물에 의해 죽음을 당할 수 있지만, 하나님의 생기로 형성된 영혼을 죽일 피조물이 없다. 영혼은 하나님의 "생명의 기" 생기, the breath of life 로 형성되었고, 하나님의 형상으로 지음을 받았기 때문에 첫째로 이성적이다. 영이신 하나님께서 사람에게도 그 영의 일부의 속성을 사람의 영혼에 주셨기 때문에 사람의 영혼은 이성적이고, 그 이성에 맞는 감성과 의지를 갖고 있다. 다른 피조물보다 월등하게 높은 지정의 知情意 를 갖는다.

둘째로 사람의 영혼은 불멸적이다. 오직 하나님만 사람의 몸과 영혼을 능히 지옥에 멸하실 수 있다 마 10:28. 사람이 죽으면 그 몸은 흙이니 흙으로 돌아가고, 그 영혼은 그것을 주신 하나님께로 돌아간다 전 12:7. 사람의 과학이 아무리 발달하여도 영혼의 존재와 활동을 탐지할 수 있는 기계를 만들지 못하고, 따라서 영혼에 어떠한 흠집도 낼 수 없다. 이에 반하여 유물론자는 영혼을 물질로 이루어진 육체의 속성에서 유래된 심리적 및 정신적 기능으로 본다. 따라서 육체가 없어지면 영혼도 없어진다고 본다.

하나님은 처음에 아담을 창조하셨는데, 사람이 혼자 사는 것을 좋지 않다고 여기시어 그를 위하여 돕는 배필을 지으셨다. 아담을 깊이 잠들게 하시고, 그 갈빗대 하나를 취하고 살로 대신 채우시고, 그 갈빗대로 여자를 만드셨다. 일반적으로 갈빗대에서 여자가 나오지 않는다. 갈빗대는 여자를 만들기에 부적합한 재료이다. 하지만 하나님의 뜻과 능력이 갈빗대에 가해지면 똑같은 사람이면서 여자가 된다. 여자는 남자와 본질에 있어서 동일하므로 똑같이 존귀하고, 사람이란 측면에서 남자와 여자 간에 어떠한 차별도 없다.

하나님께서 여자를 아담에게로 이끌어 오시자 아담이 "이는 내 뼈 중의 뼈요 살 중의 살이라 이것을 남자에게서 취하였은즉 여자라 부르리라" Adam said, This is now bone of my bones, and flesh of my flesh: she shall be called Woman, because she was taken out of Man. 창 2:23 고 말하였다. 여자라는 말의 뜻은 "남자에게서 취하였다."라는 의미이다. 바울은 "각 남자의 머리는 그리스도요 여자의 머리는 남자요 그리스도의 머리는 하나님이시라"고 고전 11:3 말하는데, 그 근거를 "남자가 여자에게서 난 것이 아니요 여자가 남자에게서 났으며 또 남자가 여자를 위하여 지음을 받지 아니하고 여자가 남자를 위하여 지음을 받은 것이니"라고 고전 11:8-9 말한다. 바울은 "아담이 먼저 지음을 받고 하와가 그 후며"라는 딤전 2:13 창조질서에 의거하여 남자와 여자의 질서를 결정한다. 우리가 삼위일체에서 살펴본 것처럼 성부와 성자의 위격 간의 관계에서 성부가 성자를 낳기 때문에 성부가 성자의 근원이 되므로, 성경은 그리스도의 머리는 하나님이시라고 말한다. 성부와 성자와 성령이 동등하지만 질서가 있듯이, 남자와 여자도 동등하지만 질서가 있다.

❸ 하나님의 형상을 따라 지식과 의와 진리의 거룩함을 부여하셨고

하나님은 사람만 하나님의 형상대로 창조하셨다. 하나님의 형상이 무엇인지 성경은 두 곳에서 직접적으로 말한다.

골 3:10　　새 사람을 입었으니 이는 자기를 창조하신 이의 형상을 따라 지식에까지 새롭게 하심을 입은 자니라
Ye have put on the new man, which is renewed in **knowledge** after the image of him that created him.

엡 4:24　　하나님을 따라 의와 진리의 거룩함으로 지으심을 받은 새 사람을 입으라
Ye put on the new man, which after God is created in **righteousness and true holiness**.

하나님은 자신의 형상을 따라 지식과 의와 진리의 거룩함으로 사람을 창조하셨다. 우리는 앞에서 하나님의 속성인 지식과 의와 거룩함을 살펴보았다. 거기서 살펴본 하나님의 지식과 의와 거룩함을 그대로 사람이 갖고 있는 것은 아니고, 부분적으로 갖고 있다. 유한은 무한을 받을 수 없기 때문에 사람이 하나님의 속성을 그대로 가질 수는 없다. 하지만 부분적으로 가질지라도 이것은 사람에게만 주신 하나님의 큰 복이고 은혜이다. 이 면에서 사람은 다른 피조물과 매우 크게 질적으로 차이가 나는 귀한 존재이다. 성경은 천사도 하나님의 형상대로 창조되었다고 직접적으로 말하지 않는다. 천사는 어떤 면에서 사람보다 뛰어난 능력을 갖지만, 종합적으로 볼 때에 하나님의 형상을 가진 것은 아니고, 따라서 하나

님의 자녀가 되지 못하고, 하나님께서 부리시는 영이다 히 1:14.

사람은 생산성이 떨어지는 장애인과 아이와 노인일지라도 그 자체로 귀하다. 모두 하나님의 형상으로 지음을 받았기 때문이다. 나그네와 과부와 고아와 이방인 또한 하나님의 형상을 지닌 존재이므로 사람으로서 기본적인 대우를 받아야 한다. 인권人權의 참된 개념은 사람이 하나님의 형상으로 지음을 받은 것에 있다. 다윗은 하나님께서 사람을 하나님보다 조금 못하게 하시고 영화와 존귀로 관을 씌우셨다고 말한다 시 8:5. 사람이 하나님보다 조금 못한 정도이니 얼마나 영화롭고 존귀한 존재인지 모른다. 사람은 그 자체로 하나님께 이렇게 귀한 존재인 줄을 알아 사람의 외적인 능력과 학벌과 재산과 외모로 자신이나 타인을 평가하면 안 되고 그 자체로 존귀하게 여겨야 한다.

사람은 천사와 달리 몸을 갖고 있는데, 사람의 몸까지도 하나님의 형상대로 창조되었다. 성경은 사람의 영혼이 하나님의 형상으로 창조되었다고 하지 않고, 사람이 하나님의 형상으로 창조되었다고 말하기 때문이다. 이는 몸을 이루는 물질에 하나님의 형상의 요소가 있다는 것이 아니라, 하나님의 생기로 형성된 영혼이 자신을 물질로 나타낼 때 사람의 몸으로 구현된다는 것이다. 그러므로 사람의 몸은 그 형태와 기능에서 사람의 영혼의 질과 능력이 표현된 것이므로 매우 귀중하고 존중받아야 한다. 예수님은 몸을 죽이는 것이 살인이라고 규정하시고 마 10:28, 창세기 9:6절은 사람을 죽여 피를 흘리는 것이 하나님의 형상을 파괴하는 것이라고 말한다.

하나님께서 창세가 9:6절을 아담의 죄 이후에 말씀하셨으므로 이것은 하나님의 형상이 아담의 원죄 이후에도 완전히 상실되지 않고 부분적으로 남아 있음을 뜻한다. 이 땅에서 사람의 몸은 아담의 죄로 기능이 약화되어 병과 죽음에 이르지만, 예수 그리스도의 재림 때 영화로워져 매우 높은 수준에 이른다. 신자는 부활 때에 영육에 걸쳐 매우 영화로운 존재가 되어 하나님의 형상을 가장 찬란하게 나타내게 된다. 신자는 이 땅에서 사는 동안에 자신의 몸의 여러 기능과 현상에서 자신의 영혼이 가장 적합하게 표현된 줄을 알고 하나님의 형상이란 측면에서 자신의 몸을 즐거워하며 하나님의 형상이 온전히 발휘되도록 노력하여야 한다. 구원을 받아 중생된 자는 새사람으로서 자기를 창조하신 이의 형상을 따라 지식과 의와 진리의 거룩함까지 새롭게 하심을 입어야 한다. 이것이 신자의 삶의 목표이고, 이렇게 그리스도의 향기를 풍성하게 나타냄으로 많은 이를 생명으로 인도해야 한다 고후 2:14-16.

사람이 하나님의 속성들 중 지식과 의와 거룩함만을 받은 것은 아니다. 성경은 사람이 하나님으로부터 받은 하나님의 속성들 중 지식과 의와 거룩함을 대표적인 것으로 말하지, 이것들이 받은 전부라고 말하지 않는다. 하나님께서 사람을 창조하실 때에 "우리의 형상을 따라 우리의 모양대로 우리가 사람을 만들고 그들로 바다의 물고기와 하늘의 새와 가축과 온 땅과 땅에 기는 모든 것을 다스리게 하자"라고 창 1:26 말씀하셨다. 사람은 하나님의 형상으로 지음을 받아 모든 피조물을 다스릴 수 있으므로, 하나님의 형상에는 모든 피조물을 다스릴 수 있는 능력이 속한다. 성경은 이 능력의 대표적인 것으로 지식과 의와 거룩함을 말한 것이다. 신학은 아담이 죄를 짓기 전에 가진 지식과 의와 거룩함을 아담의 원의原義, original righteousness라고 부르는데, 아담의 죄 이후에도 완전히 없어지지 않고 부분적으로 남아서, 사람으로 동물과 현격하게 다른 지정의를 갖게 한다.

일반인도 인생 경험과 관찰을 통해 사람이 다른 피조물보다 뛰어난 것을 확인하기 때문에 사람을 언어의 동물, 도구의 동물, 유희의 동물, 사회적 동물 등으로 표현한다. 일부 동물이 언어를 사용하지만 언어의 구조와 문법과 어휘 수 등에서 사람의 언어와 비교가 되지 않는다. 도구, 유희, 사회성 등에서도 사람은 동물보다 월등하다. 이러한 탁월성을 인하여 사람은 만물의 영장靈長이라고 불린다. 진화론은 사람의 이러한 능력을 진화의 결과로 보기 때문에 동물과 사람의 차이를 질적 차이라기보다 양적 차이로 보는 경향이 있고, 동물보다 양적으로 더 높은 정도만큼만 사람의 인격에 가치를 더 두는 편이다. 정치학, 경제학, 심리학, 사회학 등처럼 사람에 관한 학문을 할 때에 사람이 하나님의 형상으로 창조되었다는 관점을 가지면 진화론의 관점보다 더 정확한 통찰력으로 학문을 대할 수 있다.

❹ 그들의 마음에 하나님의 법이 새겨지게 하시면서 그 법을 완수할 능력을 부여하셨다.

하나님께서 자신의 형상을 따라 지식과 의와 진리의 거룩함을 사람에게 부여하셨는데 이때 그의 마음에 하나님의 법을 새기셨다. 아담과 하와는 지식과 의와 거룩함을 경험과 배움을 통해 습득하는 것이 아니라, 본성적으로 안다. 무엇이 하나님의 법에 맞는지를 태어나면서부터 안다. 아담은 아이가 아니라 성인으로 태어났다. 그가 에덴동산을 다스릴 수 있고, 하나님께서 자신에게로 이끌어 오신 동물에게 이름을 지어줄 수 있고, 하나님께서 여자를 만드시고 자신에게로 이끌어 오실 때 자신의 뼈와 살로부터 나온 존재임을 직감할 수 있었던 것은 하나님께서 그에게 지식과 의와 거룩함을 부여하셨기 때문이고, 그의 마음에 하나님의 법을 새기셨기 때문이다.

그는 무엇이 하나님의 법에 맞고 틀린지를 본성적으로 알았다. 지금도 많은 동물을 보라. 물고기는 배워서 헤엄치는 것이 아니고, 새들은 나는 법을 배워서 나는 것이 아니고, 개들은 냄새 맡는 법을 배워 냄새를 잘 맡는 것이 아니고, 임팔라와 누는 뛰는 법을 배워서 태어난 지 1시간 만에 힘차게 달릴 수 있는 것이 아니다. 하나님께서 각 동물에게 주신 본성을 따라 태어나면서부터 물고기는 헤엄칠 수 있고, 새들은 날 수 있고, 개들은 냄새를 잘 맡을 수 있고, 임팔라와 누는 힘차게 뛸 수 있다. 이렇듯 아담과 하와도 창조된 순간부터 그들 마음에 새겨진 하나님의 법을 인하여 본성적으로 무엇이 하나님의 뜻에 맞고 그른지를 분별할 수 있다. 하나님의 법을 완수할 수 있는 능력도 부여받았다.

바울은 율법 없는 이방인이 본성으로 율법의 일을 행할 때에 이 사람은 율법이 없어도 자기가 자기에게 율법이 된다고 말한다. 모든 사람은 아담과 하와의 후예인지라 아담과 하와의 이러한 분별력과 완수능력을 물려받았기 때문에 하나님의 법을 특별히 배우지 않아도 본성으로 하나님의 법을 알고 행한다. 성문화된 하나님의 율법이 없어도 바로 자신이 자신에게 율법이 된다. 하나님의 말씀이 새겨진 양심이 그 증거가 되어 그 생각들이 서로 혹은 고발하며 혹은 변명하여 그 마음에 새긴 율법의 행위를 나타낸다롬 2:14-15. 모든 사람의 생각은 자신도 의식하지 못하는 가운데 자신의 마음에 새겨진 하나님의 법을 드러낸다.

❺ 변할 수 있는 그들의 의지의 자유에 맡겨졌기 때문에 범법할 가능성 아래에 있었다.

아담과 하와는 하나님의 형상을 따라 지식과 의와 거룩함이 부여되었고, 그들의 마음에 새겨진 하나님의 법을 완수할 능력이 있었는데, 그럼에도 불구하고 그들은 변동성이 있는 그들의 의지에 자유가 주어졌기 때문에 그들은 그 의지를 잘못 사용하여 죄를 범할 가능성이 있었다. 제3장작정에서 살펴본 것처럼 사람은 로봇과 같이 만든 이의 의지대로 프로그램화되어 자신의 의지에 억지로 강요가 이루어지지 않고, 자신의 의지의 자유에 따라 살아간다. 하나님은 자존하시고, 지극히 거룩하시고, 광대하시고, 영원하시고, 주권적이시고, 전능하시기 때문에 자신의 밖의 상황을 인하여 변화를 받지 않으신다. 하지만 사람의 의지와 지혜와 거룩함은 하나님처럼 무한하지 않고 절대적이지 않기 때문에 변화 가능성이 있다. 그래서 사람은 자신의 마음에 하나님의 법이 새겨져 있음에도 불구하고 그 법대로 행하지 않고 법을 역행하여 행할 가능성이 있다.

실제로 아담과 하와는 하나님의 말씀을 어기고 하나님께서 금하신 선악을 알게 하는 나무의 실과를 따먹었다. 이것은 하나님께서 강압적으로 그들로 따먹게 하신 것이 아니라, 그들 스스로 그들의 의지에 따라 따먹었다. 하나님께서 죄의 조성자가 되시지 않고, 그들은 자신의 죄에 대한 책임을 갖는다.

❻ 그들은 선악을 알게 하는 나무의 열매를 먹지 말라는 명령도 받았다.

오리 새끼는 알에서 부화되어 처음 본 대상을 엄마 오리로 생각하고 따라다니는 경향이 있다. 본능적으로 엄마라는 존재에 대한 개념을 갖고, 전적으로 자신을 엄마에게 맡긴다. 이것은 오리만이 아니라 대부분의 새끼가 엄마에 대하여 갖는 공통된 현상이다. 아담과 하와도 선천적으로 주어진 지식과 의와 거룩함이란 하나님의 형상을 인하여 하나님의 존재와 사랑과 주권을 알고 하나님을 섬겼고, 하나님의 사랑을 받았다. 자신들의 마음에 새겨진 하나님의 법을 인하여 어떻게 인생을 살아야하는지 알고 있었다. 그런데 하나님께서 이들의 마음에 새겨진 하나님의 법 이외에 선악을 알게 하는 나무의 열매를 먹지 말라는 명령도 주셨다.

아담이 에덴동산을 열심히 경작하며 지킬 때에 하나님께서 어느날 그에게 갑자기 나타나시어 뜬금없이 "동산 각종 나무의 열매는 네가 임의로 먹되 선악을 알게 하는 나무의 열매는 먹지 말라 네가 먹는 날에는 반드시 죽으리라"고 창 2:16-17 말씀하신 후에 갑자기 사라지셨을까? 설령 그리하셨을지라도 아담은 자신에게 나타나신 하나님께서 주신 그 말씀이 무엇을 의미하는지 알았겠지만, 보다 설득력 있는 설명은 하나님께서 그 말씀의 의미가 무엇인지 아담에게 설명하셨을 것이고, 마음에 새겨진 하나님의 법으로 알 수 없는 다른 내용도 더불어 말씀하셨을 것이란 것이다. 그래서 아담은 선악을 알게 하는 나무의 열매를 먹지 말라는 말씀이 무슨 의미인지 매우 정확하게 잘 알고 있었고, 하와에게도 그에 대하여 충분히 설명하였다.

하나님은 단순히 그들의 마음에만 하나님의 법을 새기시지 않고, 그들이 하나님의 자녀로서 하나님의 형상을 발휘하며 살도록 언어로 된 구체적 말씀도 주셨다. 이래야만 이들이 하나님의 명령을 왜 지켜야 하는지 이유와 목적을 알면서 즐겁게 지킬 수 있고, 이들이 그 말씀을 어겼을 때에 책임을 물을 수 있기 때문이었다. 이들은 마음에 새겨진 하나님의 법과 하나님으로부터 직접 받은 명령을 분명하게 알았고 충분히 이해하였기 때문에 이것을 지킬 때에 그들은 하나님과 행복하게 교제할 수 있었고, 다른 모든 피조물을 다스릴 수 있었다. 하나님은 그들이 하나님의 법과 명령대로 살 때에 그에 맞는 풍성한 보상을 행복한 교제와 피조물에 대한 통치권으로 주신 것이다.

Of Providence

제5장 섭리

5.1

만물의 위대한 창조자이신 하나님께서 자신의 지극히 지혜롭고 거룩한 섭리에 의해,d 자신의 무오한 예지e 및 자기 자신의 의지의 자유롭고 불변한 경륜을 따라서,f 자신의 지혜와 능력과 공의와 선과 자비의 영광이 찬송되도록,g 모든 피조물과 행위와 일을b 가장 큰 것부터 가장 작은 것에 이르기까지c 붙드시고,a 이끄시고, 처리하시고, 통치하신다.

God the great Creator of all things, doth uphold,a direct, dispose, and govern all creatures, actions, and things,b from the greatest even to the least,c by his most wise and holy providence;d according to his infallible fore-knowledge,e and the free, and immutable counsel of his own will,f to the praise of the glory of his wisdom, power, justice, goodness, and mercy.g

a 히 1:3
b 단 4:34-35; 시 135:6; 행 17:25-26, 28; 욥 38-41장
c 마 10:29-31
d 잠 15:3; 시 104:24; 시 145:17
e 행 15:18; 시 94:8-11
f 엡 1:11; 시 33:10-11
g 사 63:14; 엡 3:10; 롬 9:17; 창 45:7; 시 145:7

1. 섭리의 정의

하나님께서 자신의 작정을 창조와 섭리의 사역으로 실행하심을 앞에서 살펴보았다. 하나님께서 작정의 실행을 위하여 만물이 존재하도록 시간과 공간을 만드시고 그 안에 모든 피조물을 창조하셨다. 이제 그렇게 창조하신 것들이 하나님의 작정대로 진행되게 하셔야 하는데, 이것이 바로 섭리이다. 하나님께서 작정하신 것들 중에서 창조는 무에서 만물을 존재하게 하는 것이고, 섭리는 그 존재하게 된 만물의 진행에 대한 것이다. 제5장 제1절은 "만물의 위대한 창조자이신 하나님께서"라는 문장으로 시작한다. 창조자이신 하나님께서 그 창조하신 것들을 섭리하신다는 의미이다.

섭리는 첫째로 하나님께서 창조하신 것들이 사라져 없어지거나, 그 기능이 현저하게 혹은 미세하게라도 떨어지지 않도록 모든 피조물을 붙드시는 것인데, 보존이라고 불린다. 둘째로 하나님께서 그 뜻대로 만물을 다스리시는 것인데, 통치라고 불린다. 셋째로 하나님께서 처음 창조하실 때에는 피조물이 존재하지 않지만 창조 후에는 이성적 피조물이 존재하여 하나님께서 그 피조물과 같이 일하시는데, 협력이라고 불린다. 작정이나 섭리나 모두 시간 속에서 벌어질 미래의 일에 대한 결정과 계획인데, 하나님의 작정은 시간이 만들어지기 전에 영원 속에서 이루어진 하나님의 사역이고, 섭리는 시간 속에서 그 작정하신 것이 실행되도록 하시는 하나님의 사역이다.

❶ **자신의 지극히 지혜롭고 거룩한 섭리에 의해**

사람은 시간과 공간 속에서 존재하므로 시공간의 제한을 받으며 시공간의 흐름 속에서 순차적으로 생각하고 일을 풀어나간다. 그런데 하나님은 시간과 공간을 아예 만드시므로 시공간을 초월하여 존재하시고, 따라서 시공간의 제한과 영향을 받지 않으며 영원하시고 광대하시고, 시공간에서 벌어질 일을 자유롭게 결정하신다. 하나님과 피조물의 이러한 근본적 차이를 명심해야 하나님의 작정과 섭리를 잘 이해할 수 있고, 이것은 하나님의 속성을 올바로 이해할 때 가능하다.

제3장 제1절에서 작정에 대한 정의는 다음과 같다. "하나님께서 영원부터 자기 자신의 의지의 지극히 지혜로우며 거룩한 경륜에 의해 무엇이든지 발생하게 될 일을 자유롭게 그리고 변치 않게 작정하셨다." 작정은 "하나님의 의지의 지극히 지혜로우며 거룩한 경륜에 의해"by the most wise and holy counsel of his own will 이루어진다. 그렇다면 모든 피조물과 행위와 일의 보존과 통치와 협력은 무엇에 의하여 이루어질까? 그것은 "하나님의 지극히 지혜롭고 거룩한 섭리에 의해"his most wise and holy providence 이루어진다. 섭리를 묘사하는 "하나님의 지극히 지혜롭고 거룩한"his most wise and holy providence 은 작정의 정의에 사용된 "가장 지혜롭고 거룩한 경륜"the most wise and holy counsel 과 같다. 하나님의 지혜와 거룩함이란 속성을 이해할 때에만 하나님의 작정과 섭리를 이해할 수 있다.

❷ **자신의 무오한 예지 및 자기 자신의 의지의 자유롭고 불변한 경륜을 따라서**
작정은 영원 속에서 이루어진 것이고, 섭리는 시간 속에서 이루어진 것이다. 작정은 영원 속에서 시간을 초월하여 시간 속에서 벌어질 일을 정하시는 것이기 때문에 예지가 작정에 영향을 미치지 않는다. 제3장 제2절은 "비록 하나님께서 모든 가정된 조건 아래서 무엇이 발생하거나 발생할 수 있는지를 다 아시지만, 그 어떠한 것도 미래 일로 미리 보셨기 때문에, 또는 모든 가정된 조건 아래서 발생할 일로 미리 보셨기 때문에 작정하신 것은 아니다."라고 말함으로써 예지가 작정에 아무 영향도 미치지 않는다고 말한다. 영원은 시간을 초월하여 시간 자체와 시간 속에서 벌어지는 일을 정하는 것이기 때문에, 작정은 예지의 영향을 받지 않고, 오히려 작정을 인하여 예지가 이루어진다.

이에 반하여 섭리는 시간 속에서 이루어진 것이므로 하나님께서 모든 피조물과 행위와 일의 보존과 통치와 협력을 하실 때에 자신의 무오한 예지를 이용하신다. 이때 자신의 무오한 예지를 이용하시어 섭리하시는 것이지, 이것의 제한을 받아 섭리하시는 것이 아님이 강조되어야 한다. 하나님께서 시간 속에서 일어나는 일을 모두 작정하심을 인하여 또한 하나님의 전지하신 속성을 인하여 하나님은 시간 속에서 어떤 일이 일어날지를 정확하게 아신다. 하나님의 예지에는 틀린 내용이 전혀 없다. 하나님은 이러한 예지에 근거하시어 피조물의 행동에 맞추어 적절하게 섭리하신다.

천문학자는 천체의 주기적인 운행을 계산하여 일식 日蝕이나 월식 月蝕이 언제 발생할지를 정확하게 맞춘다. 하지만 자유롭게 행동하는 동물 특히 사람의 행동을 예측하는 것은 매우 힘들고, 백 년 후에 어떤 일이 발생할지를 예측하는 것은 더 힘들다. 열길 물속은 알 수 있어도 한 길 사람 속은 알 수 없다는 속담도 같은 맥락이다. 하지만 전지 全知하신 하나님은 사람의 자유로운 행동을 정확하게 아신다. 우리 사람은 하나님께서 어떻게 정확하게 아시는지 잘 모르지만 성경에 하나님의 무오한 예지가 아래처럼 많이 나온다. 하나님의 섭리는 시간 속에서 이루어지는데 이때 사람의 자유로운 모든 행동을 정확하게 보시고 그에 맞추어 각 사람을 대응하신다. 뒤에서 살펴보겠지만 하나님께서 이렇게 사람의 자유로운 행동과 협력하시며 하나님의 뜻을 이루어 가신다. 하나님은 자신의 무오한 예지에 따라서 각 사람과 협력하시며 섭리하시는 것이다.

삼상 23:10-13   다윗이 이르되 이스라엘 하나님 여호와여 사울이 나 때문에 이 성읍을 멸하려고 그일라로 내려오기를 꾀한다 함을 주의 종이 분명히 들었나이다 11 그일라 사람들이 나를 그의 손에 넘기겠나이까 주의 종이 들은 대로 사울이 내려 오겠나이까 이스라엘의 하나님 여호와여 원하건대 주의 종에게 일러 주옵소서 하니 여호와께서 이르시되 그가 내려오리라 하신지라 12 다윗이 이르되 그일라 사람들이 나와 내 사람들을 사울의 손에 넘기겠나이까 하니 여호와께서 이르시되 그들이 너를 넘기리라 하신지라 13 다윗과 그의 사람 육백 명 가량이 일어나 그일라를 떠나서 갈 수 있는 곳으로 갔더니 다윗이 그일라에서 피한 것을 어떤 사람이 사울에게 말하매

	사울이 가기를 그치니라
왕하 8:12-13	하사엘이 이르되 내 주여 어찌하여 우시나이까 하는지라 대답하되 네가 이스라엘 자손에게 행할 모든 악을 내가 앎이라 네가 그들의 성에 불을 지르며 장정을 칼로 죽이며 어린 아이를 메치며 아이 밴 부녀를 가르리라 하니 13 하사엘이 이르되 당신의 개 같은 종이 무엇이기에 이런 큰일을 행하오리이까 하더라 엘리사가 대답하되 여호와께서 네가 아람 왕이 될 것을 내게 알게 하셨느니라 하더라
사 42:9	보라 전에 예언한 일이 이미 이루어졌느니라 이제 내가 새 일을 알리노라 그 일이 시작되기 전에라도 너희에게 이르노라
단 4:25	왕이 사람에게서 쫓겨나서 들짐승과 함께 살며 소처럼 풀을 먹으며 하늘 이슬에 젖을 것이요 이와 같이 일곱 때를 지낼 것이라 그 때에 지극히 높으신 이가 사람의 나라를 다스리시며 자기의 뜻대로 그것을 누구에게든지 주시는 줄을 아시리이다
마 11:21	화 있을진저 고라신아 화 있을진저 벳새다야 너희에게 행한 모든 권능을 두로와 시돈에서 행하였더라면 그들이 벌써 베옷을 입고 재에 앉아 회개하였으리라
행 27:22-26	내가 너희를 권하노니 이제는 안심하라 너희 중 아무도 생명에는 아무런 손상이 없겠고 오직 배뿐이리라 23 내가 속한 바 곧 내가 섬기는 하나님의 사자가 어제 밤에 내 곁에 서서 말하되 24 바울아 두려워하지 말라 네가 가이사 앞에 서야 하겠고 또 하나님께서 너와 함께 항해하는 자를 다 네게 주셨다 하였으니 25 그러므로 여러분이여 안심하라 나는 내게 말씀하신 그대로 되리라고 하나님을 믿노라 26 그런즉 우리가 반드시 한 섬에 걸리리라 하더라

"자기 자신의 의지의 자유롭고 불변한 경륜을 따라서"according to the free, and immutable counsel of his own will라는 표현은 작정의 정의에 사용된 "자기 자신의 의

지의 가장 지혜롭고 거룩한 경륜에 의해 자유로우며 변치 않게" by the most wise and holy counsel of his own will, freely and unchangeably라는 표현과 같다고 할 수 있다. 따라서 "자기 자신의 의지의 자유롭고 불변한 경륜을 따라서"라는 표현은 간단히 말하면 "작정에 따라서"라는 의미이다. 즉 섭리가 작정에 따라서 이루어진다는 것으로써, 다시금 섭리는 작정의 실행임을 알 수 있다. 하나님의 자유, 불변, 경륜 등에 대한 설명은 이미 앞에서 했으므로 여기서는 생략한다.

❸ 하나님의 지혜와 능력과 공의와 선과 자비의 영광이 찬양되도록

제4장 제1절도 창조의 목적이 하나님의 영원하신 능력과 지혜와 선하심의 영광을 나타내는 것이라고 말한다. 하나님의 창조를 통하여 하나님의 영원하신 능력과 지혜와 선하심이 크게 드러나는 것이다. 섭리를 통해서는 하나님의 지혜와 능력과 공의와 선과 자비가 크게 드러난다. 비신자도 인과응보, 사필귀정, 원수는 외나무 다리에서 만난다, 뿌린 대로 거둔다 등의 표현에 고개를 끄덕인다. 그들도 이런 경험을 하면서 도대체 왜 이런 현상이 생기는지 막연히 하나님을 느낀다. 신자는 이런 경험을 하면 더욱 하나님의 존재와 일하심을 느낀다. 하나님만이 갖는 무한한 지혜와 능력과 공의와 선과 자비를 체험하며 더욱 하나님께 영광을 돌리게 된다. 사람은 하나님의 작정을 알 수 없고, 그 작정이 실행된 창조와 섭리를 통하여 하나님의 속성을 체험하며 하나님께 영광을 돌리게 된다. 아래 웨스트민스터 신앙고백이 채택한 근거성경구절들을 참고하라.

사 63:14	여호와의 영이 그들을 골짜기로 내려가는 가축 같이 편히 쉬게 하셨도다 주께서 이와 같이 주의 백성을 인도하사 이름을 영화롭게 하셨나이다 하였느니라
엡 3:10	이는 이제 교회로 말미암아 하늘에 있는 통치자들과 권세들에게 하나님의 각종 지혜를 알게 하려 하심이니
롬 9:17	성경이 바로에게 이르시되 내가 이 일을 위하여 너를 세웠으니 곧

창 45:7	너로 말미암아 내 능력을 보이고 내 이름이 온 땅에 전파되게 하려 함이라 하셨으니
	하나님이 큰 구원으로 당신들의 생명을 보존하고 당신들의 후손을 세상에 두시려고 나를 당신들보다 먼저 보내셨나니
시 145:7	그들이 주의 크신 은혜를 기념하여 말하며 주의 의를 노래하리이다

❹ 모든 피조물과 행위와 일을 가장 큰 것부터 가장 작은 것에 이르기까지

하나님의 섭리는 몇 가지에만 한정되지 않고, 이 땅에 존재하는 모든 피조물, 그리고 그 모든 피조물의 행위, 그리고 그로 인한 일에까지 미친다. 한 마디로 매 순간 이 땅에서 일어나는 모든 것이 하나님의 섭리로 말미암은 것이다. 천문학자는 해와 달과 별들의 운행을 관측을 통하여 정확하게 예측한다. 이것들이 일정한 속도와 주기에 따라 운행하기 때문에 예측이 가능하다. 18세기 계몽주의 시대에 등장한 이신론理神論, deism은 신이 세계를 창조하시며 각 피조물에게 부여하신 특성과 능력이 불변의 법칙으로써 작동되기 때문에 이 세계는 더 이상 하나님의 간섭과 능력을 필요로 하지 않고 피조물 스스로 작동하여 이끌어간다고 주장하였다. 마치 시계공이 시계를 만든 후에는 더 이상 그 시계에 개입하지 않아도 그 시계가 자체의 특성과 능력으로 돌아가듯이 이 세상도 하나님의 존재와 간섭 없이 자체의 작동원리로 돌아간다고 주장하였다. 이들은 하나님께서 특별하게 이 세상에 개입하시어 활동하시는 것을 인정하지 않기 때문에 하나님에 의한 보존과 통치와 협력과 특별계시와 기적 등을 부인한다. 한 마디로 신의 세계 창조는 인정하고, 신의 세계 섭리는 부인하는 것이고, 하나님 대신에 물질 자체에 전능한 능력을 부여하는 것이다.

하지만 신자는 태양이 계속 빛을 발휘하는 것, 지구가 자전과 공전을 하는 것 등이 지금 이 순간에도 하나님께서 이것들을 붙드시고 있기 때문이라고 생각한다. 하나님께서 이것들로부터 하나님의 은혜와 능력을 거두어가시면 해와 달과 별들이 운행을 멈출 뿐만 아니라 존재 자체가 없어진다. 물론 피조물의 특성과 능력

으로 인한 작동법칙이 과거와 현재와 미래에 걸쳐 유지된다고 하는 것도 하나님의 엄청난 능력을 강조하는 것일 수 있지만, 이것은 작동원리를 하나님의 능력 수준으로 올려놓는 유물론의 측면이 있고, 하나님은 이런 작동원리가 속한 큰일들만 돌보시고 작동원리가 영향을 미치지 않는 작은 일들은 돌보지 않는다는 우연론에 빠지게 한다. 또한 이신론은 사람 자체의 능력에 의하여 스스로 믿고 선행을 행하여 구원을 받는다는 펠라기우스주의나 반半펠라기우스주의에 빠지게 한다. 이뿐만 아니라 세상은 피조물 자체의 특성과 능력을 넘어서는 많은 일이 발생하는데 이것들은 하나님께서 하나님의 높은 수준으로 이 세상을 창의적으로 지혜롭게 이끄시기 때문에 가능하다. 모든 피조물은 매 순간 전능하신 하나님의 능력과 은혜에 의해 유지되고 통치되지, 절대로 전능한 피조물 자체의 특성과 능력으로 알 수 없는 미래를 개척해가는 것이 아니다.

하나님은 가장 큰 것에서부터 가장 작은 것에 이르기까지 모두 섭리하신다. 하나님에게는 섭리하실 수 없을 만큼 큰일도 없다. 영원하시고 광대하신 하나님보다 더 큰 것이 없기 때문에 하나님께서 이 땅의 어떤 큰 것도 작게 여기신다. 또 하나님께서 관심을 두지 않을 만큼 작은 것도 없다. 참새 두 마리가 한 앗사리온에 팔리는 것도 하나님의 섭리로 인한 것이라 하나님의 허락 없이 참새 하나도 땅에 떨어지지 않는다. 머리털도 모두 세신 바 된다^{마 10:29-31}. 이것은 우리에게 아무리 크고 힘든 일이 있어도 하나님께는 작은 일에 지나지 않아 우리를 어려움에서 건져 내실 수 있다는 것이고, 하나님께서 사람 한 명 한 명을 구체적으로 아시고 아주 작은 것이라도 섬세하게 관심을 가지시며 보살피신다는 것이다. 시중 은행의 메인 컴퓨터도 고객이 거래하는 큰 금액부터 단 1원에 이르기까지 정확하게 처리하고 자료를 보관하는데, 만물의 창조자이신 하나님께서 자신의 사랑하는 자녀에 대해서는 더욱 정교하고 밀접하게 사랑으로 섭리하신다.

❺ **붙드시고, 이끄시고, 처리하시고, 통치하신다.** (uphold, direct, dispose, and govern)

우리는 앞에서 하나님의 섭리는 크게 보존과 통치와 협력으로 이루어짐을 살펴보았다. 제5장 제1절은 하나님의 섭리를 크게 붙듦 uphold과 이끎 direct과 처리 dispose와 통치 govern로 분류한다. 붙듦이 보존에 해당하고, 이끎과 처리가 협력에 해당하고, 통치가 통치에 해당한다. 각각에 대하여 살펴보자.

먼저 존재를 다루는 붙듦 보존에 대하여 살펴보는데, 근거성경구절은 히브리서 1:3절의 "그의 능력의 말씀으로 만물을 붙드시며"이다. 해와 달이 공중에 떠있으며 그 특성과 능력을 발휘할 수 있는 것은 하나님께서 지금 이 순간에도 붙드시기 때문이지 절대로 해와 달 자체의 특성과 능력 때문이 아니다. 하나님은 이것을 능력의 말씀으로 하신다. 창조도 섭리도 모두 능력의 말씀으로 인한 것이다. 우리는 하나님께서 만물을 창조하실 때 말씀으로 창조하셨기 때문에 지치시거나 힘들어하시지 않음을 살펴봤다. 똑같이 하나님은 섭리하실 때도 전능하시고 전지하시기 때문에 지치시거나 힘들어하시지 않고, 하나님께서 뜻하신 것이 하나님의 무한한 능력과 지혜에 의해 그 뜻 그대로 섭리된다.

피조물이 스스로 존재할 수 없고 하나님의 능력으로 창조되어야 하는 것처럼, 피조물은 자신의 존재나 자체의 특성과 능력을 계속하여 스스로 유지할 수 없고 하나님께 의존하여야만 한다. 스스로 존재하는 피조물이 없는 것처럼 스스로 존재를 유지하는 피조물도 없다. 피조물이 스스로 존재를 유지할 때에 그것은 바로 절대적 신이라는 의미이지 더 이상 피조물이 아니다. 모든 피조물은 존재와 유지를 하나님께 의존한다. 오직 절대적이신 하나님께서만 스스로 존재하시고 스스로 일하신다. 루이스 벌코프는 보존을 "하나님의 계속적 사역으로, 하나님은 이것에 의해 창조하신 사물들을 유지하시고, 사물들에 부여하신 특성들과 능력들도 더불어 유지하신다." continuous work of God by which He maintains the things which He created, together with the properties and powers with which He endowed them. 라고 정의했다. 하나님의 보존을 나타내는 성경구절들은 아래와 같다.

창 28:15   내가 너와 함께 있어 네가 어디로 가든지 너를 지키며 너를 이끌어 이 땅으로 돌아오게 할지라 내가 네게 허락한 것을 다 이루기까지

	너를 떠나지 아니하리라 하신지라
신 33:12	베냐민에 대하여는 일렀으되 여호와의 사랑을 입은 자는 그 곁에 안전히 살리로다 여호와께서 그를 날이 마치도록 보호하시고 그를 자기 어깨 사이에 있게 하시리로다
삼상 2:9	그가 그의 거룩한 자들의 발을 지키실 것이요 악인들을 흑암 중에서 잠잠하게 하시리니 힘으로는 이길 사람이 없음이로다
느 9:6	오직 주는 여호와시라 하늘과 하늘들의 하늘과 일월성신과 땅과 땅 위의 만물과 바다와 그 가운데 모든 것을 지으시고 다 보존하시오니 모든 천군이 주께 경배하나이다
시 127:1	여호와께서 집을 세우지 아니하시면 세우는 자의 수고가 헛되며 여호와께서 성을 지키지 아니하시면 파수꾼의 깨어 있음이 헛되도다
행 17:28	우리가 그를 힘입어 살며 기동하며 존재하느니라 너희 시인 중 어떤 사람들의 말과 같이 우리가 그의 소생이라 하니
고전 10:13	사람이 감당할 시험 밖에는 너희가 당한 것이 없나니 오직 하나님은 미쁘사 너희가 감당하지 못할 시험 당함을 허락하지 아니하시고 시험 당할 즈음에 또한 피할 길을 내사 너희로 능히 감당하게 하시느니라

둘째로 인도를 다루는 통치에 대하여 살펴보자. 벌코프는 통치를 "하나님의 계속된 행동으로, 하나님은 이것에 의해 신적인 목적의 성취를 확보하시기 위하여 만물을 목적론적으로 다스리신다."continued activity of God whereby He rules all things teleologically so as to secure the accomplishment of the divine purpose라고 정의했다. 하나님은 천지만물을 보존하시며 동시에 통치하신다. 진정한 보존자는 동시에 통치자이어야 한다. 통치 없이 보존이 가능하지 않다. 보존과 통치와 협력은 구분되는 것이지 칼로 무 썰 듯 명확하게 분리되지 않는다. 하나님께서 야곱에게 "내가 너와 함

께 있어 네가 어디로 가든지 너를 지키며 너를 이끌어 이 땅으로 돌아오게 할지라 내가 네게 허락한 것을 다 이루기까지 너를 떠나지 아니하리라"고 창 28:15 하셨는데, 하나님께서 야곱을 보존하실 뿐만 아니라 동시에 통치하시기 때문에 이러한 말씀이 가능하다.

섭리의 통치를 통해 하나님의 왕되심이 크게 드러난다. 하나님은 신자를 사랑하시는 아버지이시면서 동시에 만물을 다스리시는 왕이시다. 성경은 전체에 걸쳐서 하나님을 아버지만이 아니라 왕으로 표현한다. 만물을 뜻대로 능력에 의해 다스리시며 자신의 목적을 성취하는 왕이 진정한 아버지이다. 사랑은 있는데 권능이 없다면 진정한 아버지가 아니다.

하나님은 전능하신 능력으로 하늘과 땅과 모든 민족과 각 개인을 영원히 통치하신다. 다스리지 않는 영역과 대상이 없고, 하나님의 통치에 대적할 자가 없다. 그래서 세상이 보존되고, 흔들리지 않고 시 93:1 흘러간다. 약초와 풀, 비와 가뭄, 풍년과 흉년, 양식과 음료, 건강과 질병, 부와 가난을 통제하신다. 이것들은 하나님께서 당황하시도록 우연히 혹은 과다하게 오지 않는다. 하나님은 죄의 시작과 과정과 결론도 통치하신다. 죄를 억제하시고 심판을 통해 경고하시고 종결도 지으시지만, 어떤 때는 죄를 허용하시어 악인을 처벌하신다. 선인에게도 죄를 허용하시어 연단하시고 동시에 하나님의 영광을 드러내신다. 하나님은 빛과 어두움, 복과 화도 만드시고 다스리신다. "나는 빛도 짓고 어둠도 창조하며 나는 평안도 짓고 환난도 창조하나니 나는 여호와라 이 모든 일들을 행하는 자니라 하였노라" 사 45:7. 사람은 이 과정을 통해 하나님의 주권과 사랑을 더욱 붙들게 된다.

셋째로 활동을 다루는 협력에 대하여 살펴보자. 하나님께서 창조하실 때에는 피조물이 아예 존재하지 않았기 때문에 하나님의 협력이란 요소가 없었다. 피조물은 존재하면서부터 자신의 특성과 능력을 발휘한다. 특히 하나님의 형상으로 지음을 받은 사람은 어떤 피조물보다 지정의를 풍성하게 사용하며 독립적으로 살아간다. 하나님께서 피조물의 행위의 독립성을 해치지 않으시며 자신의 뜻을 이루어 가시는 것을 협력이라고 한다. 벌코프는 협력을 "신적인 능력이 모든 부수적인 능력들과 하는 협동이다. 이 협동은 미리 설정된 그들의 작동 법칙에 따라, 그들로 행하게 하고 그들이 하는 대로 정확히 행하게 한다."the cooperation of the divine power with all subordinate powers, according to the pre-established laws of their operation, causing them to act and to act precisely as they do라고 정의했다.

사람과 하나님이 협력을 한다고 할 때에 사람이 50%를 하고, 하나님이 50%를 하시는 것이 아니다. 이것은 사람이나 하나님이나 반쪽으로 만드는 것이다. 사람도 100%를 하고, 하나님도 100%를 하신다. 사람은 자신의 뜻과 지혜와 능력에 따라 자유롭게 인생을 살아가고, 하나님은 그 자유로운 인간의 모든 행위를 하나님의 뜻을 이루시는 데 사용하신다. 각각 100%인데, 100% 독립적으로 행동을 하는 사람의 행위를 하나님께서 담아내시어 하나님의 뜻을 이루신다. 이에 대해서는 바로 다음 제2절에서 더 살펴본다.

하나님을 제1원인이나 먼 원인이라고 할 때에 피조물을 제2원인들이나 가까운 원인들이라고 할 수 있다. 사람의 눈에는 먼 원인이 관찰되지 않고, 가까운 원인들만 관찰이 된다. 그래서 먼 원인의 관점에서는 필연인 것이 가까운 원인들의 관점에서는 우연으로 비쳐진다. 제1원인은 제2원인들을 무시하거나 절대적인 종속으로 만들지 않고 그들의 독립성을 오히려 세우면서 제1원인의 뜻과 목표를 이룬다. 믿음으로 섭리를 확신하게 되면 제2원인들로는 도저히 해결될 수 없는 상황에서도 제1원인이 때가 되면 작동할 것을 알기에 담대하게 상황을 이겨낼 수 있다.

아합 왕은 나봇에게 누명을 씌워 죽이고 그의 포도원을 탈취했다. 하나님은 선지자 엘리야를 보내어 "개들이 나봇의 피를 핥은 곳에서 개들이 네 피 곧 네 몸의 피도 핥으리라"고 왕상 21:19 예언하게 하셨다. 이 예언이 어떻게 성취되었는가? 그로부터 시간이 흘러 아합 왕은 유다의 여호사밧 왕과 연합하여 아람과 전쟁을 벌였다. 아합은 왕복을 벗고 변장하여 전쟁터에 나갔다. 아람 왕은 전쟁을 주도한 아합 왕과 먼저 싸우라고 지휘관 32명에게 명령하였지만, 그들은 아합 왕이 변장하여 찾을 수 없으므로 쫓기를 그쳤다. 그런데 그 때에 한 사람이 무심코 활을 당겨 아합 왕의 갑옷 솔기를 맞혔다 왕상 22:34. 아합은 전쟁이 맹렬하여 치료를 받지 못한 채 아람 사람을 막다가 저녁에 이르러 죽었다. 상처의 피가 흘러 병거 바닥에 고였으므로, 전쟁 후 그 병거를 사마리아 못에서 씻었는데 개들이 그 피를 핥았다. 여호와께서 하신 말씀과 같이 된 것이다 왕상 22:38.

나봇이 죽은 이후에 북이스라엘의 아합 왕, 남유다의 여호사밧 왕, 아람 왕, 지휘관 32명, 각 국의 병사들은 자유롭게 자신의 뜻과 계획에 따라 인생을 살았다. 아합과 여호사밧은 자유롭게 전쟁을 결정했고, 아람 왕은 자유롭게 이들과 맞서 싸웠다. 전쟁이 일어나기까지 관련된 모든 사람은 자유롭게 의사결정하며 인생을 살았다. 그런데 하나님은 이 모든 것을 통합하시어 하나님의 뜻을 이루셨다. 무심코 날아가는 화살 하나를 통해 아합을 죽이신 것이다. 무심코 날아간 화살은 사람에게는 우연이지만 하나님에게는 필연이다.

하나님은 이렇게 피조물과 협력하신다. 하나님은 심지어 사탄도 하나님의 섭리에 사용하신다. 욥기 1장에서 사탄은 여호와께서 욥의 모든 소유물을 치시면 욥이 틀림없이 주를 향하여 욕할 것이라고 말했다. 그러자 여호와는 사탄에게 욥의 소유물을 모두 맡겼다 욥 1:12. 사탄은 곧 욥의 소유물을 치기 시작했다. 스바 사람이 소와 나귀를 빼앗고 칼로 욥의 종들을 죽였다. 하나님의 불이 하늘에서 떨어져 양과 종들을 살라 버렸다. 갈대아 사람은 세 무리를 지어 낙타를 빼앗고 종들을 죽였다. 스바 사람과 갈대아 사람은 독립적으로 자유롭게 생각하고 결정하여 욥의 재산을 탈취하고 종들을 죽였다. 사탄은 욥을 어떻게든 시험에 들게 하겠다는 생각으로 독자적으로 자신의 능력의 범주 내에서 행동했다. 그리고 하나님은 사람과 사탄까지 모두 사용하시어 욥을 연단하게 하시는 목적에 사용하셨다. 스바 사람과 갈대아 사람은 자신들의 의지로 자유롭게 죄를 지었으므로 자신들의 죄에 대해 책임을 져야 한다. 섭리를 말한다고 하여 사람의 죄까지 먼 원인이신 하나님에게 돌리면 안 된다.

사람도 일하고, 사탄도 일하고, 하나님도 일하신다. 그런데 일하는 차원이 다르다. 목적과 수단에서 큰 차이가 난다. 하나님은 사람과 사탄이 자유롭게 일하는 것까지 모두 사용하시어 하나님의 뜻을 이루신다. 이들과 협력하며 하나님의 뜻을 다 이루신다. 예수님이 십자가에서 돌아가실 때에 "다 이루었다"고 요 19:30 하셨는데, 예수님은 사람들과 협력하여 자신의 일을 다 이루신 것이다.

사람도 일하고, 사탄도 일하고, 하나님도 일하시는데 목적과 방법에 있어 차원이 다르다.

창 45:5 당신들이 나를 이 곳에 팔았다고 해서 근심하지 마소서 한탄하지 마소서 하나님이 생명을 구원하시려고 나를 당신들보다 먼저 보내셨나이다

출 4:11-12 여호와께서 그에게 이르시되 누가 사람의 입을 지었느냐 누가 말 못 하는 자나 못 듣는 자나 눈 밝은 자나 맹인이 되게 하였느냐 나 여호와가 아니냐 12 이제 가라 내가 네 입과 함께 있어서 할 말을 가르치리라

신 8:18 네 하나님 여호와를 기억하라 그가 네게 재물 얻을 능력을 주셨음이라 이같이 하심은 네 조상들에게 맹세하신 언약을 오늘과 같이 이루려 하심이니라

수 11:6 여호와께서 여호수아에게 이르시되 그들로 말미암아 두려워하지 말라 내일 이맘때에 내가 그들을 이스라엘 앞에 넘겨주어 몰살시키리니 너는 그들의 말 뒷발의 힘줄을 끊고 그들의 병거를 불사르라 하시니라

마 10:29 참새 두 마리가 한 앗사리온에 팔리지 않느냐 그러나 너희 아버지께서 허락하지 아니하시면 그 하나도 땅에 떨어지지 아니하리라

행 14:17 그러나 자기를 증언하지 아니하신 것이 아니니 곧 여러분에게 하늘로부터 비를 내리시며 결실기를 주시는 선한 일을 하사 음식과 기쁨으로 여러분의 마음에 만족하게 하셨느니라 하고

5.2

비록 제1원인이신 하나님의 예지와 작정과 관련하여 볼 때에 모든 일은 변함없이 그리고 틀림없이 일어나게 되지만,[h] 그럼에도 그 같은 섭리에 의해 하나님께서 그 모든 일을 제2원인들의 성질에 따라 필연적으로 또는 자유롭게 또는 우연히 일어나도록 정하신다.[i]

Although in relation to the fore-knowledge and decree of God, the first cause, all things come to pass immutably and infallibly:[h] yet by the same providence he ordereth them to fall out, according to the nature of second causes, either necessarily, freely, or contingently.[i]

[h] 행 2:23   [i] 창 8:22; 렘 31:35; 출 21:13; 신 19:5; 왕상 22:28, 34; 사 10:6-7

2. 제1원인과 제2원인들

하나님께서 제1원인이시다. 하나님으로 하여금 존재하시도록 하거나 어떤 일을 하시도록 영향을 미치는 것들이 없다. 다른 것들은 모두 하나님에 의해 존재하는 것이고 행하는 것이고, 따라서 제2원인들에 속한다. 하나님께서 작정하신 것은 모두 변함없이 그리고 틀림없이 존재하게 되거나 일어나게 된다. 오직 하나님에게만 자유와 주권이 있고, 다른 모든 피조물은 하나님의 자유와 주권의 영향을 변함없이 그리고 틀림없이 받는다.

또한 하나님께서 예지하신 것도 모두 변함없이 그리고 틀림없이 일어나게 된다. 왜냐하면 하나님의 예지는 정확하고, 변할 일이나 틀릴 가능성이 전혀 없기 때문에, 하나님께서 예지하신 것은 변함없이 그리고 틀림없이 일어나게 된다.

그런데 하나님께서 그렇게 예지하시고 작정하신 것을 시간 속에서 실행하실 때에, 즉 섭리하실 때에 제2원인들을 무시하지 않는다. 제3장 작정의 제1절은 "작정에 의해 피조물의 의지가 강제로 영향을 받는 것도 아니고, 제2원인들의 자유나 임의성이 제거되지도 않고 도리어 확립된다."라고 말한다. 예지와 작정을 인하여 제2원인들이 존재성과 독립성을 가질 수 있는 것이다. 이때 제2원인들이 어떤 성질을 갖느냐에 따라 어떤 일들은 필연적으로 일어나고, 어떤 일들은 자유롭게 일어나고, 어떤 일들은 우연히 일어난다. 어떤 일에 대한 예지와 작정에 대응하는 똑같은 섭리가 존재하는 것이고, 그 섭리에 의해 모든 일이 필연적으로, 또는 자유롭게, 또는 우연히 일어난다.

창 8:22   땅이 있을 동안에는 심음과 거둠과 추위와 더위와 여름과 겨울과 낮과 밤이 쉬지 아니하리라

렘 31:35   여호와께서 이와 같이 말씀하셨느니라 그는 해를 낮의 빛으로 주셨고 달과 별들을 밤의 빛으로 정하였고 바다를 뒤흔들어 그 파도로 소리치게 하나니 그의 이름은 만군의 여호와니라

위의 근거성경구절들은 제2원인이 필연적인 성질에 속하는 경우이다. 땅이 있을 동안에 심음과 거둠과 추위와 더위와 사계절의 순환과 낮밤의 교차는 필연적으로 일어난다. 해가 낮의 빛이 되는 것, 달과 별들이 밤의 빛이 되는 것, 파도가 바다에서 소리치며 이는 것은 필연적인 일들이다. 필연적인 일들이라고 해서 그저 쉽게 자연적으로 되는 것이 아니라, 하나님의 능력으로 되는 것이다. 비가 땅에 내리는 것과 그 물이 밭으로 흘러가는 것이 하나님께서 하시는 헤아릴 수 없는 큰일과 기이한 일이고, 하나님께서 이것들을 낮은 자를 높이 드시고 애곡하는 자를 일으키시는 일과 같은 수준으로 여기신다 욥 5:9-11. 만나가 광야에서 처음 내렸을 때 이스라엘 백성은 이적으로 신비하게 여겼다. 하지만 계속해서 반복되자 그들은 애굽에서 먹던 음식을 그리워하며 불평하였다. 이적도 반복되면 일상과 평범한 일로 여기는 것이다. 더욱이 광야에서 태어난 아이들은 만나가 태어날 때부터 있었으므로 비와 눈과 바람과 같은 자연으로 여겼다. 사람들은 계절의 순환, 낮과 밤의 교차, 비와 눈과 바람의 작동, 바다와 강과 시냇물의 흐름 등을 자연이라고 부르며 당

연하게 여기지만 이것들은 하나님의 예지와 작정으로 말미암아 섭리에 의해 필연적으로 나타난 것이고, 하나님의 피조물을 향한 사랑과 큰 능력에서 나온 것이다. 인류는 사람이 마스크를 쓰지 않고 일상생활을 하는 것이 하나님의 사랑과 능력에서 나온 것임을 코로나19 대감염을 통하여 깨닫게 되듯이, 일상과 평범함이 약화되거나 사라질 때에야 그 가치를 깨닫는다.

출 21:13	만일 사람이 고의적으로 한 것이 아니라 나 하나님이 사람을 그의 손에 넘긴 것이면 내가 그를 위하여 한 곳을 정하리니 그 사람이 그리로 도망할 것이며
신 19:5	가령 사람이 그 이웃과 함께 벌목하러 삼림에 들어가서 손에 도끼를 들고 벌목하려고 찍을 때에 도끼가 자루에서 빠져 그의 이웃을 맞춰 그를 죽게 함과 같은 것이라 이런 사람은 그 성읍 중 하나로 도피하여 생명을 보존할 것이니라
왕상 22:28, 34	미가야가 이르되 왕이 참으로 평안히 돌아오시게 될진대 여호와께서 나를 통하여 말씀하지 아니하셨으리이다 또 이르되 너희 백성들아 다 들을지어다 하니라 34 한 사람이 무심코 활을 당겨 이스라엘 왕의 갑옷 솔기를 맞힌지라 왕이 그 병거 모는 자에게 이르되 내가 부상하였으니 네 손을 돌려 내가 전쟁터에서 나가게 하라 하였으나

위의 근거성경구절들은 제2원인이 우연적인 성질에 속하는 경우이다. 어떤 사람이 이웃과 함께 벌목하다 도끼가 자루에서 빠져 이웃을 맞춰 죽게 하는 경우가 있다. 어떻게 마침 그 때에 도끼가 자루에서 빠져 이웃을 맞추는가? 하나님께서 우연을 통하여 이웃을 그의 손에 넘기신 것이다. 어떤 사람이 이웃과 함께 벌목하는 것은 일상적으로 있는 일인데 하나님께서 그 일을 우연히 사용하시어 그의 이웃을 죽게 하신다. 구약의 율법은 이런 과실치사의 범죄자가 도피성에 들어가면 목숨을

부지할 수 있게 하였다 출 21:13. 미가야 선지자는 아합 왕에게 전쟁에 나가면 평안히 돌아오지 못한다고 예언하였다. 이 예언을 무시하고 호기 있게 전쟁에 나간 아합 왕은 어떤 한 사람이 무심코 쏜 화살에 맞아 죽음에 이르렀다. 그는 특별한 의도 없이 무심코 활을 당겼는데 하나님께서 우연히 아합을 맞추게 섭리하심으로써 하나님의 뜻을 이루셨다.

> 사 10:6-7　내가 그를 보내어 경건하지 아니한 나라를 치게 하며 내가 그에게 명령하여 나를 노하게 한 백성을 쳐서 탈취하며 노략하게 하며 또 그들을 길거리의 진흙 같이 짓밟게 하려 하거니와 7 그의 뜻은 이같지 아니하며 그의 마음의 생각도 이같지 아니하고 다만 그의 마음은 허다한 나라를 파괴하며 멸절하려 하는도다

위의 근거성경구절은 제2원인이 자유로운 성질에 속하는 경우이다. 하나님께서 앗수르를 강하게 만드시어 이스라엘을 정복하게 하심으로 이스라엘을 징계하셨다. 그런데 앗수르 왕은 하나님의 이러한 목적과 뜻을 몰랐고, 단지 허다한 나라를 파괴하며 멸절하여 앗수르 왕국을 넓히고 부강하려는 뜻과 마음뿐이었다. 그는 이스라엘을 정복하겠다고 자유롭게 생각하였고 실행에 옮겼고, 하나님은 앗수르 왕의 자유로운 생각과 행위를 이용하시어 자신의 목적을 이루셨다. 그 후에는 앗수르 왕의 완악한 마음의 열매와 높은 눈의 자랑을 벌하셨다. 하나님은 그의 행위에 대하여 "도끼가 어찌 찍는 자에게 스스로 자랑하겠으며 톱이 어찌 켜는 자에게 스스로 큰 체하겠느냐 이는 막대기가 자기를 드는 자를 움직이려 하며 몽둥이가 나무 아닌 사람을 들려 함과 같음이로다"라고 사 10:15 꾸짖으시며 징계하셨다.

이처럼 모든 일은 하나님의 작정에 의해 변함없이 그리고 틀림없이 일어나게 되지만, 그렇다고 하여 모든 일이 기계적으로 일률적으로 무의미하게 일어나지 않고, 작정이 작동되는 섭리에 의해 그 모든 일이 어떤 일은 필연적으로 일어나고, 어떤 일은 자유롭게 일어나고, 어떤 일은 우연히 일어난다. 하나님께서 제2원인들의

성질에 따라 다양하고 의미 있게 모든 일을 진행하신다.

> ## 5.3
>
> 하나님께서 자신의 일반적 섭리에 수단들을 사용하시지만,ᵏ 자신의 기뻐하심에 따라 수단들 없이,ˡ 수단들을 초월하여,ᵐ 수단들을 거슬러서ⁿ 일하심에 있어 자유로우시다.
>
> God in his ordinary providence maketh use of means,ᵏ yet is free to work without,ˡ above,ᵐ and against them at his pleasure.ⁿ
>
> k 행 27:31, 44; 사 55:10-11; 호 2:21-22　　l 호 1:7; 마 4:4; 욥 34:10
> m 롬 4:19-21　　n 왕하 6:6; 단 3:27

3. 섭리의 수단들

하나님께서 섭리하실 때에 일반적으로 수단들을 사용하신다. 수단들을 사용하시지 않는다면 사람은 일들이 어떻게 진행될지 예측할 수 없다. 비와 눈이 하늘로부터 내려서 땅을 적셔서 소출이 나며 싹이 나서 파종하는 자는 종자를 얻으며, 일하는 자는 양식을 얻는 것이 일반적 섭리의 수단이다. 비와 눈이 몇 년간 내리지 않거나, 씨를 뿌려도 싹이 나지 않는다면 농사하는 자는 부지런히 봄에 땅을 일구며 씨를 뿌리지 않는다. 하나님께서 바다에서 항해 중에 태풍을 만난 바울 일행을 구하셨는데, 이들은 배에 있는 수단을 사용하였고, 배가 해안에 가까이 이르러 뒤쪽 부분이 큰 물결에 깨어졌을 때는 헤엄을 쳐서 빠져나갔다. 하나님은 배에 있는 사람들을 구원하실 때 순간적 장소이동이라는 초월적 방법을 사용하시지 않았다. 하나님께서 일반적 섭리에 수단들을 사용하시기 때문에 사람은 인생을 어떻게 살아야하는지 경험과 학문과 전통을 통하여 일반적 수단의 사용법을 아는 것이다.

그런데 하나님께서 특별한 상황에서는 수단들에 얽매이지 않으시고 수단들 없이 또는 수단들을 초월하여 또는 수단들을 거슬러서 자유롭게 일하신다. 하나님께서 자유롭게 일하신다는 것은 수단의 제약을 받지 않으신다는 것이다. 하나님이 수단의 제약을 받으시면 그 제약을 받는 만큼 자유롭지 않으시다는 것이다. 하나님은 섭리하실 때 수단들을 사용하시며 일하시거나, 수단들 없이 일하시거나, 수단들을 초월하여 일하시거나, 수단들을 거슬러서 일하시는데, 이것들 모두가 하나님의 기뻐하심에 따른 자유에 달려있다.

호 1:7　그러나 내가 유다 족속을 긍휼히 여겨 그들의 하나님 여호와로 구원하겠고 활과 칼이나 전쟁이나 말과 마병으로 구원하지 아니하리라 하시니라

마 4:4　예수께서 대답하여 이르시되 기록되었으되 사람이 떡으로만 살 것이 아니요 하나님의 입으로부터 나오는 모든 말씀으로 살 것이라 하였느니라 하시니

욥 34:10　그러므로 너희 총명한 자들아 내 말을 들으라 하나님은 악을 행하지 아니하시며 전능자는 결코 불의를 행하지 아니하시고

위의 근거성경구절들은 하나님께서 수단들 없이 일하시는 경우이다. 하나님께서 유다 족속을 긍휼히 여겨 구원하시는데 활과 칼이나 전쟁이나 말과 마병이라는 수단 없이 구원하셨다. 엘리사가 수넴 여인의 아들을 살린 것, 예수님께서 죽은 나사로를 말씀으로 살리신 것도 하나님께서 수단들 없이 일하신 경우이다. 사람이 떡으로만 살지 않고 하나님의 입의 모든 말씀으로 산다. 이것은 사람이 떡이란 수단을 통해서만 사는 것이 아니라, 떡이란 수단 없이 하나님의 능력으로 산다는 것이다. 세상만물의 창조가 여호와의 입의 말씀으로 되었다. 하나님은 다른 수단들 없이 세상만물을 창조하셨다. 악을 행하지 아니하시는 전능자는 수단들 없이 사람의 행위를 따라 갚으신다 욥 34:11. 신자들은 이런 하나님을 믿기 때문에 자신의 상

황이 해결될 수단들이 전혀 없는 것처럼 보일 때도 하나님께 도움의 기도를 간절히 드릴 수 있다.

롬 4:19-21   그가 백 세나 되어 자기 몸이 죽은 것 같고 사라의 태가 죽은 것 같음을 알고도 믿음이 약하여지지 아니하고 20 믿음이 없어 하나님의 약속을 의심하지 않고 믿음으로 견고하여져서 하나님께 영광을 돌리며 21 약속하신 그것을 또한 능히 이루실 줄을 확신하였으니

위의 근거성경구절은 하나님께서 수단들을 초월하여 일하시는 경우이다. 일반적으로 사람은 남자든 여자든 백 세 전후가 되면 임신하기가 힘들다. 아브라함의 나이가 100세가 되고, 그의 아내 사라가 90세가 되었을 때에 그들은 비록 자신들의 몸이 죽은 것 같았지만 하나님께서 자식을 주겠다고 하신 약속을 의심하지 않고 확신하였다. 하나님께서 불임의 나이와 상태를 초월하여 일하실 수 있는 능력이 있기 때문이다. 그들은 믿음으로 견고하여져서 하나님께 영광을 돌리며 약속하신 것을 받아 누렸다.

왕하 6:6   하나님의 사람이 이르되 어디 빠졌느냐 하매 그 곳을 보이는지라 엘리사가 나뭇가지를 베어 물에 던져 쇠도끼를 떠오르게 하고
단 3:27   총독과 지사와 행정관과 왕의 모사들이 모여 이 사람들을 본즉 불이 능히 그들의 몸을 해하지 못하였고 머리털도 그을리지 아니하였고 겉옷 빛도 변하지 아니하였고 불 탄 냄새도 없었더라

위의 근거성경구절들은 하나님께서 수단들을 거슬러서 일하시는 경우이다. 일반적으로 쇠도끼가 물에 빠지면 저절로 떠오르지 않는다. 그런데 엘리사가 나뭇가지를 베어 물에 던지자 쇠도끼가 떠올랐는데 하나님께서 쇠도끼가 물에 빠지는 일반적 법칙을 거슬러서 일하신 경우이다. 다니엘의 세 친구가 뜨거운 풀무불

에 던져졌는데 불이 그들을 해하지도 않았고 머리털도 그을리지 아니하였다. 하나님께서 뜨거운 불이 몸과 머리털과 겉옷을 태우는 일반적 법칙을 거슬러서 그들을 보호하셨기 때문이다. 다니엘의 세 친구는 하나님의 이러한 능력을 믿었기 때문에 "왕이여 우리가 섬기는 하나님이 계시다면 우리를 맹렬히 타는 풀무불 가운데에서 능히 건져내시겠고 왕의 손에서도 건져내시리이다"라고[단 3:17] 말했다. 신자는 어떠한 상황에서도 하나님의 능력을 기대할 수 있고, 설령 하나님께서 일반적 법칙의 수단들을 초월하거나 거슬러서 일하시지 아니하실지라도[단 3:18] 기꺼이 그 상황을 받아들일 수 있다.

5.4

하나님의 전능한 능력과 헤아릴 수 없는 지혜와 무한한 선하심이 하나님의 섭리에서 매우 크게 나타나서, 섭리는 심지어 최초의 타락 및 천사들과 사람들의 다른 모든 죄에까지 이른다.o 또한 하나님은 섭리에서 죄들을 단순히 허용하시지 않고,p 허용하시면서 지극히 지혜롭고 능력 있게 죄들을 제한하시거나q 아니면 설정하시고 통치하시는데, 다중적인 경륜으로 그분 자신의 거룩한 목적에 이르도록r 하신다. 그럼에도 죄의 죄악성은 하나님이 아니라 오직 피조물로부터 나온다. 하나님은 지극히 거룩하시고 의로우셔서 죄의 조성자나 승인자가 아니시며, 이실 수도 없다.s

The almighty power, unsearchable wisdom, and infinite goodness of God so far manifest themselves in his providence, that it extendeth itself even to the first Fall, and all other sins of angels and men,o and that not by a bare permission,p but such as hath joined with it, a most wise and powerful bounding,q and otherwise ordering, and governing of them, in a manifold dispensation to his own holy ends:r yet so, as the sinfulness thereof proceedeth only from the creature, and not from God, who being most holy and righteous, neither is, nor can be the author or approver of sin.s

o 롬 11:32-34; 삼하 24:1; 대상 21:1; 왕상 22:22-23; 대상 10:4, 13-14; 삼하 16:10; 행 2:23; 행 4:27-28

p 행 14:16   q 시 76:10; 왕하 19:28   r 창 50:20; 사 10:6-7, 12
s 약 1:13-14, 17; 요일 2:16; 시 50:21

4. 죄의 허용과 제한과 설정과 통치

죄는 나쁜 것이다. 이렇게 나쁜 것이 이 땅에 어떻게 존재하게 되었는가? 이 땅의 모든 존재물이 하나님의 작정과 섭리로 인한 것이라면 하나님께서 죄를 만드셨고, 승인하셨단 말인가? 제4절은 이런 질문에 대하여 첫째로 하나님의 섭리는 아담의 타락과 사람들의 모든 죄에까지 미치고, 둘째로 하나님은 죄를 단순히 허용하시는 것만이 아니라, 제한하시고 설정하시고 통치하시고, 셋째로 하나님께서 죄를 이렇게 다루심에도 죄의 죄악성은 오직 피조물에게 있음을 살펴본다.

❶ 최초의 타락과 다른 모든 죄에까지 미치는 섭리

하나님의 섭리는 하나님의 능력과 지혜와 선함으로 이루어진다. 하나님의 능력은 전능하고, 하나님의 지혜는 헤아릴 수 없고, 하나님의 선하심은 무한하다. 하나님의 섭리에는 하나님의 그러한 능력과 지혜와 선하심이 매우 크게 나타나므로, 절대로 사람의 유한한 능력과 지혜와 선함으로 하나님의 섭리를 헤아리면 안 된다. 어떻게 하나님께서 사람의 죄를 아시면서도 허락하시는가라는 생각을 사람은 단순하게 하면서 거부하려 하지만, 하나님은 사람의 지혜와 능력을 뛰어넘으시어 다중적인 경륜으로 자신의 거룩한 목적을 이루시기 위하여 사람의 죄도 섭리하신다.

삼하 24:1   여호와께서 다시 이스라엘을 향하여 진노하사 그들을 치시려고 다윗을 격동시키사 가서 이스라엘과 유다의 인구를 조사하라 하

	신지라
대상 21:1	사탄이 일어나 이스라엘을 대적하고 다윗을 충동하여 이스라엘을 계수하게 하니라

위의 근거성경구절들에서 다윗은 하나님께서 기뻐하시지 않는 인구 조사를 하였다. 이것에 대하여 역대상 21장은 사탄이 다윗을 충동하였다고 말하고, 사무엘하 24장은 하나님께서 다윗을 격동시키셨다고 말한다. 서로 모순인 듯 보이지만, 하나님께서 사탄이 다윗을 충동한 것을 이용하시어 다윗을 격동시키시어 인구 조사를 하게 하신 것이다. 사탄이 다윗을 충동하는 일을 하지만, 하나님께서 더 큰 목적을 가지시고 사탄의 일을 이용하여 다윗을 격동시키신 것이다.

롬 11:32-34	하나님이 모든 사람을 순종하지 아니하는 가운데 가두어 두심은 모든 사람에게 긍휼을 베풀려 하심이로다 33 깊도다 하나님의 지혜와 지식의 풍성함이여, 그의 판단은 헤아리지 못할 것이며 그의 길은 찾지 못할 것이로다 34 누가 주의 마음을 알았느냐 누가 그의 모사가 되었느냐

위의 근거성경구절에서 하나님은 모든 사람을 순종하지 않는 가운데 가두어 두셨는데, 이렇게 하심은 모든 사람에게 긍휼을 베푸시려는 목적 때문이다. 하나님께서 모든 사람에게 긍휼을 베푸시려는 목적으로 사람들로 순종하지 않는 죄를 범하도록 하신 것이다. 하나님은 죄를 허용하시어 더 큰 선을 이루신다. "당신들은 나를 해하려 하였으나 하나님은 그것을 선으로 바꾸사 오늘과 같이 많은 백성의 생명을 구원하게 하시려 하셨나니"라는 창 50:20 근거성경구절에서 요셉의 형들은 요셉을 미워하여 해하려고 하였고, 하나님은 그들의 죄를 이용하시어 야곱의 자손을 기근에서 구해내셨다. 이 과정에서 야곱 자손의 생명을 구하시려는 하나님의 거룩한 목적이 하나님의 다중적인 경륜으로 드러났다. 이런 일은 하나님의 지혜와

지식의 풍성함에 의한 다중적인 경륜으로 말미암아 가능한데, 사람은 그의 판단을 헤아리지 못하고 그의 길을 찾지 못한다. 누가 주의 마음을 알겠으며 누가 그의 모사가 되겠는가? 그러므로 사람은 죄를 사람에게 허락하시는 하나님의 일과 방법이 자신의 지혜와 지식으로 헤아릴 수 없다고 하여 하나님께 모순이 있다고 투정하면 안 되고, 오히려 하나님의 큰 능력과 지혜를 찬양하며 하나님께 영광을 돌려야 한다.

행 4:27-28　　과연 헤롯과 본디오 빌라도는 이방인과 이스라엘 백성과 합세하여 하나님께서 기름 부으신 거룩한 종 예수를 거슬러 28 하나님의 권능과 뜻대로 이루려고 예정하신 그것을 행하려고 이 성에 모였나이다

위의 근거성경구절에서 헤롯과 빌라도는 이방인과 이스라엘 백성과 합세하여 예수님을 십자가에 못 박아 죽였다. 성경은 이들에 의한 예수님의 고난과 죽음마저도 하나님께서 자신의 권능과 뜻대로 이루려고 예정하신 것이라고 말한다. 하나님께서 예수님을 핍박하고 죽인 그들의 악한 행위를 이용하시어 자신의 뜻을 이루신 것이다. 그들의 핍박과 죽임이 하나님의 예지와 통치를 벗어나 그들의 독단적 자유와 능력에 의해 이루어진 것이 아니다.

❷ 죄의 허용과 제한과 설정과 통치

아담과 하와의 최초의 타락도 그리고 그 이후 천사들과 사람들의 모든 죄도 하나님의 섭리 속에서 이루어진 것이지 절대로 하나님의 섭리를 벗어나 그들에 의해 자유롭게 일어난 것이 아님을 살펴보았다. 그렇다면 모든 죄가 하나님의 섭리 가운데 있다면 하나님은 죄들을 어떻게 섭리하신다 말인가? 첫째로 허용하심에 의해서이다. 허용이란 하나님께서 마지못해 죄를 허락하신다는 것도 아니고, 죄를 막을 힘이 없어서 못 본 체 하신다는 것도 아니고, 죄의 존재를 도덕과 윤리의 측면

에서 용인하셨다는 것도 아니다. 죄의 허용이란 죄가 지니는 비도덕성에도 불구하고 더 큰 목적을 위해서 존재를 허락하셨다는 것이다. 죄 자체를 기뻐하시지 않지만 죄의 활용을 위하여 죄의 존재를 허락하신 것이다. 하나님께서 거룩성과 전능성이 부족하여 죄를 허락하신 것이 아니라, 지혜로 더 큰 목적을 달성하기 위하여 죄를 허락하신 것을 죄의 허용이라고 한다.

그러므로 하나님은 죄를 허용하실 때에 단순히 죄를 허용하실 뿐만 아니라, 동시에 지극히 크신 지혜와 능력으로 죄의 규모와 질을 제한하시고, 아니면 설정하시고 통치까지 하신다. "하나님이 지나간 세대에는 모든 민족으로 자기들의 길들을 가게 방임하셨으나"라는 행 14:16 근거성경구절은 하나님께서 죄를 허용하심을 보여주며 동시에 죄를 통제하심도 보여준다.

시 76:10   진실로 사람의 노여움은 주를 찬송하게 될 것이요 그 남은 노여움은 주께서 금하시리이다

왕하 19:28   네가 내게 향한 분노와 네 교만한 말이 내 귀에 들렸도다 그러므로 내가 갈고리를 네 코에 꿰고 재갈을 네 입에 물려 너를 오던 길로 끌어 돌이키리라 하셨나이다

위의 근거성경구절들은 하나님께서 사람들의 죄들을 지극히 지혜롭고 능력 있게 제한하시는 경우를 보여준다. 하나님께서 사람의 노여움을 제한하시어 진실로 주를 찬송하게 하시고, 그 남은 노여움을 더 이상 발휘하지 못하도록 금하신다. 앗수르 왕 산헤립이 남유다를 침입하며 조롱할 때에 하나님께서 선지자 이사야에게 하신 말씀이 열왕기하 19:28절이다. 산헤립 왕이 여호와를 향하여 분출한 분노와 교만한 말을 하나님께서 들으셨고 그에 대한 징벌로 갈고리를 그의 코에 꿰시고 재갈을 그의 입에 물리시겠다고 하셨다. 하나님께서 그의 죄를 허락하시며 동시에 지극히 지혜롭고 능력 있게 제한하시는 것이다.

왕상 22:22-23	여호와께서 그에게 이르시되 어떻게 하겠느냐 이르되 내가 나가서 거짓말하는 영이 되어 그의 모든 선지자들의 입에 있겠나이다 여호와께서 이르시되 너는 꾀겠고 또 이루리라 나가서 그리하라 하셨은즉 23 이제 여호와께서 거짓말하는 영을 왕의 이 모든 선지자의 입에 넣으셨고 또 여호와께서 왕에 대하여 화를 말씀하셨나이다
삼하 16:10	왕이 이르되 스루야의 아들들아 내가 너희와 무슨 상관이 있느냐 그가 저주하는 것은 여호와께서 그에게 다윗을 저주하라 하심이니 네가 어찌 그리하였느냐 할 자가 누구겠느냐 하고

위의 근거성경구절들에서 여호와는 거짓말하는 영을 아합 왕의 모든 선지자의 입에 넣으셨다. 이 선지자들은 거짓말하는 영의 영향으로 아합에게 아람과의 전쟁에 나가면 승리할 수 있다고 잘못된 예언을 하였다. 하나님은 아합의 선지자들로 거짓의 예언을 하는 죄를 설정하시고 통치하신 것이다. 다윗은 사울의 친족 시므이가 자신을 저주하는 것은 여호와께서 하게 하신 것이므로, 그를 말릴 자가 없다고 말하였다 삼하 16:10. 시므이의 다윗에 대한 저주는 하나님께서 죄를 설정하시고 통치하시는 속에서 이루어진 것이다.

❸ 죄의 조성자와 승인자

우리는 제3장 작정의 제1절에서 하나님께서 만사를 작정하심에도 불구하고 죄의 조성자가 되시지 않음을 이미 살펴보았다. 제5장 제1절의 "하나님께서 지극히 거룩하시고 의로우셔서 죄의 조성자와 승인자가 아니시고, 이실 수도 없다."는 제3장 제1절의 "그것에 의해 하나님께서 죄의 조성자가 되시지도 않는다."와 같은 의미이다. 제5장 제1절은 죄의 승인자가 아니시라는 표현이 더 붙는다. 하나님은 죄의 조성자가 아니실 뿐만 아니라, 죄를 승인도 하시지 않는다. 하나님은 지극히 거룩하시고 의로우셔서 죄를 싫어하신다. 그런 분께서 어찌 죄를 조성하시고 승인하시겠는가? "내가 거룩하니 너희도 거룩할지어다"라고 레 11:45 말씀하신 하나님은 사람에게 죄를 금하시지 사람의 죄를 조성하시거나 승인하지 않으신다. 하나님은 지극히 거룩하시고 의로우시기 때문에 죄의 조성자나 승인자가 되고 싶어도 되실 수 없다. 사람은 거짓말을 하여도 여전히 사람으로 존재하지만, 지극히 거룩하시고 의로우신 하나님은 거짓말을 하는 순간에 하나님이 아니시다. 하나님은 존재와 본질과 속성이 일치하시기 때문에 자신의 본질과 속성에 어긋나게 행하실 때에 이미 하나님의 존재 자체가 없어지는 것이다.

약 1:13-14, 17 사람이 시험을 받을 때에 내가 하나님께 시험을 받는다 하지 말지니 하나님은 악에게 시험을 받지도 아니하시고 친히 아무도 시험하지 아니하시느니라 14 오직 각 사람이 시험을 받는 것은 자기 욕심에 끌려 미혹됨이니 17 온갖 좋은 은사와 온전한 선물이 다 위로부터 빛들의 아버지께로부터 내려오나니 그는 변함도 없으시고 회전하는 그림자도 없으시니라

요일 2:16 이는 세상에 있는 모든 것이 육신의 정욕과 안목의 정욕과 이생의 자랑이니 다 아버지께로부터 온 것이 아니요 세상으로부터 온 것이라

위의 근거성경구절들이 말하는 것처럼 각 사람이 시험을 받는 것은 자기 욕심에 끌려 미혹되기 때문이지, 하나님께서 그것을 조성하신 것이 아니다. 또 세상에 있는 모든 것이 육신의 정욕과 안목의 정욕과 이생의 자랑으로부터 온 것이지, 절대로 하나님으로부터 온 것이 아니다.

그런데 우리가 앞에서 살펴본 것처럼 하나님께서 사람의 죄들을 허용하시면서 더불어 제한하시거나 설정하시고 통치하신다. 그렇다면 이것은 하나님께서 죄의 조성자와 승인자시라는 의미가 아닌가? 전능하시고 전지하신 하나님의 눈을 피해 사람들이 어찌 자신의 능력으로 죄를 지을 수 있겠는가? 그런데 성경은 이 질

문에 대하여 상세하게 설명하지 않고, 하나님께서 만사를 작정하시고 섭리하신다고 말하면서 동시에 하나님은 죄의 조성자가 아니시라고 말한다. 성경은 이 둘의 관계를 논리적으로 설명하려고 하지 않으며 각각을 사실로 서술할 뿐이다. 그래서 웨스트민스터 신앙고백도 이 둘을 조화롭게 설명하기보다 이 둘을 각각 사실로 서술하고 있다. 이 둘은 사람의 이해력으로는 쉽게 이해하기가 힘든 신비한 부분이다. 신자는 성경이 말하는 이 부분에서 멈추어야 한다.

5.5

지극히 지혜로우며 의로우며 은혜로우신 하나님께서 때때로 자기 자신의 자녀들을 한동안 여러 가지 유혹과 그들 마음의 부패에 내버려두신다. 이는 이전의 죄들에 대하여 그들을 징계하시기 위함이거나, 그들에게 그들 마음의 부패와 속임이 갖는 숨겨진 힘을 드러내셔서 그들로 겸비하게 하시기 위함이다.t 또한 그들로 생계를 위해 하나님을 더 긴밀하고 더 끊임없이 의지하도록 기르시기 위함이고, 미래에 범죄할 모든 경우를 대비하고 여러 가지 다른 공의롭고 거룩한 목적을 위해 더욱 깨어있도록 하시기 위함이다.u

The most wise, righteous, and gracious God doth oftentimes leave for a season his own children to manifold temptations, and the corruption of their own hearts, to chastise them for their former sins, or to discover unto them the hidden strength of corruption, and deceitfulness of their hearts, that they may be humbled;t and to raise them to a more close and constant dependence for their support upon himself, and to make them more watchful against all future occasions of sin, and for sundry other just and holy ends.u

t 대하 32:25-26, 31; 삼하 24:1
u 고후 12:7-9; 시 73:1-28; 시 77:1, 10, 12; 막 14:66-72 with 요 21:15-17

5. 신자가 경험하는 유혹과 부패의 유익

하나님께서 섭리에 의해 모든 피조물과 행위와 일을 가장 큰 것에서부터 가장 작은 것까지도 붙드시고, 이끄시고, 처리하시고, 통치하신다면 왜 자신의 자녀를 한동안 여러 가지 유혹과 마음의 부패에 내버려두실까? 하나님은 가장 지혜로우며 의로우며 은혜로우시므로 자녀가 유혹이나 마음의 부패에 빠지기 전에 유혹이 없는 장소로 이끄시거나, 마음의 부패가 얼마나 더럽고 부끄러운 것인가를 깨닫게 하시면 좋을 텐데 왜 이렇게 하시지 않을까? 그것은 하나님께서 사람을 로봇이나 무생물로 여기시지 않고 하나님의 형상을 지닌 인격체로 대우하시기 때문이다. 컴퓨터는 새로운 프로그램을 입력하면 아무 고통도 느끼지 않으며 한층 향상된 기능을 발휘할 수 있다. 자동차도 엔진이나 바퀴와 같은 마모된 부품을 향상된 부품으로 교체할 때에 역시 아무 고통도 느끼지 않은 채 향상된 기능을 발휘할 수 있다.

하지만 하나님의 지식과 의와 거룩함으로 지음을 받은 사람은 인격체인지라 머리와 마음을 향상된 프로그램으로 고통 없이 단번에 주입하거나 대체할 수 없다. 사람은 경험과 사고라는 과정을 통하여 깨달으면서 인격과 인식이 향상된다. 바로 이것 때문에 하나님께서 자신의 자녀에게 오랜 동안이 아니라 한동안 유혹과 마음의 부패에 내버려두심으로써 그들로 다음과 같은 4가지 결과를 경험하여 더욱 성숙하게 하신다.

첫째로 이들은 예전에 지은 죄들에 대하여 하나님의 징계를 받는다. 둘째로 이들은 죄를 지으면서 그들 마음의 부패와 속임이 얼마나 악독한 힘을 갖고 있는지를 알게 된다. 이런 과정을 통하여 이들은 겸손해진다. 셋째로 이들은 한시라도 하나님을 긴밀하게 의지하지 않으면 생활에 죄가 파고든다는 것을 경험하면서 주님을 더 긴밀하고 더 끊임없이 의지하게 된다. 넷째로 이들은 미래에 죄를 지을 수 있는 경우가 무엇인지 더욱 깨어서 대비하게 되고, 또 공의와 거룩함을 위해서도 더욱 깨어있어야 함을 깨닫는다.

신자가 이런 경험을 하지 않더라도 유혹과 마음의 부패에 무너지는 것이 비참한 결과를 가져온다는 것을 알면 좋겠지만, 사람이란 존재는 경험과 고난 없이 깨닫는 지혜롭고 의로운 존재가 아니다. 그래서 하나님은 자녀가 죄를 짓는 것은 나쁘고 안타깝지만, 이들의 성숙이라는 더욱 큰 목적을 위해서 한동안 유혹과 마음의 부패에 내버려두신다. 매운 맛이나 뜨거운 맛을 봐야 정신 차린다는 속담도 있듯이, 사람은 어떤 행위를 하면 매서운 징계가 따른다는 것을 머리로 알지라도, 실제로 그 징계를 맞으며 가혹함과 부끄러움을 당할 때에야 실감한다. 나는 첫째 아이를 키울 때 아이가 넘어질까 다칠까 노심초사하며 옆에 붙어서 늘 지켜줬다. 그런데 다섯째를 키울 즈음에는 아이들이란 한 번 넘어지고 다쳐봐야 스스로 알아서 조심한다는 것을 깨달았다. 적당한 죄의 경험과 이로 인한 깨달음 없이 자녀가 종합적인 판단 능력을 가질 수 없음도 알게 되었다. 다양한 유혹과 마음의 부패가 무엇인지 모르고 경험하지도 않은 채 자란 아이들은 나중에 삶의 다양한 현장에서 유혹과 부패를 만나면 이것들에 대한 경각심과 저항력이 적어 더 큰 죄를 짓는 경우가 있다. 죄의 정체에 대하여 무지한 것은 옳지 않고, 죄의 정체를 앎으로써 죄에 대한 저항력이 강해지고 순전한 삶을 지향하는 것이 바람직하다.

근거성경구절들은 히스기야가 교만하였지만 하나님의 진노를 인하여 교만함을 뉘우친 것을 보여주고대하 32:26, 다윗이 사탄의 충동과대상 21:1 하나님의 격동삼하 24:1으로 이스라엘과 유다의 인구를 조사하는 죄를 지은 것을 보여준다. 다윗은 백성을 조사한 후에 자신의 죄를 깨닫고 여호와께 "내가 이 일을 행함으로 큰 죄를 범하였나이다 여호와여 이제 간구하옵나니 종의 죄를 사하여 주옵소서 내가 심히 미련하게 행하였나이다"라고삼하 24:10 말하였다. 사도 바울은 여러 계시를 받은 것이 지극히 커서 자만하기 쉬우므로 하나님께서 자신의 육체에 가시를 주시어 자신을 쳐서 자만하게 않게 하셨다고 말한다. 하나님의 능력은 사람이 약한 데서 온전하여지므로 사람은 자신의 약함을 자랑할 줄 알아야 한다고후 12:7-9. 예수님은 베드로의 배신을 언급하시며 "그러나 내가 너를 위하여 네 믿음이 떨어지지 않기를 기도하였노니 너는 돌이킨 후에 네 형제를 굳게 하라"고눅 22:32 말씀하셨다. 예수님께서 베드로로 한동안 배신의 상태에 머물게 하신 것은 그로 예수님의 어린 양을 굳게 하도록 하심이다.

신자가 여러 환난과 역경에 머물 뿐만 아니라 한동안 여러 가지 유혹과 마음의 부패에 머무는 것까지도 하나님의 섭리에 있음을 안다면 자기 스스로 인생을 짊어지고 뚫고 나가야한다는 짐에서 자유로워진다. 자신의 지혜와 능력은 작은 짐을 지기에도 부족한 줄 알고, 세상의 여러 일과 사람에 대한 판단을 멈추고 단지 하나님께서 세상을 이끌어 가시는 대로 순응하게 된다. 하나님이 운행하시는 배에 올라타 그 흐름에 순응하지 자신이 바람을 만들고 자신이 배의 방향을 정하려는 시도와 책임감으로부터 벗어나게 된다. 하나님의 섭리를 안다는 것은 하나님의 크고 따스한 마음에 풍덩 빠져 하나님의 사랑과 능력의 보호를 알고 받고 누린다는 것이다. 욥의 다음과 같은 고백이 자신의 고백이 된다. "내가 모태에서 알몸으로 나왔사온즉 또한 알몸이 그리로 돌아가올지라 주신 이도 여호와시요 거두신 이도 여호와시오니 여호와의 이름이 찬송을 받으실지니이다"욥 1:21. "우리가 하나님께 복을 받았은즉 화도 받지 아니하겠느냐 하고 이 모든 일에 욥이 입술로 범죄하지 아니하니라"욥 2:10.

5.6

악하고 불경건한 사람들에 대하여는, 하나님께서 의로우신 재판장으로서 예전의 죄들을 인하여 이들로 분별력을 잃게 하시고 완악하게 하신다.w 그들의 이해를 밝게 해주고 그들의 마음에 영향을 주는 하나님의 은혜를 거두실 뿐만 아니라,x 때로는 그들이 가졌던 은사마저도 거두시며y 그들로 자신들의 부패성으로 죄를 짓는 상황을 접하게도 하신다.z 게다가 그들을 그들 자신의 정욕과 세상의 유혹과 사탄의 능력에 넘기기도 하신다.a 이로 말미암아 하나님께서 사람을 부드럽게 만드는 수단들 하에서도 그들은 자신들을 완악하게 해버리는 일이 일어난다.b

As for those wicked and ungodly men, whom God as a righteous judge, for former sins doth blind and harden,w from them he not only withholdeth his grace, whereby they might have been enlightened in their understandings, and wrought upon in their hearts:x but sometimes also withdraweth the gifts which they had,y and exposeth them to such objects as their corruption makes occasion of sin:z and withal, gives them over to their own lusts, the temptations of the world, and the power of Satan:a whereby it comes to pass that they harden themselves, even under those means, which God useth for the softening of others.b

w 롬 1:24, 26, 28; 롬 11:7-8   x 신 29:4   y 마 13:12; 마 25:29
z 신 2:30; 왕하 8:12-13   a 시 81:11-12; 살후 2:10-12
b 출 7:3; 출 8:15, 32; 고후 2:15-16; 사 8:14; 벧전 2:7-8; 사 6:9-10; 행 28:26-27

6. 불신자가 당하는 죄의 결과

같은 죄를 지어도 신자와 불신자가 맞이하는 결과는 크게 다르다. 신자에 대해서는 제5절에서 보는 것처럼 하나님의 속성들 중 의로움과 함께 지혜와 은혜가 강조되어 신자의 죄가 결과적으로는 그의 성숙함을 가져오는 데 사용되지만, 불신자에 대해서는 하나님의 의로운 속성이 강조되어 하나님은 아버지가 아니라 재판장으로서 그들의 죄에 대하여 엄격하게 징계하신다.

악하고 불경건한 자들은 예전의 죄들에 대하여 분별력을 잃고 완악하게 된다. 하나님께서 그들을 징계를 통해 고치시지 않고, 마음의 정욕대로 더러움에 내버려 두시어 그들의 몸을 서로 욕되게 하시고, 그 상실한 마음대로 내버려 두시어 합당하지 못한 일을 하게 하시고롬 1:28, 그들에게 혼미한 심령과 보지 못할 눈과 듣지 못할 귀를 주신다롬 11:8. 하나님께서 이들에게 은혜를 베풀지 않으신다. 이 은혜가 그들에게 주어진다면 그들의 이해는 밝아지고, 그들은 마음은 선한 영향을 받아 곱게 다듬어진다. 하나님께서 자녀가 죄를 지을 때는 한동안 징계하신 후 깨닫는 마음과 보는 눈과 듣는 귀를 주시어 자신들의 죄가 얼마나 더럽고 부끄러운지 깨달아 빠져나오게 하시지만, 불신자들에게는 주시지 않으므로신 29:4 그들은 계속하여 죄 속에 머물고 자신들이 지혜롭게 삶을 즐기며 잘 살고 있다는 착각에 빠진다.

하나님은 은혜를 주시지 않을 뿐만 아니라 그들이 가졌던 은사를 때때로 거두기도 하신다. 예수님께서 씨뿌리는 비유를 말씀하셨을 때에 제자들은 왜 그들에게 비유로 말씀하시는가라는 질문을 예수님께 하였다. 그때 예수님은 "무릇 있는 자는 받아 넉넉하게 되되 없는 자는 그 있는 것도 빼앗기리라"고마 13:12 대답하셨다. 비유를 이해하는 신자는 하나님의 말씀을 더 이해하게 되어 넉넉한 자가 되고, 이해하지 못하는 불신자는 그나마 갖고 있는 은사마저도 빼앗기게 된다. 하나님의 말씀을 이해하고 그대로 살려고 하는 자는 갈수록 넉넉한 자가 되고, 하나님의 말씀을 이해하지 못하여 자기 소견에 옳은 대로 사는 자는 외형적인 재산과 명예와 권력과 학식 등에서는 성장이 있을지 몰라도 실은 참된 진리와 이해에서 점점 초라해지는 것이다. 그 영적 초라함은 나중에는 외형적인 재산과 명예와 권력과 상식과 합리성의 약화와 소멸로 이어진다.

하나님은 불신자의 부패성으로 말미암아 죄를 지을 상황을 그로 접하게도 하신다. 사람은 부패성을 인하여 죄를 짓기 쉬운 상황을 접하면 죄를 지을 확률이 높아진다. 절대 권력을 갖게 되면 처음에는 자기 마음대로 하니 좋지만 절제력이 한계 있는 사람은 절대 부패하기 마련이다. 감시와 통제가 없이 회사의 재정을 맡은 직원도 재정을 유용하거나 횡령하기 쉽다. 이스라엘이 광야를 지날 때 헤스본 왕 시혼은 그들이 자신의 지역을 통과하기를 허락하지 아니하였는데 이는 하나님께서 그를 이스라엘 손에 넘기시려고 그의 성품을 완강하게 하셨기 때문이다신 2:30. 이스라엘이 시혼의 영토를 통과하겠다는 제안을 시혼에게 했을 때 그가 선하고 지혜로운 자라면 그 제안을 받아들여 이스라엘과 화친을 맺으며 하나님의 축복을 받았을 터이지만, 그는 악하고 미련한 자이기에 그 축복의 제안을 재앙의 제안으로 만들어버렸다. 그의 나라는 이스라엘에게 전멸당하는 응징을 받았다. 아람의 하사엘은 왕을 죽이는 역모를 일으켜 아람의 왕이 되었지만, 그후 이스라엘을 침입하여 장정을 칼로 죽이며 어린아이를 메치며 아이 밴 부녀를 가르는 큰 죄를 지었다 왕하 8:12-13. 그에게는 아람의 왕이 된 것이 큰 죄를 짓는 상황이 된 것이다.

게다가 하나님은 불신자를 정욕과 세상의 유혹과 사탄의 권능에 넘기시기도 하신다. 하나님께서 미혹의 역사를 멸망하는 자들에게 보내시어 거짓 것을 믿게 하시는 것은 진리를 믿지 않고 불의를 좋아하는 자들로 하여금 심판을 받게 하려 하심이다 살후 2:10-12. 아합 왕이 나봇을 죽이고 바알을 섬기며 이스라엘에서 가장 악한 왕이 되었을 때에 하나님은 그를 죽이시기 위하여 길르앗 라못에 대한 욕심을 갖게 하셨다. 그는 전쟁에 나가기 전에 선지자 사백 명쯤 모으고 전쟁에 나가면 승리할지를 물었다. 그들은 모두 전쟁에 나가면 승리한다고 예언하였다. 시드기야는 철로 뿔들을 만들어 "여호와의 말씀이 왕이 이것들로 아람 사람을 찔러 진멸하리라 하셨다"고 확신에 찬 예언을 하기까지 하였다. 하지만 이것은 하나님께서 부리시는 영이 거짓말하는 영이 되어 아합의 모든 선지자의 입에 있은 결과이었다 왕상 22:3-23. 여호와께서 아합을 죽이시려고 아합의 상에서 먹는 거짓 선지자들로 정욕과 돈과 권력의 유혹에 빠져 거짓 예언을 하게 하신 것이다.

하나님께서 악하고 불경건한 불신자를 이렇게 대우하시기 때문에 그는 하나님께서 사람을 부드럽게 하도록 사용하시는 수단들 하에서도 자신을 완악하게 해 버린다. 엘리야가 갈멜산에서 바알의 선지자 450인과 영적 대결을 벌여 승리하였다. 하늘에서 불이 내려와 엘리야가 쌓은 나무 위의 송아지를 태웠지만, 바알 선지자들이 쌓은 나무 위의 송아지에는 불이 내려오지 않았다. 똑같은 여호와의 엄청난 이적을 보고서도 어떤 이스라엘 사람들은 여호와 하나님을 좇는 신앙을 회복하였지만, 여전히 일부는 바알을 믿었다 왕상 18:19-40. 애굽의 바로 왕은 모세가 행한 열 가지 이적을 보고서도 마음이 완악하여져 출 8:15, 32 홍해를 건너려는 이스라엘을 다시 잡아들이려 군대를 보냈다. 무엇보다 예수 그리스도의 고난과 죽음과 부활을 보고 들었음에도 상당수의 유대인은 예수님을 믿지 않았다. 예수 그리스도의 복음을 전하는 사도 바울과 일행은 구원 받는 자들에게나 망하는 자들에게나 그리스도의 향기이다. 어떤 사람에게는 사망으로부터 사망에 이르는 냄새이고, 저 사람에게는 생명으로부터 생명에 이르는 냄새가 된다고후 2:15-16. 그러므로 우리는 주변의 악한 자들이 한동안 건강한 육신과 많은 돈과 높은 권력으로 정욕을 추구하며 유혹대로 즐겁게 살아갈지라도 질시할 필요가 없는 것이 그런 상태가 이미 하나님의 심판을 받은 것이기 때문이다. 때가 차면 그들의 건강과 재물과 명예와 권력은 추락하기 마련이고 때때로 죽음에 이르기까지 한다.

5.7

하나님의 섭리가 일반적으로는 모든 피조물에게 미치는 것처럼, 지극히 특별한 방식을 따라서는 하나님의 교회를 보호하며 모든 것이 교회의 선이 되도록 처리한다.c

As the providence of God doth in general reach to all creatures; so after a most special manner, it taketh care of his Church, and disposeth all things to the good thereof.c

c 딤전 4:10; 암 9:8-9; 롬 8:28; 사 43:3-5, 14

---

7. 교회에 대한 특별한 방식의 섭리

제1절이 말하는 것처럼 하나님께서 섭리에 의해 모든 피조물을 붙드시고, 이끄시고, 처리하시고, 통치하신다. 하나님의 교회도 모든 피조물에 속하므로 하나님의 섭리를 받는다. 그런데 하나님께서 모든 피조물 중 자신의 교회를 특별히 더 사랑하시어 지극히 특별한 방식으로 보호하시고 모든 것이 교회의 선이 되도록 처리하신다.

하나님께서 범죄한 나라를 주목하시어 지면에서 멸하셨지만, 야곱의 집은 범죄하여도 완전히 멸하지는 아니하셨다. 하나님께서 죄를 지은 이스라엘 족속을 만국 중에서 체로 체질함 같이 체질하시며 징계하시지만, 그 한 알갱이도 땅에 떨어지지 아니하게 하셨다 암 9:8-9. 하나님께서 이스라엘을 특별히 지명하여 부르시면서 "너는 내 것이라"고 말씀하셨다. 이스라엘을 자신의 것이라고 하셨으니 얼마나 특별히 보호하셨겠는가? 하나님은 이스라엘이 물 가운데로 지날 때에도 함께 하셨고, 강을 건널 때에도 물이 이스라엘을 침몰하지 못하게 하셨고, 불 가운데로 지날 때에도 타지 않게 하셨고, 불꽃이 이스라엘을 사르지 못하게 하셨다. 하나님은 이스라엘을 사랑하시어 이스라엘 대신 다른 사람들을 내어 주시며 다른 백성이 이스라엘의 생명을 대신하게 하셨다. 그들이 벌을 받아 멀리 동서남북 어디에 있든지 오게 하셨다 사 43:1-6. 이 모든 것을 행하실 때에 지극히 특별한 방식으로 하셨다.

예를 들면 아브라함이 기근을 피해 애굽으로 내려가서 아내를 누이라고 속임으로써 큰 어려움에 빠졌을 때에 하나님께서 특별한 방식으로 그를 보호하시어 오히려 그로 하여금 많은 소유물을 갖고 애굽을 빠져나오게 하셨다 창 12:10-20. 아브라함이 100세가 되고, 사라가 90세가 되어서 2세의 소망이 끊어졌을 때에 하나님께서 아들 이삭을 주셨다. 하나님은 요셉이 형들에 의해 애굽에 팔려간 것을 섭리하시어 요셉으로 애굽의 총리가 되게 하시어 야곱의 가족이 모두 애굽으로 건너가 기근을 피하고 400년 동안 60만 대군으로 자라게 하셨다. 하나님은 10가지 이적을 통하여 애굽에서 이스라엘을 탈출시키셨고, 광야 40년 동안 만나를 매일 아침에 주셨고, 여리고성을 무너뜨리시어 이스라엘로 가나안 첫 번째 전투에서 승리를 얻게 하셨다. 사사기를 보면 이스라엘은 우상숭배를 하며 하나님을 떠나는 숱한 죄를 지음에도 불구하고 하나님께서 징계하시되 완전히 그들을 버리지 아니하셨다. 징계를 통하여 자신들의 죄를 깨닫고 돌아오게 하셨고, 다시 죄를 지으면 이방 민족의 침입과 지배를 통한 징계와 회복의 과정을 반복하시며 이스라엘을 끝까지 보호하셨다.

신약 성경에서 예수 그리스도의 탄생과 생애와 고난과 죽음과 부활과 승천은 가장 집중적으로 하나님께서 교회를 보호하신 것을 보여준다. 이것을 통해 교회는 존립하였고, 존립하고, 앞으로 영원히 존립한다. 승천하신 예수님은 성령님을 이 땅에 보내시어 이스라엘의 범위가 혈통을 넘어서서 사마리아와 땅끝까지 모든 민족으로 확장되게 하신다. 사도행전은 성령의 임재로 능력을 받은 사도들과 제자들이 여러 이적을 행하며 사마리아와 땅끝까지 복음을 전하고 교회를 세운 것을 보여준다.

하나님께서 특별한 섭리로 교회를 보호하시고 모든 것이 교회의 선이 되도록 처리하신다는 것은 신자들의 모임인 교회만이 아니라, 그 교회를 구성하는 신자 각 개인에 대해서도 적용된다. 하나님께서 하나님을 사랑하는 자 곧 그의 뜻대로 부르심을 입은 자들에게는 모든 것이 합력하여 선을 이루게 하신다롬 8:26. 신자 각 개인이 한동안은 하나님의 징계와 버림을 받은 것 같고, 일반인보다 더 못한 상황에 처한 것 같지만, 하나님께서 신자로 그런 상황을 겪게 하심으로 더 성숙한 자로 만들어 가신다. 그러기에 신자는 항상 기뻐하고, 쉬지 않고 기도하고, 범사에 감사할 수 있다살전 5:16-18. 하나님께서 교회와 각 신자를 지극히 특별한 방식으로 보호하시고 모든 것을 교회의 선이 되도록 처리하심을 아는 것은 우리로 이 세상이 줄 수 없는 평안을 누리게 하고 늘 큰 자신감과 낙천주의를 갖게 한다. 개인주의가 날로 강해지는 이 시대에 신자 각 개인은 교회의 일원이라서 하나님의 특별한 방식의 섭리를 받는 줄 알고, 자신의 가정을 기독교화 하기 위하여 노력해야 하며, 자신이 속한 지교회의 안정과 성장을 위하여 열심히 섬겨야 한다.

인간론

Of the Fall of Man, of Sin,
and of the Punishment Thereof

제6장 사람의 타락과 죄와 형벌

웨스트민스터 신앙고백은 제1장에서 성경을, 그리고 제2장-제5장에서 하나님의 존재와 사역에 대하여 다루고, 제6장과 제7장에서 사람에 대하여 다룬다. 하나님과 사람에 대한 지식은 사람이 인생을 살며 꼭 알아야 할 대표적인 지식이다. 사람이 이 지식을 갖지 않으면 전공과 직업 등에 대하여 아무리 많이 알아도 핵심을 알지 못하는 것이고, 향방 없이 달음질하는 것이고, 허공을 치며 싸우는 것과 같다 고전 9:26. 사람은 인생을 살며 사람이 어떠한 존재이고 어떠한 속성을 갖는지 다양한 경험을 통하여 안다. 하지만 사람은 스스로 대상을 정확하게 관찰하지 못하고, 편견과 오해를 갖기 때문에 사람에 대해서도 정확하게 알지 못한다. 따라서 독자는 제6장을 통하여 사람에 대한 핵심적인 지식을 가질 수 있고, 이것을 잘 활용하면 사람과 관련된 학문과 사업과 사회생활 전반에 큰 유익을 얻을 수 있다. 하나님에 대한 지식과 사람에 대한 지식은 서로를 더 깊고 넓게 이해하는 데 서로 영향을 준다.

6.1

우리의 첫 부모는 사탄의 간계와 유혹에 꼬임을 받아 금지된 열매를 먹음으로써 범죄하였다.a 이러한 그들의 죄를 하나님께서 자신의 지혜롭고 거룩한 경륜에 따라 허용하기를 기뻐하셨는데, 이는 그 죄가 자기 자신의 영광이 되게 정하시기로 계획하셨기 때문이다.b

> Our first parents being seduced by the subtilty and temptation of Satan, sinned in eating the forbidden fruit.a This their sin, God was pleased, according to his wise and holy counsel, to permit, having purposed to order it to his own glory.b
>
> a 창 3:13; 고후 11:3   b 롬 11:32

1. 첫 부모의 죄

제5장 섭리 제4절은 "하나님의 전능한 능력과 헤아릴 수 없는 지혜와 무한한 선하심이 하나님의 섭리에서 매우 크게 나타나서, 섭리는 심지어 최초의 타락 및 천사들과 사람들의 다른 모든 죄에까지 이른다. 또한 하나님은 섭리에서 죄들을 단순히 허용하시지 않고, 허용하시면서 지극히 지혜롭고 능력 있게 죄들을 제한하시거나 아니면 명령하시고 통치하시는데, 다중적인 경륜으로 그분 자신의 거룩한 목적에 이르도록 하신다."라고 말한다. 여기서 언급된 "최초의 타락"이 제6장 제1절이 언급하는 "우리의 첫 부모는 사탄의 간계와 유혹에 꼬임을 받아 금지된 열매를 먹음으로써 범죄하였다."에 해당한다. 하나님은 아담과 하와가 뱀의 간계와 유혹에 꼬임을 받아 선악을 알게 하는 나무의 열매를 따먹은 것을 모르시지 않았고, 예측하시지 못하신 것도 아니고, 오히려 하나님의 작정과 섭리 속에서 허락하셨다. 이때 그 죄가 하나님의 영광이 되도록 정하시기로 계획하셨는데, 이 놀라운 차원의 어려운 일이 하나님의 지혜와 거룩한 경륜에 의해 가능하다. 하나님께서 아담의 죄로 말미암아 모든 사람을 순종하지 아니하는 가운데 가두어 두셨는데, 이는 모든 사람에게 긍휼을 베푸시려는 목적 아래에서 이루어졌다. 바울은 이에 대하여 "깊도다 하나님의 지혜와 지식의 풍성함이여, 그의 판단은 헤아리지 못할 것이며 그의 길은 찾지 못할 것이로다 누가 주의 마음을 알았느냐 누가 그의 모사가 되었느냐 누가 주께 먼저 드려서 갚으심을 받겠느냐"라고 말한 후에 "그에게 영광이 세세에 있을지어다 아멘"이라고 하나님을 찬양하였다 롬 11:32-36. 이에 대해서 제5장

제4절이 설명하고 있으니 참고하라. 그리고 우리의 첫 부모가 금지된 열매를 먹은 것이 왜 큰 죄가 되는지에 대해서는 바로 아래의 제6장 제2절을 참고하라.

6.2

이 죄에 의해 그들은 자신들의 원의(原義)와 하나님과 교통하는 데서 떨어졌고,c 그래서 죄로 죽게 되었으며,d 영혼과 몸의 모든 기능과 부분이 전적으로 더러워졌다.e

By this sin they fell from their original righteousness and communion with God,c and so became dead in sin,d and wholly defiled in all the faculties and parts of soul and body.e

c 창 3:6-8; 전 7:29; 롬 3:23   d 창 2:17; 엡 2:1
e 딛 1:15; 창 6:5; 렘 17:9; 롬 3:10-18

---

2. 첫 부모의 죄의 결과: 원의의 상실과 전적 부패

❶ 원의(原義)와 하나님과의 교통의 상실, 그리고 죽음

우리의 첫 부모가 사탄의 간계와 유혹에 꼬임을 받아 금지된 열매를 먹음으로써 범죄한 것을 살펴보자. 하나님은 아담에게 "동산 각종 나무의 열매는 네가 임의로 먹되 선악을 알게 하는 나무의 열매는 먹지 말라 네가 먹는 날에는 반드시 죽으리라"고창 2:16-17 말씀하셨다. 그 후 하나님은 아담의 갈빗대로 여자를 만드셨다. 가장 간교한 뱀은 여자에게 "너희가 결코 죽지 아니하리라 너희가 그것을 먹는 날에는 너희 눈이 밝아져 하나님과 같이 되어 선악을 알 줄 하나님이 아심이니라"고 말했다. 여자는 그 나무가 보기에 먹음직도 하고 보암직도 하고 지혜롭게 할 만큼 탐스럽기도 하여서 그 열매를 따먹었고 자기와 함께 있는 남편에게도 주자 그도 먹었다.

사탄은 여호와 하나님께서 지으신 들짐승 중에 가장 간교한 뱀을 이용하여 하와에게 접근하였다. 아담은 하나님으로부터 그 열매를 먹으면 안 된다는 말씀을 받았고, 하와는 아담을 통해서 받았으므로, 사탄은 하와에게 먼저 접근하였다. 요한계시록은 사탄을 옛 뱀과 마귀라고 부르며, 온 천하를 꾀는 자라고 말하고계 12:9, 20:2, 예수님은 "그는 처음부터 살인한 자요 진리가 그 속에 없으므로 진리에 서지 못하고 거짓을 말할 때마다 제 것으로 말하나니 이는 그가 거짓말쟁이요 거짓의 아비가 되었음이라"고요 8:44 말씀하신다. 뱀이 여자를 유혹하였지만, 바로 사탄이 뱀을 이용하여 여자를 유혹한 것이고, 여자를 통하여 아담도 유혹하였다.

우리의 첫 부모인 아담과 하와가 그 열매를 따먹은 것은 하나님과 같이 되어 선악을 알고 싶었기 때문이다. 그것은 단순히 열매 하나를 주인 몰래 따먹은 도적의 행위 정도가 아니라, 자신들이 하나님처럼 될 수 있다고 생각한 주제넘은 행위이다. 피조물의 신분과 한계를 벗어난 큰 배역이다. 그들은 자신들이 선과 악이 무엇인지 알 수 있고, 심지어 규정할 수 있고, 그것을 펼칠 수 있고 꾸려나갈 수 있다고 여겼다. 한 마디로 자신들이 이 세상을 이끌어갈 수 있다고 여긴 것으로 하나님께서 창조자와 섭리자가 되심을 부인하고 배신하고 저항한 것이다. 자신들이 창조와 섭리를 하는 하나님이 되려고 한 것이다.

그 열매를 먹으면 반드시 죽게 된다는 하나님의 말씀을 무시한 그들에게 그렇다면 정말로 어떤 일이 발생했을까? 따먹은 즉시 그들의 눈이 밝아져 자기들이 벗은 줄을 알고 무화과나무 잎을 엮어 치마로 삼았다. 하나님께서 아담의 갈빗대로 여자를 만드시고 그를 아담에게로 이끌어 오셨을 때에 그들은 벌거벗었으나 부끄러워하지 아니하였다창 2:25. 벌거벗은 상태에 대하여 나쁜 선입관이 없기 때문에 죄악의 연상 작용이 일어나지 않았으므로 부끄러워하지 아니하였고, 두려워하지 않았고, 그래서 숨지 않았다창 3:10. 그들은 자신들이 벗은 상태라는 개념조차도 없었다. 하나님이 아담에게 "누가 너의 벗었음을 네게 알렸느냐?"고창 3:11 물으실 정도였다. 하지만 그 열매를 따먹는 죄를 짓는 순간부터 그들은 무엇을 접하게 되면 죄악의 연상 작용이 일어났다. 그들의 눈이 밝아졌다는 것은 좋은 의미가 아니라 나쁜 의미로써 알지 않아야 할 것을 알게 되어 유혹과 죄에 빠지게 된다는 것이다. 이렇게 그들의 눈이 밝아짐에 따라 그들의 내부에서는 죄에 대한 배움과 관찰과 경험 없이도 죄가 스스로 발생하게 되어 그들은 더 많은 죄를 짓게 되었다. 죄는 사람 밖에서 들어오는 것이 아니라 사람 안에서 스스로 생겨나는 것이다.

아담과 하와는 무화과나무 잎을 엮어 치마로 삼는 행위를 하였는데, 그 동기와 목적이 자신의 부끄러운 벗은 몸을 가리기 위한 것이었다. 그들은 무화과나무 잎을 따고, 그것을 치마로 엮는 일종의 노동과 예술의 행위를 하였는데, 그 동기와 목적이 하나님의 영광이 아니었다. 그들은 하나님께서 세상과 에덴동산과 무화과나무를 창조하시고 붙드시고 통치하시는 것을 자신들의 노동과 예술로 드러내는 것이 아니라, 하나님의 피조물을 이용하여 하나님 앞에서 자신들의 부끄러움을 숨기고 아름답게 위장하려고 한 것이다. 하나님께서 아담을 창조하신 후에 이끌어 에덴동산에 두시고 그것을 경작하며 지키게 하셨는데, 즉 에덴동산과 모든 동식물에 대한 통치권을 주셨는데, 아담은 그 통치권을 가지고 하나님의 영광이 아니라 자신의 영광을 도모한 것이다.

아담과 하와는 그 날 바람이 불 때 동산에 거니시는 여호와 하나님의 소리를 들었다. 그들은 자신들에게 존재와 생명을 주시고 삶을 영위하게 하신 창조자요 섭리자이며 주인이신 하나님의 소리를 들었으니 기쁨으로 영접해야 하지 않는가? 하지만 그들은 하나님의 낯을 피하여 동산 나무 사이에 숨었다. 죄를 짓는 순간에 그들은 본능적으로 참되고 순수한 거룩함과 진리와 사랑을 거부하는 자가 된 것이다. 그것들이 부담스럽게 여겨지면서, 적당한 더러움과 거짓과 욕정이 가미된 것을 편히 여기고 좋아하게 되었다.

이들은 죄를 짓기 전에 원래부터 가진 의로움이 있었다. 벌거벗어도 부끄러운 줄 몰랐고, 서로를 하나로 여겼다. 의로움에서 오는 직관으로 짐승들에게 이름을 지어주었고, 그들을 사랑하는 마음으로 돌보았다. 제4장 제2절은 이에 대하여 "하나님께서 …… 사람을 남자와 여자로 창조하셨고, 하나님 자신의 형상을 따라 지식과 의와 진리의 거룩함을 그들에게 부여하시며 그들의 마음에 하나님의 법이 새겨지게 하셨고, 그 법을 완수할 능력을 부여하셨다."라고 말한다. 그들은 처음 창조 때에 하나님의 형상에 따른 지식과 의와 거룩함이란 원래의 의로움을 갖고 있는 것이다. 그런데 죄로 인하여 이러한 원래의 의로움 原義, original righteousness 을 잃어버렸다.

이들은 또 죄를 짓기 전에 하나님과 교통하는 것을 즐거워하였다. 하나님은 각종 짐승을 아담이 무엇이라고 부르는지 보시려고 그것들을 그에게로 이끌어 가셨다. 아담은 하나님께서 각종 짐승을 자신에게 이끌어 오신 것을 부담스러워하지 아니하였고, 하나님께서 자신이 각 생물의 이름을 짓는 것을 지켜보시는 것도 부담스러워하지 아니하였다. 또 하나님께서 자신의 갈빗대로 여자를 만드시고 자신에게로 이끌어 오신 것도 부담스러워 하거나 거부하지 않았고, 오히려 "이는 내 뼈 중의 뼈요 살 중의 살이라"고 창 2:23 말하며 기뻐하였다. 이들은 하나님 앞에서 벌거벗었으나 부끄러워하지 아니하며 하나님과의 교제를 즐거워하였다. 하지만 죄를 짓는 즉시 그들은 하나님의 존재와 임재 자체를 부담스러워하며 피하기 시작하였다. 하나님과 교통하는 데서 떨어진 것이다.

이들은 죄를 지었을 때 비록 육체적으로는 살아 있었지만, 영적으로는 죽었다. 그 열매를 따먹은 것은 자신에게 존재와 생명을 주신 하나님을 부인하고, 자신의 뜻과 능력대로 살려는 것이니 그 자체로 바로 죽음이라고 할 수 있다. 그리고 죄를 지은 이후에 발생한 원의와 하나님과의 교통의 상실은 그들이 영적으로 죽은 것을 나타낸다. 하나님의 말씀대로 그 열매를 먹으면 반드시 죽는 것이고 창 2:17, 바울은 그런 상태의 사람들이 허물과 죄로 죽었다고 말한다 엡 2:1.

그 살아 있는 육체도 영적인 죽음으로 말미암아 몇 백 년 지나면 이 땅에서 죽어 원래의 흙의 상태로 돌아가게 되었다. 영적으로 죽은 육신이 마침내 이 땅에서 생명을 잃어버리게 되는 것은 화병에 담긴 꽃이 아무리 아름다워도 뿌리를 통하여 물과 영양분을 공급받지 못하기 때문에 화려한 자태를 잃어버리고 시드는 것과 같다. 실제로 하나님이 "너는 흙이니 흙으로 돌아갈 것이니라"는 창 3:19 벌을 내리셔서 모든 육체는 죽게 되어있다.

이제 왜 하나님께서 선악을 알게 하는 나무를 에덴동산에 두셨는지 살펴보자. 하나님께서 그 나무를 만드시지 않았다면 그들이 죄를 지을 기회가 아예 발생하지 않았을 터인데 왜 그 나무를 만드셨을까? 하나님은 아담을 지으시고, 동방의 에덴에 동산을 창설하시며 보기에 아름답고 먹기에 좋은 나무가 나게 하셨다. 동산 가운데에는 생명나무와 선악을 알게 하는 나무도 있었다. 하나님은 아담을 이끌어 에덴동산에 두시고 그것을 경작하며 지키게 하셨다. 하나님은 "동산 각종 나무의 열매는 네가 임의로 먹되 선악을 알게 하는 나무의 열매는 먹지 말라 네가 먹는 날에는 반드시 죽으리라"고 창 2:16-17 하셨다. 아담과 하와는 동산 중앙의 생명나무와 선악을 알게 하는 나무를 볼 때마다 자신들이 하나님의 지음을 받은 피조물로서 하나님의 말씀과 명령을 따르는 존재임을 상기하였다. 생명나무와 선악을 알게 하는 나무는 구약에서 할례와 유월절과 성전에서의 동물 희생 제사처럼 그리고 신약에서 세례와 성찬처럼 일종의 성례와 상징에 해당한다. 아담과 하와는 그 나무들을 볼 때마다 하나님은 창조자와 섭리자이시고 자신들은 피조물임을 확인하였다. 그 나무는 그들을 가르치고 은혜를 주는 수단이었지, 절대로 그들로 죄를 짓게 하는 유혹물이 아니었다.

그들이 하나님의 명령에 따라 그 나무의 열매를 먹지 않고, 자신들의 마음에 새겨진 하나님의 법을 준수했더라면 그들은 원의보다 더 높은 의로움에 이르며 더 높은 영화의 상태에 이를 것이었다. 그런데 그들은 그 열매를 은혜의 수단으로 사용하지 않고, 죄의 수단으로 사용해버렸다. 더 높은 영화의 상태로 인도하는 은혜의 수단을 원의와 하나님과의 교통에서 떨어지는 죄의 수단으로 사용해버렸다. 하나님께서 이들의 죄까지도 사용하셔서 자신의 놀라운 지혜로 이들을 구원하고 영화롭게 하시지 않았더라면 이들은 죄로 인하여 하나님과 영원히 단절되는 상태에 들어갔을 것이다.

❷ 영혼과 육체의 모든 기능과 부분의 전적 부패

하나님께서 아담에게 "내가 네게 먹지 말라 명한 그 나무 열매를 네가 먹었느냐?"고 여쭈시자, 아담은 "하나님이 주셔서 나와 함께 있게 하신 여자 그가 그 나무 열매를 내게 주므로 내가 먹었나이다"라고 창 3:12 대답하였다. 아담은 여자를 "하나님이 주셔서 나와 함께 있게 하신 여자"라고 표현하였다. 죄를 짓기 전에는 "내 뼈 중의 뼈요 살 중의 살이라"고 표현하였는데, 죄를 짓자 자신이 달라고 요청도 하지 않았는데 하나님께서 괜히 주셔서 자신으로 그 열매를 먹게 만든 사람이라고 비난하면서 모든 책임을 하나님과 여자에게 떠넘긴 것이다. 이때부터 사람은 최대한 자신을 변명하고, 최대한 자신의 잘못을 남 탓으로 돌리기 시작하였다. 하나님께서 여자에게 "네가 어찌하여 이렇게 하였느냐?"라고 말씀하시자, 여자 또한 "뱀이 나를 꾀므로 내가 먹었나이다"라고 말하며 책임을 뱀에게 떠넘겼다. 분명 아담과 여자는 각각 여자와 뱀의 권유로 그 열매를 먹었지만, 그 이전에 하나님과 같이 되려는 마음으로 자신이 결정하여 자신의 의지로 먹은 것이므로 최종 책임은 자신에게 있음에도 형식상 논리를 취하여 책임을 남에게 돌렸다.

하나님은 여자에게 "너는 남편을 원하고 남편은 너를 다스릴 것이니라"고 창 3:16 말씀하셨다. 여자는 남편을 사랑하며 위하는 것이 아니라, 그에게서 무언가를 끊임없이 원하게 되었다. 곧 바가지를 긁는 것이다. 남편이 이런 아내의 원함을 사랑하는 마음으로 들어주면 얼마나 좋은가? 그런데 남편은 오히려 아내를 다스리려고 한다. 그러니 남편과 아내 사이에 끊임없는 긴장과 갈등과 싸움이 발생하기 마련이다. 이런 긴장과 갈등과 싸움은 사람의 영혼과 육체의 모든 기능과 부분이 전적으로 부패하였기 때문에 자연스럽게 나오는 것이다.

아담은 죄를 짓기 전에 하나님께서 자신에게 이끌어 오신 모든 짐승에게 이름을 지어주었다. 아담은 짐승을 보는 순간에 짐승의 본질과 속성을 정확하게 파악하는 통찰력을 가진 것이다. 또 하나님께서 그의 갈빗대로 여자를 만드시고 그녀를 아담에게로 이끌어 오시자 역시 자신의 통찰로 "이는 내 뼈 중의 뼈요 살 중의 살이라 이것을 남자에게서 취하였은즉 여자라 부르리라"고 말하였다. 이러한 지정의知情意, intellect, emotion, volition의 기능들이 죄를 지으며 모든 면에서 부패하게 되었다. 그래서 하나님께서 노아 당시에 사람의 죄악이 세상에 가득하고, 그의 마음으로 생각하는 모든 계획이 항상 악할 뿐이라고 하셨다 창 6:5. 만물보다 거짓되고 심히 부패한 것이 마음이다 렘 17:9.

지정의가 각각 부패한 것을 성경을 통하여 살펴보자. 먼저 지성에 대하여 살펴보자. 영적인 지식으로 갖추어진 지성이 원죄로 말미암아 무지, 끔찍한 어두움, 허무, 판단의 왜곡으로 점령되어, 사람은 절대로 스스로의 힘으로 하나님을 알지 못한다. 사람은 아담과 하와에게서 물려받은 원초적 부패로 말미암아 총명이 어두워지고, 마음이 굳어지고, 지각이 없는 미련한 자가 되었다. 악을 행하는 지각은 있으나 선을 행하는 지각은 없게 되었다.

신 29:4   그러나 깨닫는 마음과 보는 눈과 듣는 귀는 오늘 여호와께서 너희에게 주지 아니하셨느니라

삿 21:25   그 때에 이스라엘에 왕이 없으므로 사람이 각기 자기의 소견에 옳은 대로 행하였더라

렘 4:22   내 백성은 나를 알지 못하는 어리석은 자요 지각이 없는 미련한 자식이라 악을 행하기에는 지각이 있으나 선을 행하기에는 무지하도다

롬 3:11   깨닫는 자도 없고 하나님을 찾는 자도 없고

고전 1:18-21   십자가의 도가 멸망하는 자들에게는 미련한 것이요 구원을 받는 우리에게는 하나님의 능력이라 19 기록된 바 내가 지혜 있는 자들의 지혜를 멸하고 총명한 자들의 총명을 폐하리라 하였으니 20 지혜 있는 자가 어디 있느냐 선비가 어디 있느냐 이 세대에 변론가가 어디 있느냐 하나님께서 이 세상의 지혜를 미련하게 하신 것이 아니냐 21 하나님의 지혜에 있어서는 이 세상이 자기 지혜로 하나님을 알지 못하므로 하나님께서 전도의 미련한 것으로 믿는 자들을

		구원하시기를 기뻐하셨도다
엡 4:18		그들의 총명이 어두워지고 그들 가운데 있는 무지함과 그들의 마음이 굳어짐으로 말미암아 하나님의 생명에서 떠나 있도다
엡 5:8		너희가 전에는 어둠이더니 이제는 주 안에서 빛이라 빛의 자녀들처럼 행하라
벧후 1:9		이런 것이 없는 자는 맹인이라 멀리 보지 못하고 그의 옛 죄가 깨끗하게 된 것을 잊었느니라

사람은 왜곡된 감정을 인하여 악과 흑암을 빛보다 더 사랑하고, 쾌락을 하나님보다 더 사랑한다. 눈은 음심으로 가득 차 범죄 하기에 바쁘고, 탐욕으로 연단된 마음은 충족할 대상을 찾아 바삐 돌아다닌다.

사 5:20		악을 선하다 하며 선을 악하다 하며 흑암으로 광명을 삼으며 광명으로 흑암을 삼으며 쓴 것으로 단 것을 삼으며 단 것으로 쓴 것을 삼는 자들은 화 있을진저
요 3:19		그 정죄는 이것이니 곧 빛이 세상에 왔으되 사람들이 자기 행위가 악하므로 빛보다 어둠을 더 사랑한 것이니라
요 16:2		사람들이 너희를 출교할 뿐 아니라 때가 이르면 무릇 너희를 죽이는 자가 생각하기를 이것이 하나님을 섬기는 일이라 하리라
엡 4:19		그들이 감각 없는 자가 되어 자신을 방탕에 방임하여 모든 더러운 것을 욕심으로 행하되
딤후 3:4		배신하며 조급하며 자만하며 쾌락을 사랑하기를 하나님 사랑하는 것보다 더하며
딛 1:15		깨끗한 자들에게는 모든 것이 깨끗하나 더럽고 믿지 아니하는 자들에게는 아무 것도 깨끗한 것이 없고 오직 그들의 마음과 양심이 더러운지라

| 벧후 2:14 | 음심이 가득한 눈을 가지고 범죄하기를 그치지 아니하고 굳세지 못한 영혼들을 유혹하며 탐욕에 연단된 마음을 가진 자들이니 저주의 자식이라 |

의지도 부패하여 의로움 대신에 사악과 반항과 무자비가 의지를 에워쌌다고 성경이 아래처럼 말한다. 사람의 부패한 의지의 정도는 너무 강하여 하나님께서 이끌지 아니하시면 그 누구도 예수님께 오지 않는다. 육신의 정욕과 안목의 정욕과 이생의 자랑으로 점령된 의지를 하나님께로 향하게 할 자가 없다. 하나님은 가인에게 "죄가 너를 원하나 너는 죄를 다스릴지니라"고 창 4:7 말씀하셨지만, 가인은 그 죄를 자신의 의지로 다스리지 못하고, 오히려 죄에게 정복당하여 아우를 죽였다. 여자는 남편을 원하고 남편은 여자를 다스리게 되는데 창 3:16, 여자나 남편이나 그 원함과 다스림을 절제하지 못하여 서로 싸우게 된다.

잠 27:22	미련한 자를 곡물과 함께 절구에 넣고 공이로 찧을지라도 그의 미련은 벗겨지지 아니하느니라
렘 17:9	만물보다 거짓되고 심히 부패한 것은 마음이라 누가 능히 이를 알리요마는
요 6:44	나를 보내신 아버지께서 이끌지 아니하시면 아무도 내게 올 수 없으니 오는 그를 내가 마지막 날에 다시 살리리라
요 15:5	나는 포도나무요 너희는 가지라 그가 내 안에, 내가 그 안에 거하면 사람이 열매를 많이 맺나니 나를 떠나서는 너희가 아무 것도 할 수 없음이라
롬 8:7	육신의 생각은 하나님과 원수가 되나니 이는 하나님의 법에 굴복하지 아니할 뿐 아니라 할 수도 없음이라

제2절을 정리하면 아담과 하와는 자신들이 지은 죄의 영향에 의하여 자신들의

원의와 하나님과의 교통에서 떨어졌다. 그 죄의 결과 그들은 죽음이라는 벌을 받게 되었고, 영혼과 몸의 모든 기능과 부분이 전적으로 더러워지게 되었다. 죄는 죄책_벌과 부패라는 결과를 가져오는 것이다.

> 죄 → 죄책 + 부패

6.3

그들은 온 인류의 뿌리였기 때문에, 통상적인 출생에 의해 그들로부터 내려오는 모든 후손에게 이 죄의 죄책이 전가되었으며,f 죄로 인한 동일한 죽음과 부패한 본성이 전달되었다.g

They being the root of all mankind, the guilt of this sin was imputed,f and the same death in sin and corrupted nature, conveyed to all their posterity descending from them by ordinary generation.g

f 창 1:27-28; 창 2:16-17; 행 17:26; 롬 5:12, 15-19; 고전 15:21-22, 45, 49
g 시 51:5; 창 5:3; 욥 14:4; 욥 15:14

3. 죄책과 죽음과 부패한 본성의 전가

하나님께서 자신의 형상대로 남자와 여자를 창조하시고 복을 주시며 "생육하고 번성하여 땅에 충만하라"고 하셨을 때에 남자와 여자의 후손은 어떤 형상을 취하였을까? 당연히 하나님의 형상이다. 아담은 130세에 자기의 형상과 같은 아들을 낳아 이름을 셋이라 하였다 창 5:3. 모든 후손은 아담과 하와로부터 태어나기 때문에, 아담과 하와와 같은 형상을 갖는다. 사람은 왜 동물과 달리 지정의를 갖고,

직립 보행을 하고, 언어와 도구를 사용하고, 유희하며 사회를 형성할까? 아담과 하와가 이러했기 때문에 그들의 후손도 그들의 형상을 이어받아 이러한 것이다. 따라서 아담과 하와가 죄를 지었을 때에 그 죄로 말미암은 죄책과 죽음과 부패한 본성이 그들의 후손에게 그대로 전가된다.

어떤 이들은 왜 아담과 하와가 범죄했는데 그 죄의 벌을 후손이 받아야 하는가 라고 반문한다. "잘난 것은 자기 탓, 못난 것은 조상 탓"이라는 속담이 있다. 자신의 좋은 자질은 자신의 능력으로 돌리면서 자신의 나쁜 자질은 조상에게 돌릴 때 쓰는 속담이다. 황인종에게서 황인종이 나오고 백인과 흑인에게서 각각 백인과 흑인이 나온다. 콩 심은 데 콩 나고 팥 심은 데 팥 난다. 이런 자연 법칙만 봐도 아담과 하와가 지은 죄책이 후손에게 전가되는 것은 당연하다.

아담과 하와는 단순히 한 부모가 아니라 모든 인류의 뿌리이고 시조이다. 모든 후손이 그들에게서 사람의 본성을 받는 것이다. 이 땅위에 존재한 인류 중 아담과 하와를 첫 번째 뿌리와 조상으로 두지 않은 자가 없다. 그들의 본질과 본성을 아담과 하와에게서 받지 않은 자가 없다. 그러니 아담과 하와의 죄책이 그들의 모든 후손에게 전가되는 것이 당연하고, 모든 후손이 아담과 하와와 같은 죽음을 겪는 것이 당연하고, 아담과 하와의 부패한 본성을 그대로 전달받는 것이 당연하다.

행 17:26　　인류의 모든 족속을 한 혈통으로 만드사 온 땅에 살게 하시고 그들의 연대를 정하시며 거주의 경계를 한정하셨으니

위의 근거성경구절이 말하는 것처럼 하나님께서 인류의 모든 족속을 한 혈통으로 만드셨다. 아담과 하와가 지녔던 같은 피를 전 인류가 공유하는 것이다. 아담과 하와의 피를 공유하는 자들은 그 피의 좋은 점만이 아니라 죄책과 죽음과 부패한 본성도 공유하는 것이다. 개들이 냄새를 잘 맡는 것은 개의 피를 공유하였기 때문이듯, 전 인류는 아담과 하와의 피를 공유하였으므로 비록 죄를 인하여 일그러졌지만 하나님의 형상을 소유하여 여전히 모든 짐승을 다스리는 것이고, 동시에

아담과 하와의 죄책과 죽음과 본성도 지니는 것이다.

롬 5:12, 15-19	그러므로 한 사람으로 말미암아 죄가 세상에 들어오고 죄로 말미암아 사망이 들어왔나니 이와 같이 모든 사람이 죄를 지었으므로 사망이 모든 사람에게 이르렀느니라 15 그러나 이 은사는 그 범죄와 같지 아니하니 곧 한 사람의 범죄를 인하여 많은 사람이 죽었은 즉 더욱 하나님의 은혜와 또한 한 사람 예수 그리스도의 은혜로 말미암은 선물은 많은 사람에게 넘쳤느니라 16 또 이 선물은 범죄한 한 사람으로 말미암은 것과 같지 아니하니 심판은 한 사람으로 말미암아 정죄에 이르렀으나 은사는 많은 범죄로 말미암아 의롭다 하심에 이름이니라 17 한 사람의 범죄로 말미암아 사망이 그 한 사람을 통하여 왕 노릇 하였은즉 더욱 은혜와 의의 선물을 넘치게 받는 자들은 한 분 예수 그리스도를 통하여 생명 안에서 왕 노릇 하리로다 18 그런즉 한 범죄로 많은 사람이 정죄에 이른 것 같이 한 의로운 행위로 말미암아 많은 사람이 의롭다 하심을 받아 생명에 이르렀느니라 19 한 사람이 순종하지 아니함으로 많은 사람이 죄인 된 것 같이 한 사람이 순종하심으로 많은 사람이 의인이 되리라
고전 15:21-22	사망이 한 사람으로 말미암았으니 죽은 자의 부활도 한 사람으로 말미암는도다 22 아담 안에서 모든 사람이 죽은 것 같이 그리스도 안에서 모든 사람이 삶을 얻으리라
고전 15:45, 49	기록된 바 첫 사람 아담은 생령이 되었다 함과 같이 마지막 아담은 살려 주는 영이 되었나니 49 우리가 흙에 속한 자의 형상을 입은 것 같이 또한 하늘에 속한 이의 형상을 입으리라

위의 근거성경구절들이 말하는 것처럼 아담 한 사람의 죄로 말미암아 죄가 세상에 들어오게 되었고, 모든 사람이 죄를 지은 것이 되어 사망이 모든 사람에게 이

르렀다. 예수 그리스도가 이 땅에 사람으로 오시어 십자가에서 죽으신 것은 역시 아담처럼 사람들을 대표하여 그들의 죄를 짊어지고 죽으신 것이다. 예수님이 죄 값을 지고 죽으셨는데 모든 사람이 죄로 죽은 것이 되어 죄로부터 자유를 얻는다. 그들은 한 분 예수 그리스도를 통하여 생명 안에서 왕 노릇하게 된다. 아담 안에서 모든 사람이 죽은 것 같이 그리스도 안에서 모든 사람이 삶을 얻는다. 이것이 대표성이다. 예수 그리스도는 아담처럼 단순히 한 사람이 아니라, 모든 이를 대표하는 분이시다. 사람들은 자신들을 대표하는 아담을 인하여 흙에 속한 자의 형상을 입지만, 자신들을 대표하시는 예수님을 인하여서는 하늘에 속한 이의 형상을 입게 된다.

그런데 아담과 하와의 죄책과 죽음과 부패한 본성이 그 후손에게 전가되지 않는다고 생각하는 이들이 있을까? 있다. 펠라기우스가 대표적이다. 영국에서 태어난 펠라기우스Pelagius, 354?-420는 380년경에 로마를 방문하였을 때에 기독교의 순수한 번성을 기대했는데 많은 기독 신자들이 영적으로 게으르고 부패한 것에 크게 실망하였다. 그는 신자들이 이렇게 된 것은 하나님의 은혜를 잘못 해석한 교리 때문이라고 잘못 진단을 내리고서, 하나님의 은혜 교리에 대한 반동으로 사람의 자유 의지와 그에 따른 책임을 주장했다. 그는 하나님께서 율법에 나타난 선한 일을 사람들에게 요구하신 것은 사람들에게 선한 일을 할 수 있는 능력이 있기 때문이라고 보았다. 그는 이 전제에 근거하여 사람들은 자신의 의지로 선이나 악을 택할 자유를 갖고 있는 것이지, 아담과 하와의 부패한 본성이 그들에게 전달되어 악한 것만을 행하는 것이 아니라고 보았다. 그는 사람의 본성을 낙관적으로 여겨서 사람에게 부패한 본성이 존재하지 않는다고 보았으며 사람이 죄를 짓는 것은 다른 사람의 죄를 모방한 것이라고 보았다. 사람은 죄악의 행위를 하여 그 행위에 있어서 죄인인 것이지, 영혼과 육체의 모든 기능과 부분이 전적으로 더러워진 죄인이라 죄의 행위를 하는 것이 아니란 것이다. 그는 418년에 카르타고 공의회에서 이단으로 정죄되었다.

아르미니우스주의자의 주장에서도 펠라기우스의 가르침을 맛볼 수 있다. 이들은 "그 누구도 원죄 때문에 정죄에 이르지 않고, 정죄 당해서도 안 되며, 대신 모든 사람은 이 죄의 죄책으로부터 자유롭다."도르트 신경 제2장 제5절라고 주장한다. 도르트 신경은 이에 반대하여 제3장 제2항에서 "사람은 타락 후에 자신과 같은 자녀를 낳았는데, 참으로 부패하였기 때문에 부패한 자녀를 낳았다. 부패는 하나님의 공정한 심판으로 말미암아 아담부터 오직 그리스도만을 제외하고 모든 후손에게, 펠라기안들이 오래전에 주장하였듯 모방이 아니라, 해악한 본성의 유전을 통해 퍼져나갔다."라고 진술함으로써 펠라기우스와 아르미니우스주의 잘못을 명확히 하였다.

인류 중 통상적인 출생에 의해 태어나지 않은 유일한 한 분이 계신다. 바로 예수 그리스도이시다. 예수님은 성령에 의해 잉태되시어 처녀 마리아에게서 나셨다. 통상적이지 않고 매우 특별한 유일한 출생 방법으로 나셨다. 예수님은 이러한 잉태와 출생 방법에 의해 요셉과 마리아가 지닌 죄책과 죽음과 부패한 본성의 영향을 받지 않으셨다.

6.4

이러한 원초적 부패에 의해 우리는 온갖 선을 완전히 꺼려하며, 이것에 무능해지며, 이것을 대적하게 되고,[h] 또한 온갖 악을 전적으로 내켜하게 된다.[i] 이 원초적 부패로부터 모든 자범죄가 생겨난다.[k]

From this original corruption whereby we are utterly indisposed, disabled, and made opposite to all good,[h] and wholly inclined to all evil,[i] do proceed all actual transgressions.[k]

h 롬 5:6; 롬 8:7; 롬 7:18; 골 1:21   i 창 6:5; 창 8:21; 롬 3:10-12
k 약 1:14-15; 엡 2:2-3; 마 15:19

4. 전적 부패와 자범죄(自犯罪)

성경 전체를 이해하는 데 있어서 창세기 2-4장의 해석은 크게 중요하다. 첫째로 아담과 하와가 선악을 알게 하는 나무의 열매를 따먹은 것이 얼마나 큰 죄에 해당하는가에 대한 해석이기 때문이고, 둘째로 그들의 죄책과 죽음과 부패한 본성이 후손에게 그대로 전달이 되는지 여부에 대한 해석이기 때문이고, 셋째로 이 원초적 부패에 의해 사람이 선을 얼마나 할 수 있게 되었는가에 대한 해석이기 때문이다. 이 세 가지를 어떻게 해석하느냐에 따라 성경의 다른 부분의 해석도 좌우된다. 우리는 이미 살펴본 것처럼 첫째로 아담과 하와가 그 열매를 따먹은 것은 하나님께서 창조자와 섭리자가 되심을 부인하고 자신들이 신이 되려는 매우 큰 죄로 죽음의 벌이 따른다고 본다. 둘째로 그들의 죄책과 죽음과 부패한 본성이 후손에게 그대로 전달이 된다고 본다. 셋째는 이번 제4절에서 살펴본다.

아담과 하와는 하나님의 형상으로 지음을 받았기 때문에 모든 선을 전적으로 내켜하고, 모든 악을 완전히 꺼려하고 대적하였다. 그들의 지정의는 거룩했었다. 그런데 그들이 죄를 짓는 순간 지정의 모두가 전적으로 부패하여, 사람의 마음에서 나오는 것은 악한 생각 곧 음란과 도둑질과 살인과 간음과 탐욕과 악독과 속임과 음탕과 질투와 비방과 교만과 우매함뿐이게 되었다. 이 모든 악한 것이 사람의 속에서 나와서 사람을 더럽게 한다. 사람의 속에서 나오는 것이 사람을 더럽게 하지 막 7:21-23, 절대로 바깥에서 들어가는 것이 사람을 더럽게 하지 않는다. 사람은 모든 선을 완전히 꺼려하고, 선을 행하는 데 무능하고, 그 뿐만 아니라 선을 대적하고, 대신에 모든 악을 전적으로 내켜하게 되었다. 즉 사람 자체에서 구원에 이르는 영적 선이 나오지 않게 되었다.

오히려 모든 실제의 범죄자범죄가 이 원초적 부패로부터 나온다. 사람은 원초적 부패가 없다면 설령 주변에서 부패를 볼지라도 절대로 모방하지 않는다. 오히려 본 부패를 싫어하고 대적하고 부패를 행하는 데 무능하다. 그런데 내면이 부패하였기 때문에 주변에서 부패를 경험하게 되면 너무도 쉽게 그것을 배우고 실제로 행하는 데 큰 유혹과 동기 부여를 받는다. 오직 각 사람이 시험을 받는 것은 자기 욕심에 끌려 미혹되는 것이지, 욕심이 없는데 어찌 시험을 받겠는가? 내면의 욕심이 잉태하여 죄를 낳고, 그 죄가 장성하여 사망을 낳는다 약 1:14-15. 사람은 모두 육체의 욕심을 따라 지내며 육체와 마음의 원하는 것을 하여 다른 이들과 같이 본질상 진노의 자녀이다 엡 2:3. 육체에 있는 선한 것을 따라 지내지 않고, 원하지도 않는다. 마음에서 나오는 것은 악한 생각과 살인과 간음과 음란과 도둑질과 거짓 증언과 비방과 마 15:19 같은 실제의 범죄이다.

아담과 하와가 죄를 지은 이후에 가인과 아벨을 낳았다. 그런데 가인은 하나님께서 자신과 자신의 제물을 받지 않으시고, 아벨과 그의 제물은 받으시자 몹시 분하여 안색이 변하였다. 가인은 하나님께서 받지 않으신 이유를 자신의 태도와 행동을 살펴보며 찾아야 하는데 외부에서 이유를 찾으며 몹시 분해했다. 그런 가인을 향하여 하나님은 "선을 행하지 아니하면 죄가 문에 엎드려 있느니라 죄가 너를 원하나 너는 죄를 다스릴지니라"고 창 4:7 말씀하셨지만, 가인은 죄를 다스리지 못하고, 아벨을 쳐죽였다. 그후 그는 성을 쌓고 자신의 아들의 이름으로 성을 이름 지었다. 그에게는 하나님의 이름보다 자신과 가족의 이름이 중요하였다. 그때부터 사람은 자신과 가족을 위한 성을 쌓고 그 이름을 내고자 하였다.

가인의 후손은 가축을 치고, 수금과 퉁소를 잡고, 구리와 쇠로 여러 가지 기구를 만들었을 뿐만 아니라 후대에 전수하였다. 이들이 가축과 예술과 산업과 무기를 발전시켰지만 자신들의 이름을 내고 욕망을 실현하기 위해서였다. 자신의 상처로 말미암아 사람을 죽이고, 자신의 상함으로 말미암아 소년을 죽이는 일을 가볍게 여겼다 창 4:23.

아담과 하와는 가인이 죽인 아벨의 시신을 보면서 무슨 생각을 했을까? 가인이 아벨을 죽였지만 자신들의 죄로 말미암아 이 일이 발생한 것을 보면서 "내 죄가 크도다!"라고 한탄하며 몸서리쳤을 것이다. 가인의 후손이 행한 죄악을 보면서 아담과 하와는 몸 둘 바를 몰랐을 것이고, 자신들의 원죄가 해결되지 않는 한 이러한 실제의 범죄가 창궐할 것을 알기에 그들은 하나님께서 약속한 뱀의 머리를 상하게 할 여자의 후손을 창 3:15 간절히 기다렸을 것이다. 이 원죄를 해결하지 않은 상태에서 사람의 도덕과 윤리를 높이려는 학교 교육과 평생 교육과 공익 광고 등의 시도는 대증요법에 지나지 않는다. 사람이 그런 시도로 잠시 죄를 멈칫할지 모르지만, 자신의 이익과 욕망이 강하여지면 다시 범죄를 행한다. 천 년 전, 백 년 전보다 현재 범죄가 줄었다는 통계가 나오지 않는다.

또 과학과 의료기술의 발달로 병과 늙음을 해결하려는 시도도 다소 증상을 완화하고 건강 수명을 다소 늘릴지 모르지만 역시 근본적 처방이 되지 않는다. 의료의 연명 치료는 오히려 고통을 인하여 죽고 싶은 환자를 죽지 못하게 하는 부정적 요소도 있다. 삼성의 이건희 회장은 2014년 5월에 급성 심근경색으로 쓰러져, 2020년 10월 25일에 죽었다. 몇 십 조원의 재산을 지녔지만 그의 가진 엄청난 재산과 권력이 그가 중환자실에서 흐릿한 의식 가운데 수년 동안 누워있는 것을 막지 못했다. 원죄에 대한 해결만이 사람의 늙음과 병과 죽음이라는 근본적 한계를 해결할 수 있고, 사람의 부패한 본성을 거룩하게 할 수 있다.

사람이 전적으로 부패하였고, 구원에 이르는 영적 선을 할 수 없다고 해서 사람이 선한 일을 전혀 행하지 않는다는 것이 아니다. 실제로 우리 주변을 보면 선한 행위를 하는 불신자가 많다. 재난이 발생했을 때 적지 않은 돈을 기부하고, 자식을 끔찍이 사랑하며 정성껏 키운다. 일반인이 선에 대한 개념이 없고 선행을 하지 않는다면 국가와 사회의 질서는 유지될 수 없다. 인과응보의 윤회를 믿는 불교인은 적선積善이란 개념으로 일반인보다 선하게 살려고 노력한다. 다른 종교들에 하나님의 진리가 절대적으로 있는 것은 아니지만 일반적 선이 상대적으로 존재하는 것은 확실하다. 하지만 비그리스도인이 행하는 모든 선한 일이 하나님의 진리에 일치하지 않고, 하나님의 영광을 위한 것이 아닌 것은 더욱 확실하다. 이 모든 선한 일을 행하는 사람들의 영혼과 육체의 모든 기능과 부분이 전적으로 더러워졌기 때문에 선을 행할 때에도 오염된 마음과 목적이 들어가서, 그 모든 선한 일은 절대로 하나님의 뜻과 영광에 이르지 못하고 큰 흠을 갖기 마련이다.

6.5

본성의 이러한 부패는 중생한 자들이 살아있는 동안에 남아 있고,l 비록 그리스도로 말미암아 용서받고 죽었을지라도, 부패 자체와 부패로 말미암는 모든 행위는 둘 다 참으로 그리고 당연히 죄가 된다.m

This corruption of nature during this life, doth remain in those that are regenerated;l and although it be through Christ pardoned and mortified, yet both itself, and all the motions thereof are truly and properly sin.m

l 요일 1:8, 10; 롬 7:14, 17-18, 23; 약 3:2; 잠 20:9; 전 7:20
m 롬 7:5, 7-8, 25; 갈 5:17

5. 중생자에게 남아 있는 본성의 부패와 부패의 죄악성

❶ 중생자에게 남아 있는 본성의 부패

아담에게 물려받은 부패한 본성이 이 땅에서 사는 중생한 자에게 남아 있다는 것은 다윗의 경우만 봐도 분명하다. 예수님은 "다윗의 자손 예수여!"마 10:47라고 불리었고, 하나님은 다윗을 "내 마음에 맞는 사람이라 내 뜻을 다 이루리라"고행 13:22 말씀하셨다. 다윗은 이렇게 인정받는 자임에도 불구하고 밧세바와 간음하였고, 이를 숨기기 위해 밧세바의 남편을 맹렬한 전쟁터에 보내 죽였다. 부패한 본성이 다윗에게 남아 있었기 때문에 다윗은 이러한 가정파괴와 살인교사라는 큰 죄를 범하였다. 바울은 중생자의 이러한 상태를 로마서에서 아래처럼 말한다.

롬 7:15-25　내가 행하는 것을 내가 알지 못하노니 곧 내가 원하는 것은 행하지 아니하고 도리어 미워하는 것을 행함이라 16 만일 내가 원하지 아니하는 그것을 행하면 내가 이로써 율법이 선한 것을 시인하노니 17 이제는 그것을 행하는 자가 내가 아니요 내 속에 거하는 죄니라

18 내 속 곧 내 육신에 선한 것이 거하지 아니하는 줄을 아노니 원함은 내게 있으나 선을 행하는 것은 없노라 19 내가 원하는 바 선은 행하지 아니하고 도리어 원하지 아니하는 바 악을 행하는도다 20 만일 내가 원하지 아니하는 그것을 하면 이를 행하는 자는 내가 아니요 내 속에 거하는 죄니라 21 그러므로 내가 한 법을 깨달았노니 곧 선을 행하기 원하는 나에게 악이 함께 있는 것이로다 22 내 속사람으로는 하나님의 법을 즐거워하되 23 내 지체 속에서 한 다른 법이 내 마음의 법과 싸워 내 지체 속에 있는 죄의 법으로 나를 사로잡는 것을 보는도다 24 오호라 나는 곤고한 사람이로다 이 사망의 몸에서 누가 나를 건져내랴 25 우리 주 예수 그리스도로 말미암아 하나님께 감사하리로다 그런즉 내 자신이 마음으로는 하나님의 법을 육신으로는 죄의 법을 섬기노라

바울은 중생자가 마음으로는 하나님의 법을 섬기지만, 여전히 부패한 본성이 남아 있어 육신으로는 죄의 법을 섬긴다고 말한다. 그는 이러한 처지에 빠진 자신을 "오호라 나는 곤고한 사람이로다"고 한탄하며 예수 그리스도께서 사망의 몸에서 자신을 건져주시기를 간구한다.

우리가 중생자일지라도 부패한 본성이 남아있다는 것을 아는 것은 중요하다. 이것을 알지 못하면 자신에게 여전히 발생하는 죄의 욕망과 행위를 보면서 자신은 중생자가 아니라고 생각하기 쉽다. 또 마음속에 이는 형제에 대한 미움과 분노, 그리고 이성을 보고 생긴 음욕에 대해서도 자신을 용납하지 못하고 자학하기 쉽다. 루터는 이에 대하여 새가 머리 위로 날아가는 것은 어쩔 수 없지만, 그 새가 머리 위에서 둥지를 틀게 하면 안 된다고 말하였다. 중생자는 영혼과 육체의 오염된 모든 기능과 부분이 비록 그리스도로 말미암아 용서받았으며 죽었을지라도 여전히 남아있음을 알고, 죄에 민감하여 깨어있되 너무 결벽증적으로 반응하며 자학에 이르면 안 된다. 완전히 성화된 순간은 중생자가 이 땅을 떠날 때 이루어지지, 이 땅

에서 사는 동안에는 이루어지지 않는다.

약 3:2	우리가 다 실수가 많으니 만일 말에 실수가 없는 자라면 곧 온전한 사람이라 능히 온 몸도 굴레 씌우리라
요일 1:8-10	만일 우리가 죄가 없다고 말하면 스스로 속이고 또 진리가 우리 속에 있지 아니할 것이요 9 만일 우리가 우리 죄를 자백하면 그는 미쁘시고 의로우사 우리 죄를 사하시며 우리를 모든 불의에서 깨끗하게 하실 것이요 10 만일 우리가 범죄하지 아니하였다 하면 하나님을 거짓말하는 이로 만드는 것이니 또한 그의 말씀이 우리 속에 있지 아니하니라

위의 근거성경구절들이 말하는 것처럼 중생자일지라도 다 실수가 많고, 특히 말에 실수가 많다. 만약에 중생자가 본성의 부패가 남아 있지 않아서 죄가 없다고 말한다면 스스로 속이는 것이고, 범죄하지 아니하였다 하면 하나님을 거짓말하는 이로 만드는 것이다. 중생자는 이런 거짓 대신에 본성의 부패로 말미암아 지은 죄를 오히려 자백함으로써 자신을 깨끗하게 만들어가야 한다. 단, 이런 노력을 하며 죄에 민감히 깨어있되, 이 땅에 사는 동안 완전 성화는 불가능하므로 자신과 타인의 연약함을 수용하며 격려할 줄 알아야 한다.

동시에 자신이 연약하여 죄를 짓기 쉬우므로 죄를 짓지 않는 환경을 만들도록 노력해야 한다. 성경은 음행을 피하기 위하여 남자마다 자기 아내를 두고 여자마다 자기 남편을 두라고 말한다. 결혼한 자는 절제 못함으로 말미암아 사탄이 시험하지 못하도록 서로 분방하면 안 된다. 미혼자는 독신의 은사를 받지 않는 한 정욕이 불 같이 타는 것보다 결혼하는 것이 낫다 고전 7:1-9. 모든 신자는 본성의 부패가 남아 있는 줄 알고 죄를 지을 수 있는 환경을 최대한 피하며 늘 겸손하게 죄를 대비해야 한다.

❷ 부패 자체와 부패한 행위의 죄악성

예수 그리스도는 우리의 과거와 현재와 미래에 걸친 모든 죄를 짊어지고 십자가에서 죽으셨다. 그런데 이것을 오해하여 중생자는 부패한 행위를 하여도 죄가 안 된다고 여기는 이들이 있다. 예수 그리스도께서 신자의 과거와 현재와 미래의 죄를 모두 짊어지고 죽으셨기 때문에 중생자가 지금 짓는 죄도 용서되고 죽은 것이므로 죄가 되지 않는다는 것이다. 하지만 남아 있는 본성의 부패를 인하여 어쩔 수 없이 지은 죄에 대하여 크게 부끄러워하며 깊이 회개할 때에 그 죄가 용서되는 것이지, 자신이 지은 죄에 대하여 부끄러워하지 않고, 회개하지 않으면 용서되지 않는다. 실제로 중생자가 짓는 죄는 죄가 되지 않고 모두 용서된 것이라는 잘못된 교리를 주장하는 이단들이 존재한다. 이들은 죄에 대한 죄책감이 없어서 종종 대형 범죄를 지어 사회를 놀라게 한다. 이렇게 어떤 교리를 갖느냐에 따라 일상생활까지 크게 영향을 받는다.

중세 로마 가톨릭의 부패는 면죄부에서 크게 드러났다. 사람이 아무리 큰 죄를 지었을지라도 면죄부를 구입하면 그의 죄가 사해진다는 주장은 로마 가톨릭 교인으로 하여금 죄를 가볍게 여기게 하였다. 아무리 큰 죄를 지어도 면죄부만 구입하면 천국에 갈 수 있기 때문이다. 그런데 이런 현상이 개신교에서 "믿음"을 통해 발생하기도 한다. 믿음에 대하여 오해하는 개신교 교인은 아무리 큰 죄를 지어도 예수 그리스도께서 자신의 죄를 짊어지고 십자가에서 죽으셨다는 것을 믿기만 하면 죄가 사해진다고 여긴다. 주중에 큰 부담 없이? 죄를 짓고 주일에 교회에 와서 믿음으로 죄사함을 받고, 다시 세상에 나가 큰 부담 없이 죄를 짓는 것이다.

이와 비슷한 일이 구약시대에도 있었다. 참된 믿음을 소유하지 못한 많은 유대인이 성전에서 제사를 지낼 때 자신의 죄를 대신하여 양과 소가 죽는 것을 심각하게 여기지 않았다. 죄를 짓는 것은 생명이 없어지는 것임을 짐승 제사를 통해 깨달아야 했는데, 그저 습관처럼 제사를 드렸다. 성전에 가서 짐승을 바쳐 제사하면 자신이 하나님의 백성이 자동적으로 되는 것으로 여겼다. 자신의 죄를 대신하여 죽는 짐승이 앞으로 오실 그리스도를 상징하는 것임을 알지 못하였고, 하나님께서 자신에게 요구하시는 것이 거룩함인 것을 몰랐다.

사 1:11-15   여호와께서 말씀하시되 너희의 무수한 제물이 내게 무엇이 유익하뇨 나는 숫양의 번제와 살진 짐승의 기름에 배불렀고 나는 수송아지나 어린 양이나 숫염소의 피를 기뻐하지 아니하노라 12 너희가 내 앞에 보이러 오니 이것을 누가 너희에게 요구하였느냐 내 마당만 밟을 뿐이니라 13 헛된 제물을 다시 가져오지 말라 분향은 내가 가증히 여기는 바요 월삭과 안식일과 대회로 모이는 것도 그러하니 성회와 아울러 악을 행하는 것을 내가 견디지 못하겠노라 14 내 마음이 너희의 월삭과 정한 절기를 싫어하나니 그것이 내게 무거운 짐이라 내가 지기에 곤비하였느니라 15 너희가 손을 펼 때에 내가 내 눈을 너희에게서 가리고 너희가 많이 기도할지라도 내가 듣지 아니하리니 이는 너희의 손에 피가 가득함이라

하나님께서 구약 백성이 악을 행하며 회개함 없이 드리는 숫양의 번제와 살진 짐승의 기름에 배부르셨고 수송아지나 어린 양이나 숫염소의 피를 기뻐하지 아니하셨다. 하나님께서 이러한 제사를 허락하시는 이유는 짐승의 기름과 피를 좋아하시는 것이 아니라 유대인의 죄를 사해주시기 위함이었다. 손에 피가 가득한 악을 행하며 드리는 제사는 하나님의 마당만 밟을 뿐이었고 헛된 제물에 지나지 않았다. 그들은 제사 대신에 스스로 씻으며 깨끗하게 하고, 하나님 목전에서 행악을 그치고 선행을 배우며 정의를 구하며 학대 받는 자를 도와주며 고아를 위하여 신원하며 과부를 위하여 변호해야 했다 사 1:16-17. 이러한 것만 보아도 부패 자체와 부패로 말미암은 모든 행위는 당연히 죄가 된다. 남아 있는 본성의 부패로 말미암아 육체의 소욕은 성령을 거스르고, 그리스도의 대속의 죽음을 인하여 우리 안에 내주하시는 성령께서 육체를 거스르신다. 이 둘이 서로 대적함으로 우리가 원하는 것을 하지 못하게 하고, 실제로 우리는 죄의 행위를 한다. 우리는 이것이 참으로 죄

가 되는 줄 알고 죄 짓지 않기 위하여 지혜롭게 죄에 대처하고 죄를 향하여 늘 깨어 있어야 한다.

6.6

원죄이든 자범죄이든, 모든 죄는 하나님의 의로운 율법을 위반하고 역행하는 것이기 때문에,[n] 죄 자체의 본성상 죄인에게 죄책을 가져온다.[o] 이것에 의해 죄인은 하나님의 진노와[p] 율법의 저주에[q] 묶이고, 그래서 모든 영적이며[s] 현세적이며[t] 영원한[u] 비참함 속에서 죽음을 맞게 된다.[r]

Every sin, both original and actual, being a transgression of the righteous law of God, and contrary thereunto,[n] doth, in its own nature, bring guilt upon the sinner,[o] whereby he is bound over to the wrath of God,[p] and curse of the law,[q] and so made subject to death,[r] with all miseries spiritual,[s] temporal,[t] and eternal.[u]

n 요일 3:4 o 롬 2:15; 롬 3:9, 19 p 엡 2:3
q 갈 3:10   r 롬 6:23   s 엡 4:18
t 롬 8:20; 애 3:39 u 마 25:41; 살후 1:9

---

6. 죽음과 비참함이란 죄책

제2절에서 살펴본 것처럼 죄는 죄책과 부패를 가져온다. 제4절과 제5절은 본성의 부패에 대하여 다루고, 제6절은 죄책에 대하여 다룬다. 원죄이든 실제의 죄 **자범죄**이든 모두 하나님의 의로운 율법을 위반한 것이고 역행한 것이다. 하나님은 선악을 알게 하는 나무의 열매를 따먹으면 안 된다는 의로운 율법을 주셨고, 그것을 어기면 반드시 죽는다고 말씀하셨다. 하나님은 모세를 통해 많은 의로운 율법을 주시며 그것들을 어길 때에 따르는 다양한 벌도 언급하셨다. 이처럼 하나님은

의로운 율법을 위반하고 역행하면 벌이 따른다고 말씀하셨다. 이것을 인하여 죄란 그 본성상 죄인에게 죄책을 가져온다.

하나님은 죄인이 자신의 의로운 율법을 위반하고 역행할 때에 그를 향하여 진노하시며 율법의 저주에 가두신다. 율법의 저주란 하나님께서 그에게 율법을 다지킬 것을 요구하시며 지키지 못한 율법에 대한 벌을 부과하시는 것이다. 사람이 율법의 저주를 해결하려면 하나님께서 주신 모든 율법을 언제나 지켜야 한다^{갈 3:10}. 그런데 죄를 지어서 부패한 본성을 지닌 죄인이 모든 율법을 늘 지킬 수 없다. 이것이 모든 인류에게 닥친 가장 큰 불행이다. 하나님의 진노와 율법의 저주로 모든 사람에게 부과된 죄책은 크게 죽음과 비참함이다.

죄책 → 죽음 + 비참함

먼저 원죄의 죄책에 대하여 살펴보면, 원죄를 지은 아담과 하와는 영적인 죽음을 바로 맞이하여 하나님을 피하였다. 하나님은 자신을 피한 그들에게 찾아오셔서 그들의 죄에 대하여 진노하시며 벌을 내리셨다. 여자에게 임신하는 고통, 수고하여 자식을 낳는 것, 남편의 다스림을 받는 것 등의 벌을 내리셨고, 아담에게는 저주받은 땅이 가시덤불과 엉겅퀴를 내는 것, 평생토록 수고함, 흙이니 흙으로 돌아감 등의 벌을 내리셨다. 아담과 하와는 에덴동산에서 쫓겨났다. 그후의 인류 역사는 쫓겨난 에덴동산과 같은 낙원을 건설해보려는 다양한 시도였고, 어쩔 수 없는 실패의 점철이었다. 그들은 자신들이 낳은 가인이 아우 아벨을 죽이는 비참한 상황을 경험하였고, 아담은 930세를 살고 육체적인 죽음도 맞이하였다.

이제 실제의 죄^{자범죄}에 임하는 죄책에 대하여 살펴보자. 제3절이 말하는 것처럼 아담과 하와가 죄로 말미암아 갖게 된 죄책은 그들의 모든 후손에게 전가되었다. 아담과 하와는 죄를 지어서 죄인이 되어 죄책을 받지만, 모든 인류는 태어날 때부터 죄인으로 태어나 아담과 하와가 갖는 죄책을 받는다. 후손은 부패한 본성을 지녔기 때문에 죄를 지을 수밖에 없고, 따라서 원죄의 죄책에 더하여 그들이 스스로 지은 죄로 말미암은 죄책을 더 받게 된다. 물론 아담과 하와도 원죄를 지은 이후에 그들 또한 본성이 부패하여지며 실제의 죄를 지었고 그에 따른 죄책이 증가하였다. 여기서 죄책이 증가하였다는 것은 원죄의 죄책과 전혀 다른 종류의 죄책이 첨가되었다는 것이 아니라, 각 사람이 실제로 지은 죄의 정도에 따라 각 사람이 이 땅에서 받는 구체적 벌을 뜻한다. 예를 들면 어떤 사람이 성추행을 하다 들키면 사람들에게 창피를 당하고, 구속되어 감옥에 갇히는 벌을 받는다.

인류가 원죄와 자범죄로 인하여 받는 죄책의 첫 번째는 죽음이다. 모든 사람이 죄를 지었으므로 사망이 모든 사람에게 이르고롬 5:12, 죄를 인하여 한번 죽는 것은 사람에게 정해졌다히 9:27. 죄의 삯은 사망이다롬 6:23. 둘째로 모든 인류는 아담과 하와처럼 하나님을 본능적으로 피하는 영적인 비참함에 빠졌다. 총명이 어두워지고 무지함과 마음의 굳어짐으로 말미암아 하나님 자체와 하나님의 생명에서 떠나 있는 것인데엡 4:18, 영적인 죽음이다. 셋째로 모든 인류는 하나님의 진노로 말미암아 에덴동산에서 쫓겨나 저주 받은 땅에서 허무함에 굴복할 수밖에 없고롬 8:20, 평생토록 수고해야만 하는 현세적 비참함에 빠졌다. 넷째로 모든 인류는 영원한 멸망의 형벌과살후 1:9 불을마 25:41 받는 영원한 비참함에 빠진다.

정리하면 죄는 죄책을 가져오는데, 죄책은 크게 죽음과 비참함으로 이루어진다. 죽음은 육신의 죽음을 뜻한다. 비참함은 세 가지로 이루어진다. 첫째로 사는 동안 겪는 영적인 죽음으로 영적인 비참함이고, 둘째로 사는 동안 겪어야 하는 현세적 비참함이고, 셋째로 육신의 죽음 이후에 겪는 영원한 죽음으로 말미암는 영원한 비참함이다. 죽음은 육신의 죽음과 영적인 죽음과 영원한 죽음으로 이루어진다.

```
         ┌ 죽음: 육신의 죽음
    죄책 │
         └ 비참함 - 영적 비참함: 영적인 죽음

                 - 현세적 비참함

                 - 영원한 비참함: 영원한 죽음
```

    사람이 죄책을 해결할 수 없으므로 하나님이신 예수 그리스도께서 사람이 되시어 모든 율법을 지키시고, 사람의 죄를 짊어지고 십자가에 못 박혀 죽으심으로 해결하셨다. 예수님은 자신의 죽음으로 사람의 죄책을 해결하시어 사람을 의롭다고 하신다. 그리고 예수님은 자신의 성령을 통하여 사람을 거룩하게 하심으로써 사람의 부패를 해결하신다.

```
       ┌ 죄책(죽음과 비참함) - 칭의(의롭다 하심)로 해결
    죄 │
       └ 부패 - 성화(거룩하게 하심)로 해결
```

제7장 사람과 맺으신 하나님의 언약

7.1

하나님과 피조물 사이의 간격은 너무나 커서, 비록 이성적 피조물이 그들의 창조주이신 하나님께 순종의 의무를 행할지라도, 하나님께서 자발적으로 낮아지셔서 그들을 축복하시고 보상하시지 않는 한 그들은 순종에 대한 결실을 조금이라도 받을 수 없다. 이 자발적인 낮아지심을 하나님께서는 언약의 방식으로 나타내기를 기뻐하셨다.[a]

The distance between God and the creature is so great, that although reasonable creatures do owe obedience unto him as their Creator, yet they could never have any fruition of him as their blessedness and reward, but by some voluntary condescension on God's part, which he hath been pleased to express by way of covenant.[a]

[a] 사 40:13-17; 욥 9:32-33; 삼상 2:25; 시 113:5-6; 시 100:2-3; 욥 22:2-3; 욥 35:7-8; 눅 17:10;행 17:24-25

1. 언약의 본질

하나님과 피조물 사이의 간격은 너무나 크다. 피조물이 하나님을 향하여 자신의 것이라고 할 것이 하나도 없다. 설령 피조물이 하나님께 어떤 순종을 하였을지라도 그 순종의 가능함 자체가 하나님의 능력과 은혜로 인한 것이다. 피조물 자신이 존재하는 것, 피조물이 그 순종을 할 수 있는 의지와 능력을 갖는 것, 그 순종이 펼쳐지도록 시간과 공간과 다른 만물이 존재하는 것 등이 모두 하나님의 능력과 은혜로 인한 것이다. 그러므로 피조물은 어떤 순종을 할지라도 이 순종에 대한 결실을 축복과 보상의 차원으로 달라고 요구할 수 없다. 피조물은 자신이 마땅히 해야 할 바를 한 것뿐이라고 여겨야 한다.

다만 하나님께서 그의 순종을 기뻐하시고, 그로 하여금 순종을 잘 하도록 격려하시기 위하여 그에게 순종에 대한 축복과 보상을 주시겠다고 말씀하실 수 있다. 하나님은 그렇게 하셔야 할 어떤 의무나 필요가 없지만, 피조물에 대한 사랑과 배려로 자발적으로 낮아지셔서 그러한 약속을 하셨다. 하나님과 피조물 사이에 이루어진 언약은 하나님의 자발적인 낮아지심으로 이루어졌지, 절대로 피조물에게 언약을 맺을 자격과 능력이 있어서가 아니었다.

계약은 동등하거나 비등한 당사자들이 조건과 약속을 주고받는 것이다. 집을 파는 갑과 집을 사는 을이 서로 매매 계약을 맺었다면 갑은 을로부터 계약한 금액을 받고 을에게 집을 내준다. 갑은 집을 소유하고 있고, 을은 돈을 소유하고 있다. 각자 집을 팔고 살 수 있는 능력과 자격이 있다. 하지만 하나님과 피조물 간의 계약은 하나님께서 일방적으로 낮아지시는 것이고, 전적으로 피조물에게 은혜와 능력을 베푸시는 것이다. 하나님은 모든 것을 갖고 계시지만 피조물은 아무 것도 갖고 있지 않기 때문이다. 하나님은 무에서 모든 것을 창조하셨기 때문이고, 피조물은 무에서 자기 자신의 존재마저도 하나님께 빚지고 있기 때문이다. 사람이 이 땅에서 살아가는 동안에 태양과 바람과 물과 같이 생존에 필수적인 것들은 모두 공짜로 하나님께로부터 받고 있는 것만 보아도 피조물은 자신의 생존을 전적으로 하나님께 빚지고 있다.

하나님께서 무에서 사람을 비롯한 모든 것을 창조하셨다는 것을 인정하는 자는 하나님과 피조물 사이의 간격이 너무나 크다는 것을 인정할 수 있고, 하나님께서 사람에게 요구하시는 것이 하나님의 말씀대로 사는 것임을 마땅히 인정하는 자는 사람은 당연히 하나님께 순종해야 함을, 그리고 이 순종에 대하여 하나님께 아무 것도 요구할 수 없음을 인정할 수 있다. 하나님께서 사람의 순종에 대하여 축복과 보상을 주신다면 이것은 전적으로 하나님께서 낮아지신 것이지 절대로 사람이 순종의 행위에 대하여 당연히 받아야 하는 상급이 아니다. 하나님과 사람 간의 언약에 대하여 중요한 전제는 하나님과 피조물 사이의 간격은 너무나 커서 양자 간에 언약이 성립할 수 없다는 것이다. 이것을 잘 이해하면 사람이 하나님께 받는 구원이 얼마나 전적인 은혜인지를 그리고 하나님께서 얼마나 주도적으로 사람의 구원의 성취를 위해 일하시는지를 이해할 수 있다. 하나님과 사람 간의 언약은 하나님께서 스스로 낮아지셔서 취하신 관계와 방식이지 절대로 하나님이 당연히 하셔야 하는 관계나 방식이 아니다. 하나님께서 기쁨으로 낮아지셔서 사람에게 주시는 선물을 사람의 당연한 권리로 여기면 절대 안 된다.

근거성경구절들을 살펴보자. 하나님은 얼마나 크신지 열방이 통의 한 방울 물과 같고 저울의 작은 티끌 같으며, 섬들은 떠오르는 먼지 같고, 레바논은 땔감에도 부족하고 그 짐승들은 번제에도 부족하다. 하나님 앞에서는 모든 열방이 아무것도 아니고, 심지어 없는 것 같고 빈 것 같다사 40:15-17. 하나님은 사람이 아니시기 때문에 우리가 그에게 대답할 수 없고, 함께 재판할 수도 없고, 우리 사이에 손을 얹을 판결자도 없다욥 9:32-33. 하나님께서 천지를 살피시는 것 자체가 스스로 낮추신 것이다시 113:5-6. 사람이 지혜로워도 자기에게만 유익하고, 의로워도 전능자에게는 아무 기쁨이 되지 않고, 행위가 온전하여도 하나님에게 아무 이익이 없다욥 22:2-3. 사람의 악도 같은 사람에게나 있는 것이고, 사람의 공의도 모든 인생에게나 있는 것이지, 하나님께 그 악과 공의가 아무 영향을 미치지 못한다욥 35:7-8. 종이 밭을 갈고 양을 친 후 밭에서 돌아와도 바로 앉아서 식사하지 않고, 주인의 먹을 것을 준비하고 주인의 식사를 수종든 후에야 먹고 마신다. 주인은 종이 명한 대로 하였다고 종에게 감사하지 않듯, 우리도 하나님께 명령 받은 것을 다 행한 후에 "우리는 무익한 종이라 우리가 하여야 할 일을 한 것뿐이라"고 하여야 한다눅 17:10. 우주와 그 가운데 있는 만물을 지으신 하나님께서 천지의 주재로서 손으로 지은 전에 계시지 아니하시고, 무엇이 부족한 것처럼 사람의 손으로 섬김을 받으시지 않는다.

만민에게 생명과 호흡과 만물을 친히 주시는 분께서 무엇이 부족하여 섬김을 받으시겠는가? 행 17:24-25.

7.2

사람과 맺으신 첫 번째 언약은 행위 언약인데,b 이 언약에서 완전하며 개인적인 순종을 조건으로 하여d 아담 및 아담 안에 있는 그의 후손에게c 생명을 약속하셨다.

The first covenant made with man, was a covenant of works,b wherein life was promised to Adam; and in him to his posterity,c upon condition of perfect and personal obedience.d

b 갈 3:12   c 롬 10:5; 롬 5:12-19   d 창 2:17; 갈 3:10

---

2. 행위 언약: 첫째 언약

창 17:7	내가 내 언약을 나와 너 및 네 대대 후손 사이에 세워서 영원한 언약을 삼고 너와 네 후손의 하나님이 되리라
출 34:27	여호와께서 모세에게 이르시되 너는 이 말들을 기록하라 내가 이 말들의 뜻대로 너와 이스라엘과 언약을 세웠음이니라 하시니라
레 24:8	안식일마다 이 떡을 여호와 앞에 항상 진설할지니 이는 이스라엘 자손을 위한 것이요 영원한 언약이니라
삼하 23:5	내 집이 하나님 앞에 이같지 아니하냐 하나님이 나와 더불어 영원한 언약을 세우사 만사에 구비하고 견고하게 하셨으니 나의 모든 구원과 나의 모든 소원을 어찌 이루지 아니하시랴
마 26:28	이것은 죄 사함을 얻게 하려고 많은 사람을 위하여 흘리는 바 나의

히 7:22 피 곧 언약의 피니라
이와 같이 예수는 더 좋은 언약의 보증이 되셨느니라

위에서 보는 것처럼 성경에는 언약이라는 단어가 많이 나오는데 약 300회 정도이다. 성경에 나오는 언약들은 아래처럼 크게 2가지로 나뉜다. 행위 언약은 시기는 아담의 타락 전이고, 조건은 완전하고 개인적인 순종이고, 약속은 생명이고, 대상자는 아담과 아담 안에 있는 그의 후손이다.

> 행위 언약: 아담의 타락 전에 맺어진 언약 - 조건: 완전하고 개인적인 순종
> 은혜 언약: 아담의 타락 후에 맺어진 언약 - 조건: 그리스도에 대한 믿음

아담은 자신 안에서 자신의 후손과 함께 하나님과 언약을 맺었는데, 아담 자신이 완전한 순종을 개인적으로 수행하면 생명이 영원히 주어지는 언약이다. 이 내용이 "선악을 알게 하는 나무의 열매는 먹지 말라 네가 먹는 날에는 반드시 죽으리라 하시니라"로 창 2:17 나타난다. 이 언약은 아담이 단순히 선악을 알게 하는 나무의 열매만 먹지 않는 것이 아니라, 하나님께서 창조자와 섭리자가 되심을 알고 그분의 말씀대로 인생을 살아야 하는 것을 포함한다. 아담이 선악을 알게 하는 나무의 열매를 먹지 않아야 하는 이유는 하나님께서 이 말씀을 하셨기 때문이고, 그 나무를 볼 때마다 자신은 피조물이고 하나님은 창조주이심을 확인하며 하나님을 완전히 인정하는 것이기 때문이다. 하나님은 아담에게 다른 말씀은 전혀 하시지 않고 "선악을 알게 하는 나무의 열매는 먹지 말라"고 하신 것이 아니다. 하나님은 아담에게 에덴동산을 경작하며 지키라는 말씀도 하셨다. 하나님은 아담과 하와가 이것을 할 수 있도록 신앙고백 제4장창조 제2절이 말하는 것처럼 "하나님 자신의 형상을 따라 지식과 의와 진리의 거룩함을 그들에게 부여하시며 그들의 마음에 하나님의 법이 새겨지게 하셨고, 그 법을 완수할 능력을 부여하셨다." 하나님은 이런

일을 하신 후에 그들에게 "선악을 알게 하는 나무의 열매는 먹지 말라"는 명령을 주셨지, 다른 어떤 내용도 알려주시지 않은 채 그 명령을 주신 것이 아니다.

행위 언약이 "행위"라는 이름을 갖는 것은 아담과 하와가 죄를 짓기 전에는 완전한 순종을 개인적으로 할 수 있기 때문에, 그 순종의 행위 여부에 따라 영생이 주어지기 때문이다. 방금 살펴본 것처럼 하나님은 그들에게 하나님의 법을 마음에 새겨주셨을 뿐만 아니라 구체적으로 법을 알려주셨고, 지식과 의와 진리의 거룩함을 부여하시어 하나님의 법을 이해하고 뜻하고 실행에 옮길 수 있는 능력도 주셨다. 아담과 하와가 완전한 순종을 개인적으로 할 수 있기 때문에 이 조건의 수행에 대한 약속으로 영생이 주어진다. 그런데 우리가 명심해야 할 것은 아담이 이러한 순종의 행위를 수행할 수 있지만, 이런 수행 가능성 자체가 하나님의 은혜라는 것이다. 아담이 하나님의 형상으로 존재하게 된 것, 에덴동산이 주어진 것, 그것을 경작하며 지키는 것 등이 모두 하나님의 은혜이므로 제1절이 말하는 것처럼 아담은 하나님께 순종하였다고 하여 어떠한 상급도 하나님께 요구할 수 없는 것이고, 단지 하나님께서 먼저 낮아지셔서 언약의 형태로 그 상급을 주시는 것뿐이다.

아담이 언약을 지키면 하나님께서 그와 그의 후손에게 영생을 주신다는 직접적 내용이 "선악을 알게 하는 나무의 열매는 먹지 말라 네가 먹는 날에는 반드시 죽으리라"는 표현에 없다. 그런데 아담이 이 언약을 받을 때에 이미 죽지 않고 살아있으므로 이렇게 살아있는 아담이 계속하여 그 율법을 지키면 살아있는 이상의 상급이 주어져야 함을 논리적으로 쉽게 도출할 수 있고, 이 상급은 성경의 여러 곳을 통해 영생임을 알 수 있다. 첫째로 에덴동산 가운데에는 선악을 알게 하는 나무만이 아니라 생명나무도 있었고, 하나님은 아담에게 그 나무를 먹을 수 있다고 하심으로 그에게 주시고자 하는 궁극적 선물이 영생임을 알려주셨다. 하나님은 죄를 지은 아담이 생명나무 열매를 따먹고 영생할 것을 염려하시어 그를 에덴동산에서 내보내셨다 창 3:22. 둘째로 성경 곳곳에 하나님께서 주시는 상급과 복이 영생임이 언급되어 있다. "여호와께서 복을 명령하셨나니 곧 영생이로다" 시 133:3. "땅의 티끌 가운데에서 자는 자 중에서 많은 사람이 깨어나 영생을 받는 자도 있겠고" 단 12:2.

"그들은 영벌에, 의인들은 영생에 들어가리라 하시니라"마 25:46. "하나님이 세상을 이처럼 사랑하사 독생자를 주셨으니 이는 그를 믿는 자마다 멸망하지 않고 영생을 얻게 하려 하심이라"요 3:16. "이는 죄가 사망 안에서 왕 노릇 한 것 같이 은혜도 또한 의로 말미암아 왕 노릇 하여 우리 주 예수 그리스도로 말미암아 영생에 이르게 하려 함이라"롬 5:21. "그 형제를 미워하는 자마다 살인하는 자니 살인하는 자마다 영생이 그 속에 거하지 아니하는 것을 너희가 아는 바라"요일 3:15.

하나님은 창 2:17절을 아담에게 말씀하셨지 아담 안에서 그의 후손에게 말씀하신 것은 아니지만, 신앙고백 제6장 사람의 타락과 죄와 형벌 제3절에서 살펴본 것처럼 아담은 온 인류의 뿌리이기 때문에, 그가 지은 죄의 죄책과 부패한 본성이 그 후손에게 전달된다. 아담이 온 인류의 뿌리라는 것은 그의 속성이 그의 후손에게 그대로 전달된다는 것이고, 이것은 그가 후손을 대표하여 하나님과 언약을 맺는 자격과 신분이 있음을 의미한다. 아래의 근거성경구절에서 보는 것처럼 아담은 단순히 한 개인이 아니라 모든 인류의 첫 조상과 대표로서 자신 안에 그들을 담아 그들을 대표하여 언약을 맺은 것이다. 그래서 아담이 죄를 지을 때에 단순히 아담 한 사람의 죄가 아니라 모든 인류가 죄를 지은 것이 된다. 아담으로 말미암아 죄가 세상에 들어왔고 죄로 말미암아 사망이 들어왔다. 아담 한 사람의 죄로 모든 사람이 죄를 지은 것이고, 사망이 모든 사람에게 이른 것이다. 그래서 아담으로부터 모세까지 아담의 범죄와 같은 죄를 짓지 아니한 자들까지도 사망이 왕 노릇 한다. 예수님도 아담처럼 우리 신자를 대표하시는데 예수님은 우리에게 사망 대신에 생명을 주신다. 아담의 불순종으로 많은 사람이 죄인이 되고, 예수님의 순종으로 많은 사람이 의인이 된다.

롬 5:12-19   그러므로 한 사람으로 말미암아 죄가 세상에 들어오고 죄로 말미암아 사망이 들어왔나니 이와 같이 모든 사람이 죄를 지었으므로 사망이 모든 사람에게 이르렀느니라 13 죄가 율법 있기 전에도 세상에 있었으나 율법이 없었을 때에는 죄를 죄로 여기지 아니하였느니라 14 그러나 아담으로부터 모세까지 아담의 범죄와 같은 죄를 짓지 아니한 자들까지도 사망이 왕 노릇 하였나니 아담은 오실 자의 모형이라 15 그러나 이 은사는 그 범죄와 같지 아니하니 곧 한 사람의 범죄를 인하여 많은 사람이 죽었은즉 더욱 하나님의 은혜와 또한 한 사람 예수 그리스도의 은혜로 말미암은 선물은 많은 사람에게 넘쳤느니라 16 또 이 선물은 범죄한 한 사람으로 말미암은 것과 같지 아니하니 심판은 한 사람으로 말미암아 정죄에 이르렀으나 은사는 많은 범죄로 말미암아 의롭다 하심에 이름이니라 17 한 사람의 범죄로 말미암아 사망이 그 한 사람을 통하여 왕 노릇 하였은즉 더욱 은혜와 의의 선물을 넘치게 받는 자들은 한 분 예수 그리스도를 통하여 생명 안에서 왕 노릇 하리로다 18 그런즉 한 범죄로 많은 사람이 정죄에 이른 것 같이 한 의로운 행위로 말미암아 많은 사람이 의롭다 하심을 받아 생명에 이르렀느니라 19 한 사람이 순종하지 아니함으로 많은 사람이 죄인 된 것 같이 한 사람이 순종하심으로 많은 사람이 의인이 되리라

7.3

사람이 자신의 타락으로 행위 언약에 의해 스스로 생명을 얻을 수 없게 되었기 때문에, 주께서 보통 은혜 언약이라 불리는 둘째 언약을e 맺기를 기뻐하셨다. 이 언약에서 주님은 죄인들에게 예수 그리스도에 의한 생명과 구원을 값없이 제공하셨는데, 이때 그들이 구원 받도록 그리스도에 대한 믿음을 그들에게 요구하셨으며f 또한 생명에 이르도록 정해진 모든 이에게 자신의 성령을 주시어 그들로 하여금 믿기를 원하고 믿을 수 있도록 하겠다고 약속하셨다.g

Man by his fall having made himself incapable of life by that covenant, the Lord was pleased to make a second,e commonly called the covenant of grace: wherein he freely offered unto sinners life and salvation by Jesus Christ, requiring of them faith in him that they may be saved,f and promising to give unto all those that are ordained unto life his Holy Spirit, to make them willing, and able to believe.g

e 갈 3:21; 롬 8:3; 롬 3:20-21; 창 3:15; 사 42:6
f 막 16:15-16; 요 3:16; 롬 10:6, 9; 갈 3:11   g 겔 36:26-27; 요 6:44-45

3. 은혜 언약: 둘째 언약

아담과 그의 후손은 아담의 타락에 의해 죄책과 본성의 부패가 발생하였기 때문에 자신의 행위로 생명에 이를 수가 없게 되었다. 갈라디아서 3:10절은 "무릇 율법 행위에 속한 자들은 저주 아래에 있나니 기록된 바 누구든지 율법 책에 기록된 대로 모든 일을 항상 행하지 아니하는 자는 저주 아래에 있는 자라 하였음이라"고 말한다. 여기서 "율법 행위에 속한 자들"이란 제7장 제2절이 말한 "행위 언약에 속한 자들"을 뜻한다. 지금도 하나님께 완전한 순종을 개인적으로 완수하는 자는 생명을 얻을 수 있다. 이때 완전한 순종이란 바로 "율법 책에 기록된 대로 모든 일을 항상 행하는" 것이다. 그런데 제6장 사람의 타락, 죄, 그리고 죄의 형벌 제2~제4절에서 살펴본 것처럼, 아담과 그의 후손은, 즉 모든 사람은 아담의 타락으로 본성이 부패하였기 때문에 모든 율법을 늘 지킬 자가 없다. 모든 사람이 지금도 행위 언약 아래에 있어 스스로 행위 언약을 지키면 생명을 얻을 수 있지만, 실제로는 타락하였기 때문에 행위 언약에 의해서 스스로 생명을 얻을 수 없게 되었다. 하나님께서 스스로 낮아지셔서 이성적 피조물에게 축복과 보상을 주시려고 행위 언약을 맺으셨는데, 사람은 타락으로 말미암아 행위 언약의 축복과 보상을 발로 차버리고, 비참함과 죽음에 떨어진 것이다. 행위 언약은 각 사람의 "완전하며 개인적인 순종을 조건으로 하여"upon condition of perfect and personal obedience 생명이 주어지지, 절대로 다른 사람이 행위 언약의 당사자를 위하여 완전한 순종을 한다고 하여 당사자에게 생명이 주어지지 않는다.

그래서 하나님께서 은혜 언약이라 불리는 둘째 언약을 맺으셨다. 그것도 아담과 하와가 행위 언약을 어겼을 때에 바로 은혜 언약을 일방적으로 맺으셨다. 하나님은 선악을 알게 하는 나무의 열매를 먹으면 반드시 죽는다고 하셨음에도 불구하고, 아담과 하와는 그 열매를 먹었을 때에 죽음을 당하지 않았다. 하나님께서 즉시 아담을 부르시며 찾아오셨고, 뱀에게 "여자의 후손은 네 머리를 상하게 할 것이요 너는 그의 발꿈치를 상하게 할 것이니라"고 말씀하셨다. 예수 그리스도께서 여자에게서 태어나시어 사탄의 머리를 상하게 하시며 사람의 구원을 이루실 것을 말씀하신 것이다. 하나님은 아담과 하와를 위하여 가죽옷을 지어 입히시기까지 하셨다. 하나님은 아담과 하와의 죄에 대하여 각각에게 적절한 벌을 주셨지만, 죄를 짓는 순간에 영과 육의 영원한 죽음이란 벌 대신에 오히려 찾아오셔서 그들의 구원에 대하여 말씀하여 주셨다.

그들은 하나님께서 찾아오셨을 때에 하나님의 낯을 피하여 동산 나무 사이에 숨었다. 이것은 그들이 이미 영적으로 타락하여 하나님을 피하는 것이고, 영적인 타락은 하나님의 은혜가 없으면 영적인 죽음으로 이어짐을 나타낸다. 그들이 하나님을 피하였을 때에 하나님께서 그들을 찾아오시지 않았더라면 그들은 영적인 죽음에 이르렀고, 육적으로도 곧 죽음에 이르렀다. 실제로 아담과 하와가 낳은 가인과 아벨 사이에 살인 사건이 발생하였다. 형 가인이 동생 아벨을 죽였다. 아담과 하와는 죽은 아벨의 시신을 보면서 무슨 생각을 했을까? 가인이 아벨을 죽였지만, 바로 자신들의 죄로 말미암아 아벨이 죽은 것임을 알기 때문에 몸서리쳤을 것이다. 하나님은 죄를 지은 아담에게 "너는 흙이니 흙으로 돌아갈 것이니라"고 말씀하셨다. 하나님께서 땅의 흙으로 사람을 지으시고 생기를 그 코에 불어넣으셨을 때에 사람이 생령이 되었는데, 하나님은 사람이 평생에 걸쳐 얼굴에 땀을 흘려야 먹을 것을 먹게 하신 후에 그 생기를 사람에게서 거두어 가심으로 사람이 본래의 흙이 되게 하셨다. 창세기 5장은 아담이 930살이 되었을 때에 죽었다고 말한 후에 그를 연이은 후손이 몇 세에 죽었는지를 계속 나열하고 있다. 아담과 후손이 모두 죽은 것이다.

죄를 지은 아담과 하와에게 찾아오시어 "여자의 후손은 네 머리를 상하게 할 것이요 너는 그의 발꿈치를 상하게 할 것이니라"고 말씀하시며 둘째 언약을 세우신 하나님은 이 말씀을 실행하셨는데, 바로 자신의 독생자인 예수 그리스도를 여자의 후손으로 내어주셔서 그에 의한 생명과 구원을 값없이 죄인들에게 제공하신 것이다. 이것의 의미가 무엇인지 살펴보자.

첫째로 행위 언약의 수행이라는 측면에서 살펴보자. 예수 그리스도는 하나님이신데 사람이 되시어 아담이 지켜야 했던 하나님의 모든 말씀을 순종하시고, 사람들의 죄를 짊어지면서 고난을 받고 십자가에 못박혀 죽으시고 사흘 만에 부활하셨다. 예수 그리스도께서 아담과 하와가 완수하지 못한 행위 언약을 완수하신 것이다. 행위 언약은 더 이상 사람들에게 율법의 순종을 직접적으로 요구하지 않는다는 면에서 폐기되었다고 볼 수 있지만, 이것은 사람들이 부패하여 행위 언약을 수행할 수 없어서 대신 예수 그리스도께서 수행하셨기 때문이다. 행위 언약은 지금도 각 사람에게 완전한 순종을 개인적으로 요구한다는 측면에서는 유효하고, 예수 그리스도께서 이 순종을 신자들을 대표하여 대신 이루셨기 때문에 행위 언약이 각 신자에게 더 이상 완전한 순종을 개인적으로 요구하지 않는다는 측면에서는 폐지되었다. 하나님은 모든 사람이 자신의 말씀대로 살아야 한다는 당위성을 늘 요구하시는데, 이 당위성을 예수 그리스도가 이루신 것이다. 하나님은 타락하여 행위 언약을 수행할 수 없는 사람들 대신에 자신의 독생자에게 이것의 수행을 요구하신 것이고, 예수님은 자신의 생애를 통하여 하나님의 모든 율법을 준수하셨고, 죽음을 통하여 죄값을 지불하심으로 행위 언약을 완수하셨다. 사람에게 생명을 주는 은혜 언약은 예수 그리스도에게는 완전한 순종을 요구하는 행위 언약이다.

둘째로 값없이 죄인들에게 생명과 구원을 제공하신 측면에서 살펴보자. 하나님은 예수 그리스도에 의한 생명과 구원을 사람들에게 제공하실 때에 오직 은혜로 하셨지, 사람들에게 어떠한 행위나 노력을 요구하시며 이것의 수행 여부에 따라 하시지 않았다. 이런 의미에서 이 언약의 이름은 "은혜" 언약이 된다. 이들이 생명과 구원을 받을 자격이 있거나 행위를 해서가 아니라, 아무 이유 없이 오직 은혜로 사랑으로 은혜 언약을 맺으셨고, 생명과 구원을 값없이 주신다. 이에 대하여 제3장 하나님의 영원한 작정 제5절은 "하나님은 자신의 순전히 값없는 은혜와 사랑으로 말미암아 선택하셨지, 피조물에게 있는 믿음 또는 선행 또는 이것들의 견인 또는 그 외 다른 어떤 것을 자신으로 하여금 선택하게 하는 조건들이나 원인들로 미리 보심으로써 선택하시지 않았다."라고 말한다.

셋째로 은혜 언약의 조건이란 측면에서 살펴보자. 주께서 죄인들이 구원받도록 그리스도에 대한 믿음을 그들에게 요구하신다. 믿음이 은혜 언약의 조건인데, 사람은 자신의 타락에 의해 지정의가 오염되어 그리스도의 존재와 사역과 사랑을 인식할 수 없게 되었다. 사람이 무엇의 존재와 가치를 분별하고 받아들이는 일은 그 어떠한 행위보다 어렵다. 사람이 스스로 이러한 일을 할 수 있다면 그는 타락하였다고 말할 수 없다. 그에게는 스스로 자신을 구원할 수 있는 능력이 자신 안에 있는 것이다. 이에 대한 견해에 따라 기독교 신학이 나뉠 정도로 이에 대한 견해는 매우 중요하다. 제7장 제3절은 하나님이 예수 그리스도에 의한 생명과 구원을 죄인들에게 값없이 제공하셨는데, 이때 그리스도에 대한 믿음을 그들에게 요구하셨다고 말한다. 그러면서 "또한 생명에 이르도록 정해진 모든 이에게 자신의 성령을 주시어 그들로 하여금 믿기를 원하고 믿을 수 있도록 하시겠다고 약속하셨다."는 내용을 동시에 말한다. 요구와 약속을 동시에 표현한 점이 웨스트민스터 신앙고백의 뛰어난 점이다.

제7장 제3절은 은혜 언약의 조건으로 그리스도에 대한 믿음을 말하는데, 죄인들이 이 믿음을 스스로 실천할 수 없기 때문에 불가능한 조건이다. 그래서 하나님은 생명으로 정해진 모든 이에게 성령을 주신다. 성령으로 말미암아 부패하여 흐려진 하나님의 형상과 지정의가 그들에게서 회복되어, 그들은 예수 그리스도의 존재와 신분과 사역을 깨달으며 예수님을 믿겠다는 마음이 생기고 실제로 믿게 된다. 하나님은 불가능한 일을 죄인들에게 요구하시며 동시에 그 불가능한 일이 가능하도록 성령님을 주시겠다고 약속하신 것이다. 영어 원문은 믿음의 요구와 성

령의 제공을 "requiring of them faith ……, and promising to give unto all those … his Holy Spirit"처럼 분사구문으로 처리하여 양자의 동시적 중요성을 나타냈다.

우리는 이 신앙고백에 이 두 가지가 동시에 표현된 것을 기억해야 한다. 구원을 얻는 조건으로 사람들의 믿는 측면만 강조하면 사람들이 그리스도에 대한 믿음을 스스로 가질 수 있다고 여기는 아르미니우스주의에 빠지기 쉽고, 이와 달리 성령의 믿게 하시는 측면만 강조하면 사람에게 아무런 운동성이 없다는 부동성immobility에 빠져 극단적 칼뱅주의자가 되기 쉽다. 성경에는 곳곳에 예수 그리스도를 믿으라는 표현이 나온다. 제3절의 근거성경구절들만 보아도 알 수 있다. 동시에 성경은 사람이 타락하여 영적인 일을 분별할 수 없고고전 2:13 오직 성령을 통해서만 가능하다고 말한다. "또 새 영을 너희 속에 두고 새 마음을 너희에게 주되 너희 육신에서 굳은 마음을 제거하고 부드러운 마음을 줄 것이며 또 내 영을 너희 속에 두어 너희로 내 율례를 행하게 하리니 너희가 내 규례를 지켜 행할지라"는겔 36:26-27 제3절의 근거성경구절인데, 성령께서 죄인들의 굳은 마음을 제거하시고 부드러운 마음을 주시고 하나님의 율례와 규례를 행하게 하신다고 말한다. 하나님께서 성령을 통해 죄인들을 이끌지 아니하시면 아무도 예수님께 갈 수 없다요 6:44. 이 신앙고백은 성경에 있는 이러한 두 표현을 믿음의 요구와 성령의 제공이란 표현으로 담아내었다. 따라서 우리는 성경에서 사람에게 믿으라는 표현이 나올 때에 그 사람이 구원을 얻기 위하여 공로의 근거로써 자신의 고유한 능력으로 믿으라고 요구하는 것이 아니라, 성령께서 주시는 믿음으로 예수 그리스도에 의한 생명과 구원을 받아들이라는 것임을 명심해야 한다. 하나님께서 죄인에게 구원을 주실 때에 믿음을 그 구원을 주시는 도구instrument로 사용하시는 것이다. 그러므로 은혜언약의 조건인 그리스도에 대한 믿음은 죄인이 믿는다고 고백하는 측면에서는 조건이지만, 하나님께서 성령님을 통하여 그 믿음을 값없이 주신다는 측면에서는 조건이 아니다. 믿음은 죄인들에게 주시는 하나님의 값없는 선물로써, 오른손이 하는 일을 왼손이 모르게 멀리 우회하며 일하시는 하나님께서 죄인들이 스스로 생각하며 결단하여 믿는다고 고백하게 하시는 것이다. 사람들의 생존에 필수적인 공기, 햇빛, 심장의 박동, 위액 분비 등은 하나님 자신이 주시는 것임에도 불구하고, 하나님은 멀리 우회하여 이것들을 사람들에게 주시기 때문에 사람들은 자연의 순환과 인체의 기능에 의해 당연히 이루어지는 것으로 알고 있다. 하나님께서 사람들을 자신의 자녀로 선택하신 결과가 그 사람들의 믿음으로 나타나는 것이지, 절대로 그 사람들이 믿기 때문에 하나님의 자녀가 되는 것이 아니다.

넷째로 은혜 언약의 대상자라는 측면에서 살펴보자. 제3절에서 "생명에 이르도록 정해진 모든 이에게 성령을 주시어"라는 표현은 중요하다. 하나님은 죄인들 모두에게 성령님을 주시지 않고, "생명에 이르도록 정해진 모든 이에게"만 주신다. 이것은 우리가 이미 앞에서 살펴본 하나님의 영원한 작정을 다루는 제3장에 나오는 "제한 속죄"이다. 제3장 제3절이 "하나님의 작정에 의해 하나님의 영광이 나타나도록 어떤 사람들과 천사들은 영원한 생명에 이르도록 예정되었고, 다른 자들은 영원한 죽음에 이르도록 미리 정해졌다."고 말한다. 이처럼 은혜 언약은 제3장 작정이라는 더 큰 틀에서 살펴보면 쉽게 이해된다. 언약은 하나님의 예정^{선택과 유기}이 실행되는 방식으로써 은혜 언약의 기초는 하나님의 예정에 있다. 그리고 은혜 언약의 당사자는 넓게는 죄인들 모두이고, 좁게는 그들 중 생명에 이르도록 정해진 모든 이이다. 성경에서 모든 이라고 할 때 넓은 범주에서 말한 것인지, 좁은 범주에서 말한 것인지 문맥을 통해 분별해야 한다. 무조건 전자로 여기면 역시 아르미니우스주의와 펠라기우스주의에 빠지고, 무조건 후자로 보면 극단적 칼뱅주의에 빠진다. 은혜 언약은 넓게는 죄인들 모두에게 선포될지라도 그들 모두가 예수 그리스도를 믿는 것은 아니고, 오직 생명에 이르도록 정해진 모든 이만 성령을 받아서 믿게 된다.

이상의 내용을 정리하면, 은혜 언약은 시기는 아담의 타락 후이고, 조건은 그리스도에 대한 믿음이고, 약속은 예수 그리스도에 의한 생명과 구원이고, 대상자는 생명으로 정해진 모든 이이다. 적지 않은 사람들이 구약 시대는 행위 언약이 적용되어 율법의 수행을 통해 구원을 받고, 신약 시대는 은혜 언약이 적용되어 믿음을 통해 구원을 받는다고 생각하는데, 행위 언약은 아담이 에덴동산에서 죄를 짓기 이전까지이고, 은혜 언약은 아담이 죄를 지은 직후부터 시작한다. 이것을 보아도 다시금 창세기 2장과 3장에 있는 아담의 죄를 어떻게 해석하느냐에 따라 성경 전체의 해석이 달라짐을 알 수 있다.

7.4

이 은혜 언약은 성경에서 유언이라는 이름으로 자주 진술된다. 이는 유언자이신 예수 그리스도의 죽음 및 이로 인해 상속되는 영원한 유산과 이에 속한 모든 것과 연관하여서 그러하다.ʰ

This covenant of grace is frequently set forth in the Scripture by the name of a testament, in reference to the death of Jesus Christ the testator, and to the everlasting inheritance, with all things belonging to it, therein bequeathed.ʰ

h 히 9:15-17; 히 7:22; 눅 22:20; 고전 11:25

---

4. 언약이 갖는 유언의 성격

제3절이 말하는 것처럼 은혜 언약에서 하나님은 죄인들에게 예수 그리스도에 의한 생명과 구원을 값없이 제공하셨다. 죄인들은 예수 그리스도의 죽으심으로 말미암아 생명과 구원을 값없이 얻는다. 예수 그리스도의 죽음 없이 죄인들은 생명과 구원을 얻지 못한다. 은혜 언약에서 예수 그리스도의 죽음은 필수적이므로 은혜 언약은 성경에서 유언testament이라는 이름으로 자주 진술된다. 예수 그리스도가 유언자testator가 되시고, 예수 그리스도가 죽으실 때에 획득하신 생명과 구원이 상속자들에게 주어진다. 근거성경구절들을 직접 살펴보자.

히 9:15-17　이로 말미암아 그는 새 언약의 중보자시니 이는 첫 언약 때에 범한 죄에서 속량하려고 죽으사 부르심을 입은 자로 하여금 영원한 기업의 약속을 얻게 하려 하심이라 16 유언은 유언한 자가 죽어야 되나니 17 유언은 그 사람이 죽은 후에야 유효한즉 유언한 자가 살아 있는 동안에는 효력이 없느니라

And for this cause he is the mediator of the new testament, that by means of death, for the redemption of the transgressions that were under the first testament, they which are called might receive the promise of eternal inheritance. 16 For where a testament is, there must also of necessity be the death of the testator. 17 For a testament is of force after men are dead: otherwise it is of no strength at all while the testator liveth.

히 7:22　이와 같이 예수는 더 좋은 언약의 보증이 되셨느니라

By so much was Jesus made a surety of a better testament.

눅 22:20　저녁 먹은 후에 잔도 그와 같이 하여 이르시되 이 잔은 내 피로 세우는 새 언약이니 곧 너희를 위하여 붓는 것이라

Likewise also the cup after supper, saying, This cup is the new testament in my blood, which is shed for you.

고전 11:25　식후에 또한 그와 같이 잔을 가지시고 이르시되 이 잔은 내 피로 세운 새 언약이니 이것을 행하여 마실 때마다 나를 기념하라 하셨으니

After the same manner also he took the cup, when he had supped, saying, This cup is the new testament in my blood: this do ye, as oft as ye drink it, in remembrance of me.

한글 개역개정 성경은 유언이라는 단어를 사용하지 않고, 언약이라는 단어를

그대로 사용하므로 KJV을 참고하여야 제4절을 이해할 수 있다. 히 9:16-17절이 말하는 것처럼 유언은 유언자가 죽어야 유효하다. 유언한 자가 살아 있는 동안에는 효력이 없다. 이것은 은혜 언약이 유언자이신 예수 그리스도가 죽어야 유효함을 드러낸다.

그런데 영어 번역본인 ARB American Revised Bible 와 NIV와 NASB New American Standard Bible 을 비롯해 한글 개역개정 성경은 히 9:16-17절을 제외하고는 왜 유언 testament 이라는 말 대신에 언약 covenant 이라는 단어를 사용했을까? 히브리어 성경에서 언약은 베리트 ברית 이다. 베리트를 헬라어로 번역할 때에 성경은 일반적 언약의 의미를 가진 순쎄케 συνθήκη 대신에 디아쎄케 διαθήκη 를 사용한다. 순데케는 동등한 당사자들이 약속과 조건을 주고받는 의미가 강하고, 디아데케는 양도 계약서나 유언의 의미가 강하다. 즉 디아데케는 갑이 을에게 무엇을 해준다는 일방적 내용을 전하는 의미가 강하다. 성경이 순데케 대신에 디아데케를 언약으로 사용한 이유는 성경의 언약은 동등한 당사자들 간의 체결이 아니라 탁월하게 우월한 자가 열등한 자에게 일방적으로 은혜를 베푸는 것임을 나타내기 위해서이다. 따라서 디아데케라는 단어에는 이미 유언과 유언장이라는 의미를 담고 있다.

원어 성경을 번역할 때에 영어의 KJV이나 화란역은 디아데케를 언약으로도, 유언으로도 번역하였다. 이것은 예수 그리스도의 죽음으로만 은혜 언약이 성립된다는 것을 강조하기 위함이고, 예수 그리스도의 죽음에 의한 유산으로 신자들이 생명과 구원을 얻음을 강조하기 위함이고, 히 9:16-17절과 조화를 이루려는 일관성에서 나온 것이다. 제4절은 헬라어 원어 성경에 있는 디아데케를 유언 testament 으로 13회 정도 번역한 흠정역 KJV 에 해당하는 내용이다. 웨스트민스터 신앙고백은 흠정역을 사용하기 때문에 제4절을 작성하였지만, 디아데케를 히 9:16-17절을 제외하고 언약으로 일관되게 고백한 개역개정을 사용하는 한국에서는 제4절이 크게 적용되지 않는다. 그럼에도 명심해야 할 것은 은혜 언약은 일방적으로 유언자이신 예수 그리스도의 죽음과 연관되고 유언으로 상속된 영원한 유산과 여기에 속한 모든 것과 연관된다는 것이다. 하나님과 피조물 사이의 간격은 너무나 커서, 이성적 피조물은 하나님께 어떠한 순종의 결실도 요구할 수 없다는 제1절을 명심한 다면 제4절은 쉽게 이해된다.

7.5

이 언약은 율법의 시대와 복음의 시대에 다르게 시행되었다.i 율법 아래에서 은혜 언약은 유대 백성에게 주어진 약속들, 예언들, 희생제물들, 할례, 유월절 양, 다른 모형과 규례에 의해 시행되었다. 이 모든 것은 오실 그리스도를 예표하였고,k 그 당시에는 성령의 사역으로 말미암아 약속된 메시아에 대한 믿음을 선택된 자들에게 가르치고 양육하기에 충분하고 유효하였다.l 이 메시아에 의해 그들은 온전한 사죄와 영원한 구원을 얻었다. 이것이 구약이라고 불린다.m

This covenant was differently administered in the time of the law, and in the time of the gospel: i under the law it was administered by promises, prophecies, sacrifices, circumcision, the paschal lamb, and other types and ordinances delivered to the people of the Jews, all fore-signifying Christ to come,k which were for that time, sufficient and efficacious through the operation of the Spirit, to instruct and build up the elect in faith in the promised Messiah,l by whom they had full remission of sins, and eternal salvation: and is called the Old Testament.m

i 고후 3:6-9
l 고전 10:1-4; 히 11:13; 요 8:56
k 히 8-10장; 롬 4:11; 골 2:11-12; 고전 5:7
m 갈 3:7-9, 14

5. 구약: 율법 아래의 은혜 언약

❶ 율법의 시대와 복음의 시대에 다르게 집행된 은혜 언약

> 행위 언약: 아담의 타락 전에 맺어진 언약 - 조건: 완전하고 인격적인 순종
>
> 은혜 언약: 아담의 타락 후에 맺어진 언약 - 조건: 그리스도에 대한 믿음

우리는 제2절에서 언약이 위와 같이 행위 언약과 은혜 언약으로 나뉘고, 그 시점은 아담의 타락 전과 타락 후임을 살펴보았다. 그리고 은혜 언약은 아래처럼 율법의 시대와 복음의 시대에 다르게 집행된다. 즉 실체이신 예수 그리스도께서 오시기 전의 구약과 오신 후의 신약으로 나뉘어 다르게 집행된다. 많은 사람이 구약은 행위 언약이고, 신약은 은혜 언약으로 오해하는데, 같은 은혜 언약이 구약과 신약에서 다르게 집행된 것이다. 제5절과 제6절은 구약과 신약의 같은 점과 다른 점을 핵심 있게 몇 문장으로 잘 표현하였으므로, 이것을 이해하고 기억하면 성경을 읽을 때 신구약의 같은 점과 차이점이 무엇인지 잘 이해하게 된다.

은혜 언약의 구분

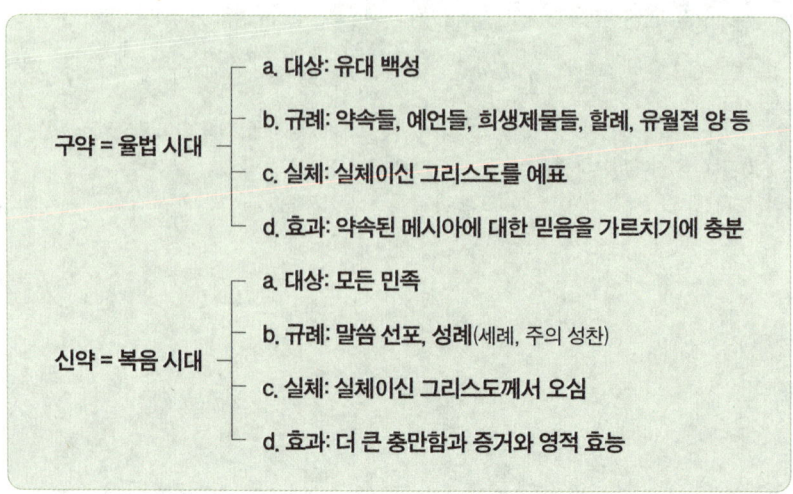

❷ 유대 백성에게 주어진

아담과 하와가 하나님을 반역하여 선악을 알게 하는 나무의 열매를 따먹는 죄를 지었을 때에 하나님은 이들을 죽이시지 않고 은혜로 살려주시며 이들을 위한 구원의 사역을 시작하셨다. 하나님은 여자의 후손이 뱀의 머리를 상하게 할 것이고, 뱀은 그의 발꿈치를 상하게 할 것이라는 말씀으로 여자의 후손인 예수 그리스도께서 사탄을 물리치시고 사람들을 구원할 것임을 알려주셨다. 성경에는 족보가 자주 나온다. 이 족보는 하나님의 이 말씀을 받은 계보를 보여준다. 즉 은혜 언약이 주어진 대상들을 보여주는 것이다. 창세기 5장에 나오는 "아담-셋-에노스-게난-마할랄렐-야렛-에녹-므두셀라-라멕-노아"의 계보와 11장에 나오는 "셈-아르박삿-셀라-에벨- 벨렉-르우-스룩-나홀-데라-아브라함"의 계보는 모두 아담에게서 시작된 은혜 언약의 대상자들을 보여준다. 아브라함은 이삭을 낳았고, 이삭은 야곱을 낳았다. 창세기 35장은 야곱이 낳은 열둘을 나열한다. 그 열둘은 자신들이 낳은 자손과 함께 요셉이 총리로 있는 애굽으로 내려가 4백 년 동안 거주하며 60만 대군으로 성장하였다. 그 후 유대 백성은 모세를 지도자로 하여 애굽을 탈출하였고, 광야생활 40년을 거쳐, 여호수아를 지도자로 하여 가나안에 정착하였다.

은혜 언약은 위에서 본 것처럼 아담과 노아와 아브라함과 이삭과 야곱을 거쳐 유대 백성에게 전달되었다. 아담부터 아브라함 이전까지의 사람들에 대하여 유대 백성이라고 말할 수는 없지만 이들 중 아브라함이 유대 백성의 조상이 되었으므로, 은혜 언약은 구약시대에는 유대 백성에게 전달되었다고 말할 수 있다.

❸ 그리스도를 예시하는 약속들, 예언들, 희생제물들, 할례, 유월절 양, 모형과 규례

먼저 약속들과 예언들에 대하여 살펴보자. 아담은 자신의 죄에도 불구하고 하나님께서 자신을 죽이시지 않고, 오히려 자신의 부끄러움을 가리도록 가죽옷을 지어 입히실 때에 하나님의 은혜를 크게 느꼈다. 여자의 후손이 뱀의 머리를 상하게 할 것이고, 뱀은 그의 발꿈치를 상하게 할 것이라는 하나님의 약속과 예언이 자신에게 이미 시행된 것이고, 그렇기 때문에 자신의 생명이 유지됨을 느꼈다. 가인이

아벨을 죽이자, 하나님은 아담에게 셋을 주었고, 셋에게 에노스를 주었고, 그들은 여호와의 이름을 불렀다. 아담과 셋의 계열은 자신들이 하나님의 능력과 은혜로 지음을 받은 피조물임을 인식하였고, 조상 아담의 죄에도 불구하고 하나님의 은혜로 사람의 생명이 대를 이어 지속됨을 알고 있었으므로 여호와의 이름을 불렀다. 아벨은 아버지 아담으로부터 듣고 배운 믿음으로 가인보다 더 나은 제사를 하나님께 드림으로써 의로운 자라 하시는 증거를 얻었다 히 11:4. 에녹은 아담으로부터 내려온 믿음을 잘 이어받음으로써 죽음을 보지 않고 옮겨졌는데, 그는 옮겨지기 전에 하나님을 기쁘시게 하는 자라 하는 증거를 받았다 히 11:5.

하나님께서 노아에게 모든 혈육 있는 자의 포악함이 땅에 가득하므로 그들을 땅과 함께 멸하시겠다며 방주를 만들라고 말씀하셨을 때에 노아는 그 예언을 믿었다. 노아는 하나님의 은혜로 하나님의 형상대로 지음을 받은 사람들이 하나님의 뜻을 어기고 악하게 사는 것이 하나님 앞에 큰 죄임을 인식하였다. 하나님께서 노아에게 큰 홍수 속에서 자신과 가족 7명을 방주를 통해 살려주신다고 약속할 때에 그는 그것이 전적인 하나님의 은혜임을 알았다.

하나님께서 아브라함에게 "너는 너의 고향과 친척과 아버지의 집을 떠나 내가 네게 보여 줄 땅으로 가라 내가 너로 큰 민족을 이루고 네게 복을 주어 네 이름을 창대하게 하리니 너는 복이 될지라 너를 축복하는 자에게는 내가 복을 내리고 너를 저주하는 자에게는 내가 저주하리니 땅의 모든 족속이 너로 말미암아 복을 얻을 것이라"고 창 12:1-3 말씀하셨을 때에 아브라함은 사람들이 하나님을 반역하여 악하게 살고 있음을 인식하였고, 자신이 노아처럼 하나님의 은혜로 택함을 받아 하나님이 보여주시는 땅에서 하나님의 자녀다운 삶을 살게 됨을 깨달았다. 그는 하나님께서 자신으로 큰 민족을 이루게 하실 것이라는 예언을 믿었고, 땅의 모든 족속이 자신처럼 은혜로 구원받는 일이 자신의 계보로부터 이루어짐을 믿었다. 그는 하나님이 계획하시고 지으실 터가 있는 성을 바라며 히 11:10 인생을 살았고, 위에서 언급된 이들은 다 믿음을 따라 죽었고, 실제로 하나님이 하신 약속을 받지 못하였으나, 그것들을 멀리서 보고 환영하며 살았다. 땅에서는 외국인과 나그네임을 증언하였고, 그들이 가서 영원히 살 본향이 따로 있음을 믿었다 히 11:13-16.

아브라함은 이삭을 바치라는 말씀을 들었을 때에, 하나님께서 그에게 "네 자손이라 칭할 자는 이삭으로 말미암으리라"는 말씀을 하셨기 때문에 자신이 이삭을 바쳐도 하나님께서 다시 살리실 것을 믿어 믿음으로 이삭을 바쳤다 히 11:17-19. 아브라함이 얼마나 하나님의 약속을 믿은 자인가를 알 수 있다. 아브라함은 이삭과 그의 후손을 통해 하나님의 구원 약속이 이루어질 것임을, 즉 은혜 언약이 이루어질 것임을 믿은 것이다.

모세는 애굽 궁정에서 바로의 공주의 아들로 보장된 삶이 기다리고 있었지만, 이를 거절하고 하나님의 백성과 함께 고난 받기를 잠시 죄악의 낙을 누리는 것보다 더 좋아하였다. 이는 그리스도를 위하여 받는 수모를 애굽의 모든 보화보다 더 큰 재물로 여겼기 때문이다. 하나님의 형상대로 지음을 받은 사람이 어떠한 삶을 살아야 하는지 인식하였기 때문이고, 이러한 삶을 살지 못하는 사람을 그리스도께서 구원하실 것을 믿었다 히 11:24-26.

기생 라합도 비록 이방인으로서 이방인의 문화와 가치 속에서 살았지만 그녀 역시 모세처럼 사람이 어떠한 삶을 살아야 하는지를 깨달았고, 악하게 사는 사람이 하나님 앞에 죄인임을 인식하였다. 그는 여호와 하나님에 대하여 직접 듣기보다 전해 들었음에도 불구하고 그 내용만으로도 하나님을 믿었고, 그래서 정탐꾼을 평안히 영접하였고, 그 결과 순종하지 아니한 자와 함께 멸망하지 아니하였다 히 11:31.

이제 희생제물들과 할례와 유월절 양 그리고 이들 외의 모형과 규례에 대하여 알아보자. 하나님은 아브라함에게 할례를 명하시며 "너희는 포피를 베어라 이것이 나와 너희 사이의 언약의 표징이니라"고 창 17:11 말씀하셨다. 할례는 하나님과 유대 백성 사이에 은혜 언약이 존재하고, 유대 백성은 그 언약을 지켜야 함을 상기하게 한다. 즉 사람들은 죄를 지어 모두 죽어 마땅한데 하나님께서 아브라함과 그 후손 유대 백성을 은혜로 택하시어 하나님의 자녀로 삼아주시며 생명과 구원을 주셨음을 할례를 통하여 상기하는 것이다.

유대 백성은 애굽에서 종이 되었을 때에 모세를 통한 열 번째 이적을 통해 탈출하였다. 하나님께서 애굽 땅에 있는 모든 처음 난 사람과 짐승을 다 치시고 애굽의 모든 신을 심판하실 때에 유대 백성이 각 가족대로 어린 양을 잡아 그 피를 양을 먹을 집 좌우 문설주와 인방에 바르고 그 밤에 그 고기를 불에 구워 무교병과 쓴 나물과 아울러 먹으면 하나님께서 그 집을 그냥 넘어가셨다. 유대 백성은 이 날을 기념하여 여호와의 유월절 절기로 삼아 영원한 규례로 대대로 지켰다. 이후에 그들의 자녀가 이 예식의 뜻에 대하여 물으면 "이는 여호와의 유월절 제사라 여호와께서 애굽 사람에게 재앙을 내리실 때에 애굽에 있는 이스라엘 자손의 집을 넘으사 우리의 집을 구원하셨느니라"고 출 12:27 대답하였다. 유대 백성은 유월절을 지키며 자신들도 애굽 백성처럼 죽임을 당해야 마땅하지만 하나님의 은혜로 살림을 받음을 상기하였고, 자신들 대신에 어린 양이 대신 죽는 것이고, 그 어린 양은 앞으로 오실 그리스도를 나타냄을 인식하였다. 세례 요한은 예수님께서 자기에게 나아오심을 보고 "보라 세상 죄를 지고 가는 하나님의 어린 양이로다"고 요 1:29 말하였는데, 이것은 유대 백성이 유월절 양을 그리스도에 대한 표징으로 믿고서 지켰음을 뜻한다. 유대 백성은 유월절 양을 할례와 같이 은혜 언약에 대한 표징으로 구약 시대에 늘 지킨 것이다.

유대 백성이 소나 양이나 염소를 여호와께 드릴 때에 흠 없는 수컷으로 회막 문에서 번제물의 머리에 안수하면 그를 위하여 기쁘게 받으심이 되어 그를 위하여 속죄가 되었다 레 1:4. 안수를 통해 자신의 죄가 그 짐승에게 전가되고, 그 짐승은 자신의 죄를 짊어지고 죽는데, 바로 앞으로 오실 그리스도의 죽음을 인하여 그 짐승의 죽음에 효력이 있었다. 유대 백성은 자신들의 죄인됨과 그리스도의 오심을 믿으며 이런 제물들을 드렸다. 산비둘기나 집비둘기 새끼도 제단 위의 불 위에 있는 나무 위에서 불살라 번제를 드리면, 이는 여호와께서 기쁘게 받으시는 향기로운 냄새가 되었다. 유대 백성은 은혜 언약 속에서 자신들의 죄를 대신하여 희생제물들을 바치며 그리스도를 바라보았고, 자신들이 오직 하나님의 은혜로 생명과 구원을 받음을 믿었다.

레 16:8-10	두 염소를 위하여 제비 뽑되 한 제비는 여호와를 위하고 한 제비는 아사셀을 위하여 할지며 9 아론은 여호와를 위하여 제비 뽑은 염소를 속죄제로 드리고 10 아사셀을 위하여 제비 뽑은 염소는 산 채로 여호와 앞에 두었다가 그것으로 속죄하고 아사셀을 위하여 광야로 보낼지니라
레 16:21-22	아론은 그의 두 손으로 살아 있는 염소의 머리에 안수하여 이스라엘 자손의 모든 불의와 그 범한 모든 죄를 아뢰고 그 죄를 염소의 머리에 두어 미리 정한 사람에게 맡겨 광야로 보낼지니 22 염소가 그들의 모든 불의를 지고 접근하기 어려운 땅에 이르거든 그는 그 염소를 광야에 놓을지니라

하나님은 위에처럼 염소를 광야로 보내는 규례를 유대 백성에게 주셨다. 아사셀이란 "내보내는 염소"라는 뜻이다. 제사장 아론은 그의 두 손으로 살아 있는 염소의 머리에 안수하여 이스라엘 자손의 모든 불의와 그 범한 모든 죄를 아뢰고 그 죄를 염소의 머리에 둔 후에 광야로 보냈다. 염소는 그들의 모든 불의를 지고 접근하기 어려운 광야에 놓여 죽임을 당하였다. 유대 백성은 이 규례를 통하여 자신들의 죄를 짊어지고 죽으실 그리스도를 바라보았다. 아사셀 염소는 그리스도를 예표하였다. 하나님은 이 외에도 무교절, 칠칠절, 초막절 등의 여러 규례를 주셨다.

❹ 성령의 사역으로 말미암아 약속된 메시아에 대한 믿음을 가르치고

예수님은 부활하신 후 승천하시기 직전에 "오직 성령이 너희에게 임하시면 너희가 권능을 받고 예루살렘과 온 유대와 사마리아와 땅 끝까지 이르러 내 증인이 되리라"고[행 1:8] 말씀하셨고, 그 말씀대로 성령은 오순절 날에 홀연히 하늘로부터 급하고 강한 바람 같은 소리와 마치 불의 혀처럼 갈라지는 것들로 모인 제자들 위에 하나씩 임하였다. 예수님께서 약속하신 성령을 아버지께 받아서 부어 주셨다. 성령께서 이 땅에 오신 것이다.

그러나 그렇다고 하여 성령께서 그 때에야 비로소 이 땅에 존재하기 시작하신 것은 아니다. 제2장 제3절에서 살펴본 것처럼 성령께서 성부와 성자처럼 영원하시므로 존재하시지 않았던 때가 없었다. 성령께서 성부와 성자로부터 나오신다는 것은 성령의 존재 방식에 대한 언급으로 시간 속에서가 아니라 영원 속에서 발생한 일이다. 영원하신 성자께서 사람들의 대속의 죽음을 위하여 이 땅에 사람으로 오셨듯, 영원하신 성령께서도 그리스도의 생명과 구원이 선택된 자들에게 적용되도록 이 땅에 오셨다. 성자와 성령은 이 땅에 2천 년 전에 오시기 전에도 영원하시고 광대하시기 때문에 늘 존재하시어 어디에서나 구원 사역을 하셨다.

그러므로 성령께서 구약 시대에도 사역하셨다. 타락한 사람들은 스스로의 능력으로 그리스도의 존재와 사역을 깨닫지 못한다. 오직 성령의 도우심으로만 깨달을 수 있다. "우리가 세상의 영을 받지 아니하고 오직 하나님으로부터 온 영을 받았으니 이는 우리로 하여금 하나님께서 우리에게 은혜로 주신 것들을 알게 하려 하심이라"는 고전 2:12 말씀은 신약 시대만이 아니라 구약 시대에도 그대로 적용된다.

사 63:10-14   그들이 반역하여 주의 성령을 근심하게 하였으므로 그가 돌이켜 그들의 대적이 되사 친히 그들을 치셨더니 11 백성이 옛적 모세의 때를 기억하여 이르되 백성과 양 떼의 목자를 바다에서 올라오게 하신 이가 이제 어디 계시냐 그들 가운데에 성령을 두신 이가 이제 어디 계시냐 12 그의 영광의 팔이 모세의 오른손을 이끄시며 그의 이름을 영원하게 하려 하사 그들 앞에서 물을 갈라지게 하시고 13 그들을 깊음으로 인도하시되 광야에 있는 말 같이 넘어지지 않게 하신 이가 이제 어디 계시냐 14 여호와의 영이 그들을 골짜기로 내려가는 가축 같이 편히 쉬게 하셨도다 주께서 이와 같이 주의 백성을 인도하사 이름을 영화롭게 하셨나이다 하였느니라 위의 이사야 말씀에서 유대 백성이 여호와 하나님을 반역하여 주의 성령을 근심하게 하였을 때에 주께서 그들을 치셨다. 백성은 모세의 때를 기억하며 그 시절의 백성과 양 떼의 목자 가운데에 성령을 두신 주가 어디 계시냐고 말하였고, 여호와의 영이 그들을 골짜기로 내려가는 가축 같이 편히 쉬게 하셨다고 말하였다. 유대 백성은 이렇게 성령의 존재와 일하심에 대하여 구체적으로 알고 있었다. 아래 시편 말씀에서 다윗은 자신 속에 정한 마음을 창조하시고 자신 안에 정직한 영을 새롭게 하시는 하나님의 성령을 자신에게서 거두지 말라고 간구하였다. 발람은 하나님의 영께서 유대 백성 위에 임하신 것을 보았다. 이렇게 성령께서 유대 백성 위에 임하시어 그들을 인도하시고 가르치시고 양육하셨다.

시 51:10-11	하나님이여 내 속에 정한 마음을 창조하시고 내 안에 정직한 영을 새롭게 하소서 11 나를 주 앞에서 쫓아내지 마시며 주의 성령을 내게서 거두지 마소서
민 24:1-2	발람이 자기가 이스라엘을 축복하는 것을 여호와께서 선히 여기심을 보고 전과 같이 점술을 쓰지 아니하고 그의 낯을 광야로 향하여 2 눈을 들어 이스라엘이 그 지파대로 천막 친 것을 보는데 그 때에 하나님의 영이 그 위에 임하신지라

❺ 선택된 자들에게

우리는 위 제3절에서 은혜 언약의 대상자가 누구인지 살펴보았다. 제3절은 "생명으로 정해진 모든 이에게 성령을 주시어"라고 말함으로써 하나님은 죄인들 모두에게 성령님을 주시지 않고, "생명으로 정해진 모든 이에게"만 주심을 명확히 하였다. 그리고 이것은 제3장 작정 제3절이 "하나님의 작정에 의해 하나님의 영광이 나타나도록 어떤 사람들과 천사들은 영원한 생명에 이르도록 예정되었고, 다른 자들은 영원한 죽음에 이르도록 미리 정해졌다."는 내용과 일치한다. 은혜 언약은 죄인들 모두에게 선포될지라도 그들은 타락하여 은혜 언약의 가치를 분별하지 못하고 예수 그리스도를 거부한다. 오직 생명으로 선택을 받아서 성령을 선물로 받는 자들만 은혜 언약의 가치를 인식하여 예수 그리스도를 받아들인다.

❻ 온전한 사죄와 영원한 구원

어떤 사람들은 구약 백성이 받은 사죄와 구원은 예수 그리스도께서 구약에는 계시지 않았기 때문에 신약에 비하여 열등하다고 주장한다. 신약 백성만 예수 그리스도의 대속의 죽음의 가치를 온전히 받는다는 것이다. 이러한 주장은 아래의 근거성경구절들만 보아도 틀림이 명백하다. 바울은 유대 백성이 반석이신 그리스도로부터 신령한 음료를 마셨다고 말한다. 히브리서 기자는 유대 백성이 예수 그리스도라는 실체의 약속을 받지는 못하였지만 멀리서 보고 환영하였다고 말한다. 약속을 직접 받지는 못하였지만 그 약속을 정확하게 알기 때문에 멀리서 보고 환영하였다는 것이고, 그러기에 그들이 받은 사죄와 구원은 온전하였다. 예수님 자신께서 아브라함은 예수 그리스도의 때 볼 것을 즐거워하였고 믿음으로 보고 기뻐하였다고 말씀하셨다. 유대 백성은 비록 예수 그리스도께서 이 땅에 사람으로 태어나시어 고난을 받고 십자가에 죽으시는 약속을 실제로 보지는 않았지만, 믿음으로 보고 기뻐하였고, 그러기에 그들은 온전한 사죄와 영원한 구원을 얻었다.

고전 10:1-4	형제들아 나는 너희가 알지 못하기를 원하지 아니하노니 우리 조상들이 다 구름 아래에 있고 바다 가운데로 지나며 2 모세에게 속하여 다 구름과 바다에서 세례를 받고 3 다 같은 신령한 음식을 먹으며 4 다 같은 신령한 음료를 마셨으니 이는 그들을 따르는 신령한 반석으로부터 마셨으매 그 반석은 곧 그리스도시라
히 11:13	이 사람들은 다 믿음을 따라 죽었으며 약속을 받지 못하였으되 그것들을 멀리서 보고 환영하며 또 땅에서는 외국인과 나그네임을 증언하였으니

| 요 8:56 | 너희 조상 아브라함은 나의 때 볼 것을 즐거워하다가 보고 기뻐하였느니라 |

7.6

실체이신 그리스도가[n] 나타나신 때인 복음 아래에서, 은혜 언약이 시행되는 규례들은 말씀의 선포 그리고 세례와 성찬의 성례 집행이다.[o] 비록 이 규례들이 숫자가 더 적고 그리고 더 단순하며 외면적 영광이 덜 드러나게 실행될지라도, 은혜 언약은 더 충만하며, 더 명백하며, 더 큰 영적 효력으로[p] 모든 민족, 즉 유대인과 이방인 모두에게[q] 제시된다. 이것이 신약이라고 불린다.[r] 따라서 실체가 다른 두 개의 은혜 언약이 아니라, 하나의 똑같은 은혜 언약이 다양한 경륜 아래에 있는 것이다.[s]

Under the gospel, when Christ the substance,[n] was exhibited, the ordinances in which this covenant is dispensed, are the preaching of the word, and the administration of the sacraments, of Baptism, and the Lord's Supper,[o] which though fewer in number, and administered with more simplicity, and less outward glory: yet, in them, it is held forth in more fullness, evidence, and spiritual efficacy,[p] to all nations, both Jews and Gentiles;[q] and is called the New Testament.[r] There are not therefore two covenants of grace, differing in substance, but one and the same, under various dispensations.[s]

n 골 2:17
o 마 28:19-20; 고전 11:23-25
p 히 12:22-27; 렘 31:33-3
q 마 28:19; 엡 2:15-19
r 눅 22:20
s 갈 3:14, 16; 행 15:11; 롬 3:21-23, 30; 시 32:1; 롬 4:3, 6, 16-17, 23-24; 히 13:8

6. 신약: 복음 아래의 은혜 언약

❶ 실체(實體)이신 그리스도가 나타나신 때인 복음 시대

제5절은 유대 백성에게 주어진 약속들, 예언들, 희생제물들, 할례, 유월절 양 그리고 이들 외의 모형과 규례는 모두 오실 그리스도를 예표한다고 말한다. 그 예표된 실체이신 그리스도께서 실제로 나타나신 시대가 신약이다. 구약을 율법이라고 부르고 신약을 복음이라고 부르는 것은 구약은 율법의 행위로 생명과 구원을 얻는다는 의미가 아니다. 유대 백성에게 주어진 약속들, 예언들, 희생제물들, 할례, 유월절 양 그리고 이들 외의 모형과 규례는 대부분 모세의 율법에 나온다. 유대 백성은 모세의 율법을 통해 오실 그리스도를 바라본다는 측면에서 구약이 율법이라고 불린다. 신약이 복음이라고 불리는 것은 유대 백성이 그렇게 기다리던 그리스도가 신약 시대에 드디어 이 땅에 사람으로 오셔서 구원 사역을 성취하셨다는 의미이다. 그리스도가 제공되었다는 기쁜 소식good news이 신약 시대에 주어졌다는 의미에서 신약은 복음이라고 불린다. 복음福音의 문자적 뜻은 기쁜 소식good news이다.

❷ 은혜 언약의 시행 규례: 말씀과 성례(세례와 성찬)

율법 아래의 은혜 언약은 약속들, 예언들, 희생제물들, 할례, 유월절 양 등에 의해 시행되었다. 이에 비하여 복음 아래에서는 말씀과 성례이다. 성례는 세례와 성찬으로 두 가지이다. 구약에 비하여 신약의 숫자가 적은 것은 실체이신 그리스도께서 오셨기 때문이다. 실체께서 오셨는데, 실체를 예시하는 그림자가 무슨 필요가 있겠는가? 모두 없어져야 하고, 새로이 나타나신 실체를 드러내는 새로운 것들이 필요한데 그것이 바로 말씀과 성례이다.

희생제물들, 할례, 유월절 양과 같은 율법은 장차 올 좋은 일의 그림자일 뿐이고, 참 형상이 아니므로 해마다 늘 드리는 이와 같은 제사로는 나아오는 자들을 언제나 온전하게 할 수 없다. 황소와 염소의 피가 능히 죄를 없이 하지 못하기 때문이다. 그리스도께서 세상에 임하실 때에 하나님께서 제사와 예물을 원하지 아니하시고 오직 그리스도를 위하여 한 몸을 예비하셨다. 번제와 속죄제를 기뻐하지 아니하시는 하나님을 위하여 그리스도는 이 땅에 오셔서 하나님의 뜻을 행하셨다. 율법을 따라 드리는 첫째 것을 폐하시고 둘째 것을 세우셨다. 하나님의 뜻을 따라 자신의 몸을 단번에 드리셨고, 그것으로 말미암아 우리는 거룩함을 얻었다. 구약의 제사장은 매일 서서 섬기며 자주 다양한 같은 제사를 드리되 이 제사는 그림자이므로 언제나 죄를 없게 하지 못하였지만, 오직 그리스도는 죄를 위하여 한 영원한 제사를 드리시고 승천하시어 하나님 우편에 앉아 계신다^{히 10:1-12}. 모든 것을 이루신 것이다.

신약 시대에는 예수 그리스도의 이러한 사역을 선포하는 말씀과 상징하는 성례가 은혜 언약을 시행하는 규례이다. 예수님은 부활하시고 승천하시기 전에 제자들에게 "너희는 가서 모든 민족을 제자로 삼아 아버지와 아들과 성령의 이름으로 세례를 베풀고 내가 너희에게 분부한 모든 것을 가르쳐 지키게 하라"고^{마 28:19-20} 말씀하셨다. 세례를 베풀고 말씀을 선포하라고 하신 것이다. 그렇게 할 때에 그리스도는 세상 끝날까지 그들과 항상 함께 계시며 지켜주신다. 예수님은 잡히시기 전 날에 제자들과 마지막 식사를 하실 때에 떡을 축사하시며 "이것은 너희를 위하는 내 몸이니 이것을 행하여 나를 기념하라"고 하셨고, 식후에 또한 그와 같이 잔을 가지시고 "이 잔은 내 피로 세운 새 언약이니 이것을 행하여 마실 때마다 나를 기념하라"고^{고전 11:23-25} 하셨다. 떡과 잔이 각각 우리를 위한 살과 피가 되는 것이다. 신약 백성은 떡을 먹고 잔을 마실 때마다 예수님께서 자신들을 위하여 십자가에서 찢기신 살과 흘리신 피를 생각하는 것이다.

❸ **비록 숫자가 더 적고, 더 단순하며 외면적 영광이 덜 하나 더 충만하고, 더 명백하고, 영적 효능이 더 하다.**

실체이신 그리스도가 오셨으므로 그림자에 해당하는 약속들, 예언들, 희생제물들, 할례, 유월절 양 그리고 이들 외의 모형과 규례는 모두 사라졌다. 대신에 실체의 사역을 알리는 말씀 선포와 실체의 죽으심을 상징하는 성례가 은혜 언약을 시행하는 새로운 규례가 되었다. 이 규례들은 구약에 비하면 단 두 가지로 숫자에 있어서 더 적다. 또 떡과 잔을 나누는 것도 짐승을 잡아 죽이는 구약에 비하면 더 단순하고 외면적 영광이 덜 드러나게 실행된다.

이에 대하여 "하나님의 율법"을 다루는 제19장 제3절은 "하나님께서 어린 교회로서의 이스라엘 백성에게the people of Israel, as a Church under age 의식법儀式法을 주시기를 기뻐하셨다."고 말한다. 유대 백성은 아직 실체이신 그리스도께서 나타나신 것을 보지 못한 면에서 그리고 이에 대한 상세한 복음의 말씀을 들어보지 못한 면에서 어린 교회라고 할 수 있다. 그러므로 구약에서는 은혜 언약을 시행하는 규례들이 숫자가 더 많다. 실행하는 방식도 더 화려하고, 외면적 영광이 더 웅장하게 드러난다. 이것은 유치원생이나 초등학생이 보는 책에 화려한 그림이 많고 글은 상대적으로 적은 것과 같다. 성인이 보는 책일수록 꼭 필요한 경우가 아니면 화려한 그림과 사진이 적고, 대신 글이 상대적으로 많다. 성인용 책이 그림이 적고, 더 단순하고, 덜 화려하지만, 잘 설명된 글을 인하여 내용이 더 충만하고, 더 명백하고, 지성적 효능이 더 크다.

이와 마찬가지로 은혜 언약이 시행되는 규례들의 숫자는 더 적고, 규례들의 실행이 더 단순하게 그리고 외면적 영광이 덜 하게 이루어질지라도, 은혜 언약은 실제로는 말씀의 상세성과 성례의 구체성을 인하여 더 충만하게, 더 명백하게, 영적 효능이 더 크게 신약 백성에게 제시된다. 간단히 말하면 은혜 언약은 구약보다 신약에서 더 충만하게, 더 명백하게, 영적 효능이 더 크게 제시된다. 또 하나님은 신약 백성과 언약을 맺을 때에 "내가 나의 법을 그들의 속에 두며 그들의 마음에 기록하여 나는 그들의 하나님이 되고 그들은 내 백성이 될 것이라 …… 그들이 다시는 각기 이웃과 형제를 가리켜 이르기를 너는 여호와를 알라 하지 아니하리니 이는 작은 자로부터 큰 자까지 다 나를 알기 때문이라"고렘 31:33-34 말씀하셨다. 하나님께서 오순절에 오신 성령님 안에서 말씀 선포와 성례 집행을 이용하시어 하나님의 법을 신약 백성의 속에 두시며 그들의 마음에 기록하신다. 사람들이 전파하는 영향력을 넘어서서 하나님 자신께서 예수 그리스도의 사역을 성령 안에서 더 충만하게, 더 명백하게, 영적 효능이 더 크게 신약 백성의 마음에 각인시키심으로써 하나님께서 몸소 그들의 하나님이 되시고, 그들은 하나님의 백성이 된다.

❹ 모든 민족 즉 유대인과 이방인 모두에게

예수님은 부활하신 후 갈릴리 산에서 열한 제자에게 "너희는 가서 모든 민족을 제자로 삼아 아버지와 아들과 성령의 이름으로 세례를 베풀라"고 마 28:19 말씀하셨다. 승천하시기 직전에 제자들에게 "오직 성령이 너희에게 임하시면 너희가 권능을 받고 예루살렘과 온 유대와 사마리아와 땅 끝까지 이르러 내 증인이 되리라"고 행 1:8 말씀하셨다. 예수님은 복음이 유대 지역의 백성만이 아니라, 사마리아와 땅 끝에 있는 모든 민족에게 퍼지기를 원하셨다. 은혜 언약이 구약 시대에는 유대 백성에게만 주어졌지만, 신약 시대에는 유대인과 이방인 모두에게 확장되었다. 바울은 예수님께서 유대인과 이방인이 원수 된 것을 십자가로 소멸하시고, 이 둘로 자기 안에서 한 새 사람을 지어 화평하게 하셨고, 그래서 이방인이 이제는 더 이상 외인도 아니고 나그네도 아니고 오직 성도들과 동일한 시민이고 하나님의 권속이라고 말하였다 엡 2:15-19. 하나님께서 신약시대에 복음을 이렇게 전 세계, 전 민족으로 확장하셨기 때문에 예수님의 승천 이후에 복음이 급격하게 이스라엘 사방으로 퍼져나갔고, 우리나라에도 2백여 년 전에 선교사를 통해 전해졌다. 하나님께서 신약 시대에도 복음을 유대인에게만 한정하셨다면 우리나라는 지금도 불교와 유교와 같은 일반 종교의 한정된 유익과 큰 해악 속에서 살아갔을 것이고, 독자 또한 비참한 이 땅의 삶을 허무 속에서 겨우겨우 살아갔을 것이다. 자신의 주권과 은혜와 지혜로 복음을 전 세계로 확장하신 하나님을 크게 찬양하지 않을 수 없다.

❺ 실체가 같은 하나의 은혜 언약이 다양한 경륜 아래에

은혜 언약의 구분

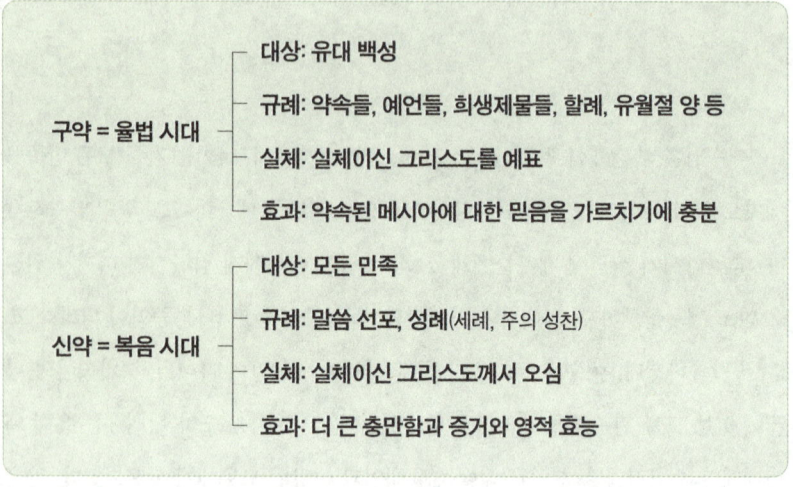

위의 표에서 보는 것처럼 하나의 같은 은혜 언약이 구약과 신약에서 다르게 시행되었다. 은혜 언약이 구약에서는 실체이신 그리스도께서 아직 오시지 않았고, 희생제물들과 할례와 유월절 양 등과 같은 여러 예표가 그리스도의 오심을 예시하였다. 비록 실체가 오시지 않았지만 구약의 유대 백성은 오실 그리스도를 성령의 사역으로 말미암아 여러 예표를 통하여 충분히 알고 있었고, 이 메시야에 의해 온전한 사죄와 영원한 구원을 얻었다.

은혜 언약이 신약에서는 실체이신 그리스도께서 나타나셨고, 말씀 선포와 성례 집행이 그리스도의 사역을 드러낸다. 실체가 오셨기 때문에 신약의 모든 백성은 말씀과 성례라는 두 가지 규례에도 불구하고 그리스도의 사역을 더 충만하고, 더 명백하고, 영적 효능이 더 크게 접하게 된다. 신약과 구약의 차이점은 실체에 있지 않다. 구약이나 신약이나 같은 실체 아래에 있다. 하나의 똑같은 은혜 언약이 구약과 신약에서 다르게 시행될 뿐이고, 그 다름은 대상자와 규례의 숫자와 효

과에서 차이가 있다. 그리스도께서 영원하시기 때문에 구약이나 신약 모두에 걸쳐 실체로서 존재하시어 일하신다. 구약과 신약은 실체에 있어 같고, 경륜에 있어 다를 뿐이다.

── 기독론 ──

Of Christ the Mediator

제8장 중보자 그리스도

　웨스트민스터 신앙고백은 제1장에서 성경을, 제2~제5장에서 신론^{하나님과 성}^{삼위일체, 영원한 작정, 창조, 섭리}을 다루고, 제6~제7장에서 인간론^{사람의 타락과 죄와 형벌,} ^{사람과 맺으신 하나님의 언약}을 다루고, 제8장에서 중보자 그리스도에 대하여 다룬다. 제8장은 예수 그리스도께서 어떠한 분이신지, 그리고 어떻게 타락한 사람에게 구원과 생명을 주는 지에 대하여 다룬다. 즉 기독론^{그리스도론}이다.

　예수 그리스도는 제2장^{하나님과 성 삼위일체} 제3절에서 살펴본 것처럼 성부와 같은 실체와 능력과 영원성을 지니신 성자 하나님이시다. 하나님으로서 우리를 창조하시고 돌보시기 때문에 그리고 우리가 죄인 되었을 때에 우리를 구원하셨기 때문에 우리의 주^{Lord}가 되신다. 성자께서 성부로부터 영원히 낳아지신다. 성부께서 유일하게 낳으신 위격이 성자 하나님이시므로, 성자께서 하나님의 독생자라 불린다. 이상의 내용을 제2장 제3절에서 자세히 살펴보았는데, 제8장은 이러하신 성자 하나님께서 이 땅에 왜 오셨는지, 오셔서 어떤 일을 하셨는지에 대하여 다룬다. 제8장은 성자 하나님이 하나님으로서 어떤 속성과 능력을 지니시고 어떤 사역을 하셨는지를 다루지 않고, 하나님으로서 사람이 되시어 어떤 속성과 능력을 지니시고 어떤 사역을 하셨는지를 다룬다.

8.1

하나님께서 자신의 영원한 목적 안에서 자신의 독생자이신 주 예수를 하나님과 사람 사이에 중보자로,a 선지자와b 제사장과c 왕으로,d 자신의 교회의 머리와 구주로,e 만유의 상속자로,f 세상의 심판자로g 선택하고 정하기를 기뻐하셨다. 그분에게 영원부터 한 백성을 주시어 그분의 씨가 되게 하셨고,h 때가 차면 그분에 의해 구속되고, 부르심을 받고, 의롭다 하여지고, 거룩하게 되고, 영화로워지게 하셨다.i

It pleased God, in his eternal purpose, to choose and ordain the Lord Jesus, his only-begotten Son, to be the Mediator between God and man;a the Prophet,b Priest,c and King,d the Head and Saviour of his Church,e the Heir of all things,f and Judge of the world:g unto whom he did from all eternity give a people, to be his seed,h and to be by him in time redeemed, called, justified, sanctified, and glorified.i

a 사 42:1; 벧전 1:19-20; 요 3:16; 딤전 2:5 b 행 3:22 c 히 5:5-6
d 시 2:6; 눅 1:33 e 엡 5:23 f 히 1:2
g 행 17:31 h 요 17:6; 시 22:30; 사 53:10
i 딤전 2:6; 사 55:4-5; 고전 1:30

1. 예수 그리스도의 신분과 사역

❶ 하나님과 사람 사이의 중보자

주 예수는 하나님과 사람 사이의 중보자이시다. 중보자 仲保者에 대한 사전적 뜻은 "서로 대립 또는 적대관계에 있는 사이에서 화해와 일치를 얻게 하는 자"이다. 제6장 사람의 타락과 죄와 형벌 제6절은 "죄인은 하나님의 진노와 율법의 저주에 묶이고, 그래서 모든 영적이며 현세적이며 영원한 비참함 속에서 죽음을 맞게 된다."라고 말한다. 죄인은 하나님의 진노와 율법의 저주에 묶여있기 때문에 하나님과 죄인은 화목의 관계가 아니라 대립의 관계에 있다. 성자 하나님은 이 대립의 관계를 화목의 관계로 바꾸시는 중보자가 되시는 것이다.

디모데전서 2:5절은 "하나님은 한 분이시요 또 하나님과 사람 사이에 중보자도 한 분이시니 곧 사람이신 그리스도 예수라"고 말한다. 여기서 "사람이신 그리스도 예수"라는 말은 그리스도 예수께서 본래 하나님이신데 사람이 되셨다는 의미이다. "그리스도 예수"라는 말에 하나님으로서 사람이 되신 분이라는 것이 전제되어 있다. 그리스도 예수께서 본래 하나님이시라 하나님 편에 설 수 있고, 그런데 사람이 되셨으니 사람 편에 설 수 있다. 신인神人이신 그리스도 예수께서 하나님과 사람 사이에서 완벽한 중보자가 되신다.

하나님은 세상과 사람들을 만드실 이유도 없고, 사람들이 죄를 지어 비참함에 빠졌을 때에 그들을 구원하실 당연한 이유도 없다. 하나님은 세상과 사람들이 존재하기도 전에 그들의 존재를 생각하시고 존재하지 않은 대상들을 사랑하셨다. 너무나 사랑하셔서 그들이 죄를 지어 비참함에 빠져 영원한 죽음에 이르게 될 때에 성자 하나님께서 자신이 지은 피조 세계에 피조물이 되어 들어오시어 그들 대신에 비참함과 죽음에 이르러 그들을 구원하기로 하셨다. 주 예수님은 이것을 이루시기 위해 중보자가 되신 것이다. 이것보다 더 위대한 계획과 사랑은 없다. 우리는 어려움에 빠진 이에게 도움을 줄지언정 그 사람 자체가 되어 대신 그 어려움을 모두 감당하고 해결된 상태를 그 사람에게 주지 않는다. 어떠한 종교도 신이 자신이 만든 피조물이 되어 피조물을 구원하는 경우가 없고, 그런 개념조차도 없다. 그만큼 하나님이 피조물이 되어 중보자로서 피조물을 구원하는 경우는 생각조차도 할 수 없는 원대한 계획이다.

주 예수께서 하나님과 사람 사이에 중보자가 되신다고 하여 주 예수께서 협상과 설득의 기술을 발휘하여 사람들과 화해하기를 싫어하시고 거부하시는 성부 하나님을 설득하고 달래 화해로 이끄시는 것은 아니다. 주 예수를 하나님과 사람 사이에 중보자로 선택하시고 정하신 분이 바로 성부 하나님이시다. 성부 하나님은 주 예수 그리스도를 통하여 성령 안에서 사람과 화해하기를 원하셨고, 그래서 주 예수를 중보자로 선택하고 정하기를 기뻐하셨다. 성부 하나님께서 "내가 붙드는 나의 종, 내 마음에 기뻐하는 자 곧 내가 택한 사람을 보라 내가 나의 영을 그에게 주었은즉 그가 이방에 정의를 베풀리라"고[사 42:1] 말씀하셨다. 베드로는 사람들이 헛된 행실에서 대속함을 받은 것은 오직 흠 없고 점 없는 어린 양 같은 그리스도의 보배로운 피로 된 것인데, 그리스도는 창세 전부터 미리 알린 바 되신 이라고 말한다[벧전 1:18-20]. 성부 하나님께서 창세 전에 그리스도를 중보자로 선택하신 것이라고 말하는 것이다. 따라서 성부 하나님도, 성자 하나님도, 성령 하나님도 죄를 지은 사람들과 화해하기를 원하신 것이고, 이 화해의 일에 성자 하나님이 중보자의 역할을 하신 것이다. 성부와 성령도 각각 이 화해의 일에 중요한 일을 하셨다. 성부께서 하신 일이 무엇인지 우리는 제3장 하나님의 영원한 작정, 제5장 섭리, 제7장 사람과 맺으신 하나님의 언약에서 살펴보았고, 성령께서 하신 일이 무엇인지에 대해서는 구원론에 해당하는 제9~제18장에서 집중적으로 살펴본다.

❷ 선지자와 제사장과 왕

주 예수께서 하나님과 사람 사이에서 완벽한 중보자가 되시려고 선지자와 제사장과 왕의 역할을 하셨다. 구약시대에 선지자와 제사장과 왕은 직분을 시작할 때에 기름부음을 받았다. 하나님께서 세우시고 인정하신 직분자라는 의미에서 기름부음을 받았는데 이에 대한 단어가 구약성경이 쓰인 히브리어로 "메시야"이고, 신약성경이 쓰인 헬라어로 "그리스도"이다. "예수께서 메시야이시다." 또는 "예수께서 그리스도시다."라는 의미는 예수께서 선지자와 제사장과 왕이란 의미이다.

가. 선지자

예수님이 선지자로서 하나님의 말씀을 받아 사람들에게 전달하셨다. 모세는 가나안 입성을 앞둔 이스라엘 백성에게 "주 하나님이 너희를 위하여 너희 형제 가운데서 나 같은 선지자 하나를 세울 것이니 너희가 무엇이든지 그의 모든 말을 들을 것이라"고[행 3:22; 신 18:15-19] 말하였다. 예수님은 이 땅에 존재한 모든 선지자가 백성에게 전하고자 한 하나님의 말씀을 가장 풍성하게 전하셨다. 공생애 동안 특별히 열 두 제자를 택하시어 자신의 주변에 두시며 자신이 하신 말씀과 행위를 듣고 보며 깨달아 자신의 승천 이후에 사람들에게 그대로 전하게 하셨다. 제자들 중 몇은 예수님이 전하시고 행하신 내용을 마태복음, 마가복음, 누가복음, 요한복음, 사도행전 등으로 기록까지 하였다.

그리스도께서 자신의 뜻이 아닌 하나님의 뜻을 전하셨다. "내가 하늘에서 내려온 것은 내 뜻을 행하려 함이 아니요 나를 보내신 이의 뜻을 행하려 함이니라"요 6:38. "스스로 말하는 자는 자기 영광만 구하되 보내신 이의 영광을 구하는 자는 참되니 그 속에 불의가 없느니라"요 7:18. "아버지여 만일 아버지의 뜻이거든 이 잔을 내게서 옮기시옵소서 그러나 내 원대로 마시옵고 아버지의 원대로 되기를 원하나이다"눅 22:42. 특별히 우리의 구원을 위한 하나님의 뜻을 전하셨다. 예수님이 하신 말씀과 행하신 일들은 우리의 구원에 집중되어 있다. 사람들의 관심과 염려의 근본적 해결책이 우리의 구원에 있기 때문이다. 그 구원에 대한 하나님의 뜻을 아는 것이야말로 인생의 제반 문제를 바라보는 관점과 지혜가 된다. 신자가 이것을 등한시하면 그리스도를 단지 자신의 현실적 문제를 근시안적으로 해결해주시는 능력자로 여기기 쉽다.

나. 제사장

예수님께서 제사장이 되시어히 5:5-6 구약의 제사장들이 해온 제사 업무를 완성하셨다. 이스라엘 백성은 성전 마당에 소나 양을 가지고 와서 그 머리에 안수하면서 자신의 죄가 그 가축에게 전가되어 자신의 죄가 속죄가 될 것을 기도하였다. 하나님은 이것을 그에게 이루어진 속죄로 여기시어 그를 기쁘게 받으셨다레 1:1-4. 생명이 피에 있으므로 짐승의 피를 제단에 뿌리면 하나님은 생명을 위한 속죄로 여기셨다. 피가 죄를 속한다레 17:11. 구약의 제물에 사용된 흠 없는 짐승은 "흠 없고 점 없는 어린 양"인벧전 1:19 예수 그리스도를 의미했다. 구약의 모든 제사와 희생은 앞으로 오실 죄 없는 예수 그리스도를 예표豫表하였다. 예수님은 십자가에서 구약의 제물처럼 살이 찢기고 피를 흘리어 죽으셨다.

구약의 제사장은 백성의 제사를 단지 주관했다면, 그리스도는 대제사장으로서 제사를 주관했을 뿐만 아니라, 자신을 희생제물로 드리기까지 하셨다. 예수님은 단번에 자신의 몸을 바쳐 우리의 구원을 이루셨다. 구약의 제사는 매년 다른 짐승의 피로써 희생제물을 바치지만, 예수님은 단 번의 죽으심으로써 영원한 제사를 드리셨다 히 9:12.

승천하신 그리스도는 하나님 우편에서 우리의 부족함과 죄를 변호하신다. 그리스도는 우리와 똑같이 모든 일에 시험을 받으시어 우리의 연약함을 동정하시며 히 4:15, 하나님 앞에서 우리의 죄를 진심으로 변호하시는 대언자이시다 요일 2:1; 요 14:16. 그리스도의 이러한 중보 사역은 그의 완벽한 속죄 희생에 근거한 것으로 대제사장의 사역을 완성시킨다. 그리스도의 제사장 사역은 지상과 천상으로 크게 2가지인데, 전자는 자신을 희생제물로 바치는 대속 사역이고, 후자는 그 대속 사역에 근거한 중보 사역이다. 구약시대에 전자는 성전 마당의 놋제단에서 짐승을 잡는 것으로 표현되었고, 후자는 성소 안에서 금단 위에 날마다 드려지는 분향으로 표현되었다. 놋제단에서 희생되는 짐승이 예수 그리스도의 속죄를 상징한다면, 금단에서 피워지는 향은 예수 그리스도의 중보를 상징하는데, 오직 속죄의 희생에 근거해서만 가능하다.

다. 왕

예수님이 가르치신 내용과 십자가에서 피 흘려 죽으신 것이 효력을 발휘하려면 예수님이 왕으로서 모든 것을 통치하시는 능력이 있어야 한다. 진리를 거스르는 일들을 예수님이 모두 진압하셔야만 참된 선지자가 되시고, 죽음의 권세를 뚫고 부활하셔야만 참된 제사장이 되신다. 예수님은 왕으로서 모든 통치와 권세와 능력을 멸하시고 나라를 아버지 하나님께 바쳤다. 모든 원수를 그 발아래에 두시며 왕 노릇 하시는데 맨 나중에 멸망 받을 원수는 사망이다 고전 15:24-26. 예수 그리스도는 왕으로서 죽음마저 죽이시는 것이다. 죽음이 죽음으로써 사람들은 죽음에서 부활하여 영생을 누릴 수 있다. 예수님의 선지자직과 제사장직은 왕직 없이는 불가능하다.

예수 그리스도는 말씀과 영에 의해 선지자로서 우리의 구원을 위한 하나님의 뜻을 나타내시고, 동시에 왕으로서 우리를 통치하신다. 예수님은 바람과 바다를 꾸짖어 잔잔케 하실 때, 오병이어의 기적을 일으키실 때, 나사로를 살리실 때 모두 말씀으로 하셨다. 이것은 예수님께서 어떤 일을 하실 때에 다른 수단과 재료와 힘을 필요로 하시지 않고, 그냥 뜻하시고 행하시면 그대로 집행이 된다는 것을 뜻한다. 또한 예수님은 우리에게 보내신 성령을 통해 우리에게 모든 것을 가르치시고 우리에게 말씀하신 모든 것을 생각나게 하신다. 사람들의 강퍅한 마음을 부드러운 마음으로 만드시는 일도 성령을 통하여 하신다 겔 11:19-20.

예수님은 우리를 치는 적들과 예기치 않은 각종 사건사고로부터 우리를 보호하신다. 낮의 해와 밤의 달이 우리를 상하게 하지 않도록 하신다 시 121:6. 환난 날에 우리를 그의 초막 속에 비밀히 지키시고 그의 장막 은밀한 곳에 우리를 숨기시며 높은 바위 위에 두신다 시 27:5. 죄의 유혹에서도 우리를 지켜주시고, 우리가 죄를 지었을 때에 빨리 돌이켜 벗어나도록 도와주신다. 우리가 감당할 시험만 허락하시고, 시험 당할 즈음에는 피할 길을 주시어 우리로 능히 감당하게 하신다 고전 10:13.

섭리에서 살펴본 것처럼 하나님은 천지만물을 보존하시고 다스리시는데, 바로 이 일을 예수 그리스도께서 왕으로서 하신다. 물론 그리스도는 본래 성자 하나님이시기에 섭리의 일을 하시지만, 여기서 우리가 살펴보는 것은 신성으로서가 아니라 신인神人으로서의 사역이다. 예수님은 부활 후에 "하늘과 땅의 모든 권세를 내게 주셨으니"라고 마 28:18 말씀하셨다. 이것은 신인으로서 하늘과 땅의 모든 권세를 가지신 것을 뜻한다. 예수 그리스도는 이 권세로 세상 끝날까지 우리와 항상 함께 하시며 마 28:20 우리를 지키시고 보존하신다.

라. 삼직의 의미

선지자와 제사장과 왕의 직분은 예수님에게만 주어진 직분이 아니라, 하나님의 형상으로 지음을 받은 사람에게도 주어진 직분이다. 아담은 자신의 마음에 기록된 하나님의 말씀과 하나님께서 들려주신 말씀을 받은 선지자이다. 그는 이 말씀을 자신의 아들들인 가인과 아벨과 셋에게 가르쳤다. 그는 이 말씀에 따라 에덴동산을 왕으로서 경작하며 지켰다. 아담의 두 아들 가인과 아벨은 하나님께 제물을 드렸다. 이들이 이런 행동을 한 것은 아버지 아담에게서 배웠기 때문이다. 아담은 제사장으로서 하나님께 제사를 드렸고 하나님의 자비와 긍휼을 간구했고, 그 자비와 긍휼로 아내와 자식들과 피조물을 대했다.

사람이 지식과 의와 거룩함이라는 하나님 형상으로 만들어져 지정의를 가졌다는 것은 사람 또한 선지자와 제사장과 왕의 직분을 행할 수 있다는 뜻이다. 하나님은 사람이 삼직을 행할 수 있도록 사람을 하나님의 형상으로 만드신 것이다. 사람은 이 삼직을 온전히 행할 때에 하나님의 형상이 온전히 드러나고, 하나님의 형상이 깨졌다는 것은 이 삼직이 부정적으로 수행된다는 뜻이다. 선지자로서 하나님의 말씀을 가르쳐야 하는데 자신의 무지와 욕망이 깃든 소견을 가르치는 것이고, 제사장으로서 하나님께 자비와 긍휼을 구하고 실천해야 하는데 잔인함과 비정非情으로 사람과 피조물을 대한다는 것이고, 왕으로서 하나님의 통치를 받으며 하나님의 통치가 이 땅에 펼쳐지도록 해야 하는데 자신이 드러나도록 억압과 술수로 통치한다는 것이다.

아담과 하와의 죄로 삼직의 본래 의미가 일그러진 것이다. 하나님의 말씀을 버리고 열매를 따먹음으로써 선지자 직분을 버린 것이고, 하나님이 찾아오실 때에 피하여 숨음으로써 제사장 직분을 버린 것이고, 서로에게 책임을 떠넘기며 서로를 장악하고 주장함으로써 왕 직분을 버렸다. 사람의 전 속성은 부패하여 삼직을 올바로 수행할 수 없게 되었다. 그래서 예수 그리스도께서 모든 율법을 지키시고 십자가에서 죽으심으로 사람의 전 속성의 부패를 회복하시어 사람의 삼직을 회복하셨다. 이것이 구약시대에 선지자와 제사장과 왕의 직분으로 나타났고, 예수님이 공생애 동안에 이 삼직을 수행하셨고, 부활 승천하시며 교회에 이 세 가지 직분을 허락하셨다. 목사와 집사와 장로가 대략적으로 선지자와 제사장과 왕의 직분에 각각 해당한다. 교회의 목사와 장로와 집사는 언제나 그리스도의 삼직을 생각하며 주어진 직분을 감당해야 한다.

개인이나 가정이나 교회에서 삼직의 어느 하나만을 강조하면 다른 두 직분의 역할과 장점은 그만큼 드러나지 않고, 부작용이 발생한다. 가정에서 부모가 선지자직만을 강하게 드러내면 자녀가 옳고 그름을 잘 분별할지 모르지만 동시에 잘 따지고 매섭게 비판하고 비난하기 쉽다. 제사장직만을 강하게 드러내면 사랑과 용서와 관용이 넘칠지 모르지만 옳고 그름의 분별력이 약해지며 올바른 가치관이 형성되기 힘들다. 왕직만을 강하게 드러내면 일사불란한 질서와 권위와 통일성은 자리 잡을지 모르지만 인자와 긍휼과 따스함이 결여된 억압된 질서만 존재하여 가정의 행복도는 떨어지고 자녀는 폭력적으로 되기 쉽다.

또 선지자직을 비대하게 강조하는 교회는 설교와 성경공부 시간은 많고, 옳고 그름의 분별은 명확하고, 합리성과 비판은 넘치지만, 사랑과 수용과 긍휼은 상대적으로 줄어들 수 있다. 제사장직을 비대하게 강조하면 은혜와 긍휼은 풍성할 수 있지만, 옳고 그름의 분별력은 약해지고, 값싼 은혜가 되어버리고, 말씀의 약화로 신비주의가 강해질 수 있다. 왕직을 비대하게 강조하면 교회 교역자와 직분자의 권위가 과도하게 설 수 있지만, 교회의 훈훈함과 인자함은 약화되고, 말씀에 의한 통치와 질서 대신 권위주의에 의한 일방적 통치와 강요된 질서가 생기기 쉽다.

신자가 그리스도가 행하신 삼직의 내용과 중요성을 알고 닮아가려는 노력은 매우 중요하다. 신자는 그리스도의 한 지체로서 그리스도가 행하시고 완성하신 선지자와 제사장과 왕의 삼직을 균형 있게 수행하기 위하여 노력해야 한다. 그리스도의 삼직을 자신과 상관없는 일로 여겨서는 안 되고, 그리스도의 영의 도움으로 자신이 바로 행해야 할 일로 여겨야 한다.

❸ 교회의 머리와 구주

제25장교회 제1절은 그리스도께서 교회의 머리시라고 말하는데, 이는 그리스도께서 교회의 기원과 생명이 되신다는 의미이다. 각 남자의 머리는 그리스도이시고, 여자의 머리는 남자이고, 그리스도의 머리는 하나님이신고전 11:3 것에서 알 수

있는 것처럼, 하나님께서 그리스도를 영원히 낳으시기 때문에 그리스도의 머리는 하나님이시고, 신자들은 그리스도께서 사람이 되시어 고난을 받고 십자가에 죽으시고 부활하심으로 말미암아 새 생명을 갖기 때문에 그리스도께서 신자들의 머리와 구주가 되신다. 온 몸이 머리로 말미암아 마디와 힘줄로 공급함을 받고 연합하여 하나님이 자라게 하시므로 자란다 골 2:19. 하나님은 예수 그리스도의 성육신과 고난과 죽음과 부활을 통하여 우리 신자들을 하나님의 자녀로 삼아주시고, 계속하여 그리스도를 통하여 성령 안에서 양육 받고 성장하도록 우리 신자들을 교회로 모아주시며, 그분을 만물 위에 교회의 머리로 삼으셨다.

❹ 만유의 상속자

하나님께서 예수님을 만유의 상속자로 세우셨다 히 1:2. 이방 나라들이 분노하며 민족들이 일을 꾸며도 모두 헛된 것은 하나님께서 예수님에게 땅 끝까지 이르는 소유를 유업으로 주셨기 때문이다. 만유를 유업으로 받으신 예수님은 철장으로 그들을 깨뜨리시고 질그릇 같이 부수신다 시 2편. 예수님께서 성령에게 이끌리어 마귀에게 시험을 광야에서 받을 때에 마귀는 예수님을 데리고 지극히 높은 산으로 가서 천하만국과 그 영광을 보여주며 자신에게 엎드려 경배하면 이 모든 것을 예수님께 주겠다고 하였다. 예수님은 십자가의 죽음이라는 고통 없이 천하만국과 그 영광을 얻을 수 있었지만, "사탄아 물러가라 기록되었으되 주 너의 하나님께 경배하고 다만 그를 섬기라 하였느니라"는 마 4:10 말씀으로 시험을 이기셨다. 예수님은 십자가의 고통과 죽음을 겪고 이겨내시며, 만유의 진정한 상속자가 되시어 하늘과 땅의 모든 권세를 받으셨다 마 28:18.

❺ 세상의 심판자

하나님 우편에 계시어 우리를 위해 중보기도 하시고 통치하시는 예수 그리스도는 산 자와 죽은 자를 심판하러 앞으로 이 땅에 오신다. 그리스도는 하늘에서도 우리를 위한 중보기도와 통치로 우리를 보살피시고 악인들을 응징하시는 심판을 하시지만, 재림의 심판은 만 천하에 공개적으로 드러나는 본격적이고 최종적인 심판이다. 그간 은밀하게 이루어져 신자들만 하나님의 존재와 심판을 인식하였다면, 재림으로 인한 심판은 공개적으로 철저하게 이루어져 악인도 아는 심판이다.

그리스도는 이 대심판을 위하여 자신이 먼저 하나님께 가장 엄밀하고 혹독한 심판을 받으셨다. 하나님으로부터 떨어지는 죽음이라는 심판을 받으셨다. "나의 하나님, 나의 하나님, 어찌하여 나를 버리셨나이까"라고 마 27:46 크게 소리 지르실 만큼 처절한 고통과 분리의 죽음이었다. 이 혹독한 심판을 견디신 예수님은 이 땅에 재림하실 때에 자신을 부인하고 죽인 자들을 엄정하게 심판하시고, 신자들을 슬프게 하고 박해한 모든 적을 영원한 저주로 던지시고, 사랑하는 신자들을 하늘의 기쁨과 영광 속에 있는 자신에게로 옮기신다. 악인은 영벌 永罰의 무서운 심판에 떨어뜨리시고, 하나님의 백성은 축복된 영생으로 인도하시어 구원을 완성하신다. 아담에게 주셨던 생육하고 번성하여 땅에 충만하고, 땅을 정복하고, 모든 생물을 다스리란 말씀이 그대로 실현된 상태의 구원을 신자들은 새 하늘 새 땅에서 영원히 누리게 된다. 신자들은 이 땅에서 어떠한 슬픔과 박해를 받아도 이것을 바라보며 넉넉히 이겨야 한다.

❻ 자신의 영원한 목적 안에서 주 예수를 중보자로 택하신 하나님

그리스도께서 중보자, 선지자와 제사장과 왕, 교회의 머리와 구주, 만물의 상속자, 세상의 심판자가 되시어, 한 백성을 자신의 씨로 삼으시어, 구속하시고 부르시고 의롭다 하시고 거룩하게 하시고 영화롭게 하시는 일 모두가 하나님의 작정과 택하심으로 인한 것이다.

우리는 제3장 작정 제3절에서 하나님께서 작정에 의해 영원부터 어떤 사람들을 영원한 생명에 이르도록 예정하신 것을 살펴보았다. 하나님은 그 사람들을 예수 그리스도에게 주시어 그의 씨가 되게 하셨다. 하나님은 그리스도에게 모든 사람을 주시지 않고 택하신 사람들만 그의 씨로 주셨다. 이에 대해서는 제3장 제4절에서 살펴보았으니 참고하라. 예수님은 "세상 중에서 내게 주신 사람들에게 내가 아버지의 이름을 나타내었나이다"라고 요 17:6 말씀하셨다. 하나님께서 주신 백성을 소홀히 하시지 않고 자신의 이름을 나타내시며 보호하셨고, 그들로 아버지의 말씀을 지키게 하시어 자신의 씨로 삼으셨다는 의미이다.

제3장 제6절은 "하나님께서 선택된 자들을 영광에 이르도록 정하셨던 것처럼, 자신의 의지의 영원하며 지극히 자유로운 목적에 의해 영광에 이르는 모든 수단도 미리 정하셨다."고 말한다. 하나님은 영원한 생명에 이르도록 선택하신 어떤 사람들을 그리스도에 의해 구속되게 작정하셨다. 그리고 그들을 때를 따라 역사하시는 그리스도의 영에 의해 그에 대한 믿음으로 효과적으로 부르시고, 의롭다 하시고, 거룩하게 하시고, 영화롭게 하시기로 작정하셨다. 그리고 제8장 제1절은 주 예수께서 이 작정을 이루시기 위하여 중보자, 선지자와 제사장과 왕, 교회의 머리와 구주, 만유의 상속자, 그리고 세상의 심판자라는 직분을 수행하셨다고 말한다. 이 직분들을 수행하시기 위하여 하신 일이 이 땅에 사람으로 오시고, 고난을 받으시고, 죽으시고, 부활하시고, 승천하시고, 재림하신 일 등인데 제8장 제4절이 이에 대하여 다룬다.

제8장 제1절은 "하나님께서 자신의 영원한 목적 안에서 자신의 독생자 주 예수를 ……로 택하고 정하기를 기뻐하셨다."라고 표현함으로써 그리스도의 출현과 사역을 하나님의 영원한 작정 하에서 살펴본다. 하나님의 작정이 삼위 하나님에 의한 것이므로, 성경이 예수 그리스도께서 하신 일을 예수 그리스도께서 홀로 하시는 것으로 표현할지라도 실은 성부와 성령께서도 같이 참여하신다. 웨스트민스터 신앙고백은 성부와 성자와 성령께서 각각 하시는 사역도 일관되게 모두 작정 하에서 살펴보고, 다른 두 위격도 한 위격의 일에 동시에 참여한다고 본다. 이러한 점이 웨스트민스터 신앙고백의 일관성이고 탁월성이다.

8.2

삼위일체의 제2위격이신 하나님의 아들은 참된 영원한 하나님이시고, 성부와 동일한 실체이시며 동등하신데, 때가 차매 사람의 본성을k 자신에게 취하셨다. 이때 그 본성에 속한 모든 본질적인 속성과 일반적 연약함을 함께 취하셨음에도 죄는 없으시다.l 즉, 그분은 성령의 능력에 의해 처녀 마리아의 태 안에서 그녀의 실체로부터 잉태되었다.m 그래서 두 개의 온전하며 완전하며 구별된 본성, 즉 신성과 인성이 함께 한 인격으로 변질 없이, 합성 없이, 혼합 없이, 분리할 수 없게 연합되었다.n 이 인격이 참 하나님이시며 참 사람이시고, 그럼에도 하나님과 사람 사이의 유일한 중보자이신 한 분 그리스도이시다.o

The Son of God, the second person in the Trinity, being very and eternal God, of one substance, and equal with the Father, did, when the fullness of time was come, take upon him man's nature,k with all the essential properties, and common infirmities thereof, yet, without sin:l being conceived by the power of the Holy Ghost in the womb of the Virgin Mary, of her substance.m So that, two whole, perfect, and distinct natures, the Godhead and the manhood, were inseparably joined together in one person, without conversion, composition, or confusion.n Which person is very God, and very man, yet one Christ the only mediator, between God and man.o

k 요 1:1, 14; 요일 5:20; 빌 2:6; 갈 4:4　　l 히 2:14, 16-17; 히 4:15
m 눅 1:27, 31, 35; 갈 4:4　　　　　　　　　n 눅 1:35; 골 2:9; 롬 9:5; 벧전 3:18; 딤전 3:16
o 롬 1:3-4; 딤전 2:5

2. 한 인격, 두 본성

제2절은 참되시고 영원하신 성자 하나님께서 신자와 같은 사람이 되신 것에 대하여 살펴본다.

❶ 때가 차매

제3장 하나님의 영원한 작정 제6절에서 하나님께서 선택하신 자들이 아담 안에서 타락하고 그리스도에 의해 구속되도록 영원히 작정하신 것을 살펴보았다. 그 영원한 하나님의 작정이 시간 속에서 이루어질 때가 되자, 그리스도께서 이 땅에 오시어 사람이 되셨다. 이에 대하여 갈라디아서 4:4절은 "때가 차매 when the fulness of the time was come 하나님이 그 아들을 보내사 여자에게서 나게 하시고 율법 아래에 나게 하신 것은"이라고 말한다. 하나님께서 자신의 영원한 작정에 따라 한 치의 오차도 없이 정확하게 일하신다. 영원을 정확히 알지 못하는 우리 피조물은 하나님의 때를 받아들여야지 어떻게 이런 일이 있을 수 있느냐고 함부로 반문하거나 저항하면 안 된다. 앞으로 역시 때가 차면 예수 그리스도께서 재림하시어 세상의 심판자가 되실 것이다. 우리 피조물은 영원 속에서 이루어지는 그 때가 언제 차는지에 대하여 알 수 없다. "그 날과 그 때는 아무도 모르나니 하늘의 천사들도, 아들도 모르고 오직 아버지만 아시느니라" 마 24:36.

❷ 사람의 본성(nature)을 취하심

하나님의 아들께서 사람이 되셨다는 것은 신성의 하나님께서 사람의 본성을 취하신 것이지, 사람이 하나님의 본성을 취하여 하나님이 된 것이 아니다. 영혼과 육신으로 한 인격이 되는 사람에게서 결합의 원리가 육체가 아닌 영혼에 있듯이, 신성과 인성으로 한 인격이 되는 그리스도에게서 결합의 원리는 인성이 아니라 신성에 있다. 성자 하나님께서 인성을 취하신 것이지, 인간 예수가 신성을 획득함으로써 하나님이 되시는 것이 아니다. 하나님으로부터 인간으로의 낮아짐이지, 인간으로부터 하나님으로의 높아짐이 아니다.

예수 그리스도는 천사가 아니라 사람을 붙들어 주려고 하셨기 때문에 천사의 본성이 아니라 사람의 본성을 취하셨다. 사람의 본성을 취하셨다는 것은 첫째로 인성의 본질에 속한 영혼과 육신을 모두 취하셨다는 것이고, 둘째로 인성에 속한 일반적 연약함을 취하셨다는 것이고, 셋째로 인성의 일반적 연약함을 취하셨음에도 죄는 없으시다는 것이다. 차례로 살펴보자.

첫째로 성자 하나님은 참 몸a true body과 이성 있는 영혼a reasonable soul을 취하시어 실제로 사람이 되셨는데, 이것을 부인하는 이들이 있다. 이들은 무한과 영원과 불변과 자존의 하나님이 어떻게 저급한 육신을 취할 수 있느냐고 생각한다. 마리아의 인성은 저급하고 오염되어서 그리스도께서 받지 않으시고 하늘로부터 인성을 받으셨고, 마리아는 하늘로부터 오는 인성이 통과하는 통로에 지나지 않았다고 주장한다. 이들이 하나님과 사람 간에 본질적인 큰 격차가 있다는 것을 인정하는 것은 좋지만 하나님께서 그만큼 우리를 몹시 사랑하시어 낮아지신 것을 이해하지 못하는 것이 큰 문제이다. 이들은 그리스도께서 실제로 몸을 취하신 것이 아니라, 몸을 취한 것처럼 사람들에게 보인 것이라는 가현설假現說, Docetism을 주장하기도 한다. 1~3세기에 활동했던 영지주의靈知主義, Gnosticism는 물질은 악하고 열등하고, 영은 선하고 완전하다고 보는 이원론적 종교관을 가졌다. 여기에 빠진 이들은 그리스도가 저급한 육체를 가질 수 없다고 보아서 그리스도는 실제로 육체를 가지시지 않고 가지신 것처럼 보였을 뿐이라고 주장했다. 가현설의 영어 단어 Docetism도케티즘은 그리스어로 "보이다, … 인 듯하다"는 뜻을 갖는 δοκέω도케오에서 유래했다. 예수님의 육신은 실제의 육신이 아니라 육신처럼 보인 것이라는 뜻이다. 가현설을 받아들이면 그리스도가 육체로 겪은 고난과 수난과 죽음과 부활과 승천을 부정하게 된다. 성경에 의거하지 않은 주장을 하게 되면 처음에는 좋은 의도로 주장할지 모르지만 갈수록 이상한 내용이 이어지게 된다.

325년에 열린 니케아 공의회는 이러한 주장들이 잘못 되었다고 규정하면서 "그는 우리 사람들과 우리의 구원을 위하여 내려오셨고, 성육신하셨고, 사람으로 만들어졌습니다. 고난을 받으셨고, 사흘만에 다시 일어나시어 하늘로 오르셨습니다." Who for us men, and for our salvation, came down and was incarnate and was made man; He suffered, and the third day he rose again, ascended into heaven. 라고 고백하였다.

그리스도는 참 몸과 함께 이성 있는 영혼도 취하셨다. 사람은 육과 영으로 되어 있기 때문에 예수님이 육과 영을 취하신 것은 당연하다. 예수님은 죽기 전 날 제자들에게 "내 마음이 매우 고민하여 죽게 되었으니 너희는 여기 머물러 나와 함께 깨어 있으라"고 마 26:38 말씀하셨다. 예수님은 이성 있는 영혼을 가지셨기 때문에 너무 고민되어 죽게 되었다는 영적 및 정신적 지각과 감정을 가지신다. 그런데 4세기의 아폴리나리우스 Apollinarius는 그리스도의 신성을 약화한 아리우스파를 강하게 반대한 것은 좋았지만, 그 신성을 너무 강조하다 보니 다른 극단으로 흘러 그리스도의 인성을 축소하였다. 그는 사람이 영, 육, 혼 3부로 구성되었는데, 그리스도는 사람의 육과 혼은 지녔지만, 사람의 영을 소유하지 않고 대신 "말씀"이 그리스도 안에서 영혼을 대치했다In Christ the divine Word had replaced the soul.고 주장하였다. 그는 죄성이 육과 혼이 아니라 영에 자리하는데, 그 자리에 사람의 영 대신에 신성의 로고스를 둠으로써 그리스도께 죄가 없다는 주장을 펼치고자 하였다. 하지만 그는 결과적으로 그리스도의 인성을 사람의 영이 없는 존재로 축소함으로써 그리스도께서 "참 사람"이 되심을 부인해버리게 되었다. 그 역시도 좋은 의도에서 출발했지만 성경이 아니라 그 좋은 의도에 경도되어 이단으로 마쳤다. 381년에 열린 콘스탄티노플 공의회는 325년의 니케아 신경에 "성령에 의해 처녀 마리아로부터 성육신 하셨고,"was incarnate by the Holy Ghost of the Virgin Mary라는 부분을 삽입하여 아폴리나리우스파Apollinarians가 이단임을 나타내었다. 이런 주장이 왜 이단에 속하냐면 "예수 그리스도께서 육체로 오신 것을 시인하는 영마다 하나님께 속한 것"이기요일 4:2 때문이고, 예수 그리스도께서 육체로 오심을 부인하는 자가 미혹하는 자이고 적그리스도이기요이 1:7 때문이다.

둘째로 인성에 속한 일반적 연약함을 취하신 것에 대해 살펴보자. 그는 사람이시기 때문에 사람처럼 배고프셨고, 목마르셨고, 피곤하셨고, 쉬셨고, 주무셨고, 고통을 느끼셨고, 끝내 죽으셨다. 사람의 영혼은 하나님처럼 모든 것을 알지 못하고 자신이 처한 시간과 공간이라는 물리적, 역사적 조건의 영향을 받는데, 예수님 또한 마찬가지였다. 예수님은 인성에 있어서 그 지혜와 키가 자라갔으 눅 2:52, 경험과 질문을 통하여 알아가셨다막 6:38, 8:27; 요 11:34. 주 예수께서 자기를 비워 종의 형체를 가지시어 사람과 같이 되셨고, 사람의 모양으로 나타나시어 자기를 낮추시고 죽기까지 복종하시어 십자가에 죽으셨던 것은 빌 2:7-8 단지 성육신하시어 인성을 취하셨다는 의미만이 아니라 생애 동안 내내 인성에 속한 일반적 연약함을 취하신 것도 의미한다. 성경에 기록된 예수 그리스도의 탄생과 성장과 사역은 그분께서 육체와 영혼을 지니신 참 사람으로서 우리와 같은 일반적 연약함이 있는 삶을 사셨음을 분명히 말해준다. 주 예수께서 신자와 같은 사람으로서 우리의 연약함을 경험하셨기 때문에 우리의 연약함을 동정하신다 히 2:14, 4:15.

❸ 성령의 권능에 의해 마리아의 실체(substance)로부터 잉태됨

가. 그리스도의 죄 없음

셋째로 인성의 일반적 연약함을 취하셨음에도 죄가 없으시다는 것에 대해 살펴보자. 제6장 사람의 타락, 죄, 그리고 죄의 형벌 제3절은 아담과 하와는 온 인류의 뿌리였기 때문에, 그들의 죄의 죄책이 통상적인 출생에 의해 그들로부터 내려오는 그들의 모든 후손에게 전가되었다고 말한다. 통상적인 출생이란 아빠의 정자와 엄마의 난자의 수정을 통하여 태어나는 출생을 뜻한다. 그리스도께서 사람으로 태어나시면서 동시에 아담의 죄책을 이어받지 않으시려면 성령으로 잉태되어야 하고, 임신 기간 내내 마리아의 죄로부터 차단되어야 한다.

성령으로 잉태된 씨는 마리아의 태에서 9개월 반의 잉태기간을 가졌다. 잉태와 임신의 과정 속에서 그리스도는 마리아의 실체로부터 인성을 취하셨다. 마리아의 인성은 저급하고 오염되어서 그리스도께서 받지 않으시고 하늘로부터 인성을 받으셨고, 마리아는 하늘로부터 가져온 인성이 통과하는 통로에 지나지 않았다는 주장은 잘못되었다. 그리스도께서 하늘로부터 오는 인성을 취하시면 이 땅 위의 사람들을 대표하신다고 할 수 없고, 그들의 처지를 공감하신다고 할 수 없고, 그들이 빠져들어간 죄를 대신하여 죽으셨다고 할 수 없다.

예수 그리스도께서 두 가지 측면에서 죄가 없으시다. 첫 번째는 그리스도께서 참 하나님이시라는 측면에서 죄가 없으시다. 신성이 인성을 취하시는데, 인성이

지니는 일반적 연약함을 취하실 수 있지만 그렇다고 하여 인성의 죄까지 취하시는 것은 아니다. 그것은 신성에게 도무지 어울리지 않는 일이다. 두 번째는 그리스도께서 인성의 측면에서 죄가 없으신데, 마리아의 실체로부터 잉태될 때에 성령의 권능에 의해 죄로부터 차단되었기 때문이다. 그리스도께서 성령으로 잉태되셨다는 것은 마리아가 남편 없이 성령의 능력으로 잉태되어 출산되었다는 기적을 나타낼 뿐만 아니라 그 잉태와 출산의 상태가 죄로부터 차단되었다는 것을 나타낸다.

아빠의 정자는 엄마의 난자에게 접근하여 문을 열라고 신호를 보낸다. 난자는 그 신호에 따라 문을 열고 그 정자를 받아들여 수정하게 된다. 정자와 난자는 서로가 의사소통하는 법을 알고 있는데, 성령은 그 의사소통법을 더욱 정확하게 아신다. 그 소통법을 실제로 만드시고 정자와 난자에게 소통의 능력과 기관을 장착하신 분이다. 우리는 마리아가 성령으로 잉태된 것이 정확히 어떤 과정을 통해 이루어졌는지 알 수 없지만, 말씀으로 무에서 천지만물을 창조하신 하나님께서 성령을 통하여 마리아로 잉태하게 하시는 일이 어렵지 않다는 것은 확실하게 안다. 땅의 흙으로 사람을 만드시고 생기를 그 코에 불어넣으심으로 생령이 되게 하신 하나님께서 그 일을 하시지 못하겠는가?

성령으로 잉태된 생명체는 마리아의 태속에서 자라나 태어나셨다. 사람은 다른 혈액형을 수혈하면 죽지만, 엄마와 태아는 혈액형이 달라도 서로 죽지 않는다. 스스로 먹지도 숨 쉬지도 못하는 태아는 엄마 뱃속에서 무럭무럭 자라는데 탯줄을 통해 엄마로부터 영양분과 산소를 공급받기 때문이다. 탯줄의 정맥은 태아 쪽으로 엄마의 영양분과 산소를 공급하고, 탯줄의 동맥은 태아의 노폐물과 이산화탄소를 태반으로 운반하여 엄마의 혈액으로 내보내는 역할을 한다. 엄마와 태아는 한 몸을 이루는데, 엄마의 영양분과 산소가 태아에게 공급되지만 동시에 경계도 있어 신비하게 각자의 고유한 것이 섞이지 않는다.

그리고 이보다 더 신비하게 마리아의 태속에서 마리아로부터 영양분과 산소를 공급받으시며 무럭무럭 자라나신 예수 그리스도께서 성령의 권능을 인하여 마리아의 죄로부터 차단되셨다. 보통의 인체에서 엄마의 혈액이 그대로 태아에게 공급되지 않고, 영양분과 산소만 태반과 탯줄을 통해 걸러서 공급되듯이, 마리아의 태에서 잉태된 예수 그리스도는 성령의 능력으로 마리아의 죄로부터 차단되고, 마리아로부터 영양분과 산소를 공급받았다. 즉 성령의 권능에 의해 처녀 마리아의 태 안에서 그녀의 실체로부터 잉태되셨지만 마리아의 죄성과 피는 마리아의 경계 내에서만 머물렀다.

나. 마리아의 무흠수태(The Immaculate Conception)

로마 가톨릭이 주장하는 마리아의 무흠수태無欠受胎에 대하여 살펴보자. 이들은 예수 그리스도의 무죄성을 마리아의 무죄성으로부터 도출한다고 말할 정도로 동정녀 마리아가 죄가 없다는 것을 크게 강조한다. 이들은 마리아가 "원죄 없는 잉태"Immaculata Conceptio를 하였다며 "복되신 동정 마리아께서는 잉태되시는 첫 순간부터 전능하신 하느님의 특별한 은총과 특전으로, 인류의 구원자 예수 그리스도께서 세우실 공로를 미리 입으시어, 원죄에 조금도 물들지 않게 보호되셨다."라고[50] 주장한다. 이 주장을 처음 읽는 신자들은 예수 그리스도께서 "원죄에 조금도 물들지 않게 보호되셨다."라고 이해할 정도일 것이다. 로마 가톨릭은 이런 주장을 마리아에게 적용하고 있다. 이들은 충분한 근거도 없이 성부께서 다른 모든 창조된 인간보다 마리아에게 더 그리스도 안에서 하늘에 속한 모든 신령한 복을 내리셨다고 엡 1:3 주장하고, 하나님께서 그녀를 창세 전에 그리스도 안에서 선택하시어, 당신 앞에서 거룩하고 흠 없는 사람이 되게 해주셨다고엡 1:4 주장한다. 이들은 에베소서 1:3-4절을 정당한 설명 없이 개인 마리아에게 적용하고 있으니 얼마나 성경을 임의로 사용하는지 모른다.

이들은 원죄 없는 잉태를 주장하였기 때문에 이 논리를 유지하기 위하여 마리아를 "온전히 거룩하신 분", "죄의 온갖 더러움에 물들지 않으신 분", "성령께서 빚어 만드신 새로운 인간"이라고 칭하고, "마리아는 하느님의 은총으로 일생 동안 어

---
50 『가톨릭 교회 교리서』, 491항, 213.

떠한 죄도 범하지 않았다."고 주장하기까지 한다.[51] 이들은 마리아가 잉태부터 죽음까지 원죄와 자범죄 없이 살았다고 주장하여 예수 그리스도와 방불한 자로 만들어버린 것이다.

이들은 무흠한 마리아가 순종으로 하나님의 구원 의지를 받아들이고 그리스도의 인격과 활동에 자신을 온전히 바쳐 아드님 밑에서 아드님과 함께 구원의 신비에 봉사하였고, 자신과 온 인류에게 구원의 원인이 되었다고 주장한다. 이들은 하와의 불순종으로 묶인 매듭이 마리아의 순종을 통하여 풀렸고, 처녀 하와가 불신으로 묶어 놓은 것을 동정녀 마리아가 믿음을 통하여 풀었고, 하와와 비교하여 마리아를 "살아 있는 이들의 어머니"라 부르고, "하와를 통하여 죽음이 왔고, 마리아를 통하여 생명이 왔다."고 주장한다. 이들의 주장에 의하면 마리아는 예수 그리스도와 방불한 자이다.

이들은 마리아의 거룩성을 위하여 그녀가 예수 그리스도를 낳을 때뿐만 아니라 그 이후에도 평생 동정이었다고 주장한다. 성경에 나오는 예수님의 형제들이란 표현은 친형제들이 아니라, 구약 성경의 표현 방식대로 사촌과 팔촌의 가까운 친척을 일컫는 것이라고 주장한다. 예수님께서 마리아의 유일한 아드님이 되시는 것이다.[52] 이들은 마리아에게 예수 그리스도와 방불한 위치를 부여하기 때문에 천주교 신자들의 종교생활에서 마리아에게 바치는 경배와 찬송과 도움요청은 예수 그리스도에게 하는 만큼 크다.

❹ 한 인격, 두 본성(one person, two distinct natures)

하나님의 아들이신 말씀께서 사람이 되셨다는 것은 성자 하나님께서 인성the nature of man을 취하셨다는 것이다. 신성의 성자 하나님께서 인성을 취하시어 사람이 되셨다는 것이다. 이때 신성의 인격이 인성의 인격을 취하여 두 인격이 있다는

---

51 『가톨릭 교회 교리서』, 493항, 214.
52 『가톨릭 교회 교리서』, 499-501항, 217, 218.

것이 아니라, 신성의 인격이 인성만 취하심으로 신성의 인격 하에서 신성the nature of God과 인성the nature of man이 있다는 것이다. 성자 하나님께서 인격이 없는 인성을 취하신 것이다. 따라서 한 인격, 두 본성이다.

이때 신성과 인성이 한 인격으로 분리할 수 없게 연합되어 존재하는데, 변질이나 합성이나 혼합 없이without conversion, composition, or confusion 연합되었다. 무한하며 영원하며 불변하신 신성과 유한하며 한시적이며 변화하는 인성은 너무나 큰 차이가 나기 때문에 신성과 인성은 변질과 합성과 혼합 없이 한 인격으로 결합된다. 만약에 신성과 인성이 변질과 합성과 혼합에 의해 한 인격으로 결합된다면 그것은 반신반인인半神半人의 괴물이다. 하지만 예수 그리스도는 신성과 인성이 완벽하게 하나의 인격으로 결합이 되어 신인神人이시고, 신성은 아무 변화가 없지만 인성의 연약과 비참에 동참하신다. 이것은 사람이 다 이해할 수 없는 큰 신비이다. 본질적 차이가 나는 영혼과 육신이 사람의 한 인격을 이루는 것도 이해하기 힘든 신비이다. 임마누엘 하나님은 사람과 늘 함께 하시는데, 이것이 신성의 예수 그리스도께서 인성을 취하시어 한 인격이 되신 일에서 신비하고 풍성하게 나타난다.

신성과 인성은 너무나 큰 격차이기 때문에 유한은 무한을 받지 못하여Finitum non capax infiniti 신성과 인성은 변질이나 합성이나 혼합이 없이 연합되었다. 이 공리가 사람의 내적 인식 능력에 적용되면 유한은 무한을 인식할 수 없다고 말할 수 있다. 유한한 사람은 무한하신 하나님을 인식할 수 없으므로 하나님께서 계시해주셔야만 하고, 그때도 사람의 수준에 적응하시어 계시해주셔야 한다.

이 공리를 성만찬에 적용하면 승천하시어 하나님 우편에 앉아계신 예수 그리스도가 성찬이 이루어지는 곳에 어떻게 임재하시는 지에 대하여 정확하게 알 수 있다. 루터파는 예수님의 신성과 인성 간에 교류가 있어야 한 인격의 참된 단일성이 성립된다고 보았다. 루터파는 처음에는 인성에서 신성으로의 이전도 주장했지만 신성모독이라는 비판을 크게 받자, 신성에서 인성으로의 전달만을 주장하였다. 그들은 신성의 전능과 편재와 전지와 같은 사역적 속성이 인성에 전달된다고 보기 때문에, 성만찬에서 공재설共在說, consubstantiation을 주장하였다. 루터파는 예수 그리스도가 성만찬이 이루어지는 곳에 임재하실 때에 신성만이 아니라 인성도 임재하신다고 주장하였다. 인성이 신성의 전능과 편재와 전지의 속성을 전달받기 때문에 인성의 육체도 임한다고 보기 때문이었다. 그들은 육체를 포함하는 그리스도의 전 인격이 성찬 시 떡과 포도주 안에, 아래에, 그것들과 함께 신비스럽고 기적적인 방법으로 임재하신다고 보았다. 이처럼 어떤 교리 하나를 받아들이면 다른 교리들 전반에 영향을 미친다.

신성과 인성이 변질이나 합성이나 혼합이 없이 한 인격으로 분리할 수 없게 연합된다는 정통 가르침을 반대하는 주장이 5세기에 있었다. 네스토리우스는 신성과 인성을 분리시켰고, 유티케스는 신성과 인성을 혼합시킴으로써 이단으로 규정되었다.

가. 네스토리우스파의 두 인격설

우리에게 경교景教로 알려진 네스토리우스파Nestorianism는 콘스탄티노플의 주교였던 네스토리우스386년?-451년의 가르침을 따랐던 이단이다. 이들은 예수 그리스도의 인격이 하나가 아니라, 신격과 인격이라는 두 개의 인격으로 되어 있고 서로 분리되고 구별된다고 보았다. 네스토리우스는 하나님께서 젖을 먹었다고 말하는 것은 틀리다고 보았고, 마리아라는 여인이 신성을 10개월 동안 몸 안에서 기를 수 없다고 보았고, 신성이 포대기에 쌓여 있을 수 없다고 보았다. 성자 하나님의 성육신은 네스토리우스와 같은 이들이 받아들이기 힘들 정도로 파격적인 낮아지심인 것이다. 그는 이런 개념을 가졌기 때문에 하나님이 사람 예수에게 임한 존재가 그리스도라고 보았다. 그러므로 그리스도라는 한 존재 안에는 신성의 인격과 인성의 인격, 두 인격이 존재하는 것이다. 신성의 인격과 인성의 인격이 예수 그리스도라는 한 존재 안에서 엄격하게 분리되고 구별되면서 느슨하게 연합된 것이다. 이런 교리를 가졌기 때문에 크게 논쟁이 되는 주장 두 가지를 하였다. 첫째로 그는 십자가에서 고난을 받고 죽은 존재는 인성의 인격이라는 분으로 보았고, 신성의 인격은 고난을 받지 아니하고 복음서에 깃들어 있다고 보았다. 둘째로 그는 하나님에게는 어머니가 없으므로 동정녀 마리아는 단지 인성만의 예수님을 낳은 어머니라고 보았다. 그는 고대 교부&敎父;들이 마리아에 대해 사용하던 "하나님의 어머니"Mother of God, Theotokos 라는53 호칭을 반대하며 "그리스도의 어머니"Mother of Christ, Christotokos 라는 호칭을 주장하였다. 431년에 열린 에베소 공의회와 451년에 열린 칼케돈 공의회는 네스토리우스파의 주장을 이단으로 판정하였다.

나. 유티케스파의 단성설(monophysitism, 單性說)

콘스탄티노플의 사제 유티케스Eutyches, 380년?-456년는 431년에 열린 에베소 공의회에서 네스토리우스파의 두 인격설이 이단으로 판정되는데 큰 역할을 하였다. 하지만 그는 네스토리우스가 그리스도를 두 인격으로 나눔으로써 신성과 인성을 분리하였다고 비판한 것은 좋았지만, 여기서 지나치게 나아가 신성과 인성이 혼합되었다고 보았다. 처음에는 두 본성이 그리스도 안에서 존재하였지만, 바다에 떨어지는 물방울이 바다에 흡수되듯 인성이 신성에 흡수되어 신성만 남는다고 주장하였다. 이것은 예수 그리스도께서 성부와 동일본질이나 사람과는 동일본질이 아니라는 주장이다. 신성과 인성이 한 인격으로 결합되었다는 주장까지는 우리와 같지만, 인성이 사라진 면에서 우리와 크게 틀린다. 인성이 없고 신성만 있다 하여 이 주장을 단성설monophysitism, 單性說이라고 부른다. 451년에 열린 칼케돈 공의회는 유티케스파의 주장을 이단으로 판정하였다.

---

53 마리아가 "하나님의 어머니"로 불리는 것은 마리아를 신격화하려는 의도가 아니라, 마리아가 낳은 예수 그리스도는 하나님의 아들이시라는 의미이다. "천사가 대답하여 이르되 성령이 네게 임하시고 지극히 높으신 이의 능력이 너를 덮으시리니 이러므로 나실 바 거룩한 이는 하나님의 아들이라 일컬어지리라"는(눅 1:35) 성경구절은 마리아가 하나님의 아들을 낳은 것임을 분명히 말한다. "때가 차매 하나님이 그 아들을 보내사 여자에게서 나게 하시고 율법 아래에 나게 하신 것은"이란(갈 4:4) 구절도 마리아가 하나님의 아들을 낳는다고 분명히 말한다. 이런 차원에서 고대 교부들은 마리아를 "하나님의 어머니"라고 불렀다. 물론 "하나님의 어머니"가 이런 좋은 의도로 불리기는 하지만 어쩔 수 없이 마리아를 신격화하는 측면이 있음을 부인할 수 없다. 따라서 더 정확한 표현은 "예수 그리스도의 어머니"라고 할 수 있다. 이때 당연히 예수 그리스도는 성자 하나님께서 인성을 취하신 분임을 뜻하는 것이지, 신성 없이 단지 인성에 국한된 분임을 뜻하는 것이 아니다.

다. 칼케돈 신경

451년에 열린 칼케돈 공의회는 네스토리우스와 유티케스의 교리를 이단으로 규정하며 칼케돈 신경혹은 칼케돈 신앙 정식, The Definition of Chalcedon을 채택하였는데 당연히 이들의 주장과 반대되는 내용을 담고 있다. 니케아 신경, 콘스탄티노플 신경, 칼케돈 신경 등은 당시에 존재했던 이단의 주장이 틀렸음을 규정하고 알리는 차원에서 만들어졌다. 웨스트민스터 신앙고백을 비롯한 16세기와 17세기의 신앙고백들은 주로 로마 가톨릭의 교리 그리고 당시에 일어난 잘못된 교리들이 틀렸음을 드러내기 위하여 작성되었다. 아래는 칼케돈 신경이니 참고하라. 제8장 제2절은 칼케돈 신경의 내용을 상당 부분 담고 있다.

＊칼케돈 신경

우리 모두는 거룩한 교부들을 따라 합심하여 한 분이시고 동일하신 성자, 우리 주 예수 그리스도에 관한 고백을 다음과 같이 가르친다. 그분은 신성에 있어서도 완전하시고 인성에 있어서도 완전하시며, 참 하나님이시고 참 사람이시며, 이성적인 영혼과 육체로 이루어지시며, 신성에 있어서는 성부와 동일 실체이시고, 인성에 있어서는 우리와 동일 실체이시며, 모든 면에서 우리와 같되 죄는 없으시다. 신성에 있어서는 세상 이전에 성부로부터 나셨고, 인성에 있어서는 이 마지막 날에 우리와 우리의 구원을 위하여 하나님의 어머니인 동정녀 마리아로부터 나셨다. 한 분이시고 동일하신 그리스도, 성자, 주님, 독생자는 두 본성이 혼합과 변화와 분리와 나뉨이 없다는 것이 인정되어야 한다. 본성 간의 차이는 결합에 의해 결코 제거되지 않으며 오히려 각 본성의 속성이 한 인격과 한 존재 안에서 보존되고, 함께 작용하며, 두 인격들로 나뉘거나 분리되는 것이 아니라 오히려 한 분이시고 동일하신 성자이시고, 독생자이시고, 말씀인 하나님이시고, 주 예수 그리스도이시다. 이것이 선지자들이 그분에 관하여 처음부터 말한 바이고, 주 예수 그리스도 자신께서 우리에게 가르치신 바이고, 거룩한 교부들의 신경이 우리에게 전하여준 바이다.

We, then, following the holy Fathers, all with one consent, teach people to confess one and the same Son, our Lord Jesus Christ, the same perfect in Godhead and also perfect in manhood; truly God and truly man, of a reasonable [rational] soul and body; consubstantial [co-essential] with the Father according to the Godhead, and consubstantial with us according to the Manhood; in all things like unto us, without sin; begotten before all ages of the Father according to the Godhead, and in these latter days, for us and for our salvation, born of the Virgin Mary, the Mother of God, according to the Manhood; one and the same Christ, Son, Lord, only begotten, to be acknowledged in two natures, inconfusedly, unchangeably, indivisibly, inseparably; the distinction of natures being by no means taken away by the union, but rather the property of each nature being preserved, and concurring in one Person and one Subsistence, not parted or divided into two persons, but one and the same Son, and only begotten, God the Word, the Lord Jesus Christ; as the prophets from the beginning [have declared] concerning Him, and the Lord Jesus Christ Himself has taught us, and the Creed of the holy Fathers has handed down to us.

❺ 참 하나님이시며 참 사람

성자 하나님으로서 사람이 되신 예수 그리스도는 첫째로 신성을 가진 측면에서 참 하나님이시고, 둘째로 인성을 가진 측면에서 참 사람이시다. 셋째로 그 신성과 인성이 합성이나 혼합이 없이 한 인격으로 연합되어서 하나님과 사람의 중간체도 아니시고, 하나님이시기만 한 것도 아니고, 사람이시기만 한 것도 아니다. 변질체나 합성체나 혼합체가 아니라 온전한 인격체이신 예수 그리스도는 동시에 신성과 인성을 지니셨기에 하나님과 사람을 각각 대표하여 하나님과 사람 사이의 유일한 중보자가 완벽하게 되실 수 있고, 선지자와 제사장과 왕의 역할을 완벽하게 수행하시는 그리스도가 되실 수 있다. 칼케돈 신경은 위에서 보는 것처럼 주 예수 그리스도에 대하여 "참 하나님이시고 참 사람이시며, 이성적인 영혼과 육체로 이루어지시며,"truly God and truly man, consisting also of a reasonable soul and body라는 내용을 담고 있다.

8.3

주 예수께서 이렇게 신성과 연합된 자신의 인성 안에서 거룩하여지셨고 성령을 한량없이 받으셨으며,p 자신 안에 지혜와 지식의 모든 보화를 가지셨다.q 아버지께서 모든 충만이 그분 안에 거하게 하시는 것을 기뻐하셨다.r 이는 그분이 거룩하고 악이 없고 더러움이 없고 은혜와 진리가 충만하여서,s 중보자와 보증인의 직분을 수행하시는 데 철저히 준비되도록 하심이다.t 그분이 이 직분을 스스로 취하신 것이 아니라, 그분의 아버지께서 이 직분으로 부르셨다.u 모든 능력과 심판을 그분의 손에 맡기셨고, 그것을 수행하라는 계명을 주셨다.w

The Lord Jesus, in his human nature thus united to the divine, was sanctified and anointed with the Holy Spirit above measure,p having in him all the treasures of wisdom and knowledge,q in whom it pleased the Father that all fullness should dwell;r to the end, that being holy, harmless, undefiled, and full of grace and truth,s he might be thoroughly furnished to execute the office of a mediator and surety.t Which office he took not unto himself, but was thereunto called by his Father,u who put all power and judgment into his hand, and gave him commandment to execute the same.w

p 시 45:7; 요 3:34 q 골 2:3 r 골 1:19
s 히 7:26; 요 1:14 t 행 10:38; 히 12:24; 히 7:22 u 히 5:4-5
w 요 5:22, 27; 마 28:18; 행 2:36

3. 중보자의 직분으로 철저히 준비되심

❶ 모든 충만이 주 예수 안에 거함

예수 그리스도는 성부 하나님과 같은 실체와 능력과 영원성을 지니신 참되시고 영원하신 성자 하나님이시다. 그런 예수 그리스도께서 거룩하여지셨으며 성령을 한량없이 받으셨고, 자신 안에 지혜와 지식의 모든 보화를 가지셨다는 것은 신성의 측면이 아니라, 신성과 연합된 인성의 측면이다. 제3장 제1절은 하나님께서 지극히 지혜로우시고 지극히 거룩하시다고 말한다. 제3장 제2절은 하나님의 지식은 무한하며 무오하며 피조물에 의존하지 않는다고 말한다. 주 예수께서 신성 안에서 이미 지극히 지혜로우시고 지극히 거룩하시고, 지혜와 지식의 모든 보화를 갖고 계신다. 또 제3장 제3절은 성령께서 성부와 성자로부터 영원히 나오신다고 말하기 때문에 주 예수께서 신성 속에서 이미 성령을 한량없이 갖고 계신다. 그러므로 성부 하나님께서 모든 충만이 주 예수 안에 거하게 하시는 것을 기뻐하셨다는 것은 골 1:19 주 예수께서 신성과 연합된 자신의 인성 안에서 거룩하여지셨으며 성령을 한량없이 받으셨고, 자신 안에 지혜와 지식의 모든 보화를 가지셨다는 의미이다. 성부 하나님께서 모든 충만이 주 예수 안에 거하게 하시는 것을 기뻐하셨던 것은 이것을 통하여 주 예수께서 중보자와 보증인의 직분을 수행하시기를 바라셨기 때문이다.

❷ 중보자와 보증인의 직분 수행에 준비되심

주 예수께서 위와 같이 되심은 거룩하고 악이 없고 더러움이 없고 은혜와 진리가 충만하여짐으로써 중보자와 보증인의 직분을 수행하시는 데 철저히 준비되시기 위함이다. 중보자와 보증인의 직분을 수행함에 있어서 무엇보다 중요한 것은 거룩함이다. 죄로 말미암아 비참함과 죽음에 빠진 사람들을 구원하실 때 중보자가 먼저 거룩하지 않으시면 어떻게 사람들을 구원하실 수 있겠는가? 주 예수께서 먼저 거룩하고 악이 없고 더러움이 없고 죄인에게서 떠나 계셔야 한다 히 7:26.

주 예수께서 죄인을 향한 은혜가 충만하셔야 하고, 구원 사역을 하실 때 모두 진리로 하셔야지 틀림과 거짓이 있어서는 안 된다요 1:14. 진리가 아닌 사술로 행한 중보와 보증의 직분은 효력이 없고, 사탄을 비롯한 누구도 수긍하지 않는다.

성경은 예수님께서 새 언약의 중보자이시고히 12:24, 더 좋은 언약의 보증이시라고히 7:22 말한다. 예수님이 공생애 동안 두루 다니시며 선한 일을 행하시고 병자들을 고치시고 귀신 들린 자들을 자유롭게 하신 것은 앞으로 십자가에서의 자신의 죽음과 승천하신 이후 성령을 보내심으로써 완수하실 중보와 보증의 일부분을 나타낸다. 예수님이 이렇게 하실 수 있었던 것은 하나님이 그와 함께 하셨기 때문이고, 그에게 성령과 능력을 기름 붓듯 하셨기 때문이다행 10:38. 성부 하나님은 예수 그리스도가 홀로 중보자와 보증인의 직분을 행하시도록 놓아두지 않으셨고, 성령과 능력을 기름 붓듯 하심으로 같이 행하셨고, 성령 하나님은 자신이 예수님에게 부어져 도와주심으로써 이 일에 동참하셨다.

❸ 스스로 취하시지 않은 중보자와 보증인의 직분

주 예수께서 이 직분을 스스로 취하시지 않았다. 이것은 주 예수께서 사랑으로 택하신 자들의 구원을 위해서 이 직분을 감당하신 것이지 자신의 사적인 영광과 이익을 위해서 사사로이 이 직분을 취하신 것이 아니란 의미이다. 성부 하나님께서 주 예수님을 그 직분으로 부르셨고, 그는 그 부르심에 기꺼이 순종하셨다. 주 예수님은 이 직분을 행하심에 있어서 스스로 영광을 취하시려는 불순한 의도가 전혀 없었고, 오직 비참함과 죽음에 빠진 자녀의 구원을 위해서 하나님 아버지의 부르심과 명령에 순종하신 것이다. 성부 하나님께서 택하신 자들을 사랑하시어 자신의 독생자를 이 직분의 감당자로 내주시며 "네가 영원히 멜기세덱의 반차를 따르는 제사장이라"고히 5:4-6 하셨고, 예수님은 이 말씀에 순종하셨다.

성부께서 예수님이 이 직분을 수행하시는 데 필요한 능력과 심판을 그의 손에 맡기셨다요 5:22, 27; 마 28:18. 이것은 성부께서 예수님을 중보자와 보증인의 직분으로 부르셨다는 것이고, 예수님으로 그 직분을 잘 감당하시도록 모든 능력과 심판을 주셨다는 것이고, 예수님은 그 부르심에 순종하셨다는 것이다. 주 예수 그리스도의 사역은 성부께서 계획하시고 예수님을 부르시고 권한을 주신 것, 예수님께서 그 부르심에 순종하여 맡은 직분을 철저히 감당하신 것, 그리고 성령 하나님께서 예수님에게 부어져 도와주심으로 이루어진 것이다.

8.4

이 직분을 주 예수께서 매우 기꺼이 맡으셨다.x 이 직분을 수행하시려고 율법 아래에 나시어y 율법을 완전히 이루셨고,z 지극히 심한 괴로움을 직접 자신의 영혼으로a 그리고 지극히 고통스러운 고난을 자신의 몸으로 견디어내셨고,b 십자가에 못 박혀 죽으셨고,c 장사되어 죽음의 권세 아래 머물러 계셨고, 그럼에도 썩음을 당하지 않으셨다.d 셋째 날에 고난을 받으셨던 같은 몸으로f 죽은 자들 가운데서 살아나셨고,e 역시 그 몸으로 하늘에 오르셨고, 자신의 아버지 우편에 앉으시며g 간구하시고,h 세상 끝날에 사람들과 천사들을 심판하러 다시 오실 것이다.i

This office, the Lord Jesus did most willingly undertake:x which that he might discharge, he was made under the law,y and did perfectly fulfill it,z endured most grievous torments immediately in his soul,a and most painful sufferings in his body:b was crucified, and died:c was buried, and remained under the power of death; yet saw no corruption.d On the third day he arose from the dead,e with the same body in which he suffered,f with which also he ascended into heaven, and there sitteth at the right hand of his Father,g making intercession,h and shall return to judge men, and angels, at the end of the world.i

x 시 40:7-8 with 히 10:5-10; 요 10:18; 빌 2:8
z 마 3:15; 마 5:17
b 마 26-27장
d 행 2:23-24, 27; 행 13:37; 롬 6:9
f 요 20:25, 27
y 갈 4:4
a 마 26:37-38; 눅 22:44; 마 27:46
c 빌 2:8
e 고전 15:3-4
g 막 16:19

h 롬 8:34; 히 9:24; 히 7:25
i 롬 14:9-10; 행 1:11; 행 10:42; 마 13:40-42; 유 1:6; 벧후 2:4

4. 중보자와 보증인의 직분 수행

바로 위에서 살펴본 것처럼 주 예수께서 중보자와 보증인의 직분을 기꺼이 맡으셨다 시 40:7-8; 히 10:5-10. 주 예수께서 이 직분을 맡으시지 않았다면, 그리고 마지못하여 맡으셨다면 하나님 아버지의 모든 계획은 물거품이 되고, 우리의 구원도 불가능해진다. 예수님은 기꺼이 사람의 모양으로 나타나시어 자기를 낮추시고 죽기까지 복종하셨다.

그렇다면 예수님이 이 직분을 수행하시려고 하신 일들은 무엇인가? 이 일들이 사도신경에 다음처럼 나온다. "성령으로 잉태하사, 동정녀 마리아에게 나시고, 본디오 빌라도에게 고난을 받으사, 십자가에 못박혀 죽으시고, 장사한지 사흘만에 죽은 자 가운데서 다시 살아나시며, 하늘에 오르사, 전능하신 하나님 우편에 앉아계시다가, 저리로서 산 자와 죽은 자를 심판하러 오시리라." 제4절의 내용도 사도신경과 크게 다르지 않다. 일부 사람은 사도신경이 예수 그리스도께서 하신 일에 대해서는 많은 내용을 언급하지만, 성부와 성자께서 하신 일에 대해서는 상대적으로 너무 적게 언급한다고 비판한다. 구약의 전체 내용을 "전능하사 천지를 만드신"이란 겨우 세 단어로 요약하고, 상대적으로 신약의 내용은 너무 많이 언급한다고 지적한다. 하지만 이러한 비난은 예수 그리스도의 일에 성부와 성령께서 분리되지 않고 참여하신 것을 간과하기 때문에, 그리고 구약성경이 바로 신약성경을 통해서 더 풍성하게 드러나는 것임을 간과하기 때문에 발생한 오해이다.

주 예수께서 이와 같은 일들을 하심으로써 제8장 제1절이 말하는 것처럼 하나님께서 자신에게 영원부터 주신 한 백성을 구속하시고, 부르시고, 의롭다 하시고, 거룩하게 하시고, 영화로워지게 하셨다. 신자들의 구속, 부르심, 의롭게 됨, 거룩하게 됨, 영화롭게 됨 등은 모두 전적으로 예수 그리스도의 자발적인 낮아짐에 의한 사역으로 말미암은 것이다.

그리스도의 직분office은 선지자와 제사장과 왕으로 크게 세 가지이다. 그리스도의 사역work은 높아짐과 낮아짐이란 상태state 하에서 아래처럼 나뉜다.

> 그리스도의 세 가지 직분(office) - 선지자, 제사장, 왕
> 그리스도의 두 가지 상태(state) - 낮아짐, 높아짐
> 그리스도의 사역(work) - 율법 아래에 나심, 고난, 죽음, 장사, 부활, 승천, 좌정, 재림
> 그리스도의 두 가지 상태와 사역 - 낮아짐 - 율법 아래에 나심, 고난, 죽음, 장사
> 　　　　　　　　　　　　　　　높아짐 - 부활, 승천, 우편에 앉으심, 재림

❶ 낮아지신 상태에서 세 가지 직분으로 하신 사역

가. 율법 아래에 나시어 율법을 이루심

예수 그리스도는 율법 아래에 매이시는 분이 아니라, 시간과 공간 및 그 안에 거하는 모든 피조물을 만드시고, 하나님의 형상으로 지음을 받은 사람들에게 율법을 주셨다. 사람들이 죄를 지었을 때에 그들의 개인적인 생활과 사회 제도와 구원을 위하여 도덕법과 의식법과 시민법을 주셨다제19장 참고. 그런 창조자와 율법 수여자께서 사람들의 구원 사역을 위하여 자신이 만든 시간과 공간의 장에 하나님으로서가 아니라 사람으로서 들어오셨다. 즉 율법 아래에 나신 것이다갈 4:4. 그리고 자신이 만든 율법을 지키셔야 했다. 그러니 얼마나 낮아진 일인지 모른다. 그는 근본 하나님의 본체시나 하나님과 동등됨을 취할 것으로 여기지 아니하시고 오히려 자기를 비워 종의 형체를 가지시어 사람들과 같이 되셨다. 사람들과 같이 되시어 자기를 낮추시고 모든 율법을 지키셨다. 어느 정도로 지키셨느냐면 "죄의 삯은 사망"이라는 율법의 요구에 따라 자신을 죽음에 내놓을 정도로 지키셨다. 자기를 낮

추시고 죽기까지 복종하신 것이다 빌 2:6-8. 학생들이 지켜야 할 학칙을 만든 교사들이 오히려 학생이 되어 그 학칙을 다 지켜야 하고, 3년의 군복무를 다 마친 예비역이 다시 현역병이 되어 엄한 군대의 규율을 다 지키는 군대생활을 해야 한다면 얼마나 힘들겠는가? 그 엄한 군대의 규율을 만든 장군이 일반병사가 되어 그 율법을 지켜야 한다면 그 장군은 아마 군인이란 신분을 내려놓고 말 것이다. 율법을 만드신 주 예수께서 율법 아래에 나시어 율법을 다 지키신다는 것은 이것들보다 더 낮아지는 일이고 더 힘든 일인데 예수님은 기꺼이 다 감당하셨다.

제2장 하나님과 성 삼위일체 제1절에서 살펴본 것처럼 하나님은 지극히 자유로우시며 지극히 절대적이시다. 하나님의 존재와 일하심에 영향을 끼치는 것이 아무 것도 없다. 하나님은 제1원인이시고, 다른 모든 것에게 존재 자체를 주시고 영향을 끼치신다. 하나님의 형상으로 지음을 받은 사람에게 가장 적합한 율법도 만드셨다. 그런데 그 율법 아래에 나시고 그 율법을 다 지키셨으니 얼마나 낮아지신 것인지 모르고, 얼마나 신실하게 행하신 것인지 모른다.

주 예수께서 자신이 만든 율법을 폐하러 오신 것이 아니라 완전하게 하러 오셨다. 율법의 일점일획까지 다 이루기 위하여 오셨다. 예수님은 살인과 간음의 본뜻이 무엇인지 알려주셨다. 형제에게 노하는 것, 형제에게 욕을 하고 미련한 놈이라고 하는 것도 살인에 속하고, 음욕을 품고 여자를 보는 자마다 마음에 이미 간음한 것이다. 외형적 살인과 간음만이 아니라 마음속의 생각과 말까지도 절제해야 한다. 예수님의 제자들은 이렇게 행함으로써 서기관과 바리새인보다 더 나은 의가 없으면 결코 천국에 들어가지 못한다 마 5:17-28. 그런데 사람들 중 누가 마음속의 생각과 말까지도 지킬 자가 있겠는가? 아무도 없다. 오직 예수 그리스도만 가능하다. 예수 그리스도께서 살아 계신 동안에 모든 율법을 지키셨다.

첫 아담이 에덴동산에서 지키지 못한 율법을 마지막 아담은 다 지키셨다. 아담의 원죄를 이어받은 아담의 후손은 더욱 더 율법을 지키지 못하기 때문에 이들을 대표하시어 예수님께서 다 지키셨다. 아담은 에덴동산에서 하나님께서 마음에 새긴 율법들 그리고 말씀을 통해 직접 주신 율법들을 다 이룰 때에 영생과 영화라 선물을 받게 되는데 이를 지키지 못하였다. 예수 그리스도께서 첫 아담이 지키지 못한 율법을 다 이루셨는데 이를 능동적 순종이라고 한다. 예수님은 죽으실 때에는 우리의 죄값을 짊어지고 십자가에 죽으심으로 율법을 이루셨는데 이를 수동적 순종이라고 한다. 주 예수께서 능동적 순종과 수동적 순종을 통하여 율법을 다 지키셨고, 율법을 지키지 못한 것에 대한 벌까지 모두 지셨다. 율법이 사람들에게 요구하는 모는 것을 다 이루셨다.

나. 영육에 걸친 고난

예수님은 살아 계신 동안 영혼으로도, 몸으로도 고통을 당하셨다. 예수님께는 사람들의 비참함을 지켜보는 것만으로도 영적인 괴로움이었다. 나사로가 죽었을 때에 예수님은 눈물을 흘리셨다 요 11:35. 사람들이 죄로 말미암아 죽어야 하고, 그 죽음으로 슬퍼하는 가족을 보며 예수님은 눈물을 흘리셨다. 예수님은 제자들 중 하나가 자신을 팔 것이라는 말씀을 제자들에게 하실 때에 심령이 괴로우셨다 요 13:21. 자신이 사랑으로 가르치시며 동고동락한 제자 한 명이 자신을 배신하고 판다는 사실에 예수님은 얼마나 심한 괴로움을 느끼셨을까! 예수님은 나병환자, 맹인 등의 장애인을 보실 때에 불쌍히 여기시어 그 장애를 고쳐주셨다 마 1:41; 마 20:34. 예수님은 죄로 말미암아 장애인이 된 이들을 볼 때마다 그 마음이 아프셨던 것이다. 예수님은 무리가 목자 없는 양과 같이 고생하며 기진한 것을 보셨을 때에도 그들을 불쌍히 여기셨다 마 9:36.

예수님의 영적인 괴로움은 십자가에 못 박혀 죽으시기 전날부터 더욱 크게 나타났다. 예수님은 제자들에게 "내 마음이 매우 고민하여 죽게 되었으니 너희는 여기 머물러 나와 함께 깨어 있으라"고 마 26:38 말씀하셨다. 그후 기도하실 때에 땀이 땅에 떨어지는 핏방울 같이 되었다. 얼마나 괴로우시면 땀이 핏방울 같이 되겠는가? 예수님은 제자들이 다 도망간 상태에서 멸시와 조롱을 받으며 십자가에 못 박히셨을 때 "나의 하나님, 나의 하나님, 어찌하여 나를 버리셨나이까"라고 마 27:46 소리 지르셨다. 예수님은 하나님과 단절되는 고통을 겪으신 것이다. 하나님께서 예수님을 버리시는 죽음처럼 큰 고통이 예수님에게는 없다. 예수님은 이 버림으로 죽음을 경험하셨고, 우리는 예수님의 죽음으로 하나님을 얻는다. 예수님께서 이 정도로 지극히 심한 괴로움을 영적으로 겪으셨다.

예수님은 몸으로도 지극히 고통스러운 고난을 겪으셨다. 예수님을 밤중에 잡아들인 대제사장과 서기관과 장로들은 예수님의 얼굴에 침 뱉으며 주먹으로 쳤고, 어떤 사람은 손바닥으로 때렸다. 이들은 "그리스도야 우리에게 선지자 노릇을 하라 너를 친 자가 누구냐?"고마 26:68 조롱하였다. 이들은 새벽에 예수님을 결박하여 총독 빌라도에게 넘겨주었고, 빌라도는 예수님을 채찍질하고 십자가에 못 박히게 넘겨주었다. 총독의 군병들이 예수님을 관정 안으로 데리고 들어가서 옷을 벗기고 홍포를 입히며 가시관을 엮어 그 머리에 씌우고 갈대를 그 오른손에 들리고 그 앞에서 무릎을 꿇고 "유대인의 왕이여 평안할지어다"고마 27:29 희롱하였다. 예수님에게 침 뱉고 갈대를 빼앗아 그의 머리를 쳤다. 희롱을 다 한 후 홍포를 벗기고 도로 그의 옷을 입혀 십자가에 못 박으려고 끌고 나갔다. 골고다에 이르러 쓸개 탄 포도주를 예수님께 주어 마시게 하였다. 그들은 예수님을 십자가에 못 박은 후에 그 옷을 제비 뽑아 나누고 거기 앉아 지켰다. 지나가는 자들은 자기 머리를 흔들며 "성전을 헐고 사흘에 짓는 자여 네가 만일 하나님의 아들이어든 자기를 구원하고 십자가에서 내려오라"고마 27:40 예수님을 모욕하였다. 예수님께서 갈증으로 목마르다고 하시자 사람들은 신 포도주를 적신 해면을 우슬초에 매어 예수님의 입에 대주었다. 예수님은 "나의 하나님, 나의 하나님 어찌하여 나를 버리셨나이까"라고 마 27:46 크게 소리 지르시고 얼마 후 돌아가셨다.

예수님은 이 땅에서 비참한 상황을 직접 경험하시며 심한 괴로움을 겪으셨고, 사람들이 겪는 비참한 상황을 보시며 불쌍히 여기심으로 괴로워하셨다. 죽으실 때에는 하나님께 버림을 받는 심한 영적 괴로움을 겪으셨고, 몸으로도 십자가에 못 박힘이란 극형의 형벌로 지극히 고통스러운 고난을 겪으셨다. 십자가형은 죄수가 빨리 죽지 않고 긴 시간 동안 큰 고통을 당하며 죽기 때문에 로마 시민에게는 금지된 극형이었다. 예수님께서 이런 고난을 영육에 걸쳐 모두 겪으셨으므로 우리의 연약함을 동정하시고, 지금도 하나님 우편에서 우리의 연약함을 위하여 기도하시고 때를 따라 돕는 은혜를 주신다히 4:15-16. 그리스도께서 지극히 고통스러운 고난을 직접 겪으셨기 때문에 중보자와 보증인의 직분을 수행하실 수 있었다.

다. 십자가에 못 박혀 죽으심

이 땅의 사람은 모두 죽는다. 한 번 죽는 것은 사람에게 정해진 것이고, 그 후에는 심판이 있다. 선택된 자들이 죄로 말미암아 죽게 되고 그 후에 엄중한 심판을 받게 되는데, 그들에게 영원한 생명을 주시고 마지막 심판 때 죄 없다함을 받도록 그리스도께서 자신이 죽는 것을 선택하셨다. 그리스도께서 많은 사람의 죄를 담당하시며 단번에 드리신 바 되기 위하여 죽으셨다히 9:27-28.

그런데 주 예수께서 왜 십자가의 죽음 형태를 택하셨을까? 예수님은 3년의 공생애가 아니라 30년이 넘는 공생애를 통하여 이 땅에서 더 많은 제자를 가르치시고, 세계 선교까지 직접 하시고, 신학교도 세우신 후에 자연사하셨다면 어떠했을까? 혹은 사고사나 병으로 죽으셨다면 어떠했을까? 그런데 이러한 죽음의 형태들은 죄의 저주로 인하여 비참하게 인생을 살고 죽어야 하는 사람들의 고난과 죽음을 잘 대표하지 못한다. 예수님은 공생애만이 아니라 죽으실 때도 죄로 인하여 사람들이 겪어야 하는 비참한 저주를 가장 잘 나타내는 형태로 죽으셔야 했다.

바로 십자가의 죽음이 그런 영원한 저주의 죽음을 가장 잘 나타낸다. "사람이 만일 죽을 죄를 범하므로 네가 그를 죽여 나무 위에 달거든 그 시체를 나무 위에 밤새도록 두지 말고 그 날에 장사하여 네 하나님 여호와께서 네게 기업으로 주시는 땅을 더럽히지 말라 나무에 달린 자는 하나님께 저주를 받았음이니라"신 21:22-23. 구약시대에 사람이 죽을 죄를 범하여 나무 위에 달아서 죽이는 경우에 그 시체를 나무 위에 밤새도록 두면 안 되었다. 나무에 달린 자는 하나님께 저주를 받았기 때문에 그 날에 장사하지 않으면 하나님이 주시는 땅을 더럽게 하기 때문이다.

예수님은 일부러 하나님께 저주 받은 십자가의 죽음을 택하셨다. 가장 저주받은 죽음의 형태를 일부러 택하신 것이다. 예수님은 열두 제자를 따로 데리시고 길에서 "보라 우리가 예루살렘으로 올라가노니 인자가 대제사장들과 서기관들에게 넘겨지매 그들이 죽이기로 결의하고 이방인들에게 넘겨주어 그를 조롱하며 채찍질하며 십자가에 못 박게 할 것이나 제 삼일에 살아나리라"고마 20:17-19 말씀하셨다. 예수님은 구체적인 죽음의 형태까지 택하심으로 사람들이 받아야 하는 영원한 저주를 몸소 담당하셨다. 예수님은 십자가의 극형을 겪으심으로 중보자와 보증인의 직분을 가장 적합하게 수행하셨다.

라. 장사되셨고 무덤에 머무르셨으나, 썩음을 당하지 않으심

장사를 지내는 것과 죽은 자가 묻힌 무덤은 사람이 죽은 것과 그 시신이 매장되었음을 확실하게 보여준다. 그리스도께서 장사되셨는데 이는 그리스도께서 정말로 죽으신 것을 뜻하고, 그리스도께서 사흘 동안 무덤에 머물러 계셨는데 이는 그리스도의 죽음이 지속되고 있음을 뜻한다. 우리 신자들은 그리스도께서 죽으신 것과 죽음에 한동안 머무신 것을 인하여 죽음으로부터 벗어날 수 있다. 즉 그리스도께서 우리로 죽음으로부터 영원히 그리고 완전히 벗어나도록 본인이 실제로 죽으셨고 한동안 죽음에 머무셨다. 그리스도께서 겪으신 낮아짐은 우리 신자들이 이 땅에서 겪어야하는 낮아짐을 대신 겪으신 것이므로 우리는 이런 낮아짐으로부터 영원히 벗어나 자유롭게 된다.

주 예수께서 비록 무덤에 사흘간 머무셨지만 썩음을 당하지 않으셨다. 만약에 그가 썩음을 당하셨다면, 그는 비록 사람들의 죄를 대신 짊어지고 죽음으로 사람들의 죄값을 해결하셨을지는 모르지만, 그들에게 영생과 영화를 주시지는 못한다. 그와 연합된 신자들도 죽음의 고통과 권세를 못 벗어난다. 하나님께서 그가 사망에 매여 있을 수 없고, 사망에 매여 있어서는 안 되기 때문에 그를 사망의 고통에서 풀어 살리셨고, 그의 영혼을 음부에 버리지 아니하시며 썩음을 당하지 않게 하셨다.행 2:24, 27 또한 예수 그리스도 자신도 인성과 한 인격으로 결합된 신성의 능력에 의해 사망의 권세를 깨뜨리시어 썩음을 당하지 않으셨다. 예수 그리스도께서 신성과 인성이 한 인격으로 결합이 되어야 하는 한 이유가 바로 여기에 있다. 우리

신자들은 그리스도의 장사를 인하여 비록 죽어서 육신이 땅에 묻히기는 하지만 영원히 묻히거나 썩지 않는 것이고, 다시 살아난다. 육신의 죽음과 함께 육신과 영혼의 고통은 끝나는 것이지, 절대로 무덤에 갇힌 채 고통을 더 받지 않는다. 이 모든 고통을 예수님께서 이미 받으셨기 때문이고, 육신이 썩지 않으며 사망에게 승리하셨기 때문이다.

예수님은 같이 십자가에 못 박힌 한 강도에게 "내가 진실로 네게 이르노니 오늘 네가 나와 함께 낙원에 있으리라"고 눅 23:43 말씀하셨다.[54] 그러므로 예수님은 죽으신 그날에 그 강도와 함께 낙원에 계셨는데 당연히 영혼으로써 같이 계셨다. 예수님이나 그 강도나 육신은 이 땅에 머물러 있는데, 예수님의 육신은 썩음을 보지 않고, 그 강도의 육신은 썩음을 보았다.

마. 지옥에 내려가심(He descended into hell.)

사도신경 使徒信經, The Apostles' Creed 은 이름과 달리 사도들이 직접 만든 신앙고백이 아니다. 사도들의 가르침을 후대의 제자들이 요약한 것이라, 사도신경에는 여러 유형이 있다. 사도신경은 사도들의 가르침을 워낙 잘 요약하여 교회의 공의회에서 결정되지 않았음에도 권위를 인정받았다. "지옥에 내려가시고"He descended into hell. 라는 구절은 사도신경의 가장 오래된 210년경 판과 이어지는 판들에는 없고, 4세기의 사도신경 판에 처음 나온다. 6세기 이후의 판들에 조금 나오고 대부분의 기록물에는 나오지 않는다. 그럼에도 공인된 원문 Forma Recepta 은 이 구절을 받아들였는데 그 이유는 이 구절이 지니는 의미 때문이었다.

한국의 사도신경 판에는 이 구절이 없다. 1887년에 조선 땅을 처음 밟은 언더

---

54 예수님은 십자가에서 다른 강도들보다 일찍 돌아가셨다. 그 날은 안식일의 준비일이므로 군인들이 유대인들의 요청에 따라 시체들을 십자가에 두지 아니하려고 강도들의 다리를 꺾어 시체를 치웠다. 하지만 예수님은 이미 죽으셨으므로 다리를 꺾지 아니하였다. 그러므로 예수님은 강도에게 "죽은 즉시 네가 나와 함께"라고 말씀하시지 않고 "오늘 네가 나와 함께"라고 말씀하신 것이다. 엄밀하게 말하면 예수님은 낙원에 먼저 가셔서 강도의 영혼이 오기를 기다리신 것이다.

우드 선교사가 7년 후 1894년에 사도신경을 번역하였는데, 그 번역본에는 이 구절이 있었다. 그런데 1908년에 합동 찬송가를 발간하면서 일부 교단이 이 구절을 뺄 것을 주장하여 그때부터 이 구절이 빠졌다.

예수님께서 지옥에 내려가신 이유가 무엇일까? 지옥에 가서서 예수님을 거부하고 죽은 영혼들에게 다시 복음을 전하여 천국으로 옮기셨을까? 베드로전서 3:19절이 예수님께서 영으로 지옥에 가서서 영들에게 복음을 전하신 것으로 보이기도 한다. 그런데 전후문맥이 지옥의 불신자들에 대하여 말하고 있지 않다. 이런 견해는 문맥을 무시하고 갑자기 예수님께서 지옥의 불신자들에게 복음을 전한 것이라고 말하는 셈이다. 또한 성경은 전체적으로 죽은 자들이 다시 복음을 듣고 회개할 기회가 있다고 말하지 않는다. 이러한 주장은 림보와 연옥 사상을[55] 갖는 로마 가톨릭이 선호한다.[56] 루터파도 예수님께서 실제로 지옥에 가셨다고 보는데 지옥에 있는 영혼들에게 복음을 전파하시려는 목적이 아니라 지옥에 있는 사탄의 세력에게 승리를 선포하시려는 목적 때문이다. 루터파는 지옥강하를 그리스도의 승리로 보기 때문에 지옥강하부터 그리스도의 높아짐의 단계로 본다. 하지만 우리는 부활이 없이 높아짐이 없다고 보아 이 견해를 거부한다.

벧전 3:10-20   그러므로 생명을 사랑하고 좋은 날 보기를 원하는 자는 혀를 금하여 악한 말을 그치며 그 입술로 거짓을 말하지 말고 11 악에서 떠나 선을 행하고 화평을 구하며 그것을 따르라 12 주의 눈은 의인을 향하시고 그의 귀는 의인의 간구에 기울이시되 주의 얼굴은 악행하는 자들을 대하시느니라 하였느니라 13 또 너희가 열심으로 선을

---

55 로마 가톨릭이 주장하는 림보와 연옥에 대해서는 제32장(죽은 후의 사람의 상태와 죽은 자의 부활) 제1절을 참고하라.
56 로마 가톨릭은 "예수님께서는 모든 인간과 마찬가지로 죽음을 겪으셨고, 그 영혼은 죽은 이들의 거처에서 그들과 함께 계셨다. 그러나 그분은 그곳에 묶여 있는 영혼들에게 복음을 선포하는 구원자로서 그곳에 내려가신 것이다."라고 말하며 근거성경구절로 벧전 3:18-19을 든다. 『가톨릭 교회 교리서』, 632항, 273.

행하면 누가 너희를 해하리요 14 그러나 의를 위하여 고난을 받으면 복 있는 자니 그들이 두려워하는 것을 두려워하지 말며 근심하지 말고 15 너희 마음에 그리스도를 주로 삼아 거룩하게 하고 너희 속에 있는 소망에 관한 이유를 묻는 자에게는 대답할 것을 항상 준비하되 온유와 두려움으로 하고 16 선한 양심을 가지라 이는 그리스도 안에 있는 너희의 선행을 욕하는 자들로 그 비방하는 일에 부끄러움을 당하게 하려 함이라 17 선을 행함으로 고난 받는 것이 하나님의 뜻일진대 악을 행함으로 고난 받는 것보다 나으니라 18 그리스도께서도 단번에 죄를 위하여 죽으사 의인으로서 불의한 자를 대신하셨으니 이는 우리를 하나님 앞으로 인도하려 하심이라 육체로는 죽임을 당하시고 영으로는 살리심을 받으셨으니 19 그가 또한 영으로 가서 옥에 있는 영들에게 선포하시니라 20 그들은 전에 노아의 날 방주를 준비할 동안 하나님이 오래 참고 기다리실 때에 복종하지 아니하던 자들이라 방주에서 물로 말미암아 구원을 얻은 자가 몇 명뿐이니 겨우 여덟 명이라

    베드로전서 3장은 10-17절에 걸쳐 악에서 떠나 선을 행할 것을 말한다. 18절은 예수님께서도 우리를 하나님 앞으로 인도하시려고 대속의 선한 삶을 사시어 육체로는 죽임을 당하셨지만 영으로는 살리심을 받았다고 말한다. 예수님은 단번에 죄를 위하여 죽으셨기 때문에 육체로는 죽임을 당하신 것이 분명한다. 그렇다면 영으로는 살리심을 받으셨다는 것은 무슨 뜻일까? 예수님은 사람들의 죄를 지고 십자가에서 죽으셨다. 이보다 더 선한 행위는 없다. 예수님은 이런 의인의 삶을 사셨기 때문에 비록 그 육체로는 죽임을 당하셨지만, 영적으로는 살리심을 받으셨다는 것이다. 예수님은 영으로 과거와 현재와 미래에 걸쳐 어느 시대에서나 복음을 몰라 스스로 감옥에 갇혀 사는 영들에게 복음을 선포하신다. 노아가 방주를 만들었던 때에도 복종하지 아니하던 자들에게 선포하셨다. 그런데 그 복음을 받아들

인 자가 방주에서 살아남은 자 여덟 명뿐이었다. 우리는 이렇게 해석하지만, 벧전 3:18-20절은 난해구절에 속한다. 그런데 다양한 해석이 있기는 하지만 예수님께서 지옥에 갇혀 있는 불신자들의 영들에게 복음을 전하며 회개의 기회를 다시 주신 것이 아닌 것은 분명하다. 사도신경의 "지옥에 내려가시고"도 당연히 예수님의 지옥강하降下에 대하여 말하는 것이 아니다.

예수님은 겪으신 여러 고난을 통해 말할 수 없는 두려움과 괴로움과 공포와 지옥 같은 고통을 맛보셨다. "지옥에 내려가시고"는 예수님께서 겪은 지옥과 같은 고통을 의미한다. 겟세마네 동산에서 땀을 피처럼 흘리며 겪으셨던 고뇌, 십자가에서 겪으셨던 말할 수 없는 고난, 죽으신 후 장사되며 죽음의 권세 아래에 얼마동안 거하신 고통이 바로 지옥과 같은 고통에 속한다. 죽음의 권세 아래 사흘 동안 거하신 것도 하나님으로부터 영육이 분리되는 지옥과 같은 고통이었다.

그리스도의 죽음과 부활이 바로 그리스도와 연합한 우리의 것이듯, 그리스도가 죽음의 권세 아래 사흘 동안 거하신 것도 바로 우리가 겪은 것이 된다. 그래서 신자들은 죽은 후에 죽음의 권세 아래에 거하지 않는다. 죽은 후에 영혼은 고통을 당하지 않고, 즉시 영혼을 주신 하나님께 돌아간다. 거룩하게 된 영혼은 가장 높은 하늘로 영접되어, 빛과 영광 속에서 하나님의 낯을 뵈며 자기 육신이 부활할 것을 기다린다. 신자의 죽음은 이렇게 영광스러운 것이므로 신자는 오히려 이 생이 아니라 저 생을 사모해야 한다. 신자는 어떤 큰 시험을 당하여도, 지옥과 같은 고통을 맛보신 예수 그리스도께서 자신을 지옥의 두려움과 고난에서 구원하심을 확신해야 한다. 이 확신과 안심을 위해 "지옥에 내려가시고"라는 구절이 사도신경에 있다. 신자는 큰 어려움을 당할 때마다 예수 그리스도를 바라보아야 한다. 말할 수 없는 고통을 당하신 예수님께서 자신을 반드시 살피시고 도우실 것임을 확신해야 한다.

❷ 높아지신 상태에서 하신 사역들

지금까지 그리스도께서 낮아진 상태에서 하신 일들을 살펴보았다. 이제부터 높아진 상태에서 하신 일을 살펴보는데 부활, 승천, 우편에 앉으심, 재림이 여기에 해당한다.

가. 동일한 몸으로 부활하심

그리스도께서 낮아진 상태에서 율법 아래에 나심, 고난, 죽음, 장사 등을 겪으심으로써 우리를 위하여 구원을 획득하셨다. 그리스도와 연합된 우리는 그리스도께서 획득하신 구원을 우리의 것으로 삼을 수 있다. 그런데 이 구원이 우리의 것이 되려면 예수님께서 죽음의 권세를 뚫고 부활하셔야 한다. 그분이 아무리 순종하고 죽으실지라도 죽음의 권세를 뚫지 못하고 죽음의 상태에 계속하여 있다면 아무 소용이 없다. 그리스도께서 다시 살아나지 못하시면 우리의 믿음은 헛것이 된다. 그리스도 안에서 우리가 바라는 것이 다만 이 세상의 삶뿐이라면 모든 사람 가운데 우리가 더욱 불쌍한 자이다고전 15:17-19. 예수님은 우리로 영생을 누리도록 부활하셨다. 맨 나중에 멸망 받을 원수인 사망을 죽여 버리시고고전 15:26 부활하셨다.

사람은 죽는 순간부터 썩는다. 심하게 썩으면 뼈만 남고, 더 썩으면 뼈조차 삭아진다. 몸을 이룬 살과 뼈가 가루와 먼지로 분해되어 사라져버린다. 그렇게 썩어서 가루로 날아 가버린 것이 원래의 사람으로 다시 살아나는 것이 부활이다. 어떻게 이런 일이 가능할까? 바로 예수 그리스도의 능력 때문에 가능하다. 죽으셨는데 죽음의 권세를 뚫고 부활하신 예수 그리스도께서 자신과 연합한 신자들도 다시 새로운 생명으로 일으키신다. 무에서 천지와 만물을 창조하신 하나님께 죽은 자를 살리시는 것은 일도 아니다. 어떤 도움과 원리도 없이 오직 능력의 말씀으로 세상을 창조하신 하나님께서 죽은 신자에게 새로운 육신을 부여하는 것이 어렵지 않다. 우리는 생명과 죽음이 무엇인지 그 본질적 원리를 알지 못하지만, 하나님은 권능과 지혜로 무에서 천지만물을 만드시고, 생명체도 만드시고, 그 생명을 빼앗기도 하시고, 죽은 생명체에게 다시 생명을 주시기도 한다.

예수님은 자신의 부활을 통해 자신과 연합한 우리에게도 부활이 있음을 분명하게 보여주셨다. 우리는 그의 죽으심과 합하여 함께 죽었고 장사되었고, 그와 함께 다시 살리심을 받는다롬 6:4; 골 3:1. 우리는 사도신경에서 "죽은 자 가운데서 다시 살아나시며"라는 구절을 외울 때마다 부활이 존재함을 확인하는 것이고, 그 부활이 그리스도와 연합한 우리에게도 주어짐을 확인하는 것이다. 그리스도의 부활은 그의 중보자와 보증인의 직분에서 빼놓을 수 없는 중요한 부분이다.

예수님은 부활하실 때에 고난을 받으셨던 동일한 몸으로 부활하셨다. 다른 제자들이 도마에게 "우리가 주를 보았노라"고 하였으나 "내가 그의 손의 못 자국을 보며 내 손가락을 그 못 자국에 넣으며 내 손을 그 옆구리에 넣어 보지 않고는 믿지 아니하겠노라"고 대답하였다. 예수님은 여드레 후 제자들이 문들이 닫힌 집 안에 있을 때에 오시어 도마에게 "네 손가락을 이리 내밀어 내 손을 보고 네 손을 내밀어 내 옆구리에 넣어 보라 그리하여 믿음 없는 자가 되지 말고 믿는 자가 되라"고 말씀하셨다요 20:25, 27. 이것은 예수님께서 부활 이전과 같은 육신으로 부활하신 것을 나타낸다. 예수님과 연합하여 부활하는 우리 또한 우리가 가졌던 몸으로 부활한다. 이 땅에서 가졌던 같은 육신으로 부활한다는 것은 신자들이 이 땅에서 각자 가졌던 정체성과 삶의 내력이 의미가 있다는 것이다. 부활 이후의 삶은 부활 이전의 삶의 성숙과 영화로움이지 이전의 삶과의 단절이 아니다. 우리가 이 땅에서 겪은 모든 경험과 아픔과 실수가 모두 정화되며 높은 단계로 상승하는 것이고, 우리 각자의 정체성과 개성의 핵심이 유지되며 "나 자신"이 가장 아름답고 영화롭고 찬란하게 드러난다.

그리스도의 부활은 삼위의 사역이다. 외부를 향한 삼위일체 하나님의 사역은 분리되지 않음을 앞에서 살펴보았는데, 예수님의 부활에서 각 위격이 어떻게 사역을 하셨을까? 예수님은 자신의 목숨을 버리는 것은 다시 얻기 위함이라고 말씀하셨다. 예수님은 버릴 권세도 있고, 다시 얻을 권세도 있다요 10:17-18. 예수님은 "나는 부활이요 생명이니 나를 믿는 자는 죽어도 살겠고"라고요 11:25 말씀하셨다. "너희가 이 성전을 헐라 내가 사흘 동안에 일으키리라"요 2:19, "성결의 영으로는 죽은 자들 가운데서 부활하사 능력으로 하나님의 아들로 선포되셨으니 곧 우리 주 예수 그리스도시니라"롬 1:4, "그는 몸인 교회의 머리시라 그가 근본이시요 죽은 자들 가운데서 먼저 나신 이시니 이는 친히 만물의 으뜸이 되려 하심이요"골 1:18 등의 말씀을 통해 예수님께서 스스로 자신의 부활을 이루셨음을 알 수 있다. "그는 육체에 계실 때에 자기를 죽음에서 능히 구원하실 이에게 심한 통곡과 눈물로 간구와 소원을 올렸고 그의 경건하심으로 말미암아 들으심을 얻었느니라"에서 히 5:7 알 수 있는 것처럼 주 예수님은 인성으로는 하나님 아버지께 부활을 간구하셨고, 신성으로는 하나님의 능력에 의해 자신의 부활을 이루셨다. 이런 면에서도 예수 그리스도는 우리의 구원 사역에 있어서 신성과 인성을 모두 필요로 하신다.

성부 하나님께서 부활에 참여하신 것은 아래 구절들에서 알 수 있다. 성자와 성령의 존재에서 근원이신 성부 하나님은 바깥을 향한 사역에서도 근원의 역할을 하시므로, 그리스도의 부활에도 근원으로서 주도적으로 참여하신다.

행 2:24	하나님께서 그를 사망의 고통에서 풀어 살리셨으니 이는 그가 사망에 매여 있을 수 없었음이라
행 2:32	이 예수를 하나님이 살리신지라 우리가 다 이 일에 증인이로다
고전 6:14	하나님이 주를 다시 살리셨고 또한 그의 권능으로 우리를 다시 살리시리라
갈 1:1	오직 예수 그리스도와 그를 죽은 자 가운데서 살리신 하나님 아버지로 말미암아 사도 된 바울은
엡 1:20	그의 능력이 그리스도 안에서 역사하사 죽은 자들 가운데서 다시 살리시고 하늘에서 자기의 오른편에 앉히사

성령께서 그리스도의 부활에 참여하신 것은 로마서 8:11절을 통해 알 수 있다. "죽은 자 가운데서 살리신 이의 영이 너희 안에 거하시면 그리스도 예수를 죽은 자 가운데서 살리신 이가 너희 안에 거하시는 그의 영으로 말미암아 너희 죽을 몸도 살리시리라."

이렇게 각 위격이 구체적으로 부활에 참여하신 것을 나타내는 성경구절들 이

외에도, 삼위일체 하나님의 밖을 향한 사역에서 다른 위격들이 언급되지 않아도 그 위격들이 배제되지 않기 때문에 부활에도 세 위격이 모두 참여하신다고 볼 수 있다. 그리고 이러한 원리는 그리스도가 하신 일들 중 부활에만 적용되지 않고 다른 모든 일에도 똑같이 적용된다.

나. 승천(昇天)

예수님은 부활하신 후 사십 일 동안 제자들에게 많은 증거로 친히 살아 계심을 나타내셨고, 하나님 나라의 일을 말씀하셨다 행 1:3. 사십 일 후에는 하늘로 올라가셨는데, 육체로 부활하셨고, 육체로 승천하셨다. 부활로 영화롭게 변하신 그리스도의 몸은 승천을 통하여 더 높은 영광으로 변하셨다. 부활에서 시작된 그리스도의 인성의 변화가 승천을 통하여 완성되었다. 천국은 땅의 저주가 없고, 가시덤불과 엉겅퀴가 없고, 얼굴에 땀을 흘려야 먹을 것을 먹게 되지 않고, 흙이니 흙으로 돌아가는 일도 없다. 그리스도의 몸이 이런 천국에 적합한 영광으로 바뀐 것이다.

예수님은 한 번 취하신 육신을 절대로 버리지 않으신다. 이것은 신성과 인성이 한 인격으로 연합한 상태가 지속된다는 의미이다. 예수님께서 한 번 취하신 인성을 비천하다고 버리시지 않고, 오히려 영화롭게 하시어 신성에 어울리는 수준으로 끌어올리신다. 이것은 신자도 그 육신이 부활 후에 영화로워진다는 것이고, 그 영화로운 육신으로 하나님과 영원히 거하게 된다는 것이다. 그래서 예수님은 제자들이 보는 가운데서 육체를 지닌 채 땅에서 하늘로 올리어졌고, 그 하늘에서 계속해서 신인으로 거하신다.

그렇다면 승천하신 그리스도께서 하늘에 계시므로 땅에 있는 우리와는 같이 계시지 않는 것인가? 예수 그리스도는 참 사람이시며, 참 하나님이시다. 인성으로서는 배고파하시고 피곤해하신다. 시간과 공간의 제약을 받으신다. 한 곳에 계시면 다른 곳에 계실 수 없다. 갈릴리에 계시면 베들레헴에 계시지 않는다. 하지만 신성으로서는 배고프시지 않고, 피곤하시지 않는다. 시간과 공간의 제약을 받지 않으신다. 무한하시고 영원하시다. 하늘로 승천하시어 하나님 우편에 앉아계신 예수 그리스도는 인성으로는 그 우편에 국한하여 앉아계시지만, 신성으로는 공간의 제약을 받지 않고 어디에나 계신다. 그래서 인성으로서는 우리와 같이 계시지 않지만, 신성으로서는 늘 우리와 같이 계시어 임마누엘 하나님이시다. "나는 세상에 더 있지 아니하오나 그들은 세상에 있사옵고 나는 아버지께로 가옵나니"는 요 17:11 예수님의 인성에 관한 것이고, "볼지어다 내가 세상 끝날까지 너희와 항상 함께 있으리라"는마 28:20 예수님의 신성에 관한 것이다.

그렇다면 예수 그리스도의 인성은 하나님 우편에 계시고, 그의 신성은 편재遍在하시므로 예수 그리스도의 인성과 신성이 분리되나? 신성은 어디나 계시므로 지금 이 땅에서 우리와 같이 계실 때에도 하나님 우편에 계시는 인성과 연합되어 한 인격을 이루신다. 신성의 모든 충만이 예수 그리스도 안에 거하신다골 2:9. 예수 그리스도를 보는 자들은 눈에 보이는 그의 인성만을 보아서는 안 되고, 그 안에 거하시는 신성의 모든 충만을 보아야 한다. 예수님께서 십자가에서 죽으실 때에도 그 신성은 인성을 떠나시지 않았다. 그 인성이 신성의 권능으로 죽음의 권세를 뚫고 부활할 수 있었다. 우리는 예수 그리스도를 보며 자꾸 인성의 수준으로 제한하며 생각하는 경향이 있는데 다시금 그 안에는 신성의 모든 충만이 육체로 거하심을 새겨야 한다.

제8장 제2절에서 살펴본 것처럼 루터파는 예수님의 신성과 인성 간에 교류가 있어야 한 인격의 참된 단일성이 성립된다고 보기 때문에 신성의 전능과 편재와 전지와 같은 사역적 속성이 인성에 전달된다고 본다. 루터파는 속성의 교류로 인성의 육체도 편재한다고 보기 때문에 예수님의 승천을 장소적 이동으로 보지 않고, 상태의 변화로 본다. 이들은 예수님의 성육신 때 속성의 교류가 시작되었고, 예수님의 인성이 승천 때 가장 높은 수준으로 신성의 속성들을 향유하고 실행한다고 본다. 따라서 예수님께서 승천하셨다는 것은 예수님의 육신이 신성처럼 완전하게 편재하시는 상태에 이르렀다는 의미이다. 반면에 우리가 부활에서 시작된 그리스도의 인성의 변화가 승천을 통하여 영화롭게 완성되었다고 볼 때에, 이것은 인성 내에서의 영화로운 변화이지 절대로 신성의 속성을 받아서 영화롭게 된다는 것

이 아니므로 여전히 영화로워진 인성일지라도 공간의 영향을 받아서 편재하실 수 없다. 유한은 무한을 받지 못하는 것이다. 승천하신 예수님은 인성이 영화로워지시며 낙원으로 장소적 이동을 하시어 거하신다.

다. 앉아계심과 간구하심

"모든 통치와 권세와 능력과 주권과 이 세상뿐 아니라 오는 세상에 일컫는 모든 이름 위에 뛰어나게 하시고 또 만물을 그의 발 아래에 복종하게 하시고 그를 만물 위에 교회의 머리로 삼으셨느니라"에서 엡 1:21-22 예수 그리스도는 신성으로는 새삼스럽게 통치와 권세와 능력과 주권을 필요로 하시지 않는다. 그리스도의 인성이 이것들을 받으신다. 예수 그리스도는 하나님 우편에 앉아 하나님께서 주신 것들로 만물을 다스리신다. 그리스도의 인성이 이것들을 받았다는 것은 앞으로 우리 신자들도 영화롭게 될 때에 이것들의 핵심을 부분적으로나마 받게 된다는 뜻이다. 이런 면에서 그리스도는 선택된 자들을 대표해서 하나님 우편에 앉으신다.

교회의 머리이신 그리스도께서 하나님 우편에서 만물을 다스리시면 우리에게 어떤 유익이 있을까? 첫 번째 유익은 예수님은 여전히 선지자로서 성령을 통하여 제자들에게 하신 모든 말씀을 생각나게 하시고 요 14:26, 사도들로 성경을 기록하게 하시고, 사도들과 목사들로 설교하게 하시고, 신자들의 마음을 조명하시는 것이다. 사도, 선지자, 복음 전하는 자, 목사와 교사의 직분을 교회에 주시어 성도를 온전하게 하고, 봉사의 일을 하게 하여 그리스도의 몸을 세우도록 하신다 엡 4:11-13.

두 번째 유익은 여전히 제사장으로서 아버지 앞에서 우리의 변호자가 요일 2:1; 요 14:16 되시는 것이다. 그리스도는 지상과 천상에서 제사장 사역을 하신다. 전자는 자신을 희생제물로 바치는 대속 사역이고, 후자는 그 대속 사역에 근거한 중보 사역이다. 구약시대에 전자는 성전 마당의 놋제단에서 짐승을 잡는 것으로 표현되었고, 후자는 성소 안에서 금단 위에 날마다 드려지는 분향으로 표현되었다. 금단의 향은 번제단에서 취한 불붙은 숯으로만 피워졌는데 레 16:12, 이는 중보가 오직 속죄의 희생에만 근거함을 나타낸다.

"누가 정죄하리요 죽으실 뿐 아니라 다시 살아나신 이는 그리스도 예수시니 그는 하나님 우편에 계신 자요 우리를 위하여 간구하시는 자시니라"는 롬 8:34 예수님께서 지금 이 순간에도 우리를 위하여 간구하심을 나타낸다. 그리스도의 희생과 간구를 인하여 우리를 정죄할 자는 아무도 없다. 예수 그리스도는 영원히 계시고, 항상 살아계셔서 자신을 힘입어 하나님께 나아가는 자들을 위하여 간구하신다 히 7:23-25. 요한계시록 12:10절은 하나님 앞에서 우리 형제들을 밤낮 참소하던 자가 쫓겨났다고 말한다. 사탄은 성부 하나님 앞에서 신자들을 밤낮 고소하고, 그에 맞서 대언자 그리스도께서 신자들을 변호하신다. 욥기에서도 사탄은 하나님께서 욥을 칭찬하시자 욥을 비난하고 고소하였다. 스가랴 3장에서도 사탄이 대제사장 여호수아를 대적하였고, 이런 사탄을 여호와께서 책망하셨다. 여호와는 여호수아의 더러운 옷을 벗기게 하시고, 그의 죄악을 제거하였으므로 아름다운 옷을 입히시겠다고 말씀하셨다. 그리스도는 이렇게 천상에서 우리를 위하여 중보하신다.

그리스도의 죽음과 중보가 있으므로 우리의 죄로 물든 기도가 하나님께 전달된다. 우리의 기도는 하나님의 영광과 일을 위한 것이라고 하지만 실은 얼마나 우리 자신의 영광과 이익을 위한 것인지 모른다. 기도의 동기와 목표가 순수하지 못하고 교묘하게 포장된다. 때로는 노골적으로 육신의 정욕과 안목의 정욕과 이생의 자랑이 드러난다. 그런데 그리스도는 우리를 위하여 계속하여 간구하심으로써 우리의 삶과 기도를 수준 높게 만드시며 거룩하게 하신다. 그리스도로 말미암아 우리는 하나님이 기쁘게 받으실 신령한 제사를 드릴 거룩한 제사장이 된다 벧전 2:5.

성자 하나님께서 성육신하시어 우리를 위하여 영원히 기도하신다. 영원하시고 광대하신 그리스도께서 우리를 위하여 죽으실 뿐만 아니라 여전히 앞으로도 영원히 우리를 위하여 중보기도 하신다. 우리가 우리의 삶을 살아가지만 실은 그리스도의 하신 일과 중보하심으로 우리가 살아간다. 우리의 열심과 기도와 실천 이전에 그리스도의 "사랑과 열심"이 있는 것이고, 우리를 위한 "기도"가 있는 것이다.

세 번째 유익은 여전히 왕으로서 지상의 교회를 직분자를 엡 4:10-11 통하여 통치하시고 보호하시는데, 모든 원수를 발아래에 둘 때까지 왕 노릇 하시는 것이다 고전 15:25. 예수님의 손에서 우리를 빼앗을 자가 없다요 10:28. 예수님은 철장으로 그들을 깨뜨리시고 질그릇 같이 부수신다시 2:9. 성도들은 적들과의 싸움에서 승리할 수밖에 없고, 부활과 영생이라는 전리품을 얻을 수밖에 없다.

네 번째 유익은 우리의 육체가 하늘에 있을 것에 관하여 확실한 보증이 되는 것이다. 그리스도는 우리의 머리이시다 엡 4:15; 골 1:18. 그리스도께서 그의 지체들인 우리를 당연히 자신에게로 취하신다. 그가 계신 곳에 우리도 거하게 하신다. 우리의 부활 후에 우리도 그리스도께서 계신 곳에 거하게 된다. 이것을 그리스도께서 먼저 승천하시어 확실한 보증으로 보여주신다. 하나님 아버지 집에는 거할 곳이 많고, 그리스도는 그곳에 우리를 위하여 거처를 예비하러 가신다. 예비하시면 다시 우리에게 오셔서 예수님 계신 곳에 우리도 있게 하시어 요 14:2-3, 예수님이 받으시는 영광을 우리로 보게 하시고 요 17:24. 그 영광에 동참하게 하신다.

라. 심판하러 다시 오심

하나님 우편에 계시어 우리를 위해 중보기도 하시고 통치하시는 그리스도께서 산 자와 죽은 자를 심판하러 이 땅에 다시 오신다. 예수님은 이미 하늘에서 우리를 위한 중보기도와 통치로 우리가 옳고, 비신자들이 틀린 것을 드러내시며 응징하시는 심판을 이미 하셨지만, 이 땅에 다시 오셔서 하는 심판은 천하에 공개적으로 드러나는 본격적이고 최종적인 심판이다. 그간 은밀하게 이루어져 신자들만 하나님의 존재와 심판을 인식하였다면, 재림으로 인한 심판은 공개적으로 철저하게 이루어져 악인들도 아는 최종적 심판이다.

그리스도는 이 대심판을 위하여 자신을 먼저 하나님의 심판소에 던지셨다. 하나님께 가장 엄밀하고 혹독한 심판을 받으셨고, 죽음이라는 엄정한 판결을 받으셨다. 하나님으로부터 떨어지는 죽음의 심판이 주는 고통과 무게를 아시기 때문에 죽으시기 전날 겟세마네 동산에서 "내 아버지여 만일 할 만하시거든 이 잔을 내게서 지나가게 하옵소서"라고 마 26:39 기도하셨고, 땀을 핏방울처럼 흘리며 기도하셨고 눅 22:44, 그 마음은 매우 고민하여 죽게 될 정도였다 마 26:38. 자신이 마셔야 할 잔이었기에 그 잔을 택하셨지만, 십자가에 달리셔서 "나의 하나님, 나의 하나님, 어찌하여 나를 버리셨나이까"라고 마 27:46 크게 소리 지르실 만큼 이 죽음은 처절한 고통과 분리의 죽음이었다.

예수님이 이런 죽음으로 우리에게 임하는 모든 저주를 제거하셨다. 이 세상의 비참함과 허무한 죽음에서 오는 모든 저주가 제거되었다. 예수님은 하나님 우편에 앉으셔서 이 사실을 성령을 통해 우리에게 계속 알리시고, 우리가 이 땅에 사는 동안 이 힘든 싸움에서 승리하도록 계속 기도하시고, 우리의 남아있는 약함과 약함에서 오는 죄들을 변호하시고, 하나님이 주신 권세로 이 세상을 통치하시며 우리로 승리하게 하신다. 그리고 이 모든 것이 최종적으로 이루어졌고, 우리가 승리하였음을 이 땅에 재림하시어 심판하심으로 선언하신다. 그 때는 이 땅에서 자신의 악행에 대하여 응징을 받지 않고 편하게 살다 편하게 죽은 악인들도 그 대가를 엄정하게 받는다.

우리는 이것을 알기 때문에 어떠한 슬픔과 박해를 당해도 압도당하지 않고 고개를 들고 먼저 모든 슬픔과 박해를 당하고 승리하신 예수 그리스도를 바라본다. 그리스도는 심판자로서 이 땅에 재림하시어 우리를 슬프게 하고 박해하는 모든 적을 영원한 저주로 던지실 것이고, 사랑하는 우리를 하늘의 기쁨과 영광 속에 있는 자신에게로 옮기실 것이다. 악인은 영벌永罰의 무서운 심판에 떨어뜨리시고, 하나님의 백성은 축복된 영생으로 인도하시어 구원을 완성하신다.

그리스도께서 낮아짐과 높아짐의 두 상태를 거치며 획득하신 것들이 재림의 심판을 통해 하나님의 자녀들에게 모두 주어진다. 우리는 새 하늘 새 땅에서 선지자와 제사장과 왕의 삼직을 온전히 구현하게 된다. 에덴동산에서 이루어지지 못했던 생육하고 번성하여 땅에 충만하고, 땅을 정복하고, 모든 생물을 다스리는 일이 새 하늘 새 땅에서 이루어진다. 신자들은 이 땅에서 어떠한 슬픔과 박해를 받아도 이것을 바라보며 넉넉히 이길 수 있다.

❸ 예수 그리스도는 왜 신인이셔야 하는가?

구원자는 왜 하나님으로서 사람이 되셔야 했을까? 사람이 되시지 않고 그냥 신으로서 우리의 구원 사역을 하시면 되지 않았을까? 이 주제에 대하여 제8장이 특정하여 다루지 않으나 우리가 알아두면 그리스도의 사역을 이해하는 데 크게 도움이 되므로 여기서 간단히 살펴보자.

가. 인성을 취하시어 사람이 되셔야 하는 이유

사람들이 타락으로 죄와 비참함에 빠져 구원을 필요로 하였다. 그러므로 주 예수님은 사람이 되시어 사람들이 타락으로 겪는 죄와 비참을 경험하실 필요가 있었고, 죄의 형벌을 사람으로서 감당하실 필요가 있었다. 사람의 타락으로 인한 형벌과 비참을 사람이 담당해야지 하나님이 담당하시면 안 된다. 또 예수님은 겟세마네 동산에서 제자들에게 내 마음이 매우 고민하여 죽게 되었다고 말씀하셨고, 십자가에서 고난을 받으며 죽으시기 직전에 "나의 하나님, 나의 하나님, 어찌하여 나를 버리셨나이까?"라고 부르짖으셨다. 예수님이 당하신 이러한 육신과 영혼의 고통은 이루 말할 수 없는데, 이러한 고통을 사람으로서 짊어지셔야 했다.

요 12:27	지금 내 마음이 괴로우니 무슨 말을 하리요 아버지여 나를 구원하여 이 때를 면하게 하여 주옵소서 그러나 내가 이를 위하여 이 때에 왔나이다
히 2:14	자녀들은 혈과 육에 속하였으매 그도 또한 같은 모양으로 혈과 육을 함께 지니심은 죽음을 통하여 죽음의 세력을 잡은 자 곧 마귀를 멸하시며
히 2:17-18	그러므로 그가 범사에 형제들과 같이 되심이 마땅하도다 이는 하나님의 일에 자비하고 신실한 대제사장이 되어 백성의 죄를 속량하려 하심이라 18 그가 시험을 받아 고난을 당하셨은즉 시험 받는 자들을 능히 도우실 수 있느니라

히 5:1-2　　　대제사장마다 사람 가운데서 택한 자이므로 하나님께 속한 일에 사람을 위하여 예물과 속죄하는 제사를 드리게 하나니 2 그가 무식하고 미혹된 자를 능히 용납할 수 있는 것은 자기도 연약에 휩싸여 있음이라

나. 신성을 지니신 하나님이셔야 하는 이유

위와 같은 이유로 구원자가 사람이어야만 한다면 그냥 사람으로서 구원의 일을 하면 되지, 왜 동시에 하나님이셔야 하는가? 타락으로 인해 사람으로서 감당해야 하는 형벌과 비참함과 연약함의 고통과 짐은 사람이 감당하기에는 너무나 크다. 또한 죄의 삯은 사망이므로 사람들의 죄를 짊어지고 구원자는 죽어야 할 뿐만 아니라, 그 죽음의 권세를 뚫고 살아나야 한다. 또한 구원자는 살아있는 동안 하나님의 모든 율법을 지켜야 한다. 이러한 일들은 사람의 힘으로 되지 않고 하나님의 능력이 있어야만 하므로 구원자는 하나님이셔야 한다.

시 49:7-10　　아무도 자기의 형제를 구원하지 못하며 그를 위한 속전을 하나님께 바치지도 못할 것은 8 그들의 생명을 속량하는 값이 너무 엄청나서 영원히 마련하지 못할 것임이니라 9 그가 영원히 살아서 죽음을 보지 않을 것인가 10 그러나 그는 지혜 있는 자도 죽고 어리석고 무지한 자도 함께 망하며 그들의 재물은 남에게 남겨 두고 떠나는 것을 보게 되리로다

요 11:25　　　예수께서 이르시되 나는 부활이요 생명이니 나를 믿는 자는 죽어도 살겠고

롬 1:4　　　　성결의 영으로는 죽은 자들 가운데서 부활하사 능력으로 하나님의 아들로 선포되셨으니 곧 우리 주 예수 그리스도시니라

고전 15:42-45　죽은 자의 부활도 그와 같으니 썩을 것으로 심고 썩지 아니할 것으로 다시 살아나며 43 욕된 것으로 심고 영광스러운 것으로 다시 살아

나며 약한 것으로 심고 강한 것으로 다시 살아나며 44 육의 몸으로 심고 신령한 몸으로 다시 살아나나니 육의 몸이 있은즉 또 영의 몸도 있느니라 45 기록된 바 첫 사람 아담은 생령이 되었다 함과 같이 마지막 아담은 살려 주는 영이 되었나니

이것을 통해 제8장 제4절에서 예수 그리스도께서 하신 일들은 단지 인성으로 하신 것이 아니라 신성과 인성이 연합된 인격으로서 하신 것임이 더 분명해진다. 또 그 일 모두를 성자 하나님이신 예수 그리스도께서 하셨지만 성부와 성령이 절대로 배제되지 않는다. 그리스도의 부활에서 살펴본 것처럼 그 부활에 성부와 성령이 참여하시듯, 그리스도께서 하신 다른 모든 일에도 성부와 성령이 참여하신다.

8.5

주 예수께서는 자신의 완전한 순종에 의해 그리고 영원하신 성령으로 말미암아 자신을 하나님께 단번에 드린 희생에 의해 아버지께서 자신에게 주신 모든 자를 위해 자신의 아버지의 공의를 완전히 만족시키셨으며k 또한 화목만이 아니라 천국에 있는 영원한 기업도 획득하셨다.l

The Lord Jesus, by his perfect obedience and sacrifice of himself, which he, through the eternal Spirit once offered up unto God, hath fully satisfied the justice of his Father;k and purchased, not only reconciliation, but an everlasting inheritance in the kingdom of heaven for all those whom the Father hath given unto him.l

k 롬 5:19; 히 9:14, 16; 히 10:14; 엡 5:2; 롬 3:25-26
l 단 9:24, 26; 골 1:19-20; 엡 1:11, 14; 요 17:2; 히 9:12, 15

5. 사역의 성격(순종과 희생)과 효과(공의의 만족, 화목과 기업의 획득)와 대상자

제5절은 주 예수께서 하신 사역의 성격과 효과와 대상자에 대하여 살펴본다. 첫째로 주 예수께서 하신 사역의 성격에 대하여 알아보자. 제4장 창조 제2절에서 살펴본 것처럼 하나님께서 아담과 하와의 마음에 하나님의 법을 새기셨고, 선악을 알게 하는 나무의 열매를 먹지 말라는 말씀도 주셨다. 이들이 이 명령을 계속하여 지켰다면 그들은 처음 창조된 상태보다 영화로워지며 영생을 누리게 된다. 제7장 사람과 맺으신 하나님의 언약 제2절에서 살펴본 것처럼 행위 언약에서 생명이 완전하며 개인적인 순종을 조건으로 하여 아담에게와 아담의 후손에게 약속되었다. 그런데 아담이 행위언약을 지키지 못하였고, 그 결과 그와 그의 후손에게 비참함과 죽음이 주어졌다. 이제 첫 아담을 대신하여 완전한 순종을 할 이가 존재하여야 하는데, 바로 예수 그리스도께서 이 완전한 순종을 하셨다. "한 사람이 순종하지 아니함으로 많은 사람이 죄인 된 것 같이 한 사람이 순종하심으로 많은 사람이 의인이 되리라"롬 5:19. 이 순종이 바로 제8장 제4절에서 살펴본 것처럼 예수 그리스도의 능동적 순종으로써 주 예수께서 율법 아래에 나시어 율법을 이루신 것이다.

예수님은 살아계신 동안 완전한 순종을 하셨을 뿐만 아니라, 죽으실 때에는 일부러 십자가의 죽음을 택하시어 자신을 희생하심으로써 사람들의 죄값을 지불하셨다. 자신을 하나님께 단번에 드린 희생에 의해 구약의 모든 제사가 상징한 바를 이루셨다. 구약시대에는 매년 같은 제사를 드려야 했지만 예수님이 자신을 희생제물로 하여 단 한 번에 선택된 자들의 죄값을 모두 지불하셨다. 이 순종으로 아담이 행위언약을 어김으로써 아담과 아담의 후손들에게 주어진 죽음의 죄값이 지불되었다. 이 순종을 예수 그리스도의 수동적 순종이라고 한다. 예수님은 자신의 능동적 순종그리스도의 완전한 순종과 수동적 순종그리스도의 희생에 의해 자신의 아버지의 공의를 완전히 만족시키셨다.

능동적 순종은 그리스도께서 출생부터 수난에 이르기까지 죄 없이 하나님의 뜻에 순종하신 것을 뜻하고, 수동적 순종은 그리스도께서 수난 가운데 그 어떤 저항도 없이 고통과 십자가를 감내하신 것을 뜻한다. 신자들은 예수 그리스도의 수동적 순종이 근거한 능동적 순종에 의해 영생을 얻는다. 만약에 예수님께서 능동적 순종 없이 단지 십자가에서 죽으시는 수동적 순종만 하셨다면 신자들의 죄값은 해결될지라도 신자들의 영생은 미완으로 남는다. 예수님은 살아계신 동안 모든 율법을 지키심으로써 십자가에서 죽으실 때에 흠이 없는 거룩한 제물이 되셨고, 또한 아담이 모든 율법을 순종하지 못함으로써 잃어버린 영생을 획득하셨다. 능동적 순종과 수동적 순종은 정확하게 분리되지 않고, 구별될 뿐이다. 선택된 자들을 위해 십자가에 못박혀 죽으시려는 예수님이 살아계신 동안에 하나님의 율법을 지키시지 않는다는 것은 있을 수 없는 일이다. 또한 예수님이 살아계신 동안에 하나님의 율법을 다 지키셨는데, 십자가에는 못박혀 죽으시기를 거부하신다는 것도 있을 수 없는 일이다. 십자가에 죽으시려는 최종 목적 없이 모든 율법을 지키시는 것은 순수한 율법의 이룸이 아니다. 예수님은 거룩한 희생제물로서 율법을 지키셨다. 율법을 지키실 때마다 십자가의 죽음을 생각하셨고, 모든 생애를 십자가의 죽음에 맞추어 나가셨다. 능동적 순종 없는 수동적 순종이 없고, 수동적 순종이 없는 능동적 순종도 없다. 우리는 그리스도의 순종을 능동과 수동으로 나눌 때 그분의 생애와 죽음에 걸친 사역의 성격을 잘 이해할 수 있어서 두 가지로 나누는 것이지, 두 가지는 절대로 분리되지 않는다.

둘째로 주 예수께서 하신 사역의 효과에 대해 알아보자. 아담은 죄를 지었을 때 여호와 하나님의 소리를 듣고 그 낯을 피하여 동산 나무 사이에 숨었다. 그는 벗었으므로 두려워하여 숨었다고 말하였다. 자신을 만드시고 돌보시는 창조자와 주인이신 여호와 하나님을 자신의 죄를 인하여 피한 것이다. 하나님과 아담 사이의 화목이, 그리고 하나님과 아담의 후손 사이의 화목이 깨져버린 것이다. 이 깨져버린 화목이 회복되기 위해서는 아담과 아담의 후손의 죄의 문제가 해결되어야 한다. 그런데 바로 주 예수께서 자신의 완전한 순종과 자신을 바친 희생에 의해 이 죄의 문제를 해결하시어 하나님의 공의를 만족시키셨다. 그러므로 주 예수께서 아버지로부터 받으신 모든 자를 위하여 그들 간에 화목이 성립되게 하신 것이다. 자신의 완전한 순종과 자신을 바친 희생에 의해 아버지와 선택받은 자들 간에 화목이 다시 이루어지게 하셨다. 아담이 만약에 에덴동산에서 죄를 짓는 대신에 하나님의 행위언약을 완전하게 순종하면 하나님은 더 깊고 큰 화목의 교제를 아담에게 주셨을 것이다. 바로 이 화목을 주 예수께서 자신의 완전한 순종과 자신을 바친 희생으로 얻으신 것이다.

그런데 화목을 얻으셨다는 것은 단순히 화목으로 국한되지 않고, 천국에 있는 영원한 기업도 얻으셨다는 것이다. 만약에 아담이 에덴동산에서 행위언약을 완수하였다면 하나님은 에덴동산 자체도 영화로워진 아담의 질과 격에 맞추어 높은 수준으로 향상시키셨을 것이다. 바로 천국처럼 되는 것이다. 아담 자신의 영과 육도 하나님과 영화로운 화목을 누리기에 부족함이 없도록 영화로워졌을 것이다. 바로 예수 그리스도의 부활체를 따라 택함을 받은 자들이 갖게 되는 부활체처럼 영화로워진다. 완전 성화와 영화가 이루어지는 것이다. 죽음이 없는 영생도 주어진다. 주 예수께서 바로 천국, 영화로워진 육신, 영혼의 완전 성화와 영화, 그리고 영생 등을 자신의 순종과 희생을 통하여 획득하신 것이다. 사람들이 예수 그리스도를 믿으면 예수 그리스도의 사역의 효과인 화목과 천국의 영원한 기업을 누리게 된다. 사람이 구원을 얻기 위하여 사람의 의지와 결단과 행위를 강조하는 아르미니안일수록 예수 그리스도의 사역의 효과 중 화목은 인정하지만 천국의 영원한 기업은 인정하지 않는 경향이 있다. 그들은 신자들이 계속적으로 믿음의 행위를 함으로써 천국의 영원한 기업에 속하는 것들을 향유하게 된다고 여기기 때문이다.

셋째로 주 예수께서 하신 사역의 대상에 대하여 알아보자. 주 예수께서는 "아버지께서 자신에게 주신 모든 자"를 위하여 아버지의 공의를 만족시키셨으며 화목과 영원한 기업을 얻으셨다. 모든 사람을 위해서도 아니고, 믿는 자들을 위해서도 아니고, 아버지께서 자신에게 주신 모든 자를 위해서다. 이것은 제3장 제4절에서 살펴본 제한속죄에 해당하니 이를 참고하라.

8.6

비록 그리스도의 성육신 후까지는 구속 사역이 그리스도에 의해 실제로 실행되지 않았으나, 그럼에도 구속 사역의 능력과 효과와 혜택들은 창세로부터 모든 시대에 걸쳐 계속하여 선택된 자들에게 약속들과 예표들과 희생제물들 안에서 그리고 이것들에 의해 전달되었다. 그리스도는 어제나 오늘이나 영원토록 동일하시기 때문에 이것들 안에서 뱀의 머리를 상하게 할 여자의 후손과 죽임 당한 양으로 창세로부터 계시되셨고 상징되셨다.m

Although the work of redemption was not actually wrought by Christ till after his incarnation, yet the virtue, efficacy, and benefits thereof were communicated unto the elect in all ages successively from the beginning of the world, in, and by those promises, types, and sacrifices, wherein he was revealed, and signified to be the seed of the woman, which should bruise the serpent's head; and the lamb slain from the beginning of the world: being yesterday, and today the same, and forever.m

m 갈 4:4-5; 창 3:15; 계 13:8; 히 13:8

6. 구약 성도에게 미치는 그리스도의 구속 사역

그리스도께서 이 땅에 실제로 사람이 되시어 모든 율법을 지키시고 십자가에 못 박혀 죽으실 때까지 구속의 사역은 그리스도에 의해 실제로 실행되지 않았다. 그렇다면 구속의 사역으로 인한 능력과 효과와 혜택들은 그리스도의 실제 구속 사역이 있기 전에 존재한 사람들에게는 어떻게 될까? 즉 구약의 성도들은 그리스도의 구속 사역의 능력과 효과와 혜택들을 받을 수 있을까?

순우리말인 어음은 발행자가 미래의 어느 시점에 일정한 금액을 무조건 지급하겠다고 약속하는 증권이다. 발행자가 약속한 시점에 지급을 거절하면 그 어음은 부도不渡 어음dishonored bill이 된다. 첫째로 사람은 지급하려고 열심히 돈을 벌어도 능력의 부족이나 급변한 경제 상황 등으로 지급을 못 할 수 있고, 둘째로 그 마음이 악하여 처음부터 지급할 의도가 없이 어음을 발행하고 돈을 챙겨 멀리 도망하는 경우가 있다. 어음은 이렇게 약속된 시점에 현금으로 지급이 되지 않는 경우가 종종 발생하기 때문에 백만 원의 어음일지라도 액면 가격 그대로 유통되지 않고 칠십 만원이나 팔십 만원 같이 할인된 가격으로 유통된다.

하지만 그리스도께서는 어제나 오늘이나 영원토록 동일하시다 히 13:8. 전능성과 신실성에 있어서 변함이 없으시다. 세상을 말씀으로 창조하시고 섭리하시는 능력과 신실성이 영원토록 동일하시다. 그러므로 그분께서 약속하신 것은 실행된 것과 마찬가지이므로, 그리스도의 구속 사역이 실제로 그리스도에 의해 실행되지 않을지라도 구속 사역의 능력과 효과와 혜택들은 구약의 성도들에게도 실제로 그대로 전달되었다.

그렇다면 그것들은 구약의 성도들에게 어떻게 전달되었을까? 바로 약속들과 예표들과 희생제물들 안에서 그리고 이것들에 의해 전달되었다. 그들은 하나님께서 아담과 하와에게 말씀하신 "내가 너로 여자와 원수가 되게 하고 네 후손도 여자의 후손과 원수가 되게 하리니 여자의 후손은 네 머리를 상하게 할 것이요 너는 그의 발꿈치를 상하게 할 것이니라"는 창 3:15 말씀을 허투루 여기지 않았고, 여자의 후손으로 오실 메시야를 바라보며 구원을 얻었다. "너희 조상 아브라함은 나의 때 볼 것을 즐거워하다가 보고 기뻐하였느니라"는 요 8:56 예수님의 말씀에서 알 수 있는 것처럼 아브라함은 예수 그리스도를 바라보았고, 믿음으로 그리스도를 실제로 봄으로써 기뻐하였다. 믿음으로 모세는 그리스도를 위하여 받는 수모를 애굽의 모든 보화보다 더 큰 재물로 여겼다 히 11:26. 아브라함과 모세처럼 구약 백성은 약속들과 예표들과 희생제물들을 통해 그리스도를 믿었고, 이미 그 때에 기뻐하며 그리스도의 구속 사역의 능력과 효과와 혜택들을 누렸다.

우리는 이미 제7장 하나님의 언약 제5절에서 유대 백성에게 주어진 약속들, 예언들, 희생제물들, 할례, 유월절 양 그리고 이들 외의 예표들과 규례들은 모두 오실 그리스도를 예시豫示한 것이고, 그 당시에는 성령의 사역으로 말미암아 약속된 메시아에 대한 믿음을 선택된 자들에게 가르치고 양육하기에 충분하고 유효하였음을 살펴보았다. 이들은 이 메시야에 의해 신약 백성과 똑같은 온전한 사죄와 영원한 구원을 얻었다. 약속들과 예표들과 희생제물들은 그리스도에 의한 사죄와 구원을 구약 백성에게 알리고 전달하는 데 부족함이 없었다.

하나님께서 구약 백성이 아직 실체로 오시지 않은 메시야에 대하여 풍성히 알도록 신약 시대와 비교할 때에 더 다양하고, 더 자극적인 약속들과 예표들과 희생제물들을 준비하셨다. 신약 시대의 규례들은 숫자에 있어 더 적으며, 그리고 더 단순하게, 외면적 영광이 덜 하게 실행되었다제7장 제6절. 성자 하나님께서 제8장 제2절이 말하는 것처럼 "때가 차매" 사람이 되시어, 제8장 제4절이 말하는 사역들을 행하셨다.

이것을 하나님의 영원한 작정제3장에서 살펴보면 이와 같다. 제3장 제1절은 "하나님께서 영원부터 자기 자신의 의지의 지극히 지혜로우며 거룩한 경륜에 의해 무엇이든지 발생하게 될 일을 자유로우며 변치 않게 작정하셨다."고 말한다. 제6절은 "하나님께서 선택된 자들을 영광에 이르도록 정하셨던 것처럼, 자신의 의지의 영원하며 지극히 자유로운 목적에 의해 영광에 이르는 모든 수단도 미리 정하셨다."고 말한다. 그 수단들이 바로 선택된 자들이 아담 안에서 타락하여 그리스도에 의해 구속되는 것이다. 전능하시고 가장 지혜로우신 하나님께서 작정을 창조와 섭리로 반드시 실행하신다. 그 작정의 실행으로써 섭리 하에서 그리스도께서 때가 차매 이 땅에 오시어 구속의 사역을 실행하신 것이다. 그 섭리는 반드시 실현되는 것이고, 하나님의 능력과 지혜가 담긴 그리스도의 구속 사역에서 오는 능력과 효과와 혜택들은 창세로부터 계속하여 모든 시대에 걸쳐 선택된 자들에게 전달된다. 구약 백성은 실체이신 그리스도께서 아직 오시지 않았지만 약속들과 예표들과 희생제물들을 통하여 메시야에 의해 온전한 사죄와 영원한 구원을 얻었다. 구약이나 신약이나 실체가 다르지 않고, 같은 실체이신 그리스도께서 다르게 경륜을 실행하시는 것뿐이다제7장 제6절. 그러므로 그리스도의 구속 사역으로 인한 능력과 효과와 혜택들이 구약 백성에게 전달되지 않는다고 주장하는 것은 하나님의 작정이 창조와 섭리로 실행되지 않는다고 무모하게 주장하는 것이다. 하나님의 작정이 반드시 실현되는 것처럼, 그리스도의 구속 사역으로 인한 능력과 효과와 혜택들도 창세로부터 계속하여 모든 시대에 걸쳐 선택된 자들에게 전달된다.

❶ 로마 가톨릭의 견해

가장자리, 둘레라는 뜻을 가진 림보limbus가 중세 시대에 지옥 주변에 있는 두 장소를 가리키는 단어로 사용되었다. 선조 림보와 유아 림보이다.[57] 한국의 로마 가톨릭은 림보를 고성소古聖所로 번역한다. 로마 가톨릭은 예수 그리스도께서 이 땅에 실제로 오셔서 죽으시기까지 구약 백성은 신약 백성이 갖는 온전한 구원을 못 받는다고 여긴다. 구약 백성은 죽은 후에 그 영혼이 신약 성도의 영혼처럼 바로 하나님 나라로 가지 못하고 따로 머무는 장소가 있다고 여기는데 이곳이 바로 선조 림보이다. 그리스도께서 십자가에서 죽으신 후 부활하시기까지 선조 림보를 방문하시어 이들을 하나님 나라로 이끄셨다고 여긴다. 그들은 예수님께서도 모든 인간과 마찬가지로 죽음을 겪으셨고, 그 영혼은 죽은 이들의 거처에 가셔서 그들과 함께 계셨는데, 그 거처에 묶인 것이 아니라, 그 거처에 묶여 있는 영혼들에게 복음을 선포하시기 위하여 구원자로서 그곳에 내려가셨다고 주장한다.[58]

이들은 아브라함의 품에 있는 나사로가 거하는 거처를 바로 구약 백성이 거하는 낙원으로 보았다. 예수님은 같이 십자가에 매달린 강도에게 "오늘 네가 나와 함께 낙원에 있으리라"고 눅 23:43 하셨고, 부활하신 후에 "내가 아직 아버지께로 올라가지 아니하였노라"고 요 20:17 하셨다. 로마 가톨릭은 예수님께서 강도에게 말씀하신 낙원과 하나님 아버지께서 거하시는 장소를 다르게 본 것이다. 이들은 예수님께서 죽어서 무덤에 머무신 사흘 동안 나사로가 거하는 낙원에 가시어 복음을 전

---

57 유아 림보는 제32장 제1항을 참고하라.
58 『가톨릭 교회 교리서』 632항, 273.

하셨다고 보는 것이다. 이들은 죽은 자가 가는 장소를 천국과 지옥 두 장소만이 아니라 더 많게 본다. 이들은 "예수 그리스도께서 저승에 가 구해 내신 것은 아브라함의 품에서 자신들의 해방자를 기다리던 거룩한 영혼들이었다. 예수님께서 지옥에 떨어진 이들을 구하거나 저주받은 지옥을 파괴하기 위해서가 아니라, 당신보다 먼저 간 의인들을 해방시키고자 저승에 가신 것이다."라고 말한다.[59] 즉, 죽으신 예수 그리스도의 영혼이 저승에서 구해 내신 자들은 지옥에 있는 완전한 죄인들이 아니라, 나사로처럼 아브라함의 품에 있는 구약의 선조들인 것이다.

로마 가톨릭이 선조 림보 교리를 만들게 된 논리 과정은 이렇다. 첫째로 모든 사람은 오직 그리스도의 탄생과 죽음으로 인한 실제적인 구원 사역을 통해서만 구원의 온전한 능력과 효과와 혜택을 누린다. 둘째로 구약 백성은 그리스도의 실제적인 구원 사역을 적용받지 못한다. 셋째로 모세와 같은 구약 백성은 하나님을 부인하거나 알지 못하는 이들처럼 악하지 않으므로 지옥에 떨어지지 않는다. 넷째로 의로운 구약 백성이 천국으로 옮겨지기 전까지 거하는 장소가 있음에 틀림없고, 이곳이 바로 선조 림보이다.

로마 가톨릭이 예수 그리스도의 강림과 희생이 구원의 유일한 근거라고 말한 것은 옳지만 이것을 너무 문자적으로 해석하여 구약 백성이 얻은 구원을 그리스도에 의한 온전한 사죄와 영원한 구원으로 보지 않은 것은 매우 틀리다. 칭의론과 성찬론에서도 확인하는 것처럼 로마 가톨릭은 때때로 문자적 해석에 빠져 틀린 주장들을 하곤 한다. 이들은 그리스도께서 어제나 오늘이나 영원토록 동일하시기 때문에 구속 사역의 능력과 효과와 혜택들이 계시되셨고 상징되셨고 실제로 전달된 것을 성경 전체를 통하여 알아내지 못한다.

---

59 『가톨릭 교회 교리서』, 633항, 274.

> **8.7**
>
> 그리스도께서 중보 사역을 두 본성 모두에 따라 행하시는데, 각 본성에 고유한 것을 바로 그 본성에 의해 하신다.n 그러나 인격의 단일성 때문에 성경은 때때로 한 본성에 고유한 것이 다른 본성에 의해 일컬어지는 인격에게 있는 것으로 돌린다.o
>
> Christ, in the work of mediation, acteth according to both natures, by each nature doing that which is proper to itself:n yet by reason of the unity of the person, that which is proper to one nature, is sometimes in Scripture attributed to the person denominated by the other nature.o
>
> n 히 9:14; 벧전 3:18   o 행 20:28; 요 3:13; 요일 3:16

7. 신성과 인성에 따른 그리스도의 중보 사역

❶ 각 본성에 고유한 것을 바로 그 본성이 하심

신성과 인성이 변질이나 합성이나 혼합이 없이 한 인격으로 분리할 수 없게 연합된 그리스도께서 중보 사역을 하실 때에 한 본성만을 따라서 행하시지 않고, 두 본성 모두에 따라 행하신다. 이때 각 본성에 고유한 것을 바로 그 본성에 의해 하신다. 예수님은 신성을 인하여 무한하고 영원한 속성대로 시간과 공간을 초월하여 일하시고, 인성을 인하여 유한하고 한시적인 속성대로 시간과 공간의 영향을 받으며 일하신다. 그분은 이 땅에 계실 때에 인성으로 하나님께 기도하시고, 신성으로 그 기도를 들으셨다. 인성으로는 배고프고 피곤하셨고, 신성으로는 여러 이적을 일으키셨다. 승천 후 하나님 우편에 앉아 계실 때도 인성으로는 한정된 장소 그곳을 초월하지 않으시고, 신성으로는 그곳을 초월하시어 어디에나 계신다. 신성은 고난과 죽음과 무지와 연약과 유혹에 속하지 않는다. 그분은 분명 고난과 죽음과 무지와 연약과 유혹을 당하셨지만, 그의 신성에서가 아니라 그의 인성에서이다. 성자 하나님께서 죽으신 것이 아니라, 예수 그리스도께서 죽으신 것이고, 그것도 그의 인성에 있어서 죽으신 것이다.

우리는 그리스도의 양 본성을 보지 못하고 한 본성만을 보아서, 그리스도는 왜 하나님이신데 주리시고 피곤해하시고 죽으시는가라는 의문을 가지면 안 되고, 반대로 그리스도는 왜 사람이신데 오병이어와 귀신을 내쫓는 이적을 일으키시고, 죽은 자를 살리시고, 스스로 부활도 하시는가라는 의문을 가져도 안 된다.

❷ **한 본성에 고유한 것이 다른 본성에 의해 일컬어지는 인격에게 있는 것으로 돌려짐**

그런데 그리스도께서 신성과 인성이 매우 밀접하게 결합된 단일한 인격이시기 때문에 성경은 때때로 한 본성에 고유한 것이 다른 본성에 의해 일컬어지는 인격에게 있는 것으로 돌린다. 성경은 예수 그리스도의 인성이 죽었다고 하지 않고, 예수 그리스도께서 죽었다고 말한다. 즉 그리스도께서 중보사역을 하실 때에 신성과 인성이란 두 본성에 따라 행하시는데, 신성에 적합한 중보사역이 인성에 따라 불리는 인격에게 있는 것으로 돌려지기도 한다. 반대로 인성에 적합한 중보사역이 신성에 따라 불리는 인격에게 있는 것으로 돌려지기도 한다. "여러분은 자기를 위하여 또는 온 양 떼를 위하여 삼가라 성령이 그들 가운데 여러분을 감독자로 삼고 하나님이 자기 피로 사신 교회를 보살피게 하셨느니라"에서 행 20:28 그리스도께서 피를 흘려 죽으신 일은 인성에 따라 이루어졌는데, 신성에 따라 불리는 "하나님"이 하신 일로 표현되고 있다. "하늘에서 내려온 자 곧 인자 외에는 하늘에 올라간 자가 없느니라"에서 요 3:13 인자는 "하늘에서 내려온 자"로 표현된다. 하늘에서 내려오신 일은 신성에 따라 이루어졌는데, 인성에 따라 불리는 인자人子의 일로 표현되고 있다. "이 지혜는 이 세대의 통치자들이 한 사람도 알지 못하였나니 만일 알았더라면 영광의 주를 십자가에 못 박지 아니하였으리라"에서 고전 2:8, 그리스도께서 인성에 따라 십자가에 못 박히셨는데, 신성에 따라 불리는 "영광의 주"께서 못 박히신 것으로 표현된다.

영과 육으로 매우 밀접하게 결합된 사람이 어떤 일을 행할 때에 영이 한 일인지, 육이 한 일인지 분리하여 표현되지 않듯이, 신성과 인성으로 매우 밀접하게 결합된 예수 그리스도께서 중보 사역을 하실 때에 신성이 한 것인지, 인성이 한 것인지 분리하여 표현되지 않는다. 또한 사람의 영혼이 하는 일이 그 사람의 육신을 통하여 작용되듯이, 그리스도의 신성이 하시는 일이 그리스도의 인성을 통하여 작용되기 때문에 예수 그리스도께서 하시는 일들이 그리스도의 각 본성에 따른 일로 엄밀하게 구분하여 표현되지 않는다. 명심해야 할 것은 그리스도께서 각 본성에 고유한 것을 바로 그 본성에 의해 하신다고 하여 그리스도의 단일한 인격이 둘로 나뉘지 않는다는 것이다. 그리스도께서 한 인격으로서 각 본성에 고유한 것을 그 본성에 의하여 하심으로써 자신에게 주어진 중보 사역을 완벽하게 행하신다.

제8장의 제2절과 제7절이 다루는 내용은 이렇게 구분된다. 그리스도의 존재를 다루는 제2절은 신성과 인성이 함께 분리할 수 없게, 변질이나, 합성이나, 혼합이 없이 한 인격으로 연합되었다고 말한다. 본성에 따른 그리스도의 생활과 사역을 다루는 제7절의 전반부는 한 인격으로 연합된 신성과 인성이 각각 어떻게 행하시는지에 대해 말하고, 후반부는 각 본성이 행하시는 것이 어떤 본성에 따라 일컬어지는 인격에게 돌려지는가에 대해 말한다.

❸ 성경에 나오는 예수 그리스도에 대한 말들의 분류

성경에 나오는 그리스도에 대한 표현들은 그리스도의 인성에 따른 종의 형체의 표현인지, 아니면 그리스도의 신성에 따른 하나님의 본체의 표현인지 구분하면 성경을 이해하는 데 크게 도움이 된다. 우리는 제2장 하나님과 성 삼위일체 에서 성경에 나오는 하나님에 대한 말들을 3가지로 분류하면 하나님에 대한 성경의 표현들을 혼동 없이 이해할 수 있음을 살펴봤다. 예수 그리스도에 대한 말들도 2가지로 분류하면 역시 같은 유익이 있다. 성경에 대한 예수 그리스도에 대한 말들 중 첫째는 하나님의 본체 그리스도의 신성 에 대한 표현이고, 둘째는 종의 형체 그리스도의 인성 에 대한 표현이다. 이렇게 두 가지로 분류하는 것은 그리스도께서 한 인격으로 두 본성을 지니셨기 때문이다. 밑의 표는 어거스틴이 쓴 삼위일체론의 내용을 요약한 것이다.[60] 그리스도의 신성에 대한 표현을 가지고 그리스도에게는 인성이 없다고 하면 안 되고, 그리스도의 인성에 대한 표현을 가지고 그리스도는 하나님이 아니라고 하면 안 된다.

---

60 어거스틴, "The Trinity," in The Fathers of the Church, vol. 45 (Washington: The Catholic University of America Press, 1963), I, xi, 22-24.

하나님의 본체(신성)에 대한 표현	종의 형체(인성)에 대한 표현
그리스도는 신성에 있어서 성부와 성령과 같은 실체로서 동등하시다.	성자는 종의 형체를 취하셔서 성부와 성령보다 작으시다. 요 14:18 아버지는 나보다 크심이라 마 12:32 또 누구든지 말로 인자를 거역하면 사하심을 얻되 누구든지 말로 성령을 거역하면 이 세상과 오는 세상에서도 사하심을 얻지 못하리라 마 12:28 그러나 내가 하나님의 성령을 힘입어 귀신을 쫓아내는 것이면 하나님의 나라가 이미 너희에게 임하였느니라 - 인성이 성령을 힘입는다는 뜻 눅 4:18(사 61:1) 주의 성령이 내게 임하셨으니 이는 가난한 자에게 복음을 전하게 하시려고 내게 기름을 부으시고 나를 보내사 포로 된 자에게 자유를, 눈 먼 자에게 다시 보게 함을 전파하며 눌린 자를 자유롭게 하고 *인성에 성령이 임하셨다는 뜻
요 1:3 만물이 그로 말미암아 지은 바 되었으니 지은 것이 하나도 그가 없이는 된 것이 없느니라	갈 4:4 때가 차매 하나님이 그 아들을 보내사 여자에게서 나게 하시고 율법 아래에 나게 하신 것은
요 10:30 나와 아버지는 하나이니라 하신대	요 6:38 내가 하늘에서 내려온 것은 내 뜻을 행하려 함이 아니요 나를 보내신 이의 뜻을 행하려 함이니라
요 5:26 아버지께서 자기 속에 생명이 있음 같이 아들에게도 생명을 주어 그 속에 있게 하셨고	마 26:38-39 내 마음이 매우 고민하여 죽게 되었으니 너희는 여기 머물러 나와 함께 깨어 있으라 하시고 조금 나아가사 얼굴을 땅에 대시고 엎드려 기도하여 이르시되 내 아버지여 만일 할 만하시거든 이 잔을 내게서 지나가게 하옵소서 그러나 나의 원대로 마시옵고 아버지의 원대로 하옵소서 하시고

하나님의 본체(신성)에 대한 표현	종의 형체(인성)에 대한 표현
요일5:20 그는 참 하나님이시요 영생이시라	빌2:8 사람의 모양으로 나타나사 자기를 낮추시고 죽기까지 복종하셨으니 곧 십자가에 죽으심이라
요 16:15 무릇 아버지께 있는 것은 다 내 것이라 그러므로 내가 말하기를 그가 내 것을 가지고 너희에게 알리시리라 하였노라 요 17;10 내 것은 다 아버지의 것이요 아버지의 것은 내 것이온데	마 13:32 그러나 그 날과 그 때는 아무도 모르나니 하늘에 있는 천사들도, 아들도 모르고 아버지만 아시느니라 요 7:16 내 교훈은 내 것이 아니요 나를 보내신 이의 것이니라
골 1:15, 17 그는 보이지 아니하는 하나님의 형상이시요 모든 피조물보다 먼저 나신 이시니 또한 그가 만물보다 먼저 계시고 만물이 그 안에 함께 섰느니라	골 1:18 그는 몸인 교회의 머리라 그가 근본이시요 죽은 자들 가운데서 먼저 나신 이시니 이는 친히 만물의 으뜸이 되려 하심이요
고전 2:8 영광의 주 *사람들을 영화롭게 하시는 주라는 뜻	마 20:23 너희가 과연 내 잔을 마시려니와 내 좌우편에 앉는 것은 내가 주는 것이 아니라 내 아버지께서 누구를 위하여 예비하셨든지 그들이 얻을 것이니라

❹ 이슬람의 예수 그리스도의 인성에 대한 오해

　　이슬람은 기독교의 삼위일체와 예수 그리스도께서 하나님이시라는 것을 크게 비난한다. 이들은 바로 위의 표에 나오는 그리스도의 인성에 해당하는 성경 구절들을 통해 그리스도는 신이 아니라 사람이라고 주장한다. 한국이슬람교는 『하나님의 속성은 무엇인가?』 Naji Kbrahim Al-Arfaj 저, 2009년라는 총 40쪽의 책자에서 기독교의 삼위일체와 예수의 신격神格을 다음 구절들을 들어 비판한다. 첫째로 "어떤 사람이 주께 와서 이르되 선생님이여 내가 무슨 선한 일을 하여야 영생을 얻으리이까 예수께서 이르시되 어찌하여 선한 일을 내게 묻느냐 선한 이는 오직 한 분이시니라 네가 생명에 들어가려면 계명들을 지키라"에서 마 19:16-17 예수님이 스스로 선하지 않다고 하였고, 선한 이는 하나님이라고 말했으니, 예수님은 하나님이 아니라고 주장한다.

둘째로 "영생은 곧 유일하신 참 하나님과 그가 보내신 자 예수 그리스도를 아는 것이니이다"에서요 17:3 예수님이 하나님과 자신을 다른 존재로 구별하였으니 예수님은 하나님이 아니라고 주장한다.

셋째로 "하나님은 한 분이시요 또 하나님과 사람 사이에 중보자도 한 분이시니 곧 사람이신 그리스도 예수라"에서 딤전 2:5 예수님이 사람으로 표현되므로 예수님은 하나님이 아니라고 주장한다. 이들은 "성경은 그 어디에도 예수를 하나님이라고 언급하고 있지 않습니다."위의 책, 16쪽 라고 단정 짓는다.

넷째로 그들은 마 4:1-10절에서 예수님이 하나님의 일부라며 그 이유를 아래처럼 말한다.

마 4:1   그 때에 예수께서 성령에게 이끌리어 마귀에게 시험을 받으러 광야로 가사

* 예수님이 하나님이시라면 스스로 자신을 광야로 인도해야 한다. 하나님은 자신을 인도해줄 누군가의 힘을 필요로 하시지 않는다. 성령이 예수님보다 더 많은 권위와 힘을 가진 것으로 나타나고 있다. 또 하나님은 누군가에게 유혹되시는 분도 아니다. 이 구절은 "하나님은 악에게 시험을 받지도 아니하시고 친히 아무도 시험하지 아니하시느니라"는(약 1:13) 구절에 모순이 된다.

마 4:2   사십 일을 밤낮으로 금식하신 후에 주리신지라

* 하나님께서 금식을 하시는가? 하나님께서 배고픔이나 갈증을 느끼시는가?

마 4:8-9 마귀가 또 그를 데리고 지극히 높은 산으로 가서 천하 만국과 그 영광을 보여 9 이르되 만일 내게 엎드려 경배하면 이 모든 것을 네게 주리라

* 예수님이 마귀의 이 말에 "주 너의 하나님께 경배하고 다만 그를

섬기라 하였느니라"고 말했는데, 만약에 예수님이 하나님이시라면 "아니다, 악마야. 너야말로 너의 하나님인 나에게 엎드려 경배해야만 한다!"라고 쉽게 대답해야 한다. 또 악마가 예수를 보았고, 예수에게 말했고, 예수의 목소리를 들었고, 예수를 잡았고 안내했다는 것은 예수님이 하나님이 아니라는 증거이다. 왜냐하면 "어떤 사람도 보지 못하였고 또 볼 수 없는 이시니"라는(딤전 6:16) 말씀과 "너희는 아무 때에도 그 음성을 듣지 못하였고 그 형상을 보지 못하였으며"라는(요 5:37) 말씀에 따르면 하나님은 볼 수도 없고 들을 수도 없기 때문이다.

다섯째로 그들은 성부와 성자와 성령이 동등하다는 삼위일체를 아래 구절들을 들어서 반대한다. 그런데 아래 구절들은 예수 그리스도의 인성에 관한 표현이다. 이들은 성자 하나님께서 신성을 버리시지 않은 채 인성을 취하여 한 인격이 되신 것을 이해하지 못하기 때문에 그리스도의 인성에 관한 표현을 예수님은 하나님이 아니라는 증거로 들고 있다.

요 14:28	아버지는 나보다 크심이라
요 10:29	그들을 주신 내 아버지는 만물보다 크시매 아무도 아버지 손에서 빼앗을 수 없느니라
요 7:16	예수께서 대답하여 이르시되 내 교훈은 내 것이 아니요 나를 보내신 이의 것이니라
요 5:30	내가 아무 것도 스스로 할 수 없노라 듣는 대로 심판하노니 나는 나의 뜻대로 하려 하지 않고 나를 보내신 이의 뜻대로 하려 하므로 내 심판은 의로우니라
막 13:32	그러나 그 날과 그 때는 아무도 모르나니 하늘에 있는 천사들도, 아들도 모르고 아버지만 아시느니라

| 마 12:32 | 또 누구든지 말로 인자를 거역하면 사하심을 얻되 누구든지 말로 성령을 거역하면 이 세상과 오는 세상에서도 사하심을 얻지 못하리라 |

이들은 이상의 이유들로 예수님은 하나님이 아니고, 삼위일체는 잘못된 교리라고 주장한다. 이들도 아리우스처럼 하나님에 대한 성경의 말씀들을 모두 본질에 관한 말씀으로만 보는 것이고, 예수 그리스도에 대한 성경의 말씀들을 신성과 인성에 관한 각각의 표현으로 분류하지 않는 것이다. 그들은 예수님을 인간으로만 봐서 선지자의 역할을 했다고 본다. 이들은 결론 부분에서 하나님을 삼위가 아닌 일위의 하나님으로 단정 지으며 예수님에 대해서는 "예수에 대하여 끊임없이 되풀이되는 논란의 결론은 예수를 창조하셨고, 우리를 창조하신, 그리고 만물을 창조하신 오직 한 분이신 하나님의 예언자라는 사실입니다."위의 책, 33쪽라고 말한다.

성경에 나오는 하나님에 대한 말들과 예수 그리스도에 대한 말들을 분류하는 것은 이렇게 중요하다. 이러한 분류를 하지 못하면 이슬람의 주장에 대하여 반격도 할 수 없다. 우리가 삼위일체, 한 본질과 세 위격, 한 인격과 두 본성 등의 단어들을 쓰는 것은 성경 전체를 더 잘 이해하고 변호하기 위해서이다. 우리 주변에는 이단들과 이슬람과 같은 세력들이 끊임없이 삼위일체와 예수 그리스도와 성령을 부인하고 있다. 이들에게 맞서기 위해서라도 우리는 웨스트민스터 신앙고백처럼 성경 전체를 이해하는 데 필요한 단어들을 적절하게 사용해야 한다.

8.8

그리스도께서는 자신이 구속을 획득하여 주신 이들 모두에게 그 구속을 확실하고 효과적으로 적용하시고 전달하신다.p 그들을 위해 간구하시며q 그들에게 말씀 안에서 그리고 말씀에 의해 구원의 신비를 계시하심으로써,r 그들이 자신의 성령에 의해 믿고 순종하도록 그들을 효과적으로 설득하시며 그들의 마음을 자신의 말씀과 성령에 의해 통치하심으로써,s 그들의 모든 적을 자신의 전능한 능력과 지혜에 의해 자신의 놀랍고 헤아릴 수 없는 경륜에 가장 어울리는 양식과 방법으로 정복하심으로써 적용하시고 전달하신다.t

To all those for whom Christ hath purchased redemption, he doth certainly and effectually apply, and communicate the same,p making intercession for them,q and revealing unto them, in, and by the Word, the mysteries of salvation,r effectually persuading them by his Spirit, to believe and obey, and governing their hearts, by his Word and Spirit,s overcoming all their enemies by his almighty power and wisdom, in such manner, and ways, as are most consonant to his wonderful and unsearchable dispensation.t

p 요 6:37, 39; 요 10:15-16   q 요일 2:1-2; 롬 8:34
r 요 15:13, 15; 엡 1:7-9; 요 17:6
s 요 14:16; 히 12:2; 고후 4:13; 롬 8:9, 14; 롬 15:18-19; 요 17:17
t 시 110:1; 고전 15:25-26; 말 4:2-3; 골 2:15

8. 그리스도에 의한 구속의 적용과 전달

❶ 구속을 확실하고 효과적으로 적용

비록 그리스도께서 자신의 완전한 순종과 희생에 의해 아버지께서 자신에게 주신 모든 자를 위하여 구속을 획득하셨을지라도, 그 구속이 그들에게 적용되지 않고 전달되지 않으면 아무 소용이 없다. 부모가 자식을 위하여 엄청난 재산을 벌었을지라도, 자식이 그 재산의 가치를 알아 물려받은 재산을 열심히 증식하지 않는다면 그 엄청난 재산이 아무 소용없다. 고려와 조선 시대에 조상이 찬란하게 만든 문화유산의 가치를 후손이 알지 못하여 잘 보존하지 않는다면 외국의 열강이 빼앗아 가거나 몰래 훔쳐간다. 그리스도는 진정한 선지자와 제사장과 왕이시라 선택된 자들을 위하여 단순히 구속을 획득하실 뿐만 아니라, 선택된 자들에게 획득하신 구속을 확실하고 효과적으로 적용하시고 전달하신다. 우리는 이미 제8장 제

6절에서 구속 사역의 능력과 효과와 혜택들은 창세로부터 계속하여 모든 시대에 걸쳐 선택된 자들에게 약속들과 예표들과 희생제물들 안에서 그리고 이것들에 의해 전달되었음을 살펴보았다. 제8장 제6절은 그리스도의 성육신의 사역이 있기 전의 신자들에 대한 언급이지만 이것은 그대로 그 이후의 모든 시대에 걸친 신자들에게까지 확장된다.

구속의 확실하고 효과적인 적용에 대해서 우리는 이미 제3장 하나님의 영원한 작정 제6절에서 살펴보았다. 하나님께서 선택된 자들을 영광에 이르도록 정하셨던 것처럼, 그들이 영광에 이르는 모든 수단도 미리 정하셨다. 그래서 그리스도에 의해 구속된 자들은 그리스도의 영에 의해 그에 대한 믿음으로 효과적으로 부르심을 받고, 의롭다 하여지고, 양자가 되고, 거룩하게 되고, 그의 능력에 의해 구원에 이르도록 보호된다. 제3장 제6절은 그리스도에 의한 구속의 획득과 적용이 하나님의 작정 속에 있다고 말한다. 하나님께서 선택된 자들을 위하여 영광에 이르는 모든 수단을 미리 정하셨는데, 그리스도에 의한 구속과 그리스도의 영에 의한 적용이 그 수단들에 속한다. 그러므로 제8장 제8절은 제3장 제6절을 그리스도의 관점에서 재진술한 것이라고 볼 수 있다.

제8장은 예수 그리스도의 존재와 사역에 대하여 다루고, 제9장부터 제18장까지는 그리스도께서 획득하신 구원이 성령 하나님에 의해 적용되는 것을 다룬다. "때를 따라 역사하시는 그리스도의 영에 의해 그에 대한 믿음으로 효과적으로 불리어지고, 의롭다 하여지고, 양자되고, 거룩하게 되고, 그의 능력에 의해 믿음으로 말미암아 구원에 이르도록 보호된다."는 내용을 제9장부터 제18장까지가 다룬다. 소위 구원론인데 성령에 의해 이루어지므로 성령론이라고도 한다. 성부 하나님의 작정에 따라 성자 하나님께서 구속을 획득하실 뿐만 아니라 성령 하나님께서 그 구속을 적용까지 하시니, 그 적용은 확실하고 효과적일 수밖에 없다.

이것에 관하여 로마서 8:28-39절이 잘 말해준다. 하나님을 사랑하는 자 곧 그의 뜻대로 부르심을 입은 자들에게는 모든 것이 합력하여 선을 이룬다. 하나님께서 미리 아신 자들을 그 아들의 형상을 본받게 하기 위하여 미리 정하셨고, 미리 정하신 그들을 부르시고, 부르신 그들을 의롭다 하시고, 의롭다 하신 그들을 또한 영화롭게 하신다. 하나님이 우리를 위하시면 누가 우리를 대적하겠는가? 자기 아들을 아끼지 아니하시고 우리 모든 사람을 위하여 내주신 이가 어찌 그 아들과 함께 모든 것을 우리에게 주시지 아니하겠는가? 누가 능히 하나님께서 택하신 자들을 고발하겠는가? 의롭다 하신 이는 하나님이시다. 누가 정죄하겠는가? 죽으실 뿐 아니라 다시 살아나신 이는 그리스도 예수신데, 하나님 우편에 계시고, 우리를 위하여 간구하신다. 누가 우리를 그리스도의 사랑에서 끊겠는가? 환난이나 곤고나 박해나 기근이나 적신이나 위험이나 칼이겠는가? 이 모든 일에 우리를 사랑하시는 이로 말미암아 우리가 넉넉히 이긴다. 우리는 사망이나 생명이나 천사들이나 권세자들이나 현재 일이나 장래 일이나 능력이나 높음이나 깊음이나 다른 어떤 피조물이라도 우리를 우리 주 그리스도 예수 안에 있는 하나님의 사랑에서 끊을 수 없음을 확신한다.

❷ 어디서 적용하시는가? - 편재하신 곳과 계신 곳에서

제8장 제1절은 하나님께서 주 예수를 선지자와 제사장과 왕으로 택하시고 정하시기를 기뻐하셨고, 택하신 백성이 그분에 의해 구속되고, 부르심을 받고, 의롭다 하여지고, 거룩하게 되고, 영화로워지게 하셨다고 말한다. 그렇다면 주 예수께서 어디서 선지자와 제사장과 왕의 직분을 하셨고, 어디서 택하신 자들을 구속하셨고, 어디서 그 구속을 그들에게 적용하셨는가?

이에 대한 답은 예수님의 성육신 전과 성육신 후로 나뉘고, 또한 성육신 후는 승천 전과 후로 나뉜다. 첫째로, 주 예수께서 성육신 전에는 신성으로만 계셨다. 그러므로 편재하신다. 공간의 제한을 받지 않으시고 어디에서나 구속을 적용하시고 전달하신다.

둘째로 주 예수께서 성육신 하신 후에는 늘 연합된 신성과 인성이 한 인격으로 존재하신다. 주 예수께서 신성의 측면에서는 편재하시고, 인성의 측면에서는 땅에 계셨다.

셋째로 물론 구속의 사역을 마치시고 승천하시어 하나님 우편에 계실 때에는 장소적으로 하늘에 계셨고, 그것도 하나님 우편이라고 하는 곳에 계셨다. 연합된 신성과 인성을 지니신 전 그리스도totus Christus께서 그때도 시간과 공간의 제한을 받지 않으시고 편재하시는 반면에, 인성의 측면에서 totum Christi는61 주 예수께서 시간과 공간의 제한을 받으시므로 육신은 편재하지 못하고 하나님 우편에 계신다.

정리하면 주 예수께서 첫째로 성육신 전에는 신성으로서 편재하시고, 성육신 후에는 둘째로 승천하시기 전까지는 신성의 측면에서는 편재하시고, 인성의 측면에서는 이 땅에 계셨고, 셋째로 승천하신 후에는 신성의 측면에서는 편재하시고, 인성의 측면에서는 지금까지도 하나님 우편에 계시고, 이후에 이 땅에 재림하신다. 주 예수께서 이렇게 계시는 곳에서 자신이 획득하신 구속을 각 시대에 존재하는 성도들에게 적용하시고 전달하신다.

❸ 어떻게 그리고 어떤 수단들을 통하여 적용하시는가?

제8장 제8절은 그리스도께서 선택된 자들에게 구속을 적용하시고 전달하시는 방법을 5가지로 나열한다. 그리스도께서 첫째는 그들을 위해 간구하시는 것이고, 둘째는 그들에게 구원의 신비를 계시하시는 것이고, 셋째는 그들을 설득하시는 것이고, 넷째는 그들의 마음을 통치하시는 것이고, 다섯째는 그들의 모든 적을 정복하시는 것이다. 제8절은 이 다섯 가지를 아래처럼 3가지 형태로 묶는다. 각각에 대하여 살펴보자.

---

61 종교개혁자들은 성만찬 때 예수 그리스도께서 어떻게 임재하시는 가에 대하여 신성과 인성이 분리할 수 없는 전 그리스도(totus Christus)께서 임재하시되, 그리스도의 모든 것(totum Christi)이 임재하시는 것은 아니라고 말하였다. 성찬 시 그리스도의 영적 임재설을 주장한 종교개혁가들은 "totus sed non totum(전 그리스도 하지만 그리스도의 모든 것은 아닌)"을 말하였다. "전 그리스도(totus Christus)"는 신성과 인성이 결합된 한 인격을 뜻하고, "그리스도의 모든 것(totum Christi)"은 그리스도의 인성과 신성 모두를 뜻한다. 이들은 성찬 시 그리스도의 신성이 임재하시지만 그것은 그리스도의 인성을 배제하는 것이 아니라 그리스도의 인성을 포함한 한 인격으로서 임재하시는 것이라고 보았다. 하지만 그 때에 그리스도의 인성은 임재하시지 않고 오직 그리스도의 신성만 임재하시는 것이라고 보았다.

구속을 선택된 자들에게 적용하시는 방법

```
간구와 계시 ┬ 간구하심 - 제사장 직분
            └ 계시하심 - 선지자 직분 - 말씀 안에서, 말씀에 의해

설득과 통치 ┬ 설득하심 - 왕 직분 - 성령에 의해
            └ 통치하심 - 왕 직분 - 말씀과 성령에 의해

정복    -   정복하심 - 왕 직분 - 능력과 지혜에 의해
```

가. 간구하시고, 말씀으로 계시하심으로써

예수 그리스도께서 선택된 자들을 위하여 늘 간구하신다. 우리는 이미 이에 대하여 제8장 제4절에서 예수님께서 "자신의 아버지 우편에 앉으시며 간구하시는" 항목에서 살펴보았으니 참고하라. "누가 정죄하리요 죽으실 뿐 아니라 다시 살아나신 이는 그리스도 예수시니 그는 하나님 우편에 계신 자요 우리를 위하여 간구하시는 자시니라"는 롬 8:34 예수님께서 우리를 위하여 간구하심을 나타낸다. 예수님은 사람들의 죄값을 짊어지고 죽으시고 부활하심으로써 구원을 획득하셨는데, 이것으로 자신의 제사장으로서의 사역을 끝이라 여기시지 않고, 이들이 이 구원을 받아들여 누리고 성장해가도록 제사장으로서 이들을 위해 변호하시며 간구하신다. 예수님이 신자들을 위하여 이렇게 간구하시므로 예수님이 이들을 위하여 획득하신 구속은 확실하고 효과적으로 이들에게 적용될 수밖에 없다.

예수 그리스도는 선지자로서 선택된 자들에게 구원의 신비를 계시하여 주신다. 그들이 구원의 신비에 대하여 듣고 알아야 믿을 수 있으므로 예수님께서 몸소 이를 계시하여 주신다. 사람들은 타락하여 지정의가 모두 오염되었으므로 스스로 구원의 신비를 알 수 없다. 누군가 알려주어야 한다. 바로 이 일을 그리스도께서 하시는 것이다. 이때 신비스러운 방식이 아니라 말씀 안에서 그리고 말씀에 의해 계시하신다. 예수 그리스도께서는 늘 성경에 기록된 말씀을 넘어서지 않으시고 그 말씀 안에서 계시하신다. 구원의 신비에 관한 핵심은 이미 성경에 기록되어 있으

므로 성경말씀에 충실하여 성경말씀 안에서 선택된 자들에게 계시하시며 구원의 신비를 충분히 알려주시는 것이다. 그리고 계시하실 때 꿈이나 환상으로 구원의 신비를 알려주시지 않고 말씀에 의해 알려주신다. 말씀보다 더 자세하고 정확하게 구원의 신비를 알려주는 수단이 없으므로 예수님은 말씀에 의해 계시하신다. 예수님은 공생애 동안 무리에게 말씀을 전하셨고, 특별히 열 두 제자들을 택하시어 자신의 주변에 두시며 자신이 하신 말씀과 행위를 듣고 보며 깨달아 자신의 승천 이후에 사람들에게 그대로 가르치게 하셨고, 성경으로 기록되게 하셨다.

나. 성령으로 설득하시고, 말씀과 성령으로 통치하심으로써

예수님께서 선택된 자들에게 말씀 안에서 그리고 말씀에 의해 구원의 신비를 계시하실지라도 그들이 그 계시된 말씀을 들으려하지 않거나 들어도 깨닫지 못한다면 예수님의 계시는 아무 소용이 없다. 예수님은 제사장으로서 그들을 위해 간구하신 것과 선지자로서 그들에게 계시하신 것이 그대로 실행이 되도록 왕의 직분도 행하신다. 왕의 직분자로서 하시는 첫 번째는 그들이 예수님을 믿고 순종하도록 자신의 성령을 통해 그들을 효과적으로 설득하시는 것이다. 즉 성경을 통해 객관적으로 하나님의 말씀을 그들에게 계시하시고, 성령을 통해 주관적으로 그들이 자신과 하나님의 말씀을 믿도록 설득하신다. 부활 후 승천하시어 하나님 우편에 앉으신 예수님은 성령을 통하여 예수님께서 제자들에게 하신 모든 말씀을 생각나게 하시고요 14:26, 사도들로 성경을 기록하게 하시고, 사도와 목사로 설교하게 하시고, 신자들이 깨닫도록 설득하신다. 예수님께서 성령님을 통해 설득하시기 때문에 그 설득은 효과적이다. 우리가 인생을 살수록 다른 사람을 설득하는 일이 얼마나 어려운가를 깨닫는다. 성령님의 도우심 없이 강퍅하고 미련한 사람을 설득할 자가 없다.

왕의 직분자로서 하시는 두 번째는 그들의 마음을 통치하시는 것이다. 예수님은 그들이 믿고 순종하면 이제 자신의 말씀과 성령에 의해 그들의 마음을 통치하시어 그들이 더 높은 단계로 나아가게 하신다. 신자들은 예수님을 단순히 믿고 순

종하는 것을 넘어서서 자신들의 마음을 하나님의 말씀으로 풍성하게 채우고 그 말씀대로 살아야 하기 때문이다. 그런데 신자가 자신의 마음을 통치하는 일이 얼마나 어려운지 모른다. 마음속에 있는 것들이 말로 제일 먼저 표현되어 나오는데, 혀를 능히 길들일 사람이 없다. 혀는 쉬지 아니하는 악이고 죽이는 독이 가득하다 약 3:8. 사람의 마음에서 나오는 것은 음란과 도둑질과 살인과 간음과 탐욕과 악독과 속임과 음탕과 질투와 비방과 교만과 우매함이다 막 7:21-22. 이 악한 생각이 자신의 마음에서 나오지 않도록 통제할 사람이 없다. 그런데 예수님은 신자들의 마음을 말씀과 성령에 의해 통치하심으로써 신자들이 마음을 통제할 수 있다. 오직 성령께서만 신자들의 돌같이 단단한 마음을 부드럽게 하신다. "내가 그들에게 한 마음을 주고 그 속에 새 영을 주며 그 몸에서 돌 같은 마음을 제거하고 살처럼 부드러운 마음을 주어 내 율례를 따르며 내 규례를 지켜 행하게 하리니 그들은 내 백성이 되고 나는 그들의 하나님이 되리라" 겔 11:19-20. 부패한 사람은 성령 없이 효과적으로 설득되지 않는다. 지금도 주 예수께서 성령을 통하여 사람들의 마음을 어루만짐으로써 신자들은 믿고 순종하고, 불신자들은 그 강퍅한 마음이 그나마 어느 정도 통제되어 사회의 질서가 유지된다. 예수님은 이렇게 성령과 말씀이란 수단을 사용하시어 자신이 획득하신 구속을 신자들에게 확실하고 효과적으로 적용하신다.

다. 모든 적을 능력과 지혜에 의해 정복하심으로써

예수님은 왕의 직분자로서 신자들의 내부에서는 그들을 효과적으로 설득하시며 그들의 마음을 통치하시고, 신자들의 외부에서는 모든 적을 정복하신다. 신자들에게는 다양한 적이 있는데 이들을 제압하지 않으면 그리스도께서 획득하신 구속이 신자들에게 효과적으로 적용이 되지 않기 때문이다. 첫째 적은 악한 사람들이다. 그들이 수단과 방법을 가리지 않고 교묘하게 신자들을 유혹하고 협박하여 하나님으로부터 떠나게 하려고 한다. 둘째 적은 마귀이다. 신자들의 궁극적인 적들은 통치자들과 권세들과 이 어둠의 세상 주관자들과 하늘에 있는 악의 영들이다. 신자들의 대적 마귀는 우는 사자 같이 두루 다니며 삼킬 자를 찾는다 벧전 5:8.

이 영적 싸움을 신자들이 자신들의 힘으로만 감당한다면 반드시 패하게 된다. 그런데 예수님께서 이 모든 적을 자신의 전능한 능력과 지혜에 의해 정복하신다. 이때 예수님은 자신의 놀랍고 헤아릴 수 없는 경륜에 가장 어울리는 양식과 방법으로 모든 적을 정복하신다. 모든 원수를 발아래에 두어 발판이 되게 할 때까지 왕 노릇 하시고^{고전 15:25; 시 110:1}, 철장으로 그들을 깨뜨리시고 질그릇 같이 부수신다^{시 2:9}. 예기치 않은 각종 사건으로부터 우리를 보호하시고, 낮의 해와 밤의 달이 우리를 상하게 하지 않도록 하시고^{시 121:6}, 환난 날에 우리를 그의 초막 속에 비밀히 지키시며 그의 장막 은밀한 곳에 우리를 숨기시고^{시 27:5}, 죄의 유혹에서도 우리를 지켜주시고, 우리가 감당할 시험만 허락하시며, 시험 당할 즈음에는 피할 길을 주시어 우리로 능히 감당하게 하신다^{고전 10:13}. 우리는 끝내 정하신 날에 악인을 발바닥 밑에 재와 같이 밟게 된다^{말 4:3}. 주 예수께서 자신의 전능한 권능과 지혜로 정복의 일을 하심으로 그 누구도 맞서지 못한다. 한동안은 적들이 득세하는 것 같지만 그것마저도 그리스도의 놀랍고 헤아릴 수 없는 경륜에 가장 어울리는 양식과 방법에 속하는 것이다. 신자들은 한 때 적들에게 짓밟히어 패배하는 것 같지만 이 역시 하나님의 경륜에 속하는 것으로 이를 벗어나 최종적으로 승리하게 된다. 이러니 예수님의 손에서 신자들을 빼앗을 자가 없고^{요 10:28}, 그리스도께서 획득하신 구속이 선택된 자들에게 확실하고 효과적으로 적용될 수밖에 없다. 삼위일체 하나님은 우리의 구원에 필요한 모든 것을 시작부터 끝까지 완수하신다.

구원론

Of Free Will

제9장 자유 의지

웨스트민스터 신앙고백 중 제1장부터 제8장은 아래와 같이 조직신학의 서론과 신론과 인간론과 기독론을 다룬다.

웨스트민스터 신앙고백의 구조		
서론	1장 성경	
신론	2장 하나님과 삼위일체	3장 하나님의 영원한 작정
	4장 창조	5장 섭리
인간론	6장 사람의 타락, 죄, 벌	7장 하나님의 사람과의 언약
기독론	8장 중보자 그리스도	

제9장-제18장은 아래처럼 구원론을 다룬다. 제8장은 예수 그리스도께서 선택된 자들을 위하여 구원을 획득하신 것을 다룬다. 주 예수께서는 선택된 자들에게 획득하신 구원을 확실하고 효력 있게 적용하시고 전달하신다 제8장 제8절. 제9장-제18장은 성령께서 그 적용과 전달을 어떻게 하시는지에 대하여 여러 단계로 살펴본다.

구원론(성령론)	9장 자유의지	10장 효과적 부르심
	11장 칭의	12장 양자됨
	13장 성화	14장 구원하는 믿음
	15장 생명에 이르는 회개	16장 선행
	17장 성도의 견인	18장 은혜와 구원의 확신

웨스트민스터 신앙고백은 성령론을 따로 장을 할애하여 다루지 않는다. 그런데 그것은 성부 하나님에 대해서도 마찬가지이다. 제8장이 중보자 그리스도에 대하여 다루는데 이것은 엄밀히 말하면 성자 하나님에 대해서가 아니라 연합된 신성과 인성을 한 인격으로 지니신 예수 그리스도에 대해서이다. 성부, 성자, 성령의 존재와 속성과 삼위일체에 대해서는 제2장이 다룬다. 제3장 작정과 제4장 창조과 제5장 섭리은 성부 하나님께서 주도하시는 사역에 대하여 다루고, 제8장은 성자 하나님께서 사람이 되시어 순종과 죽음을 통해 선택된 자들의 구원을 획득하시는 일을 다루고, 제9장-제18장은 성령 하나님께서 예수 그리스도에 의해 획득된 그 구원을 선택된 자들에게 적용하시는 일을 다룬다. 따라서 웨스트민스터 신앙고백이 성령의 존재와 사역에 대하여 다루지 않는다는 비판은 적절하지 않다. 그러한 비판은 제2장이 성령 하나님의 존재와 속성에 관하여 다루고, 제9장-제18장이 성령의 사역에 대하여 다루는 것을 간과하기 때문에 나온다. 이러한 오해를 인하여 미국 장로교회는 1903년에 성령 하나님을 다루는 제34장을 삽입하였다. 제34장은 이미 웨스트민스터 신앙고백에 있는 내용들 중 성령과 관계된 것을 모아 놓은 것에 지나지 않는다.

제9장에 들어가기에 앞서 성령 하나님에 대한 기본 사항을 살펴보도록 하자.

❶ 성령 하나님의 존재와 속성

하나님과 성 삼위일체에 대하여 다루는 제2장은 제1절에서 하나님의 속성에 대하여, 제2절에서 하나님께서 피조물과 갖는 관계에 대하여 말한다. 이 속성과 관계는 성부 하나님이나 성자 하나님에게만 속하지 않고 성령 하나님에게도 속한다. 왜냐하면 성부와 성자와 성령은 동일한 하나의 실체와 능력과 영원성을 지니시기 때문이다. 제2장 제3절은 삼위일체에 대하여 다루면서 성부와 성자와 성령의 존재 관계에서 성령은 성부와 성자로부터 영원히 나오신다고 말한다. 이것은 시간을 초월하여 영원히 이루어진 일이므로, 성령은 절대로 존재하시지 않았던 때가 없다.

❷ 성령의 일반 은총

불신자는 업무수행능력만이 아니라 도덕과 양보와 덕에 있어서도 신자보다 낫기도 한다. 왜 이런 일이 벌어지느냐면 성령께서 신자만이 아니라 불신자에게도 많은 선물을 주시기 때문이다. 제2장 제2절은 하나님께서 모든 생명, 영광, 선, 복을 갖고 계시고, 자신의 영광을 피조물에게 나타내신다고 말한다. 특별히 성령 하나님께서 피조물에게 하나님의 생명과 영광과 선과 복을 나누어 주시는데, 신자만이 아니라 불신자에게도 생명의 부여와 발전, 비범한 능력, 예술적 능력 등을 주신다. 성령께서 불신자에게도 주시는 일반 은총 common grace 을 인하여 일반인도 죄에 대한 경각심을 갖고, 도덕과 윤리의 필요성을 깨닫고, 보통의 선과 의를 행하고, 부여받은 재능을 노력에 의해 크게 발휘한다. 특별 은총은 신자에게만 주어지는데, 이를 받은 사람은 마음이 본질적으로 변화되어 예수 그리스도를 주로 받아들인다. 하지만 일반 은총은 본질적 마음의 변화 없이 도덕적 감동에 머물고, 그 감동만큼 죄가 억제되고 선을 행하지만 그리스도를 받아들이게 하지는 않는다.

루이스 벌코프는 일반 은총이 주어지는 4가지 주요한 수단에 대해 이렇게 말한다. 첫째는 하나님께서 일반인에게도 주시는 일반 계시이다. "율법 없는 이방인이 본성으로 율법의 일을 행할 때에는 이 사람은 율법이 없어도 자기가 자기에게 율법이 되나니 이런 이들은 그 양심이 증거가 되어 그 생각들이 서로 혹은 고발하며 혹은 변명하여 그 마음에 새긴 율법의 행위를 나타내느니라" 롬 2:14-15. 하나님께서 일반인의 양심에 이런 내용을 계시하여 주시지 않으면 일반인의 양심은 전혀 작동하지 않는다. 두 번째는 인간의 방탕함을 억제하고 선한 질서를 유지하는 역할을 하는 정부를 주신다. 독재나 악한 정부가 무정부보다 낫다는 말이 있을 정도로 정부의 존재와 역할은 중요하다. 셋째는 사람이 민감하게 여기고 크게 영향을 받는 여론이다. 사람은 법과 경찰력만이 아니라 여론을 의식하며 행동하기 때문에 사회의 질서와 덕과 미풍양속이 유지된다. 넷째는 짧은 생애 동안에도 펼쳐지는 하나님의 징벌과 보상이다. 불신자일지라도 인과응보와 사필귀정을 나름 믿으며 살아가는데 실제로 하나님께서 이것들이 작동되게 하시기 때문이다.

벌코프는 일반 은총의 5가지 열매에 대해서 아래처럼 말한다.

1. 형 집행의 유예

하나님께서는 선악을 알게 하는 나무의 열매를 따먹은 자들을 바로 죽이시지 않았다. 노아의 홍수 이후에는 사람들의 죄악이 관영하여도 사람들을 싹쓸이 하는 심판을 하시지 않았다. 자연적 생명을 연장시키셔서 회개할 기회를 주신 것이다.

2. 죄의 억제

사람들의 죄악이 극단으로 흐르지 않고 어느 선에서 머물게 하신다.

3. 진리, 도덕, 종교의 보존

사람들로 일반적 수준의 진리와 도덕을 추구하게 하시고, 일반 종교를 통해 나름의 신앙행위를 하게 하신다.

4. 외면적 선과 시민적 의의 수행

본질적 마음의 변화에서 오는 참된 종교적 의는 아니지만, 일반 양심에서 오는 외면적 선과 시민적 의를 수행하게 하신다. 이것이 없으면 사회의 질서는 유지되지 않는다.

5. 자연적 축복

이스마엘이나 보디발과 같은 일반인도 축복해주시고, 해와 비를 악인과 선인 모두에게 비추신다.

그리스도인이 일반 은총을 무시하고 특별 은총만 추구해서는 안 된다. 얼마나 많은 일반인이 성실함으로 자신의 능력을 발휘해 사회의 유지와 발전에 공헌을 하는지 모른다. 물론 그들의 성실함과 노력에는 자신을 높이려는 악한 동기가 있어 절대적으로 선하지는 않지만, 상대적으로는 선하다. 운동과 기술과 노래처럼 일반 은총의 영역에 속한 것을 과도하게 특별 은총의 관점으로 바라보아서도 안 되고, 구원과 진리처럼 특별 은총에 속한 것을 일반 은총의 관점으로 바라보아서도 안 된다. 신자가 일반 은총을 무시하고 특별 은총만 추구하면 상식과 도덕과 균형감을 잃어버리며 신앙 중독에 빠져 해로운 신앙에 이르기 쉽다.

❸ 성령의 특별 은총

성령 하나님은 그리스도께서 획득하신 구원을 특별히 선택된 사람들에게 적용하시는 일을 하신다. 그리스도께서 획득하신 구원이 선택된 자들의 것이 되도록 성령께서 하시는 사역을 구원론이라고 부른다. 구원론은 성령께서 하신다고 하여 성령론이라고도 불린다. 구원론은 구원을 받는 사람의 관점에서 다루어서는 안 되고, 그리스도의 구원을 사람에게 적용하시는 하나님의 관점에서 다루어야 한다. 사람이 복음을 듣고 자신의 죄를 회개하며 그리스도를 믿겠다고 했을 때에 그 결정을 사람이 하지만, 그 일이 사람의 힘으로 되지 않고 성령께서 그 사람을 인도하심으로써 가능한 것이다. 사람의 관점에서 구원론을 다루면 가까운 원인들, 제2원인들만 보게 되고, 하나님의 관점에서 구원론을 다루면 인간으로 하여금 그런 행동을 하게 하는 먼 원인, 제1원인을 보게 된다.

성령님은 그리스도의 생애와 죽음에서도 주도적 역할을 하셨다. 예수님은 성령으로 잉태되었고^{마 1:18, 20}, 요한에게 세례를 받으실 때에 성령이 비둘기 같이 내리셨고^{마 3:16}, 성령의 충만함을 입었고^{눅 4:1}, 성령에게 이끌리어 광야에서 시험을 받으셨고^{눅 4:2}, 성령을 힘입어 귀신을 내쫓으셨고^{마 12:28; 행 10:38}, 성령으로 죽은 자 가운데서 부활하셨다^{롬 1:4, 8:11; 벧전 3:18}. 성령님은 그리스도로 하여금 생애와 죽음에서 완벽하게 사역하도록 하셨고, 그리스도께서 획득하신 구원을 신자들에게 완벽하게 적용하시는 사역을 하신다. 이에 대해서는 제3장 하나님의 영원한 작정 제6절에서 "구원의 순서와 황금 사슬"이란 제목으로 살펴보았으니 참고하라.

❹ **구원론에서 자유 의지를 먼저 다루는 이유**

웨스트민스터 신앙고백은 구원론을 다루면서 왜 자유 의지를 제일 먼저 다룰까? 소요리문답 제30문은 아래와 같다.

> 제30문: 성령께서는 그리스도께서 값 주고 사신 구속을 우리에게 어떻게 적용하십니까?[62]
>
> 답: 성령께서는 우리 안에 믿음을 일으키심으로써(엡 1:13-4; 요 6:37, 39; 엡 2:8) 그리고 우리를 효과적으로 부르실 때에 믿음에 의해 우리를 그리스도와 연합시키심으로써 그리스도께서 값 주고 사신 구속을 우리에게 적용하십니다(엡 3:17; 고전 1:9).

앞에서 우리가 살펴본 것처럼, 그리고 소요리문답 제30문이 말하는 것처럼 성령 하나님은 그리스도가 사신 구속을 선택된 자들에게 적용하시는 일을 하신다. 성령님이 선택된 자들에게 구원을 적용하시어, 선택된 자들 안에 믿음을 일으키시고, 그들을 효과적으로 부르시고, 그리스도와 연합시키신다면, 그때 선택된 자들은 무엇을 할까? 로봇처럼 성령께서 입력하신 대로만 행동할까? 아니면 자신들의 의지로 자유롭게 행동할까? 바로 이 문제에 답하기 위하여 웨스트민스터 신앙고백은 구원론을 다룰 때 제일 먼저 자유 의지를 살펴본다. 제9장은 사람의 의지에는 어떤 자유가 주어져있고, 그 의지의 자유가 사람의 죄의 여부에 따라 어떻게 변하는지에 대하여 다룬다. 사람의 의지가 죄에 의하여 얼마만큼 죽어있는지, 성령께서는 그 죽은 의지를 어떻게 살리시는지, 그때 사람은 로봇처럼 행하는지 등을 다룬다. 이 내용에 근거하여 우리는 성령의 구원의 적용을 다루는 제10장-18장을 살펴볼 때에 선택된 자들이 자유 의지로 성령의 구원의 적용에 어떻게 참여하는지

---

[62] 제30문: How does the Spirit apply to us the redemption purchased by Christ?
답: The Spirit applies to us the redemption purchased by Christ, by working faith in us, and thereby uniting us to Christ in our effectual calling.

에 대하여 생각할 수 있다.

9.1

하나님께서 사람의 의지에 본성적 자유를 부여하셨다. 이 본성적 자유는 억지로 선이나 악을 지향하도록 강요받지도 않고, 본성의 어떤 절대적인 필연성에 의해 선이나 악을 지향하도록 결정되지도 않는다.a

God hath endued the will of man with that natural liberty, that is neither forced, nor by any absolute necessity of nature determined to good or evil.a

a 마 17:12; 약 1:14; 신 30:19

1. 사람의 본성적 자유(natural liberty)

제9장 제1절은 하나님께서 사람의 의지에 본성적 자유를 부여하셨다고 말한다. 의지에게 본성적 자유가 부여되었다고 말하는 것은 사람이 무엇을 생각하거나 행동할 때에 영혼과 육체의 기능들과 부분들 중 의지가 가장 근본이 되기 때문이다. 사람의 의지가 선한 것을 지향하면 그 사람은 선한 것을 원하며 행할 수 있고, 사람의 의지가 악한 것을 지향하면 그 사람은 악한 것을 원하며 행하게 된다. 의지에 본성적 자유가 있다는 것은 영혼과 육체의 기능들과 부분들에 본성적 자유가 있다는 의미이다.

사람의 의지에 부여된 본성적 자유란 무엇인가? 그것은 하나님의 본성이 아니라 사람의 본성에 따른 자유를 뜻한다. 하나님의 본성은 우리가 제2장 제1절과 제2절에서 살펴본 것처럼 지극히 자유로우시고, 지극히 절대적이시고, 자충족적이시고, 모든 존재의 유일한 근원이시다. 하나님께서 존재하시고 지향하시는 데 먼저 영향을 미치는 요소가 전혀 없기 때문에 하나님이시야말로 완전히 자유로우시다. 사람이 본성적 자유를 갖는다고 하여 하나님처럼 완전한 독립과 자유를 갖지 않고, 하나님으로부터 존재와 속성을 갖는 만큼 하나님께 의존한다. 그러므로 사람의 의지가 갖는 본성적 자유를 절대로 하나님으로부터도 영향을 받지 않는 무한한 자유나 제1원인이신 하나님을 떠난 제2원인의 절대적 독립으로 여기면 안 된다.[63]

❶ 선이나 악을 지향하도록 강요받지 않는 본성적 자유

그렇다면 사람은 어떤 본성적 자유를 갖는가? 첫째로 외부의 강제의 필연성으로부터의 자유이다. 사람이 어떤 생각이나 행동을 할 때에 여기에 억지로 영향을 미치는 외적인 원리가 없는 것이다. 이 외적인 원리가 강력하게 작동하여 선이나 악을 지향하도록 사람에게 강요한다면 사람은 자신의 자유와 상관없이 행하기 때문에 그만큼 자유가 없다. 사람이 시험을 받을 때에 자신이 하나님께 시험을 받는다 하면 안 된다. 하나님은 악에게 시험을 받지도 아니하시고 친히 아무도 시험하지 아니하시기 때문이다. 각 사람이 시험을 받는 것은 자기 욕심에 끌려 미혹됨이지약 1:13-14, 하나님의 시험이라는 외적인 원리가 강력하게 작동하여 사람에게 강요하는 것이 아니다. 제9장 제1절은 이것을 "선이나 악을 지향하도록 강요받지 않는 본성적 자유"라고 표현한다.

하나님께서 이 자유를 사람의 의지에 부여하셨으므로 사람은 강제적으로가 아니라 자발적으로 자유롭게 행동한다. 사람에게는 이러한 본성적 자유가 있으므로 자신의 자유가 외부의 힘에 의해 강요될 때에 크게 불편함을 느끼며 저항한다. 미국의 독립운동을 이끈 패트릭 헨리 Patrick Henry, 1736-1799 의 "자유가 아니면 죽음을 달라" Give me liberty or give me death! 는 연설은 단순히 미국의 독립에만 적용되지 않고, 자

---

[63] 제3장 제1절은 하나님의 작정에 의해 피조물의 의지가 강제로 영향을 받는 것도 아니고, 제2원인들의 자유나 임의성이 제거되지도 않고 도리어 확립된다고 말한다. 하나님의 작정의 이러한 요인을 인하여 하나님께서는 사람의 의지에 본성적 자유를 주시는 것이다.

유는 기본적인 권리와 욕구이므로 모든 사람에게 적용된다. 그는 생명 life 과 평화 peace 도 속박과 노예 chains and slavery 안에서 주어지는 것이라면 차라리 죽는 것이 낫다고 연설하였다. 신자는 하나님께서 사람 밖에 있는 강제의 필연성으로부터 벗어난 본성적 자유를 자신의 의지에 주신 것을 확신하고서 외부의 환경과 원리에 탓을 돌리기보다 오히려 강한 의지로 외부의 환경과 원리를 이겨내어야 한다.

❷ 본성의 절대적 필연성에 의해 선이나 악을 지향하도록 결정되지 않는 본성적 자유

둘째로 본성의 절대적인 필연성으로부터의 자유이다. 주향성走向性, tropism 의 사전적 뜻은 "생물이 외부로부터 받는 자극에 대하여 행하는 무의식적인 행동"이다. 하등 동물일수록 대부분의 행동이 주향성에 속한다. 외부의 자극이 주어지면 이를 감지하는 내부의 기관이 흥분하면서 자동적인 반응을 보인다. 운동이 자극을 향하는 경우를 양陽이라 하고 자극을 피하는 경우를 음陰이라고 한다. 예를 들면 주광성走光性은 동식물이 빛의 자극에 대하여 빛을 향하거나 피하려고 움직이는 성질이다. 빛으로 향하는 경우를 양陽의 주광성, 빛에서 멀어지는 경우를 음陰의 주광성이라고 하는데, 나방, 모기, 장수풍뎅이, 오징어, 고등어, 식물 등이 전자에 속하고, 지렁이, 바퀴벌레가 후자에 속한다. 중력에 따른 반응을 주지성走地性, 화학적 자극에 따른 반응을 주화성走化性, 물의 흐름에 따른 반응을 주류성走流性, 접촉 자극에 따른 반응을 주촉성走觸性이라고 한다. 주향성을 가진 생명체는 어떤 특정 자극에 대하여 자동적인 반응을 보이는 내부의 물리적인 필연성이 존재한다. 무생물은 더욱 내부의 물리적인 필연성에 따라 외부의 자극에 반응한다. 예를 들면 물은 온도가 영하로 내려가면 무조건 얼고, 100도가 넘으면 무조건 기체가 된다.

사람은 외부의 자극에 대하여 주향성을 가질까? 제9장 제1절은 사람이 "본성의 절대적인 필연성에 의해 선이나 악을 지향하도록 결정되지 않는" 본성적 자유를 갖고 있다고 말함으로써 주향성이 없다고 말한다. 하나님은 사람을 이성적인

영혼을 지닌 존재로 창조하시며 자신의 형상을 따라 지식과 의와 진리의 거룩함을 부여하셨다. 사람은 하나님의 형상을 따른 지식과 의와 진리의 거룩함을 인하여 외부의 충동에 대하여 이성적 반응을 보이지, 동물적인 본능과 맹목적인 주향성을 따라 반응하지 않는다. 사람은 이 자유를 인하여 선택이 가능한 반면 동물은 이 자유가 없기 때문에 선택이 가능하지 않고, 본능과 주향성에 따라 반응한다. 사람이 본능과 맹목적 욕구를 따라 행동한다면 하나님께서 부여하신 본성적 자유를 구가하는 것이 아니라, 하나님의 형상 대신 동물의 형상을 따라 행동하는 것에 지나지 않는다.

모세는 40년의 광야생활을 마치고 가나안 입성을 앞둔 이스라엘 백성에게 "내가 오늘 하늘과 땅을 불러 너희에게 증거를 삼노라 내가 생명과 사망과 복과 저주를 네 앞에 두었은즉 너와 네 자손이 살기 위하여 생명을 택하라"고 신 30:19 말하였다. 그들은 하나님의 형상을 따라 지식과 의와 진리의 거룩함이 부여되었기 때문에, 즉 본성적 자유가 주어졌기 때문에 생명을 택하라는 권유와 명령을 모세로부터 받았다. 그들이 이성적인 영혼으로 올바로 판단하여 생명을 택였고, 의지를 발휘하여 하나님의 말씀에 따라 살았다면 그들은 생명과 복을 누렸을 것이다.

우리는 지금까지 외부의 강제의 필연성으로부터의 자유와 본성의 절대적인 필연성으로부터의 자유 두 가지를 살펴보았다.[64] 이 두 가지로 구성된 본성적 자유는 사람이 어떠한 상태에 있든 사람에게 존재한다. 제9장은 제2절부터 제5절까지 사람의 상태를 네 가지로 나누어 사람의 의지가 각각 어떠한지를 살펴본다. 사람의 본성적 자유는 사람이 어떠한 상태에 있든 존재하기 때문에 사람이 처한 네 가

---

64 17세기의 신학을 정리한 신학자라고 높이 칭송되는 프란시스 투레틴은 이 두 가지에 "노예의 필연성으로부터의 자유"를 세 번째로 덧붙였다. 죄의 상태에 빠지지 않은 사람에게 주어지는 자유이다. 죄의 상태에 빠진 사람은 죄와 비참함의 노예가 되어서 본성적 자유가 없다. 투레틴은 강제의 필연성으로부터의 자유, 그리고 동물적이거나 물리적인 필연성으로부터의 이성적인 자유 두 가지가 본질적 자유(essential liberty)를 구성한다고 보았다. 반면에 노예의 필연성으로부터의 자유는 본질적 자유에 참여하거나 아니면 본질적 자유로부터 분리되기 때문에 그는 본질적이 아니라 우연적(accidental)이라고 보았다. Francis Turretin, trans by George Musgrave Giger, Institutes of Elentic Theology (P&R, New Jersey, 1992), Vol. 1, 569-571.

지 상태에서 사람의 의지에 공통적으로 주어져 있다. 하나님은 죄의 상태에 있는 사람에게도 일반 은총으로써 본성적 자유를 부여하시어 동물과는 차원이 다른 자유를 누리게 하신다. 반면 사람에게 공통적으로 부여되지 않는 자유는 죄와 비참함으로부터의 자유이다. 오직 예수 그리스도를 통해서 구원을 받은 자들만 죄와 비참함으로부터 자유를 누릴 수 있고, 그만큼 의지에 있어서도 자유를 누린다.

9.2

사람은 무죄의 상태에서 하나님께 선하고 기쁨이 되는 것을 원(意志)하고 행할 자유와 능력을 갖고 있었다.b 그러나 아직 가변적이라, 무죄의 상태에서 타락할 수도 있었다.c

Man, in his state of innocency, had freedom, and power, to will, and to do that which was good, and well-pleasing to God;b but yet mutably, so that he might fall from it.c

b 전 7:29; 창 1:26   c 창 2:16-17; 창 3:6

---

2. 무죄의 상태에서의 의지

사람의 상태는 네 가지로 분류할 수 있다. ①무죄의 상태 the state of innocency, ②죄의 상태 the state of sin, ③은혜의 상태 the state of grace, ④영광의 상태 the state of glory. 하나님으로부터 본성적 자유를 부여받은 사람의 의지는 이 네 가지 상태 하에서 다르게 작동한다. 먼저 사람의 의지가 무죄의 상태에서 어떻게 작동하는지 살펴보자.

제4장 창조 제2절에서 살펴본 것처럼 하나님께서는 이성적인 영혼을 지닌 사람의 마음에 하나님의 법이 새겨지게 하시면서, 자신의 형상을 따라 지식과 의와 진

리의 거룩함을 부여하셨고, 그 법을 완수할 능력도 부여하셨다. 하나님께서 이렇게 하신 것은 사람에게 이것을 받을 자격이나 능력이 있어서가 아니라, 하나님께서 주권적으로 큰 은혜와 복을 베푸신 것이다. 따라서 이것은 사람이 처음 지음을 받을 때에 하나님의 선물로 사람에게 부여된 것이다. 이 선물에 따라 사람은 죄를 짓기 전의 무죄 상태에서는 이성적인 영혼의 기능이 그대로 발휘되어, 자신의 마음에 새겨진 하나님의 법을 지식과 의와 진리의 거룩함에 따라 완수하였다.

이것을 제9장 제2절은 무죄 상태의 사람에게는 하나님께 선하고 기쁨이 되는 것을 원하고[65] 행할 자유와 능력이 있었다고 말한다. 여기서 "하나님께 선하고 기쁨이 되는 것"이란 제4장 제2절에서 "사람의 마음에 새겨진 법과 선악을 알게 하는 나무의 열매를 먹지 말라는 명령"을 뜻한다. 그리고 여기서 "원하고 행할 자유와 능력"이란 제4장 제2절에서 "그 법을 완수할 능력"power to fulfill it 에 속한다.

제9장 제1절에서 살펴본 사람의 본성적 자유가 무죄의 상태에서는 손상을 입지 않았기 때문에 본성적 자유가 부여된 사람의 의지는 죄악된 것이 아니라 선한 것을 원하고 행동할 수 있었고, 자신이 기뻐하는 것이 아니라 하나님께서 기뻐하시는 것을 원하고 행동할 수 있었다.

그런데 하나님은 사람을 지으실 때에 불변성을 부여하시지 않았다. 사람의 본성에는 불변성이 없다. 이에 반해 하나님은 제2장 제1절에서 살펴본 것처럼 불변하시어, 그 의지도 지극히 의로울 뿐만 아니라 동시에 불변하다. 사람의 의지는 무죄의 상태에서 선하였지만 불변하지는 않았다. 이런 면에서 사람에게는 하나님과 같은 절대적인 독립의 자유가 없다. 사람은 가변적이라 무죄의 상태로부터 타락할 수 있었고, 실제로 타락하였다. 하나님께서 아담에게 "선악을 알게 하는 나무의 열매는 먹지 말라 네가 먹는 날에는 반드시 죽으리라"는 명령을 주셨는데, 아담이 처음에는 지켰지만 여자가 지음을 받은 후에 그녀의 꾐에 빠져 이 말씀을 어겼다.

65　여기서 "원하고"는 'to will'을 번역한 것이다. 원래는 "의지(意志)하고"로 번역하여야 하나, 한국어에서 "의지(意志)"라는 명사는 있어도 "의지(意志)하다"라는 동사는 없어서 "원하고"로 번역한다.

9.3

자신의 타락에 의해 죄의 상태에 빠진 사람은 구원을 동반하는 영적 선을 지향할 모든 의지력을 전적으로 잃어버렸다.d 그래서 본성적 사람은 그러한 선을 완전히 싫어하며e 죄 가운데 죽었기 때문에,f 자기 자신의 힘에 의해 자신을 회심시킬 수도 없고 회심에 이르도록 준비시킬 수도 없다.g

Man by his fall into a state of sin, hath wholly lost all ability of will to any spiritual good accompanying salvation:d so as, a natural man, being altogether averse from that good,e and dead in sin,f is not able, by his own strength, to convert himself, or to prepare himself thereunto.g

d 롬 5:6; 롬 8:7; 요 15:5 **e** 롬 3:10, 12
f 엡 2:1, 5; 골 2:13 **g** 요 6:44-65; 엡 2:2-5; 고전 2:14; 딛 3:3-5

3. 죄의 상태에서의 의지

제6장 사람의 타락, 죄, 그리고 죄의 형벌이 말하는 것처럼 우리의 첫 부모는 금지된 열매를 먹음으로써 범죄하였고 제1절, 이 죄에 의해 원의原義와 하나님과의 교통에서 떨어졌으며, 영혼과 육체의 모든 기능과 부분에서 전적으로 더러워졌고 제2절, 이 죄의 죄책이 모든 후손에게 전가되었고, 죄로 인한 동일한 죽음과 부패한 본성이 그 후손에게 전달되었다 제3절. 죄로 인하여 사람의 영혼과 육체의 모든 기능과 부분이 전적으로 더러워졌을 때, 즉 본성의 부패가 발생했을 때에 의지에는 어떤 변화가 있는지에 대하여 제9장 제3절은 말하고 있다.

의지는 영혼과 육체의 모든 기능과 부분에 속하므로 당연히 의지도 죄로 인하여 더러워졌다. 자신의 무죄 상태에서는 하나님께 선하고 기쁨이 되는 것을 원意志하고 행할 자유와 능력이 있었지만, 죄의 상태에서는 하나님께 선하고 기쁨이 되는 것을 지향할 모든 능력을 전적으로 잃어버렸다. 제6장 제4절은 본성의 부패에 의해 사람들은 "모든 선을 완전히 꺼리고, 모든 선에 무능하고, 모든 선을 대적하며, 모든 악을 전적으로 내켜하게 된다."고 말한다. 제9장 제3절은 이것을 "본성적 사람은 그러한 선을 완전히 싫어하며 죄 가운데 죽었기 때문에 자기 자신의 힘에 의해 자신을 회심시킬 수도 없고 자신을 회심에 이르도록 준비시킬 수도 없다."고 표현한다. 제6장 제4절과 제9장 제3절은 같은 내용을 말한다.

사람은 본성이 부패하였을지라도 하나님의 형상을 완전히 잃은 것은 아니므로, 지식과 의와 진리의 거룩함이 비록 손상되기는 하였지만 여전히 남아있다. 따라서 일반 사람은 부패한 본성을 소유함에도 동물과는 차원이 다른 삶을 산다. 제9장의 서두에서 살펴본 것처럼 하나님께서 모든 사람에게 일반 은총을 주시어 죄에 대한 경각심 그리고 도덕과 윤리의 필요성을 깨닫게 하시고, 보통의 선과 의를 행하게 하신다. 제9장 제1절이 말하는 본성적 자유가 죄의 상태에 있는 사람에게도 부여된다. 하지만 일반 은총은 본질적 마음의 변화 없이 도덕적 감동에 머물러, 일반 은총만 받은 사람은 그 감동만큼 죄를 억제하고 선을 행하지만 그리스도를 받아들이지는 않는다. 즉 구원을 동반하는 영적 선을 원하지도 못하고 행하지도 못한다. 당연히 자기 자신의 힘으로는 자신을 회심시킬 수도 없고, 자신을 회심에 이르도록 준비시킬 수도 없다. 본성적 부패에서 벗어나지 못한 육에 속한 사람은 하나님의 성령의 일들을 받지 아니한다. 이는 그것들이 그에게는 어리석게 보이기 때문이다. 또 그는 그것들을 알 수도 없는데, 하나님의 성령이 그에게 없기 때문에 도무지 영적으로 분별할 수 없기 때문이다 고전 2:14.

9.4

하나님께서 죄인을 회심시켜 은혜의 상태로 옮기실 때에 본성적으로 죄 아래에 속박된 그를 자유롭게 하시고,ʰ 오직 자신의 은혜에 의해 그가 영적으로 선한 것을 자유롭게 원하고 행할 수 있게 하신다.ⁱ 하지만 그는 자신 속에 남아있는 그 부패 때문에 선한 것을 온전히 원하지 않는다. 즉, 선한 것을 원할 뿐만 아니라

악한 것도 원한다.k

When God converts a sinner, and translates him into the state of grace, he freeth him from his natural bondage under sin,h and by his grace alone, enables him freely to will, and to do that which is spiritually good;i yet so, as that by reason of his remaining corruption, he doth not, perfectly, nor only, will that which is good, but doth also will that which is evil.k

h 골 1:13; 요 8:34, 36   i 빌 2:13; 롬 6:18, 22   k 갈 5:17; 롬 7:15, 18-19, 21, 23

4. 은혜의 상태에서의 의지

바로 앞에서 살펴본 제9장 제3절이 말하는 것처럼 죄인은 죄 가운데 죽었기 때문에 자기 자신의 힘에 의해 자신을 회심시킬 수도 없고, 자신을 회심에 이르도록 준비시킬 수도 없다. 그래서 죄인의 회심은 죄인 자신의 고유한 힘으로 되지 않고, 하나님께서 죄인을 회심시켜주셔야만 가능하다. 사람의 눈에는 성령님이 죄인을 회심시키시는 것이 보이지 않으므로 죄인이 스스로 회심하는 것으로 보이지만, 실은 성령님이 죄인의 마음을 부드럽게 만지시기 때문에 죄인의 회심이 일어난다. 그래서 제9장 제4절은 하나님께서 죄인을 회심시키시어 은혜의 상태로 옮기신다고 말한다. 골로새서 1:13절도 하나님께서 우리를 흑암의 권세에서 건져내사 그의 사랑의 아들의 나라로 옮기신다고 말한다. 흑암의 권세에서 사랑의 아들의 나라로 가겠다는 우리의 결단과 행동은 제2원인에 지나지 않고 그 이전에 제1원인으로서 하나님이 계신다.

하나님께서 죄인을 흑암의 권세 하에 있는 죄의 상태에서 사랑의 아들의 권세 하에 있는 은혜의 상태로 옮기실 때에 오직 자신의 은혜에 의해 하시는 것이지, 절대로 죄인의 행위나 선한 것으로 하시지 않는다. 죄인은 제6장 제2절이 말하는 것처럼 죄로 죽게 되었고, 영혼과 육체의 모든 기능과 부분에서 전적으로 더러워졌다. 제6장 제4절이 말하는 것처럼 죄인은 모든 선을 완전히 꺼리고, 모든 선에 무능해하고, 모든 선을 대적하며, 모든 악을 전적으로 내켜한다. 죄인에게서는 선한 것이 절대로 나오지 않는다. 그러므로 하나님은 오직 은혜로 죄인을 구원하시는 것이지, 절대로 죄인에게서 나오는 그 어떠한 것도 구원에 사용하시지 않고 보시지 않는다.

하나님께서 죄인을 회심시키실 때에 그를 본성적 속박에서 자유롭게 하신다고 하는데 무슨 뜻일까? 이것은 제9장 제3절의 논리 순서를 살피면 자연스럽게 알 수 있다. 제9장 제3절은 "본성적 사람은 영적 선을 완전히 싫어하고 죄 가운데 죽었기 때문에 자기 자신의 힘에 의해 자신을 회심시킬 수도 없고, 자신을 회심에 이르도록 준비시킬 수도 없다."고 말하는데, 이것을 역순으로 살피면 "하나님께서 죄인을 회심시키시면 그는 영적 선을 좋아하게 된다."라고 볼 수 있다. 즉 하나님께서 그의 부패한 본성적 속박에서 그를 자유롭게 하시면, 제9장 제2절이 무죄의 상태에 대하여 말하는 것처럼 그는 다시 하나님께 선하고 기쁨이 되는 것을 원하고 행할 자유와 능력을 갖게 된다. 이것을 제4절은 "하나님께서 그가 영적으로 선한 것을 자유롭게 원하고 행할 수 있게 하신다."고 말한다. 빌립보서 2:13절은 우리 안에서 행하시는 이는 하나님이시라고 말한다. 우리가 스스로 행하는 것 같지만 이는 제2원인에 지나지 않고, 실은 하나님께서 제1원인으로써 행하시는 것이다. 하나님께서 자기의 기쁘신 뜻을 위하여 우리에게 소원을 두고 행하게 하신다 For it is God which worketh in you both to will and to do of his good pleasure.

그런데 무죄의 상태와 은혜의 상태 간에는 차이점도 있다. 첫째로 무죄의 상태에서는 사람이 선한 것을 온전히 뜻하고 행할 수 있지만, 은혜의 상태에서는 구원받은 자가 선한 것을 온전히 뜻하지 않는다. 왜냐하면 무죄의 상태에서는 사람에게 부패라는 것이 없지만, 은혜의 상태에서는 구원받은 자에게 부패가 남아 있기 때문이다. 죄의 흔적이 남아있는 것이다. 이 남아있는 부패를 인하여 구원을 받은 자일지라도 선한 것을 완벽하게 뜻하지 못하고, 늘 악한 불순물이 첨가된다.

둘째로 무죄의 상태에서는 사람이 선한 것을 온전히 원하고 행하거나, 아니면 가변적이라 거기로부터 타락하여 죄의 상태로 진입한다. 그런데 은혜의 상태에서는 구원받은 자가 선한 것을 원할 뿐만 아니라 악한 것도 원한다. 회심한 자로서 선한 것을 원하지만, 동시에 남아있는 부패를 인하여 악한 것도 원한다. 이 양자가 인생을 사는 내내 왔다 갔다 한다. 육체의 소욕은 성령을 거스르고 성령은 육체를 거스른다. 이 둘이 서로 대적함으로 신자들이 원하는 것을 하지 못하게 한다 갈 5:17. 바울은 자신이 원하는 것 선은 행하지 아니하고, 도리어 원하지 아니하는 것 악을 행하는 것은 선을 행하기 원하는 자신에게 악이 함께 있기 때문이라고 말한다. 자신의 지체 속에서 한 다른 법이 자신의 마음의 법과 싸워 자신의 지체 속에 있는 죄의 법으로 자신을 사로잡는다고 말한다 롬 7:21, 23. 견물생심見物生心이란 말이 있다. 사람이 어떤 좋은 물건을 보면 가지고 싶은 욕심이 생긴다는 뜻이다. 이런 현상이 중생자에게도 남아있는 부패를 인하여 나타나는 것이다. 우리는 이 땅을 사는 동안 악을 싫어하고 선을 행하기 위하여 할 수 있는 모든 노력을 기울이되, 동시에 우리 안에 부패가 남아있는 줄 알고, 이러한 현상이 있더라도 자신은 하나님의 구원을 받은 자임을 명심해야 한다. 이것을 명실할 때 오히려 우리 안에 남아 있는 악과의 싸움을 더욱 치열하게 할 수 있다.

제6장 제5절은 본성의 부패가 중생한 자들이 살아있는 동안 남아 있고, 비록 그것이 그리스도를 통해 용서받고 죽었을지라도, 부패 자체와 부패로 말미암는 모든 행위는 둘 다 참으로 그리고 당연히 죄가 된다고 말한다. 은혜의 상태에서는 중생자일지라도 죄를 짓고, 그 죄에 대하여 징계를 받는 것이다. 그런데 무죄의 상태에서처럼 타락하여 죄의 상태에 진입하는 것은 아니다. 왜냐하면 그 죄들이 모두 그리스도를 통해 용서되었기 때문이다. 우리는 중생자일지라도 부패로 말미암는 모든 행위가 죄가 되는 줄 알고 죄와 싸우되 피흘리기까지 대항하여야 한다 히 12:4. 죄를 지을 때마다 크게 슬퍼하고 한탄하고, 죄를 짓지 않겠다는 굳은 다짐을 하여야 한다. 그런데 동시에 그 죄들이 모두 그리스도를 통해 용서된 줄 알고 주님께 크게 감사하며 주안에서 자녀됨도 누려야 한다.

9.5

사람의 의지는 오직 영광의 상태에서만 완벽하고 변함없는 자유로움으로 오직 선만을 지향하게 된다.I

The will of man is made perfectly, and immutably free to good alone, in the state of glory only.I

I 엡 4:13; 히 12:23; 요일 3:2; 유 1:24

---

5. 영광의 상태에서의 의지

제32장죽은 후의 사람의 상태와 죽은 자의 부활 제1절이 말하는 것처럼 사람의 몸은 죽은 후에 흙으로 돌아가 썩음을 당하나 그의 영혼은 하나님께로 즉시 돌아간다. 그때 의인의 영혼은 완전히 거룩하게 되어서 가장 높은 하늘에서 영접을 받는데, 거기서 빛과 영광 가운데 하나님의 얼굴을 뵈오며, 자신의 몸의 온전한 구속을 기다린다. 신자의 영혼은 영광 가운데 거하는 것이다. 예수 그리스도의 재림 때에 무덤에서 쉬는 의인의 육신은 그리스도의 영에 의해 영광으로 다시 살아나는데 그리스도의 영광의 몸과 같게 변화된다제32장 제3절. 이렇게 영혼과 육신이 영광스럽게 되는 것을 영광의 상태라고 한다.

오직 영광의 상태에서만 사람의 의지는 오직 선만을 지향하게 되는데, 완벽하고 변함없는 자유로움으로 지향하게 된다. 무죄의 상태에서 사람은 선하고 기쁨이 되는 것을 원할 수 있었지만 동시에 가변적이라 거기로부터 타락할 수도 있었다. 불변성의 은혜가 사람에게 주어지지 않았다. 그런데 영광의 상태에서는 불변성의 은혜가 주어진다. 그의 본성이 영광스럽게 변하는 것이다. 영혼이 완전히 거룩하게 되고, 몸이 그리스도의 영광의 몸과 같게 변화된다. 그래서 사람은 오직 선만을 완벽히 그리고 불변적으로 자유롭게 지향한다. 그때는 악한 것을 생각하지도 않고 생각할 수도 없다. 즉 무죄의 상태에서는 죄를 안 짓는 것이 가능했지만, 영광의 상태에서는 죄를 짓는 것이 불가능하다. 무죄의 상태에서의 자유는 가변적이지만, 영광의 상태에서의 자유는 완벽하고 불변적이니, 영광의 상태가 무죄의 상태보다 더욱 위대하다.

어거스틴은 사람의 네 가지 상태에서 사람의 의지가 어떠한 지를 아래의 표처럼 잘 말하였으니 참고하라.

어거스틴이 말한 사람의 의지와 죄

무죄의 상태	죄의 상태	은혜의 상태	영광의 상태
able to not sin	unable to not sin	able to sin and to not sin	unable to sin
posse non peccare	non posse non peccare	posse peccare et non peccare	non posse peccare
죄를 안 짓는 것이 가능	죄를 안 짓는 것이 불가능	죄를 짓거나 안 짓는 것이 가능	죄를 짓는 것이 불가능

Of Effectual Calling

제10장 효과적 부르심

효과적 부르심을 살펴보기에 앞서 그리스도와의 연합에 대하여 살펴보자. 웨스트민스터 신앙고백은 아래서 보는 것처럼 그리스도와의 연합에 대하여 따로 다루지 않는다. 소요리문답도 따로 다루지 않고 제30문에서 잠시 언급한다. 대요리문답은 제66문에서 아래처럼 다룬다.

> **웨스트민스터 신앙고백: 구원론(성령론)**
>
> 9장 자유의지 　　　　　10장 효과적 부르심
>
> 11장 칭의 　　　　　　12장 양자됨
>
> 13장 성화 　　　　　　14장 구원하는 믿음
>
> 15장 생명에 이르는 회개 　16장 선행
>
> 17장 성도의 견인 　　　18장 은혜와 구원의 확신

제66문　선택된 자들이 그리스도와 갖는 연합이란 무엇입니까?[66]
　답　선택된 자들이 그리스도와 갖는 연합은 하나님의 은혜의 사역으로(엡 1:22, 2:6-8), 이것에 의해 그들은 그들의 머리와 남편이신 그리스도와

---

[66] 제66문: What is that union which the elect have with Christ?
답: The union which the elect have with Christ, is the work of God's grace, whereby they are spiritually and mystically, yet really and inseparably joined to Christ, as their head and husband; which is done in their effectual calling.

"영적으로 그리고 신비하게", 그러나 "실제로 그리고 분리할 수 없이" 결합됩니다(고전 6:17; 요 10:28; 엡 5:23, 30). 이것은 그들이 효과적으로 부르심을 받을 때 이루어집니다(벧전 5:10; 고전 1:9).

엡 1:22	또 만물을 그의 발 아래에 복종하게 하시고 그를 만물 위에 교회의 머리로 삼으셨느니라
엡 2:6-8	또 함께 일으키사 그리스도 예수 안에서 함께 하늘에 앉히시니 7 이는 그리스도 예수 안에서 우리에게 자비하심으로써 그 은혜의 지극히 풍성함을 오는 여러 세대에 나타내려 하심이라 8 너희는 그 은혜에 의하여 믿음으로 말미암아 구원을 받았으니 이것은 너희에게서 난 것이 아니요 하나님의 선물이라
고전 6:17	주와 합하는 자는 한 영이니라
요 10:28	내가 그들에게 영생을 주노니 영원히 멸망하지 아니할 것이요 또 그들을 내 손에서 빼앗을 자가 없느니라
엡 5:23, 30	이는 남편이 아내의 머리 됨이 그리스도께서 교회의 머리 됨과 같음이니 그가 바로 몸의 구주시니라 30 우리는 그 몸의 지체임이라
벧전 5:10	모든 은혜의 하나님 곧 그리스도 안에서 너희를 부르사 자기의 영원한 영광에 들어가게 하신 이가 잠깐 고난을 당한 너희를 친히 온전하게 하시며 굳건하게 하시며 강하게 하시며 터를 견고하게 하시리라
고전 1:9	너희를 불러 그의 아들 예수 그리스도 우리 주와 더불어 교제하게 하시는 하나님은 미쁘시도다

그리스도는 자신의 순종과 죽음을 통하여 생명과 구원을 획득하셨다. 이 생명과 구원이 선택된 자들의 것이 될 수 있는 것은 그리스도와 그들이 하나로 연합되었기 때문이다. 제9장에서 살펴본 성령의 특별 은총을 선택된 자들이 받을 수 있

는 것은 그들이 그리스도와 연합되었기 때문이고, 불신자들이 이것을 못 받고 성령의 일반 은총만 받는 것은 그들이 그리스도와 연합되지 않았기 때문이다. 위에 나열된 제10장-제18장에 있는 것들이 선택된 자들의 것이 되는 것은 그들이 그리스도와 연합되었기 때문이다.

이 연합은 당연히 하나님의 은혜로 이루어진 사역이지, 사람들 편에서 그리스도와 연합하기 위하여 의도하거나 시도한 적이 없고, 설령 의도하거나 시도하여도 성공할 수 없는 사역이다. 이 연합은 영적으로 그리고 신비하게 결합된다. 육체적으로, 물리적으로 연합되지 않았다 해서 추상적이거나 약한 것이 아니다. 달이 지구 주변을 돌고, 지구는 태양 주변을 돈다. 달과 지구와 태양이 눈에 보이는 물질에 의해 가시적으로 결합되지 않고, 중력에 의하여 결합되지만 그 어떠한 결합보다도 강하다. 달이 지구를 벗어났다거나, 지구가 태양을 벗어난 적이 없다. 유치원생과 초등학생은 학교가 끝나자마자 부모가 있는 집으로 달려온다. 그들은 사랑과 정으로 부모와 연합되어서 부모에게 가까이 있으려고 한다. 사랑하는 남녀도 마찬가지이다. 이렇듯 결합에는 물리적 결합만 있지 않고, 중력과 사랑과 온정의 결합도 있고, 예수 그리스도의 대속의 피에 의한 영적인 결합도 있다. 이 영적인 결합은 실제로 존재하며 어떤 결합보다 강하여 절대로 나누어지지 않는다. 이런 신비한 면을 인하여 그리스도와 신자의 연합은 신비한 연합이라고 불린다.

제8장 중보자 그리스도 제1절은 하나님께서 자신의 영원한 목적으로 자신의 독생자 주 예수를 자신의 교회의 머리와 구주로 택하시고 정하셨고, 그에게 영원부터 한 백성을 주시어 그의 씨가 되게 하셨고, 때가 이르면 그분에 의해 구속되고, 부르심을 받고, 의롭다 하여지고, 거룩하게 되고, 영화로워지게 하셨다고 말한다. 하나님은 이 일을 영원 전에 작정하셨고, 때에 맞추어 이루어 가신다. 하나님은 영원부터 그리스도에게 그의 씨로 한 백성을 주셨다. 영원부터 그리스도와 그의 씨는 연합된 것이고, 그리스도는 이 연합을 자신의 성육신과 순종과 죽음으로 실현하셨고, 성령님은 이 실현을 신자들 각자에게 알려주시며 적용하신다. 선택된 자들이 그리스도와 갖는 연합은 하나님께서 선택된 자들을 효과적으로 부르실 때 이루어

진다. 이제 이 효과적 부르심에 대하여 살펴보자.

10.1

하나님께서는 생명에 이르도록 예정하신 모든 사람 그리고 오직 그들만을 자신이 정하시고 허용하신 때에 자신의 말씀과 영에 의해[b] 본성적으로 죄와 죽음에 놓인 상태로부터 예수 그리스도에 의한 은혜와 구원의 상태로[c] 효과적으로 부르시기를[a] 기뻐하신다. 이때 그들의 지성을 밝히시어 하나님의 일을 영적으로 그리고 구원적으로 이해하게 하시고,[d] 그들의 돌 같은 마음을 제거하시며 살처럼 부드러운 마음을 주시고,[e] 그들의 의지를 새롭게 하시어 자신의 전능한 능력에 의해 그들로 선한 것을 지향하도록 결심시키시며[f] 그들을 예수 그리스도께 효과적으로 이끄신다.[g] 그럼에도 그들은 하나님의 은혜에 의해 자원하도록 되어서 지극히 자유롭게 나아온다.[h]

All those whom God hath predestinated unto life, and those only, he is pleased in his appointed and accepted time, effectually to call,[a] by his Word and Spirit,[b] out of that state of sin and death, in which they are by nature, to grace and salvation by Jesus Christ;[c] enlightening their minds, spiritually and savingly to understand the things of God;[d] taking away their heart of stone, and giving unto them an heart of flesh;[e] renewing their wills, and by his almighty power determining them to that which is good,[f] and effectually drawing them to Jesus Christ:[g] yet so, as they come most freely, being made willing by his grace.[h]

a 롬 8:30; 롬 11:7; 엡 1:10-11
b 살후 2:13-14; 고후 3:3, 6
c 롬 8:2; 엡 2:1-5; 딤후 1:9-10
d 행 26:18; 고전 2:10, 12; 엡 1:17-18
e 겔 36:26
f 겔 11:19; 빌 2:13; 신 30:6; 겔 36:27
g 엡 1:19; 요 6:44-45
h 아 1:4; 시 110:3; 요 6:37; 롬 6:16-18

1. 효과적 부르심의 정의

❶ 예정하신 사람들을 효과적으로 부르심 ↔ 외적 부르심(external calling)

웨스트민스터 신앙고백의 순서는 성경^{제1장}-하나님과 성 삼위일체^{제2장}-하나님의 영원한 작정^{제3장} 순이다. 작정 이후에 창조와 섭리와 인간론과 기독론과 구원론^{성령론}이 이어진다. 이것은 하나님의 영원한 작정 하에서 창조와 섭리와 사람의 타락과 그리스도에 의한 구원의 획득과 성령에 의한 구원의 적용이 이루어짐을 뜻한다. 실제로 제3장 제6절은 "하나님께서는 선택된 자들을 영광에 이르도록 정하셨던 것처럼, 자신의 의지의 영원하며 지극히 자유로운 목적에 의해 영광에 이르는 모든 수단도 미리 정하셨다. 그런 까닭으로 선택을 받은 자들은 아담 안에서 타락하여, 그리스도에 의해 구속함을 받고, 적절한 때에 역사하시는 그리스도의 영에 의해 그리스도를 믿는 믿음에 이르도록 효과적으로 부르심을 받고, 의롭다 하심을 받고, 양자가 되고, 거룩하게 되고, 그의 능력에 의해 믿음으로 말미암아 구원에 이르도록 보호된다."고 말한다. 그리스도에 의한 구속, 그리스도의 영에 의한 효과적 부르심, 의롭다 하심, 양자, 거룩하게 하심, 견인 등이 하나님의 작정에 의해 정해진 구원의 수단들인 것이다. 그러므로 하나님께서 생명으로 예정하신 모든 사람 그리고 오직 그들만을 효과적으로 부르시는 것은 당연하다. 여기서 하나님께서 생명으로 예정하신 모든 사람을 부르신다는 것은 예정에 대한 언급이고, "오직 그들만"을 부르신다는 것은 제한 속죄에[67] 대한 언급이다.

제3장 제6절은 뒷부분에 "선택된 자들 외에는 어떤 누구도 그리스도에 의해 구속함을 받거나, 효과적으로 부르심을 받거나, 의롭다 하심을 받거나, 양자되거나, 거룩하게 되거나, 구원받지 못한다."라는 부분이 있다. 제3장 제6절이 얼마나 선택된 자들에게만 구원의 수단들이 적용됨을 강조하고 있는지 모른다. 그러므로 제10장 제1절이 "하나님께서는 생명으로 예정하신 모든 사람 그리고 오직 그들만을

---

[67] 제한 속죄는 제3장 제4절을 참고하라.

효과적으로 부르신다."라고 말하는 것은 당연하다.

그런데 우리는 복음이 선택된 자들만이 아니라 무차별적으로 사람들에게 선포되는 것을 쉽게 경험한다. 신자가 전도할 때에 누가 선택된 자들인지 알지 못하기 때문에 사람들을 가리지 않고 전도한다. 그렇다면 이렇게 대부분의 사람들에게 복음이 선포되는 것을 어떻게 해석해야 하는가? 이것은 외적 부르심 external calling 에 해당한다. 내적 부르심 internal calling 이라고도 불리는 효과적 부르심은 하나님께서 사람들을 구원에로 부르실 때에 반드시 효과가 있다. 이에 비해 외적 부르심은 반드시 효과가 있는 것은 아니다. 우리가 사람들에게 그리스도를 전도할 때에 어떤 이는 부름에 반응을 하지만 상당수는 거부한다. 우리가 권하는 복음의 초청에는 항상 효과가 있지 않다. 예수님께서는 제자들에게 온 천하에 다니며 만민에게 복음을 전파하라고 하시면서, 믿고 세례를 받는 사람은 구원을 얻고, 믿지 않는 사람은 정죄를 받을 것이라고 막 16:15-16 말씀하셨다. 신자가 사람들에게 복음을 전파하는 것이 외적 부르심이다.

마태복음 22장과 누가복음 14장에 나오는 잔치의 비유에서 어떤 이는 부름을 받고, 더러는 부름을 받지 못했다. 많은 사람이 청하여졌지만 택함을 받은 자는 적었다 마 22:14; 눅 14:24. 바울과 바나바는 유대인이 복음을 받아들이지 않자 이방인에게 복음을 전했다 행 13:46. 여기서 많은 사람이 청하여지는 것이 외적 부르심에 해당하고, 택함을 받은 자에게 임하는 부르심이 효과적 부르심으로써 내적 부르심에 해당한다. 성령께서 신자의 전도에 의한 외적 부르심을 통하여 택한 자들의 내면에서 역사하시어 내적으로 부르심으로써 반드시 효과가 있게 하신다. 택한 자를 부르시는 성령의 부르심에 그 누구도 거부할 수 없으므로 "효과적"effectual 이란 형용사를 사용한다.

❷ 자신이 정하시고 허용하신 때에

하나님께서는 택하신 자들을 각각 개별적으로 택하시고, 구원의 각 수단도 미리 정하시는 것처럼, 그 택하신 자들 각자에게 구원의 수단들을 언제 적용하실 지도 미리 정하신다. 그리고 그 정하신 때가 되면 하나님께서는 그 때를 적합한 때로 허용하시어 바로 그 순간에 그 택하신 자들 각자를 부르신다.

❸ 자신의 말씀과 영에 의해

외적 부르심은 구원의 복음을 듣는 모든 이에게 주어지는 하나님의 일반 은혜이다. 하나님께서는 외적 부르심을 통하여 죄의 악함과 그로 인한 파멸을 경고하시고, 아직 죄의 벌이 집행되지 않은 것임을 알리시고, 하나님의 선하심과 구원 역사를 제시하시며 하나님께로 오라고 권하신다. 하나님의 오래 참으심과 긍휼하심 등이 외적 부르심에 풍성하게 나타난다. 하지만 외적 부르심에 옳게 반응하여 믿는 자도 있고, 틀리게 반응하여 믿지 않는 자도 있다.

그렇다면 어떤 자들이 외적 부르심에 옳게 반응하여 믿는가? 당연히 자신의 힘이 아니라, 하나님의 영의 사역으로 영향을 받은 자들이다. 하나님의 영께서 사람에게 임하지 않으면 스스로 깨우쳐 그리스도를 받아들일 자가 없다. 에스겔은 "내가 그들에게 한 마음을 주고 그 속에 새 영을 주며 그 몸에서 돌 같은 마음을 제거하고 살처럼 부드러운 마음을 주어 내 율례를 따르며 내 규례를 지켜 행하게 하리니 그들은 내 백성이 되고 나는 그들의 하나님이 되리라"고 겔 11:19-20 말한다. 하나님의 영께서만 돌 같은 마음을 제거하시고 살처럼 부드러운 마음을 주신다. 성령께서만 사람들로 하나님의 백성이 되도록 그 마음을 만지신다. 바울은 고린도 교인들을 그리스도의 편지라고 부르며 먹으로 쓴 것이 아니라 오직 살아 계신 하나님의 영으로 쓴 것이라고 말한다. 돌판이 아니라 육의 마음판에 하나님의 영으로 썼다고 말한다 고후 3:3. 하나님의 영이 아니고는 누구도 사람의 마음 문을 열 자가 없고, 마음에 각인시킬 자가 없다.

창세로부터 하나님의 보이지 아니하는 영원하신 능력과 신성이 하나님께서 만드신 만물에 분명히 보여 알려졌기 때문에 사람들이 하나님을 알 기회가 없었다고 핑계할 수 없다. 외적 부르심은 하나님의 복음을 직접적으로 전하는 것만이 아니라 이처럼 하나님의 영원하신 능력과 신성이 새겨진 만물이 될 수도 있다. 하지만 효과적 부르심은 오직 하나님의 말씀을 통해서 이루어진다. 물론 사람들은 병, 실패, 성공, 찬양 등을 통해서 하나님을 알기도 하지만, 이것들은 복음을 받아들이게 하는 상황이지 이것들 자체가 사람들을 예수님께로 부르는 것은 아니다. 하나님께서는 이런 상황들을 통해 사람들의 마음을 낮아지게 하신 후 궁극적으로는 말씀을 통해 그들을 부르신다.

우리는 앞에서 외적인식원리는 말씀이고, 내적인식원리는 믿음임을 살펴보았다. 마찬가지로 하나님께서는 사람들을 외적으로는 말씀을 통해 부르시고, 내적으로는 성령에 의한 믿음을 통해서 부르신다.

❹ 죄와 죽음에서 은혜와 구원에로

아래의 근거성경구절들에서 보는 것처럼 불신자들은 육적으로는 살아있지만 영적으로는 죄를 인하여 죽은 자들이다. 여호와 하나님께서 땅의 흙으로 사람을 지으셨을 때에 이것은 진흙 덩어리에 지나지 않았다. 생기를 그 코에 불어넣으실 때에야 비로소 사람이 생령이 되었다. 하나님께서 죄와 사망의 법에롬 8:2 처하여 허물과 죄로 죽어엡 2:1 본질상 진노의 자녀인엡 2:3 사람을 자신의 영에 의해 은혜와 구원으로 부르신다. 로마서 8:2절은 성령을 "생명의 성령"이라고 부른다. 성령께서 진흙을 생령으로 만드시는 것처럼, 허물과 죄로 죽은 자를 살리심으로 생명을 주시기 때문이다. 그 어떠한 존재도 무에서 유로 존재를 주지 못하고, 무생물을 생물로 바꿀 수 없고, 죽은 자에게 생명을 줄 수 없다. 오직 하나님께서 성령을 통하여 이런 일을 하실 뿐이고, 다른 이유 없이 오직 은혜로 하실 뿐이다. 당연히 이런 은혜와 구원이 가능한 것은 예수 그리스도께서 생애와 고난과 죽음을 통하여 구원을 획득하셨기 때문이다.

롬 8:2　　이는 그리스도 예수 안에 있는 생명의 성령의 법이 죄와 사망의 법에서 너를 해방하였음이라

엡 2:1-5　그는 허물과 죄로 죽었던 너희를 살리셨도다 2 그 때에 너희는 그

가운데서 행하여 이 세상 풍조를 따르고 공중의 권세 잡은 자를 따랐으니 곧 지금 불순종의 아들들 가운데서 역사하는 영이라 3 전에는 우리도 다 그 가운데서 우리 육체의 욕심을 따라 지내며 육체와 마음의 원하는 것을 하여 다른 이들과 같이 본질상 진노의 자녀이었더니 4 긍휼이 풍성하신 하나님이 우리를 사랑하신 그 큰 사랑을 인하여 5 허물로 죽은 우리를 그리스도와 함께 살리셨고 (너희는 은혜로 구원을 받은 것이라)

딤후 1:9-10　하나님이 우리를 구원하사 거룩하신 소명으로 부르심은 우리의 행위대로 하심이 아니요 오직 자기의 뜻과 영원 전부터 그리스도 예수 안에서 우리에게 주신 은혜대로 하심이라 10 이제는 우리 구주 그리스도 예수의 나타나심으로 말미암아 나타났으니 그는 사망을 폐하시고 복음으로써 생명과 썩지 아니할 것을 드러내신지라

골로새서 1:13절은 하나님께서 우리를 흑암의 권세에서 건져내시어 그의 사랑의 아들의 나라로 옮기셨다고 말한다. 흑암의 권세와 아들의 나라 사이에는 큰 구렁이 놓여 있어 그 누구도 양쪽을 건널 수 없다눅 16:26. 그런데 하나님께서 흑암의 권세에 있는 선택된 자들을 자신의 사랑의 아들의 나라로 옮기신다. 하나님께서 이 옮기는 일을 하실 때에 먼저 그를 효과적으로 부르시는 것이다.

❺ 마음의 밝힘과 돌 같은 마음의 제거와 의지의 새롭게 함

하나님께서 택하신 자들을 효과적으로 부르실 때에 아래처럼 크게 세 가지 일을 하신다.

지(知) - 지성을 밝히심(하나님의 일들을 영적으로, 구원적으로 이해하도록)
정(情) - 돌 같은 마음을 제거하심(살처럼 부드러운 마음을 주시려고)
의(意) - 의지를 새롭게 하심(선한 것을 지향하도록 결심시키고 예수님으로 이끄시기 위해)

하나님께서 이성적이며 불멸적인 영혼을 지닌 사람을 창조하실 때에 자신의 형상을 따라 지식과 의와 진리의 거룩함을 부여하셨다 제4장 제2절. 사람은 그 지식과 의와 진리의 거룩함을 인하여 동물과는 현격하게 다른 지정의 知情意, intellect, emotion and volition를 갖는다. 그런데 원죄에 의해 영혼과 육체의 모든 기능과 부분에서 전적으로 더러워졌다 제6장 제2절. 부패해진 본성을 인하여 사람들은 모든 선을 완전히 꺼리고, 모든 선에 무능하고, 모든 선을 대적하며, 모든 악을 전적으로 내켜 한다 제6장 제4절. 하나님께서 본성적으로 부패한 그들을 은혜와 구원에로 효과적으로 부르신다는 것은 그 부패한 본성이 회복되는 것을 뜻하고, 본성의 회복은 지정의 모두에 걸쳐 이루어지고, 이는 전 인격이 회복되는 것을 뜻한다.

첫째로, 지성의 측면에서 하나님께서는 그들의 지성을 밝히시어 하나님의 일들을 영적으로, 구원적으로 이해하게 하신다. 우리는 제6장 제4절에서 사람들의 지성이 죄로 인하여 어두워진 것들을 성경구절들을 통하여 살펴보았는데, 그 구절들과 아래에 있는 근거성경구절들을 비교하면 사람이 효과적인 부르심을 통하여 지성의 측면에서 얼마나 회복되는가를 알 수 있다.

행 26:18	그 눈을 뜨게 하여 어둠에서 빛으로, 사탄의 권세에서 하나님께로 돌아오게 하고 죄 사함과 나를 믿어 거룩하게 된 무리 가운데서 기업을 얻게 하리라 하더이다
고전 2:10, 12	오직 하나님이 성령으로 이것을 우리에게 보이셨으니 성령은 모든 것 곧 하나님의 깊은 것까지도 통달하시느니라 12 우리가 세상의 영을 받지 아니하고 오직 하나님으로부터 온 영을 받았으니 이는 우리로 하여금 하나님께서 우리에게 은혜로 주신 것들을 알게 하려 하심이라
엡 1:17-18	우리 주 예수 그리스도의 하나님, 영광의 아버지께서 지혜와 계시의 영을 너희에게 주사 하나님을 알게 하시고 18 너희 마음의 눈을 밝히사 그의 부르심의 소망이 무엇이며 성도 안에서 그 기업의 영

광의 풍성함이 무엇이며

둘째로, 감성의 측면에서 하나님께서 그들의 돌 같은 마음을 제거하시며 그들에게 살처럼 부드러운 마음을 주신다. 우리는 제6장 제4절에서 사람들의 감성이 죄로 인하여 부패하면서 악과 흑암을 빛보다 더 사랑하고, 쾌락을 하나님보다 더 사랑하는 것을 성경구절들을 통하여 살펴보았다. 하나님께서 그들을 효과적으로 부르실 때에 새 영을 그들 속에 둠으로써 돌처럼 굳은 마음을 제거하시고 부드러운 마음을 주신다 겔 36:26. 이로써 감성이 회복된다.

셋째로, 의지의 측면에서 하나님께서는 그들의 의지를 새롭게 하시어 그들로 선한 것을 지향하도록 결심시키시고, 그들을 예수 그리스도께로 효과적으로 이끄신다. 우리는 제6장 제4절에서 사람들의 의지가 의로움 대신에 사악과 반항으로 에워싸인 것을 살펴보았는데, 그 구절들과 아래에 있는 근거성경구절들을 비교하면 사람이 효과적인 부르심을 통하여 의지의 측면에서 크게 회복된 것을 알 수 있다. 사람의 의지는 부패성이 너무 심하여 하나님께서 이끌지 아니하시면 그 누구도 선한 것을 바라보지 않고, 예수님께로 오지 않는다. 하나님께서 효과적으로 부르실 때에 선한 것을 지향하고 예수 그리스도께 온다.

겔 36:27	또 내 영을 너희 속에 두어 너희로 내 율례를 행하게 하리니 너희가 내 규례를 지켜 행할지라
빌 2:13	너희 안에서 행하시는 이는 하나님이시니 자기의 기쁘신 뜻을 위하여 너희에게 소원을 두고 행하게 하시나니
신 30:6	네 하나님 여호와께서 네 마음과 네 자손의 마음에 할례를 베푸사 너로 마음을 다하며 뜻을 다하여 네 하나님 여호와를 사랑하게 하사 너로 생명을 얻게 하실 것이며

❻ 지극히 자유롭게 나아옴

하나님께서 생명으로 예정하신 자들을 지정의에 변화를 주시며 효과적으로 부르실 때에 그들은 하나님의 은혜에 의해 기꺼이 자원하게 되어서, 지극히 자유롭게 은혜의 상태로 나아온다. 하나님께서 그들의 지정의에 변화를 주시기 때문에 그들은 로봇처럼 수동적으로 행하는 것이 아닌가라는 의문이 들 수 있는데 이에 대하여 제9장 제1절은 그들이 자유 의지를 갖고 자원하여 자유롭게 행한다고 말한다. 하나님께서는 그들의 지정의를 변화시키실 때에 그들을 로봇처럼 대우하시지 않고 자유로운 인격체로 대하시어 그들로 자원하여 자유롭게 행하게 하시니 그 능력과 지혜가 얼마나 큰지 모른다. 하나님의 주권과 전능한 능력이 사람의 자유 의지와 모순되지 않고 조화가 되게 하시니 신비할 뿐이다.

첫째로 그들은 본성적 자유 때문에 지극히 자유롭게 행한다. 우리는 제9장 자유의지 제1절에서 하나님께서는 사람의 의지에 선이나 악을 지향하도록 강요받지도 않고, 본성의 어떤 절대적인 필연성에 의해 선이나 악을 지향하도록 결정되지도 않는 본성적 자유를 부여하신 것을 살펴보았다. 이 본성적 자유는 사람이 무죄의 상태나 죄의 상태나 은혜의 상태에 처하여도 변함없이 사람에게 존재한다. 그러므로 선택된 자들은 죄의 상태에서 하나님으로부터 성령에 의해 부름을 받아 은혜의 상태로 나아올 때에 이 본성적 자유를 사용하여 지극히 자유롭게 나아온다.

둘째로 그들은 하나님의 은혜에 의해 기꺼이 뜻하도록 되었기 때문에 지극히 자유롭게 나아온다. 제9장 제3절은 죄의 상태에 빠진 사람은 구원을 동반하는 영적 선을 지향하는 모든 능력을 전적으로 잃어버려서 그러한 선을 완전히 싫어한다고 말한다. 즉 죄와 비참함의 노예가 된 것이다. 제9장 제4절은 죄의 상태에서 은혜의 상태로 옮겨진 사람은 영적으로 선한 것을 자유롭게 원하고 행할 수 있다고 말한다. 즉 죄와 비참함의 노예로부터 자유로워진 것이다. 그러므로 선택된 사람은 죄의 상태에서 하나님에 의해 부름을 받아 은혜의 상태에로 나아올 때에 이 죄와 비참함의 노예로부터 자유로워진 것을 사용하여 지극히 자유롭게 나아온다. 선택된 사람은 하나님의 부르심을 받을 때에 그의 의지도 자유로워지므로, 그 자유 의지를 사용하여 하나님께 지극히 자유롭게 나아온다. 하나님께서는 그를 부르실 때에 그의 지정의를 비롯한 전 인격에 자유를 주시며 의지가 작동되게 하시기 때문에 그는 하나님께 지극히 자유롭게 나아온다. 하나님의 효과적인 부르심을 받은 자들의 의지는 본성적 자유만이 아니라 죄로부터의 자유도 누리는 것이다.

10.2

이러한 효과적 부르심은 오직 하나님의 자유롭고 특별한 은혜로 말미암은 것이지, 사람에게서 예견된 그 어떤 것으로 말미암은 것이 아니다.i 사람은 이 일에 있어서 전적으로 수동적인지라, 성령님에 의해 살아나고 새롭게 될 때에야k 비로소 이 부르심에 응답할 수 있고, 부르심 가운데 권하시고 전달하시는 은혜를 받아들일 수 있다.l

This effectual call is of God's free and special grace alone, not from any thing at all foreseen in man,i who is altogether passive therein, until being quickened and renewed by the Holy Spirit,k he is thereby enabled to answer this call, and to embrace the grace offered, and conveyed in it.l

i 딤후 1:9; 딛 3:4-5; 엡 2:4-5, 8-9; 롬 9:11   k 고전 2:14; 롬 8:7; 엡 2:5
l 요 6:37; 겔 36:27; 요 5:25

---

2. 오직 은혜로 가능한 효과적 부르심

제3장 하나님의 영원한 작정 제5절은 하나님께서 예정된 사람들을 자신의 순전히 값없는 은혜와 사랑으로 말미암아 선택하셨지 믿음이나, 선행이나, 믿음과 선행의 견인 등을 선택의 조건들이나 원인들로 미리 보심으로써 선택하신 것이 아니라고 말한다. 그리고 제3장 제6절은 하나님께서 선택된 자들을 영광에 이르도록 정하

신 것처럼 영광에 이르는 모든 수단을 미리 정하셨다며, 효과적 부르심을 그 수단들 중의 하나로 나열한다. 따라서 제10장 제2절이 효과적 부르심은 오직 하나님의 자유롭고 특별한 은혜로 말미암은 것이지, 사람에게서 예견된 것으로 말미암은 것이 아니라고 말하는 것은 당연하다. 제10장 제2절은 제3장의 제5절과 제6절에 의해 자연스럽게 도출된다. 이에 대한 근거성경구절들은 아래와 같은데 하나님의 부르심은 우리의 행위가 아니라 부르시는 하나님의 은혜와 긍휼로 인한 것이라고 말한다.

딤후 1:9	하나님이 우리를 구원하사 거룩하신 소명으로 부르심은 우리의 행위대로 하심이 아니요 오직 자기의 뜻과 영원 전부터 그리스도 예수 안에서 우리에게 주신 은혜대로 하심이라
딛 3:4-5	우리 구주 하나님의 자비와 사람 사랑하심이 나타날 때에 5 우리를 구원하시되 우리가 행한 바 의로운 행위로 말미암지 아니하고 오직 그의 긍휼하심을 따라 중생의 씻음과 성령의 새롭게 하심으로 하셨나니
엡 2:4-5, 8-9	긍휼이 풍성하신 하나님이 우리를 사랑하신 그 큰 사랑을 인하여 5 허물로 죽은 우리를 그리스도와 함께 살리셨고 (너희는 은혜로 구원을 받은 것이라) 8 너희는 그 은혜에 의하여 믿음으로 말미암아 구원을 받았으니 이것은 너희에게서 난 것이 아니요 하나님의 선물이라 9 행위에서 난 것이 아니니 이는 누구든지 자랑하지 못하게 함이라
롬 9:11	그 자식들이 아직 나지도 아니하고 무슨 선이나 악을 행하지 아니한 때에 택하심을 따라 되는 하나님의 뜻이 행위로 말미암지 않고 오직 부르시는 이로 말미암아 서게 하려 하사

제10장 제2절은 그 이유를 사람이 성령에 의해 살아나고 새롭게 될 때까지는

부르심에 대하여 전적으로 수동적이기 때문이라고 말한다. 아래의 근거성경구절들이 말해주는 것처럼 죄인들은 죄로 말미암아 죽은 자라 어떠한 자극에도 반응하지 못한다. 죽은 육신이 어떠한 자극에도 반응하지 못하는 것과 같다. 육에 속한 사람은 성령의 일들에 대한 개념 자체가 없기 때문에 성령의 일들이 아무리 풍성하게 주어져도 아무 반응을 하지 못한다. 효과적 부르심이 사람에게서 예견(豫見)된 것으로 말미암은 것이라고 말하는 이들은 사람이 성령에 의해 살아나기 전까지는 진실로 영적으로 죽은 자라는 것을 알지 못하는 것이다.

고전 2:14	육에 속한 사람은 하나님의 성령의 일들을 받지 아니하나니 이는 그것들이 그에게는 어리석게 보임이요, 또 그는 그것들을 알 수도 없나니 그러한 일은 영적으로 분별되기 때문이라
롬 8:7	육신의 생각은 하나님과 원수가 되나니 이는 하나님의 법에 굴복하지 아니할 뿐 아니라 할 수도 없음이라
엡 2:5	허물로 죽은 우리를 그리스도와 함께 살리셨고 (너희는 은혜로 구원을 받은 것이라)

선택된 자들이 성령에 의해 살아나고 새롭게 될 때에야 그들의 의지에 자유가 생긴다. 그 전까지 그들의 의지는 참된 진리의 면에서는 죽어 있고, 죄악의 면에서만 활성화되어 있다. 제9장 제3절이 말하는 것처럼 구원을 동반하는 영적 선을 지향하는 모든 능력을 전적으로 잃어버려서 그러한 선을 완전히 싫어하고, 죄 가운데 죽었기 때문에 자기 자신의 힘에 의해 자신을 회심시킬 수가 없다. 제9장 제4절이 말하는 것처럼 성령에 의해 살아나고 새롭게 될 때에야 그의 본성적 속박에서 자유로워지며 영적으로 선한 것을 자유롭게 뜻하고 행할 수 있게 된다. 이렇게 된 것을 제10장 제2절은 사람이 성령의 살림과 새롭게 하심에 의해 이 부르심에 응답할 수 있고, 부르심 가운데 권하시고 전달하시는 은혜를 받아들일 수 있게 된다고 말한다. 하나님께서는 선택된 자들에게 은혜를 주실 때에 그 은혜를 그들이 받아

들일 수 있도록 그들의 의지에 참된 자유까지 주시는 것이다. 선물을 주실 때에 그 선물의 가치를 깨닫고 받아들이도록 그들의 내면까지 변화시키시는 것이다. 우리도 이것을 본받아 어떤 사람들에게 복음을 전하거나 적절한 조언이나 경제적 도움을 전하고자 할 때에 그들이 그 가치를 알고 받아들이도록 그 내면의 변화에 대해서 노력해야 한다. 물론 우리 사람들이 아니라 하나님께서 성령을 통하여 내면에 변화가 있게 하신다. 우리는 이 변화가 있기를 기도하며 기다리고, 우리의 설득과 정성이 이 변화에 사용되도록 노력해야지, 그들의 미련하고 고집스러운 반응에 분노하거나 서운해 하며 쉽게 포기해서는 안 된다. 하나님은 우리를 비롯한 선택된 자들이 회심할 때까지 얼마나 노하기를 더디 하시며 오래 참으시는지 모른다. 우리가 사람을 설득하고 변화시키는 일이 어려움을 경험하고 깨달을수록 하나님께서 우리를 향하여 얼마나 오래 참으셨는가를 알게 되고, 강퍅한 우리 마음을 살처럼 부드럽게 하신 하나님의 능력과 지혜를 찬양하게 된다.

10.3

선택된 유아들은 유아 때에 죽어도, 자신이 기뻐하시는 때에, 기뻐하시는 곳에서, 기뻐하시는 방법으로 일하시는[m] 성령님으로 말미암아 그리스도에 의해[m] 중생되고 구원받게 된다. 또한 말씀의 사역에 의해 외적으로 부르심을 받을 수 없는 다른 모든 선택된 자도 이와 같다.[o]

Elect infants, dying in infancy, are regenerated, and saved by Christ, through the Spirit,[m] who worketh when, and where, and how he pleaseth.[n] So also are all other elect persons who are incapable of being outwardly called by the ministry of the Word.[o]

m 눅 18:15-16; 행 2:38-39; 요 3:3, 5; 요일 5:12; 롬 8:9　　n 요 3:8
o 요일 5:12; 행 4:12

3. 선택된 유아의 중생과 구원

❶ 일찍 죽은 선택된 유아의 구원 여부

유아들은 택함을 받았을지라도 자신의 신앙을 외적으로 표현할 수가 없다. 태어난 지 한두 달 된 유아들은 물론이거니와 일이 년 된 유아들도 마찬가지이다. 그럼에도 그들이 신앙의 외적 표현 없이 유아 때에 죽어도 그들은 그리스도에 의해 성령님으로 말미암아 중생되고 구원받게 된다. 제3장 하나님의 영원한 작정 제6절은 "선택을 받은 자들은 아담 안에서 타락하여 그리스도에 의해 구속함을 받고, 때를 따라 역사하시는 그리스도의 영에 의해 그리스도를 믿는 믿음에 이르도록 효과적으로 부르심을 받고, 의롭다 하심을 받고, 양자가 되고, 거룩하게 되고, 그의 능력에 의해 믿음으로 말미암아 구원에 이르도록 보호된다."고 말하는데, 유아 때에 죽은 선택된 유아들에게도 이 모든 것이 적용된다. 유아들은 다만 자신의 신앙을 내적으로 인식하여 외적으로 표현하는 것이 없거나 적을 뿐이다. 유아기에 죽은 유아들이 성인과 비교하여 사람의 지정의를 표출하는 데 있어 매우 부족하지만, 그렇다고 하여 그들을 사람이 아니라고 하지 않는다. 그들은 성인의 자격과 능력을 모두 갖추고 있음에도 불구하고 일찍 죽었기 때문에 그것들이 성숙되어 나타나지 않았을 뿐이다. 유아기에 죽은 선택된 유아들도 중생되고 구원받은 것이 분명하지만 아직 어리기 때문에 그것을 지정의로 성숙하게 표현할 수 없을 뿐이다.

바람이 임의로 불매 사람이 그 소리는 들어도 어디서 와서 어디로 가는지 알지 못하는 것처럼 성령으로 난 사람도 다 그러하다고 예수 그리스도께서 니고데모에게 말씀하셨다 요 3:8. 하늘이 땅보다 높음처럼 성령께서는 이 차이보다 더 크게 사람보다 높으시기 때문에, 사람이 성령의 존재와 일하심을 인식하지 못한다. 전능하시며, 지극히 지혜로우시며, 지극히 거룩하시며, 지극히 자유로우시며, 지극히 절대적이신 성령 하나님께서는 제2장 제1절 자신이 기뻐하시는 때에, 기뻐하시는 장소에서, 기뻐하시는 방법으로 사람이 헤아릴 수 없게 일하신다. 사람은 절대로 자신의 오감과 이성으로 인식하는 수준에 따라 존재의 유무나 옳고 그름을 판별해서는 안 된다. 신자는 오직 외적인식수단인 성경에 근거하여 내적인식수단인 믿음으로 판별해야 한다.

하나님께서 아브라함에게 유아들이 태어난 지 8일 만에 할례를 행하라고 말씀하셨다 창 17:9-12. 태어난 지 팔 일이 되는 아이는 죄와 할례와 구원의 의미를 알지 못한다. 그럼에도 그들에게 할례를 행하여 하나님의 백성이 되는 외적 표시를 부여하였다. 이것은 사람의 구원이 본질적으로 자신의 신앙을 외적으로 고백하는 것 이전에 그를 하나님의 백성으로 삼아주시는 하나님의 뜻과 은혜에 달려있음을 말해주는 것이다. 사람이 외적으로 신앙을 표현하는 것은 자신이 하나님의 자녀임을 인식할 때에 가능한 것이고, 이것이 되려면 그가 먼저 하나님의 자녀가 되어야 한다. 그런데 이것은 그 사람의 결단과 노력으로 되지 않고 그리스도에 의해 기뻐하시는 때에, 기뻐하시는 곳에서, 기뻐하시는 방법으로 일하시는 성령님을 통해 가능하다.[68] 성령에 대한 약속이 성인만이 아니라 유아에게도 주어진 것이 성경에 나온다. 시편 기자는 자신이 날 때부터 주께 맡긴 바 되었고 모태에서 나올 때부터 주는 자신의 하나님이 되셨다고 시 22:10 말한다. 이사야 44:2-3절에서 여호와 하나님은 이스라엘을 모태에서부터 지어 내셨고 도와주셨다고 말씀하신다. 베드로는 성령의 선물이 주어지는 일이 회개하여 예수 그리스도의 이름으로 세례를 받는 자들과 그들의 자녀에게 주어진다고 말한다 행 2:38-39.

실제로 예수님은 어린아이들을 용납하셨다. 사람들이 예수께서 만져 주심을 바라고 자기 어린 아기를 데리고 오자 제자들이 보고 꾸짖었다. 그런데 예수께서 그 어린아이들을 불러 가까이 하시며 "어린아이들이 내게 오는 것을 용납하고 금하지 말라 하나님의 나라가 이런 자의 것이니라"고 눅 18:15-16 말씀하셨다. 이는 그들이 자신의 신앙을 외적으로 나타냈기 때문이 아니라, 그들의 순수함과 어른에게 전적으로 의지하는 마음 때문이다. 예수님도 어린아이들의 외적인 성숙함을 기

---

68 제28장(세례) 제4절은 "그리스도에 대한 믿음과 순종을 실제로 고백하는 사람들뿐만 아니라, 부모가 다 믿거나 한쪽이 믿으면 그 유아들도 세례를 받아야 한다."라고 유아 세례에 대하여 말하니 참고하라.

준으로 용납 여부를 결정하시지 않고, 어린아이라는 그 자체를 귀하게 보시고 용납하셨다. 우리는 사람의 중생과 구원 여부를 사람의 행위와 믿음의 외적 표현으로 판단하기에 앞서 늘 하나님의 선택하심과 사랑에 두어야 한다. 우리가 그 사랑의 택하심으로 믿음을 외적으로 표현한 것에 감사해야 하고, 어떤 사람이든지 그 사랑의 택하심으로 때가 되면 믿음을 외적으로 표현할 수 있음을 믿고 기다려야 한다.

❷ 외적 부르심이 없는 선택된 자들의 중생과 구원

우리가 제10장 제1절에서 외적 부르심에 대하여 살펴본 것처럼, 외적 부르심이란 사람들에게 예수 그리스도께로 돌아오라고 부르는 것이다. 예수 그리스도를 통해서만 죄의 용서와 영생이 이루어진다는 말씀이 사람들의 귀와 눈에 외적으로 전달이 된다. 그런데 사람들은 자신들의 내면이 보고자 하는 것을 보고, 듣고자 하는 것을 듣기 때문에 외부에서 아무리 많은 정보와 자극이 들어와도 자신의 관심과 욕구에 따라 취사선택하여 보고 듣고 받아들인다. 따라서 외적 부르심을 받는 자들이 모두 그리스도께로 나오지 않는다. 이에 반하여 내적 부르심을 받은 자들은 하나님의 말씀과 성령에 의한 부르심을 받기 때문에 반드시 효력이 있어서 반응을 보인다.

그렇다면 하나님의 말씀과 성령에 의한 부르심 중 말씀의 사역에 의해 외적으로 부르심을 받을 수 없는 사람들은 어떻게 되는가? 그들 중 택함을 받은 자들은 유아 때에 죽은 선택된 유아들이 자신이 기뻐하시는 때에, 기뻐하시는 곳에서, 기뻐하시는 방법으로 일하시는 성령님으로 말미암아 그리스도에 의해 중생되고 구원되는 것과 같이 중생되고 구원된다. 제1장 성경 제5절이 말하는 것처럼 성령님은 우리의 마음 안에서 말씀에 의해 그리고 말씀과 함께 증언하시지, 말씀 없이 내적 사역을 하시지 않는다. 그렇다면 하나님의 말씀의 사역에 의해 외적으로 부르심을 받을 수 없는 경우란 무엇일까?

첫째로 태어날 때부터 지적 장애인의 경우이다. 이들은 말씀의 사역을 접해도 그 말씀이 무엇을 뜻하는지 유아처럼 잘 이해하지 못한다. 둘째로 정상적인 성인이 치매에 걸리거나 사고로 정상적 사고 기능을 잃은 경우이다. 이들 역시도 갑자기 예수 그리스도를 고백하지 못하거나 심지어 부인하기까지 한다. 첫째와 둘째의 경우에 하나님께서는 선택하신 자들에 대하여 기뻐하시는 때에, 기뻐하시는 곳에서, 기뻐하시는 방법으로 일하시는 성령님으로 말미암아 그리스도에 의해 중생하시고 구원하신다.

셋째로 북한 땅과 같이 말씀의 사역이 제한을 받아 주민들이 복음을 듣지 못하는 경우이다. 그런데 이들에게도 단편적으로나마 기독교에 대하여 비판적으로 말하는 내용을 학교나 방송을 통해서라도 들어볼 기회가 있다. 하나님께서는 이런 드문 기회마저도 사용하시어 그들이 들은 말씀에 의해 선택하신 자들을 중생하시고 구원하시고 이들의 믿음이 자라게 하신다.

넷째로 아마존 오지에 사는 원주민처럼 선교사의 발길이 닿지 않아 복음을 듣지 못한 경우이다. 이 경우에 우리나라의 삼국시대나 고려시대처럼 복음을 전혀 들어보지 못한 조상도 포함된다. 만약에 이들 중에 선택된 자들이 있다면 하나님께서는 우리가 알지 못하는 놀라운 방식으로 기뻐하시는 때에, 기뻐하시는 곳에서, 기뻐하시는 방법으로 일하시는 성령님으로 말미암아 그리스도에 의해 중생하시고 구원하신다. 여기서 중요한 것은 선택된 자들에 대하여 그리스도에 의한 성령님으로 말미암은 중생과 구원의 사역이 있다는 것이다. 제10장 제3절은 선택된 자들에 대한 언급이지, 사람들이 말씀의 사역이 없어도 스스로 중생하고 구원한다는 의미가 절대로 아니다. 택함을 받은 자들은 모두 예수 그리스도에 의해 성령님으로 말미암아 구원된다.

❸ 중생과 효과적 부르심의 구분

중생重生, regeneration과 효과적 부르심은 어떤 차이가 있을까? 중생은 "다시 태어나다."라는 뜻이다. 불신자에서 신자로 거듭 나는 중생은 불신자의 의지나 인식과 상관없이 새로운 생명이 되는 원리가 성령에 의해 심겨져야 하고, 이것에 의해 사람의 지배적 성향이 거룩하게 만들어져야 한다. 이것은 사람이 의식하지 못하는 가운데에 발생한다. 중생된 결과로 지배적 성향이 바뀌면서 새로운 생명이 의식적으로 외부로 표현되는 것이 효과적 부르심이다.

외적 부르심을 통해 복음을 들은 사람들 중 외적 부르심에 택함을 받은 자들은 성령님에 의해 새로운 생명의 원리가 그들이 의식하지 못하는 가운데 심겨진다 중생. 창세기 1장 3절에서 하나님께서 빛이 있으라고 말씀하시면 그대로 빛이 있었다. 하나님의 말씀이 창조를 일으켰다고 하여, 창조적 말씀이라고 한다. 성령께서는 외적 부르심 때 선포된 말씀을 창조적 말씀으로 사용하시어 택한 자에게 새로운 생명을 생성하시고, 새 생명에 맞도록 지배적 성향을 근본적으로 거룩하게 변화시키시는데, 지성과 감성과 의지 모두에 걸쳐서 바꾸신다 중생. 그렇게 변화된 성향은 선택된 자가 의식을 하면서 밖으로 표현하게 효과적 부르심 된다. 웨스트민스터 신앙고백과 대·소요리문답은 별도로 중생에 대하여 다루지 않고 효과적 부르심에서 중생을 포함하여 다룬다.

외적 부르심 → 선택된 자의 중생 → 효과적 부르심(내적 부르심)

제10장 제3절은 선택된 유아들은 유아 때에 죽어도, 자신이 기뻐하시는 때에, 기뻐하시는 곳에서, 기뻐하시는 방법으로 일하시는 성령님으로 말미암아 그리스도에 의해 "중생되고 구원된다."고 말하지, "효과적으로 부르심을 받는다."고 말하지 않는다. 이는 유아 때에 죽은 선택된 유아들은 자신들의 신앙을 지성과 감성과 의지를 통하여 밖으로 표현하지 못하기 때문에 "중생되고 구원된다."라는 표현을 사용하는 것이다. 또한 말씀의 사역에 의해 외적으로 부르심을 받을 수 없는 다른 모든 선택된 자도 자신의 신앙을 지정의를 사용하여 외적으로 표현하지 않기 때문에 그들도 역시 "중생되고 구원된다."라는 표현이 적합하다.

10.4

선택받지 못한 자들은 비록 말씀의 사역에 의해 부르심을 받을 수 있으며[p] 성령님의 일반적 활동을 어느 정도 맛볼 수 있을지라도,[q] 그들은 결코 그리스도에게 참되이 나아오지 않고 따라서 구원받을 수 없다.[r] 하물며 기독교 신앙을 고백하지 않는 사람들은 본성의 빛에 따라 그리고 그들이 고백하는 종교의 법에 따라 그들의 삶을 매우 부지런히 살지라도 그 어떤 다른 방법으로도 구원받을 수 없다.[s] 그래서 그들이 구원받을 수 있다고 주장하고 고집하는 것은 매우 해로우며 가증스럽게 여겨야 한다.[t]

Others, not elected, although they may be called by the ministry of the Word,[p] and may have some common operations of the Spirit,[q] yet they never truly come unto Christ, and therefore can not be saved:[r] much less can men, not professing the Christian religion, be saved in any other way whatsoever, be they never so diligent to frame their lives according to the light of nature, and the law of that religion they do profess.[s] And, to assert and maintain, that they may, is very pernicious, and to be detested.[t]

p 마 22:14
r 요 6:64-66, 8:24
t 요일 1:9-11; 고전 16:22; 갈 1:6-8
q 마 7:22; 마 13:20-21; 히 6:4-5
s 행 4:12; 요 14:6; 엡 2:12; 요 4:22; 요 17:3

4. 외적 부르심에 머무는 선택받지 못한 자들

선택받지 못한 자들이 말씀의 사역에 의해 부르심을 받을 수 있다는 것은 외적 부르심에 대한 언급이다. 그리고 선택받지 못한 자들이 성령 하나님의 일반적 활동을 어느 정도 맛볼 수 있다는 것은 일반 은총의 열매에 대한 언급이다. 우리가 제9장 서두에서 살펴본 성령에 의한 일반 은총의 5가지 열매는 형 집행의 유예, 죄의 억제, 진리와 도덕과 종교의 보존, 외면적 선과 시민적 의의 수행, 자연적 축복이다. 따라서 기독교 신앙을 고백하지 않는 사람들이 본성의 빛에 따라 그리고 그들이 고백하는 종교의 법에 따라 그들의 삶을 매우 부지런히 살아간다는 것도 일반 은총의 열매에 속한다.

이미 제9장 서두에서 확인한 것처럼 선택받지 못한 자들이 일반 은총을 통하여 여러 열매를 얻을 지라도 마음에 본질적 변화가 없기 때문에 예수 그리스도를 주로 받아들이지 못한다. 예수님을 주로 받아들이는 일은 선택된 자들에게만 주어지는 특별 은총을 통해서 가능하다. 성령 하나님께서 그리스도께서 획득하신 구원을 특별히 선택된 사람들에게 적용하실 때에 그들의 마음이 본질적으로 변화되어 그들은 그리스도에게 참되이 나아와 구원받는다. 성령에 의한 특별 은총이 주어지지 않는 한 그 누구도 어떠한 방법을 통해서도 구원받을 수 없다. 그래서 그들이 구원받을 수 있다고 주장하고 고집하는 것은 매우 해롭고, 가증스럽게 여겨야 한다.

불교는 산의 정상은 하나이지만 오르는 길은 여러 가지라며 다른 종교들에도 진리와 구원이 있다고 주장한다. 불교는 자신이 산의 정상에 오르는 길들 중 가장 안전하고 빠르고 확실한 길이라고 여긴다. 교통과 통신의 발달로 세계 곳곳에 존재하는 다양한 종교가 세계인에게 알려졌다. 기독교만큼 오랜 역사를 가진 불교, 유교, 이슬람, 유대교, 힌두교 등은 기독교 신자 못지않은 신도수를 자랑하고 있다. 이 신도들은 자신들의 종교를 통하여 오랜 기간 그 지역의 문화와 법률과 제도와 국력을 형성하였다. 기독교 신자들이 다른 종교들이 갖는 이러한 순기능에 빠지면 다른 종교들에도 진리와 구원이 있다고 여기기 쉽다. 하지만 이 종교들이 보존된 것은 하나님의 일반 은총으로 말미암은 것이다. 사람들이 이 종교들을 통하여 죄에 대한 경각심을 갖고, 도덕과 윤리의 필요성을 깨닫고, 보통의 선과 의를 행할지라도 이 종교들에는 진리가 없다. 예수 그리스도 이외에 다른 이로써는 구원을 받을 수 없다. 하나님께서 천하사람 중에 구원을 받을 만한 다른 이름을 우리에게 주신 일이 없다行 4:12. 예수님만이 유일한 길이고 진리고 생명이므로 예수님으로 말미암지 않고는 아버지께로 올 자가 없다요 14:6. 영생은 유일하신 참 하나님과 그가 보내신 예수 그리스도를 아는 것이다요 17:3. 구원은 오직 하나님께서 예수 그리스도에 의해 성령을 통하여 선택된 자들에게 주실 뿐이다.

우리는 타종교들의 역사성과 신도수와 건전성 등에 압도되어 타종교들에도 진리와 구원이 있을 수 있겠다는 추론과 동정에 빠지면 안 된다. 이러한 주장은 매우 해롭고, 가증스러운 억지와 혼란에 지나지 않는다. 누구든지 그리스도의 교훈을 가지지 않고 나아오는 자에게 인사하는 자는 그 악한 일에 참여하는 자이다요이 1:9-11. 그 어떤 자들이나 하늘로부터 온 천사라도 복음 외에 다른 복음을 전하면 저주를 받는다갈 1:6-8.

Of Justification

제11장 의롭다 하심(칭의)

11.1

하나님께서 효과적으로 부르신 자들을 또한 값없이 의롭다 하신다.a 즉, 그들에게 의를 주입하셔서가 아니라, 그들의 죄를 용서하셔서 또한 그들의 인격을 의롭다고 여겨주시고 인정하셔서 의롭다 하신다. 이는 그들 안에 만들어진 어떤 것이나 그들이 행한 어떤 것 때문이 아니라, 오직 그리스도 때문이다. 또한 믿음 자체나 믿는 행위나 복음에 순종하는 다른 어떤 것을 그들의 의로 그들에게 전가하셔서가 아니라, 그리스도의 순종과 속죄를 그들에게 전가하셔서 의롭다 하신다.b 이때 그들은 그리스도와 그의 의를 믿음에 의해 받아들이고 의지한다. 이 믿음은 그들 스스로 갖는 것이 아니라, 하나님의 선물이다.c

Those whom God effectually calleth, he also freely justifieth:a not, by infusing righteousness into them, but by pardoning their sins, and by accounting and accepting their persons as righteous; not, for any thing wrought in them, or done by them, but for Christ's sake alone; nor, by imputing faith itself, the act of believing, or any other evangelical obedience, to them, as their righteousness; but by imputing the obedience and satisfaction of Christ unto them,b they receiving, and resting on him and his righteousness by faith; which faith, they have, not of themselves, it is the gift of God.c

a 롬 8:30; 롬 3:24   c 행 10:44; 갈 2:16; 빌 3:9; 행 13:38-39; 엡 2:7-8
b 롬 4:5-8; 고후 5:19, 21; 롬 3:22, 24-25, 27-28; 딛 3:5, 7; 엡 1:7; 렘 23:6; 고전 1:30-31; 롬 5:17-19

1. 의롭다 하심(칭의)의 정의

❶ 부르신 자들을 또한 의롭다 하심

제3장 제6절에서 "구원의 순서와 황금 사슬"이란 제목으로 살펴본 것처럼 하나님은 그리스도가 획득하신 구원을 성령을 통하여 선택된 자들에게 적용하신다. 이 적용하시는 수단들을 하나님께서는 어떤 사람들을 예정하실 때에 또한 미리 정하셨다. 그 수단들은 구분이 되는 여러 단계이지만 전체적으로는 구원의 적용이라는 한 과정에 지나지 않는다. 전능하시고 지극히 지혜로우신 하나님께서는 그 단일한 과정의 적용에 있어서 실패가 없으므로, 한 번 시작하신 적용을 도중에 그만두시거나 실패하시지 않고 완성하신다. 그러므로 하나님께서는 효과적으로 부르신 자들에게 구원의 적용에 필요한 다음 단계의 일을 하시는데 보통 의롭다 하시는 일이다. 이것을 보통 칭의稱義, justification라고 부른다.

❷ 로마 가톨릭의 칭의관: 의의 주입

로마 가톨릭은 칭의justification를 통하여 신자 내면의 자질이 실제로 의롭게 변화된다고 여기기 때문에, 한국의 로마 가톨릭은 칭의justification를 의화義化라고 번역하였다. 번역된 단어에서 알 수 있는 것처럼 이들의 칭의는 성화聖化와 비슷하고, 서로 혼동된다. 이에 비하여 우리는 칭의와 성화를 명확하게 구분하는데, 칭의는 죄인에서 의인으로 신분이 변화되는 것이고, 성화는 그 내면이 의인이라는 변화된 신분에 맞게 변화되는 것이다. 이들은 칭의를 내면의 변화로 보기 때문에 내면에 실제적 변화가 있다고 여긴다. 이들은 내면에 실제적 변화가 있도록 예수 그리스도의 의가 실제로 사람의 내면에 주입된다고 여긴다. 의사가 코로나19 백신을 주사기를 통하여 사람의 내면에 주입하듯, 하나님은 예수 그리스도가 이루신 의를 사람의 내면에 주입하신다고 여긴다. 그렇게 사람에게 내재된 예수 그리스도의 의는 그 사람과의 협력을 통하여 더 큰 의를 형성하게 되면서 그 사람은 실제로 의롭게 변화한다고 주장한다. 그들은 그렇게 처음 사람의 내면에 주입된 예수 그리스도의 의를 선행 은총이라고 부른다.

트렌트 공의회 Council of Trent, 1545-1563 는 1547년에 열린 제6회기 session 에서 의화에 관한 총 16장 chapter 33법규 canon 로 이루어진 교령 decree 을 발표하였다. 이 교령이 칭의에 관한 그들의 공식적 입장인데, 총 16장 중 제5장을 통하여 그들의 주장을 구체적으로 살펴보자.

＊트렌트 공의회, 의화에 관한 교령, 제5장

본 공의회는 어른들의 경우 예수 그리스도를 통하여 전해지는 하느님의 은총을 미리 받아야 이 의화가 시작된다는 것을 선포하는 바이다. 즉, 자신의 공덕은 하나도 없는 상태에서 그분의 부르심으로 말미암아 의화가 시작된다는 말이다. 죄를 지어 하느님으로부터 멀어졌던 인간들이 그들을 격려하고 돕는 하느님의 은총에 힘입어 마음을 열고, 그 은총에 자유 의지로 동의하고 협조하면서 자신의 고유한 의화를 위해 삶을 전환하는 태세를 갖추는 것이다. 그런 식으로 하느님께서는 성령의 비추심을 통해서 인간의 마음을 어루만지시는데, 이는 이러한 성령의 영감을 받은 인간은 완전히 아무것도 하지 않는다는 것을 의미하지는 않는다. 심지어 이를 거부할 수도 있다. 다른 한편, 하느님의 은총 없이 자신의 자유 의지로 하느님 대전에서 의화를 향해 움직일 수 있다는 말도 아니다. 그래서 성경의 "나에게 돌아와라. 그러면 나도 너희에게 돌아가리라"(즈카 1,3) 하는 말씀에서 우리는 우리의 자유를 권고받고, 우리가 "주님, 저희를 당신께 되돌리소서, 저희가 돌아가오리다"(애가 5,21) 하고 응답할 때 하느님의 은총이 우리에게 선행(先行)되어야 함을 고백하는 것이다.[69]

---

69 It is furthermore declared that in adults the beginning of that justification must proceed from the predisposing grace of God through Jesus Christ, that is, from His vocation, whereby, without any merits on their part, they are called; that they who by sin had been cut off from God, may be disposed through His quickening and helping grace to convert themselves to their own justification by freely assenting to and cooperating with that grace; so that, while God touches the heart of man through the illumination of the Holy Ghost, man himself neither does absolutely nothing while receiving that inspiration, since he can also reject it, nor yet is he able by his own free will and without the grace of God to move himself to

첫째, 로마 가톨릭은 "선행하는 하느님의 은총"선행 은총, predisposing grace of God, gratia praeveniens 이 성인들에게 있어야만 칭의가 시작된다고 주장한다. 그들은 선행은총이 있기 전까지 사람은 칭의에 이를 어떤 공덕도 갖지 않는다고 본다. 그들은 칭의에 관한 교령 제8장에서 이렇게 말한다. "인간은 믿음을 통해서로마 3,28 그리고 다른 곳들 참조 그리고 무상으로로마 3,24 참조 의화한다고 사도바오로가 말하였는데, 이 말은 가톨릭 교회가 옹호하며 표명해 온 항구하고 일치된 견해로 이해되어야 한다. 즉, 우리는 믿음으로 의화한다는 것이다. 왜냐하면 믿음은 인간 구원의 시작이요, 온갖 의화의 기본이며 뿌리이기 때문이다. […] 또한 우리는 무상으로 의화한다는 것이다. 왜냐하면 의화에 앞서 그 어떤 것도, 믿음이나 행업도 이 의화은총을 얻는 전제 조건이 되지 못하기 때문이다." 의화 교령의 제1법령에서는 이렇게 말한다. "만일 누가 인간이 예수 그리스도의 중개로 주어진 하느님의 은총 없이 인간 본성의 힘으로 행한 업적이나 율법의 가르침에 힘입은 자신의 선행만으로 하느님 앞에서 의화할 수 있다고 주장한다면, 그는 파문받아야 한다."

이들은 이런 표현을 통하여 자신들이 하나님의 은혜에 의한 사람의 구원을 천명함으로서 펠라기우스주의Pelagianism 와 반半펠라기우스주의Semi-Pelagianism를 반대한다는 것을 분명히 했다고 주장한다. 펠라기우스주의가 원죄로 말미암은 본성의 부패와 전가를 부인한다면, 반펠라기우스주의는 원죄로 말미암는 본성의 부패를 인정하면서도 사람이 하나님의 은혜로 여기서 벗어날 수 있다고 보았다. 사람이 자신의 의지로 스스로 신자가 되겠다는 결단을 내릴 수 없을 만큼 사람의 본성이 전적 부패한 것은 아니고, 부분적으로 타락했다고 보았다. 이들은 사람이 구원의 복음을 들으면 믿을 수 있는데 부분적으로 부패하였기 때문에 하나님의 도움이 필요하다고 보았다. 이들은 부분적인 타락만큼 하나님의 은혜가 필요하다고 보아,

---

justice in His sight. Hence, when it is said in the sacred writings: Turn ye to me, and I will turn to you, we are reminded of our liberty; and when we reply: Convert us, O Lord, to thee, and we shall be converted, we confess that we need the grace of God. "즈카 1,3"은 스가랴 1:3절을 의미한다.

사람의 구원에 있어서 하나님의 전적 은혜가 필요함을 부인하였다. 이들은 당연히 하나님의 전적 은혜와 사람의 전적 타락 하에서 나온 예정론을 부인하였다. 후기의 반펠라기우스주의는 하나님의 은혜에 의한 도움을 복음과 심판에 관한 설교나 전도와 같은 외적인 상황으로 보았는데, 이들은 이러한 복음을 사람이 들으면 스스로 믿을지 여부를 결정할 수 있다고 보았다. 반펠라기우스주의는 믿음의 시작과 증가를 구분하였는데, 믿음의 시작은 사람이 자유 의지로 스스로 할 수 있는 반면, 믿음의 증가는 하나님의 은혜가 필요하다고 보았다. 사람이 자신의 자유 의지로 하나님께로 돌아올 수 있고, 그 후에는 하나님의 은혜로 믿음이 성장한다고 본 것으로 대표적인 신인협력설이다. 하나님께서 내미는 구원의 손길을 사람이 받아들여 함께 나아가는 것이다. 이 주장은 529년 제2차 오렌지 공회 Second Council of Orange 에서 이단으로 정죄되었다.

    로마 가톨릭은 위의 제5장이 선행 은총이 있어야만 칭의가 시작된다고 말함으로써 교회 공회의 결정에 맞게 펠라기우스주의와 반펠라기우스주의를 모두 배격하는 내용을 담고 있다고 주장한다. 이들은 이 선행 은총을 하나님의 부르심이라고도 부르기 때문에, 얼핏 보면 그들의 선행 은총이 우리의 효과적인 부르심과 같아 보인다. 둘 다 하나님의 은혜를 필요로 한다고 보기 때문에 그러하다. 그런데 이들은 선행 은총을 예수 그리스도께서 이루신 의의 일부가 사람에게 직접 주입되는 것으로 본다. 그리스도의 의가 실제로 사람에게 주입되어 사람과 협력하여 더 큰 의를 이루며 실제로 의롭게 된다고 주장한다. 이에 반하여 우리는 그리스도께서 십자가에 죽으심으로 선택된 자들을 위해 의와 구원을 획득하셨고, 하나님은 이렇게 행하신 그리스도 때문에 선택된 자들의 죄를 용서하시고 그들의 인격을 의롭다고 여기시고 받아주시기 때문에 그들이 의로운 것이라고 본다. 우리는 그리스도의 의가 주입되는 것이 아니라 그리스도의 순종하심과 속죄가 선택된 자들에게 전가된다고 본다. 그러므로 그들의 선행 은총과 우리의 효과적 부르심은 모두 하나님의 은혜로 가능하다는 측면에서는 같지만, 그들의 선행 은총은 그리스도의 의가 실제적으로, 물리적으로 사람의 내면에 주입되는 것이고, 우리의 효과적 부르심은 하나님의 말씀과 영에 의해 사람의 마음이 본질적 변화를 갖게 되며 지정의가 깨어나는 것이기 때문에 이 둘은 크게 다르다.

둘째, 로마 가톨릭은 사람이 죄를 지어 하나님으로부터 멀어졌기 때문에 하나님의 은혜로 의화가 시작된다고 하지만, 그 후에는 바로 사람의 협력을 말하며 반펠라기우스주의와 별반 다르지 않는 주장을 펼친다. 믿음을 통해서 무상으로 하나님의 은혜에 의해서 의화한다는 이들의 주장은 한 단계 논리가 진행되면서 바로 신인협력에 대하여 말한다. 이들은 선행 은총이 하나님으로부터 멀어진 성인들을 격려하고 돕게 되고, 그러면 성인들은 그때부터 마음을 열고, 스스로 그 은총에 자유 의지로 동의하고 협조함으로써 자기 자신의 고유한 의화를 위해 삶을 전환하는 태세를 갖춘다고 말한다. 이들은 성령의 영감을 받은 사람이 완전히 아무것도 하지 않는 것도 아니고, 심지어 사람이 이를 거부할 수도 있다고 본다. 도르트 총회 때 하나님의 은혜를 거부할 수 있다고 주장했던 항론파는 이 면에서 로마 가톨릭과 거의 같다.[70] 로마 가톨릭, 반펠라기우스주의, 항론파는 사람이 자유 의지로 하나님의 은혜를 받을지, 거부할지 결정할 수 있다고 보는 면에서 같다. 이들은 칭의에서 하나님의 은혜를 강조하는 것 같지만 실은 의롭게 되는 행위를 할 수 있는 사람의 자유 의지를 더 강조하는 것이다.

이들은 의화 교령의 제4법령과 제5법령에서 "인간의 의지는 마치 생명 없는 사물처럼 아무것도 행할 수 없고 완전히 수동적인 역할을 할 뿐이라는 주장"과 "아담

---

70 항론파는 1610년에 자신들의 주장을 5가지로 발표했는데, 네 번째에 이런 내용을 담고 있다: "제4조항 - 하나님의 이 은혜가 모든 선한 것의 시작이고, 연속이고, 완성이므로 심지어 중생자는 앞선, 돕는, 깨우는, 뒤따르는, 그리고 협력하는 은혜가 없이는 스스로 선을 생각하거나 의지하거나 행할 수 없고, 악으로의 유혹을 견딜 수 없다. 그래서 생각할 수 있는 모든 선한 일이나 행위는 그리스도 안에서 하나님의 은혜로 돌려야 한다. 그러나 이 은혜의 작동 방식을 살펴보면, 그것은 불가항력적이지 않은데, 사도행전 7장과 많은 다른 부분에서 많은 이들이 성령을 저항한 것으로 기록된 것을 볼 때 그러하다." 그리고 항론파는 1617년과 1618년에 열린 도르트 총회에서 자신들의 의견을 문서로 제출했는데 이렇게 말한다. "사람은 사람의 중생을 의도하시고 사람을 중생시키시기를 원하시는 하나님과 성령을 저항할 수 있다. 그리고 실제로 사람은 종종 저항하여, 자신의 중생을 전적으로 거부한다. 그래서 중생될 것인지 말 것인지는 정말로 사람 자신의 능력에 달려있다."(셋째와 넷째 교리에 대한 항론파의 주장 제8절)

의 원죄 이후에 인간의 자유 의지는 상실되었고 소멸되었다는 주장"은 모두 파문되어야 한다고 말함으로써 사람의 자유 의지의 가능성을 주장하고 있다. 이들은 이 자유 의지로 사람의 내면이 실제로 의롭게 변한다고 주장한다. 의화 교령의 제7장은 "의화는 단순한 죄의 용서만이 아니라, 은총과 그에 동반되는 선물을 기꺼이 받아들임으로써 인간 내면이 성화되고 쇄신되는 것을 의미한다. 그럼으로써 인간은 부정한 존재에서 의로운 자가 되고 원수에서 친구로 변화된다."라고 말하는데, 이들의 의화는 우리의 성화를 포함하고 있음이 분명하다. 제7장 후반부는 이렇게 말한다. "죄인의 의화는 지극히 거룩한 그 수난 공로로 의화하는 자들의 마음에 성령께서 작용하심으로써 로마 5,5 참조 하느님의 사랑이 확산되고 그들 안에 자리 잡을 때 실현된다. 그 결과로, 의화 과정에서 인간은 죄의 용서와 더불어 자신이 가지처럼 붙어 있는 예수 그리스도를 통하여, 죄의 용서에 천부적으로 포함되어 있는 모든 선물을 받는다. 즉, 믿음, 희망, 사랑이 그것이다. 희망과 사랑이 없는 믿음으로는 인간은 그리스도와 완전한 일치를 이루지 못할 뿐 아니라 그분 신비체의 살아 있는 구성원도 될 수 없다. 이런 연유에서 행함이 없는 믿음은 죽은 것이요 무용無用이라고 야고 2,17. 20 참조 말하는 것과 그리스도 안에서 할례를 받고 안 받고는 의미가 없으며 오직 '사랑으로 행동하는 믿음만이 중요하다' 갈라 5,6 하고 말하는 것은 절대적으로 옳다." 이들은 의화를 통하여 사람이 내적으로 쇄신되어 선한 행동으로 연결된다고 본다.

이것은 의화 교령 제16장을 통해 더욱 드러난다. "끝까지 선하게 행동하는 사람들과 마태 10,22 하느님께 희망을 두는 사람들에게, 예수 그리스도의 공덕으로 하느님의 자녀에게 자비롭게 약속된 은총인, 또한 하느님 바로 당신께서 하신 약속에 따라 그들의 선행과 공로 their good works and merits 에 신실하게 부여해야 할 상급인 영원한 생명이 주어져야 한다. …… 예수 그리스도 바로 당신께서 지체들의 머리로서, 그리고 가지들을 위한 포도나무로서 요한 15,1 이하 참조 의화한 자들에게 지속적으로 당신의 능력을 주입注入해 주신다. 그분의 능력은 그들의 선행을 이끌고 동반하며 또한 뒤따르는데, 그 능력 없이 선행만으로는 결코 하느님을 기쁘게 해

드리거나 가치 있는 것이 될 수 없다."[71] 이들은 그리스도께서 자신의 능력을 사람들에게 지속적으로 주입해주시기 때문에 사람들이 이것과 협력하여 실제로 의롭게 내면이 변화되어 선행까지 할 수 있다고 본다.

이들은 트렌트 공의회에서 칭의에 관하여 채택한 교령을 지금도 유지한다. 그들의 공식 교리서는 칭의가 신인협력으로 이루어진다며 이렇게 말한다. "의화는 하느님의 은총과 인간의 자유 사이에 협력 관계를 이룬다. 인간 편에서, 의화는 회개를 촉구하시는 하느님의 말씀에 대한 신앙의 동의 안에서, 그리고 그 동의에 앞서고 그것을 보전하시는 성령의 이끄심에 사랑으로 협력하는 행위를 통해서 표현된다."[72] "최초의 은총을 받은 뒤 우리는 성령과 사랑의 인도를 받아, 우리 자신과 다른 이들을 위해, 우리의 성화를 위해, 은총과 사랑의 성장을 위해, 나아가 영원한 생명을 위해 필요한 은총을 받을 수 있게 하는 공로를 세울 수 있다. 지혜로우신 하느님의 뜻에 맞는 것이라면, 우리는 건강이나 우정과 같은 현세적 선익까지도 받게 하는 공로가 되는 일을 할 수도 있다."[73] 우리는 로마 가톨릭이 종교개혁 때나 지금이나 칭의에 관한 교리를 똑같이 유지하고 있음을 명심하여야 한다.

❸ 그리스도의 순종과 속죄의 전가에 의한 칭의

우리의 칭의관은 하나님께서 선택된 자들의 죄를 용서하셔서 그리고 선택된 자들의 인격을 의롭다고 여기시고 받아주셔서 선택된 자들이 의롭게 되는 것이다. 그렇다면 왜 하나님께서는 선택된 자들의 죄를 용서하시고, 그들의 인격을 의롭다고 여기시고 받아주시는가? 그것은 그들 안에 만들어진 어떤 것 때문도 아니고 그들이 행한 어떤 것 때문도 아니다.

---

71 "For since Christ Jesus Himself, as the head into the members and the vine into the branches, continually infuses strength into those justified, which strength always precedes, accompanies and follows their good works, and without which they could not in any manner be pleasing and meritorious before God"

72 『가톨릭 교회 교리서』, 1993항, 728.

73 『가톨릭 교회 교리서』, 2010항, 735.

"그들 안에 만들어진 어떤 것과 그들이 행한 어떤 것" 때문이 아니란 것은 "믿음 자체나 믿는 행위나 복음에 순종하는 다른 어떤 것을 그들의 의로 그들에게 전가하셔서가 아니란" 뜻이다. 우리가 앞에서 로마 가톨릭의 칭의관을 살펴본 것처럼, 이들은 선행 은총으로 말미암아 격려 받고 도움 받은 사람들이 마음을 열고 자유 의지로 그 은총에 협조함으로써 삶을 전환하는 태세를 갖추어 실제로 의롭게 내면이 변화되고, 선행까지 할 수 있다고 본다. 이들은 사람들이 자유 의지로 선행 은총에 협조함으로써 믿음이 발생하고, 선행과 같은 복음적 순종을 할 수 있다고 본다.

또한 아르미니안이 이런 주장을 한다. 1619년에 작성된 도르트 신경은 먼저 옳은 내용을 서술한 후에 아르미니안의 주장을 틀린 내용으로써 기술한다. 아르미니안의 주장을 기술한 제1장 제3절은 이렇게 말한다. "성경이 선택의 교리에서 언급하는 하나님의 선한 기쁨과 뜻은 하나님께서 다른 사람들이 아닌 어떤 이들을 선택하셨다는 것에 있지 않고, 하나님께서 율법의 행위도 포함하여 모든 가능한 조건으로부터, 혹은 모든 일의 질서로부터, 그 자체로는 가치가 없는 믿는 행위와 믿음의 불완전한 순종을 구원의 조건으로 선택하신 것에 있다. 하나님은 이것을 은혜를 인하여 완전한 순종으로 여기기를 원하셨고, 영생의 상으로 적합하다고 보기를 원하셨다." 즉 아르미니안은 사람들이 믿는 행위와 믿음의 불완전한 순종을 할 수 있다고 보았고, 하나님께서는 이것들을 구원의 조건으로 선택하셨다고 보았다. 하나님께서는 이것들이 비록 구원을 받기에 그 자체로는 가치가 없지만 은혜로 말미암아 구원의 조건으로 보신다는 것이다. 도르트 신경이 웨스트민스터 신앙고백보다 먼저 만들어졌으므로, 후자는 전자를 참고하여 "믿음 자체나 믿는 행위나 복음에 순종하는 다른 어떤 것"이란 표현을 사용하면서 아르미니우스주의를 비판하였다. 사람은 자유 의지로 이러한 일을 할 수 없고, 따라서 이것을 통하여 구원받는 것도 아니고 의롭게 여겨지는 것도 아닌 것이다.

제6장 사람의 타락, 죄, 그리고 죄의 형벌 제2절이 말하는 것처럼 사람들은 원죄에 의해 죄로 죽게 되었고 영혼과 육체의 모든 기능과 부분에서 전적으로 더러워졌다.

그래서 제6장 제4절이 말하는 것처럼 원죄에 의한 부패에 의해 사람들은 모든 선을 완전히 꺼리고, 모든 선에 무능하고, 모든 선에 대적하며, 모든 악을 전적으로 내켜한다. 그러니 어찌 사람에게 믿음이 저절로 생기고, 자유 의지로 믿는 행위나 복음에 순종하는 다른 어떤 것을 행함으로써 의롭게 되겠는가? 그렇다면 무엇에 의해 하나님께서는 선택된 자들의 죄를 용서하시고, 그들의 인격을 의롭다고 여기시고 받아주시는가? 오직 그리스도 때문이다. "그리스도의 순종과 속죄를 그들에게 전가하심에 의해"가 바로 이 뜻이다.

제8장_{중보자 그리스도} 제5절이 말하는 것처럼 예수 그리스도는 하나님이 자신에게 주신 모든 자를 위하여 "자신의 완전한 순종에 의해 그리고 영원하신 성령으로 말미암아 자신을 하나님께 단번에 드린 희생에 의해 자신의 아버지의 공의를 완전히 만족시키셨다." 그리스도께서는 아버지께서 자신에게 주신 자들의 머리로서 그들과 하나로 연합하셨기 때문에 그리스도께서 하나님 아버지의 공의를 완전히 만족시키실 때에 그것은 바로 그리스도와 하나로 연합된 모든 자가 하나님의 공의를 온전히 만족시키신 것이 된다. 그들의 죄값과 부패가 예수 그리스도를 통해서 해결되었기 때문에 하나님께서는 그들의 죄를 용서하시는 것이고, 그들의 인격을 의롭다고 여기시고 의롭다고 받아주시는 것이다. 그리스도께서 하신 순종과 속죄를 그들에게 전가轉嫁, imputing 하신 것이다. 전가의 사전적 뜻은 "잘못이나 책임을 다른 사람에게 넘겨씌움"이다. 하나님께서는 그리스도의 순종과 속죄를 그들의 의로 그들에게 넘겨씌우신 것이다. 그리스도와 그들이 진정한 하나이기 때문에 가능한 일이다. 그러므로 우리의 칭의관은 사람의 전적 부패와 무능력을 믿기 때문에 선행 은총으로 시작되는 신인협력을 거부하는 것이고, 예수 그리스도와 선택된 자들 간의 완전한 하나됨에 의한 전가를 믿기 때문에 그리스도의 의의 주입에 의한 사람의 실제적인 의로움의 증가를 거부하는 것이다. 우리는 하나님께서 전적으로 부패하고 무능한 사람을 아무 이유 없이 오직 사랑하시어 의롭다고 선언하신다고稱義 보는 반면에 로마 가톨릭은 하나님께서 사람의 내면을 실제로 의롭게 변화시키신다고義化 보는 것이다.

하나님께서는 그리스도의 순종과 속죄로 말미암아 그리스도께서 획득하신 의를 우리에게 전가시키는 대신에 우리를 정죄하실 수 있다. 그리스도께서 이렇게 능동적 순종과 수동적 순종을 통하여 하나님의 공의를 완전히 만족시키셨는데, 너희는 왜 이렇게 살지 못하느냐며 엄히 심판하실 수 있다. 이러한 정죄와 심판의 예들이 노아의 홍수로 온 인류를 쓸어버리시고 여덟 명만 살려주신 것이고, 소돔과 고모라를 불과 유황으로 심판하신 것이고, 이스라엘이 여리고성을 점령할 때 남녀노소 모두를 죽이게 하신 것이다. 하나님께서 이러한 정죄와 심판을 예수 그리스도의 순종과 속죄에 의한 의에 근거하여 대홍수의 심판에서 살아남은 8명의 후손에게 계속하여 적용하신다면 의로운 자로 여김을 받을 자가 누가 있겠는가? 그런데 하나님께서는 그리스도의 순종과 속죄로 인한 의에 근거하여 선택된 자들을 정죄하는 대신에 그 의를 그들에게 전가하신 것이니 그들의 큰 죄에도 불구하고 그들을 얼마나 사랑하셨는가를 알 수 있다. 실로 하나님은 세상을 이처럼 사랑하사 독생자를 주셨고, 이는 그를 믿는 자마다 멸망하지 않고 영생을 얻게 하려 하심이다 요 3:16.

❹ 믿음에 의한 칭의: 이신칭의

하나님께서 효과적으로 부르신 자들을 또한 값없이 의롭다 하시는데, 그리스도의 순종과 속죄를 그들의 의로 그들에게 전가하심에 의해 의롭다 하신다. 그런데 하나님께서 그리스도의 순종과 속죄를 그들의 의로 그들에게 전가하실지라도 그들이 이것을 받아들이지 않거나 의지하지 않으면 그들에게 아무 소용이 없다. 그래서 하나님께서는 그들의 마음속에서 행하시는 그리스도의 영을 통하여 그들에게 믿음이라는 수단을 주신다. 이들은 거저 선물로 받은 믿음이라는 수단에 의해 그리스도를 믿을 수 있고 제14장 제1절 참고, 그리스도와 그의 의를 받아들이고 의지한다.

하나님께서 선택된 자들을 효과적으로 부르시고 또한 이들을 값없이 의롭다 하시는 것에 대하여 제3장 하나님의 영원한 작정 제6절은 선택되어진 자들이 "때를 따라 역사하시는 그리스도의 영에 의해 그에 대한 믿음으로 효과적으로 부르심을 받고, 의롭다 하여지고, 양자가 되고"라고 표현한다. 하나님께서 선택하신 자들을 그리스도에 대한 믿음으로 효과적으로 부르시는 것이다. 이것은 하나님께서 선택하신 자들에게 믿음을 주신다는 것이고, 이 믿음을 통하여 그들을 의롭다 하신다는 것이다. 선택된 자들이 믿는 것은 그들의 능력과 결단으로 믿는 행위를 하는 것이 아니라 하나님께서 그리스도의 영에 의해 믿음을 선물로 주셨기 때문에 그 믿음을 통하여 믿는 것이다.

제3장 제6절이 말하는 것처럼 하나님께서는 어떤 사람들을 영광으로 예정하실 때에 그들이 영광에 이르는 모든 수단까지 미리 정하신 것이다. 하나님께서는 믿음을 그 수단의 일환으로써 그들에게 선물로 주시는 것이고, 그들은 믿음이라는 수단을 받아서 믿는 것이지, 이 믿음은 절대로 그들에게서 난 것이 아니다. 그들은 하나님께서 주신 선물인 믿음에 의해 그리스도와 그의 의를 받아들이고 의지한다. 그런데 사람들의 눈에는 선택된 자들이 그리스도와 그의 의를 받아들이고 의지하는 것이 관찰되지, 그들에게 주어진 믿음이라는 수단은 관찰되지 않는다. 따라서 우리가 선택된 자들이 그리스도와 그의 의를 받아들이고 의지하는 것만을 단편적으로 관찰하면 믿는 행위는 사람들이 스스로 하는 것처럼 보인다. 하지만 성경에 의거하여 전적으로 부패하고 무능한 사람들은 스스로 하나님을 알 수 없고 그리스도를 믿지 않는다는 것을 안다면 그 믿는 행위가 하나님으로부터 온 것을 알게 되고, 믿음이 하나님의 선물임을 깨닫게 된다.

하나님은 그리스도의 순종과 속죄를 그들의 의로 선택하신 자들에게 전가하심으로써 의롭다 하실 때에 믿음이란 수단을 주시어 그들로 그리스도와 그의 의를 받아들이고 의지하게 하신다. 한 마디로 하나님께서 선택하신 자들로 하여금 구원을 완전히 그들의 것으로 누릴 수 있도록 구원에 이르는 모든 수단도 준비하시고 실행하신다. 그러니 하나님께서 선택하신 자들은 예수 그리스도에 의해 획득된 구원을 그리스도의 영에 의해 틀림없이 누리게 된다. 믿음으로 의롭게 된다는 이신칭의 justification by faith alone 는 하나님께서 믿음이란 도구를 통하여 그리스도의 순종과 속죄를 선택하신 자들에게 전가하신다는 의미이지, 절대로 사람들이 믿는 행위를 통하여 의롭게 된다는 뜻이 아니다. 사람들이 믿는 행위를 통하여 의롭게 된다는 것은 앞에서 살펴본 것처럼 로마 가톨릭과 반펠라기우스주의와 아르미니우스주의가 주장하는 바이다.

아래는 믿음으로 의롭게 되는 것과 믿음이 하나님의 선물이란 것에 대한 근거 성경구절들이다.

갈 2:16	사람이 의롭게 되는 것은 율법의 행위로 말미암음이 아니요 오직 예수 그리스도를 믿음으로 말미암는 줄 알므로 우리도 그리스도 예수를 믿나니 이는 우리가 율법의 행위로써가 아니고 그리스도를 믿음으로써 의롭다 함을 얻으려 함이라 율법의 행위로써는 의롭다 함을 얻을 육체가 없느니라
빌 3:9	그 안에서 발견되려 함이니 내가 가진 의는 율법에서 난 것이 아니요 오직 그리스도를 믿음으로 말미암은 것이니 곧 믿음으로 하나님께로부터 난 의라
행 13:38-39	그러므로 형제들아 너희가 알 것은 이 사람을 힘입어 죄 사함을 너희에게 전하는 이것이며 39 또 모세의 율법으로 너희가 의롭다 하심을 얻지 못하던 모든 일에도 이 사람을 힘입어 믿는 자마다 의롭다 하심을 얻는 이것이라
엡 2:7-8	이는 그리스도 예수 안에서 우리에게 자비하심으로써 그 은혜의 지극히 풍성함을 오는 여러 세대에 나타내려 하심이라 8 너희는 그 은혜에 의하여 믿음으로 말미암아 구원을 받았으니 이것은 너희에게서 난 것이 아니요 하나님의 선물이라

갈 2:16절이 말하는 것처럼 사람이 의롭게 되는 것은 율법의 행위로 말미암지 않고, 오직 예수 그리스도를 믿음으로 말미암는다. 빌 3:19절이 말하는 것처럼 사

람이 가진 의는 율법에서 나지 않고, 오직 그리스도를 믿음으로 말미암는다. 믿음에 의해 하나님께로부터 난 의이다. 행 13:38-39절이 말하는 것처럼 그리스도를 힘입어 죄 사함이 이루어지고, 모세의 율법으로 사람이 의롭다 하심을 얻지 못하고 그리스도를 믿음으로 의롭다 하심을 얻는다. 그리고 이 믿음은 엡 2:8절이 말하는 것처럼 하나님의 선물이다. 엡 2:8절은 사람이 하나님의 은혜에 의해 믿음으로 말미암아 구원을 받는데, 이 구원이 사람에게서 나지 않고 하나님의 선물이라고 말한다. 믿음으로 말미암는 구원이 하나님의 선물이라면, 구원만이 하나님의 선물인 것이 아니고 믿음 또한 하나님의 선물인 것이다.[74]

11.2

믿음은 이처럼 그리스도와 그의 의를 받아들이고 의지하는 것으로써 칭의의 유일한 수단이다.[d] 그렇다고 하여 믿음 하나만 의롭다 하심을 얻은 사람 안에 존재하는 것은 아니고, 늘 다른 모든 구원하는 은혜와 함께 존재한다. 그래서 믿음은 죽은 믿음이 아니라, 사랑으로써 역사한다.[e]

Faith, thus receiving and resting on Christ, and his righteousness, is the alone instrument of justification;[d] yet is it not alone in the person justified, but is ever accompanied with all other saving graces, and is no dead faith, but worketh by love.[e]

d 요 1:12; 롬 3:28; 롬 5:1   e 약 2:17, 22, 26; 갈 5:6

---

74 KJV은 엡 2:8절을 "For by grace are ye saved through faith; and that not of yourselves: it is the gift of God"라고 말한다. 그리고 제11장 제1절의 끝부분은 "which faith, they have, not of themselves, it is the gift of God."이라고 말한다. 제11장 제1절의 끝부분이 KJV의 엡 2:8절을 인용한 것임을 알 수 있다.

2. 칭의의 유일한 도구인 살아있는 믿음

위에서 살펴본 것처럼 믿음은 하나님께서 그리스도의 순종과 희생을 준비하실 때에 선택하신 자들이 이것들을 받아들이고 의지하도록 그들에게 선물로 주신 도구이다. 이들은 믿음 이외에 그 어떤 다른 도구들에 의해서도 그리스도의 순종과 희생을 받아들이고 의지할 수 없다. 이렇게 하여 믿음은 그리스도와 그의 의를 받아들이고 의지하는 것으로써 칭의의 유일한 도구이다. 근거성경구절들은 하나님의 자녀가 되는 권세는 예수 그리스도의 이름을 믿을 때 주어진다고 요 1:12 말하고, 사람이 의롭다 하심을 얻는 것은 율법의 행위에 있지 않고 믿음으로 된다고 롬 3:28 말한다. 믿음은 "제1절이 말하는 바처럼" thus 선택된 자들이 그리스도와 그의 의를 받아들이고 의지하는 것인데, 이것은 그들이 그리스도의 순종과 희생의 가치와 의미를 알게 되어 받아들이고 의지한다는 것이다. 그들이 그리스도의 순종과 희생을 안다는 것은 죄가 무엇이고 거룩함과 의가 무엇인지 안다는 것이다. 하나님께서 기뻐하시는 삶이 무엇인지 안다는 것인데, 이 모든 인식이 믿음으로 가능해진다.

그러므로 믿는 자는 당연히 하나님께서 기뻐하시는 삶을 살게 되고, 의롭다 하심을 얻은 자다운 삶을 추구하게 된다. 믿음이 칭의의 유일한 도구이지만 그렇다고 하여 믿음 하나만 의롭다 하심을 받은 자 안에 유일하게 존재하는 은혜인 것은 아니고, 늘 다른 모든 구원하는 은혜를 동반한다. 제3장 제6절이 "선택을 받은 자들은 때를 따라 역사하시는 그리스도의 영에 의해 그에 대한 믿음으로 효과적으로 부르심을 받고, 의롭다 하여지고, 양자가 되고, 거룩하게 되고, 그의 능력에 의해 믿음으로 말미암아 구원에 이르도록 보호된다."고 말하는데, 다른 모든 구원하는 은혜란 제3장 제6절에 따르면 "양자가 되고, 거룩하게 되고, 그의 능력에 의해 믿음으로 말미암아 구원에 이르도록 보호되는" 것이다. 제11장 제2절로 표현하면 믿음은 유일하게 홀로 존재하여 다른 기능으로 연결되지 않는 죽은 믿음이 아니라, 다른 구원하는 은혜와 같이 존재한다는 것이다. 즉, 믿음은 사랑이란 은혜와 같이 존재하여서 사랑으로써 역사하고^{갈 5:6}, 하나님의 양자다운 품격을 갖추어가게 하고, 하나님의 거룩함을 본받으며 성숙해지게 하고, 구원에서 떨어지지 않고 구원에 이르도록 보호되게 한다. 믿음은 칭의의 수단이란 역할만 한 후에 죽은 상태로 있지 않고 행함을 비롯한 여러 은혜를 늘 동반한다. 만약에 믿음이 있다 하면서 행함이 없다면 그 믿음은 거짓 믿음이고, 영혼 없는 몸이 죽은 것 같이 죽은 믿음이다^{약 2:17, 22, 26}.

❶ 4원인설(四原因說)로 이해하는 믿음의 도구성

아리스토텔레스는 사물이 형성되는 데는 네 가지 원인이 있다며 4원인설^{四原因說}을 언급했다. 원인은 아이티아^{aitia}라는 헬라어의 번역인데, 키케로가 아이티아를 라틴어 카우사^{causa}로 번역하였고, 영어는 cause로 번역되었다. 아리스토텔레스는 아이티아를 희랍 법정에서 "공격하는 방식"이란 의미로 사용하여서, 그의 4원인설은 자연이 어떻게 형성되는지에 관한 4가지의 탐구^{공격} 방식이라고 볼 수 있다. 어떤 사물을 4원인설로 바라보면 그 사물을 다양한 측면에서 탐구할 수 있다.[75]

> 그것은 무엇이 만들어 냈는가? - **동력인**(動力因, the efficient cause) **혹은 작용인**
> 그것은 무엇으로 되어 있는가? - **질료인**(質料因, the material cause)
> 그것은 무엇인가? - **형상인**(形相因, the formal cause)
> 그것은 무엇에 유용한가? - **목적인**(目的因, the final cause)

칼뱅은 다음처럼 말했다. "철학자들은 사물이 형성되는 데는 네 가지 원인이 있다고 한다. 그러나 이 원인들을 살펴보면, 우리의 구원을 실현하기 위해서 행위

75　스털링 P. 램프레히트, 『서양철학사』, 김형석 역 (서울: 을유문화사, 1992), 106-7.

는 어떤 원인도 되지 않는다는 것을 알 수 있다. 성경은 도처에서, 우리가 영생을 얻는 동력인動力因, the efficient cause은 하늘 아버지의 자비와 거저 주시는 사랑이라고 선언한다. 물론 질료인質料因, the material cause은 그리스도시다. 그는 순종으로 우리를 위해서 의를 얻으셨다. 형상인 혹은 도구인形相因, 道具因 the formal or instrumental cause은 믿음이 아니고 무엇인가? 요한은 이 세 가지 원인을 한 문장에 포함시킨다. '하나님이 세상을 이처럼 사랑하사 독생자를 주셨으니 이는 저를 믿는 자마다 멸망치 않고 영생을 얻게 하려 하심이니라'요 3:16. 목적인目的因, the final cause 에 관해서는, 사도는 하나님의 공의를 나타내며 하나님의 인애를 찬양하는 것이라고 증거하고, 같은 곳에서 다른 세 가지도 명백하게 말한다." 이 내용을 정리하면 아래와 같다.

> 동력인 - 하늘 아버지의 자비와 거저 주시는 사랑
>
> 질료인 - 그리스도: 순종으로 우리를 위해서 죽으심
>
> 도구인 - 믿음
>
> 목적인 - 하나님의 공의를 나타내며 하나님의 인애를 찬양하는 것

하늘 아버지의 자비와 거저 주시는 사랑이 원인이 된 우리의 구원은 그리스도의 죽음으로 말미암아 이루어졌다. 우리는 이 구원을 성령께서 주시는 믿음이란 도구를 통해서 받는다. 이 구원을 우리에게 주시는 최종 목적은 하나님의 공의를 나타내고 하나님의 인애를 찬양함에 있다. 이렇게 다양한 측면에서 우리의 구원을 살펴볼수록 우리의 구원은 전적으로 하나님에게 있음을 알 수 있다. 구원의 시작과 획득과 적용과 완성과 목적이 모두 하나님께 있다. 우리의 구원을 이루는 모든 부분이 우리의 밖에 있으므로 우리는 더욱 우리의 행위를 믿거나 자랑해서는 안 된다.

오직 믿음으로 받아들이는 그리스도의 의를 한자로 이신칭의以信稱義 혹은 이

신득의 以信得義라고 한다. 이신칭의는 믿음으로 의로워진다는 뜻이고, 이신득의는 믿음으로 그리스도의 의를 얻는다는 뜻이다. 여기서 믿음을 절대로 원인과 조건으로 보아서는 안 되고, 하나님께서 그리스도의 의를 전달하시는 도구로 보아야 한다. 요사이 많은 사람이 이신칭의를 "믿음을 통하여" 의로워진다가 아니라, "믿기 때문에" 의로워진다로 생각한다. 믿음이란 단어를 어떻게 이해하느냐에 따라 이신칭의의 뜻도 결정이 나는데, 후자로 생각하는 것은 종교개혁자들이 개혁하고자 한 것에 역행하는 것이다. 이신칭의의 주체를 사람으로 보지 말고, 꼭 하나님으로 봐야 한다. 이것은 구원론의 다른 항목들에도 그대로 적용이 된다.

11.3

그리스도께서 자신의 순종과 죽음에 의해 이렇게 의롭다 하심을 얻은 모든 자의 죄를 완전히 갚으셨고, 그들을 대신하여 자신의 아버지의 공의를 만족시키는 합당하며 참되며 완전한 배상을 하셨다.f 그러할지라도 성부께서 그리스도를 그들을 위해 주신 만큼,g 그리스도의 순종과 속죄를 그들 대신에 용납하신 만큼,h 게다가 그 두 가지를 그들에게 있는 어떤 것 때문이 아니라 값없이 하신 만큼, 그들의 칭의는 오직 값없는 은혜로 인한 것이다.i 이는 하나님의 엄정한 공의와 풍성한 은혜 둘 모두가 죄인들의 칭의를 통해 영광을 받도록 함이다.k

Christ by his obedience, and death, did fully discharge the debt of all those that are thus justified, and did make a proper, real, and full satisfaction to his Father's justice in their behalf.f Yet, inasmuch as he was given by the Father, for them;g and his obedience and satisfaction accepted in their stead;h and both freely, not for any thing in them; their justification is only of free grace;i that, both the exact justice, and rich grace of God, might be glorified in the justification of sinners.k

f 롬 5:8-10, 19; 딤전 2:5-6; 히 10:10, 14; 단 9:24, 26; 사 53:4-6, 10-12   g 롬 8:32
h 고후 5:21; 마 3:17; 엡 5:2   i 롬 3:24; 엡 1:7   k 롬 3:26; 엡 2:7

3. 값없는 은혜로 말미암는 그리스도의 순종과 속죄에 의한 칭의[76]

제11장 제3절은 칭의가 오직 값없는 은혜로 인한 것이라고 말한다. 이미 제11장 제1절이 칭의는 의롭다 하심을 얻은 자들의 믿음 자체나 믿는 행위나 다른 어떤 복음적 순종을 그들의 의로 그들에게 전가하셔서가 아니라, 그리스도의 순종과 속죄를 그들에게 전가하셔서라고 말함으로써 칭의가 은혜임을 말하고 있는데 제3절은 이것을 보다 명확하게 설명하여 준다.

제3절의 논리전개는 이러하다. 제3절은 그리스도께서 자신의 순종과 죽음에 의해 두 가지의 문제를 해결하셨다고 말한다. 첫째로 그리스도께서는 제1절이 언급한 방식으로[thus] 의롭다 하심을 얻은 모든 자의 빚을 자신의 순종과 죽음에 의해 완전히 갚으심으로 해결하셨다. 하나님의 형상대로 창조된 사람들은 하나님의 뜻대로 살아야 하는 책임이 있고, 이 책임을 다하지 못하였을 때에 그에 대한 벌을 받아야 한다. 예수 그리스도께서는 자신의 순종에 의해 그들이 하나님의 뜻대로 살지 못한 빚을 완전히 갚으셨고, 자신의 죽음에 의해 사람들이 그 책임을 다하지 못해 받아야 하는 죽음의 빚을 완전히 갚으셨다.

둘째로 그리스도께서는 자신의 순종과 죽음에 의해 그들을 대신하여 자신의 아버지의 공의에 맞는 배상을 합당하게, 참되게, 완전히 하셨다. 하나님께서 자신의 형상대로 지으신 사람들이 하나님의 뜻을 어기며 피조물의 자리를 지키지 않았을 때에 하나님은 공의로우신 속성을 인하여 그에 대하여 진노하시며 적합한 벌을 내리시기를 원하셨다. 사람들이 하나님의 진노와 벌을 모두 감당하여 하나님을 만족시킬 수 없었으므로 예수 그리스도께서 그들을 대신하여 자신의 순종과 죽음에 의해 아버지의 공의에 맞는 배상을 완벽히 하셨다. 하나님의 공의는 그리스도께서

---

76 이 책은 "the obedience and satisfaction of Christ"을 "그리스도의 순종과 속죄"로 번역한다. satisfaction의 의미는 "사람의 죄가 용서되기 위해 하나님께서 요구하시는 죄에 대한 배상"이다. 예수 그리스도께서 자신의 죽음으로 이 "죄에 대한 배상"을 하신다. "죄에 대한 배상"을 "속죄"로 축약하는 측면에서 "satisfaction"을 "속죄"로 번역한다.

살아계신 동안 하나님의 말씀대로 모든 순간을 사신 것과 죽으실 때에 사람들의 죄값을 모두 지고 죽으신 것을 인하여 합당하게, 참되게, 완전히 만족되었다.

예수님은 우리의 모든 빚을 갚으시기 위하여 그리고 하나님 아버지의 공의를 만족시키시기 위하여 순종하셔야 했고 죽으셔야 했다. 하나님께서 이렇게 예수 그리스도의 순종과 죽음에 의해 우리의 빚이 청산되기를 요구하셨다면 하나님은 실로 많은 것을 우리에게 요구하신 것인데 어찌 우리의 칭의를 하나님의 은혜라고 할 수 있겠는가? 이러한 우리의 의문에 대하여 제3절은 비록 성부께서 그리스도에게 두 가지를 요구하셨을지라도, 첫째로 성부께서 그 두 가지를 이루신 그리스도를 그들을 위해 주셨다고 말한다. 예수 그리스도는 성부의 독생자이시다. 자신의 아들이 순종하고 죽는 것을 볼 때에 하나님 아버지는 그 마음이 얼마나 아프시겠는가? 그런데 우리를 너무나 사랑하셔서 자신의 사랑하는 독생자를 내어주시기까지 하신 것이다. 이것이 하나님의 은혜가 아니고 무엇이겠는가?

둘째로 제3절은 성부께서는 그리스도가 그들 대신에 하신 순종과 속죄를 기꺼이 용납하셨다고 말한다. 성부께서는 왜 사람들이 직접 자신의 말씀을 다 지키지 않느냐고 따지시지 않았으며, 또한 왜 사람들이 자신들의 벌을 직접 받지 않고 그리스도가 대신 죽느냐고 따지시지 않았다. 이것이 하나님의 은혜가 아니고 무엇이겠는가?

더구나 하나님께서 그리스도를 사람들을 위해 주실 때에 그리고 그리스도의 순종과 속죄를 그들을 대신하는 것으로 용납하실 때에 하나님은 사람들 안에 있는 어떤 의롭고 선한 것들을 인하여 그렇게 하신 것이 아니라, 아무 이유 없이 값없이 하셨다. 오직 그들을 사랑하시는 이유 외에 다른 이유들이 없었다. 그러니 사람들의 칭의는 오직 값없는 은혜로 인한 것이다. 그렇다면 왜 이렇게 오직 값없는 은혜로 칭의가 이루어지는가? 이에 대하여 제3절은 하나님의 엄정한 공의와 풍성한 은혜가 죄인들의 칭의를 통해 영광을 받도록 함이라고 말한다. 하나님은 예수 그리스도의 순종과 속죄에 의한 칭의를 통하여 하나님의 엄정한 공의도 만족시키셨고, 하나님의 풍성한 은혜도 한없이 드러나게 하셨다. 이런 놀라운 방식의 칭의를 통하여 하나님의 주권과 지혜와 사랑과 공의가 크게 드러나며 영광을 받으신다.

제3장 하나님의 영원한 작정 제5절은 하나님께서 사람들을 예정하실 때에 하나님의 순전히 값없는 은혜와 사랑으로 말미암아 선택하신 것이지 믿음이나, 선행이나, 믿음과 선행의 견인이나, 피조물에게 있는 어떤 것을 자신으로 하여금 선택하게 한 조건들이나 원인들로 미리 보심으로써 선택하시지 않았으며, 이 모든 것이 자신의 영광스러운 은혜를 찬송하게 하려 함이라고 말한다. 첫째로 이미 제3장 제5절은 예정이 "순전히 값없는 은혜와 사랑"이라고 말함으로써 예정의 수단들 중의 하나인 칭의도 오직 값없는 은혜로 인한 것임을 나타내고 있다. 둘째로 이미 제3장 5절은 예정의 모든 것이 하나님의 영광스러운 은혜를 찬송하게 하려 함이라고 말함으로써 예정의 수단들 중의 하나인 칭의도 하나님의 엄정한 공의와 풍성한 은혜가 영광을 받도록 함임을 나타낸다. 우리는 이것을 통해 다시금 웨스트민스터 신앙고백은 하나님의 영원한 작정 하에서 신론과 인간론과 기독론과 구원론을 살피고 있음을 알 수 있다. 즉 제3장 제6절이 말하는 것처럼 그리스도에 의한 구속, 그리스도의 영에 의한 효과적 부르심, 칭의, 양자, 성화, 견인 등이 모두 구원의 수단으로써 작정 하에서 이루어지는 것이다.

11.4

하나님께서 영원부터 모든 선택된 자를 의롭다 하시기로 작정하셨고,[l] 그리스도께서 때가 차매 그들의 죄를 위해 죽으셨고 그들의 칭의를 위해 다시 살아나셨다.[m] 그럼에도 성령께서 적절한 때에 실제로 그리스도를 그들에게 적용하실 때에야 그들은 의롭다 하심을 얻는다.[n]

God did, from all eternity, decree to justify all the elect,[l] and Christ did, in the fullness of time, die for their sins, and rise again for their justification:[m] nevertheless, they are not justified, until the Holy Spirit doth in due time actually apply Christ unto them.[n]

l 갈 3:8; 벧전 1:2, 19-20; 롬 8:30　　m 갈 4:4; 딤전 2:6; 롬 4:25
n 골 1:21-22; 갈 2:16; 딛 3:4-7

4. 성령에 의한 그리스도의 실제적 적용

제11장 제1절은 하나님께서 선택된 자들을 값없이 의롭다 하시는 것은 그들에게 의를 주입하셔서가 아니라고 말한다. 그들 안에 만들어진 어떤 것 때문도 아니고 그들에 의해 행해진 어떤 것 때문도 아니다. 즉 믿음 자체나 믿는 행위나 다른 어떤 복음적 순종을 그들의 의로 그들에게 전가하셔서가 아니다. 이렇게 말한 것은 로마 가톨릭과 반펠라기우스주의와 아르미니우스주의 칭의관을 거부한 것이다. 이들은 사람에게 칭의를 받을 행위와 공로가 있다고 주장한다는 면에서 공통점이 있다. 그런데 이들의 공로에 의한 칭의관을 비판한 것은 좋았는데, 여기서 지나치게 나아가 칭의에 대한 사람 편에서의 올바른 반응 자체까지 부인하고 비판한 이들이 있어왔다. 이들은 하나님의 주권과 은혜를 강조하는 것이 지나쳐 사람 편에서의 올바른 반응과 역할까지 무시하였다.

제11장 제4절이 말하는 것처럼 하나님께서는 영원부터 모든 선택된 자를 의롭다 하시기로 작정하셨고, 그리스도께서는 때가 차매 그들의 죄를 위하여 죽으셨고 그들의 칭의를 위하여 다시 살아나셨다. 하나님의 작정과 그리스도의 죽으심과 살아나심은 전적으로 하나님의 주권과 은혜에 속한 하나님의 일이다. 그런데 선택된 자들의 칭의는 제11장 제1절이 말하는 것처럼 하나님께서 그리스도의 순종과 만족을 그들의 의로 그들에게 전가하셔서 그리고 이때 그들이 그리스도와 그의 의를 성령을 통한 믿음에 의해 받아들이고 의지하여서 이루어진다. 하나님께서 그리스도의 순종과 속죄를 전가하시고 이를 선택된 자들이 성령을 통한 믿음으로 받아들일 때에 칭의가 이루어지는 것이다. 그런데 선택된 자들이 성령을 통한 믿음으로 그리스도와 그의 의를 받아들이고 의지하는 것을 부인하는 이들이 있는 것이다.

이들은 사람 편에서 율법을 지키는 것을 부인한다고 하여 반율법주의자antinomian라고 불린다. 이들은 하나님의 주권과 은혜를 크게 강조하는 것처럼 보이지만 실상은 성령 하나님의 존재와 역할을 무시하거나 경시하는 것이다. 이들은 성령 하나님께서 그리스도가 획득하신 구원을 선택된 자들에게 적용하시는 것을 부인하거나 경시하기 때문이다. 이들은 성부 하나님께서 선택된 자들을 의롭다 하시기로 작정하신 것을 인정하고, 성자 하나님께서 때가 차매 사람이 되시어 그들의 죄를 위하여 죽으신 것과 그들의 의를 위하여 다시 살아나신 것을 인정한다. 성부 하나님과 성자 하나님의 존재와 일하심을 인정하는 것이다. 하지만 이들은 성령 하나님께서 그리스도의 죽음과 부활로 인한 칭의를 선택받은 자들에게 적용하시는 것을 인정하지 않는다. 하나님의 주권과 은혜는 성부와 성자로부터만 말미암지 않고 성령으로부터도 말미암는다. 성령의 일하심으로 말미암아 선택된 자들은 그리스도와 그의 의를 받아들이고 의지하는 믿음을 행하는 것이다. 실현된 하나님의 작정은 사람의 행위를 통하여 나타나는 것이다. 우리는 제11장 제1절이 선택된 자들이 "그리스도와 그의 의를 믿음에 의해 영접하고 신뢰한다. 이 믿음은 그들 스스로 갖는 것이 아니라, 하나님의 선물이다."라고 언급한 것과 제11장 제4절이 모든 선택된 자는 성령께서 적절한 때에 실제로 그리스도를 그들에게 적용하실 때에야 의롭다 하심을 얻는다고 언급한 것을 명심해야 한다.

제3장 하나님의 영원한 작정 제6절은 하나님께서 선택된 자들을 영광에 이르도록 정하셨던 것처럼, 자신의 의지의 영원하며 지극히 자유로운 목적에 의해 영광에 이르는 모든 수단도 미리 정하셨다고 말하면서 "선택을 받은 자들은 아담 안에서 타락하여 그리스도에 의해 구속함을 받고, 때를 따라 역사하시는 그리스도의 영에 의해 그리스도를 믿는 믿음에 이르도록 효과적으로 부르심을 받고, 의롭다 하심을 받고, 양자가 되고, 거룩하게 되고, 그의 능력에 의해 믿음으로 말미암아 구원에 이르도록 보호된다."고 말한다. 반율법주의자 anti-nomian 들은 하나님의 작정을 인정하는 것 같지만, 성령에 의한 구원의 적용을 간과하기 때문에 실은 하나님의 작정을 반만 인정하는 자들이다. 반율법주의자 anti-nomian 들은 반작정 semi-decree 주의자들이고 성령을 반대하는 자들이고, 사람의 정당한 반응과 역할을 반대하는 자들이다.

11.5

하나님께서 의롭다 하심을 얻은 자들의 죄를 계속하여 용서하셔서,º 그들은 칭의의 상태에서 결코 떨어질 수 없다.ᵖ 그럼에도 그들은 죄에 의해 하나님의 부성적인 노여움을 받는 자리로 떨어질 수 있으며, 자신을 낮추고 자기 죄를 고백하고 용서를 구하고 자신의 믿음과 회개를 새롭게 할 때에야 비로소 하나님의 얼굴이 자신에게 비치는 것을 누릴 수 있다.ᵠ

God doth continue to forgive the sins of those that are justified:º and, although they can never fall from the state of justification;ᵖ yet they may by their sins fall under God's fatherly displeasure, and not have the light of his countenance restored unto them, until they humble themselves, confess their sins, beg pardon, and renew their faith and repentance.ᵠ

o 마 6:12; 요일 1:7, 9; 요일 2:1-2   p 눅 22:32; 요 10:28; 히 10:14
q 시 89:31-33; 시 51:7-12; 시 32:5; 마 26:75; 고전 11:30, 32; 눅 1:20

5. 칭의 받은 자들이 짓는 죄

제11장 제5절은 의롭다 하심을 얻은 자들이 짓는 죄는 하나님의 부성父性적인 노여움을 사는 것인지 여부를 다룬다. 반율법주의자 anti-nomian는 칭의에 있어서 하나님의 주권과 은혜를 지나치게 강조한 나머지 신자들이 짓는 죄는 칭의 때 하나님의 주권과 은혜로 이미 모두 용서되었으므로 하나님의 부성적 노여움을 안 산다고 주장한다. 하나님께서 선택된 자들의 죄를 용서하실 때에 과거의 죄만 아니라 현재와 미래의 죄까지 용서하셨으므로 사람들 편에서 자신의 칭의를 위해 할 것이 없다는 것이다.

이러한 주장 또한 바로 위에서 살펴본 것처럼 칭의에서 하나님의 주권과 은혜를 지나치게 강조하는 이들이 사람 편에서의 올바른 반응과 역할까지 무시한 것에 속한다. 성령께서 적절한 때에 실제로 그리스도를 선택된 자들에게 적용하시어야 의롭다 하심을 얻은 이들은 제11장 제2절이 말하는 것처럼 다른 구원하는 은혜들이 따르게 되고, 그들의 믿음은 죽은 믿음이 아니라 사랑으로써 역사하게 된다. 즉, 제3장 제6절이 말하는 것처럼 그들은 양자되고, 거룩하게 되고, 믿음으로 말미암아 구원에 이르도록 보호된다. 그들은 의롭다 하심을 얻은 자들다운 행동을 하는 것이다.

제6장 사람의 타락, 죄, 그리고 죄의 형벌 제5절이 말하는 것처럼 중생한 자들일지라도 본성의 부패는 남아있고, 비록 그것이 그리스도를 통해 용서되고 죽을지라도, 부패 자체와 부패로 말미암는 모든 행위는 둘 다 참으로 그리고 당연히 죄가 된다. 제6장 제5절에 나오는 본성의 부패가 그리스도를 통해 용서되고 죽는다는 것을 제11장 제5절은 하나님께서 의롭다 하심을 얻은 자들의 죄를 계속하여 용서하시고, 그래서 그들은 칭의의 상태에서 결코 떨어지지 않는다고 표현한다. 하나님께서 선택된 자들을 의롭다 하신다는 것은 그들의 의로운 행동 여부에 따라 의롭다 하시는 것이 아니라, 그리스도의 순종과 죽음에 의해 오직 값없는 은혜로 의롭다 하시는 것이므로, 하나님께서는 의롭다 하심을 얻은 자들의 죄를 계속하여 용서하시고, 그래서 그들은 칭의의 상태에서 결코 떨어질 수 없다.

그럼에도 부패 자체와 부패로 말미암는 모든 행위는 둘 다 참으로 그리고 당연히 죄가 된다. 그들이 이 죄를 하나님께 회개하고 용서를 구하면, 하나님께서는 기꺼이 용서하시지만, 진실로 자신들의 죄를 싫어하고 한탄하며 하나님께 용서를 구하기 전까지 그들은 그 죄에 대한 벌을 받게 되고, 하나님의 아버지 같은 진노에 빠진다. 육신의 부모도 자녀를 사랑하고 자녀의 죄를 기꺼이 용서함에도 불구하고, 자녀가 훌륭한 사람으로 성장하고, 바른 삶의 가치와 기쁨을 누리도록, 자녀가 죄를 지으면 징계한다. 하나님께서는 더욱 의롭다 하심을 받은 자들이 하나님의 말씀의 가치를 알고 기뻐하며 살도록 그들이 죄를 지을 때에 그 죄를 슬퍼하시며 징계하신다. 하나님께서는 그들을 사랑하시기 때문에 그들의 행위가 죄임을 일깨우시려고 그들을 징계하시고 채찍질하신다. 하나님께서 아들과 같이 그들을 대우하시기 때문에 부성적 노여움을 그들에게 보이신다. 하나님은 그들이 자신들을 낮추고, 자신들의 죄를 고백하고, 용서를 구하고, 자신들의 믿음과 회개를 새롭게 할 때에야 하나님의 얼굴의 빛을 그들에게 회복하신다히 12:6-8.

제6장 제6절이 말하는 것처럼 원죄이든 실제의 죄이든, 각 죄는 하나님의 의로운 율법을 위반한 것이고 역행한 것이기 때문에, 죄 자체의 본성상 죄인에게 죄책을 가져온다. 이것에 의해 죄인은 하나님의 진노에 묶이게 된다. 그런데 일부 이단은 하나님께서 칭의를 통하여 신자들의 과거와 현재와 미래의 죄들까지 모두 용서하여 주셨으므로 신자들이 현재와 미래에 걸쳐 짓는 죄들은 죄책을 가져오지 않는다고 가르친다. 이런 가르침에 잘못 빠진 이들은 이단이 사주하는 대형범죄를 저지르기도 한다. 종종 이단 집단에 의해 발생하는 대형범죄가 바로 잘못된 칭의관 때문이다.

우리는 원죄이든 실제의 죄이든 죄 자체의 본성상 죄인에게 죄책을 가져옴을 명심해야 한다. 그럼에도 다행히 택함을 받아 의롭다 하심을 받은 자들에게 하나님의 진노는 부성적인 진노인지라, 그들이 회개할 때에 회복된다. 신자들은 하나님의 부성적인 진노를 통하여 죄값이 얼마나 무서운 것인지를 깨달으며 죄를 멀리하게 된다. 신자들일지라도 여전히 어리석고 죄의 부패가 남아있어 죄의 유혹에 넘어지기 쉬운데 하나님의 부성적인 진노를 통해 죄를 멀리하며 점점 성화되어 간다.

믿음으로 의롭게 된다는 이신칭의 교리를 잘못 이해하는 이들이 있다. 첫째로 반율법주의자처럼 하나님의 주권과 은혜를 지나치게 강조하여 참된 믿음의 역할을 부인하는 이들이 있다. 참된 믿음으로 의롭게 된 자들은 그 참된 믿음에 맞게 행동하게 되어있다. 믿음의 기원은 하나님께 있고 하나님의 전적인 선물인지라, 믿음을 처음 갖는 데 있어 사람이 할 바가 없지만, 그 믿음을 갖게 된 이들은 그 이후에 그 믿음에 맞게 행동하게 된다. 참된 믿음이 없는 자들과 참된 믿음을 가진 자들 간의 행동에는 차이가 있을 수밖에 없다. 이런 참된 믿음을 가진 자들의 반응과 행동까지 부인하는 이들은 도덕적 방종과 무책임에 빠져, 비신자보다 못한 행위를 하기 쉽다.

둘째로 죄를 아무리 많이 지어도 믿기만 하면 죄사함을 받아 의롭게 되니 주중에는 죄를 짓고 주일에는 믿음으로 회개하면 된다고 여기는 이들이 있다. 이들은 믿음을 마치 중세시대의 면죄부처럼 여긴다. 아무리 많은 죄를 지어도 면죄부를 구입하면 그 죄가 사해진다는 가르침이 얼마나 잘못되었는가? 마찬가지로 아무리 많은 죄를 지어도 믿기만 하면 그 죄가 사해진다는 생각 또한 크게 잘못된 것이다. 개신교가 로마 가톨릭에 맞서 이신칭의를 주장하며 종교개혁을 일으켰지만, 일부는 로마 가톨릭의 면죄부와 같은 개념으로 이신칭의를 이해하여 중세시대의 로마 가톨릭과 같은 도덕적 방종과 윤리의 부패에 빠지고 있다. 교리를 잘 이해하여도 남아있는 본성의 부패성으로 실천성이 부족하여 교리의 가르침만큼 살지 못하는데, 교리를 잘 못 이해하면 그로 인한 폐단은 매우 크므로 우리는 교리를 올바로 이해하고, 실천에 옮기기 위하여 노력해야 한다.

11.6

구약 아래 신자들의 칭의는 이러한 모든 면에서 신약 아래 신자들의 칭의와 하나이고 같다.ʳ

The justification of believers under the Old Testament, was in all these respects, one and the same with the justification of believers under the New Testament.ʳ

ʳ 갈 3:9, 13-14; 롬 4:22-24; 히 13:8

6. 구약과 신약 아래에서 하나이고 같은 칭의

제11장 제1절은 하나님께서 그리스도의 순종과 속죄를 선택된 자들의 의로 그들에게 전가하셔서 그리고 그들이 그리스도와 그의 의를 믿음에 의해 영접하고 신

뢰하여서 그들을 값없이 의롭다 하신다고 말한다. 그런데 구약 아래서는 예수 그리스도께서 아직 성육신하시지 않았고 순종과 죽음을 겪지 않으셨다. 그렇다면 구약 아래 신자들의 칭의는 신약 아래 신자들의 칭의와 같다고 할 수 있는가? 어떤 사람들은 그리스도의 순종과 죽음이 구약 아래에서 아직 이루어지지 않았기 때문에 구약 아래 신자들의 칭의는 아직 이루어지지 않았거나, 이루어졌을지라도 불완전하다고 말한다.

제7장 사람과 맺으신 하나님의 언약 제5절은 은혜 언약이 구약 시대와 신약 시대에 다르게 시행되었다며 "율법 아래에서 은혜 언약은 유대 백성에게 주어진 약속들, 예언들, 희생제물들, 할례, 유월절 양, 이들 외의 예표들과 규례들에 의해 시행되었다. 이 모든 것은 오실 그리스도를 예시하였고, 그 당시에는 성령의 사역으로 말미암아 약속된 메시아에 대한 믿음을 선택된 자들에게 가르치고 양육하기에 충분하고 유효하였는데, 이 메시야에 의해 그들은 온전한 사죄와 영원한 구원을 얻었다."라고 말한다. 즉 구약 시대 백성은 그리스도께서 실제로 성육신하시어 순종과 죽음의 사역을 하신 것을 눈으로 보지 못하였지만, 하나님께서 그리스도와 그의 의에 관하여 약속하시고 예언하신 것을 통하여 실제로 그리스도의 순종과 죽음을 믿음으로 보았다. 하나님께서는 구약 백성에게 약속들과 예언들만이 아니라 그리스도와 그의 의를 예시하는 희생제물들, 할례, 유월절 양, 이들 외의 예표들과 규례들을 주셨다. 그러므로 그들은 예시된 그리스도와 그의 의를 통하여 온전한 사죄와 영원한 구원을 얻었고, 이것은 그들이 신약 아래 신자들과 같은 칭의를 얻었음을 뜻한다. 제7장 제6절은 "실체가 다른 두 개의 은혜언약이 있는 것이 아니라, 하나의 똑같은 은혜 언약이 다양한 경륜 아래에 있는 것이다."고 말한다. 즉, 구약 아래 신자들의 칭의는 예시된 그리스도를 통하여 이루어지고, 신약 아래 신자들의 칭의는 나타나신 그리스도를 통하여 이루어지므로, 경륜에 있어서 분명히 다르지만, 그리스도라는 실체에 있어서 같다. 그러므로 구약 아래 신자들의 칭의는 신약 아래 신자들의 칭의와 하나이고 같다.

제8장 제6절도 "비록 그리스도의 성육신이 있기까지는 구속 사역이 그리스도

에 의해 실제로 실행되지 않았으나, 그럼에도 구속 사역의 능력과 효과와 혜택들은 창세로부터 계속하여 모든 시대에 걸쳐 선택된 자들에게 약속들과 예표들과 희생제물들 안에서 그리고 이것들에 의해 전달되었다."라고 말한다. 즉 그리스도께서는 약속들과 예표들과 희생제물들 안에서 창세로부터 뱀의 머리를 상하게 하는 여자의 후손으로 그리고 죽임 당한 어린 양으로 계시되셨고 상징되셨기 때문에 구약 백성의 칭의는 신약 백성의 칭의와 같다. 제8장 제6절에서 살펴본 것처럼 로마 가톨릭은 예수 그리스도께서 이 땅에 실제로 오셔서 죽으시기까지 구약 백성은 신약 백성이 갖는 온전한 구원을 못 받는다고 여긴다. 구약 백성은 죽은 후에 그 영혼이 바로 하나님 나라로 가지 못하고 선조 림보에서 따로 머물러 있고, 그리스도께서 십자가에서 죽으신 후 부활하시기까지 사흘 동안에 선조 림보를 방문하시어 이들을 하나님 나라로 이끄셨다고 여긴다. 죽으신 예수 그리스도의 영혼이 저승에서 구해 내신 자들은 지옥에 있는 완전한 죄인들이 아니라, 나사로처럼 아브라함의 품에 있는 구약의 선조들이다. 이들은 예수 그리스도의 강림과 희생이 구원의 유일한 근거라는 문자적 해석에 빠져 구약 백성이 얻은 칭의를 그리스도에 의한 온전한 사죄로 보지 않았다. 웨스트민스터 신앙고백은 제3장, 제7장, 제8장, 제11장 등을 통하여 구약과 신약이 실체에 있어서 같음을 거듭 강조하고 있으니, 자세한 내용은 이 부분을 참고하라.

Of Adoption

제12장 양자 삼으심

12.1

하나님께서는 의롭다 하심을 얻은 모든 사람을 자신의 독생자 예수 그리스도 안에서 그리고 그분을 인하여 양자가 되는 은혜에 참여하게 하여 주신다.ᵃ 양자가 됨으로써 그들은 하나님의 자녀의 일원으로 받아들여지며 하나님의 자녀의 자유와 특권을 누리고,ᵇ 자신들 위에 하나님의 이름이 기록되고,ᶜ 양자의 영을 받고,ᵈ 은혜의 보좌에 담대히 나아가고,ᵉ 아빠 아버지라고 부를 수 있고,ᶠ 긍휼히 여김을 받고,ᵍ 보호를 받고,ʰ 필요한 것을 공급받고,ⁱ 아버지로서 내리시는 하나님의 징계를 받으나ᵏ 결코 버림을 받지 않으며ˡ 구속의 날까지 인침을 받고,ᵐ 영원한 구원의 상속자로서ᵒ 약속해주신 것들을 상속받는다.ⁿ

All those that are justified, God vouchsafeth, in and for his only Son Jesus Christ, to make partakers of the grace of adoption:ᵃ by which they are taken into the number, and enjoy the liberties and privileges of the children of God,ᵇ have his name put upon them,ᶜ receive the Spirit of adoption,ᵈ have access to the throne of grace with boldness,ᵉ are enabled to cry, Abba, Father,ᶠ are pitied,ᵍ protected,ʰ provided for,ⁱ and chastened by him, as by a father:ᵏ yet never cast off,ˡ but sealed to the day of redemption,ᵐ and inherit the promises,ⁿ as heirs of everlasting salvation.ᵒ

a 엡 1:5; 갈 4:4-5 b 롬 8:17; 요 1:12 c 렘 14:9; 고후 6:18; 계 3:12
d 롬 8:15 e 엡 3:12; 롬 5:2 f 갈 4:6

g 시 103:13　　h 잠 14:26　　i 마 6:30, 32; 벧전 5:7
k 히 12:6　　l 애 3:31　　m 엡 4:30
n 히 6:12　　o 벧전 1:3-4; 히 1:14

1. 양자 삼으심

❶ 의롭다 하심을 얻은 자들을 양자가 되는 은혜에 참여하게 하심

　칭의를 다루는 제11장 제1절은 "하나님께서는 효과적으로 부르신 자들을 또한 값없이 의롭다 하신다."라는 말로 시작하고, 양자됨을 다루는 제12장 제1절은 "하나님께서는 의롭다 하심을 받은 모든 사람을 … 양자가 되는 은혜에 참여하게 하신다."라는 말로 시작한다. 이것은 웨스트민스터 신앙고백이 "구원의 순서"를 효과적 부르심, 칭의, 양자, 성화 순으로 본다는 의미이고, 효과적으로 부르심을 받은 자들은 반드시 칭의와 양자와 성화 등도 선물로 받게 된다는 의미이다. 우리가 제3장 제6절에서 "구원의 순서"에 대하여 살펴본 것처럼 웨스트민스터 신앙고백은 그리스도께서 획득하신 구원이 성령님을 통하여 적용되고, 그 적용은 하나의 과정이지만 여러 단계가 있고, 그 단계들에는 논리적 순서가 있다고 보고 있다. 따라서 구원의 순서에서 효과적으로 부르심을 받은 자들은 구원을 적용하시는 하나님의 전능하심과 신실하심을 인하여 반드시 구원의 완성에 이르지 도중에 탈락이 없다. 하나님께서는 부르심, 칭의, 양자, 성화, 믿음, 회개, 견인 등을 구원의 수단들로 삼으셔서 선택된 자들에게 일종의 종합선물세트처럼 하나로 묶어 성도들에게 주시지, 어느 하나만 찔끔 주시고 그 수용 여부에 따라 다른 것들을 주시지 않는다.

　선악을 알게 하는 나무의 열매를 따먹으면 반드시 죽게 된다는 하나님의 말씀을 아담이 지키면 그의 후손도 함께 하나님의 온전한 자녀가 되고 영생이 주어진다. 그런데 아담이 이 말씀을 지키지 못하여 그와 후손은 모두 하나님의 자녀가 되지 못하였고, 모두 죽게 되었다. 예수 그리스도께서 마지막 아담으로서 선택된 자들을 위하여 모든 율법을 지키셨고 그들의 죄값을 짊어지고 십자가에 죽으셨다. 그리스도께서는 자신의 순종과 죽음으로 하나님께서 그들에게 원하시는 의를 획득하셨고, 이것을 그들에게 전가하셨다. 그리스도께서 자신의 순종과 죽음으로 인한 의를 그들에게 전가하셨기 때문에 그들이 바로 모든 율법을 지킨 것이 되었고, 그들의 죄값이 모두 지불된 것이 되었다. 따라서 하나님은 그들을 의롭다 하셨고, 동시에 그들을 하나님의 자녀로 받아주셨고, 영생을 선물하셨다. 그리스도의 순종과 죽음으로 인한 그리스도의 의는 선택된 자들에게 칭의와 양자와 영생을 주는 것이다.

 그리스도 안에서 그리고 그분을 인하여 양자가 되는 은혜에 참여하게 하신다는 말의 의미를 살펴보자. 위에서 살펴본 것처럼 그리스도의 순종과 죽음이 우리의 의로 우리에게 전가되면서 우리는 의롭다 하심을 받고, 동시에 양자의 은혜에 참여자가 된다. 그리스도의 순종과 죽음으로 인한 것이기에 우리는 그리스도를 인하여 양자의 은혜에 참여자가 된다. 그런데 그리스도께서 순종하시고 죽으실지라도 그 순종과 죽음이 우리에게 전가되지 않으면 소용이 없는데, 우리는 그리스도와 하나로 연합되었기 때문에 그의 순종과 죽음이 우리의 의로 우리에게 전가된다. 즉, 우리는 예수 그리스도 안에서 양자의 은혜에 참여자가 되는 것이다.

 우리가 하나님의 자녀가 되었지만, 그리스도와 같은 의미로 하나님의 자녀가 아님을 명심해야 한다. 그리스도께서는 성부 하나님께서 영원히 낳으신 아들로 실체에 있어서 성부와 같다. 하지만 우리는 사람으로서 하나님의 자녀이다. 예수 그리스도만이 실체적 의미에서 하나님의 아들이시고, 우리는 예수 그리스도 안에서 그리고 예수 그리스도를 인하여 하나님의 아들들이 되는 것이다. 하나님께서 우리를 예정하사 예수 그리스도로 말미암아 자신의 아들들이 되게 하신엡 1:5 것이고, 하나님께서 그 아들을 율법 아래에 나게 하신 것은 율법 아래에 있는 자들을 속량하시고 우리로 아들의 명분을 얻게 하려 하심인갈 4:4-5 것이다.

 혈연관계가 아니라 법률적으로 친자관계 親子關係 를 맺는 행위를 입양 入養, adoption 이라고 한다. 하나님과 사람은 신성과 인성으로서 본질적으로 친자관계가 될 수 없다. 게다가 사람이 죄를 지었으니 더욱 친자관계가 될 수 없다. 가지가 포도나무에 붙어 있지 아니하면 스스로 열매를 맺을 수 없고 밖에 버려져 마르는 것처럼 사람은 죄를 인하여 스스로 열매를 맺을 수 없고 시들어 죽는 존재이었다. 그런데 예수 그리스도의 순종과 죽음이 선택된 자들에게 그들의 의로 전가되어 그들은 하나님의 자녀로 입양된 것이다. 우리가 하나님의 양자가 되었지만 여전히 우리는 인성의 사람이지, 신성의 하나님이 아니다. 유한은 무한을 받을 수 없다.

칭의와 양자와 성화가 아래처럼 구분되는 것을 살펴보자. 칭의는 죄인의 내면이 변화하는 것이 아니라, 죄인의 신분이 죄인에서 의인으로 변화하는 것이다. 칭의는 하나님께서 더러운 걸레들이 쌓여있는 곳에서 일부의 걸레를 따로 구별하여 한 곳에 두면서 깨끗한 걸레라고 칭하시며 신분을 바꾸시는 것이다.

> 칭의: 신분의 변화 - 죄인에서 의인으로 신분의 변화
> 양자: 상태의 변화 - 의인에 맞는 환경의 변화
> 성화: 내면의 변화 - 의인에 맞는 내면으로 변화

양자는 그 신분이 변화하면서 맞이하게 되는 환경의 변화이다. 고아에서 자녀로 신분이 변화하면 그에 따른 환경의 변화가 발생한다. 죄수와 일반인은 큰 차이가 있다. 죄수는 죄수 명부에 등재되고, 감옥에 갇혀 생활하여 자유가 없다. 그가 대통령의 사면으로 석방이 되면 죄수 명부에서 일반인 명부로 옮기고, 감옥 밖에서 일반인의 권리와 자유를 누릴 수 있다. 하나님께서는 더러운 걸레 무더기로부터 구별하여 깨끗하다고 하신 일부의 걸레에 대하여 깨끗한 수건이라고 쓰인 상자에 담아 보관하시고, 깨끗한 손을 닦는 용도로 사용하려고 하신다.

성화는 의인으로 칭의된 자의 내면이 실제로 거룩하게 변화되는 것이다. 하나님께서 깨끗한 수건이라고 쓰인 상자에 담아 보관하신 걸레를 실제로 깨끗하게 세탁하시어 깨끗한 손을 닦는 데 부족함이 없게 하신다.

❷ 양자로 인한 환경의 변화

필자에겐 5명의 자녀가 있는데 자녀가 태어날 때마다 30일 이내에 출생신고를 했다. 먼저 새로 지은 아이의 이름을 기입한 출생신고서를 산부인과에서 발행한 출생증명서와 함께 주민센터에 제출하면, 그 아이는 우리 부부의 가족관계등록부와 주민등록등본에 등재된다. 국가가 인정하는 우리 집의 구성원이 되는 것이다. 출생신고를 할 때마다 주민등록등본을 떼어서 태어난 자녀가 등재된 것을 확인하였고, 기쁨을 누렸다. 필자의 주민등록등본에는 우리 부부가 낳은 다섯 명의 자녀만 등록이 되어있고 다른 집의 자녀는 등록되어 있지 않다.

교회에서 주일날 점심 식사를 할 때 우리 아이들은 모두 당당하게 거침없이 내 무릎에 올라와 밥을 먹곤 했다. 하지만 성도들의 아이들은 내가 예뻐하고 정겹게 굴어도 나를 환영하기는 하지만 내 무릎에 올라오지는 않았다. 그들도 그들의 부모의 품에는 언제나 거침없이 파고들었다. 우리 아이들은 나를 "목사님"이 아니라 "아빠"라고 불렀지만, 다른 아이들은 나를 "목사님"이라고 불렀다. 우리 아이들은 대학생이 되어서도 부모에게 전혀 미안함과 주저함 없이 냉장고의 음식을 언제든 꺼내서 먹었고, 당당하게 밥과 용돈과 학비를 달라고 요구하였다. 우리 부부는 그런 자녀들을 늘 사랑스런 마음으로 바라보았고, 그들의 정당한 필요를 채워주려고 노력하였지, 뻔뻔스러운 자들이라고 비난하지 않았다. 그들의 요구가 있기 전에 그들의 성장과 학업 등에 좋다고 여긴 것들을 미리 공급하려고 하였다. 그들이 필요한 것을 요구하면 귀찮기보다 그들의 필요를 채워주게 되는 것을 인하여 오히려 기뻤다.

신자도 하나님의 자녀로 입양이 되면 하나님의 자녀의 일원으로 받아들여지고, 어린 양의 생명책에렘 14:9; 빌 4:3; 계 3:5, 12, 13:8, 17:8 이름이 기록된다. 법적으로 하나님의 완전한 자녀가 되어, 하나님의 아들들의 모든 권세를 누린다롬 8:17; 요 1:12. 법률적 관계로만이 아니라 정서적으로도 친자관계임을 알아 신자는 하나님을 아빠 아버지라고 친근하게 부른다. "너희는 다시 무서워하는 종의 영을 받지 아니하고 양자의 영을 받았으므로 우리가 아빠 아버지라고 부르짖느니라"롬 8:15. 하나님을 두려움과 깐깐함이 아니라 은혜와 사랑으로 알아 은혜의 보좌에 담대히 나아가 그 품에 기댈 수 있다. "그러므로 우리는 긍휼하심을 받고 때를 따라 돕는 은혜를 얻기 위하여 은혜의 보좌 앞에 담대히 나아갈 것이니라"히 4:16. "우리가 그 안에서 그를 믿음으로 말미암아 담대함과 확신을 가지고 하나님께 나아감을 얻느니라"엡 3:12.

육신의 부모도 자녀를 보호하고 필요한 것을 공급하려고 최대한 노력하는데 하늘 아버지께서는 얼마나 더 하시겠는가? 우리 부모님은 내가 장가가고 아이를 낳은 후에도 끊임없이 관심과 사랑을 베푸셨고, 우리와 같이 사시며 손자들까지 정성을 다하여 키워주셨다. 미래까지 아시고, 사람의 속마음과 잠재력까지 아시는 전능의 하나님께서는 우리를 가장 완벽하게 보호하시고, 우리에게 가장 적합한 것을 공급하여 주신다. "여호와를 경외하는 자에게는 견고한 의뢰가 있나니 그 자녀들에게 피난처가 있으리라"잠 14:26. "오늘 있다가 내일 아궁이에 던져지는 들풀도 하나님이 이렇게 입히시거든 하물며 너희일까보냐 믿음이 작은 자들아 이는 다 이방인들이 구하는 것이라 너희 하늘 아버지께서 이 모든 것이 너희에게 있어야 할 줄을 아시느니라"마 6:30, 32. "너희 염려를 다 주께 맡기라 이는 그가 너희를 돌보심이라"벧전 5:7.

2018년에 돌아가신 어머니는 언제나 나를 애정과 긍휼이 담긴 눈으로 쳐다보셨다. 내가 잘할 때나 못할 때나 늘 사랑하는 마음으로 응원하셨다. 나도 부모가 되어보니 그 긍휼한 마음이 저절로 생겨 자녀를 보노라면 그 자체로 기쁨이고 무언가를 해주고 싶고, 그들이 철이 늦게 들고 여러 잘못을 범하여도 그들에 대한 긍휼한 마음은 없어지지 않았다. 하늘 아버지는 양자된 우리를 친자식처럼 더욱 긍휼히 여기시지 않겠는가? "아버지가 자식을 긍휼히 여김 같이 여호와께서는 자기를 경외하는 자를 긍휼히 여기시나니"시 103:13.

우리 자녀가 잘못한 행동을 하면 설득하고 훈계하였다. 거듭된 훈계에도 고치지 않으면 가끔 따끔하게 한두 대 때리기도 하였다. 자녀를 훈계하고 징계하는 것은 부모의 사랑과 관심에서 나온다. 그들이 징계를 싫어하여도 징계를 통하여 그들이 옳고 그름을 분별하게 되고, 잘못된 것을 고치기 때문이다. 하나님께서는 우리를 사생아가 아니라 친자녀로 여기시기 때문에 징계하신다. "주께서 그 사랑하시는 자를 징계하시고 그가 받아들이시는 아들마다 채찍질하심이라 하였으니 … 징계는 다 받는 것이거늘 너희에게 없으면 사생자요 친아들이 아니니라"히 12:6, 8.

간혹 부모들이 자녀가 말을 듣지 않고 거듭된 훈계와 징계에도 불구하고 잘못된 행위를 고치지 않을 때에 "집에서 나가라." 혹은 "이제 부모와 자식의 관계를 끊고, 호적에서 파버리겠다!"라는 말을 한다. 이것은 실제로 그렇게 하겠다는 뜻이 아니라 이렇게 되어서는 안 되니 어서 행동을 고치라는 의미이다. 친자관계가 끊어지는 것처럼 두렵고 비참한 일이 어디에 있겠는가? 부모는 자녀를 버리지 않는다. 자녀가 부모를 버리는 일은 종종 발생하여도 부모가 자녀를 버리는 일은 드물게 일어난다.

민법에서 입양의 관계를 맺으려면 양자養子를 원하는 부모와 양자가 되려는 자가 서로 동의를 해야 한다. 그런데 하나님과 사람들 사이에서는 하나님께서 일방적으로 양자를 원하셨다. 양자가 되면 어떠한 권리와 기쁨이 생기는지도 모르는 사람들을 일방적으로 짝사랑하신 하나님께서 먼저 원하셨고, 똥오줌도 가리지 못하는 우리에게 믿음을 주시며 원하게 하셨다. 하나님께서 이런 갓난 아이 같은 우리를 입양하시어 자기 앞가림을 할 줄 아는 자녀로 키우신다. 이 얼마나 위대한 사랑이고, 오랜 참음이고, 끝내 성취하는 신실함이신지 모른다. 현실에서는 입양한 부모가 실제로 키우는 과정이 힘들어 때때로 양자에 대한 폭언과 폭력과 심지어 살인하는 일까지 발생한다. 도중에 입양을 포기하는 파양破養이 드물지 않다. 파양이 발생하면 입양아는 양부모에게 버림받았다는 정신적 충격과 상처와 이제 홀로 살아가야 하는 현실적 부담으로 인하여 엄청난 혼란에 빠진다.

하지만 신실하신 하나님께서는 먼저 우리를 사랑하신 그 사랑을 결코 버리지 아니하신다. "이는 주께서 영원하도록 버리지 아니하실 것임이며"애 3:31. 우리가 하나님을 버려도 하나님은 그것까지 참으시며 끝내 우리로 돌아오게 하시어 자신의 품안에 안기게 하신다. 우리로 하나님의 자녀임을 깨닫게 하실 때까지 기다리시지 먼저 버리시지 않는다. 우리에 대한 하나님의 징계는 결코 우리를 버리시지 않고 구속의 날까지 지키시겠다는 적극적 의사표현이다. "하나님의 성령을 근심하게 하지 말라 그 안에서 너희가 구원의 날까지 인치심을 받았느니라"엡 4:30. 우리는 하나님의 열심과 의지로 영원한 구원의 상속자로서 약속들을 상속받는다. 결코 우리의 열심과 의지가 아니다. "게으르지 아니하고 믿음과 오래 참음으로 말미암아 약속들을 기업으로 받는 자들을 본받는 자 되게 하려는 것이니라"히 6:12, "우리 주 예수 그리스도의 아버지 하나님을 찬송하리로다 그의 많으신 긍휼대로 예수 그리스도를 죽은 자 가운데서 부활하게 하심으로 말미암아 우리를 거듭나게 하사 산 소망이 있게 하시며 썩지 않고 더럽지 않고 쇠하지 아니하는 유업을 잇게 하시나니 곧 너희를 위하여 하늘에 간직하신 것이라"벧전 1:3-4. "모든 천사들은 섬기는 영으로서 구원 받을 상속자들을 위하여 섬기라고 보내심이 아니냐"히 1:14.

필자는 목회 사역을 할 때부터 보육원에 가서 일주일에 한 번 성경공부를 가르쳤다. 이것이 계기가 되어 보육원의 원목이 되어 주일 아침 일찍이 보육원에 가서 8시 예배에서 설교하였다. 이렇게 20년이 넘은 사역 경험으로 보육원생은 일반 자녀보다 자신감이 약함을 알게 되었다. 그들에게는 자신의 잘못까지도 지지해주며 변호해주고 응원해줄 부모가 없기 때문이다. 친구와 싸우고 왔을 때 자신을 품어주며 응원해 줄 부모가 없다는 것은 여러 일에서 그들로 뒷걸음치게 만든다. 자신감과 당당함이 약하고 그로 인해 안정감이 떨어진다. 직장에 취직해도 자존감이 다소 약하기 때문에 자존심을 건드는 일이 발생하면 그것을 잘 감당하지 못하고 회사를 뛰쳐나와 버린다. 외롭기 때문에 일찍 연애하고, 이성적으로 잘 판단하여 배우자를 선정하지 못하고 감정에 치중하여 일찍 결혼생활에 이르기도 한다. 이들은 어려서부터 부모가 경제적으로 고생하며 종합적인 의사결정을 하는 것을 지켜보지 않았기 때문에 현실감과 종합적 판단력도 다소 약하다. 부모가 없다는 것은 이렇게 서글픈 일이다. 고아라는 것은 자신을 끝까지 지지해줄 사람이 없다는 것이고, 아무 이유 없이 사랑해줄 사람이 없다는 것이고, 자신의 슬픔과 기쁨을 진심으로 나누어줄 사람이 없다는 것이고, 자신의 미래를 생각하며 어려서부터 여러 가지를 가르쳐주고 준비시켜 주는 사람이 없다는 것이다.

　　하나님께서 우리의 부모가 되어주신다는 것은 우리에게 자신감과 당당함과 안정감을 준다. 모든 사람이 날 버리고 욕하여도 나를 지지해주시는 분이 계신다는 것은 우리에게 얼마나 안도감을 주는지 모르고 피난처가 되는지 모른다. 다윗이 밧세바와 간음한 것이 드러났을 때 그가 견딜 수 있었던 것은 그의 아버지가 되시어 그를 위로해주시는 하나님 때문이다. 그가 사랑했던 자들과 친구들이 자신을 멀리하였고, 그의 적들이 기뻐하며 괴악한 일을 말하였고, 종일토록 음모를 꾸몄음에도, 다윗은 반박할 말이 없어서 입을 열지 못하였다. 그 때에도 다윗은 여호와께서 자신을 버리지 않을 것을 확신하였고 자신을 도울 것을 믿어서 "여호와여 나를 버리지 마소서 나의 하나님이여 나를 멀리하지 마소서 속히 나를 도우소서 주 나의 구원이시여"라고시 38:21-22 외쳤다. 만약에 왕이나 재벌을 부모로 둔 자가 경제적으로 어려움에 빠졌을 때에 부모의 권력과 재력의 크기를 알지 못하고 스스로 문제를 해결하기 위하여 품꾼이 되어 돼지 치는 일을 하면서 쥐엄 열매로 배를 채운다면 이 얼마나 어리석은가? 하나님께서는 우리가 하나님께로 돌아가면 버선발로 뛰어나오시어 제일 좋은 옷을 내어다가 입히시고 아들임을 나타내는 가락지를 손에 끼우시고 발에 신을 신겨주신다. 살진 송아지를 끌어다가 잡아 잔치를 여신다눅 15:11-32. 우리는 우리가 이렇게 귀한 자녀인 줄 알고 늘 아버지가 되시는 하나님을 의식하고 누리며 자신감과 당당함과 안정감을 갖고 힘차게 살아야 한다.

Of Sanctification

제13장 거룩하게 하심(성화)

13.1

효과적으로 부르심을 받고 중생되어 자신들 안에 창조된 새 마음과 새 영을 가진 이들은 그리스도의 죽음과 부활의 효력으로 말미암아[a] 그분의 말씀과 그들 안에 거하시는 그분의 영에 의해[b] 실제로 그리고 인격적으로 더 거룩하게 된다. 즉, 죄가 온 몸을 주장하는 것이 무너지고,[c] 온 몸의 여러 정욕이 점점 더 약해지며 죽는다.[d] 그리고 그들은 모든 구원하는 은혜 안에서 참된 거룩함을 실천하는 데 이르도록 점점 더 살아나고 강건해지는데,[e] 이것이 없이는 아무도 주를 보지 못한다.[f]

They who are effectually called, and regenerated, having a new heart, and a new spirit created in them, are further sanctified really and personally, through the virtue of Christ's death and resurrection,[a] by his Word, and Spirit dwelling in them:[b] the dominion of the whole body of sin is destroyed,[c] and the several lusts thereof are more and more weakened and mortified:[d] and they, more and more quickened and strengthened in all saving graces,[e] to the practice of true holiness, without which no man shall see the Lord.[f]

a 고전 6:11; 행 20:32; 빌 3:10; 롬 6:5-6
b 요 17:17; 엡 5:26; 살후 2:13
c 롬 6:6, 14
d 갈 5:24; 롬 8:13
e 골 1:11; 엡 3:16-19
f 고후 7:1; 히 12:14

1. 성화의 정의

제10장^{효과적 부르심} 제1절에서 살펴본 것처럼 효과적으로 부르심을 받고 중생된 이들은 자신들 안에 창조된 새 마음과 새 영을 갖는다. 새 마음과 새 영을 가진 이들은 효과적 부르심에 머물지 않고 더 거룩하게 하심^{성화}을 받는다. 제11장^{칭의} 제2절은 "믿음 하나만 의롭다 하심을 얻은 사람 안에 존재하는 것은 아니고, 늘 다른 모든 구원하는 은혜와 함께 존재한다. 그래서 믿음은 죽은 믿음이 아니라, 사랑으로써 역사한다."라고 말한다. 즉 의롭다 하심을 얻은 사람 안에는 믿음만이 홀로 존재하지 않고 성화와 같은 은혜도 존재하여서, 의롭다 하심을 받은 자는 성화의 단계에 이르며 선행도 한다는 것이다. 하나님께서는 효과적으로 부르신 자들을 또한 값없이 의롭다 하시고^{제11장}, 의롭다 하심을 받은 모든 사람을 양자의 은혜에 참여자가 되게 하시고^{제12장}, 하나님께서는 효과적으로 부르시고 중생시키신 이들을 거룩하게 하신다^{제13장}. 구원의 순서에서 살펴본 것처럼 예수 그리스도께서 획득하신 구원은 성령님에 의해 효과적 부르심과 칭의와 양자와 성화라는 단계들을 거쳐 반드시 선택된 자들에게 적용된다.

❶ 그리스도의 죽음과 부활의 효력으로 말미암아

제11장 ^{칭의} 제4절은 "하나님께서 영원부터 모든 선택된 자를 의롭다 하시기로 작정하셨고, 그리스도께서는 때가 차매 그들의 죄를 위해 죽으셨고 그들의 칭의를 위해 다시 살아나셨다."고 말한다. 선택된 자들의 칭의가 그리스도의 죽음과 부활로 말미암는 것이다. 성화 또한 그리스도의 죽음과 부활의 효력으로 말미암는다. 칭의와 성화는 구분되지 분리되지 않는다. 칭의의 열매가 성화이다. 따라서 칭의와 성화는 모두 그리스도의 죽음과 부활로 말미암는다. 그리스도께서 자신의 죽음과 부활로 획득한 구원에 근거하여 선택된 자들의 칭의와 성화가 이루어진다. 이것은 성화가 선택된 자들의 자유 의지와 행위로 이루어지는 것이 아니라, 오직 그리스도의 죽음과 부활의 효력으로 말미암아 성령의 적용으로 이루어진다는 의미이다.

❷ 성화의 수단: 그리스도의 말씀

성화가 이루어지게 하는 수단은 하나님의 말씀이다. 하나님의 말씀은 사람이 하나님을 향하여 어떤 삶을 살아야하는지를 알려주므로 하나님의 말씀은 성도의 성화에 필수적이다. 당연히 성령께서 말씀과 함께 하실 때 그 말씀은 효력을 발휘하지 말씀이 자동적으로 효력을 발휘하는 것은 아니다. 아래의 성경구절들이 말씀이 성화의 수단임을 알려준다.

요 17:17	그들을 진리로 거룩하게 하옵소서 아버지의 말씀은 진리니이다
엡 5:26	이는 곧 물로 씻어 말씀으로 깨끗하게 하사 거룩하게 하시고
벧전 1:22	너희가 진리를 순종함으로 너희 영혼을 깨끗하게 하여 거짓이 없이 형제를 사랑하기에 이르렀으니 마음으로 뜨겁게 서로 사랑하라
벧전 2:1-2	그러므로 모든 악독과 모든 기만과 외식과 시기와 모든 비방하는 말을 버리고 2 갓난 아기들 같이 순전하고 신령한 젖을 사모하라 이는 그로 말미암아 너희로 구원에 이르도록 자라게 하려 함이라
벧후 1:4	이로써 그 보배롭고 지극히 큰 약속을 우리에게 주사 이 약속으로 말미암아 너희가 정욕 때문에 세상에서 썩어질 것을 피하여 신성한 성품에 참여하는 자가 되게 하려 하셨느니라

로마 가톨릭은 말씀보다 성례를 성화의 유력한 수단으로 여긴다. 이들은 신앙의 성사인 세례를 통하여 의화만이[77] 아니라 성화도 이루어진다고 본다. "그리스도의 은총은 무상의 선물이며, 하느님께서 우리 영혼을 죄에서 치유하여 거룩하게 하시려고 성령을 통해서 우리의 영혼 안에 불어넣어 주시는 당신 생명이다. 이 은총은 세례로써 받는 성화 은총 聖化恩寵, gratia santificans 또는 신화 은총 神化恩寵, gratia

---

77 『가톨릭 교회 교리서』, 1992항, 727.

deificans이다. 이 은총은 우리 안에서 성화 활동의 샘이 된다."[78] 이들은 육체의 음식이 잃어버린 기력을 회복시키듯이 성찬이 사랑을 북돋아 주고, 생기를 되찾은 사랑은 소죄^{용서받을 죄}를 없애주고[79] 대죄^{죽을 죄}에서 보호해 준다고[80] 주장한다. 하지만 우리는 세례와 성찬으로 이루어진 성례를 보이는 말씀이라고 보면서 성례보다 말씀에 우위를 둔다. 말씀 없이 성례는 아무 효력이 없는 것이다. 로마 가톨릭은 고해성사도 성화의 수단으로 본다. 이들은 정기적인 소죄의 고백으로 양심을 기르고, 나쁜 성향과 싸우며, 그리스도를 통해 치유 받고, 성령의 생명 안에서 성장하도록 도움을 받고, 성부와 같이 자비로워진다고 주장한다.[81]

❸ 성화의 조성자: 그리스도의 영

하나님께서 그리스도의 순종과 속죄를 인하여 그리스도의 영에 의해 그리스도의 말씀을 수단으로 하여 선택된 자들을 거룩하게 하신다. 칭의는 신분의 변화로써 전적으로 하나님의 일인 반면 성화는 내면의 변화로써 사람이 직접 거룩한 행위를 행하는 바가 있다. 성화는 삼위일체 하나님의 사역만이 아니라, 사람의 업적으로 보이기도 한다. 하지만 성화는 기본적으로 삼위일체 하나님의 초자연적 사역이다. 아래 구절들은 성화가 하나님의 사역임을 보여준다.

골 1:11	그의 영광의 힘을 따라 모든 능력으로 능하게 하시며 기쁨으로 모든 견딤과 오래 참음에 이르게 하시고
살전 5:23	평강의 하나님이 친히 너희를 온전히 거룩하게 하시고 또 너희의 온 영과 혼과 몸이 우리 주 예수 그리스도께서 강림하실 때에 흠 없게 보전되기를 원하노라

---

78 『가톨릭 교회 교리서』, 1999항, 730.
79 『가톨릭 교회 교리서』, 1394항, 546.
80 『가톨릭 교회 교리서』, 1395항, 546.
81 『가톨릭 교회 교리서』, 1458항, 565. 이들은 고해성사로 대죄도 없어진다고 본다. 1470항, 570.

| 히 13:20-21 | 양들의 큰 목자이신 우리 주 예수를 영원한 언약의 피로 죽은 자 가운데서 이끌어 내신 평강의 하나님이 21 모든 선한 일에 너희를 온전하게 하사 자기 뜻을 행하게 하시고 그 앞에 즐거운 것을 예수 그리스도로 말미암아 우리 가운데서 이루시기를 원하노라 영광이 그에게 세세무궁토록 있을지어다 아멘 |

예수님께서는 가지가 포도나무에 붙어 있지 아니하면 스스로 열매를 맺을 수 없음 같이 사람들이 자신 안에 거하지 않으면 열매를 못 맺는다고 하셨다 요 15:4. 예수님이 신자들로 성화의 열매가 있게 하시는 것이다. 또한 성령께서 아래 성경 구절들처럼 선택된 자들을 거룩하게 하신다. 이렇게 삼위일체 하나님께서 선택된 자들을 거룩하게 하는 일을 하시고, 그리스도에 의해 획득된 구원을 선택된 자들에게 적용하시는 성령께서 이 일을 주도적으로 하신다.

롬 8:11	예수를 죽은 자 가운데서 살리신 이의 영이 너희 안에 거하시면 그리스도 예수를 죽은 자 가운데서 살리신 이가 너희 안에 거하시는 그의 영으로 말미암아 너희 죽을 몸도 살리시리라
롬 15:16	이 은혜는 곧 나로 이방인을 위하여 그리스도 예수의 일꾼이 되어 하나님의 복음의 제사장 직분을 하게 하사 이방인을 제물로 드리는 것이 성령 안에서 거룩하게 되어 받으실 만하게 하려 하심이라
갈 5:22	오직 성령의 열매는 사랑과 희락과 화평과 오래 참음과 자비와 양선과 충성과
엡 3:16	그의 영광의 풍성함을 따라 그의 성령으로 말미암아 너희 속사람을 능력으로 강건하게 하시오며
벧전 1:2	곧 하나님 아버지의 미리 아심을 따라 성령이 거룩하게 하심으로 순종함과 예수 그리스도의 피 뿌림을 얻기 위하여 택하심을 받은 자들에게 편지하노니 은혜와 평강이 너희에게 더욱 많을지어다

살후 2:13   주께서 사랑하시는 형제들아 우리가 항상 너희에 관하여 마땅히 하나님께 감사할 것은 하나님이 처음부터 너희를 택하사 성령의 거룩하게 하심과 진리를 믿음으로 구원을 받게 하심이니

그렇다면 성화에 있어서 사람이 하는 일은 무엇인가? 제9장^{자유 의지} 제4절은 "하나님께서는 죄인을 회심시키시어 은혜의 상태로 옮기실 때에 본성적으로 죄 아래 속박된 데서 그를 자유롭게 하시고, 오직 자신의 은혜에 의해 그로 영적으로 선한 것을 자유롭게 원하고 행할 수 있게 하신다."고 말한다. 효과적으로 부르심을 받고 중생되어 자신들 안에 창조된 새 마음과 새 영을 가진 이들은 영적으로 선한 것을 자유롭게 원하고 행할 수 있게 된 것이다. 이것은 전적으로 하나님의 은혜로 된 것이지 절대로 사람의 노력이나 행위나 능력으로 된 것이 아니다. 이들은 하나님의 전적인 은혜에 의해 영적으로 선한 것을 자유롭게 원하고 행하며 성화의 길을 걸어가는 것이다.

또 제9장 제1절은 "하나님께서는 사람의 의지에 본성적 자유를 부여하셨다. 이 본성적 자유는 억지로 선이나 악을 지향하도록 강요받지도 않고, 본성의 어떤 절대적인 필연성에 의해 선이나 악을 지향하도록 결정되지도 않는다."고 말한다. 효과적인 부르심을 받고 중생된 이들은 이 본성적 자유가 부여된 의지를 가지고 더욱 풍성하게 영적으로 선한 것을 행하게 된다.

따라서 효과적으로 부르심을 받고 중생된 이들은 새 마음과 새 영으로 영적으로 선한 것을 자유롭게 원하고 행하며 성화의 길을 걷는 과정에서 자신들이 하는 몫이 있다. 이 몫을 하는 측면에서 성화는 사람들이 행하는 것으로 보인다. 그런데 그들이 갖고 있는 새 마음과 새 영이 하나님에 의해 창조된 것이고, 그들이 영적으로 선한 것을 자유롭게 원하고 행할 수 있는 것이 오직 하나님의 은혜로 말미암는다. 사람들이 성화의 길을 가는 것이 자신의 의지로 자유롭게 행하는 것으로 보이지만, 실은 하나님의 은혜와 능력으로 인한 것이다. 하나님의 은혜와 능력이 얼마나 놀라운 차원으로 작동이 되는지, 사람이 자유롭게 성화의 길을 걷는 것처럼 보

이는데 그것이 바로 하나님의 은혜와 능력으로 인한 것이다. 하나님께서는 사람들로 스스로 자유롭게 행하게 하시면서 동시에 자신의 은혜와 능력으로 자신의 뜻을 따르게 하신다.

이에 비하여 사람들이 만든 기계들은 자동차이든, 스마트폰이든, 컴퓨터이든 사람에 의해 내장된 프로그램에 따라 작동되지 기계들이 스스로 자유롭게 원하고 행할 수 없다. 사람은 사람처럼 자유 의지를 가진 기계를 만들지 못한다. 모든 기계는 입력된 프로그램에 의해 행동과 반응이 정해지고, 입력된 프로그램의 필연성에 의하여 행동이 뒤따르게 된다. 기계에게는 본성적 자유가 없다. 기계에게 본성적 자유를 부여하면서 동시에 사람이 원하는 대로 행하게 하는 일은 불가능하다.

❸ 실제로 그리고 인격적으로

칭의는 하나님께서 그리스도의 순종과 희생을 선택된 자들의 의로 그들에게 전가하시며 값없이 의롭다 하시는 것이다. 하나님께서는 칭의를 통하여 죄인의 신분에 빠진 그들을 의인의 신분에 있는 자들이라고 선언하신다. 이때 그들은 하나님의 양자가 되어 양자에 맞는 환경을 누린다. 자신의 신분이 죄인에서 의인이 되었음을 느끼고 누리는 것이다. 그리고 그 내면이 점차 의인의 신분에 맞게 거룩하게 변화되어 가는데, 그 거룩함의 변화와 성장이 실제로 이루어지고, 인격적으로 이루어진다. 즉 죄의 온 몸의 지배가 무너지고, 몸의 여러 정욕이 점점 더 약해지면서 그들은 점점 더 참된 거룩함을 실천하는 데 이른다. 성화는 추상적이 아니라 실제로 이루어지는 것이고, 온 인격을 통해 이루어진다.

❹ 죄의 지배의 무너짐과 정욕의 약해짐

"우리가 알거니와 우리의 옛 사람이 예수와 함께 십자가에 못 박힌 것은 죄의 몸이 죽어 다시는 우리가 죄에게 종노릇 하지 아니하려 함이니 죄가 너희를 주장하지 못하리니 이는 너희가 법 아래에 있지 아니하고 은혜 아래에 있음이라"롬 6:6, 14. 칭의를 통하여 죄인에서 의인으로 신분이 변화된 자는 이제 자연스럽게 죄의 몸이 죽어 다시는 죄에게 종노릇을 하지 아니하려고 한다. 죄가 그들을 주장하지 못한다.

"그리스도 예수의 사람들은 육체와 함께 그 정욕과 탐심을 십자가에 못 박았느니라"갈 5:24. "너희가 육신대로 살면 반드시 죽을 것이로되 영으로써 몸의 행실을 죽이면 살리니"롬 8:13. 그들은 자신들 안에 거하시는 성령에 의해 몸의 행실을 죽인다. 의인으로 선포된 자는 육체와 함께 그 정욕과 탐심도 십자가에 못 박은 자이다. 그래서 온 몸의 여러 정욕이 점점 더 약해지고 죽는다. 성화의 길에 들어선 자들은 처음에는 몸의 여러 정욕이 상대적으로 강하지만 시간이 흐를수록 그 정욕들이 약해지고 죽는다.

❺ 은혜 안에서 점점 살아나 거룩함을 실천하는 데 이름

"그의 영광의 힘을 따라 모든 능력으로 능하게 하시며 기쁨으로 모든 견딤과 오래 참음에 이르게 하시고"골 1:11. "그의 영광의 풍성함을 따라 그의 성령으로 말미암아 너희 속사람을 능력으로 강건하게 하시오며 믿음으로 말미암아 그리스도께서 너희 마음에 계시게 하시옵고 너희가 사랑 가운데서 뿌리가 박히고 터가 굳어져서 능히 모든 성도와 함께 지식에 넘치는 그리스도의 사랑을 알고 그 너비와 길이와 높이와 깊이가 어떠함을 깨달아 하나님의 모든 충만하신 것으로 너희에게 충만하게 하시기를 구하노라"엡 3:16-19. 성화가 된다는 것은 소극적으로는 죄에 대해서 점점 죽고, 적극적으로는 의에 있어서 점점 사는 것이다. 의롭다 하심을 받은 자들은 자신들 안에 거하시는 영에 의해 말씀을 통하여 모든 구원하는 은혜 안에서 점점 더 살아나고 강건해진다. 하나님께서 성령에 의해 그들을 거룩하게 하시는 일을 멈추지 않으시고 계속하여 진행하신다. 구원하는 은혜를 계속하여 부어주심으로 그들은 참된 거룩함을 실천한다. "그런즉 사랑하는 자들아 이 약속을 가진 우리는 하나님을 두려워하는 가운데서 거룩함을 온전히 이루어 육과 영의 온갖 더러운 것에서 자신을 깨끗하게 하자"고후 7:1.

이처럼 성화는 칭의의 열매이다. 성화가 없는 자는 칭의도 없는 것이다. 의롭다 하심을 얻은 자는 거룩하게 하심도 얻는다. 우리는 참된 거룩함의 실천으로 구원에 이르지 않지만, 구원하는 은혜로 말미암아 참된 거룩함을 실천하게 된다. 구원 받은 자는 참된 거룩함을 실천하는 것이다. 따라서 참된 거룩함의 실천이 없는 자는 그 누구도 주를 보지 못한다. "모든 사람과 더불어 화평함과 거룩함을 따르라 이것이 없이는 아무도 주를 보지 못하리라"히 12:14.

죄에 있어 점점 죽는 자는 자연히 의에 있어서는 점점 살게 된다. 이 일이 동시에 이루어진다. 죄에 있어 완전히 죽은 다음에 의에 있어 사는 일이 발생한다면 죄에 있어 완전히 죽는 일이 이 땅에서는 불가능하기 때문에 성화의 적극적인 면은 나타날 수 없다. 집의 창문을 열어 실내를 환기시킬 때 더러운 공기가 외부로 빠져나가면 그만큼 깨끗한 공기가 외부에서 들어오듯이, 사람의 죄가 죽는 만큼 의는 그 자리를 차지한다. 아래 성경구절들이 동시 발생을 잘 말해준다.

롬 6:4-5	그러므로 우리가 그의 죽으심과 합하여 세례를 받음으로 그와 함께 장사되었나니 이는 아버지의 영광으로 말미암아 그리스도를 죽은 자 가운데서 살리심과 같이 우리로 또한 새 생명 가운데서 행하게 하려 함이라 5 만일 우리가 그의 죽으심과 같은 모양으로 연합한 자가 되었으면 또한 그의 부활과 같은 모양으로 연합한 자도 되리라
롬 6:11	이와 같이 너희도 너희 자신을 죄에 대하여는 죽은 자요 그리스도 예수 안에서 하나님께 대하여는 살아 있는 자로 여길지어다
갈 2:19	내가 율법으로 말미암아 율법에 대하여 죽었나니 이는 하나님에 대하여 살려 함이라
골 2:12	너희가 세례로 그리스도와 함께 장사되고 또 죽은 자들 가운데서 그를 일으키신 하나님의 역사를 믿음으로 말미암아 그 안에서 함께 일으키심을 받았느니라
골 3:1-2	그러므로 너희가 그리스도와 함께 다시 살리심을 받았으면 2 위의

것을 찾으라 거기는 그리스도께서 하나님 우편에 앉아 계시느니라 위의 것을 생각하고 땅의 것을 생각하지 말라

❻ 칭의와 성화의 차이점

제6장 사람의 타락, 죄, 그리고 죄의 형벌 제2절과 제3절에서 죄는 죄책the guilt of the sin과 전 속성의 부패the corruption of whole nature를 가져옴을 살펴보았다. 칭의는 죄책을 제거하고, 성화는 전 속성의 부패를 제거한다. 죄책의 제거는 하나님의 법정에서 죄인에서 의인이라고 선포되는 것으로 단 번에 이루어지는 신분의 변화이고, 부패의 제거는 사람의 내면에서 벌어지는 것으로 사람의 삶을 통해 점진적으로 평생 이루어지는 변화이다. 칭의는 죄인의 외부인 하나님의 법정에서 일어나므로 내적인 변화가 없지만, 성화는 죄인의 내부에서 일어나므로 내적인 변화가 지정의 전체에 걸쳐 이루어진다. 칭의는 단 번에 완성되고, 성화는 지속적 과정으로 평생 해도 완성되지 않는다. 아래와 같이 차이점들을 표로 정리하였으니 참고하라.[82]

---

[82] 웨스트민스터 신앙고백과 소요리문답은 칭의와 성화의 차이점에 대하여 다루지 않는데, 대요리문답은 제77문에서 다룬다.
제77문: 칭의와 성화는 어떤 면에서 다릅니까?
Wherein do justification and sanctification differ?
답: 성화는 칭의와 나뉘지 않게 연결되어 있음에도(고전 6:11, 1:30) 이런 차이가 있습니다. 칭의에서 하나님께서는 그리스도의 의를 전가하시고(롬 4:6, 8), 성화에서 그의 영께서는 은혜를 주입하시어 은혜가 실행되게 하십니다(겔 36:27). 전자에서 죄가 용서되고(롬 3:24-25), 후자에서 죄가 억제됩니다(롬 6:6, 14). 전자는 모든 신자로 동일하게 하나님의 진노에서 벗어나게 하고, 이생에서 완전히 벗어나게 하여, 그들이 결코 정죄에 빠지지 않습니다(롬 8:33-34). 후자는 모든 사람에게 동일하지 않고(요일 2:12-14; 히 5:12-14), 이생에서 그 누구도 결코 완전히 되지 않으며(요일 1:8, 10), 다만 완성을 향해 자라갑니다(고후 7:1; 빌 3:12-14).

칭의와 성화의 차이점

	칭의(justification)	성화(sanctification)
전가와 주입	그리스도의 의를 전가 (imputation)	그의 영이 은혜를 주입 (infusion)
죄	죄책(guilt)의 제거, 죄의 용서	부패(corruption)의 제거, 죄의 억제
어디에서	죄인의 밖, 하나님의 법정에서	죄인의 내면에서
변화	신분의 변화	내면의 변화
기간	단번에	평생에 걸쳐서
완성도	완전하게 됨, 더 이상 정죄가 없음	평생 미완성, 완성을 향해 자라감
동일도	모든 사람에게 동일하게	사람에 따라 다르게
사람의 참여	전혀 참여하지 않음	참여함

죄 ─ **죄책**(the guilt of the sin) - **칭의**(능동적 의와 수동적 의)
  └ **전 속성의 부패**(the corruption of whole nature) - **성화**

Although sanctification be inseparably joined with justification, yet they differ, in that God in justification imputes the righteousness of Christ, in sanctification his Spirit infuses grace, and enables to the exercise thereof; in the former, sin is pardoned, in the other it is subdued, the one does equally free all believers from the revenging wrath of God, and that perfectly in this life, that they never fall into condemnation, the other is neither equal in all, nor in this life perfect in any, but growing up to perfection.

13.2

이러한 성화는 사람의 전 부분에 걸쳐 이루어진다.g 그러나 이생에서는 불완전한데, 부패의 일부 잔재가 각 부분에 여전히 남아있기 때문이다.h 이로부터 계속되는 화해할 수 없는 전쟁이 일어나서, 육체의 소욕은 성령을 거스르고 성령은 육체를 거스른다.i

This sanctification is throughout, in the whole man;g yet imperfect in this life, there abideth still some remnants of corruption in every part:h whence ariseth a continual, and irreconcilable war; the flesh lusting against the spirit, and the spirit against the flesh.i

g 살전 5:23   h 요일 1:10; 롬 7:18, 23; 빌 3:12   i 갈 5:17; 벧전 2:11

2. 사람의 전 부분에 걸친 그러나 불완전한 성화

❶ 사람의 전 부분에 걸쳐서 이루어지는 성화

"평강의 하나님이 친히 너희를 온전히 거룩하게 하시고 또 너희의 온 영과 혼과 몸이 우리 주 예수 그리스도께서 강림하실 때에 흠 없게 보전되기를 원하노라" 살전 5:23. 평강의 하나님께서 친히 우리를 온전히 거룩하게 하신다. 온전히 거룩하게 하신다는 것은 우리의 온 영과 혼과 몸을 거룩하게 하시어 흠 없게 보전되도록 하신다는 것이다. 여기서 영과 혼과 몸은 사람이 이 세 개로 이루어졌다는 삼분설을 지지하는 것이 아니라, 지정의 知情意와 육신과 같은 사람 본성의 다양한 측면을 뜻한다. 영과 몸은 독립적으로 분리되어 늘 평행선을 유지하며 한 인격을 구성하는 것이 아니라, 긴밀히 연합되어 통일된 한 인격을 이룬다. 영과 몸이 각기 따로 어떤 행위를 하는 것이 아니라 영과 몸이 함께 어떤 행위를 한다. 사람의 모든 행위는 전인 全人, the whole man 의 행위이지, 영의 행위이거나 몸의 행위로 분리되지 않는다. 몸이 죄를 짓는 것이 아니라 사람이 죄를 짓는 것이고, 몸이 죽는 것이 아니라 사람이 죽는 것이고, 영이 구원받는 것이 아니라 사람이 구원을 받는 것이다. 따라서 영이나 몸 중 하나가 거룩하게 되는 것이 아니라 영과 몸으로 이루어진 사람이 모든 부분에 걸쳐서 거룩하게 된다.

사람의 본성이 갖는 다양한 측면은 영혼과 육신과 지정의知情意 등이라고 할 수 있다. 따라서 사람은 영혼과 육신과 지정의 등 모두에 걸쳐 거룩하게 된다. 제6장 사람의 타락, 죄, 그리고 죄의 형벌 제2절은 사람들은 원죄에 의해 영혼과 몸의 모든 기능과 부분이 전적으로 더러워졌다고 말하는데, 이는 영혼과 육신과 지정의 등이 모두 더러워졌음을 뜻한다. 따라서 성화가 전인全人에 걸쳐 이루어진다는 것은 영혼과 몸의 모든 기능과 부분이 더러워짐에서 회복되는 것을 뜻하고, 이는 아래 성경구절들처럼 지정의와 몸 모두가 거룩하게 됨을 뜻한다. 지정의가 변하면 이로 인한 좋은 습관과 밝은 정서가 체화되어 건강한 몸을 유지하게 되어 물리적인 몸에서도 변화가 있다.

롬 6:12   그러므로 너희는 죄가 너희 죽을 몸을 지배하지 못하게 하여 몸의 사욕에 순종하지 말고

고전 6:20   값으로 산 것이 되었으니 그런즉 너희 몸으로 하나님께 영광을 돌리라

고후 5:17   그런즉 누구든지 그리스도 안에 있으면 새로운 피조물이라 이전 것은 지나갔으니 보라 새 것이 되었도다

살전 5:23   평강의 하나님이 친히 너희를 온전히 거룩하게 하시고 또 너희의 온 영과 혼과 몸이 우리 주 예수 그리스도께서 강림하실 때에 흠 없게 보전되기를 원하노라

히 4:12   하나님의 말씀은 살아 있고 활력이 있어 좌우에 날선 어떤 검보다도 예리하여 혼과 영과 및 관절과 골수를 찔러 쪼개기까지 하며 또 마음의 생각과 뜻을 판단하나니

❷ 완전 성화의 불가능성

완전 성화는 이 생에서는 불가능한데, 제6장 사람의 타락, 죄, 그리고 죄의 형벌 제5절이 말하는 것처럼 본성의 부패가 사는 동안에 중생한 자들에게 남아 있기 때문이다. 신자가 구원받을 때에 신자의 죄책이 완전히 제거되지, 신자의 전 속성의 부패까지 완전히 제거되는 것은 아니다. 바울은 "내 속 곧 내 육신에 선한 것이 거하지 아니하는 줄을 아노니 원함은 내게 있으나 선을 행하는 것은 없노라"고 롬 7:18 한탄했다. 바울은 자신의 지체 속에서 한 다른 법이 자신의 마음의 법과 싸워 자신의 지체 속에 있는 죄의 법으로 자신을 사로잡는다고 말하였다 롬 7:23. 바울의 속에 있는 선하지 않은 것과 한 다른 법이 바로 사람에게 남아있는 본성의 부패이다. 완전 성화의 불가능성을 말해주는 성경구절들은 아래와 같다.

왕상 8:46	범죄하지 아니하는 사람이 없사오니 그들이 주께 범죄함으로 주께서 그들에게 진노하사 그들을 적국에게 넘기시매 적국이 그들을 사로잡아 원근을 막론하고 적국의 땅으로 끌어간 후에
잠 20:9	내가 내 마음을 정하게 하였다 내 죄를 깨끗하게 하였다 할 자가 누구냐
전 7:20	선을 행하고 전혀 죄를 범하지 아니하는 의인은 세상에 없기 때문이로다
사 64:6	무릇 우리는 다 부정한 자 같아서 우리의 의는 다 더러운 옷 같으며 우리는 다 잎사귀 같이 시들므로 우리의 죄악이 바람 같이 우리를 몰아가나이다
갈 2:11-12	게바가 안디옥에 이르렀을 때에 책망 받을 일이 있기로 내가 그를 대면하여 책망하였노라 12 야고보에게서 온 어떤 이들이 이르기 전에 게바가 이방인과 함께 먹다가 그들이 오매 그가 할례자들을 두려워하여 떠나 물러가매
빌 3:12	내가 이미 얻었다 함도 아니요 온전히 이루었다 함도 아니라 오직

	내가 그리스도 예수께 잡힌 바 된 그것을 잡으려고 달려가노라
약 3:2	우리가 다 실수가 많으니 만일 말에 실수가 없는 자라면 곧 온전한 사람이라 능히 온 몸도 굴레 씌우리라
요일 1:8, 10	만일 우리가 죄가 없다고 말하면 스스로 속이고 또 진리가 우리 속에 있지 아니할 것이요 10 만일 우리가 범죄하지 아니하였다 하면 하나님을 거짓말하는 이로 만드는 것이니 또한 그의 말씀이 우리 속에 있지 아니하니라

이생에서 완전 성화가 가능하다고 주장하는 이들이 있다. 그런데 이들도 실제의 삶에서 자신과 타인이 죄를 범하는 것을 경험하고 관찰한다. 성경은 실제의 살인만이 아니라 형제에게 노하고 형제를 미련한 놈이라고 하는 자도 심판을 받는다고 말한다. 음욕을 품고 여자를 보는 자마다 마음에 이미 간음하였다고 말한다. 완전 성화를 주장하는 자들도 마음과 입으로 죄를 짓는 자신들을 체험한다. 그래서 이들은 이러한 죄를 제외하고 의도적인 악행만을 죄로 인정한다. 즉 완전 성화의 기준을 성경보다 현격하게 떨어뜨리는 것이다. 이것은 실제로는 완전 성화를 부인하는 것이나 마찬가지이다.

이들은 성경구절들을 들어 완전 성화를 주장한다. 첫째로 신자들에게 완전하라고 말하는 성경구절들이 있다. "그러므로 하늘에 계신 너희 아버지의 온전하심과 같이 너희도 온전하라"마 5:48. "인내를 온전히 이루라 이는 너희로 온전하고 구비하여 조금도 부족함이 없게 하려 함이라"약 1:4. 이들은 성경에 이러한 구절들이 있는 것은 사람에게 완전 성화가 가능하기 때문이라고 주장한다. 그런데 성경은 신자들이 완전 성화를 이루어야 한다는 당위성을 말한 것이지 신자들의 완전 성화의 가능성을 말한 것이 아니다.

둘째로 신자들이 완전하다고 말하는 성경구절들이 있다. "나의 사랑 너는 어여쁘고 아무 흠이 없구나"아 4:7. "그러나 우리가 온전한 자들 중에서는 지혜를 말하노니 이는 이 세상의 지혜가 아니요 또 이 세상에서 없어질 통치자들의 지혜도 아니요"고전 2:6. 그런데 이것은 이들이 완전 성화를 이루었다는 의미가 아니라, 신자의 원리상 성화되었다는 면에서 흠이 없는 자로, 온전한 자로 불리는 것이다.

셋째로 노아와 욥과 아사가 완전하다고 말하는 성경구절들이 있다. "이것이 노아의 족보니라 노아는 의인이요 당대에 완전한 자라 그는 하나님과 동행하였으며"창 6:9. "우스 땅에 욥이라 불리는 사람이 있었는데 그 사람은 온전하고 정직하여 하나님을 경외하며 악에서 떠난 자더라"욥 1:1. "다만 산당은 없애지 아니하나 그러나 아사의 마음이 일평생 여호와 앞에 온전하였으며"왕상 15:14. 그런데 성경은 이 기록들 이후에 이들이 실수하는 장면을 바로 이어서 말해준다. 따라서 성경이 이들을 완전한 자라고 칭한 것은 절대적 의미가 아니라 상대적 의미로 다른 이들에 비하여 온전하다는 것이고, 언급되는 그 순간에 온전하다는 것이다.

넷째로 신자는 범죄하지 않는다고 말하는 성경구절들이 있다. "그 안에 거하는 자마다 범죄하지 아니하나니 범죄하는 자마다 그를 보지도 못하였고 그를 알지도 못하였느니라. 하나님께로부터 난 자마다 죄를 짓지 아니하나니 이는 하나님의 씨가 그의 속에 거함이요 그도 범죄하지 못하는 것은 하나님께로부터 났음이라"요일 3:6, 9. 그런데 이 구절들은 둘째의 경우처럼 새사람이 된 신자는 옛사람과 달리 그 원리에서 습관적으로 죄를 짓지 않는다는 것이고, 죄를 지어도 회개하려고 노력한다는 의미이다.

이상에서 살펴본 것처럼 완전 성화가 가능하다고 주장하는 이들은 성경의 특정 구절을 전후문맥으로나 성경 전체의 문맥으로 살피지 않는다. 그러다보니 해석의 오류를 범하게 된다. 우리는 이런 사례를 통하여 어떤 교리를 주장한다는 것은 단지 추상적인 논리와 철학적 개념에 근거하여 그 교리를 주장하는 것이 아니라, 결국 성경구절들에 대한 해석에 따라 그 교리를 주장하는 것임을 알 수 있다. 성경 전체와 전후문맥에 근거하여 해당 성경 구절들을 올바로 해석할수록 올바른 교리를 도출하게 된다.

웨스트민스터 대요리문답 제78문은 성화의 불완전성의 이유에 대하여 아래처럼 말한다.

제78문   성화의 불완전함은 신자들에게 왜 발생합니까?

Whence arises the imperfection of sanctification in believers?

답   신자들의 성화의 불완전함은 그들의 모든 부분에 남아있는 죄의 잔재와 영을 거스르는 끊임없는 육체의 정욕으로 인해 발생합니다. 이것들에 의해 그들은 유혹에 자주 넘어지고, 많은 죄에 빠지고(롬 7:18, 23; 막 14:66-72; 갈 2:11-12), 모든 영적 섬김에 있어 방해를 받고(히 12:1), 그들이 최선으로 한 일이라도 하나님 보시기에 불완전하고 더럽습니다(사 64:6, 출 28:38).

The imperfection of sanctification in believers arises from the remnants of sin abiding in every part of them, and the perpetual lustings of the flesh against the spirit, whereby they are often foiled with temptations, and fall into many sins, are hindered in all their spiritual services, and their best works are imperfect and defiled in the sight of God.

❸ 성령과 육체의 계속되는 화해할 수 없는 전쟁

부패의 일부 잔재가 신자들의 각 부분에 여전히 남아있기 때문에 성령과 육체 간에 계속되는 화해할 수 없는 전쟁이 일어난다. 육체의 소욕은 성령을 거스르고 성령은 육체를 거스른다. "육체의 소욕은 성령을 거스르고 성령은 육체를 거스르나니 이 둘이 서로 대적함으로 너희가 원하는 것을 하지 못하게 하려 함이니라"갈 5:17. "사랑하는 자들아 거류민과 나그네 같은 너희를 권하노니 영혼을 거슬러 싸우는 육체의 정욕을 제어하라"벧전 2:11. 우리는 중생되어 우리 안에 창조된 새 마음과 새 영을 가졌음에도 불구하고 여전히 죄를 짓는 모습에 우리가 구원 받은 자인지 의심까지 할 수 있다. 위선자와 같이 겉으로는 거룩한 신자처럼 행하지만 속으로는 죄를 짓는 존재라는 생각에 자신을 비하하고 학대할 수 있다. 그런데 성령과 육체가 이생에서 계속적인 화해할 수 없는 전쟁을 하고 있음을 안다면 우리 자신을 수용할 수 있다.

바울은 선을 행하기 원하는 자신에게 악이 함께 있는 것을 그리고 자신의 속사람으로는 하나님의 법을 즐거워하지만 자신의 지체 속에 있는 한 다른 법이 죄의 법으로 자신을 사로잡는 것을 깨달았다. 이러한 자신은 곤고한 사람이라며 "이 사망의 몸에서 누가 나를 건져내랴!"고 부르짖었다. 하지만 바울은 그리스도 예수 안에 있는 생명의 성령의 법이 마음으로는 하나님의 법을 육신으로는 죄의 법을 섬기는 자신을 죄와 사망의 법에서 해방하였다며 예수 그리스도로 말미암아 하나님께 감사하였다롬 7:21-8:2. 우리가 성령과 육체의 계속적인 화해할 수 없는 전쟁을 매일 겪을지라도 이 전쟁은 이미 우리의 승리로 결정이 난 전쟁임을 알아야 한다. 우리는 성령과 육체 간에 전쟁이 있음을 인정하고 받아들이면서 영혼을 거슬러 싸우는 육체의 정욕을 제어하기 위하여 계속적인 노력을 치열하게 해야 한다.

또한 주변의 신자들이 죄를 범하였을 때도 같은 자세로 임해야 한다. 거룩하게 보이는 신자가 전혀 예상하지 않은 간음이나 도둑질과 같은 죄를 범할 수 있다. 그때 우리는 너무 놀라지 않으며 그 사람을 수용할 수 있어야 한다. 하나님 앞에서 정직히 행한 왕으로 평가받는 다윗도 우리아의 아내 밧세바와 간음을 했고, 이것을 숨기려고 밧세바의 남편을 맹렬한 전쟁터에 보내 죽게 했다. 다윗은 가정 파괴범과 살인 교사범이었다. 아브라함도 자기 목숨을 위해 자기 아내를 자기 누이라고 두 번씩이나 속였다. 요셉의 형들은 그를 미워하여 죽이려 했고, 상인에게 돈을 받고 팔았다. 그런데 하나님은 이들 모두를 오래 참으며 용서하셨고, 이들은 이후에 깊이 회개하며 성화의 길을 걸었다. 성경은 사람들을 절대로 미화하지 않고, 그들의 약함과 악함을 그대로 기술하면서 사람의 별 수 없음을 보여준다. 우리도 죄를 범한 신자들을 수용하고 기다릴 줄 알아야 한다. 그들이 회개하기를 바라며 기다려야 하고, 그들이 진정으로 회개한다면 기꺼이 수용하고 격려하여 다시 거룩한 삶을 향하여 힘차게 나아가도록 서로 도와야 한다.

13.3

이 전쟁에서 남아있는 부패가 한동안 크게 우세할지라도,k 그리스도의 거룩하게 하시는 영께서 계속하여 공급하시는 힘으로 말미암아 중생한 부분이 이기게 된다.l 그래서 성도는 은혜 속에서 성장하며,m 하나님을 두려워하는 가운데 거룩함을 온전히 이룬다.n

In which war, although the remaining corruption, for a time, may much prevail;k yet through the continual supply of strength from the sanctifying Spirit of Christ, the regenerate part doth overcome:l and so the saints grow in grace,m perfecting holiness in the fear of God.n

k 롬 7:23   l 롬 6:14; 요일 5:4; 엡 4:15-16   m 벧후 3:18; 고후 3:18
n 고후 7:1

3. 은혜 속에서 성장하며 거룩함을 이루는 성도들

일반적으로 전쟁에서 우세와 열세가 오가듯 성령과 육체 간의 전쟁도 그리하여, 남아 있는 부패가 한동안 크게 우세할 수 있다. "내 지체 속에서 한 다른 법이 내 마음의 법과 싸워 내 지체 속에 있는 죄의 법으로 나를 사로잡는 것을 보는도다"롬 7:23. 우리에게 남아 있는 부패가 우리 마음의 법과의 싸움에서 우세하여 우리로 죄를 짓게 할 수 있다. 아브라함과 이삭이 목숨 부지를 위해 아내를 자매라고 속인 것이나, 유다가 며느리와 간음한 것이나, 요셉의 형들이 요셉을 판 것이나, 다윗이 밧세바와 간음하고 그녀의 남편을 맹렬한 전쟁터에 보내 죽인 것이나, 솔로몬이 이방 여인들과 결혼하여 우상숭배 한 것이나, 베드로가 유대인을 의식하여 외식한 것 등은 그 좋은 예들이다.

하지만 남아 있는 부패의 승리는 장기간 동안 거듭하여 이루어지는 승리가 아니라 한동안 간헐적으로 발생하는 승리에 지나지 않는다. 성령님은 더 큰 목적을 위하여 부분적인 전투에서 패배하시는 것처럼 보이지만 절대로 전쟁에서 최종적으로 패배하시지 않는다. 거룩하게 하시는 성령께서 선택된 자들에게 계속적으로 힘을 공급하여 주시기 때문에 중생한 지체가 남아 있는 부패를 극복하게 된다. "죄가 너희를 주장하지 못하리니 이는 너희가 법 아래에 있지 아니하고 은혜 아래에 있음이라"롬 6:14. 선택된 자들은 하나님의 은혜 아래에 있기 때문에 하나님께서는 그리스도의 순종과 속죄에 근거하여 거룩하게 하시는 성령으로 말미암아 힘을 공급하여 주신다. 그리스도에게서 온 몸이 각 마디를 통하여 도움을 받음으로 연결되고 결합되어 각 지체의 분량대로 역사하여 그 몸을 자라게 하며 사랑 안에서 스스로 세운다엡 4:16. 이 세움을 통하여 전쟁의 역전이 이루어진다.

결과적으로 성도는 은혜 속에서 성장한다. "오직 우리 주 곧 구주 예수 그리스도의 은혜와 그를 아는 지식에서 자라 가라 영광이 이제와 영원한 날까지 그에게 있을지어다"벧후 3:18. 성도는 하나님을 두려워하는 가운데 거룩함을 온전히 이룬다. "그런즉 사랑하는 자들아 이 약속을 가진 우리는 하나님을 두려워하는 가운데서 거룩함을 온전히 이루어 육과 영의 온갖 더러운 것에서 자신을 깨끗하게 하자" 고후 7:1. 하나님께서 성도로 성화에 참여시켜 그가 은혜 속에서 성장하며 하나님을 두려워하는 가운데 거룩함을 온전히 이루게 하시니 하나님의 지혜와 신실하심과 능력이 얼마나 큰지 모른다. 육신의 부모도 자녀가 온전하게 성장하도록 열과 성을 다하지만, 지혜와 능력과 기다림의 부족으로 간섭할 때와 징계할 때와 물러설 때를 잘 분별하지 못한다. 지나친 간섭이나 가혹한 징계나 차가운 무관심이나 무책임한 방치로 자녀 양육에서 많은 실패와 부작용이 발생한다. 적절한 간섭과 훈계와 징계와 자유를 자녀에게 부여하며 자녀가 지혜와 분별 속에서 성장하게 하는 일은 쉽지 않다. 그런데 하나님께서는 성령에 의해 말씀과 성례와 섭리를 통하여 신자를 거룩하게 하시는 일에 있어서 실패가 없다.

신자는 하나님의 이러한 지혜와 열심과 신실하심을 믿고 성화의 길을 걸어가야 한다. 중생자일지라도 남아 있는 부패로 말미암아 죄를 지을 수 있다. 그때 이미 버린 몸이란 생각으로 죄 속에 더 파묻혀 지내면 안 된다. 빨리 회개하며 죄에서 벗어나 다시 거룩함의 길을 걸어야 한다. 우리가 어떤 큰 죄를 지었더라도 그 죄는 예수 그리스도의 순종과 죽음을 인하여 하얀 눈처럼 깨끗하게 용서된다. 사탄은 끊임없이 우리를 더러운 자라며 육체의 욕망대로 살라고 유혹하겠지만, 우리는 과감하게 죄의 사슬을 끊고 거룩하게 하시는 영께서 우리 안에 내주하시며 끊임없이 힘을 부어주심을 믿어야 한다. 우리 온 몸이 이것을 느끼기 전에 우리의 머리로 이 사실을 기억하고 냉철하게 행동해야 한다. 우리는 남아 있는 부패와의 전쟁에서 간혹 전투에서 패배할 수 있지만, 전쟁에서 최종적으로 승리함을 믿고 전투에서 패배할 때에 과감하게 용기를 내어 다시 일어나 거룩함을 향하여 전진해야 한다. "그들은 잠시 자기의 뜻대로 우리를 징계하였거니와 오직 하나님은 우리의 유익을 위하여 그의 거룩하심에 참여하게 하시느니라 무릇 징계가 당시에는 즐거워 보이지 않고 슬퍼 보이나 후에 그로 말미암아 연단 받은 자들은 의와 평강의 열매를 맺느니라 그러므로 피곤한 손과 연약한 무릎을 일으켜 세우고 너희 발을 위하여 곧은 길을 만들어 저는 다리로 하여금 어그러지지 않고 고침을 받게 하라 모든 사람과 더불어 화평함과 거룩함을 따르라 이것이 없이는 아무도 주를 보지 못하리라" 히 12:10-14.

Of Saving Faith

제14장 구원하는 믿음

> **14.1**
>
> 선택된 자들은 믿음의 은혜에 의해 자신의 영혼이 구원받도록 믿을 수 있게 된다.a 이 믿음의 은혜는 그리스도의 영께서 그들의 마음속에서 하시는 일이고,b 통상적으로 말씀의 사역에 의해 생겨나며,c 역시 말씀의 사역에 의해 그리고 성례의 시행과 기도에 의해 증가하고 강화된다.d
>
> The grace of faith, whereby the elect are enabled to believe to the saving of their souls,a is the work of the Spirit of Christ in their hearts;b and is ordinarily wrought by the ministry of the Word:c by which also, and by the administration of the sacraments and prayer, it is increased and strengthened.d
>
> a 히 10:39 b 고후 4:13; 엡 1:17-19; 엡 2:8
> c 롬 10:14, 17 d 벧전 2:2; 행 20:32; 롬 4:11; 눅 17:5; 롬 1:16-17

1. 믿음의 정의와 기원 및 발생과 증가

❶ 믿음의 기원

집에서 기르는 개에게 텔레비전에 나오는 사자를 손으로 가리키며 "사자를 보라!"고 말해보아라. 개가 어떤 반응을 보일까? 사자가 무서워서 뒷걸음을 칠까? 아니면 으르렁 거리며 달려들 자세를 취할까? 이런 예상과 달리 개는 가리키는 손을 쳐다본다. 개만이 아니라 사람과 디엔에이DNA, 디옥시리보 핵산가 99%가 같다는 침팬지도 사람이 손으로 가리키는 방향을 보지 못한다. 손이 가리키는 방향을 보는 일은 사람에게는 너무나 쉽지만 동물에게는 너무나 어렵고 불가능에 가깝다.

개를 비롯한 동물은 발정기가 되면 아무 상대하고나 교미한다. 일부일처나 순결의 개념이 없다. 우리 집에서 기르던 진돗개도 발정기가 되자 열린 대문으로 나가서 동네의 볼품없는 똥개와 교미했다. 개들에게는 혈통, 순종純種의 개념도 없다. 집에서 기르는 개가 순결을 지키지 않았다고 하여 회초리로 혼내며 가르칠 수 없다. 순결의 개념과 가치를 개에게 가르치는 일은 불가능에 가깝다.

이렇게 무엇을 인식하고 분별하고 개념을 갖는 일은 간단하지 않고 상당한 지적 능력을 요구한다. 사람은 동물보다 뛰어난 능력으로 가리키는 방향을 볼 수 있고, 순결과 같은 추상적 개념을 가질 수 있다. 그렇다고 사람의 인식능력이 완벽한 것은 아니다. 사람은 어느 하나에 집중하면 다른 것들을 잘 인식하지 못하는 주의력 착각에 빠지곤 한다. 기억마저도 객관적이지 않아 자신의 필요와 욕구에 따라 주관적으로 기억되는 기억력 착각에 빠진다. 개가 순결과 일부일처의 개념을 못 가지듯, 사람 또한 더 추상적이고 고차원적인 개념을 갖지 못한다. 마음으로 아예 생각하지 못하는 것들이 있다. "기록된 바 하나님이 자기를 사랑하는 자들을 위하여 예비하신 모든 것은 눈으로 보지 못하고 귀로 듣지 못하고 사람의 마음으로 생각하지도 못하였다 함과 같으니라"고전 2:9.

비그리스도인들에게 전도를 해보라. 그들은 이 세상의 모든 비참함과 늙음과 병과 죽음이 사람의 죄로 인한 것이라는 개념이 없다. 예수 그리스도께서 하나님으로서 사람이 되시어 사람들의 죄를 짊어지고 죽으셨다는 것을 마음으로 생각하지도 못한다. 그들은 하나님을 보여주면 믿겠다고 허영의 자신감을 비친다. 그들은 자신들의 눈에 보이는 것과 그들의 이성으로 분별되는 것만을 사실과 진리라고 생각한다.

하지만 하나님께서 자기를 사랑하는 자들을 위하여 예비하신 모든 것은 일반 사람이 눈으로 보지 못하고 귀로 듣지 못하고 마음으로 생각하지도 못한다. 아무리 사람이 노력하여도 볼 수 없고 들을 수 없고 생각할 수 없는 것이 있는 것이다. 이런 것들은 오직 하나님께서 성령으로 보여주셔야 인식할 수 있다. 우리 신자들은 세상의 영을 받지 아니하고 오직 하나님으로부터 온 영을 받았는데 이는 우리로 하여금 하나님께서 우리에게 은혜로 주신 것들을 알게 하려 하심이다"고전 2:9-12. 예수 그리스도께서 십자가에 피 흘려 죽으심으로 우리의 구원을 획득하셨지만 하나님의 은혜에 의한 믿음을 갖지 못한 자들은 자신들의 영혼이 구원함에 이르도록 믿을 수 없다. 믿는 일은 오직 하나님의 은혜로만 가능하고, 이 믿음의 은혜는 그리스도의 영께서 선택된 자들의 마음에서 행하실 때 발생한다. 믿음의 기원은 성령께 있는 것이다. "우리 주 예수 그리스도의 하나님, 영광의 아버지께서 지혜와 계시의 영을 너희에게 주사 하나님을 알게 하시고 너희 마음의 눈을 밝히사 그의 부르심의 소망이 무엇이며 성도 안에서 그 기업의 영광의 풍성함이 무엇이며 그의 힘의 위력으로 역사하심을 따라 믿는 우리에게 베푸신 능력의 지극히 크심이 어떠한 것을 너희로 알게 하시기를 구하노라"엡 1:17-19.

❷ 믿음의 발생 및 증가와 강화

믿음이 생기는 은혜는 성령 하나님의 역사인데 보통 말씀의 사역에 의해 이루어진다. "그런즉 그들이 믿지 아니하는 이를 어찌 부르리요 듣지도 못한 이를 어찌 믿으리요 전파하는 자가 없이 어찌 들으리요, 그러므로 믿음은 들음에서 나며 들음은 그리스도의 말씀으로 말미암았느니라"롬 10:14, 17. 사람은 들어야 믿을 수 있고, 듣는 것도 아무 것이나 들으면 안 되고 하나님의 말씀을 들어야 한다. 선택된 자들은 하나님의 말씀을 들을 때에 성령께서 그들의 마음속에서 역사하심으로써 믿음을 갖게 된다. 그들은 선포되는 하나님의 말씀을 들으면 성령의 역사로 말미암아 책망과 판단을 받으며 그 마음의 숨은 일들이 드러나 엎드리어 하나님께 경배하며 하나님의 존재를 인정하게 된다. "다 예언을 하면 믿지 아니하는 자들이나 알지 못하는 자들이 들어와서 모든 사람에게 책망을 들으며 모든 사람에게 판단을 받고 그 마음의 숨은 일들이 드러나게 되므로 엎드리어 하나님께 경배하며 하나님이 참으로 너희 가운데 계신다 전파하리라"고전 14:24-25. 말씀 선포가 이렇게 믿음을 발생하는 데 있어서 중요한 은혜의 수단이므로, 신자들은 전도하는 일을 부끄러워하지 말고, 지혜로운 열심을 내야 한다. "내가 복음을 부끄러워하지 아니하노니 이 복음은 모든 믿는 자에게 구원을 주시는 하나님의 능력이 됨이라 먼저는 유대인에게요 그리고 헬라인에게로다"롬 1:16.

이제 믿음의 증가와 강화가 무엇에 의해서 이루어지는지 살펴보자. 첫째로 말씀의 사역은 믿음을 발생시킬 뿐만 아니라 발생된 믿음을 증가시키고 강화시킨다. "갓난 아기들 같이 순전하고 신령한 젖을 사모하라 이는 그로 말미암아 너희로 구원에 이르도록 자라게 하려 함이라"벧전 2:2. 갓난아기들이 젖을 매우 사모하듯이 신자들은 순전하고 신령한 젖, 즉 하나님의 말씀을 사모해야 한다. 말씀을 통하여 구원에 이르도록 자라기 때문이다. 바울은 밀레도에서 사람을 에베소로 보내어 교회 장로들을 청하여 그들에게 "지금 내가 여러분을 주와 및 그 은혜의 말씀에 부탁하노니 그 말씀이 여러분을 능히 든든히 세우사 거룩하게 하심을 입은 모든 자 가운데 기업이 있게 하시리라"고행 20:32 말했다. 이제 더 이상 에베소에 갈 수 없다고 판단한 바울은 말씀이 에베소 교인들을 능히 든든히 세우기 때문에 그들을 주와 및 그 은혜의 말씀에 맡겼다.

"또 어려서부터 성경을 알았나니 성경은 능히 너로 하여금 그리스도 예수 안에 있는 믿음으로 말미암아 구원에 이르는 지혜가 있게 하느니라 모든 성경은 하나님의 감동으로 된 것으로 교훈과 책망과 바르게 함과 의로 교육하기에 유익하니 이는 하나님의 사람으로 온전하게 하며 모든 선한 일을 행할 능력을 갖추게 하려 함이라"딤후 3:15-17. 성도의 근육은 운동을 통하여, 성도의 지식은 학문을 통하여, 성도의 영혼은 말씀을 통하여 든든히 세워진다. 하나님의 말씀을 읽고 묵상하지 않는 자는 피상적인 지식은 있을지 모르나 참된 지식에는 이르지 못한다. 지식은 교만하게 하고, 사랑은 덕을 세운다. 성경의 깊은 내용을 모른 채 무엇을 아는 줄로 생각하는 자는 아직도 마땅히 알 것을 알지 못하는 자이다고전 8:1-2. 주님 안에서 성장하기를 원하는 자는 하나님의 말씀을 깊이 읽어야 한다.

둘째로 성례의 시행이다. 성례는 보이는 말씀이라고 불린다. 말씀은 귀로 듣지만, 성례는 눈으로 본다. 성례는 말씀을 통해서 해석된다. 말씀 없이 성례는 어떤 의미와 효력을 갖지 못한다. "그가 할례의 표를 받은 것은 무할례시에 믿음으로 된 의를 인친 것이니 이는 무할례자로서 믿는 모든 자의 조상이 되어 그들도 의로 여기심을 얻게 하려 하심이라"롬 4:11. 아브라함이 할례의 표를 받은 것은 이미 하나님에 대한 믿음이 말씀을 통해 형성된 이후이다. 하나님께서는 말씀으로 아브라함에게 형성된 믿음을 인치시기 위하여 눈에 보이는 할례를 주셨다. 성례는 이처럼 선포된 말씀을 눈에 보이는 형태로 드러내어 말씀의 효력을 증대시킨다. 개혁주의 교회는 믿음을 발생시키고 증가시키는 말씀을 성례보다 우선적으로 여긴다. 예배 때 늘 말씀 선포가 있고, 성례를 시행할 때도 먼저 말씀을 선포함으로써 성례의 의미와 가치를 드러낸다. 그런데 로마 가톨릭은 말씀보다 성례를 우선시한다. 이들은 성례를 시행하면 자동적으로 발생하는 은혜가 있다며 사효적事效的 효력ex opere operato, from the work performed을 주장한다. 즉 세례와 성찬이 믿음의 발생과 증가에 큰 역할을 한다고 주장한다. 제27장성례이 이를 다루니 참고하라.

　셋째로 기도이다. 보통 은혜의 수단이라고 하면 말씀과 성례라고 하는데, 웨스트민스터 신앙고백은 기도도 포함시킨다. 소요리문답 제98문은 기도란 하나님의 뜻에 맞는 것들에 관하여 하나님께 우리의 원함을 그리스도의 이름으로 드리는 것이라고 말하고, 제99문은 하나님께서는 기도에 관하여 우리를 지도하시기 위하여 하나님의 전 말씀을 주셨다고 말한다. 즉 기도는 하나님의 전체 말씀을 통하여 하나님의 뜻에 맞게 우리의 원함을 드리는 것이다. 따라서 기도도 결국은 하나님의 말씀을 올바로 알아야 옳게 이루어지고 은혜의 증가 & 강화가 발생한다.

　보이는 말씀인 성례와 하나님의 전체 말씀의 지도를 받는 기도는 모두 말씀과 관련되어 있다. 그래서 은혜의 수단은 말씀과 성례와 기도이지만 중요한 핵심은 말씀이다.

❸ 은혜의 통상적 수단

신자들은 다양한 통로를 통해 하나님의 은혜를 받는다. 노래와 춤을 좋아하는 우리 민족의 성향 때문인지 한국의 신자들은 찬양을 통해 은혜를 많이 받는다. 성도들은 교회 봉사와 성도들과의 교제를 통해서도 은혜를 받는다. 또 높은 산, 광활한 바다, 하얀 눈, 다양한 동물도 하나님의 은혜를 더하여 준다. 여러 고난과 번영과 행운도 은혜가 된다. 우리가 인생에서 접하는 모든 것이 은혜의 수단이 될 수 있다.

그런데 은혜의 수단이라고 할 때는 이것들이 포함되지 않는다. 이것들이 객관적 의식이 아니라, 하나님의 복을 누리는 주관적 조건이기 때문이다. 하나님의 은혜가 객관적으로 드러나는 의식을 통해 주어질 때 은혜의 수단이라고 한다. 교제와 봉사와 찬양과 같은 것들은 은혜의 수단이라고 하기보다는 오히려 은혜를 받아서 행한 열매에 속한다. 그래서 은혜의 통상적 수단은 말씀과 성례이고, 웨스트민스터 신앙고백은 여기에 기도를 포함시킨다.

우리가 말씀과 성례를 은혜의 수단이라고 하는 것은 하나님께서 통상적으로 이것들을 은혜의 수단으로 사용하신다는 것이지, 이것이 필수불가결하다는 뜻은 아니다. 하나님은 이것들 없이도 은혜를 충분히 주신다. 그런데 하나님은 우리가 언제든 은혜의 수단으로 사용할 수 있도록 말씀과 성례를 통상적인 수단으로 주셨다. 그러므로 우리가 통상적 수단을 무시하면 큰 영적 손실을 보게 되고, 벼락이 우연히 떨어지기를 기다리는 요행주의자가 된다.

하나님은 우리에게 밭에 씨앗을 뿌리고 물을 줄 때 곡물을 자라게 하심으로 양식을 먹게 하신다. 하지만 하나님은 때에 따라서는 매우 초월적인 방법으로 음식을 주신다. 광야의 이스라엘 백성에게 만나와 메추라기를 통하여 음식을 주신 것은 그 좋은 예이다. 하나님은 아람의 침입을 받아 성에 갇히어 굶주린 이스라엘 백성에게 극적인 방법으로 먹을 것을 주셨다 왕하 7:6-7. 하지만 이것들은 통상적인 경우가 아니라 특별한 경우이다. 이스라엘 백성이 이것들을 경험했다고 해서, 통상적인 농사를 멈추면 안 된다. 이스라엘 백성은 가나안 땅에 들어와 만나가 그친 후에는 열심히 농사를 지어 먹을 것을 해결했다. 이스라엘 백성에게 통상적인 식량 조달 수단은 농사와 목축이고, 비범한 수단은 만나이다.

하나님은 우리에게 은혜를 주실 때 병을 고치시거나, 죽은 자를 살리시거나, 환상을 보여 주시거나, 하나님을 직접 보게 하시는 방법 등을 사용하실 수 있다. 실제로 하나님은 이런 이적의 방법을 종종 사용하신다. 그런데 모든 신자가 항상 안정적으로 하나님의 은혜를 받을 수 있는 통상적인 수단은 이적이 아니라 말씀과 성례이다.

신비주의자들은 은혜의 수단을 거부한다. 그들은 하나님께서 은혜를 직접 다양한 방법으로 주신다고 믿기 때문에, 말씀과 성례와 같은 외적인 은혜의 수단을 싫어한다. 외적인 수단은 눈에 보이는 물리적인 것으로 육적인 성격에 가까우므로 영적인 세계와 관련이 없다고 본다. 자유의 성령이 그런 틀에 박힌 방법으로 일하신다고 하는 것은 성령을 제한하는 것이라고 여긴다.

하지만 말씀과 성례가 은혜의 수단이라는 것은 이것들이 은혜를 기계적으로 부어준다는 것이 아니라, 하나님께서 영적이고 신비한 은혜를 주실 때 이것들을 통상적이고 외적인 수단으로 사용하신다는 것이다. 하나님의 은혜는 그 자체로 신비하고, 초월적이고, 영적인데, 우리가 외적이고 통상적인 수단을 통하여 안정적으로 받을 수 있도록 하나님이 마련하셨다는 의미이다.

신비주의자들의 견해를 우리가 비판하지 않으면, 신자들은 마음이 담대해져 성경에 나오지 않는 방식이어도 개인적인 체험을 통해 효과가 있으면 은혜의 수단으로 채용하기 쉽다. 감정을 고양시키는 인위적인 방법으로 황홀경을 맛보고서는, 그 방법을 은혜의 수단으로 착각하여 반복하기 쉽다. 이들은 갈수록 주관주의와 체험주의에 빠져 다양한 인위적인 방법을 동원하게 된다. 이들은 육은 죽이는 것이고 영은 살리는 것이라고 여겨, 성경을 통한 은혜를 이성으로 하나님의 뜻을 제한하는 것이라고 비판한다. 초월과 엑스터시와 직통계시와 같은 신비함을 추구한다. 이들에게는 모두가 검증할 수 있는 객관적인, 외적인, 안정적인 은혜의 수단이 없다. 이들은 우리가 성령의 자유스럽고 신비한 사역을 성경의 죽은 문자에 가둔다고 오해하여 "당신들의 삼위일체는 성부, 성자, 성경입니까?"라고 비판하기도 한다.

이들은 우리가 성령의 자유스럽고 신비한 사역을 딱딱한 죽은 문자에 가둔다고 비판하지만, 우리는 성령의 사역이 그 자체로 신비하고 초월적이고 영적임을 철저히 인정한다. 너무나 신비하고 초월적이고 영적이라서, 우리가 이해하고 받아들이도록 하나님께서 우리의 수준에 적응하시어 마련하신 것이 외적이고 통상적인 수단이다. 우리야말로 성령님을 성부와 성자와 같은 하나님으로 바르게 대하는 것이고, 신비주의자들은 성령님을 능력과 초월이라는 비인격체로 대우하는 것이다.

소요리문답은 말씀이 어떻게 구원에 효과적인지, 말씀이 어떻게 읽어지고 들려져야 하는지, 성례들이 어떻게 구원의 효과적인 수단이 되는지에 대하여 아래처럼 다루니 참고하라.

제89문 말씀은 어떻게 구원에 효과적으로 됩니까?
How is the Word made effectual to salvation?

답 하나님의 영께서 읽는 것, 특히 말씀의 선포를 믿음을 통하여 구원에 이르도록 죄인들을 확신시키고 변화시키는 데에, 그리고 그들을 거룩함과 평안으로 세우는 데에 효과적인 수단이 되게 하십니다(느 8:8; 고전 14:24, 25; 행 26:18; 시 19:8; 행 20:32; 롬 15:4; 딤후 3:15-17; 롬 10:14-16).
The Spirit of God makes the reading, but especially the preaching of the Word, an effectual means of convincing and converting sinners, and of building them up in holiness and comfort, through faith unto salvation.

제90문 말씀이 구원에 효과적이 되도록 말씀을 어떻게 읽고 들어야 합니까?
How is the Word to be read and heard, that it may become effectual to salvation?

답 말씀이 구원에 효과적이 되도록 우리는 근면과(잠 8:34) 준비와(벧전 2:1-2)기도로(시 119:18) 말씀에 관심을 기울여야 하고, 믿음과 사랑으로 말씀을 받아들여야 하고(히 4:2; 살후 2:10), 우리의 마음에 말씀을 간직해야 하고(시 119:11), 우리의 삶에서 말씀을 실천해야 합니다(눅 8:15; 약 1:25).

That the Word may become effectual to salvation, we must attend thereunto with diligence, preparation, and prayer, receive it with faith and love, lay it up in our hearts, and practise it in our lives.

제91문 성례는 어떻게 구원의 효과적인 수단이 됩니까?

How do the sacraments become effectual means of salvation?

답 성례는 구원의 효과적인 수단이 되는데, 성례나 그것을 집행하는 자 안에 있는 어떤 효력 때문이 아니라, 오직 그리스도의 축복하심과(벧전 3:21; 마 3:11; 고전 3:6-7) 성례를 믿음으로 받아들이는 자들 안에 계시는 그의 영의 역사하심 때문입니다(고전 12:13).

The sacraments become effectual means of salvation, not from any virtue in them, or in him that doth administer them, but only by the blessing of Christ, and the working of his Spirit in them that by faith receive them.

14.2

이 믿음에 의해 그리스도인은 말씀 안에서 말씀하시는 하나님 그분의 권위 때문에 말씀 안에 계시된 것은 무엇이든지 참되다고 믿고,e 말씀의 각 구절이 담고 있는 바에 따라 다르게 행동한다. 그래서 명령에는 순종하고,f 경고에는 두려워 떨고,g 금생과 내생에 대한 하나님의 약속들은 기꺼이 받아들인다.h 그러나 구원하는 믿음의 주요 역할은 은혜 언약에 의해서 칭의와 성화와 영생을 위해 그리스도만을 인정하고, 영접하고, 의지하는 것이다.i

By this faith a Christian believeth to be true, whatsoever is revealed in the Word, for the authority of God himself speaking therein,e and acteth differently upon that which each particular passage thereof containeth; yielding obedience to the commands,f trembling at the threatenings,g and embracing the promises of God for this life, and that which is to come.h But the principal acts of saving faith, are, accepting, receiving, and resting upon Christ alone for justification, sanctification, and eternal life, by virtue of the covenant of grace.i

e 요 4:42; 살전 2:13; 요일 5:10; 행 24:14　　f 롬 16:26　　g 사 66:2
h 히 11:13; 딤전 4:8　　　　　　　　　　　i 요 1:12; 행 16:31; 갈 2:20; 행 15:11

2. 믿음의 정의와 역할과 대상

❶ 믿음의 정의

루이스 벌코프는 믿음을 이렇게 정의했다. "믿음은 외적 증거나 논리적 입증에 의존하지 않고, 즉각적이고 직접적인 통찰에 의존하는 확실한 지식이다."[83] 살인 사건이 발생하였을 때에 어떤 사람이 살인자인지 여부는 그가 살인한 것을 목격한 증인이 있거나 또는 그 사람의 지문이 묻은 칼이나 총이 발견되면 쉽게 판단할 수 있다. 이렇게 무엇의 옳고 그름에 대한 지식은 외적 증거를 통해 얻어진다.

데카르트는 모든 명제에 대하여 옳고 그른지 여부를 알기 위해 일부러 의심을 하면서 전혀 의심할 수 없는 명제가 무엇인지 살폈다. 그때 의심하는 자신이 존재한다는 것은 명백하다며 "나는 생각한다. 그러므로 나는 존재한다."라는 명제를 말

---

[83] "It[faith] is frequently used to denote the positive knowledge that does not rest on external evidence nor on logical demonstration, but on an immediate and direct insight." Louis Berkhof, Systematic Theology (Edinburgh: The Banner of Truth Trust, 1996), 181.

하였다. 이 명제는 외적인 증거는 없지만 논리적 입증을 통하여 많은 사람의 수긍을 받아내었다. 이처럼 무엇에 대한 지식은 논리적 입증을 통해서도 얻어진다.

그런데 믿음은 외적 증거나 논리적 입증을 통해서 얻어지는 지식이 아니라 즉각적이고 직접적인 통찰을 통해서 얻어지는 지식이다. 그리스도의 영께서 선택된 자들의 마음에서 행하심으로 형성된 믿음은 바라는 것들의 실상이 되고 보이지 않는 것들의 증거가 된다 히 11:1. 바라는 것들은 아직 나타나지 않아서 정확히 알 수 없는데 믿음을 가진 자는 바라는 것들에 대한 지식을 실상처럼 갖고, 보이지 않는 것들은 보이지 않기 때문에 그 존재와 내용에 대한 명확한 증거가 없는데 믿음을 가진 자는 보이지 않는 것들에 대한 지식을 명확한 증거처럼 갖는다. 우리 믿음의 선진들은 믿음으로써 인생을 어떻게 살아야하는지 그 의미와 방향에 대한 분명한 지식을 얻었다. 우리는 모든 세계가 하나님의 말씀으로 지어진 줄을 믿음으로 알지 절대로 외적 증거로 알지 않는다. 우리는 즉각적이고 직접적인 통찰에 의해 보이는 것은 나타난 것으로 말미암아 된 것이 아님을 확신한다 히 11:2-3.

직관적 지식과 즉각적 통찰intuitive knowledge and immediate insight은 사람의 일상생활과 판단 그리고 일반 학문 등에서 매우 중요하다. 이것 없이 지식을 얻을 자가 없다. 신자의 종교 지식과 일반인의 일반 지식은 통찰이라는 면에서는 공통점이 있지만 다른 점이 분명히 크게 존재한다. 종교적 지식은 하나님께서 내용을 계시하여 주시고 그 내용을 인식하도록 성령을 통하여 통찰까지 주신다. 이 내용에 대한 인식을 일반인은 스스로 절대로 하지 못한다. 하나님께서 자기를 사랑하는 자들을 위하여 예비하신 모든 것은 일반인이 눈으로 보지 못하고 귀로 듣지 못하고 그들의 마음으로 생각하지도 못한다 고전 2:9. 일반적 지식은 사람이 경험과 논증을 통해 스스로 구축하지만 기독교적 지식은 하나님께서 행하시고 계시하여 주신 내용에 근거하여 형성된다.

벌코프는 일반적 믿음이 아니라 구원하는 믿음에 대해서는 이렇게 말했다. "구원하는 믿음은 성령에 의해 마음에 형성되는데 복음의 진리에 대한 확실한 확신으로 그리고 그리스도 안에 있는 하나님의 약속들에 대한 진심어린 신뢰로 정의될 수 있다."84 그는 믿음의 기원을 성령으로 보았고, 믿음의 요소를 확신conviction과 신뢰reliance로 보았고, 믿음의 대상을 복음의 진리와 그리스도 안에 있는 하나님의 약속들로 보았다.

칼뱅은 믿음에 대하여 이렇게 말했다. "우리가 믿음을 우리에게 향한 하나님의 호의에 대한 확고하고 확실한 지식이고, 그 지식은 그리스도 안에서 값없이 주어진 약속의 진리 위에 세워지고, 성령을 통하여 우리의 정신에 계시되고 우리의 마음에 인 쳐진 것이라고 말할 때에 우리는 믿음을 옳게 정의하게 된다."85 칼뱅은 벌코프와 같이 믿음을 확실한 지식이라고 하였는데, 칼뱅은 이 지식의 내용이 약속의 진리 위에 세워진 것이라고 말한다. 즉 일반 지식이 아니라 그리스도 안에서 값없이 주어진 약속의 진리 위에 세워진 것이다. 그리고 칼뱅은 그 지식의 기원에 관하여 성령께서 계시하시고 인 치신 것이라고 말함으로써 성령께서 믿음의 기원자이심을 밝히고 있다. 칼뱅이 믿음의 정의에서 신뢰를 언급하지 않지만, 그렇다고 하여 믿음의 요소에서 신뢰를 배제하는 것이 아니라, 지식에 신뢰를 포함시킨 것이다. 어떤 대상에 대한 확실한 지식은 자연스럽게 그 대상에 대한 깊은 신뢰를 일으키기 때문이다.

하이델베르크 요리문답 제21문은 참된 믿음을 이렇게 정의한다. "참된 믿음이란 하나님께서 자신의 말씀으로 우리에게 계시하신 모든 것은 진리라고 인정하는 확실한 지식일 뿐만 아니라 강한 신뢰로써, 성령께서 복음에 의해 내 마음에 일으키십니다. 즉, 타인들에게만이 아니라 나에게도 죄의 용서와 영원한 의와 구원이 값없이, 하나님에 의해, 순전히 은혜로, 오직 그리스도의 공로 때문에 주어진 것에 대한

---

84 "Saving faith may be defined as a certain conviction, wrought in the heart by the Holy Spirit, as to the truth of the gospel, and a hearty reliance (trust) on the promises of God in Christ," Louis Berkhof, Systematic Theology (Edinburgh: The Banner of Truth Trust, 1996), 503.

85 "Now we shall possess a right definition of faith if we call it a firm and certain knowledge of God's benevolence toward us, founded upon the truth of the freely given promise in Christ, both revealed to our minds and sealed upon our hearts through the Holy Spirit," Calvin, Inst. III. 2. 7.

지식과 신뢰입니다."[86] 이 정의는 믿음에 지식만이 아니라 신뢰를 포함시킨다.

웨스트민스터 대요리문답 제72문은 의롭다 하시는 믿음을 이렇게 정의한다. "의롭다 하시는 믿음은 하나님의 영과 말씀에 의해 죄인의 마음속에서 형성된 구원하는 은혜입니다. 이것에 의해 그는 자신의 죄와 비참을 확신하고 또한 자신의 잃어버린 상태로부터 자신을 구원할 능력이 자신과 다른 모든 피조물에게는 없다는 것을 확신하기 때문에, 하나님께서 죄를 용서하여주시고 자신의 인격을 구원받기에 의롭다고 받아주시며 여겨주시기 위해서, 복음의 약속의 진리에 동의할 뿐만 아니라, 거기에 나타난 그리스도와 그의 의를 영접하고 신뢰합니다."[87] 대요리문답은 동의와 영접과 신뢰라는 표현을 통하여 믿음에 감정과 지성과 의지라는 요소가 모두 포함됨을 나타낸다. 믿음을 가진 자는 예수 그리스도에 대한 분명하고 강한 동의와 지식과 신뢰를 갖는 것이다.

제14장 제2절도 믿음의 주요 역할은 그리스도만을 인정하고, 영접하고, 신뢰하는 것이라고 말함으로써 역시 믿음에 감정과 지성과 의지의 요소를 포함시킨다. 믿음을 가진 그리스도인은 감정으로 인정하고, 지성으로 영접하고, 의지로 신뢰한다고 대략적으로 말할 수 있다.

❷ 믿음의 대상과 역할

그리스도인은 이 믿음에 의해 무엇을 믿을까? 믿음을 갖게 된 그리스도인은

---

[86] True faith is not only a certain knowledge, whereby I hold for truth all that God has revealed to us in his word, but also an assured confidence, which the Holy Ghost works by the gospel in my heart; that not only to others, but to me also, remission of sin, everlasting righteousness and salvation, are freely given by God, merely of grace, only for the sake of Christ's merits.

[87] Justifying faith is a saving grace, wrought in the heart of a sinner by the Spirit, and Word of God, whereby he, being convinced of his sin and misery, and of the disability in himself and all other creatures to recover him out of his lost condition, not only assents to the truth of the promise of the gospel, but receives and rests upon Christ and his righteousness therein held forth, for pardon of sin, and for the accepting and accounting of his person righteous in the sight of God for salvation.

그때부터 모든 것을 예전과 다르게 인식하게 된다. 그러므로 모든 것을 새롭게 인식하고 믿게 된다고 말할 수 있다. 특히 하나님께서 특별히 신자들에게 계시하여 주신 내용을 더욱 특별히 믿는다. 성경에 계시된 것은 무엇이든지 참되다고 받아들이는 것이다. 그 중에서도 예수 그리스도에 대한 내용을 더욱 받아들이고 신뢰한다.

    제14장 제2절은 신자가 무엇을 믿는지 믿음의 대상에 대하여 언급하는데, 첫째로 "말씀 안에 계시된 모든 것"을 들고 있다. 믿음에 의해 그리스도인은 말씀 안에서 말씀하시는 하나님 자신의 권위를 인하여 말씀 안에 계시된 것은 무엇이든지 참되다고 믿는다. 하나님께서 말씀을 통하여 신자에게 특별히 자신의 뜻을 계시하여 주실 뿐만 아니라, 이 계시를 그가 인정하고 받아들이고 신뢰하도록 성령을 통하여 믿음을 주신다. 사람이 본성으로 할 수 없는 것을 하나님께서 하신다. 하나님은 신자에게 계시하실 뿐만 아니라 그로 계시를 받아들이고 신뢰하게 하신다. 하나님의 계시는 신자의 올바른 반응까지 담고 있다. 계시의 기원과 전달과 수납이 모두 하나님께 있는 것이고, 이런 면에서 하나님은 계시의 시작과 마침이시다. 신자가 성경을 하나님의 말씀으로써 참되다고 믿는 것은 그 말씀을 말씀하시는 하나님 자신의 권위 때문이지 절대로 사람 자신의 판단 능력 때문이 아니다. 성경을 하나님의 말씀으로써 신적 권위가 있게 하는 것은 하나님 자신이시고, 신자는 믿음을 통해 말씀에 계시된 것은 무엇이든지 참되다고 믿는다.[88]

    하나님은 존재의 원리이시고, 하나님의 말씀과 믿음은 인식의 원리이다. 하나님은 스스로 존재하시며 만물을 무에서 창조하시어 존재하게 하시므로 모든 피조물의 존재의 원리는 하나님이시고, 그 하나님께서 사람에게 하나님의 말씀을 주시고 그 하나님의 말씀을 인식하도록 믿음을 주시므로 사람의 인식의 원리는 하나님의 말씀과 믿음이다. 하나님은 사람에게 존재와 인식을 오직 은혜로 자신의 영광을 위하여 주신다. 사람은 존재와 인식 등 모든 것을 하나님께 빚지고 있다. 누가

---

88 이에 대해서는 제1장(성경) 제4절과 제5절을 참고하라.

주께 먼저 드려서 갚으심을 받겠는가? 만물이 주에게서 나오고 주로 말미암고 주에게로 돌아간다롬 11:35-36. "나는 알파와 오메가요 처음과 마지막이요 시작과 마침이라"계 22:13.

신학의 이중 원리 ─ 존재의 원리: 하나님
              └ 인식의 원리: 하나님의 말씀과 믿음

인식의 원리 ─ 외적 인식 원리: 하나님의 말씀
           └ 내적 인식 원리: 하나님이 주신 믿음

믿음에 의해 말씀 안에 계시된 것은 무엇이든지 참되다고 믿는 그리스도인은 그 말씀의 각 구절이 담고 있는 바에 따라 다르게 행동한다. 명령에는 순종하고, 경고에는 두려워 떨고, 금생과 내생에 대한 하나님의 약속들은 기꺼이 받아들인다. 신자는 말씀 안에 계시된 것은 무엇이든지 참되다고 믿기 때문에 자연히 그 말씀에 따라 행동한다. 영혼 없는 몸이 죽은 것 같이 행함이 없는 믿음은 죽은 것이기 때문에 말씀을 참되다고 믿는 신자는 그 말씀에 따라 행동하기 마련이다. 그래서 첫 번째로 신자는 무엇을 하라는 명령의 말씀에는 순종한다. "이제는 나타내신 바 되었으며 영원하신 하나님의 명을 따라 선지자들의 글로 말미암아 모든 민족이 믿어 순종하게 하시려고 알게 하신 바 그 신비의 계시를 따라 된 것이니 이 복음으로 너희를 능히 견고하게 하실"롬 16:26. 두 번째로 신자는 경고의 말씀에 대해서 그 경고가 자신에게 떨어질 것을 두려워해 떤다. "나 여호와가 말하노라 내 손이 이 모든 것을 지었으므로 그들이 생겼느니라 무릇 마음이 가난하고 심령에 통회하며 내 말을 듣고 떠는 자 그 사람은 내가 돌보려니와"사 66:2. 세 번째로 신자는 금생과 내생에 대한 하나님의 약속들에 대해서 기꺼이 받아들인다. "이 사람들은 다 믿음을 따라 죽었으며 약속을 받지 못하였으되 그것들을 멀리서 보고 환영하며 또 땅에서는 외국인과 나그네임을 증언하였으니"히 11:13.

제14장 제2절은 믿음의 두 번째 대상이 주요한 것이라고 말하는데, 바로 그리스도이시다. 신자는 믿음의 주요 대상인 그리스도를 인정하고, 영접하고, 신뢰한다. 특별히 신자가 은혜 언약에 의해서 칭의와 성화와 영생을 얻으려면 그리스도만을 인정하고, 영접하고, 신뢰해야 한다. 앞의 여러 곳에서 살펴본 것처럼 신자는 은혜 언약에 의해서 믿음으로 말미암아 칭의와 성화와 영생을 얻는데, 이 은혜 언약이 바로 예수 그리스도의 순종과 죽음을 인하여 가능하다. 신자는 오직 그리스도를 인해서 칭의와 성화와 영생을 얻는 것이므로, 오직 그만을 인정하고, 영접하고, 신뢰해야 한다. 그리스도께서 믿음의 주요한 대상이고, 그만을 인정하고, 영접하고, 신뢰하는 것이 믿음의 주요한 역할이다. 제11장 칭의 제1절도 선택된 자들은 "그리스도와 그의 의를 믿음에 의해 영접하고 신뢰한다. 이 믿음은 그들 스스로 갖는 것이 아니라, 하나님의 선물이다."라고 말함으로써, 신자가 칭의를 위하여 그리스도를 인정하고, 영접하고, 신뢰할 것을 말한다.

지금까지 믿음에 관하여 서술된 내용과 다음 절들에서 살펴볼 내용을 정리하면 아래와 같다.

> 정의   의롭다 하시는 믿음은 하나님의 영과 말씀에 의해 죄인의 마음속에서 형성된 구원하는 은혜인데, 이것에 의해 죄인은 복음의 약속의 진리에 동의할 뿐만 아니라, 거기에 나타난 그리스도와 그의 의를 영접하고 신뢰한다.
>
>   - 대요리문답 제72문 -
>
> 기원   성령 하나님
>
> 수단   1. 믿음의 발생: 말씀
>
>   2. 믿음의 증가와 강화: 말씀, 성례, 기도
>
> 대상   1. 일반적 믿음의 대상: 말씀 안에 계시된 모든 것
>
>   2. 특별한 믿음의 대상: 그리스도
>
> 역할   1. 말씀 안에 계시된 모든 것을 믿음, 명령에 순종, 경고에 떨음, 약속의 수용
>
>   2. 그리스도만을 인정하고, 영접하고, 신뢰함

요소   지식(지성), 동의(감정), 신뢰(의지)

종류   역사적 믿음, 이적적 믿음, 일시적 믿음, 진정한 구원적 믿음

❸ 믿음의 요소

사람이 어떤 행위를 할 때는 사람의 지성과 감성과 의지가 종합적으로 사용되는 것이지, 지성과 감성과 의지가 분리되어 사용되지 않는다. 또 사람의 어떤 행위가 정확하게 지적인 부분과 감정의 부분과 의지의 부분으로 구분되지도 않는다. 그럼에도 그 행위에 지성의 부분과 감성의 부분과 의지의 부분이 있는 것 또한 사실이다. 그리스도인의 믿음 또한 지성적 요소와 감성적 요소와 의지적 요소가 정밀하게 분리되지 않고, 복합적으로 존재한다. 그 믿음은 지성과 감성과 의지 각각에 머물지 않고 사람이 인식하는 기능 전체에 머문다. 그럼에도 믿음에 이 세 요소가 존재하는 것은 분명하므로 아래처럼 각 요소에 대하여 살펴본다.

가. 지성적 요소(지식)

사람이 무엇을 하고 말 것인지를 결정할 때에 강한 느낌이나 욕구도 중요하지만, 결정으로 인한 유익과 추후 진행상황을 알려주는 지식은 매우 중요하다. 지식 없이 내리는 결정은 모험과 환상과 바람에 지나지 않고, 큰 실패와 후유증을 가져온다. 기독교인이 예수님을 믿는다고 할 때에 자신의 죄와 비참, 그리고 죄의 용서와 해결과 구원이 무엇인지에 대한 지식이 있어야 한다. 물론 처음 믿음을 가질 때는 그 지식이 약하고 좁고, 신앙생활을 해나가며 강해지고 넓어지겠지만, 믿을 때 특히 그리스도에 대한 기본적 지식은 필수적이다. 신앙생활에서 지식의 요소가 약하면 신비주의와 감정주의와 신앙중독과 샤머니즘에 빠지기 쉽다. 히브리서 11:1절이 "믿음은 바라는 것들의 실상이요 보이지 않는 것들의 증거"라고 말하는데, 그리스도인은 믿음으로 인한 영적인 통찰에 의해 바라는 것과 보이지 않는 것들에 대한 지식을 마치 실상과 증거처럼 확실하게 갖는다. 믿음은 모호한 느낌이나 근거 없는 감感으로 막연히 인식하는 정도가 아니라, 확실한 지식에 근거한 분명한

인식이다.

나. 감성적 요소 (동의)

믿음을 이루는 두 번째 요소는 감성적 요소로 동의이다. 지식으로 단순히 아는 것이 아니라 그 지식이 실제로 사실이라고 온 마음으로 동의하는 것이다. 하나님의 말씀에 기록된 진리와 복음이 믿음의 대상으로 실제로 존재한다는 것을 깊이 확신하여 동의하고, 자신의 믿음생활에도 적용한다. 감성적 요소인 동의는 앞에서 살펴본 믿음의 지적 요소인 지식과 쉽게 구분이 되지 않는다. 우리가 무엇에 대해 알고 결단하여 동의하는 것은 지성적 요소와 감성적 요소가 같이 가는 것이지 따로 가지 않기 때문이다. 지식으로 알면 그에 따라 감정도 생겨 동의를 하는 것이 자연스럽지만, 다음 절에서 살펴볼 역사적 믿음에서 보는 것처럼 단순히 아는 것에서 그치고 이를 자신의 것으로 동의하지 않는 경우도 있으므로 지식과 동의는 구별된다. 이 둘의 차이는 지식은 수동적으로 수용적인데 반하여 동의는 보다 능동적으로 이행移行적이다.

다. 의지적 요소 (신뢰)

결혼을 원하는 미혼자가 사회의 평균 이상의 직업과 학벌과 외모와 성품을 가진 이성을 만날지라도 결혼의 대상자로 확정하기에는 아직 충분하지 않다. 그 객관적 조건들이 자신의 행복한 결혼생활에 중요하다는 주관적인 확신과 함께 그에 대하여 감정적인 매력을 느끼는 동의가 있어야 하고, 그 이성을 나의 배우자로 맞아들이겠다는 결단의 행동으로 이어져 구체적인 사귐과 청혼이 있어야 한다.

믿음도 단순히 알고 동의하는 것에 끝나지 않고, 구체적인 방향의 실행이라는 의지적 요소가 있다. 간음을 한 자가 간음하면 안 된다는 지식이 있고, 앞으로 하지 않겠다고 동의를 해도, 이것이 구체적인 방향으로까지 나가지 않으면 아무 소용이 없다. 믿음은 단순히 지식과 동의를 넘어서서 자신의 영혼의 방향을 바꾸어 자신이 알고 동의한 것에 다가가 자신의 것으로 획득까지 한다. 예전의 방향에서 완전히 다른 방향으로 돌아서는 의지적 요소는 믿음의 핵심적 요소이다. 단순히 지식과 동의로는 믿음의 대상이 자신의 것으로 획득되지 않는다. 신뢰라는 요소까지 있을 때 그리스도인은 하나님의 말씀에 의해 생각하고 판단하고 느끼고 행동한다.

❹ 믿음의 종류

가. 역사적 믿음

역사적 믿음은 실제로 벌어진 역사적 사항에 대하여 있는 그대로 인정하는 믿음이다. 이 벌어진 일이 자신에게 어떤 영적, 실존적 의미를 갖는가에 대한 고찰 없이, 벌어진 일이 실제로 발생하였다고 여기는 믿음이다. 어떤 사람이 예수님의 죽음과 부활을 목격하였다면 그는 예수님의 죽음과 부활이 존재한다는 것을 믿을 것이다. 하지만 이 사실을 믿는 것만으로는 참된 믿음이 아니고, 그 죽음과 부활이 자신의 구원과 어떤 관계가 있는 지까지 알아야 참된 믿음이다.

사도행전 26장에서 아그립바는 선지자가 구약시대에 실제로 존재하여 무슨 말을 했는지를 알고 있었지만 그 존재와 말이 어떤 영적, 실존적 의미를 갖는지를 몰라 예수님에 대한 믿음으로 이어지지 않았다. 야고보서 2:19절에서 귀신들은 하나님께서 한 분이시라는 것을 알면서도 이 지식이 영적, 실존적 의미로까지 이어지지 않아서 하나님을 반대하고 저항했다. 사도행전 8장에서 마술사 시몬은 놀라운 마술로 사마리아 백성을 놀라게 했다. 그런데 빌립이 사마리아에 와서 전도하며 표적과 큰 능력을 행하자 시몬을 비롯한 많은 남녀가 세례를 받았다. 그런데 그는 하나님의 선물을 돈 주고 사고자 하여서 베드로에게 은과 함께 망할 것이라고 크게 책망 받았다. 그는 빌립의 표적과 능력을 보며 실제로 벌어진 일로 인정하고 믿었지만, 영적, 실존적 의미로 연결시키지 못하고, 어떻게 하면 더 큰 돈을 벌 수 있는 지로 생각하였다. 그러므로 시몬이 믿었다는^{행 8:13} 것은 그의 역사적 믿음에 대한 표현이지, 그가 구원에 이르는 참된 믿음을 가졌다는 것이 아니다. 그의 믿음은 신적인 믿음이 되지 못한 역사적 믿음에 국한된 인간적 믿음이다.

나. 이적적 믿음

이적적 믿음은 본인에게 이적을 행할 수 있는 능력이 있다고 확신하는 믿음이다. 하나님께서 어떤 사역자들에게 자연적 능력을 넘어서는 이적을 행하는 능력을 주시면 그는 자신이 이적을 행할 수 있다는 확신을 갖는데 이것이 바로 이적적 믿음이다. 예수님의 제자들은 아들에게 들린 귀신을 내쫓아 달라는 사람의 청을 들어주지 못했다. 예수님께서는 그 이유를 "너희 믿음이 작은 까닭이니라"고 마 17:20 말씀하셨다. 이 경우의 믿음은 이적적 믿음이 약하다는 것이지 예수님을 믿는 구원적 믿음이 약하다는 뜻이 아니다.

이적적 믿음은 자기 자신이 이적을 행할 수 있는 확신을 갖는 능동적인 경우와 하나님께서 자기를 위하여 이적을 행하실 것에 대한 확신을 갖는 수동적인 경우가 있다. 예수님께서 백부장의 믿음에 대하여 "이스라엘 중 아무에게서도 이만한 믿음을 보지 못하였노라"고 마 8:10 따르는 자들에게 말씀하시며, 백부장에게 "가라 네 믿은 대로 될지어다"라고 말씀하셨다. 이 믿음의 의미는 백부장이 예수님께서 자신의 종의 중풍 병을 낫게 하는 이적을 행하실 수 있다고 확신한다는 것이다.

마르다는 예수님께서 하나님께 무엇이든지 구하시면 하나님이 주실 것을 믿었다 요 11:22. 이적적 믿음이다. 그리고 마르다의 이적적 믿음은 구원적 믿음과 동행하였다. 마르다는 예수님께서 부활과 생명이시라 예수님을 믿는 자는 죽어도 산다는 것을 믿었고, 주는 그리스도시고 세상에 오시는 하나님의 아들이시라는 것도 믿었다. 마르다의 경우에는 이적적 믿음이 구원적 믿음과 일치하였는데 괴리되는 경우들도 있다.

나병환자 열 명이 예루살렘으로 가시는 예수님을 소리 높여 자기들을 불쌍히 여겨달라고 말했다. 이들에게는 예수님께서 자신들의 병을 고칠 수 있다는 이적적 믿음이 있었다. 그런데 그들이 예수님의 능력으로 병이 나은 이후에 사마리아 사람 한 명만 큰 소리로 하나님께 영광을 돌리고 예수님의 발아래에 엎드리어 감사를 드렸다. 예수님은 "열 사람이 다 깨끗함을 받지 아니하였느냐? 그 아홉은 어디 있느냐? 이방인 외에는 하나님께 영광을 돌리러 돌아온 자가 없느냐?"라고 말씀하신 후 그를 칭찬하시며 "너의 믿음이 너를 구원하였느니라"고눅 17:11-19 말씀하셨다. 그의 이적적 믿음은 구원적 믿음과 일치하였지만 다른 아홉의 이적적 믿음은 예수님께서 이적을 행하셨다는 사실을 주변 사람들로부터 들으면서 형성된 역사적 믿음의 성격에 지나지 않았다. 예수님께서는 주의 이름으로 귀신을 쫓아내고 많은 권능을 행하여도 천국에 들어가지 못한다고 하셨다마 7:22. 이적을 행하거나 경험하여도 이를 영적, 실존적 의미로 연결시키지 못하면 단순한 역사적 믿음밖에 되지 못한다.

다. 일시적 믿음

일시적 믿음이란 뿌리를 땅에 깊이 박지 않은 나무의 잎사귀가 곧 시드는 것처럼, 한동안 믿음이 있는 것처럼 보이지만 얼마 후 시들고 마는 믿음이다. 이 명칭은 마태복음 13장의 씨 뿌리는 비유에서 나왔다. 흙이 깊지 않은 돌밭에 뿌려진 씨는 곧 싹이 나나 해가 돋은 후에 타서 뿌리가 없으므로 말라버린다. 이 씨는 말씀을 듣고 즉시 기쁨으로 받으나 그 속에 뿌리가 없어서 잠시 견디다가 말씀으로 말미암아 환난이나 박해가 일어나면 곧 넘어지는 자를 의미한다. 이들의 신앙을 위선적이라고만 할 수 없는데 그것은 이들조차도 기독교 믿음을 갖고 있다고 오해하기 때문이다. 이들은 최소한 신앙생활을 하는 동안에는 동의와 감동과 양심의 자극에서 오는 확신을 갖지만, 중생된 심령의 깊은 뿌리에서 나온 것이 아닌 인간적 차원의 종교적 확신인지라 환난이나 박해나 근심이 발생하면 그 믿음을 져버린다.

일시적 믿음을 가진 자는 확신을 가진다는 점에서 역사적 믿음을 가진 자와 구별이 된다. 역사적 믿음을 가진 자는 실제로 발생한 역사적 사실로 인정하지만 확신은 없는데 반하여, 일시적 믿음은 비록 허구적이기는 하지만 그 기간 동안만은 확신에 찬 관심과 반응을 보인다. 그 믿음에 싹이 나는 모습이 한동안 있어 진정한 구원적 믿음과 구별하기가 힘들다. 그 지속 기간이 사람들에 따라 다양하여 죽기 직전에야 정체가 드러나기도 한다. 교회에서 직분자를 세울 때 일시적 믿음을 가진 자가 세워지지 않도록 신중해야 하고, 특히 새로 입교한 자는 교만의 방지와 검증의 시간을 위해서 세워서는 안 된다.딤전 3:6.

라. 진정한 구원적 믿음

진정한 구원적 믿음은 구원에까지 이르는 믿음이다. 하나님께서는 중생자에게 믿음의 씨앗을 심으시는데, 중생한 자는 이 믿음의 씨앗이 성장함에 따라 점점 예전과는 다르게 인식하고 행동한다. 무엇보다 성경의 복음을 통해 자신이 그리스도에 의해 구원을 받은 자임을 확신하고, 구원을 주신 하나님께서 앞으로 성경에서 약속하신 것들을 주실 것이라고 확신한다.

이에 대해서는 앞에서 이미 충분히 다루었으므로 여기서 멈춘다. 믿음이 선행으로 이어지는지에 대해서는 제16장선행이 다루고, 믿음이 최종적으로 유지되는지에 대해서는 제17장성도의 견인이 다루고, 자신이 이 믿음의 은혜로 구원을 받은 것에 대한 확신 여부는 제18장은혜와 구원의 확신이 다룬다.

14.3

이 믿음은 정도가 다양하여 약하거나 강하고,k 자주 그리고 여러 방면으로 공격을 받기도 하고 약해지기도 한다. 하지만 믿음은 끝내 승리를 거두어서,l 우리 믿음의 주요, 온전하게 하시는 이인 그리스도로n 말미암아 충만한 확신에 이르기까지 여러 면에서 성장한다.m

This faith is different in degrees, weak or strong;k may be often and many ways assailed, and weakened, but gets the victory;l growing up in many to the attainment of a full assurance through Christ,m who is both the author and finisher of our faith.n

k 히 5:13-14; 롬 4:19-20; 마 6:30; 마 8:10   l 눅 22:31-32; 엡 6:16; 요일 5:4-5
m 히 6:11-12; 히 10:22; 골 2:2   n 히 12:2

3. 믿음의 다양한 정도와 최종승리와 성장

아래 근거성경구절들에서 보는 것처럼 어떤 이의 믿음은 젖을 먹는 수준으로 의의 말씀을 경험하지 못한다. 어떤 이는 강한 믿음으로 단단한 음식을 먹을 정도로 장성하여 지각을 사용함으로 연단을 받아 선악을 분별한다. 아브라함은 100세나 되었는데도 아들을 주시겠다는 하나님의 약속을 의심하지 않는 견고한 믿음을 가졌다. 수고도 아니하고 길쌈도 아니하는 들풀을 솔로몬의 모든 영광보다 더 크게 입히시는 하나님은 자신의 형상으로 지은 신자를 더욱 돌보시는데 이런 당연한 것을 알지 못하는 작은 믿음이 있다. 가버나움의 백부장은 자신의 하인이 중풍병에 들었을 때에 예수님이 자신의 집에 오시지 않고 다만 말씀만으로도 낫게 하실 수 있다고 믿었다. 예수님께서 이스라엘 중 아무에게서도 이만한 믿음을 보지 못하셨다며 크게 칭찬하셨다. 이렇게 믿음은 다양하여서 약한 믿음도 있고 강한 믿음도 있다. 이것은 약한 믿음을 합리화하는 것이 아니라, 신앙생활을 오래 할수록 마땅히 선생이 될 정도로 히 5:12 강한 믿음을 가져야 한다는 의미이다. 처음 신앙생활을 하는 자는 약한 믿음을 가질 수 있으므로 실망하거나 자책할 필요가 없겠지만 오랜 시간 후에도 하나님의 말씀의 초보를 다시 배워야 하는 약한 믿음에 머문다면 이는 부끄러운 것이다. 강한 믿음이 있는 줄 알고 단단한 음식을 먹기 위하여 지각을 사용함으로 연단을 받아 선악을 분별하는 자들이 되어야 한다.

히 5:13-14	이는 젖을 먹는 자마다 어린 아이니 의의 말씀을 경험하지 못한 자요 14 단단한 음식은 장성한 자의 것이니 그들은 지각을 사용함으로 연단을 받아 선악을 분별하는 자들이니라
롬 4:19-20	그가 백 세나 되어 자기 몸이 죽은 것 같고 사라의 태가 죽은 것 같

	음을 알고도 믿음이 약하여지지 아니하고 20 믿음이 없어 하나님의 약속을 의심하지 않고 믿음으로 견고하여져서 하나님께 영광을 돌리며
마 6:30	오늘 있다가 내일 아궁이에 던져지는 들풀도 하나님이 이렇게 입히시거든 하물며 너희일까보냐 믿음이 작은 자들아
마 8:10	예수께서 들으시고 놀랍게 여겨 따르는 자들에게 이르시되 내가 진실로 너희에게 이르노니 이스라엘 중 아무에게서도 이만한 믿음을 보지 못하였노라

믿음은 자주 그리고 여러 방면으로 공격을 받기도 하고, 약해지기도 한다. 예수님께서 "시몬아, 시몬아, 보라 사탄이 너희를 밀 까부르듯 하려고 요구하였으나 그러나 내가 너를 위하여 네 믿음이 떨어지지 않기를 기도하였노니 너는 돌이킨 후에 네 형제를 굳게 하라"고 눅 22:31-32 말씀하셨다. 베드로는 "내가 주와 함께 죽을지언정 주를 부인하지 않겠나이다"라고 대답했고 모든 제자도 그와 같이 말하였다 마 26:33, 35. 예수님은 이 말씀 후 제자들과 함께 겟세마네에 이르러 "너희는 여기 머물러 나와 함께 깨어 있으라"고 말씀하셨다. 하지만 예수님께서 저기 가서 기도하시고 돌아오셨을 때에 제자들은 자고 있었다. 예수님은 "너희가 나와 함께 한 시간도 이렇게 깨어 있을 수 없더냐? 시험에 들지 않게 깨어 기도하라 마음에는 원이로되 육신이 약하도다"라고 마 26:36-41 말씀하셨다. 유다가 큰 무리를 거느리고 나아와 예수님을 잡자 제자들은 다 예수님을 버리고 도망하였다. 이들은 자신들이 사탄의 공격을 다양한 방면으로 받고 있음을 알지 못하였다. 예수님께서 시험에 들지 않게 깨어 기도하라고 말씀하셨지만 이 말씀의 참된 의미를 알지 못하고 가볍게 여겨 잠에 빠져들었다.

우리의 대적 마귀는 우는 사자 같이 두루 다니며 삼킬 자를 찾는다. 우리가 믿음을 굳건하게 하여 그를 대적하지 않으면 벧전 5:8-9 시험에 들고 큰 죄를 짓게 된다. 아브라함이 목숨을 위해 아내를 누이라고 두 번이나 거짓말하였고, 요셉의 형들은 요셉을 미워하여 상인들에게 팔았고, 다윗은 전쟁에 나간 부하의 아내와 간음하였고, 솔로몬은 이방 여인들과 결혼하여 말년에 우상숭배에 빠졌다. 신앙의 위대한 선배들이 이렇게 여러 방면으로 공격을 받았고, 믿음이 약해졌다면 우리는 얼마나 더 하겠는가? 우리는 마귀의 간계를 능히 대적하기 위하여 하나님의 전신갑주를 입어야 한다. 우리의 씨름은 혈과 육이 아니라, 통치자들과 권세들과 이 어둠의 세상 주관자들과 하늘에 있는 악의 영들을 상대하기 때문이다. 진리의 허리띠와 의의 호심경과 평안의 복음의 신을 취한 후에 믿음의 방패를 갖고 악한 자의 모든 불화살을 소멸하여야 한다 엡 6:11-16.

믿음은 자주 여러 방면의 공격으로 약해지기도 하지만 끝내 승리를 거둔다. 예수님께서는 사탄이 베드로를 요구하였지만 베드로를 위하여 베드로의 믿음이 떨어지지 않기를 기도하셨다. 바로 하나님께서 신자들의 믿음이 떨어지지 않도록 기도하시고 보호하시기 때문에 그들의 믿음은 최종적으로 승리한다. 무릇 하나님께로부터 난 자마다 세상을 이기고, 세상을 이기는 승리는 바로 우리의 믿음이다. 예수께서 하나님의 아들이심을 믿는 자는 세상을 이기는 자이다 요일 5:4-5.

믿음이 끝내 승리할 수 있는 것은 믿음은 여러 방면으로 공격을 받기도 하고, 약해지기도 하지만 충만한 확신에 이르기까지 여러 면에서 성장하기 때문이다. 이 성장이 우리 믿음의 주요, 온전하게 하시는 이인 그리스도로 말미암아 가능하다. 그리스도께서 그 앞에 있는 기쁨을 위하여 부끄러움을 개의치 아니하시며 십자가를 참으심으로 하나님 보좌 우편에 앉으셨다 히 12:2. 거기서 우리 믿음의 승리를 위하여 간구하신다 롬 8:34. 우리가 우리의 힘으로 믿음의 전쟁에서 승리하여야 한다면 우리는 백전백패하지만, 그리스도께서 우리를 위하여 성령을 통하여 전쟁하시므로 우리는 백전백승한다. 그리스도께서 성령을 통하여 우리에게 믿음을 주시고 우리의 믿음을 온전하게 하신다. 신자는 인생에서 여러 경험을 하며 그때마다 신자로서 어떻게 생각하고 행동해야 하는지 배우게 된다. 믿음이 자라는 것이다. 불신자는 쓰라린 경험을 하면 좌절하고 좋은 경험을 하면 교만해지기 쉽지만, 신자는 그 경험들 속에서 하나님의 섭리를 배우고 자신의 마음이 갖는 생각과 뜻이 무엇인지 알게 되며 겸손해지기 때문에 믿음이 자란다. 신자와 불신자가 같은 경험을 하여도 해석이 다르기 때문에 불신자에게는 상처와 분노가 되지만 신자에게는 겸손과 배움이 된다. 신자는 인생을 살며 경험하는 것이 많아질수록 그 믿음 또한 여러 면에서 성장한다.

　믿음의 약해짐과 승리에 관하여 이미 제13장^{성화} 제3절이 다음처럼 말하니 참고하라. "이 전쟁에서 남아있는 부패가 한동안 크게 우세할지라도, 중생한 지체가 그리스도의 거룩하게 하시는 영께서 계속하여 공급하시는 힘으로 말미암아 이기게 된다. 그래서 성도는 은혜 속에서 성장하며, 하나님을 두려워하는 가운데 거룩함을 온전히 이룬다." 그리스도로 말미암아 우리의 믿음은 충만한 확신에 이르는데, 이 믿음의 확신에 대해서는 제18장^{은혜와 구원의 확신}을 참고하라.

Westminster
Confession of faith

웨스트민스터 신앙고백의 배경

스튜어트 왕조는 원래 스코틀랜드의 왕가였으나 잉글랜드의 엘리자베스 1세가 후계자 없이 죽자, 잉글랜드 왕가의 혈통이 있는 스코틀랜드의 제임스 6세가 왕위를 계승받으며 잉글랜드의 제임스 1세가 되었다. 웨스트민스터 총회1643.7.1-1649.2.22는 스튜어트 왕조의 찰스 1세Charles I, 1600-1649의 재위기간 중에 열렸다. 찰스는 스코틀랜드 왕 제임스 6세즉 잉글랜드의 제임스 1세와 덴마크의 앤 사이의 둘째 아들로, 1625년 3월 왕위에 올랐고, 바로 그 해에 프랑스 왕 루이 13세의 누이인 앙리에타 마리아Henrietta Maria와 결혼했다.

그가 통치하던 때에 청교도들이 하원을 장악하였고, 국왕의 동조 세력은 로마 가톨릭에 기울어진 고교회파高教會派, high-church였다. 청교도들은 원고 없이 즉석에서 하는 기도와 설교 방식을 옳게 여겼고, 고교회파는 기도문을 통한 기도와 예배의식의 엄격한 준수를 강조하였다. 찰스는 즉위할 때부터 계속하여 이런 문제와 세금 문제 등으로 의회와 갈등을 빚었다. 1628년 3월에 열린 3번째 의회는 국왕이 부과한 세금과 인신 구속을 비난하는 결의안을 통과시켰고, 권리청원을 마련하여 4가지 원칙의회의 동의 없이 비과세, 정당한 이유 없는 구금 반대, 백성들의 소유지에 병사 숙영 금지, 평화 시 계엄령 비선포을 요구했다. 4번째 열린 의회가 1629년 3월 2일에 국왕의 여러 폭악적인 행위를 비난하는 3개 결의안을 통과시키자, 찰스는 이후 1640년까지 11년 동안 한 번도 의회를 소집하지 않았다. 그럼에도 잉글랜드는 스코틀랜드와 전쟁을 하게 된 1639년까지 어느 정도 번영을 누렸다.

이 전쟁은 찰스가 스코틀랜드 교회에 국교회의 예배의식을 강요하고 주교 감독제를 강제로 실행시키려 하자, 스코틀랜드가 이에 저항하여 주교 감독제를 폐지하기로 결정하면서 비롯되었다. 에든버러에서 1637년에 일어난 폭동은 전국적으로 퍼져나갔고, 스코틀랜드 장로교 총회는 1638년 11월에 찰스의 명령에 불복하기로 결정하였고, 의회는 교회 감독제를 폐지하였다. 찰스는 잉글랜드 군대를 소집해 1639년에 스코틀랜드 국경지역으로 진군했다. 이것이 제1차 주교전쟁인데 찰스의 군대가 자금 부족으로 스코틀랜드 침공을 보류해 아무런 전투와 소득 없이 시시하게 끝나버렸다. 그 후 찰스는 다시 전쟁을 하기로 결심하고 자금 확보를 위해 의회를 1640년 4월에 소집했다. 하지만 소위 단기 의회는 스코틀랜드와의 전쟁을 반대하면서 먼저 국민들의 불만을 다룰 것을 주장했다. 찰스는 이를 거부하고 다시 의회를 해산하였고, 독자적으로 전쟁을 재개했는데 크게 패배하여 거액의 전쟁배상금을 부담하게 되었다. 어쩔 수 없이 1640년 11월에 장기 의회를 웨스트민스터에서 소집하였다. 의회는 국왕의 실정을 비판하면서 여러 가지를 요구하였고, 찰스는 거액의 전쟁배상금을 인하여 3년마다 여는 정기의회 개최 법안과 의원의 동의 없이 의회를 해산 할 수 없다는 법안에 찬성해야만 했다.

아일랜드에서 반란이 일어나자 하원은 1641년 11월 22일에 찰스의 불법행위와 실정을 열거하며 해결책을 제안한 대간의 大諫議, Grand Remonstrance서를 채택하였다. 이것은 영국 역사상 최초로 국왕 정부에 대한 의회의 통제 요구이다. 국왕은 12월 1일에 제출받았으나 승인하지 않았고, 대신 이를 주도한 의원 6명을 체포할 것을 명령하였다. 그러나 이미 정보를 입수한 의원들은 숨어버렸고, 의회는 이것을 의회의 특권을 침범하는 것으로 여겨 국왕에 대항하면서 소위 청교도 혁명 Puritan Revolution이 일어났다. 찰스는 일이 실패하자 잉글랜드 북부로 떠나 자신의 지지자들을 모았다. 이렇게 시작된 왕당파와 의회파 사이의 영국 내전은 1642년 8월에 찰스가 공식적으로 왕실 상비군을 조직하여 노팅엄에서 전쟁의 깃발을 들어 올리며 온 나라로 퍼져나갔다. 왕당파는 내전 초기 1643년에 요크셔와 남서부 등지에서 승승장구했다. 그러나 의회군은 9월에 스코틀랜드의 언약파와 "엄숙 동맹과 언약"the solemn league and covenant을 맺었고, 스코틀랜드 군대가 1644년 1월에 잉글랜드에 입성하면서 전쟁의 국면은 달라졌다. 1645년 6월에 올리버 크롬웰Oliver Cromwell, 1599-1658의 지휘를 받는 의회군은 네이즈비 전투에서 왕당파를 격파했고, 이후 연전연승을 하여, 1648년 8월에 제2차 내란이 끝났다. 의회파는 1649년 1월 30일에 재판을 열어 찰스 1세를 처형하였다.

장기 의회는 찰스에게 군사자금을 내지 않기로 하는 등 정치와 경제와 군사에 관한 여러 문제를 다루었지만, 동시에 교회 문제도 중요하게 다루었다. 1643년 1월에 주교제를 폐지하였고, 내전이 한창 중이던 1643년 6월 12일에 잉글랜드 국교회의 운영 체제와 예배의식과 신앙고백에 관한 문제를 결정하기 위해서 학식 있고 경건한 사람들을 회집하는 법령을 통과시켜, 7월 1일에 웨스트민스터 총회Westminster Assembly를 처음으로 열었다. 이 총회는 공식적으로는 잉글랜드 의회의 소집에 의해 모인 의회의 자문기관이었으므로 자체적인 행정권이 없었다. 의회가 총회의 소집과 해산과 의장 선출을 결정하였고, 총회에서 다룰 안건을 결정했다. 총회는 의회가 결정한 안건을 몇 년에 걸쳐 숙고하여 작성한 뒤에 의회에 제출하여 승인을 받아야 했다. 따라서 총회는 신앙고백을 1647년에 출판할 때에 표지의 제목을 "양원에 제출한 신앙고백에 관한 성직자 총회의 겸손한 조언 the humble advice of the Assembly of Divines …… concerning a confession of faith …… presented by them lately to both Houses of Parliament"으로 지었다.

총회는 1649년 2월 22일까지 5년 6개월 21일 동안에 총 1,163회의 모임이 이어졌다. 총 151명이 소집되었는데 목사 총대가 121명, 상원의원이 10명, 하원의원이 20명이었다. 의회는 각 지역의 유력한 이들의 추천을 받아 지역별로 안배한 121명의 목사 총대를 결정하였다. 스코틀랜드 교회도 5명의 목사들과 3명의 장로들을 파견하였는데, 이들은 총회의 정식 회원이 아니었으므로 결의권이 없었지만 신학적으로 뛰어나 결정문에 큰 영향을 미쳤다. 후에 결석자들을 보충하기 위해 21명이 추가되었다. 수년에 걸쳐 지속된 이 회의들의 평균 출석수는 60-80명이었다. 한 시간을 설교하고 두 시간씩 기도하는 것도 흔한 일이었고, 8시간을 꼬박 예배드리기도 하고, 금식으로도 많은 시간을 보냈다.

웨스트민스터 총회에 소집된 인사들은 각각 감독교회, 장로교회, 독립교회, 에라스투스 제도를 대표하였으나, 1643년 영국과 스코틀랜드 양국 간에 "엄숙 동맹과 언약"이 서명된 후에는 감독교회 인사들이 물러가고 출석자의 대다수는 장로교파였다. 총회는 먼저 예배모범과 교회 정치규범을 다루었는데, 독립파는 소수였지만 내전을 승리로 이끌고 있는 올리버 크롬웰이 독립파였는지라 1643년 10월에 시작된 교회 정치 체제에 대한 논쟁이 1644년 말까지 지연되었다. 스코틀랜드는 많은 희생을 지불하며 장로교 정치 체제를 확립하였기 때문에 스코틀랜드 총대들은 독립파에 맞서 장로교 정치 체제를 강력하게 주장하였다. 이런 치열한 토론 과정을 통하여 장로회 정치규범이 1645년에 만들어졌고, 그 외 예배모범 1645년, 신앙고백서 1646년 12월 3일, 성경구절 주석 첨부 1647년 4월 29일, 소요리문답 1647년 11월 5일, 대요리문답 1648년 4월 14일이 만들어졌다. 스코틀랜드 장로교회는 1647년에 웨스트민스터 신앙고백을 아무런 수정 없이 신앙의 표준문서로 즉각 받아들였다. 하지만 잉글랜드에서는 상황이 좀 달랐다. 교회가 국가에 종속되어야 한다고 주장하는 에라스투스주의자들 때문에 의회는 승인을 미루었고, 1648년에 가서야 관원에 대한 일부 항목을 수정한 채 부분적으로만 신앙고백을 받아들였다.

1644년 8월 20일: 신앙고백 작성위원 임명
1646년 12월 4일: 성경 증거 구절 포함하지 않음 신앙고백 하원에 제출
1647년 4월 29일: 성경 증거 구절 포함한 신앙고백 하원 제출
1647년 5월 11일: 주요 위원회들에서 검토 후 인쇄소로 보냄.
1648년 3월 22일: 하원에서 신앙고백 인준
1648년 6월 20일: 상원에서 신앙고백 인준

독립파에 속한 크롬웰과 그의 지지자들은 장로회 정치 체제를 주장하는 총회의 총대들에 의해 자신들이 교회에서 예배를 자유롭게 드릴 수 없게 되고, 의원들이 의원직을 영구적으로 유지하려는 법안을 통과시키려 하자, 크롬웰은 1653년에

장기 의회를 해산하였다. 1649년 2월 22일까지 정기 모임을 지속한 총회는 그 이후에는 성직자들의 재판을 담당하는 역할을 1652년 3월 25일까지 간헐적으로 지속하다, 장기 의회의 해산과 함께 모든 활동이 중단되었다. 영국내전 후 수립된 공화국에서 "호국경"Lord Protector으로서 전권을 행사한 크롬웰은 1658년에 사망하였고, 왕정복고로 즉위한 찰스 2세는 주교제도를 되살리고 신앙고백에 대한 의회의 결정을 무시하였다. 더욱이 찰스 2세의 후임자로 1685년에 즉위한 제임스 2세는 로마 가톨릭 신자로서 절대왕정을 추구하기까지 했다. 결국 1688년에 명예혁명이 일어나 제임스 2세가 축출되고 1689년에 권리장전이 승인된 후에 1690년이 되어서야 웨스트민스터 신앙고백서는 다시 인정을 받았다.

권력의 위협과 전쟁의 참화 속에서 참된 신앙과 교회가 무엇인지를 성경을 통해 밝힌 웨스트민스터 신앙고백은 전 세계의 개혁주의 교회에 영향을 주었다. 작성 당시 장로교회는 물론 회중주의자들, 개혁파 침례주의자들도 웨스트민스터 신앙고백을 받아들였다. 또 영국의 식민지였던 미국의 회중주의 청교도들은 1648년에 "케임브리지 강령"Cambridge Platform을 발표해 웨스트민스터 신앙고백을 인정했다. 물론 그들은 장로회 정치를 표방하는 교회 정치 관련 부분은 수용하지 않았지만 다른 부분들은 모두 받아들였다.

미국 장로교회는 1729년 필라델피아 총회에서 웨스트민스터 신앙고백을 모든 목사가 따라야 할 표준 교리 문서로 채택했다. 그 후에 신앙고백에 수정을 가하기도 했는데, 1788년에는 "교회와 관련한 정부의 의무" 부분을 정교분리 원칙에 따라 삭제 내지 수정하였고제20장 제4절, 제23장 제3절, 제31장 제2절, 교황을 적그리스도로 명시한 부분도 삭제했다제25장 제6절. 1887년에는 제24장결혼과 이혼 제4절의 일부 내용근친결혼을 삭제하였다. 1903년에는 하나님의 보편적 사랑을 부각하고 유기 교리를 약화시키는 방향으로 수정이 이루어졌다. 즉 선언문을 추가하여 제3장하나님의 작정과 제10장 제3절죽은 유아을 어떻게 해석해야 하는지 방향을 제시했다. 또한 제16장 제7절중생하지 않는 자의 선행, 제22장 제3절맹세, 제25장 제6절로마 교황의 본문 변경 및 개정이 이루어졌다. 또한 제34장성령과 제35장하나님의 사랑의 복음과 선교을 추가하였다.

한국 장로교회는 1904년 독노회에서 인도 장로교회의 12개 신조를 채택했다. 인도 장로교회의 12개 신조는 영국 장로교회의 24개 신조의 영향을 받았으며, 영국의 24개 신조의 뿌리는 다름 아닌 웨스트민스터 신앙고백이었다. 그 이후 대한예수교장로회 합동 측은 1963년에, 통합 측은 1968년에, 대신 측은 1970년에, 고신 측은 1972년에, 합신과 백석 측은 1981년에 웨스트민스터 신앙고백을 교단의 표준적인 신앙문서로 채택하였다. 한국의 대부분의 장로 교단들은 이 신앙고백을 채택하여 헌법에서 가장 중요한 부분으로 받아들이고 있다. 이 교단들은 신앙고백만이 아니라 대요리문답과 소요리문답도 채택하였고, 웨스트민스터 총회에서 만들어진 예배모범과 장로회 정치규범에 근거하여 만든 예배모범과 장로회 정치규범도 채택하였다. 웨스트민스터 총회는 신앙고백보다 1년 넘게 앞서서 먼저 예배모범과 장로회 정치규범을 만들었다. 이것은 신앙고백과 예배모범과 정치규범은 같은 성경해석에 근거하여 만들어진 것으로 성도의 신앙생활에서 모두 핵심 내용이라는 것이다. 웨스트민스터 신앙고백을 받는 성도는 자연스럽게 예배를 어떻게 드리고 교회 정치를 어떻게 할 것인지에 대해 생각하게 되는데, 그 결과물이 바로 예배모범과 장로회 정치규범인 것이다. 그래서 개혁, 고신, 대신, 백석, 백석대신, 합동, 합신 등 주요 장로 교단들은 목사만이 아니라 장로와 집사 임직 때에 아래와 같은 선서를 해야 한다. 즉, 목사와 장로와 집사는 웨스트민스터 신앙고백과 대·소요리문답과 예배모범과 장로회 정치규범을 모두 받는 선서를 하는 것이다.

1. 본인은 신구약 성경을 하나님의 말씀이요 신앙과 행위에 대하여 정확무오한 유일의 법칙으로 믿습니다.
2. 본인은 웨스트민스터 신앙고백서 및 대·소요리문답은 신구약 성경에 교훈한 교리들을 총괄한 것으로 알고 성실한 마음으로 받아 신종할 것을 선서합니다.
3. 본인은 본 장로회 정치와 권징조례와 예배모범을 정당한 것으로 받아 신종할 것을 선서합니다.

예배 시간에 사도신경으로 신앙을 고백하는 교회들은 최소한 사도신경의 내용에 있어서만큼은 신앙의 일치가 있다고 볼 수 있다. 사도신경보다 더 자세한 내용을 담고 있는 웨스트민스터 신앙고백과 대·소요리문답과 예배모범과 장로회 정치규범을 채택한 교회들은 교리와 정치와 예배에 있어서 일치감을 갖기 쉽다. 이것들은 이단들이 득세하는 시대에 그들이 어떤 점에서 틀렸는지를 명확하게 분별시켜 주고, 인본적인 감흥을 추구하는 다양한 시도들이 예배에 들어오는 것을 막아주고, 복잡한 사회의 여러 이슈에 대하여 성경적 견해가 무엇인지를 밝혀주고, 범죄한 성도들을 어떻게 적절하게 권면과 권징을 통해 올바로 세울 것인지 구체적 방법을 알려준다. 성경 전체의 내용에 근거하여 만들어진 이것들은 일반 성도들이 성경의 내용을 더욱 쉽고 깊게 익히도록 돕고, 여러 국가들의 여러 교회들이 일치와 연합을 이루케 하고, 다양한 이단들을 막아내는 역할을 함으로써 성경과 교회와 성도를 지키고 세우는 귀한 역할을 한다.

1647년에 만들어진 웨스트민스터 신앙고백은 제네바 요리문답[1541년], 스코틀랜드 신앙고백[1560년], 벨직 신앙고백[1561년], 헝가리 신앙고백[1562년], 하이델베르크 요리문답[1563년], 제2 스위스 신앙고백[1566년], 도르트 신경[1619년]에 비하여 늦게 만들어졌다. 이래서 웨스트민스터 신앙고백은 이미 만들어진 신앙고백들을 면밀히 검토하여 좋은 부분들을 받아들일 수 있었다. 또 웨스트민스터 총회는 그 어떤 나라의 신앙고백보다 몇 배나 긴 시간에 걸쳐서 만들었고, 여기에 참여한 학자들도 몇 배로 많았다. 이런 장점들을 인하여 웨스트민스터 신앙고백과 대·소요리문답과 예배모범과 장로회 정치규범은 그 어떤 나라들에서 만든 문서들보다 정밀하면서도 포괄적이라 넓고 깊은 내용을 담고 있다. 이래서 이 문서들은 지금도 가장 많은 나라와 교단의 지지를 받고 있다.

특히 웨스트민스터 신앙고백은 엄밀한 신학적 체계 아래 12,000개의 엄선된 단어와 정밀한 문장 구조로 이루어져 있다. 영어 원문을 직접 보면 볼수록 그 체계성과 정밀성과 섬세함에 놀라게 된다. 수학의 정의와 명제처럼 쓸데없는 단어와 표현이 거의 들어가지 않았다. 총 33장으로 이루어진 신앙고백은 총 33개의 주제를 다룬다고 할 수 있는데, 각 주제를 이렇게 간결하면서도 넓고 깊게 다룬 문서를 지금도 찾기 힘들다. 33개의 주제는 명확한 교리만이 아니라, 하나님의 작정, 죄의 기원, 선택과 유기, 사람의 의지의 자유와 제한 등과 같은 어렵고 애매한 교리도 피해가지 않고 정면으로 다루었다. 증거 성경 구절들은 2,500개인데, 독자는 이것을 통해 성경 해석법에 있어서도 크게 도움을 받는다. 그렇다고 하여 그 증거 성경 구절들이 각 교리를 가장 정확하게 지지하는 구절들이란 의미는 아니고, 다른 성경 구절들이 더 잘 나타내기도 한다.

이 문서들은 1647년, 1651년, 1658년에 출판되었다. 1659년에는 영문학자로 알려진 William Dillingham이 라틴어로 번역하여 출간하였는데, 웨스트민스터 총회의 인준을 받지 못하였기 때문에 공인역은 아니다. 『웨스트민스터 신앙고백, 삶을 읽다』는 1647년판을 기본 자료로 사용하였고, 1651년편과 1658년판과 라틴어 역본을 참고 자료로 사용하였다. 성경 각주와 쉼표와 콜론과 세미콜론 등도 이 네 개의 판본을 모두 비교하며 확정하였으므로 정확도가 높을 것이다. 특히 1658년판은 성경 각주를 단순히 장과 절로만 표시하지 않고 성경 구절 내용까지 모두 표시하고, 중요한 부분은 이탤릭체로 표시하였는데, 이것을 통해 성경 각주의 정확성이 크게 높아졌다. 4개의 판본은 성경 각주를 영어 알파벳으로 표시하였는데 "j"와 "v"를 "i"와 "u"와 별개의 글자로 여기지 않아 사용하지 않았다. 『웨스트민스터 신앙고백, 삶을 읽다』도 이에 따라 "j"와 "v"를 성경 각주에서 사용하지 않았으니 참고하라.

웨스트민스터 신앙고백, 삶을 읽다

차례

구원론

제15장 생명에 이르는 회개
1. 복음의 은혜에 의한 회개
2. 회개의 정의
3. 필수불가결한 회개
4. 모든 죄에 대한 회개의 필요성
5. 특정한 죄들에 대한 상세한 회개
6. 사적 혹은 공적인 죄의 고백

제16장 선행
1. 하나님의 말씀에 따른 선행
2. 믿음의 열매와 증거인 선행의 필요성
3. 성령으로 인해 가능한 선행
4. 잉여 공로에 이르지 못하는 순종
5. 죄 용서의 공로가 못 되는 최고의 선행
6. 그리스도로 말미암아 받으시는 신자의 선행
7. 비중생자들의 선행

제17장 성도의 견인
1. 은혜의 상태에서 끝까지 견뎌내는 신자들
2. 성도의 견인이 가능한 이유들
3. 심각한 죄에 빠진 성도가 겪는 결과들

제18장 은혜와 구원의 확신
1. 은혜의 상태에 있음에 대한 확신
2. 믿음으로 인한 확신의 근거
3. 확신에 이르는 방법
4. 다양한 방식으로 흔들리는 확신의 되살아남

Westminster
Confession of faith

교회론

제19장 하나님의 율법
1. 행위 언약으로써 아담에게 주어진 율법
2. 의의 완전한 규범인 율법
3. 신약 아래에서 폐기된 의식법
4. 시민법
5. 영원한 도덕법
6. 율법의 삼중적인 용도
7. 복음의 은혜와 반대되지 않는 율법의 용도

제20장 그리스도인의 자유와 양심의 자유
1. 복음 아래 신자의 자유
2. 양심의 유일한 주이신 하나님
3. 그리스도인의 자유의 목적
4. 하나님의 정하신 권세와 그리스도의 획득하신 자유 간의 관계

제21장 신성한 예배와 안식일
1. 하나님에 대한 예배의 당위성과 방식
2. 예배의 유일한 대상자이신 삼위 하나님
3. 신성한 예배의 특별한 요소인 기도
4. 기도의 내용
5. 예배의 요소들
6. 예배의 장소
7. 예배의 시간
8. 안식일을 거룩하게 지키는 법

제22장 합법적 맹세와 서원
1. 맹세의 의미
2. 오직 하나님의 이름으로 하는 맹세
3. 오직 옳은 것에 대한 맹세
4. 맹세의 주의할 점들
5. 서원의 의미
6. 서원의 대상과 태도와 결과
7. 금지된 서원의 내용

제23장 국가 통치자
1. 국가 통치자를 세우신 하나님
2. 신자로서 국가 통치자의 업무
3. 국가 통치자의 교회를 향한 권한과 의무
4. 통치자에 대한 국민의 의무

웨스트민스터 신앙고백, 삶을 읽다

차례

제24장 결혼과 이혼
1. 한 남자와 한 여자 사이의 결혼
2. 결혼의 목적
3. 결혼자의 자격
4. 근친 간의 결혼 금지
5. 간음으로 인한 파혼과 이혼
6. 부득이한 이혼의 경우와 그 과정

제25장 교회
1. 보이지 않는 보편적 교회
2. 보이는 보편적 교회
3. 교회에 주신 사역자와 말씀과 규례
4. 교회의 표지: 보편 교회의 나타남과 특정 교회의 순수함
5. 혼합과 오류가 있기 쉬운 교회
6. 교회의 유일한 머리이신 예수 그리스도

제26장 성도의 교통
1. 그리스도와의 연합에 의거한 성도들 간의 연합
2. 성도의 교통이 나타나는 세 가지 경우
3. 성도의 교통에 대한 두 가지 오해

제27장 성례
1. 성례의 정의와 목적
2. 표지와 표지된 대상 간의 영적 관계
3. 성령의 사역과 제정의 말씀에 따른 성례의 효력
4. 성례의 개수와 집례자의 자격
5. 실체에 있어서 신약의 성례들과 같은 구약의 성례들

제28장 세례
1. 세례의 의미와 제정자와 역할
2. 세례의 집행 방법
3. 세례에서 물의 사용법
4. 세례 받는 대상
5. 세례와 구원의 상관관계
6. 세례의 효력 시점
7. 세례의 횟수

제29장 주의 성찬
1. 성찬의 제정자와 의미와 역할
2. 희생 제사의 재현이 아닌 기념과 찬양
3. 성찬의 집행 방법

Westminster
Confession of faith

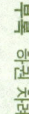

4. 성찬식의 틀린 집행 사례들
5. 성례전적으로 그리스도의 몸과 피라고 불리는 떡과 포도주
6. 로마 가톨릭의 화체설
7. 영적 임재설과 루터파의 공재설
8. 합당치 않은 수찬자가 짓는 죄

제30장 교회 권징
1. 그리스도께서 정하신 교회 정치
2. 교회 직원들에게 주어진 천국 열쇠
3. 교회 권징의 필요성
4. 권징의 종류

제31장 대회와 공의회
1. 더 넓은 교회 회의의 필요성
2. 정부의 대회 소집권과 교회 자체의 대회 소집권
3. 대회와 공의회의 직무
4. 틀릴 수 있는 대회와 공의회
5. 교회에 관한 것만을 다루는 대회와 공의회

종말론
제32장 죽은 후의 사람의 상태와 죽은 자의 부활
1. 사람의 죽음 후의 상태
2. 죽은 자의 부활과 산 자의 변화
3. 의인과 악인의 몸의 부활

제33장 마지막 심판
1. 심판의 날의 성격
2. 마지막 심판의 목적
3. 알려지지 않은 심판의 날

부록
웨스트민스터 신앙고백, 삶을 읽다(상권) 차례

**웨스트민스터 신앙고백,
삶을 읽다** 상

펴낸날 2022년 5월 2일 초판 1쇄
2022년 7월 1일 초판 2쇄

지은이 정요석
펴낸곳 크리스천르네상스
펴낸이 정영오

표지디자인 디자인집(02-521-1474)
내지디자인 서세은

주소 경기도 안산시 단원구 와동로 5길 301호(와동, 대명하이빌)
신고번호 2019-000004
등록 2019년 1월 31일

ISBN 979-11-966212-7-8 94230
 979-11-966212-6-1 94230 (세트)
값 27,000원

Copyright 2022. 크리스천르네상스. All rights reserved.